CATIA V5

CAD & CAM 따라하기 실무지침서

CATIA 모델링부터 기계가공

CATIA V5

CAD & CAM 따라하기 실무지침서

CATIA 모델링부터 기계가공

초판 인쇄 2015년 1월 23일
초판 발행 2015년 1월 30일

지은이 이재한, 이정호
펴낸이 최국주
펴낸곳 동명사
출판등록 1950년 11월 1일(제1-76호)
주소 (우 413-756) 경기도 파주시 회동길 50(문발동)
전화 031-955-7200(대표)~2, 7203(편집부), 7204(물류)
팩스 031-955-7205
전자우편 webmaster@dmsbook.com
홈페이지 www.dmsbook.com

ISBN 978-89-411-8141-5 93550
값 30,000원

東明社

머리글

국내외에 3차원 형상을 만들고 구현하기 위한 도구들이 많이 있다. 그중에서 CATIA는 특히 자동차 설계의 전반에 활용되고 있으며 사용 영역은 점차 늘어나고 있다. 일반 기구설계 및 제품설계에도 다양하게 사용되고 있다. 또한, 2000년초에는 주로 설계자가 사용하는 전용 도구로 많은 사랑을 받았다면 지금은 설계자가 아니더라도 CATIA 3차원 형상을 분석하고 제품을 생산하는 분야에도 사용되고 있다.

그리고, 품질을 다루는 팀은 설계에서 만든 3차원 형상의 치수를 뽑아내고 다양하게 3차원 이미지를 캡쳐하여 보고에 활용하는 수입 검사 및 공정 검사에도 적용하고 있다. CATIA로 중량을 구하여 원가 계산을 하고 원가를 절감하는 방안을 찾아내는 기능에도 활용되고 있다.

한 마디로 설계자, 생산기술, 제조공정, 제조품질, 원가, 초기 설계품질 Simulation에 활용되고 있다. CATIA를 사용하게 되면 가장 큰 장점이 입체적인 형상으로부터 다양한 정보를 얻을 수 있다는 것이다. 이 정보를 바탕으로 소요되는 시간을 줄이고 실제 공간에서 분석하지 않고 가상 공간에서 분석을 함으로써, 시간과 공간이라는 자원을 많이 투여하지 않고 좋은 결과를 빠른 시간에 얻을 수 있게 된 것이다.

이처럼 많은 기능을 가진 CATIA는 크게 3개의 영역으로 나누어져 있다. 사전에 기능의 성능을 분석하고 필요한 정보를 얻을 수 있는 CAE(제품개발이전에 성능을 측정하여 엔지니어링 데이터로 활용단계), CAD(3차원 형상을 CATIA로 모델링하는 영역), 만들어진 3차원 CAD데이터인 CATIA 3차원 모델링 데이터로 제품을 제작할 수 있는 CAM(제조/제작 단계)로 나누어 볼 수 있다.

국내외에 CATIA 관련하여 CATIA CAD 영역의 출판물이 가장 많다. 그러나, CAM에 해당하는 실질적인 CAM을 실무에서 적용한 경험을 바탕으로 한 실무 지침서는 거의 없는 상황이다. 물론, CAD영역의 자료가 많은 것은 고무적이고 긍정적인 측면이 있다. 그러나, CAM의 제조 능력은 CAD 영역의 CATIA 모델링 결과물을 현실세계에서 실현할 수 있는 징검다리 역할을 하고 있기 때문에 그 중요성을 간과할 수 없다.

본 저서는 CATIA 모델링을 하는 CAD부분과 Machining 기능을 하는 CAM영역에 대한 내용을 다루고 있다. 저서의 전반부는 초급에서 중급 이상의 실무중심에 초점을 맞춘 모델링 방법론이며 후반부는 CAM 따라하기 방법론으로 구성되어 있다.

전반부의 CATIA 모델링에서는 주어진 도면을 따라 모델링을 하고, 만들어진 모델링 결과로 CAM Machining을 하는 과정을 일부 다루고 있다. 전반부의 모든 모델링을 Machining을 적용한 것은 아니다.

앞서, 거론하였지만 3차원 CATIA 모델링이 없으면 CAE도 CAM도 할 수 없다. 가장 중요하며 기초적인 부분이 정확하고 설계변경에 적합한 모델링을 하는 것이다. 이것이 전제되지 않으면 CAE와 CAM을 적용하는 단계에서 어려운 난관에 빠져들 수 있다. 본 저서의 전반부에 CATIA 모델링에 대한 기본을 다지고 후반부로 넘어가게 되면 자연스럽게 설계 및 제조영역에 도달하게 될 것이다.

그리고 CATIA 모델링 부분에서는 툴 기능 위주보다는 실무에서 가장 활용이 많이 되는 도구를 적절히 사용하려고 하였다. 왜냐하면, 많은 툴을 배우는 것도 중요하지만 많은 툴을 배우고 활용할 때는 힘들어할 수 있다. 실무에서의 중요도와 활용 능력이 떨어질 수 있기 때문이다. 이런 점을 감안하여 쉬우면서도 가장 많이 활용하는 도구를 적용하여 모델링을 함으로써, 실전에서의 감각능력과 활용능력을 높이려고 하였다.

그리고, Machining 활용의 산업현장에서 나타나는 중요성과 필요성에 대한 이해가 필요하다. CNC가공 기술은 적용 분야에 따라 금형 가공으로부터 초정밀 가공까지 우리 실생활에 사용하고 있는 거의 모든 양산 제품 및 조형 등 다방면에 활용되고 있으며, CAD/CAM은 산업 활동에 중요한 부분을 차지하고 있다. 그 중에 Machining은 제품 개발의 마지막 단계라고도 할 수 있으며 생산과 직결되어 있다. 따라서 효율적인 Machining programming으로 생산공정 단축과 원가 절감 효과를 기대할 수 있다. 시중에는 다양한 CAM S/W가 있지만, 통합 솔루션인 CATIA V5는 기초 Design 단계부터 양산까지 하나의 Program 내에서 가능하다는 것이 큰 장점 중의 하나이다. 또한 제품개발 중에 빈번히 일어나는 Design 및 설계 변경 사항에 대응하여 수정된 부분만 Update하여 Tool path를 생성할 수 있다는 것만으로도 CATIA CAM은 충분한 매력과 경쟁력을 가지고 있다.

본서는 CATIA V5의 Advanced Machining을 활용하여 CNC Machining Program, Tool Path 개발에 대한 내용을 다루며 CATIA V5가 가지고 있는 Operation기능들을 익혀 실제 제품 가공에 적용하는 방법을 설명하는데 중점을 두고 있다.

CATIA V5 R21버전을 기준으로 설명이 되어 있으며 본서의 내용으로는 사용자 환경 설정을 위한 Option 설명 부분과 NC Programing을 위한 각 도구의 기능 설명, 실무에 바로 적용할 수 있는 실습으로 진행이 되어 초보자도 쉽게 따라할 수 있도록 최대한 자세히 설명을 하도록 노력하였다.

본 저서의 전반부는 이재한 저자가 후반부는 이정호 저자가 영역을 나누어 다루었으며 저술의 맥락을 일치하기 위한 작업은 저자들이 함께 수정, 보완하고 최종적으로 종합하여 함께 검증하고 상호 시뮬레이션에 참여하였다. 특히, 본저 편집에 도움을 주신 최보아 님께 깊은 감사를 드리고, 본 저서의 출판에 도움을 주신 동명사 사장님과 김급태 상무님께 감사함을 전하고자 한다.

목차

[제1편]

[제2편]

본 저서를 따라하기 위한 실습 파일 내려받기

본 저서의 제1편은 저서를 따라 CATIA로 모델링을 하면 되지만 제2편의 Machining을 따라하려면 실습 파일이 필요하다. 실습 파일은 동명사 홈페이지(http://www.dmsbook.com/)자료실에서 다운로드 받으면 된다.

[제1편]

CHAPTER

01 모델링 따라하기 예제(1)

1. 학습목표

본 따라하기 예제를 완성하게 되면 중급 정도의 모델링을 할 수 있는 수준으로 평가받을 수 있으며 곡면이 많지 않은 일반 모델링을 할 수 있는 능력을 가진 것으로 볼 수 있다.

2. 모델링 진행방법

아래의 도면을 기준으로 하는 모델링을 해보자. 모델링 형상이 쉬워보이지만 모델링을 하는 진행과정이 잘못되면 엉뚱한 결과를 얻고 어려워질 수 있다. 올바른 모델링 순서를 정하는 것이 필요하다. 주어진 도면의 치수로 모델링하는 경우에는 이 순서가 잘못되면 쉽게 모델링을 할 수 있음에도 불구하고 어려운 과정에 부딪치게 되고 결과를 얻더라도 수정을 하는 것이 힘들어지는 좋지 않은 모델링 결과물을 얻게 될 것이다. 모델링을 할 때에는 조각가가 조각을 하듯이 큰 현상에서 투박하게 형상을 대략 그리고 세부적으로 접근하는 모델링을 하는 것이 좋다. 처음부터 상세하게 모델링을 할 생각을 가지게 되면 결과를 얻기가 쉽지 않을 수 있다. 이런 개념을 본 모델링에서는 적용하여 효율적인 방향으로 진행하고자 한다.

3. 주요 사용 툴 및 아이콘

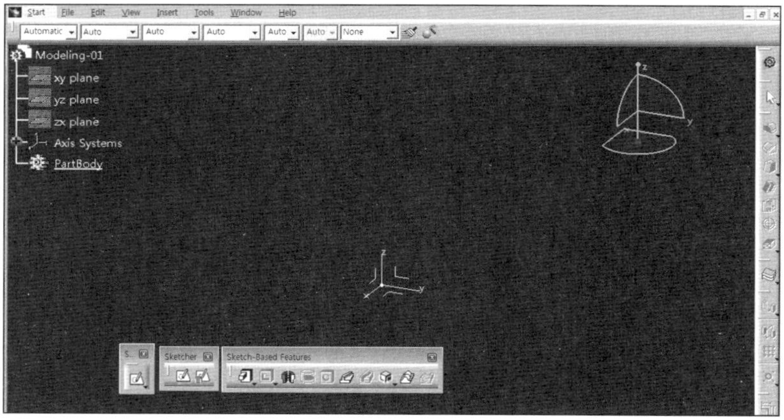

Sketcher 툴을 사용하여 스케치 작업을 주로 진행을 하고 만들어진 스케치를 바탕으로 형상을 만드는 Sketch-Based Features 툴바를 많이 사용할 것이다.

4. 모델링 도면

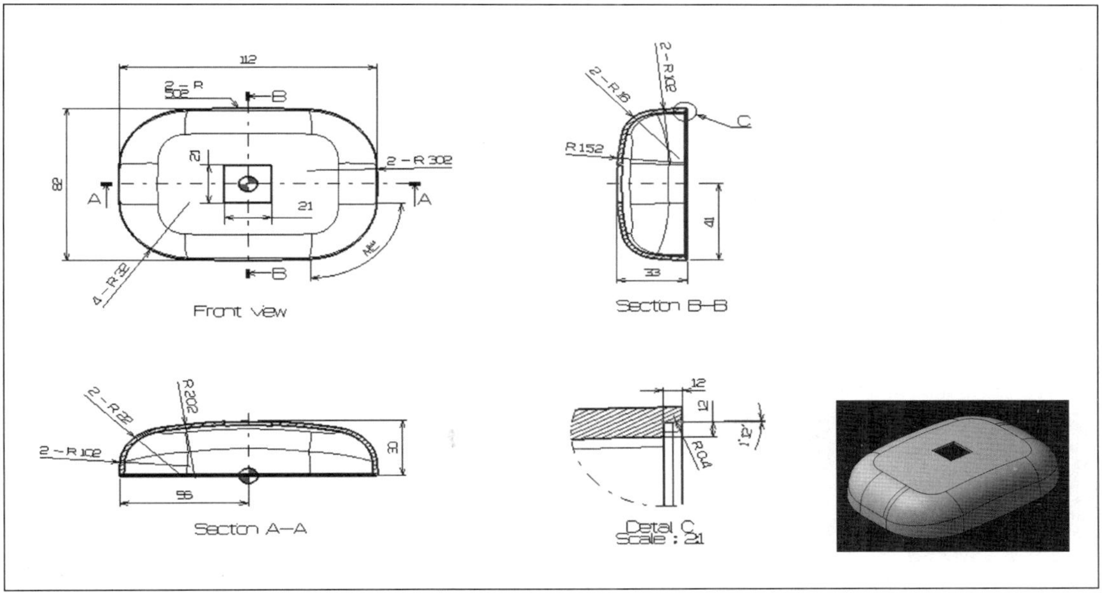

(두께는 2.5mm로 한다.)

5. 모델링 따라하기

모델링을 하는 방법에는 크게 두 가지 방법이 있다. 하나는 PartDesign을 사용하는 것이다. 이 방법은 Solid 모델링 방법이라고 한다. 일반적으로 직선 구조의 형태를 사용하는 경우에 많이 적용을 하게 된다. 그리고 두 번째 방법은 Generative Shape Design이라는 모듈을 사용하는 것이다. 이 방법은 Surface 모델링 방법이라고 한다. 곡선 구조의 형태를 만들 때 사용한다. 각 방법을 잘 선택하여 효율적으로 사용하는 것이 좋다. 직선구조에 곡선 형태의 Surface 모델링 방법을 사용하면 힘들게 진행이 될 수 있다. 본 저서에서는 두 가지 모델링 방법을 모두 사용해 보려고 하다. 왜냐하면 같은 도면으로 방법론을 달리하게 되면 각각의 툴과 아이콘의 기능을 비교할 수 있고 어떤 방법이 더 효율적인지를 쉽게 알 수 있게 때문이다. Surface 모델링 방법을 사용해 보겠다.

(1) Surface **모델링 방법론으로 따라하기**

[모델링 환경 만들기]

» Start 메뉴에서 Generative Shape Design을 선택한다. 이런 메뉴가 나오지 않는 경우는 Tools 메뉴의 Customize에 들어가면 Start Menu탭에서 Generative Shape Design를 즐겨찾기를 하면 된다. 즐겨찾기가 안 되어 있는 경우에는 Start메뉴의 Shape을 선택하면 Generative Shape Design 모듈이 나올 것이다. 이것을 선택하면 된다.

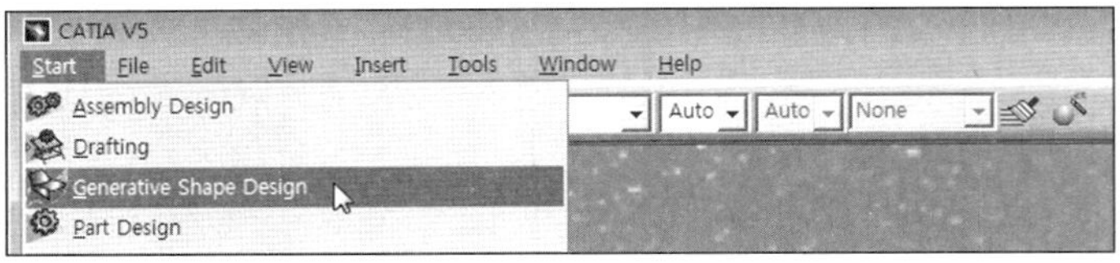

» 이렇게 Generative Shape Design이라는 모듈을 선택하게 되면 New Part라는 대화창이 나타날 것이다.

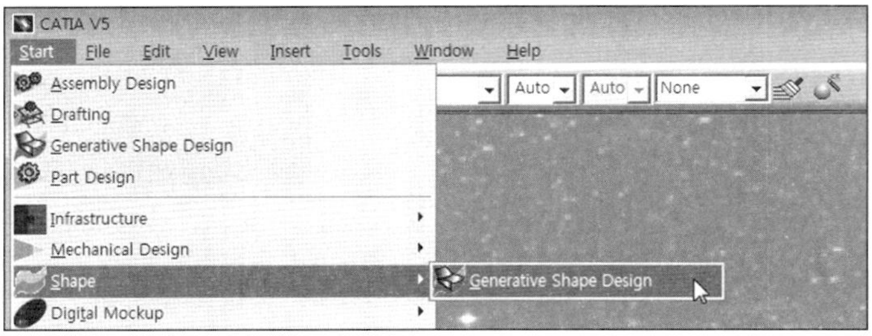

» Enter Part name에는 GSD-TEST-1이라고 적도록 한다. 그리고 Enable hybrid design이 체크되어 있는데 이 체크를 해제하면 쌍용자동차와 르노삼성자동차에서 사용하는 것이 되고 Enable hybrid design을 체크하면 현대기아차에서 사용하는 것이다. 일반적으로는 이 체크를 풀게 되면 시간적인 흐름의 제약을 받지 않고 모델링을 할 수 있는 장점이 있다. 이것은 독자들이 판단하기를 바란다. 본 저서에서는 체크를 풀고 모델링을 하도록 하겠다.

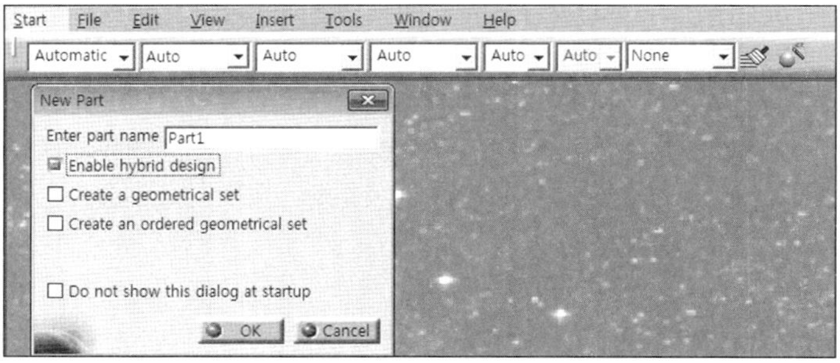

» OK하고 GSD(지금부터는 Generative Shape Design을 GSD라고 사용하도록 한다.)의 작업 환경으로 들어가게 된다.

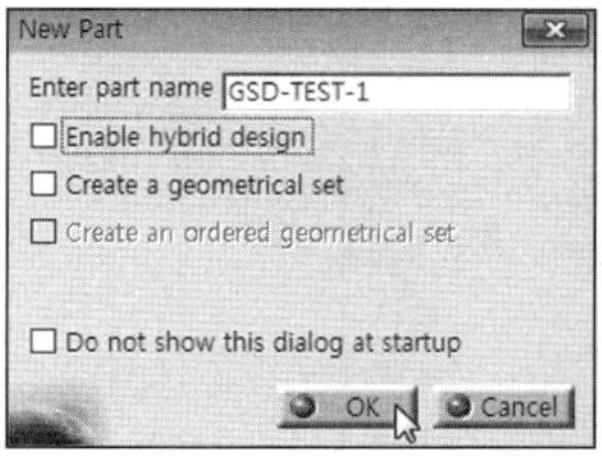

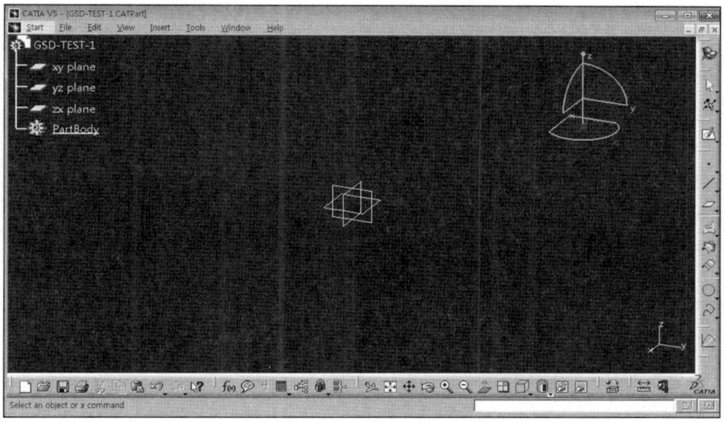

» 그리고 이렇게 들어왔으면 먼저 이 모델링 파일을 저장하도록 한다. 저장을 하지 않으면 작업 중에 잘못되어 오류가 생겨 프로그램이 정지하게 됐을 때 힘들게 만든 내용이 사라지기 때문이다. 물론, 자동저장이라는 기능이 CATIA에 있지만, 100% 저장이 되지 않는다.

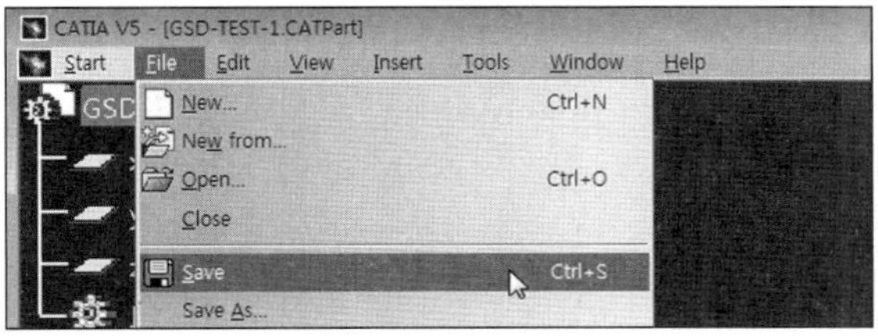

» 그리고 모델링 환경을 보면 3개의 평면(plane)으로 구성되어 있는데, 이것을 Axis축을 가지는 환경에서 모델링을 하도록 하겠다. 왜냐하면, 3개의 평면으로 구성된 것보다는 3개의 축과 3개의 평면을 가진 Axis 환경에서 모델링을 하는 것이 처음 모델링을 하는 경우에는 더 편할 수 있기 때문이다. 3개의 축을 사용할 수 있는 장점도 있다. 이런 점을 감안하여 작업환경을 바꾸어 보도록 하겠다.

Tools 메뉴에서 Options를 선택한다.

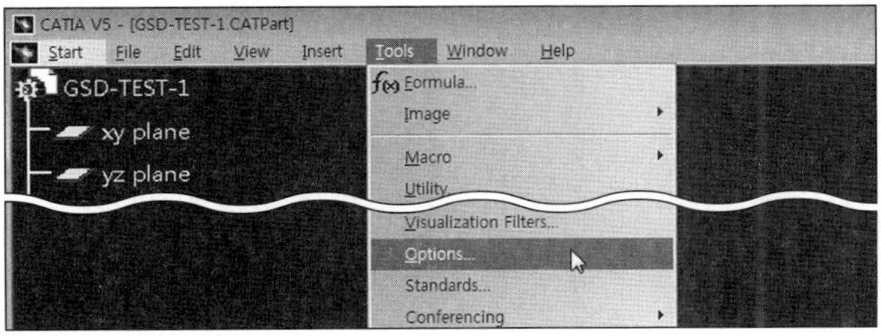

» 그러면 다음과 같은 화면이 나올 것이다.

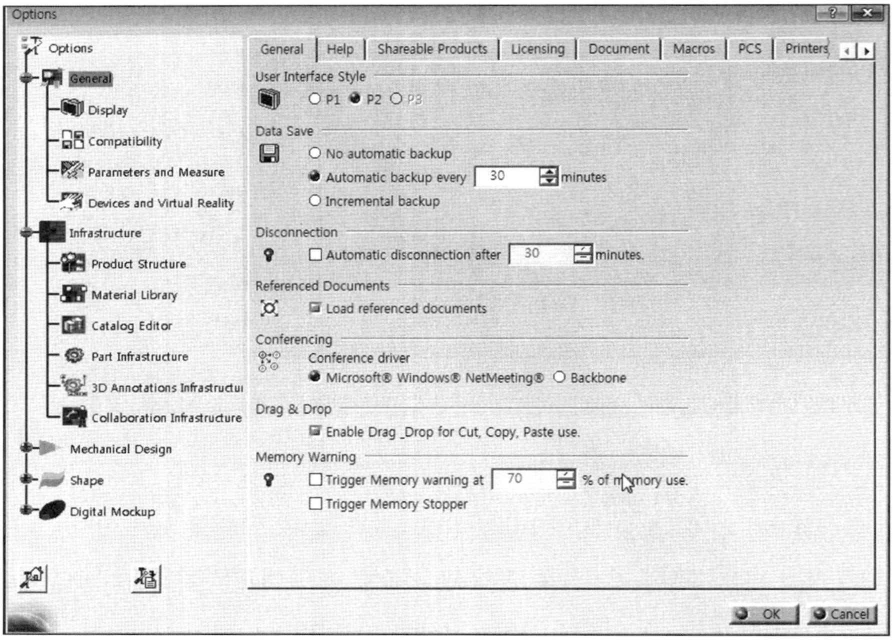

» 이 창에서 Infrastructure아래의 Part Infrastructure를 선택하면 Part Document라는 탭이 있다. 이 탭을 선택한다. 다음은 When Creating Part가 있을 것이다. 여기에서 Create an axis system을 선택한다.

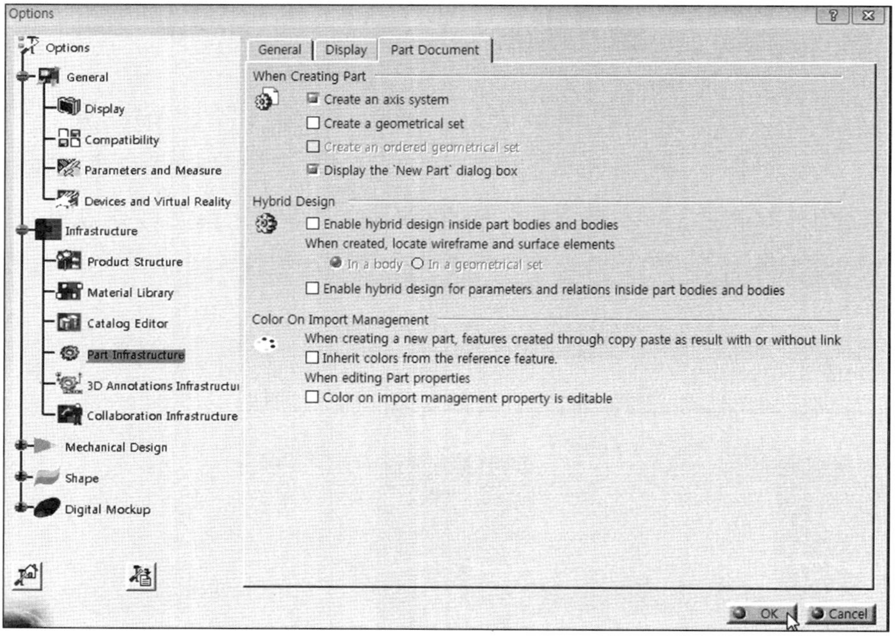

» 그리고 열려있는 파일을 나갔다가 다시 GSD로 들어오게 되면 축이 나타나는 환경으로 바뀌게 될 것이다.

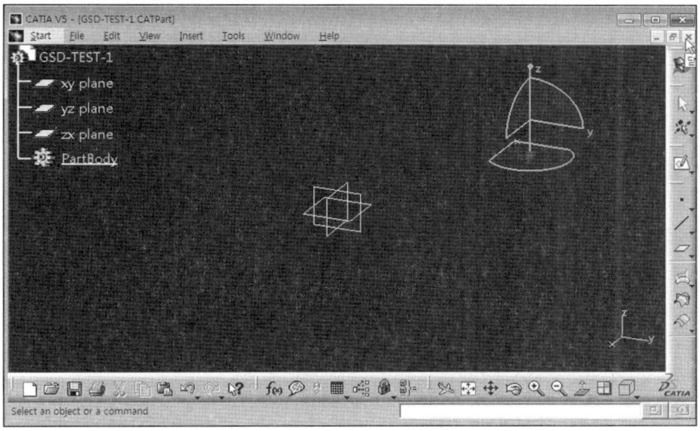

» 또는 진입했던 GSD-TEST-1 파일을 선택하여 진입하여도 된다.

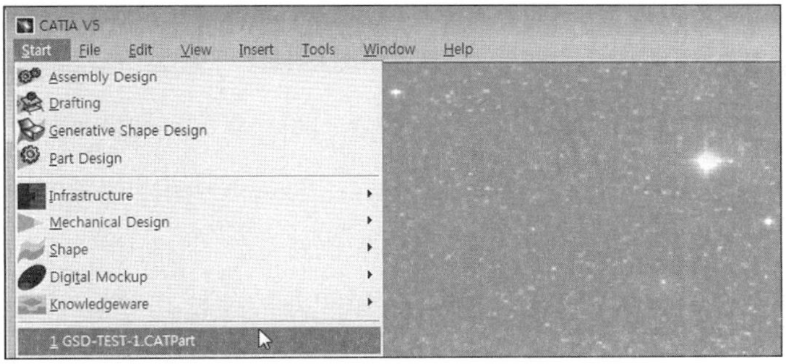

» 다음과 같이 변경되어 있음을 확인할 수 있다.

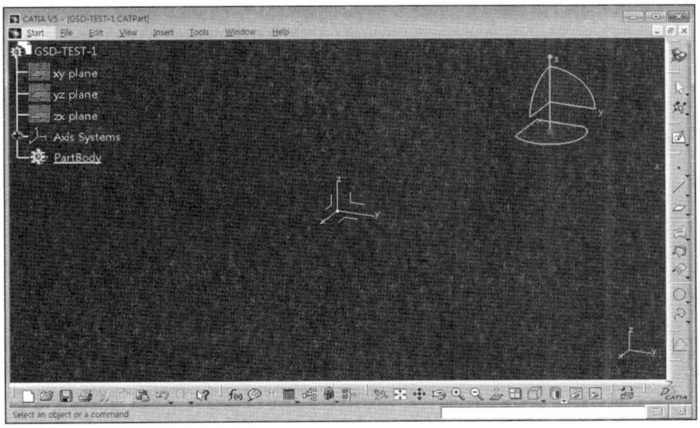

» 여기까지 모델링을 할 수 있는 가장 기본적인 환경이 만들어진 것이다.

[모델링 따라하기]

» Insert 메뉴에서 Body를 하나 추가한다. 이 Body에서 모델링을 할 것이다. 이렇게 하지 않으면 PartBody에서 모델링을 하게 된다. PartBody에서 모델링을 할 수 있지만 실무에서는 별도의 Body에서 작업을 하고 최종적인 결과물을 PartBody에 담게 된다.(참고로, PartBody는 삭제가 되지 않는다.)

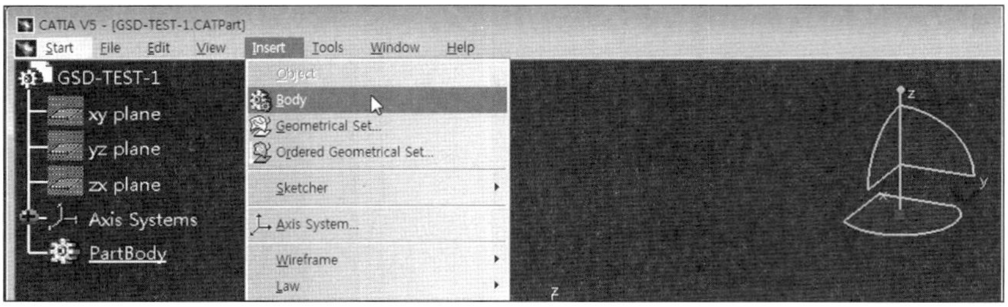

» 도면의 Front View에 해당하는 부분을 스케치로 먼저 만든다. 스케치를 하려면 두 가지 방법이 있다. 먼저 스케치 아이콘을 선택을 하고 스케치를 할 평면을 선택할 수 있다. 그리고 반대로 스케치를 할 평면을 먼저 선택을 하고 스케치 아이콘을 선택해도 된다. 그리고 스케치 아이콘은 두 가지가 있다. 그냥 스케치 아이콘과 Positioned Sketch 아이콘이 있다. 두 가지 아이콘의 차이점은 스케치 아이콘은 CATIA가 정해준 방향으로 스케치로 진입하여 스케치를 하는 것이고 Positioned Sketch는 사용자가 원하는 방향을 정하여 편리하게 사용할 수 있는 기능이다. 실제로 실무현장에서는 이 Positioned Sketch를 사용을 하고 있다.

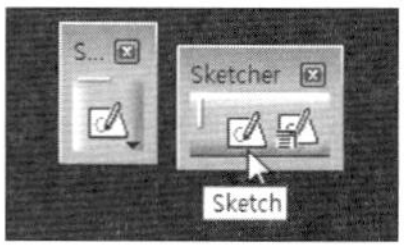

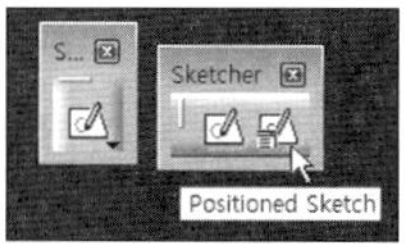

» xy평면을 선택하고 Positioned Sketch 아이콘을 선택하여 스케치로 진입할 수 있다. 그런데 여기서 눈여겨 볼 곳이 있다.

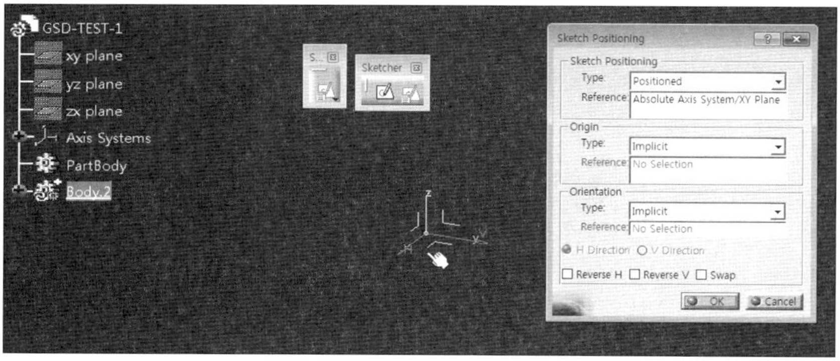

» 다음 그림의 sketch Positioning 대화창에서 Reverse H, Swap를 체크하여 원하는 방향으로 설정을 하고 OK를 클릭하도록 한다.

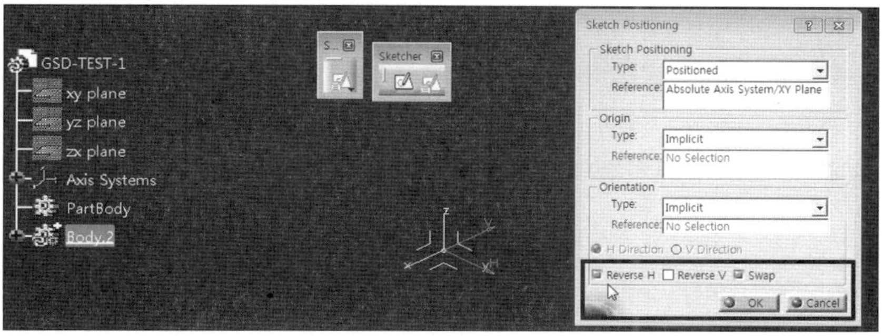

» 그러면 다음과 같은 그림의 스케치 화면이 나타날 것이다.

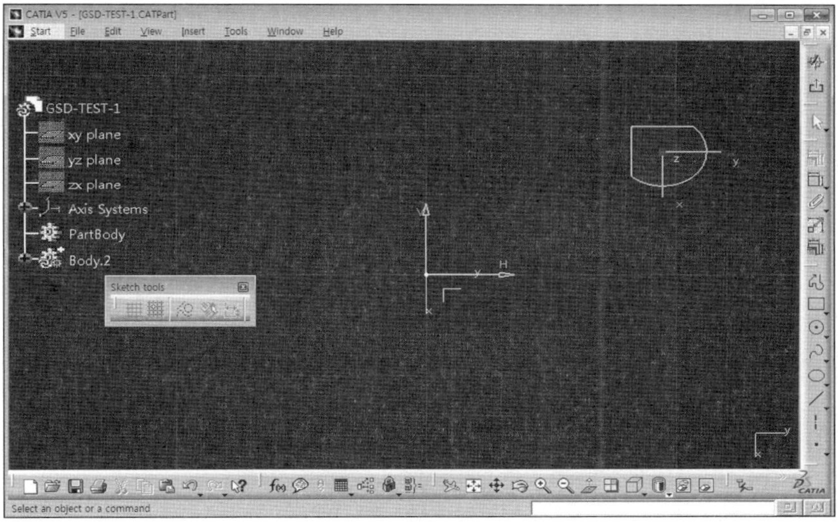

» 위와 같은 화면으로 나타나지 않으면 독자들과 저자의 모델링하는 환경을 동일하게 하기 위하여 이리저리 이동되거나 없어진 툴바를 다시 원위치로 만들 수 있는 기능을 알아보도록 하겠다. Tools의 Customize를 선택한다.

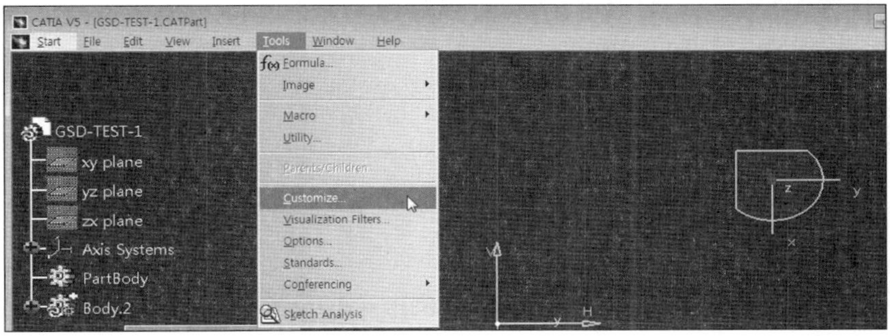

» Customize 대화창에서 Toolbars 탭을 선택하면 Restore position 버튼이 있을 것이다. 이 버튼을 클릭을 하면 툴바들이 원래의 상태로 원위치될 것이다. 이 기능을 독자들도 사용하여 저자와 같은 환경에서 모델링을 해보도록 하자.

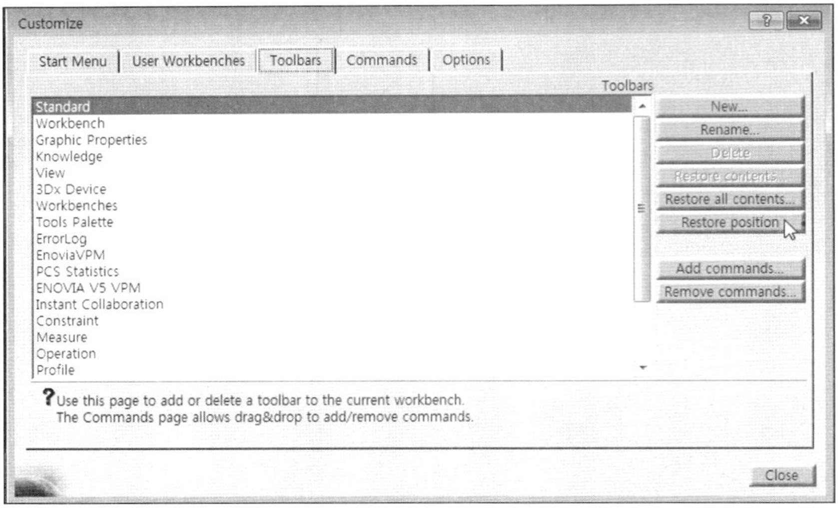

» 그러면, 스케치 작업장에서 도면의 치수를 반영하여 스케치를 해보자. Circle 툴바를 선택하여 Arc 아이콘을 클릭하여 선택한다.

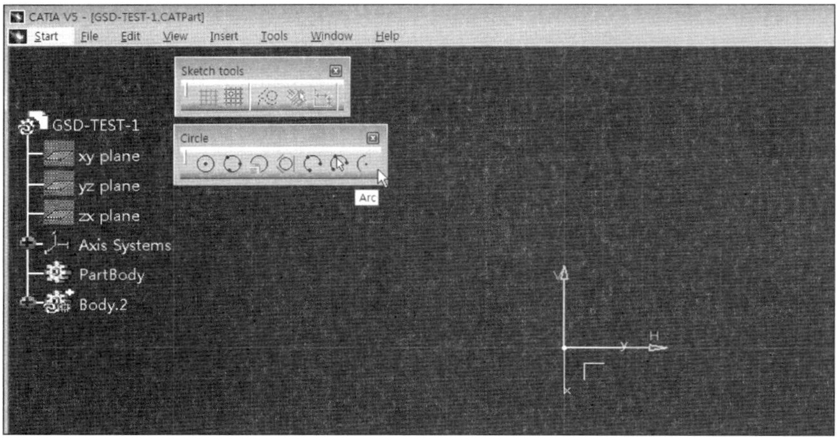

» V축의 연장선상의 한 점을 기준으로 하여 Arc를 그린다.

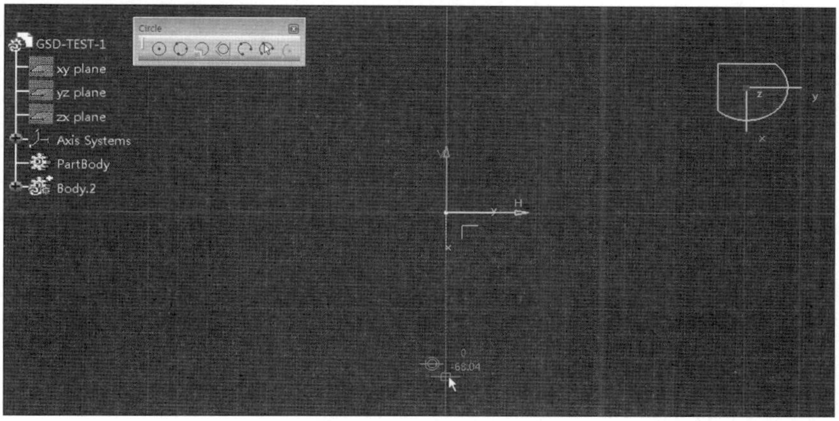

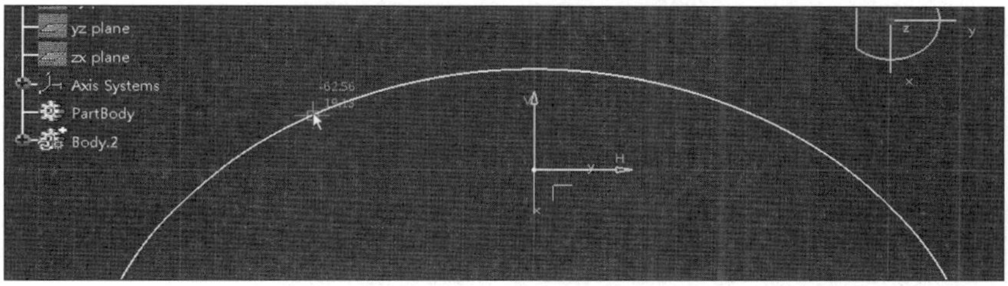

» 임의의 한 점을 선택하여 원호를 그리기 시작한다.

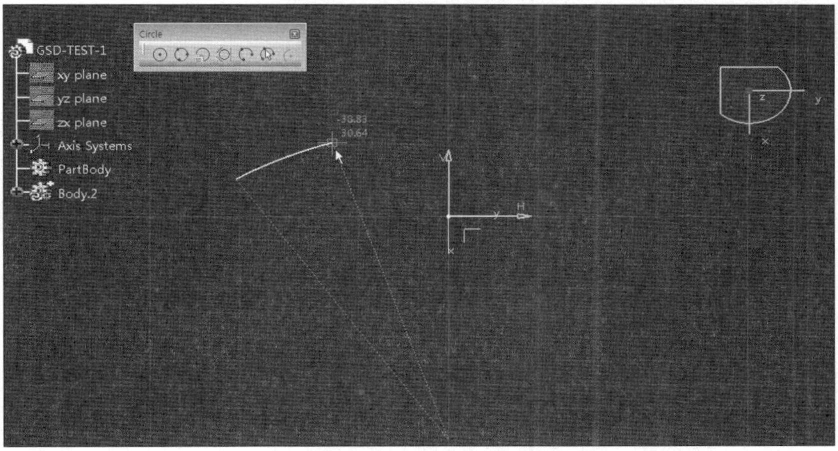

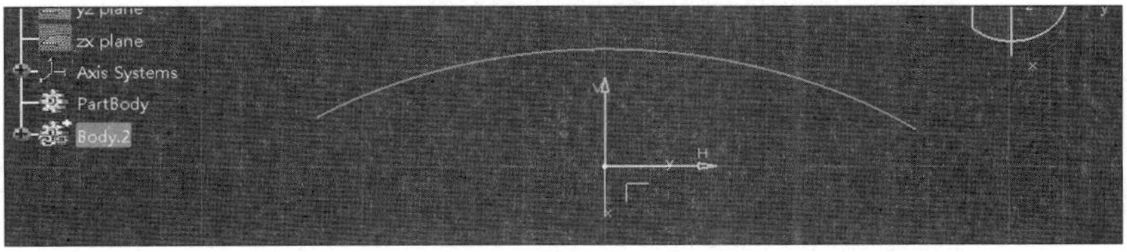

» 그림의 오른쪽 바에 있는 constraint아이콘을 클릭하여 세로로 되어 있는 툴바를 가로가 되게 한다. 이렇게 하려면 툴바를 선택한 상태에서 shift키를 누르고 이동을 하면 가로 상태가 된다.

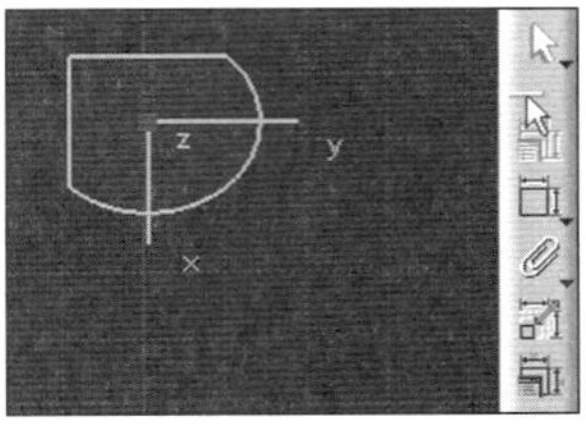

» 다음은 해당 치수를 기입한다. Constraint 툴바의 Constraint 아이콘을 선택한다. 아이콘을 선택한 다음 치수를 부여하려는 원호를 선택한다. 임의의 치수값이 나타날 것이다. 여기서 조심할 부분은 원호를 처음 그리기 위해서 저자는 V축 선상에 위치하는 임의의 점을 기준으로 원호를 그린 것이다.

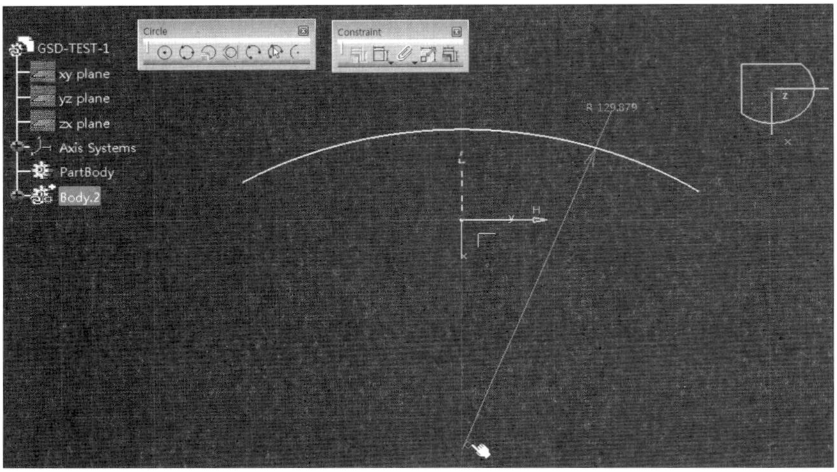

» 그림을 확대해보면 'O'표시가 있다. 이것은 저자가 선택한 임의의 포인트가 V축 선과 만나고 있다는 것을 나타내고 있으며 이것은 Coincidence되어 있다고 한다. 즉, 서로 만나고 있다는 것이다. 이것을 CATIA 용어로는 SmartPick이라고 한다.

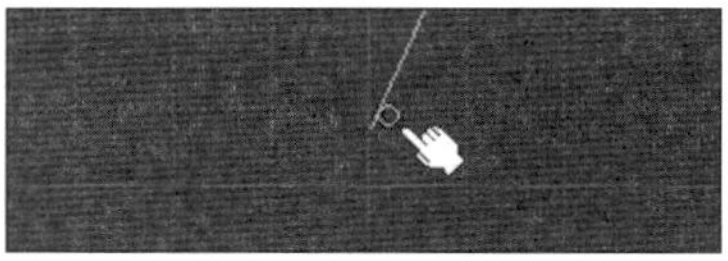

» 치수를 502mm로 한다.

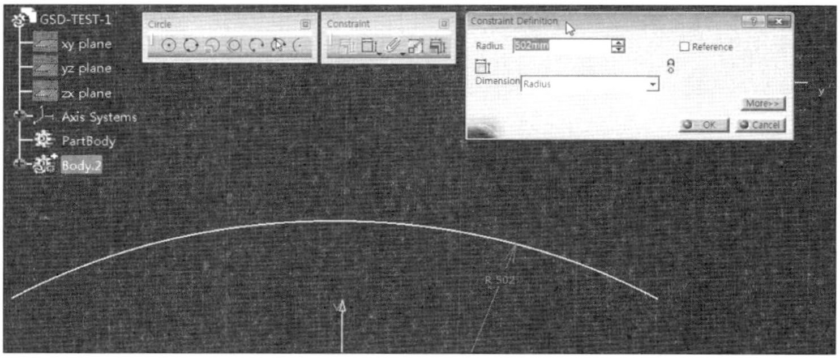

» 그림과 같이 41mm의 치수를 도면과 같이 기입을 한다.

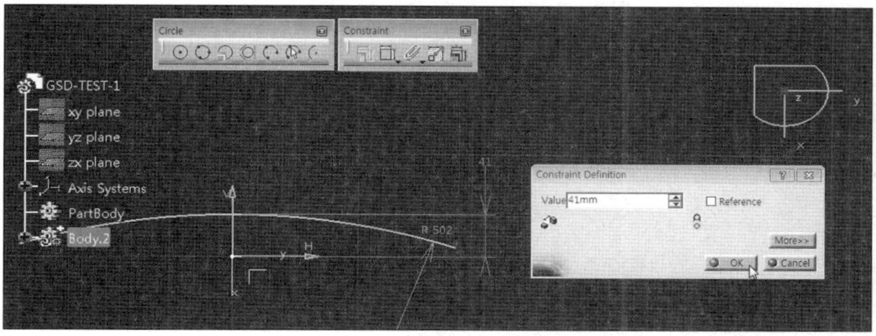

» 다음은 반대편에도 위와 같은 작업을 반복하도록 한다.

» Transformation 툴바의 mirror 아이콘을 사용하여 위와 아래가 대칭인 원호를 만든다. Mirror 아이콘을 선택하고 대칭의 축이 되는 H축을 선택하면 된다.

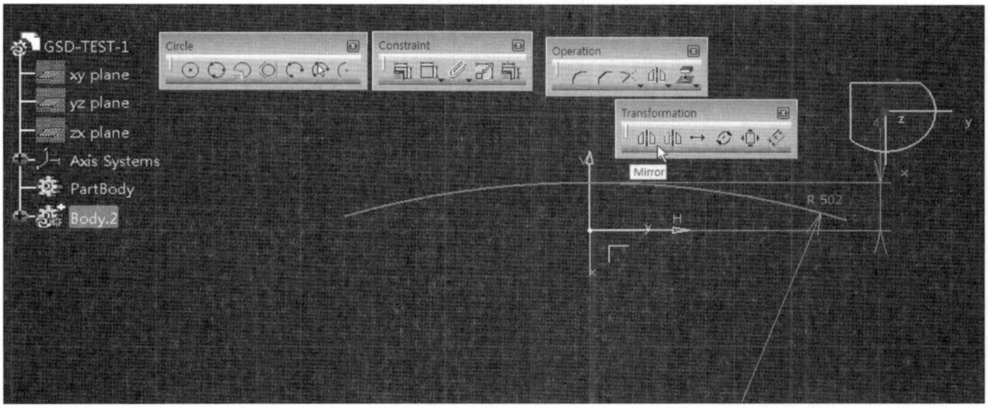

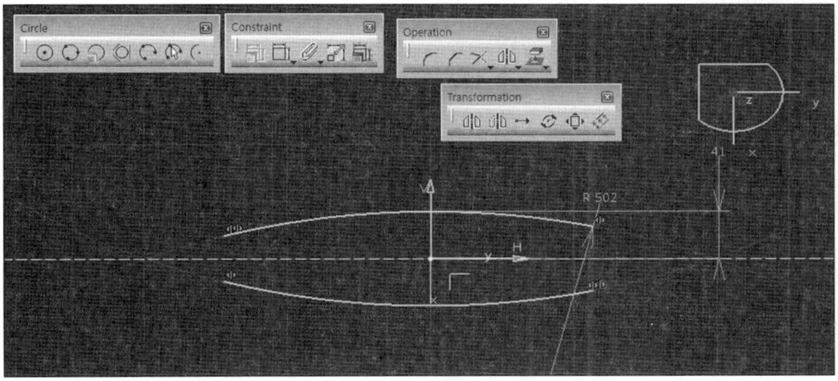

» 다음은 좌와 우측에 비슷한 방법으로 원호를 그린다.

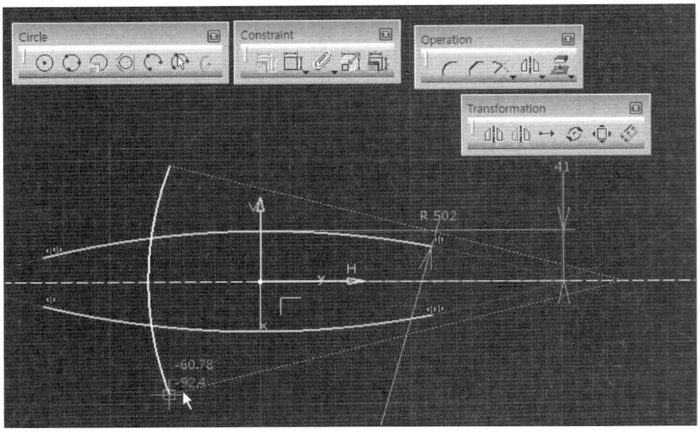

» 원호는 302mm로 한다.

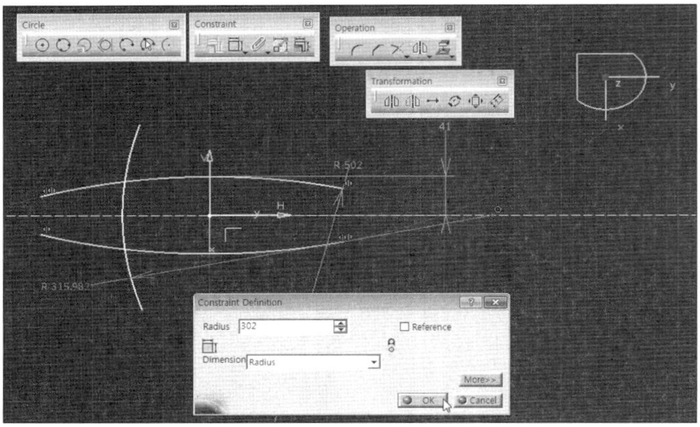

» V축과는 56mm의 치수를 기입하도록 한다.

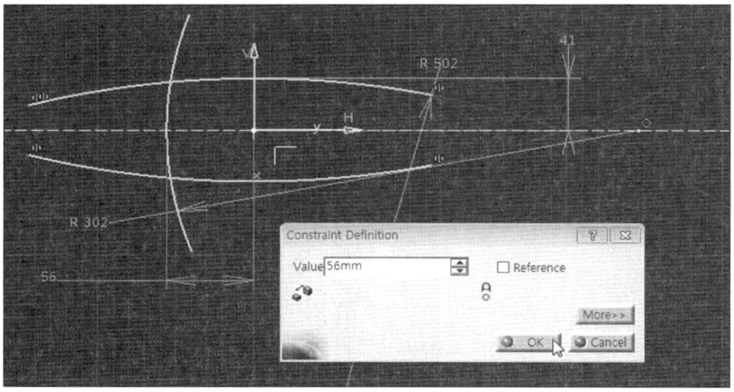

» Mirror 기능을 사용하도록 한다.

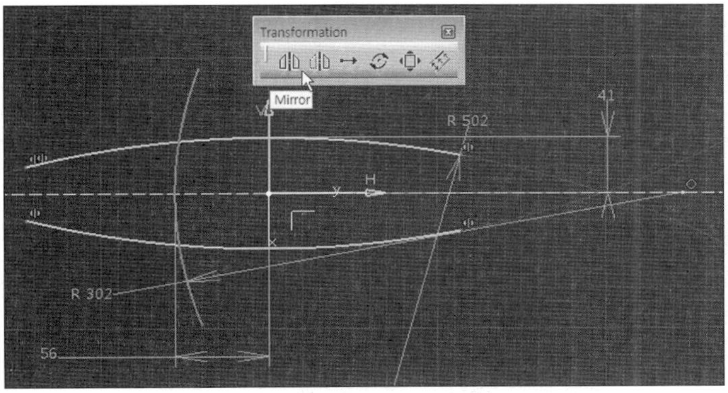

» 그림과 같이 좌우로 대칭인 원호가 만들어진 것을 확인할 수 있다.

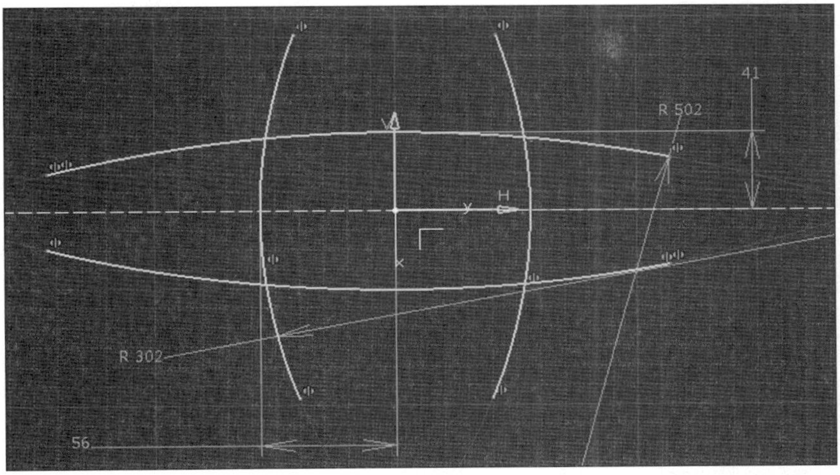

» 다음은 만들어진 스케치를 원하는 형상으로 다듬는 작업을 할 것이다. 이것은 Operation 툴바의 아래에 있는 Relimitations 툴바를 사용한다.

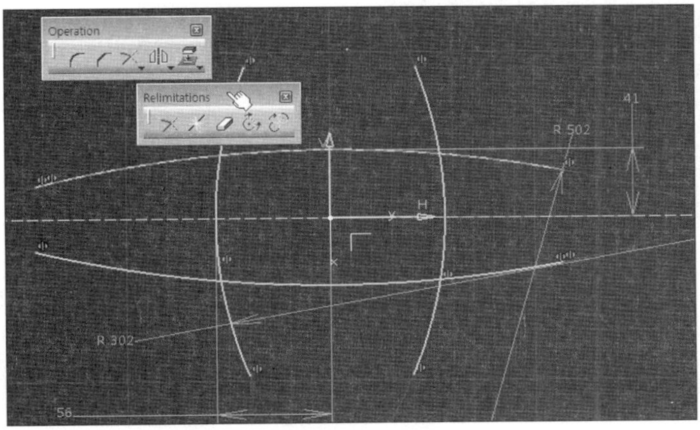

» ❶ 간단하게 Quick Trim아이콘(지우개 모양)을 사용하면 된다.

» ❷ 해당 아이콘을 선택하고 지우려는 선분을 선택하면 선택된 선분이 지워진다. 이 때 Quick Trim 아이콘을 더블 클릭한다. 더블 클릭을 하면 동일한 기능을 반복해서 사용할 수 있다.

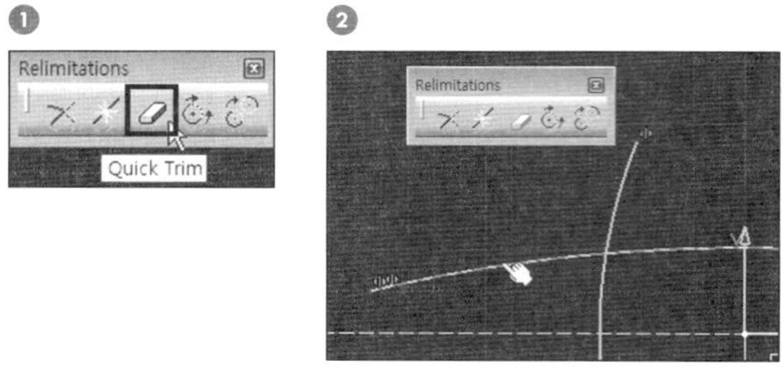

» 선택된 불필요한 선분은 사라진 것을 확인할 수 있다.

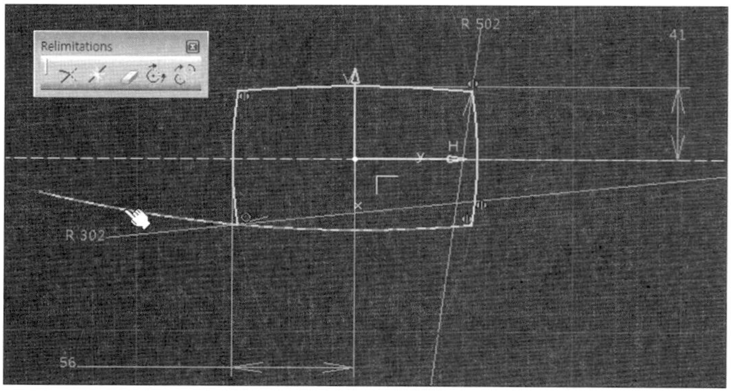

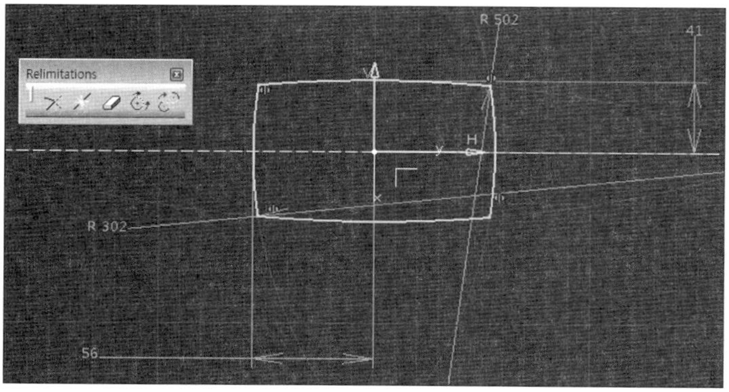

» 원하는 스케치 작업이 완료되었다.

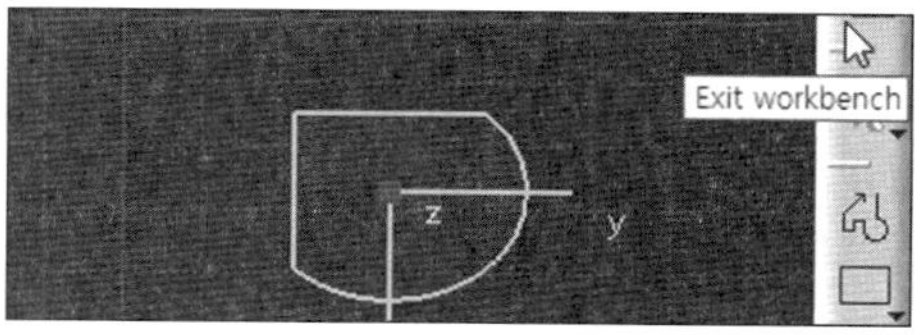

» 3차원 공간으로 빠져나간다. 아래와 같이 스케치가 3차원 공간에서 만들어진 것을 확인할 수 있다.

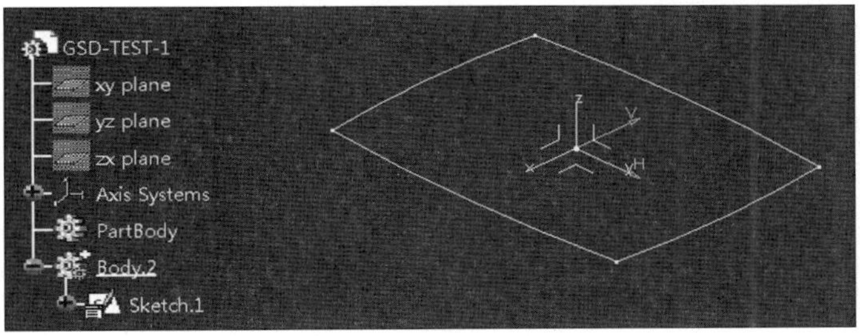

» Surfaces 툴바의 Extrude아이콘을 사용해서 만들어진 스케치를 기반으로 뽑아내어 Surface를 만든다.

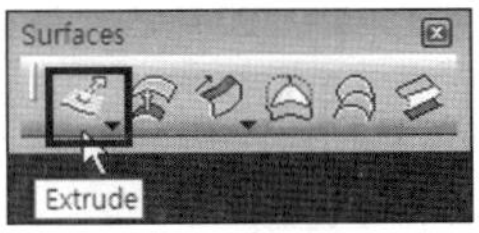

» Extrude아이콘을 선택하고 Profile는 만들어진 스케치를 선택하면 된다.

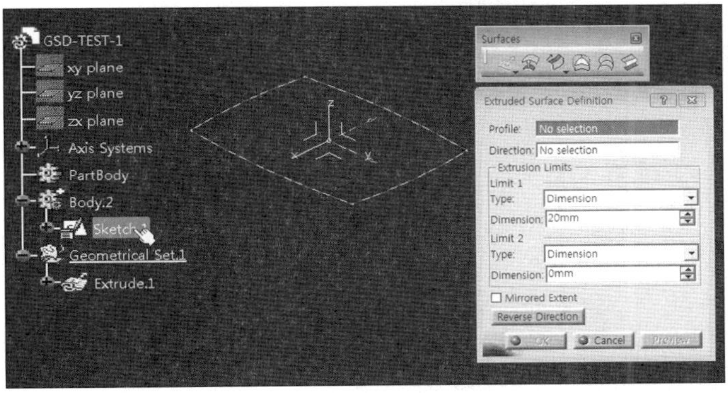

» 기본 Dimension 값은 20mm이다. 이 길이보다 더 길게 충분히 뽑아내도록 한다. 여기서는 도면의 section A-A의 높이 치수 30mm보다 더 길게 뽑아낸다. 여기서는 80mm의 치수를 기입하도록 한다.

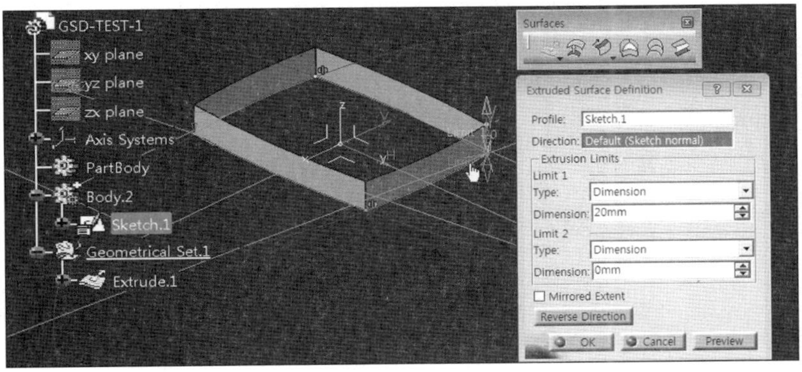

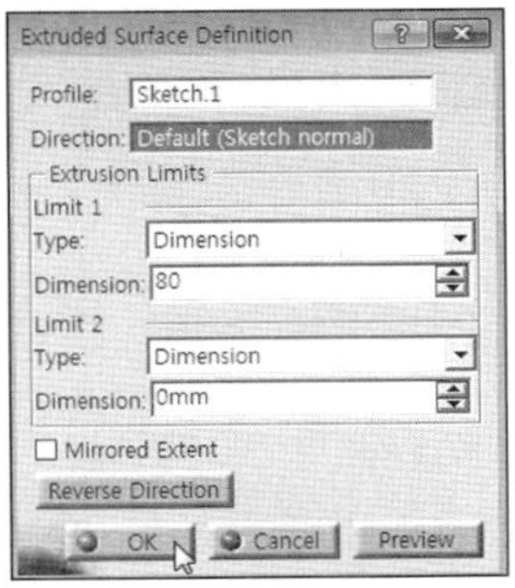

» 그림과 같은 형상의 Surface가 만들어질 것이다.

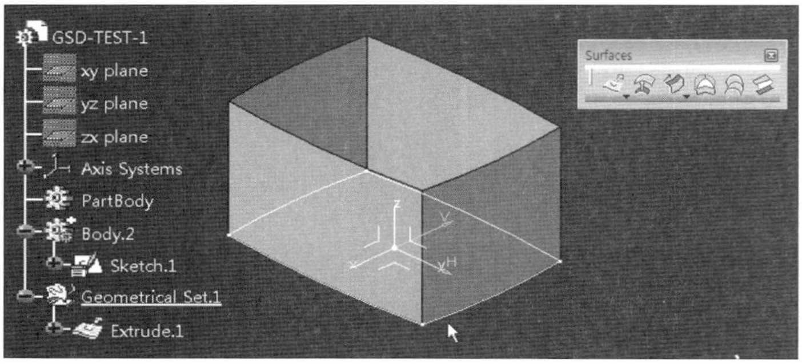

» 다음은 yz평면을 선택하여 스케치 작업장으로 들어가도록 한다. 도면의 Section A-A의 R202mm의 원호를 그릴 것이다. Positioned Sketch 아이콘을 선택하고 yz평면을 선택하도록 한다.

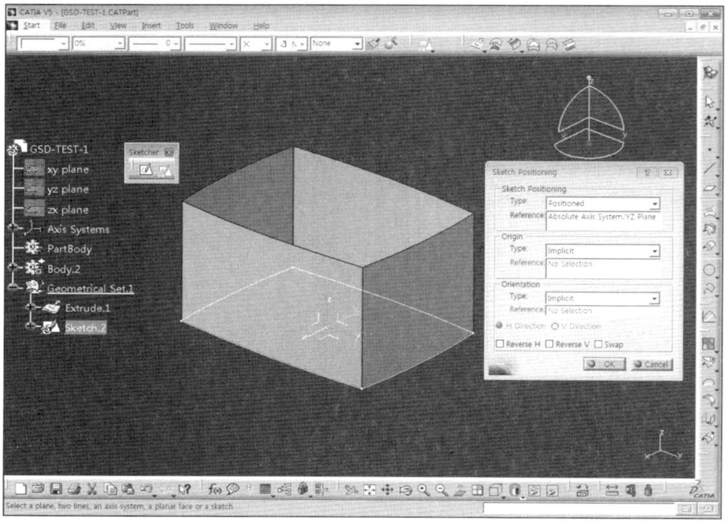

» 스케치로 들어온 그림이다.

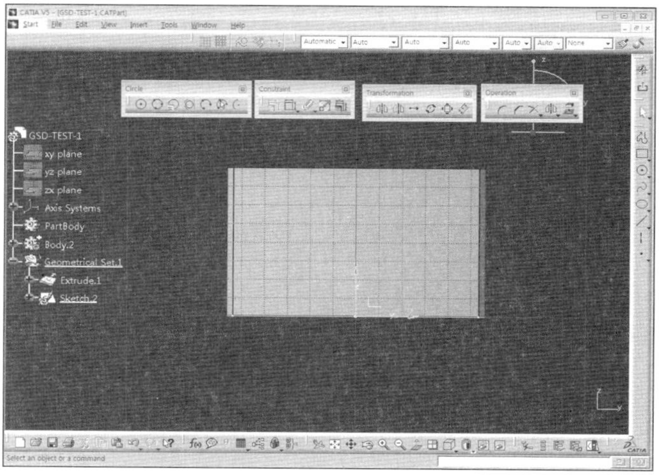

» 다음은 원호를 그리기 위해서 Circle 툴바의 Arc 아이콘을 사용하여 원호를 그린다.

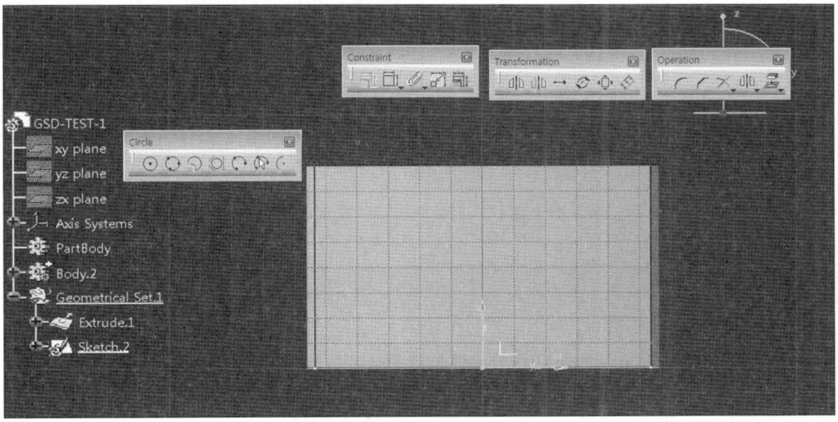

» V축선상의 임의의 포인트를 선택하도록 한다.

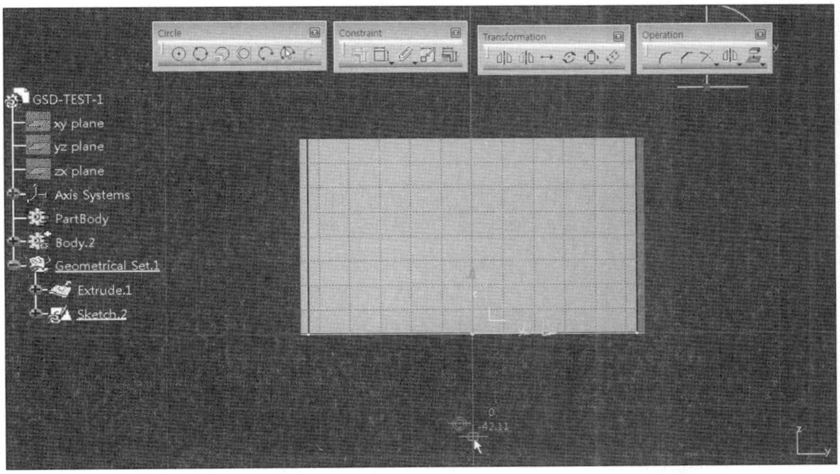

» 선택한 포인트에서 임의의 Arc를 만든다.

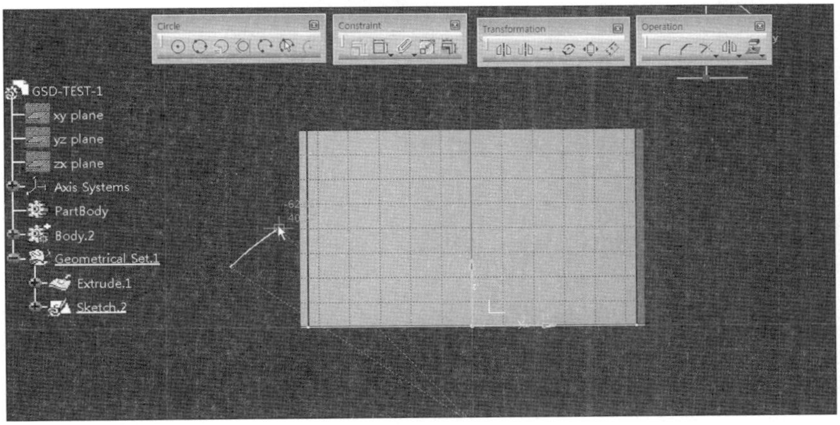

» 만들어진 Arc에 R 202mm 도면의 치수를 기입하도록 한다. (constraint 아이콘 사용)

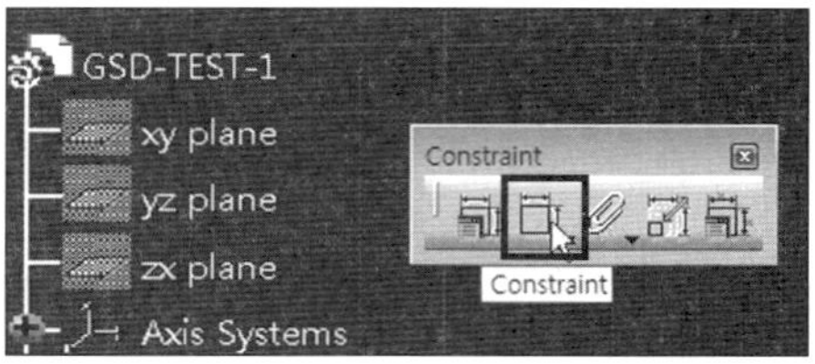

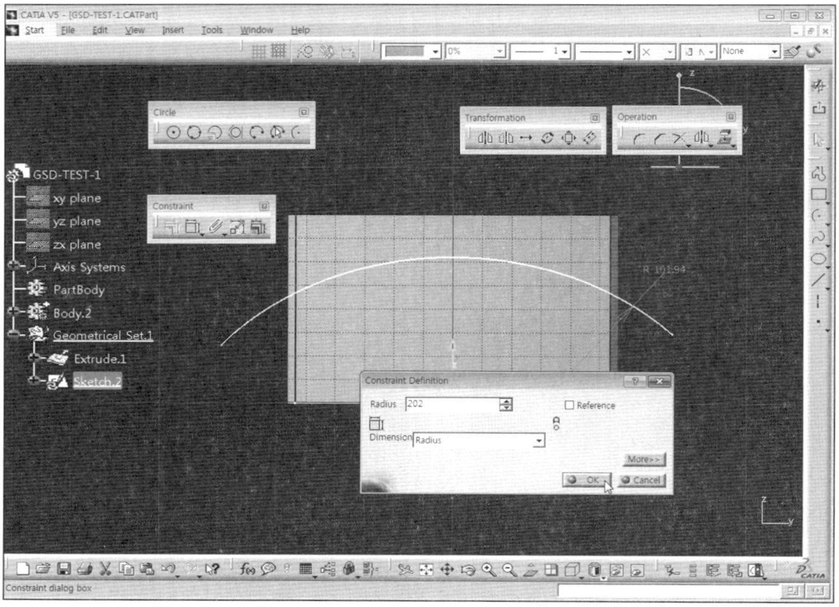

» 다음은 Section A-A의 30mm 치수를 기입하도록 한다.

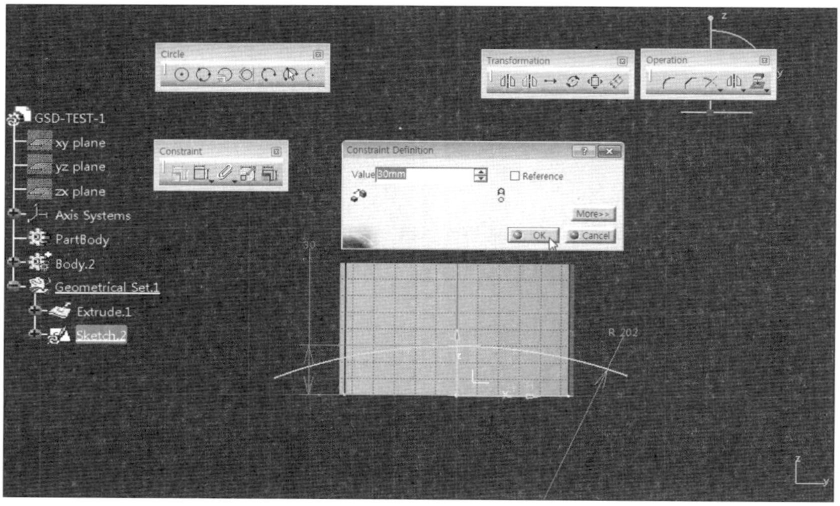

» 원하는 스케치 작업이 끝나고 3차원 공간으로 빠져나간다.

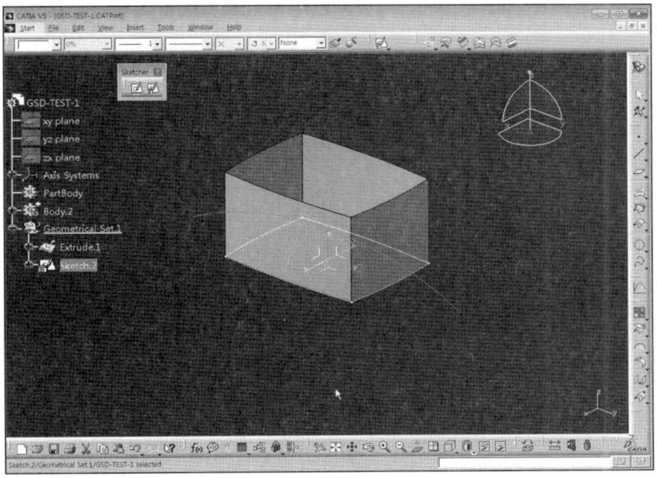

» 모델링 과정의 모양을 잘 나타날 수 있도록 색깔을 바꾸어보자. 위의 빈 바에 마우스를 살며시 올리고 3번 마우스(또는 오른쪽 마우스)를 선택하면 Graphic Properties가 나온다. 이 부분을 체크를 한다. 이 툴바가 색깔을 바꾸어주는 기능을 한다.

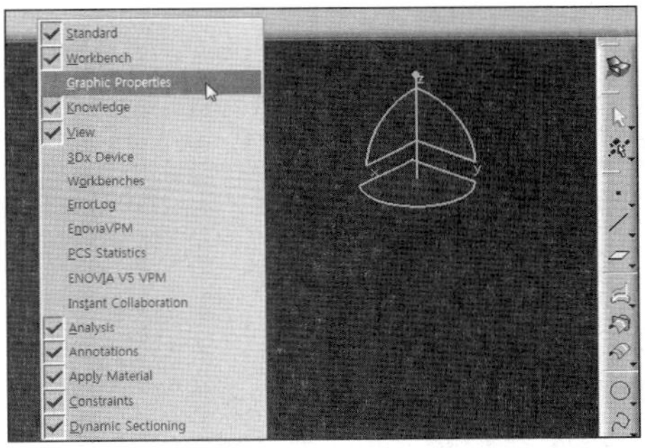

» 색깔을 바꾸고자 하는 대상을 선택(여기서는 Tree의 Extrude.1)하고 툴바를 사용하여 색깔을 바꾸면 된다.

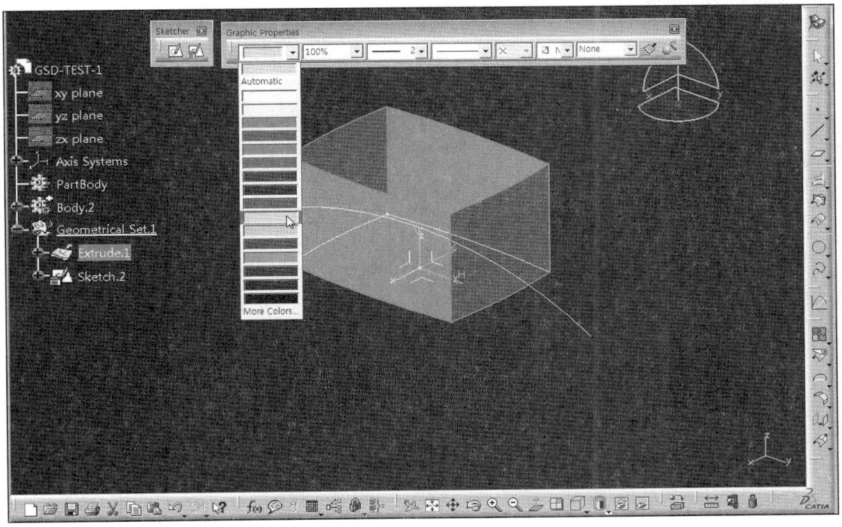

» 앞서 만들어진 스케치를 사용하여 원하는 Surface를 만들어 보도록 하겠다. Sketch.2를 선택하고 Surfaces의 Extrude 아이콘을 사용한다.

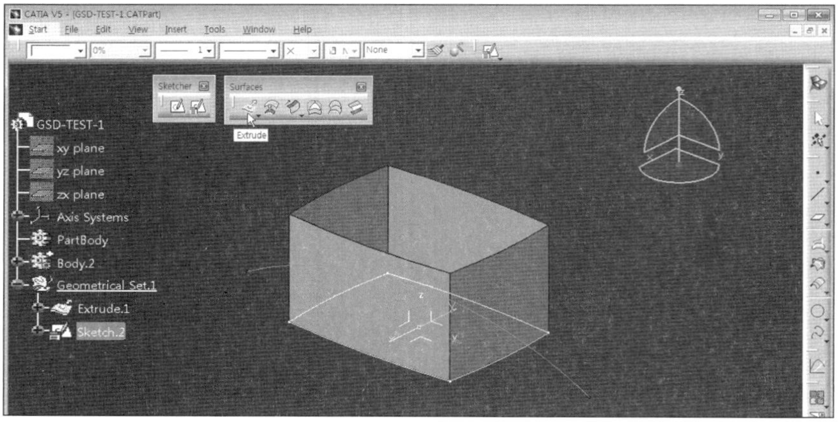

» 다음은 Section B–B의 원호 R 152mm를 스케치에서 만든다. zx평면을 선택하여 스케치로 진입한다.(방향은 Reverse V, Swap를 체크한다.)

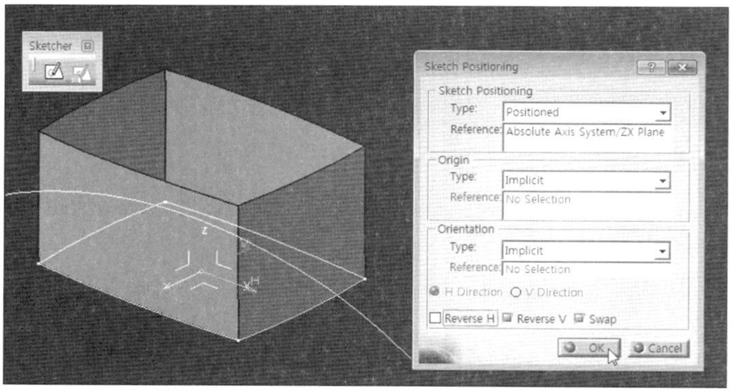

» V축선상의 임의의 원점으로 하는 원호를 그린다.

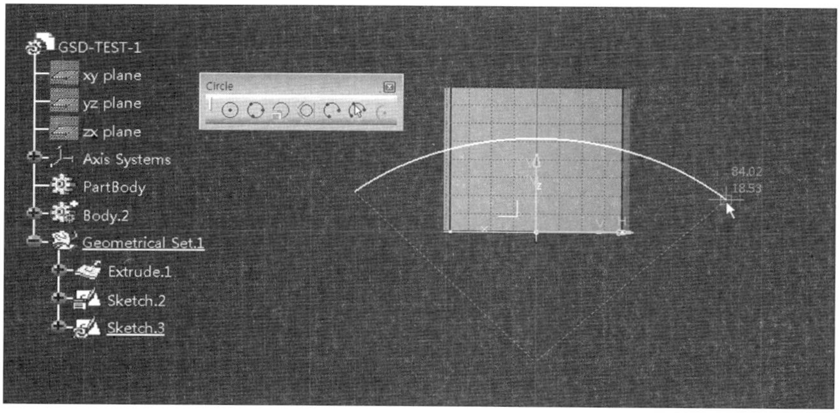

» 152mm의 치수를 기입하도록 한다.

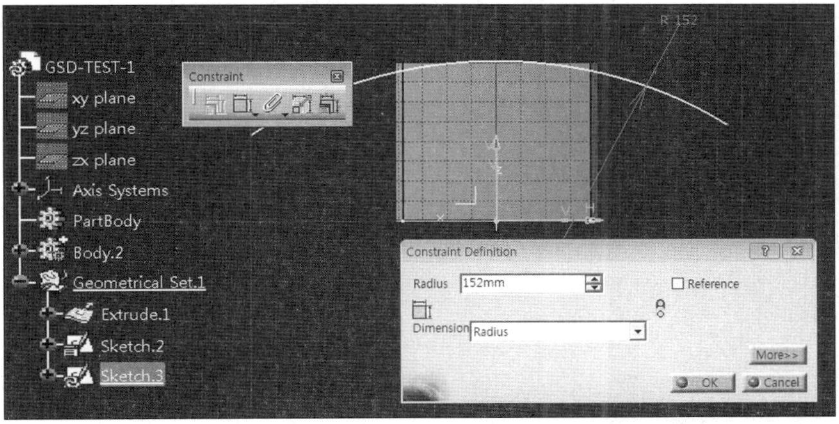

» ❶ H축으로부터 33mm 떨어진 치수를 기입하여 스케치 작업을 끝낸다.

» ❷ 다음은 만들어진 두 개의 스케치로 Sweep를 하여 두 개의 스케치를 지나는 공통의 영역인 Surface를 만들도록 한다.

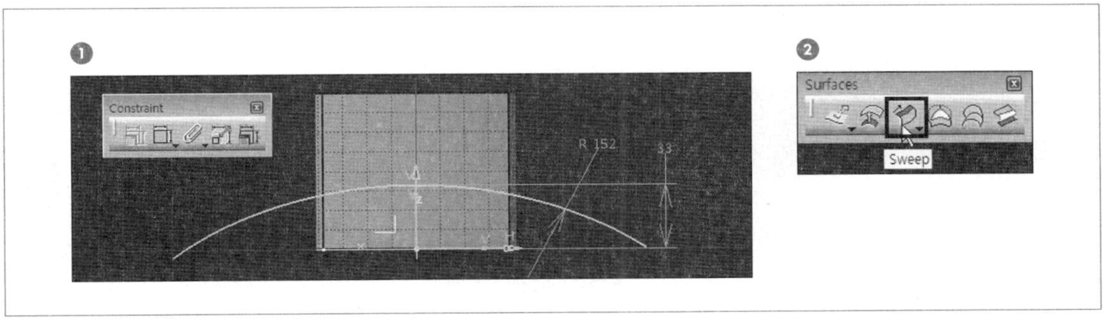

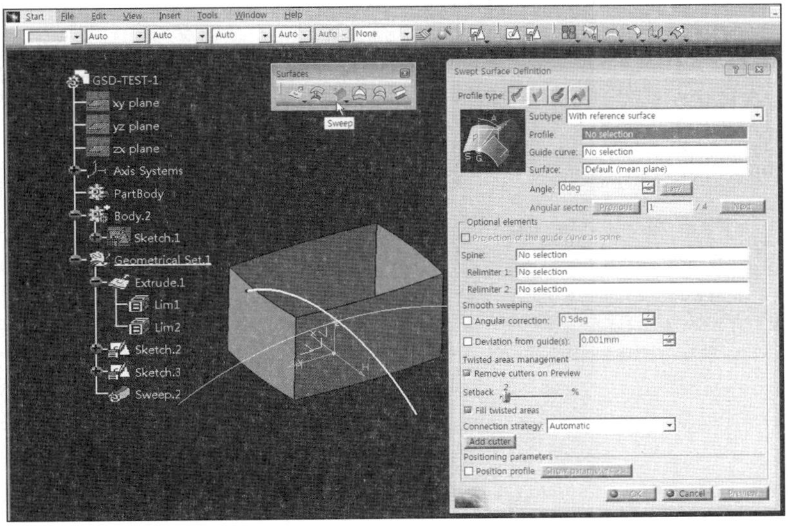

» Profile에는 sketch.3을 선택하고 Guide curve에는 sketch.2를 선택하도록 한다. 반대로 Profile에는 sketch.2을 선택하고 Guide curve에는 sketch.3를 선택할 수 있는데 이 결과는 서로 조금 다르다. 이 부분의 결정은 설계를 하는 사람이 제품의 특성에 맞도록 선택하면 된다.

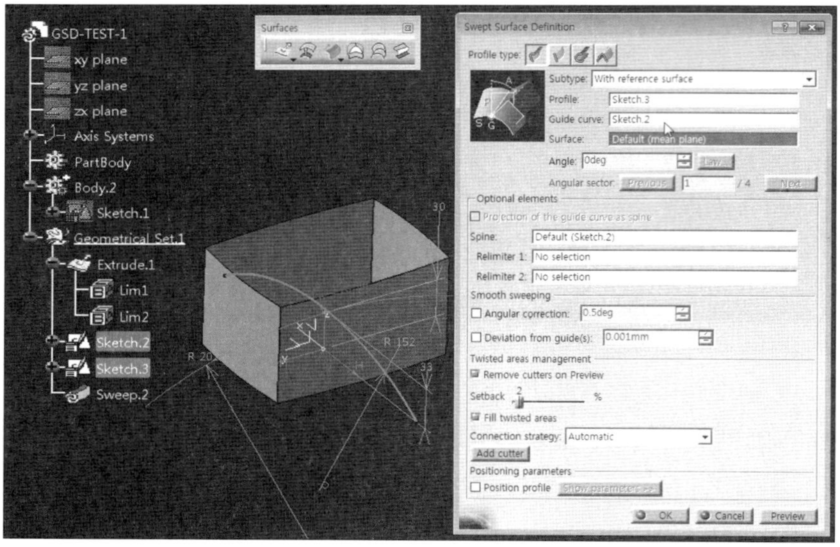

» 그림과 같은 결과를 얻을 수 있다.

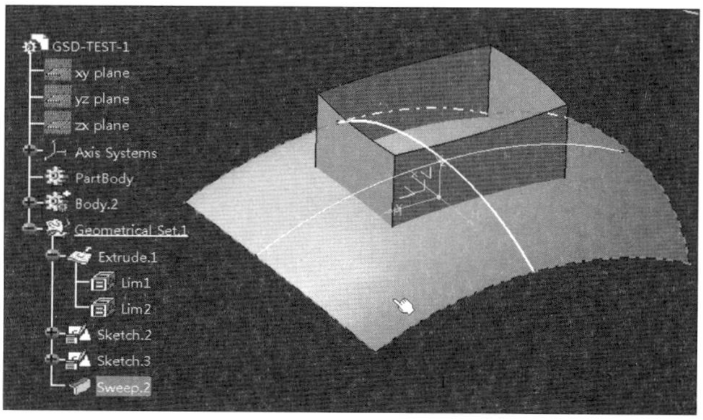

» 다음은 Sweep.2와 Extrude.1의 결과물로 원하는 형상으로 트림작업을 한다.

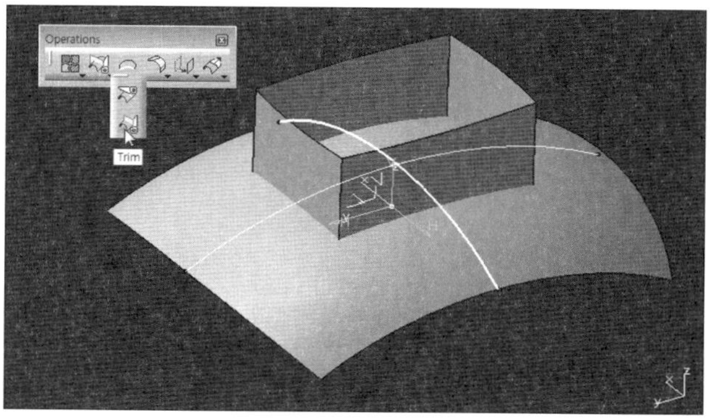

» Extrude.1을 먼저 선택하고 다음은 Sweep.2를 선택한다. 그런데 형상이 원하는 형상이 아니다.

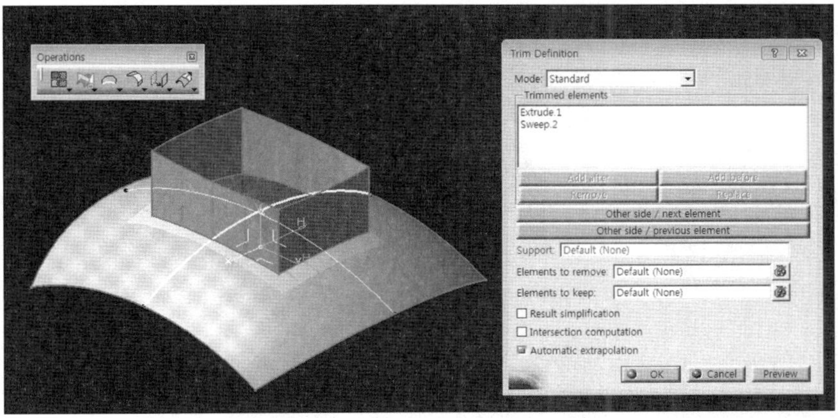

» 트림 대화창의 Other side/next element와 Other side/previous element를 선택하여 원하는 형상이 나오도록 클릭해본다.

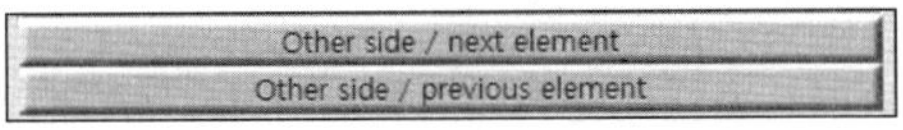

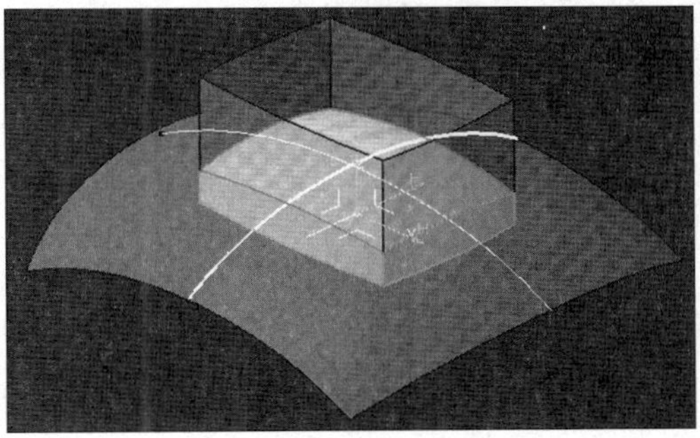

» 다음과 같이 원하는 형상이 나오는 것을 확인할 수 있다. Trim.5가 그 결과물이다.

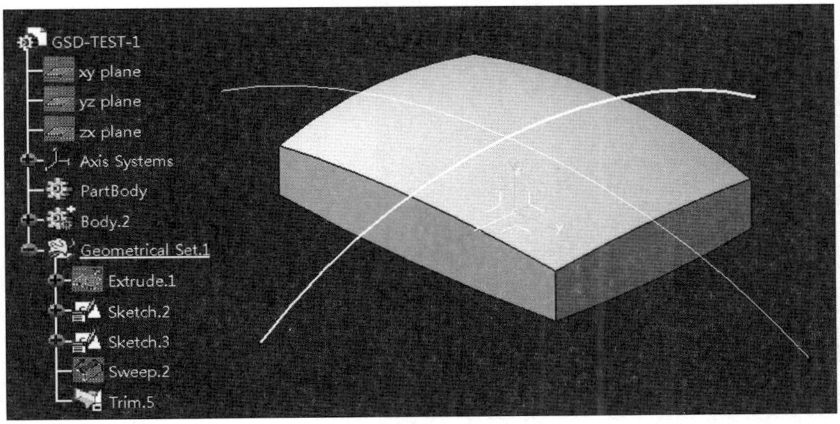

» 만들어진 스케치는 작업이 편리하게 숨기기(Hide)를 한다. 스케치를 선택하고 3번 마우스 또는 우측 마우스하면 메뉴에 Hide/Show가 나타난다. 이것을 선택하면 숨기기가 된다. 다음은 모서리 4군데에 Edge Fillet 32mm 처리를 한다.

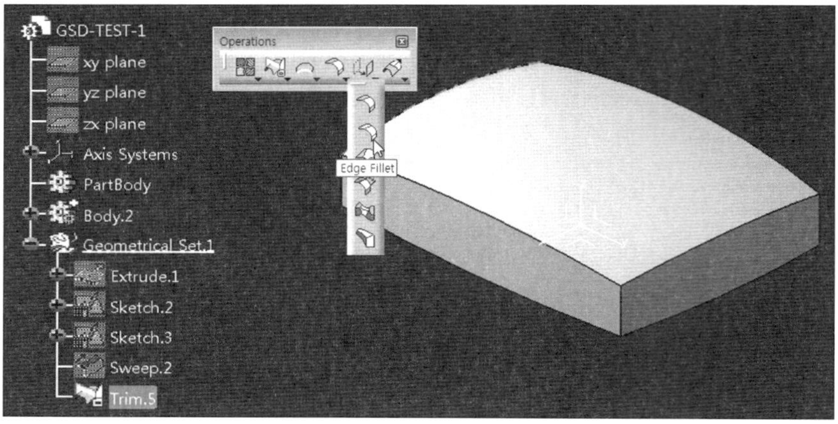

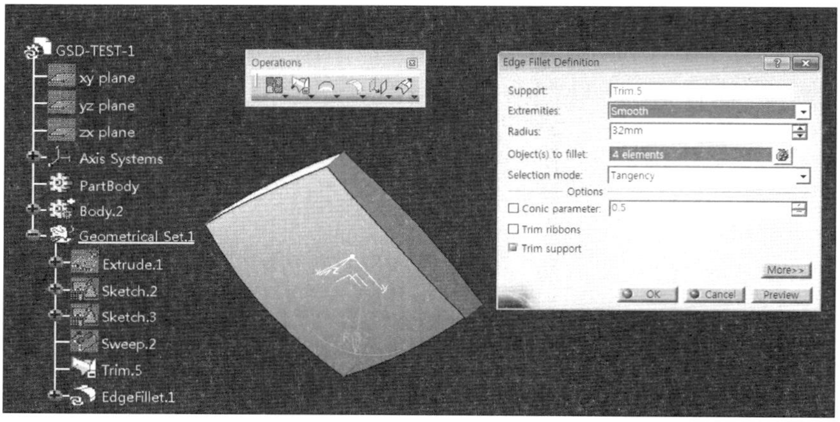

» Fillet처리를 한 결과를 확인할 수 있다.

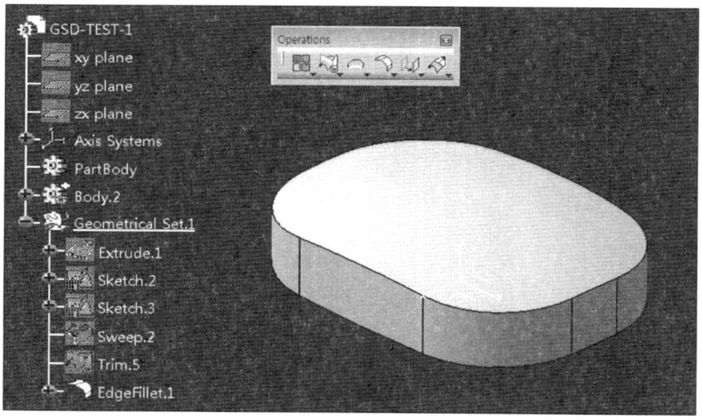

» 다음은 서변 Fillet를 주는 작업을 해야 한다. 서변은 16mm에서 22mm로 Fillet가 변하는 구간이다. 이 작업은 Variable Fillet 아이콘을 사용해야 한다.

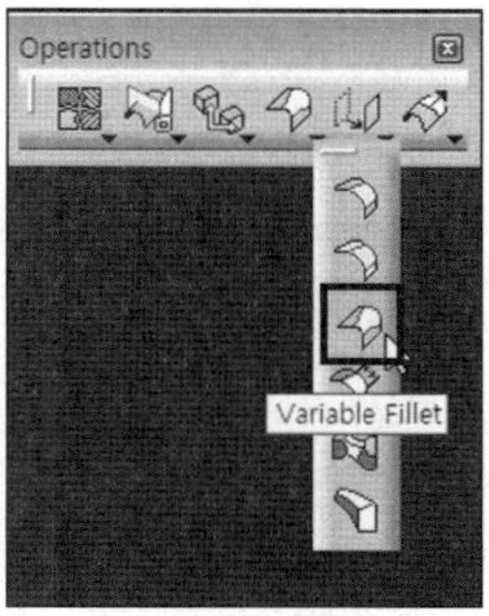

이 작업을 하는 경우에 잘못하여 실수를 하는 경우가 많다. 왜냐하면 앞서 Edge Fillet값이 32mm 주어져 있기 때문에 Fillet값을 각각 다르게 주는 것이 쉽지 않다. 따라서, 독자들은 본 저서의 순서로 잘 따라 작업을 해야 한다.

» 먼저 Variable Fillet 아이콘을 선택한다. 그리고, 대화창이 나오면 Selection mode부분이 Tangency로 되어 있는 부분을 Minimal로 변경하고 해당 Fillet부위를 선택해야 한다.

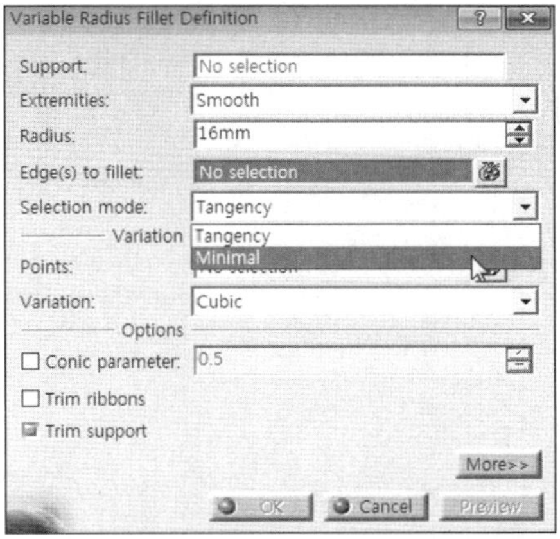

» 그런 다음 Edge를 줄 모서리 4군데를 클릭하여 선택한다.

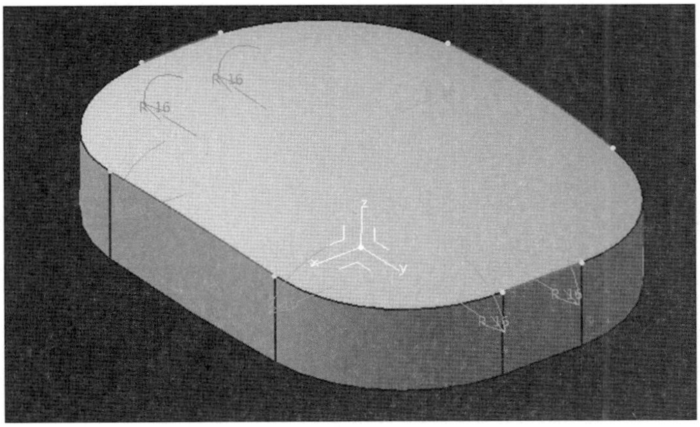

» 다음은 선택한 곳에 서변(변하는 값)으로 22mm의 치수를 준 부분을 더블 클릭하여 값을 변경할 수 있다.

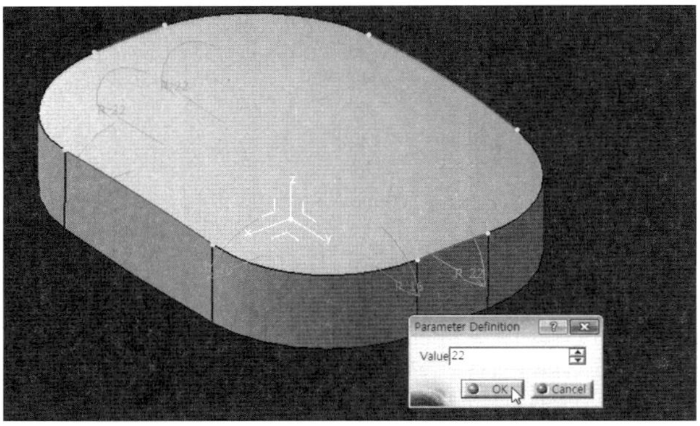

» 대화창이 그림과 같이 되어야 한다.

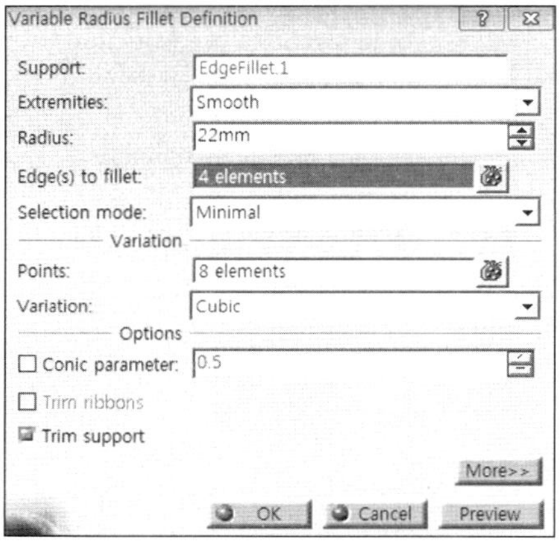

» 그 다음은 대화창의 Selection mode부분이 Minimal로 되어 있는 부분을 Tangency로 변경하고 OK를 선택하여 클릭하면 된다.

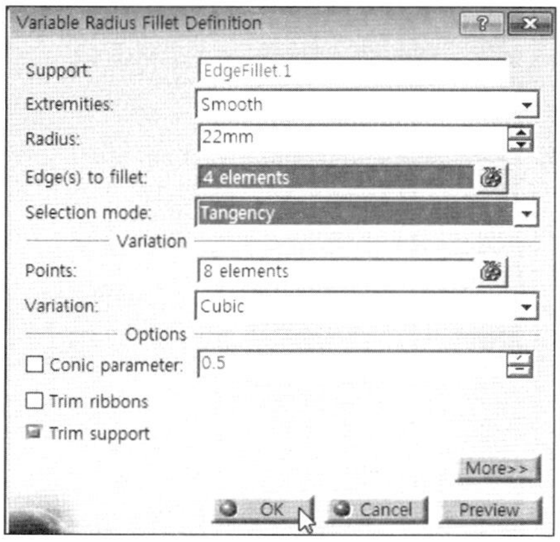

» 그 결과 다음 그림의 결과를 얻을 수 있다.

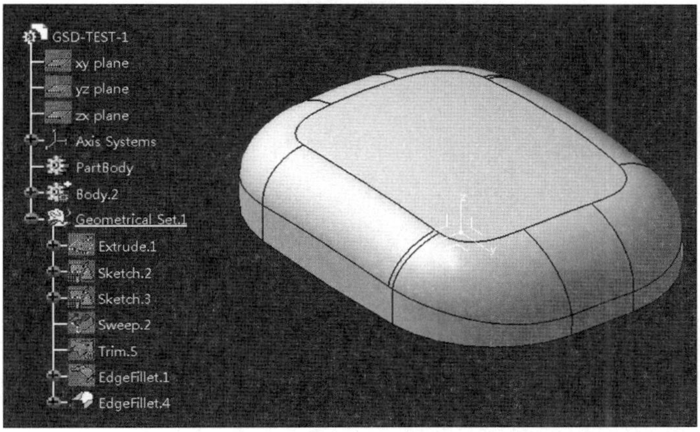

» 두께는 2.5mm이기 때문에 PartDesign 작업장으로 이동하여 두께를 주도록 한다.

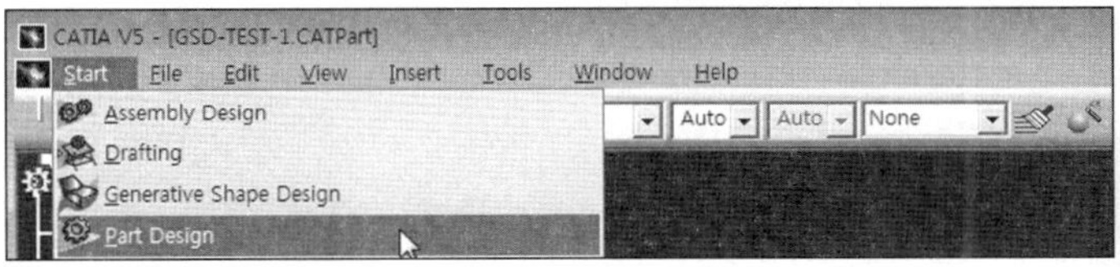

» Surface-Based Features 툴바가 없는 분은 오른쪽바에서 3번 마우스 또는 오른쪽 마우스를 클릭하여 Surface-Based Features를 체크하면 해당 툴바가 나타날 것이다.

» 그리고, 해당 두께를 주게되면 두께로 만들어진 Solid가 담길 부분은 Body.2가 해당 작업장이 되도록 하여야 한다. Body.2를 선택하고 오른쪽 마우스(또는 3번 마우스)를 클릭하고 Define In Wo가 Object를 선택하면 Gelmetrical Set.1에 있던 밑줄이 Body.2로 이동하여 Body.2dp 밑줄이 그어져 있을 것이다.

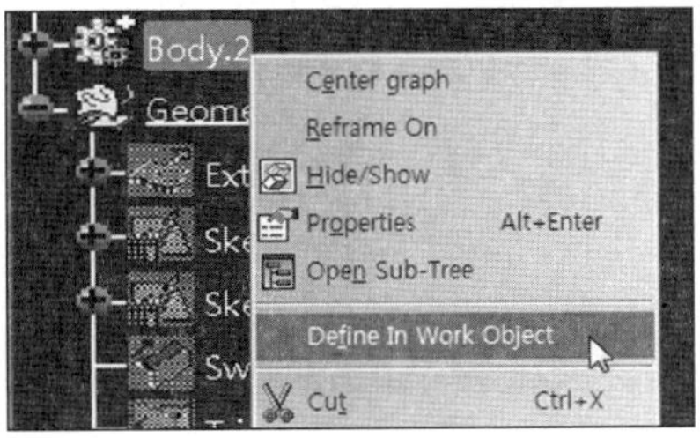

» 아래와 같이 밑줄이 그어진 부분을 확인할 수 있다. 이제 Solid를 만들게 이곳에 담길것이다.

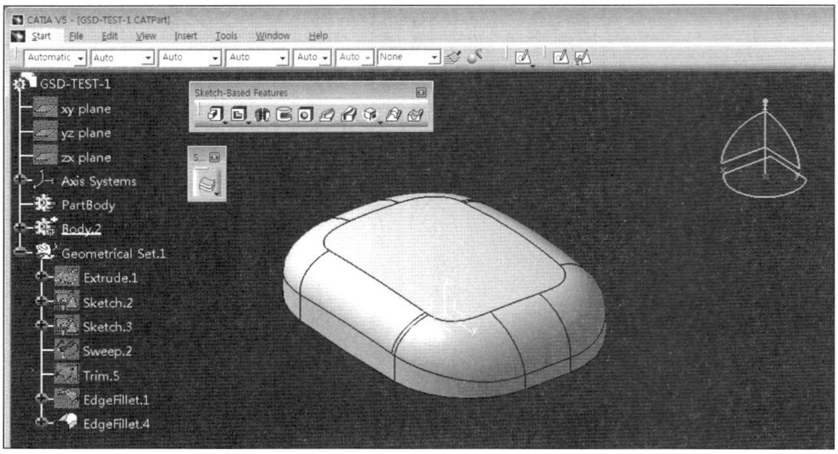

» Thick Surface아이콘을 사용하여 2.5mm의 두께를 주도록 한다.

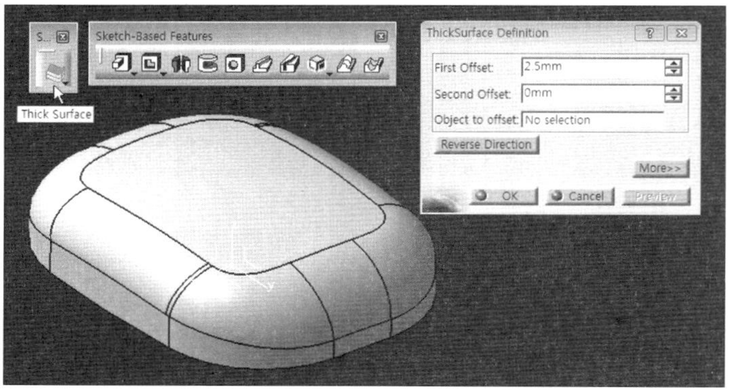

» 그림과 같이 안쪽 Surface를 선택하고 두께가 주어질 방향은 안쪽이 되도록 대화창의 Reverse Direction를 사용하여 처리하도록 한다.

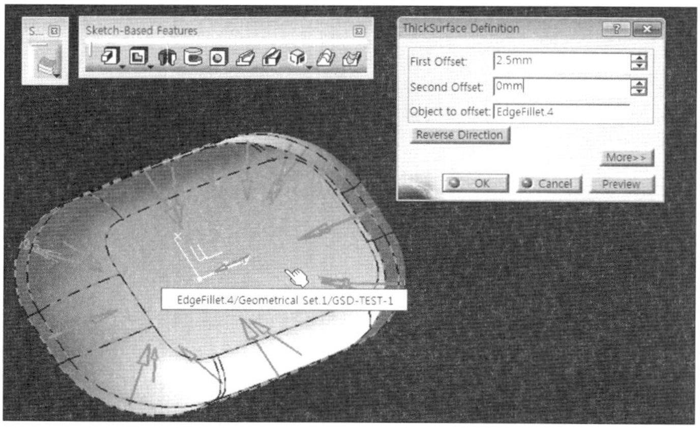

» ❶ 안쪽 부위에 두께가 주어졌음을 확인할 수 있다.

» ❷ 다음은 작업의 편의를 위해 Surface부분을 숨기기(Hide)를 한다.

» 그 결과를 ❸의 그림과 같이 확인할 수 있다.

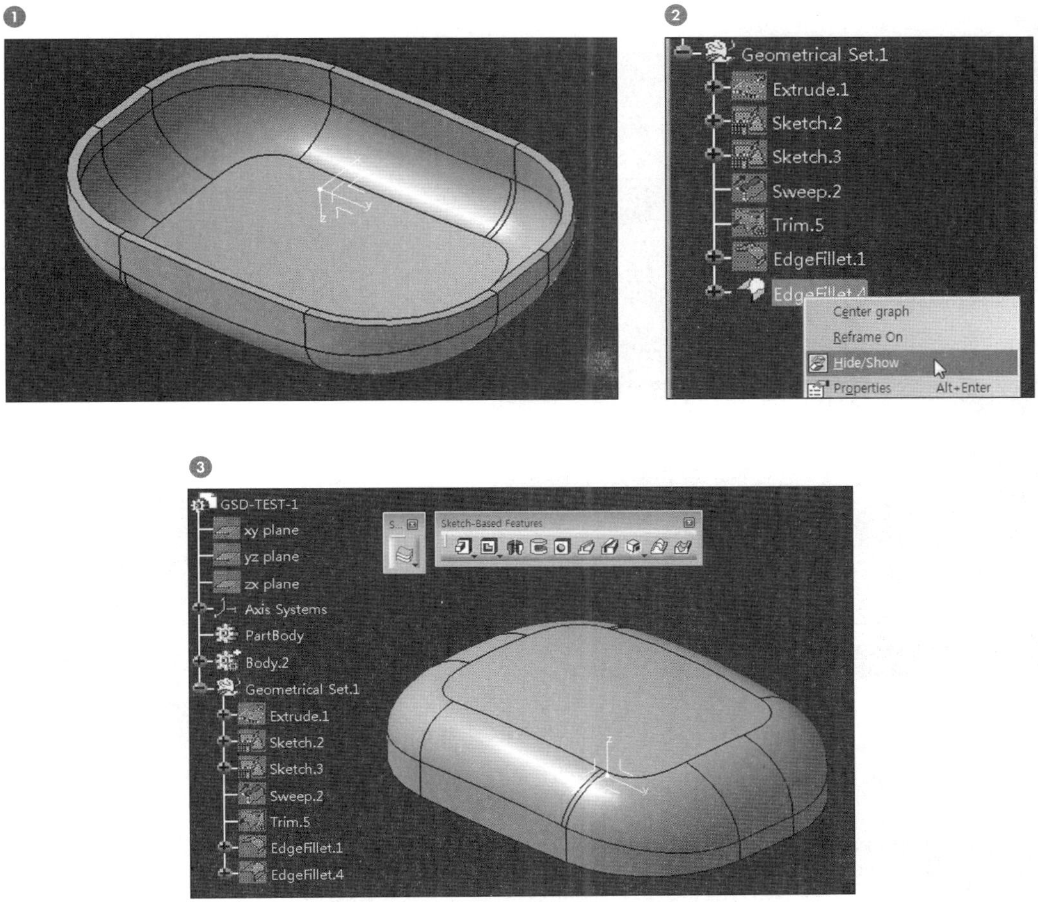

» 다음은 zx평면을 선택하여 스케치 작업장으로 들어간다. 도면의 Detail C 부분을 작업할 것이다.

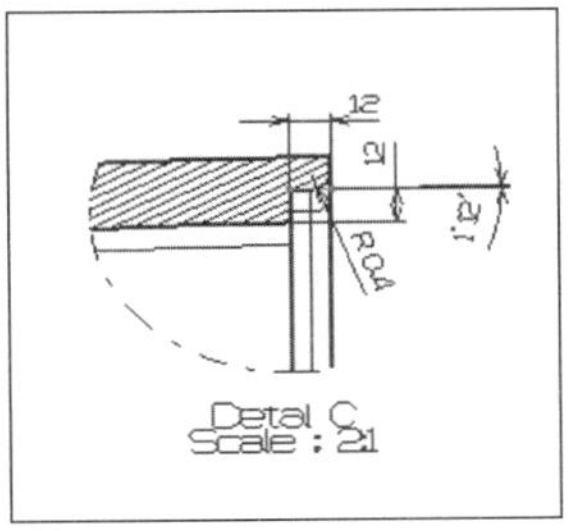

» Reverse V, Swap로 스케치 방향을 잡고 스케치로 들어간다.

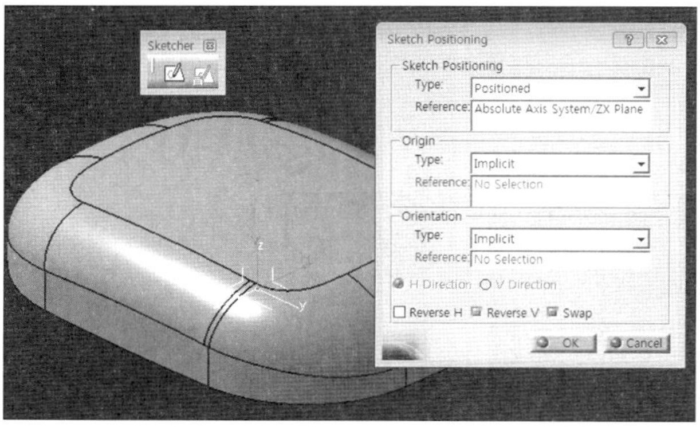

» Color는 눈에 잘 나타나는 색으로 변경하였다. 그리고, 작업을 편리하게 하기 위해서 Visualization 툴바의 Cut Part by Sketch Plane를 사용하였다.

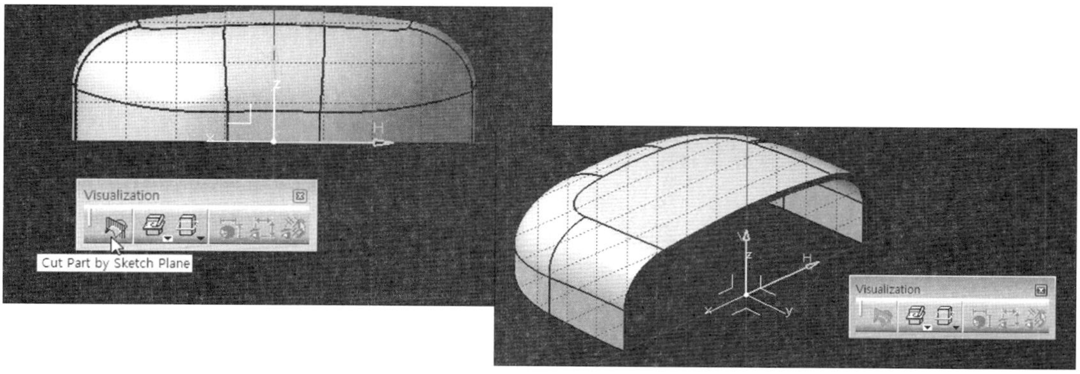

» 그림과 같은 위치로 움직인 상태에서 작업을 하도록 한다.

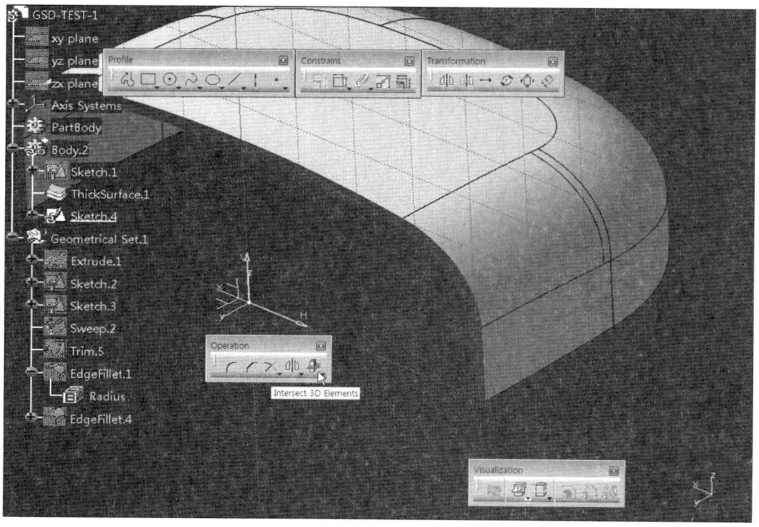

» Operation 툴바의 Intersect 3D Elements 아이콘을 사용한다. 이 아이콘으로 3차원 공간에서 만들어진 Solid와 스케치 단면이 만나는 부분의 선을 따올것이다. 이 부분은 실제로 따라하기가 어려울 수 있기 때문에 조심해야 한다.

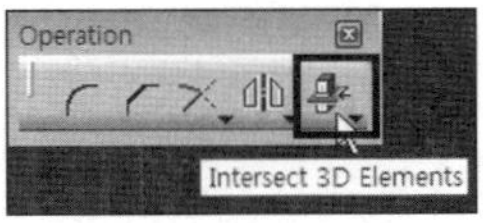

» 먼저, 3차원 공간의 그림부분에 살짝 마우스를 얹어 놓는다. 그리고 해당 부분을 선택한다.

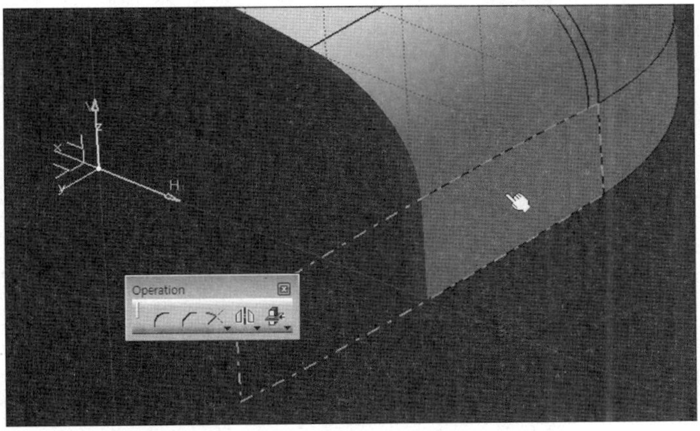

» 선택을 하고 Intersect 3D Elements 아이콘을 클릭한다.(해당 작업 부분의 형상을 구분하기 힘들 것을 고려하여 Color를 변경하였다.)

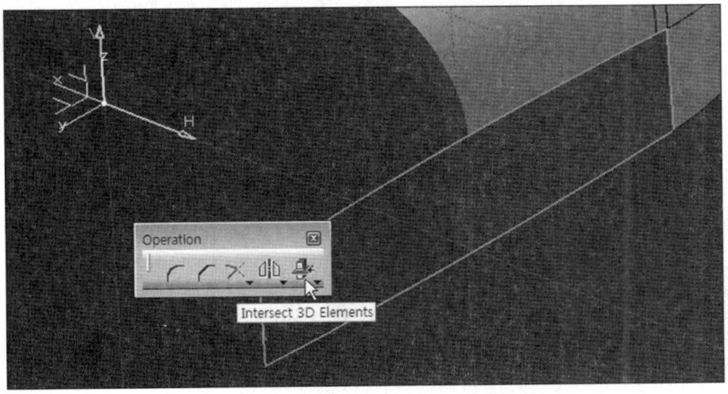

» 그림의 마우스 표시 수직 부분이 우리가 얻고자 한 선이다. 이 선이 실선이기 때문에 점선으로 변경하도록 한다.

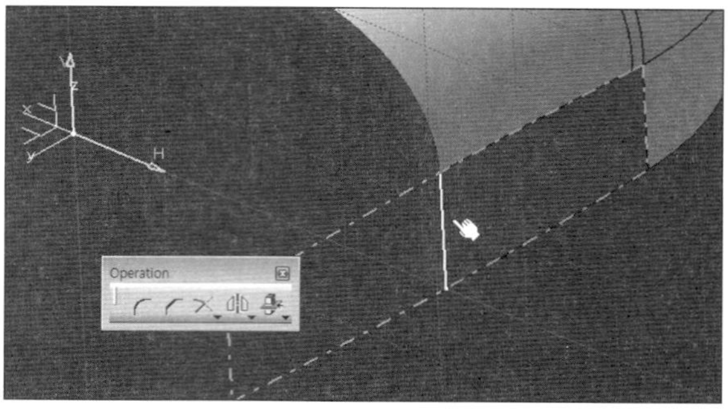

» Sketch tools 툴바의 Construction / Standard Element 아이콘을 사용하여 점선으로 바꾸도록 한다.

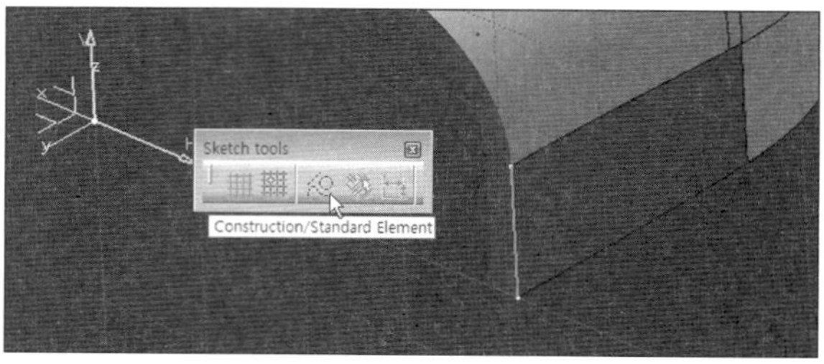

» 점선으로 변경된 부분을 확인할 수 있다. (이렇게 보조 역할을 하는 선분은 점선으로 변경하여야 한다.)

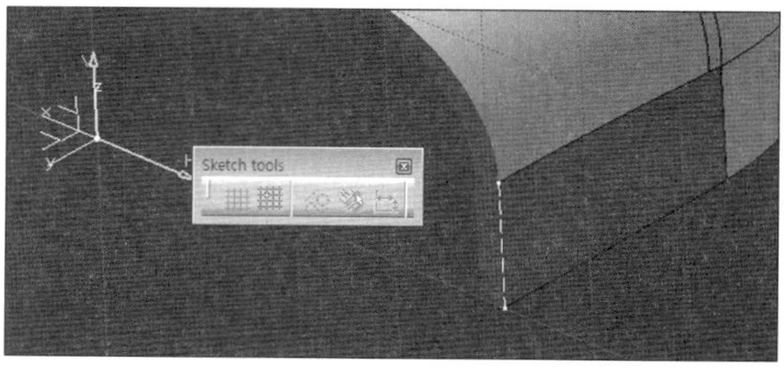

» 그림과 같이 위치를 변경하여 작업을 하도록 한다. 그림의 마우스가 있는 부분을 눌러 선택을 하도록 한다.

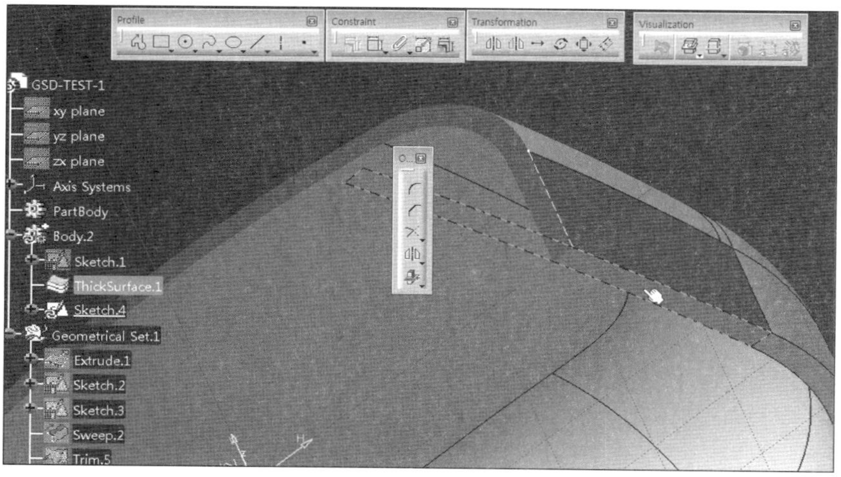

» 다음과 같이 사용할 아이콘을 선택한다.

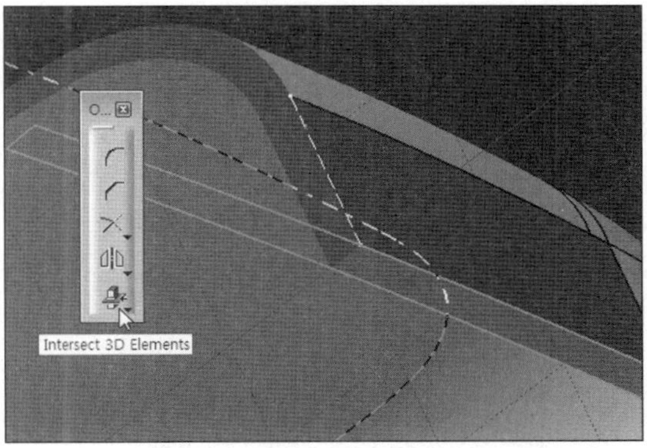

» 그림과 같이 실선을 얻을 수 있다.(3차원 Solid와 스케치가 만나는 부분의 선)

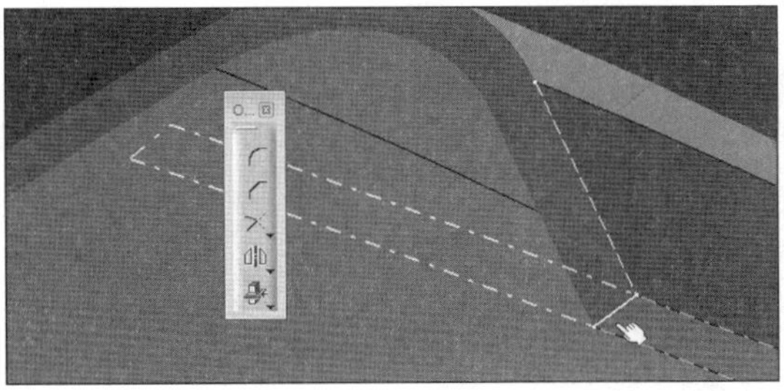

» 이 실선을 점선으로 변경하도록 한다.

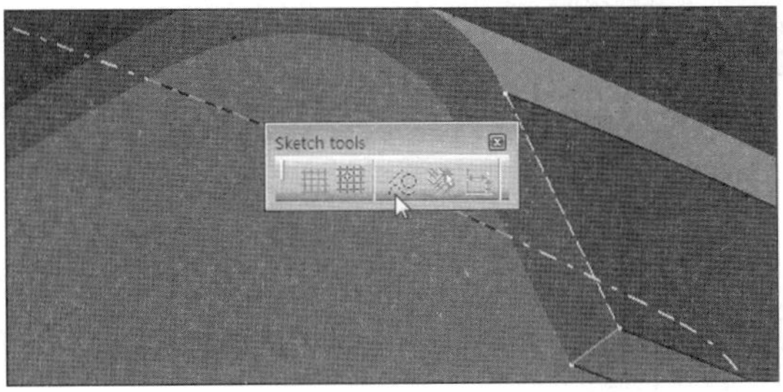

» 그림과 같이 원하는 결과가 되는 점선을 구했다.

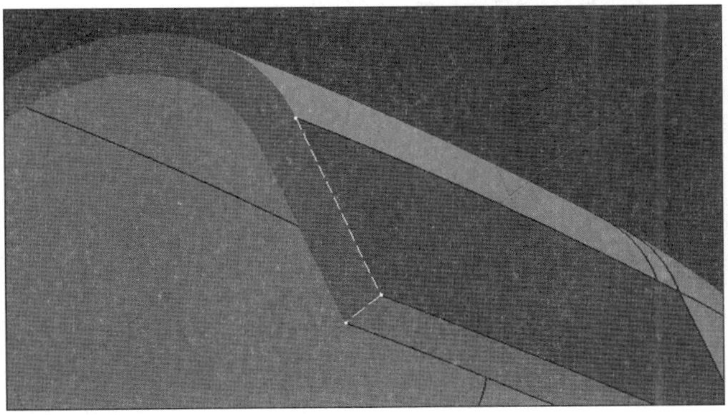

» 그림과 같은 위치로 하여 사각형을 그린다.

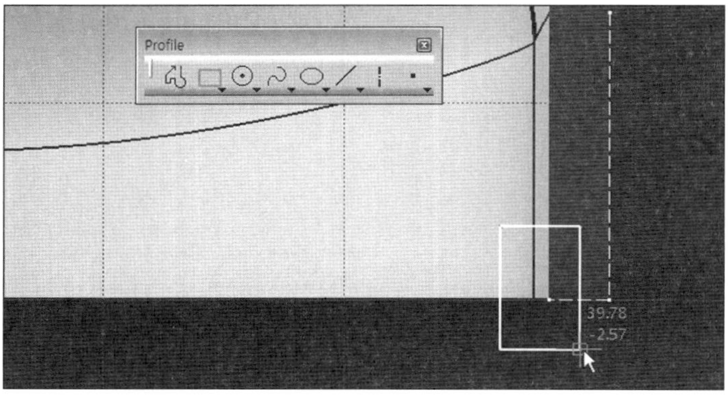

» 그림과 같이 치수를 부여하도록 한다.

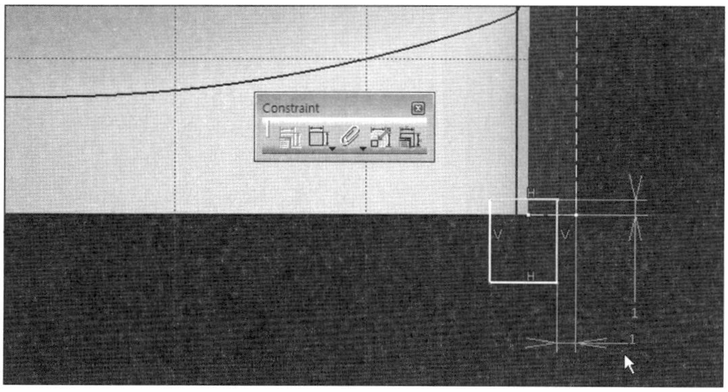

» 도면의 1도가 기울어진 부분을 스케치하도록 한다. 그림의 마우스로 선택한 부분의 선을 점선으로 만든다.

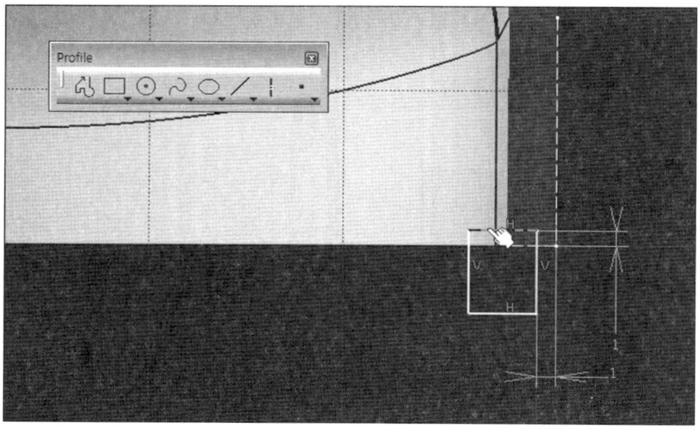

» 점선으로 변경된것을 확인할 수 있다.

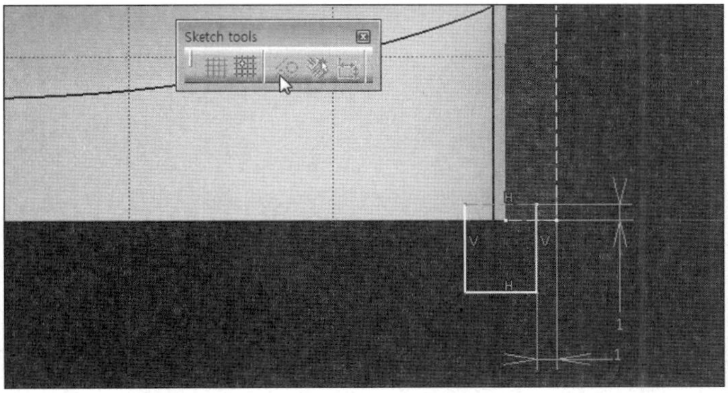

» 다음은 1도 기울어진 선을 그리도록 한다.

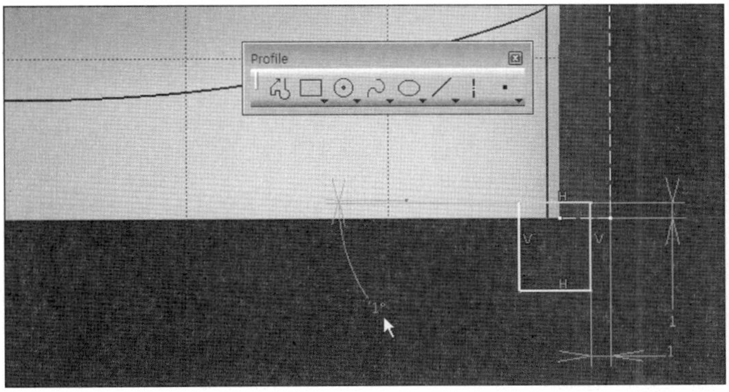

» 마우스가 선택한 포인트를 선택한다.(1도 기울어진 선분의 끝점)

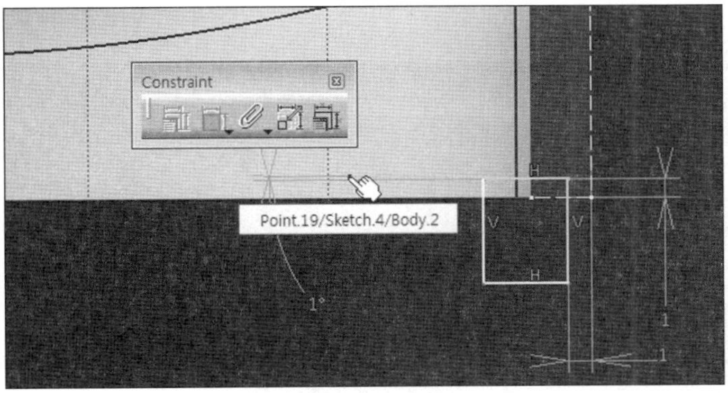

» 포인트 부분과 그림의 수직선을 선택하여 치수를 뽑아내면서 3번 마우스 또는 오른쪽 마우스를 선택하여 Coincidence시켜 일치되도록 한다.

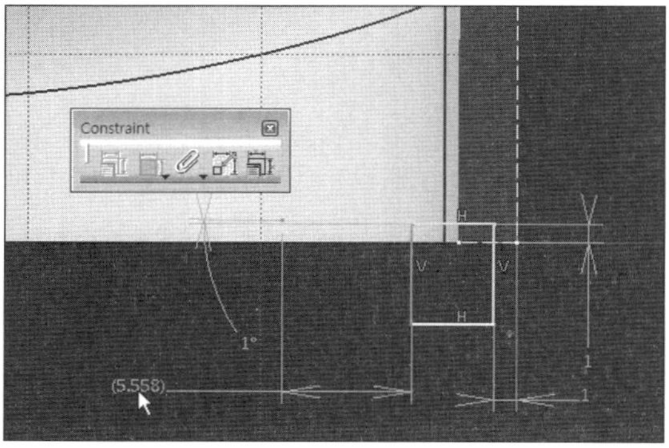

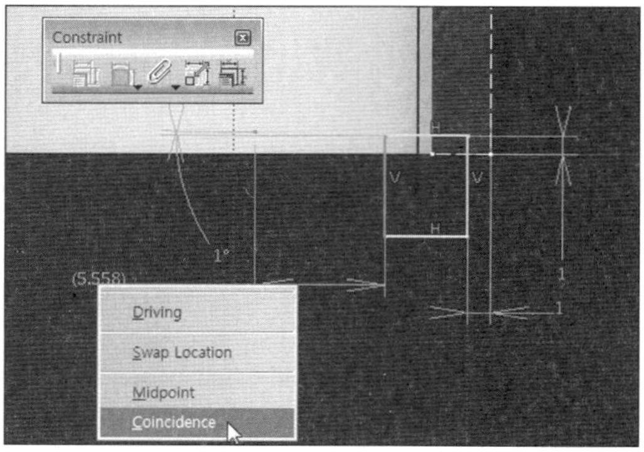

» 그림에서 원하는 결과를 얻은 것을 확인할 수 있다.

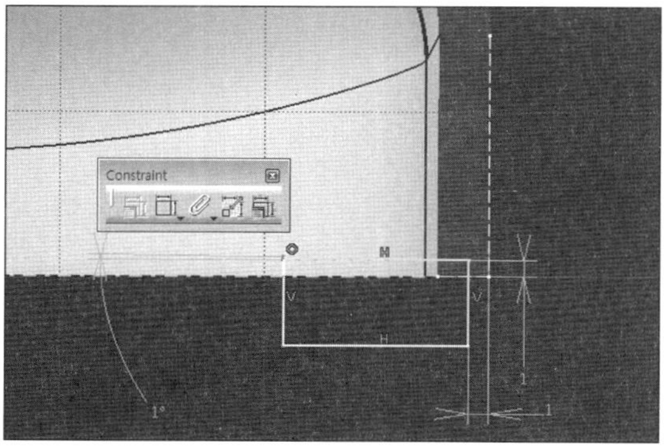

» 3차원 공간으로 빠져나간다.

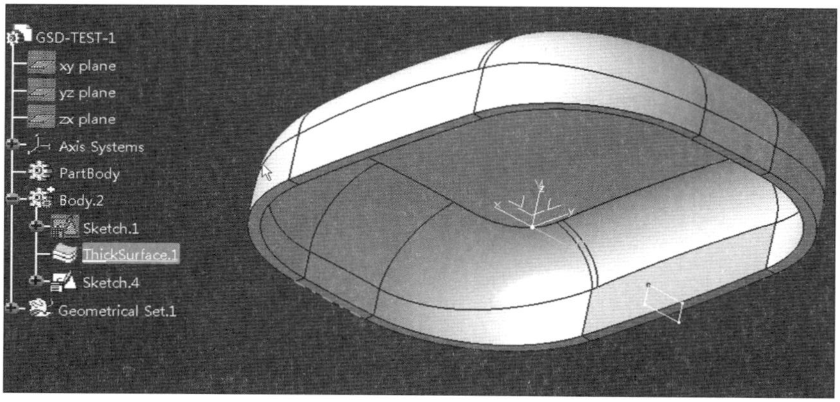

» 다음은 Extracts툴바의 Multiple Extract 아이콘을 사용하여 앞서 만든 스케치를 활용할 라인을 추출할 것이다.

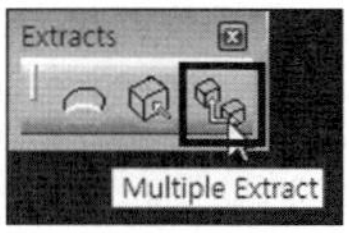

» 다음 그림과 같이 Tangent 연속으로 옵션을 선택한다.

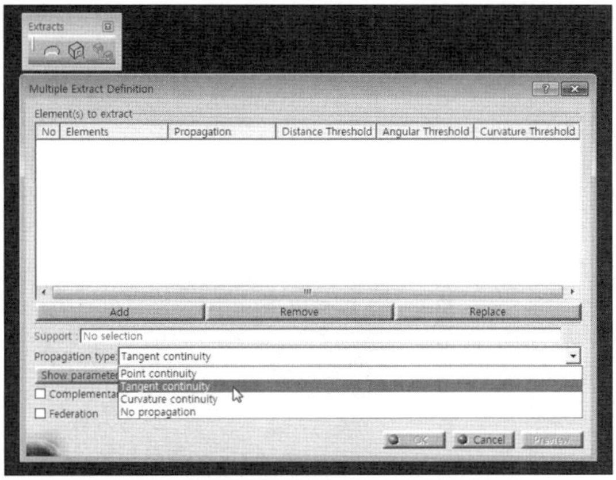

» 그림과 같이 추출할 라인의 일부를 선택한다.

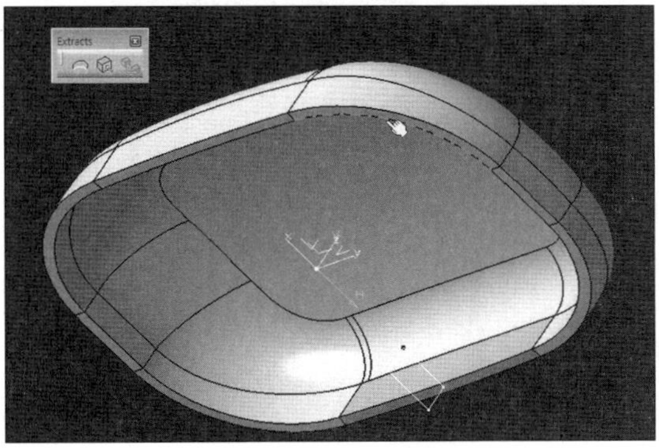

» 그림과 같이 Tangent 연속이 되는 타원의 선이 추출될 것이다.

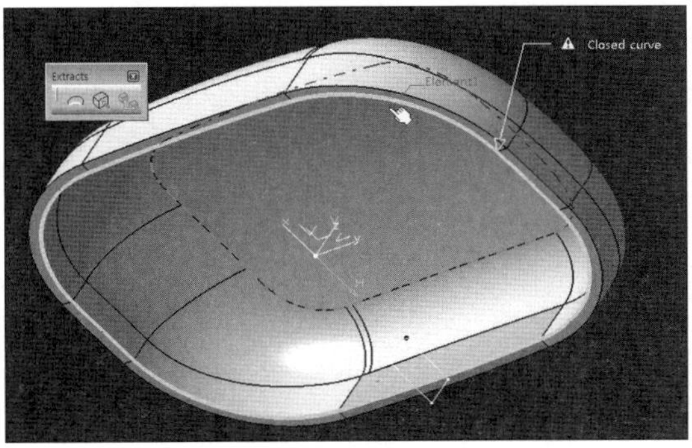

» 다음은 Surfaces툴바의 Sweep 아이콘을 사용하도록 한다.

» ❶의 그림과 같은 실행 대화창이 나타날 것이다.

» ❷의 그림과 같이 앞서 만든 Tree에 있는 Sketch.4를 Profile로 선택하고 추출된 Multiple Extracts을 Guide curve로 선택을 한다.

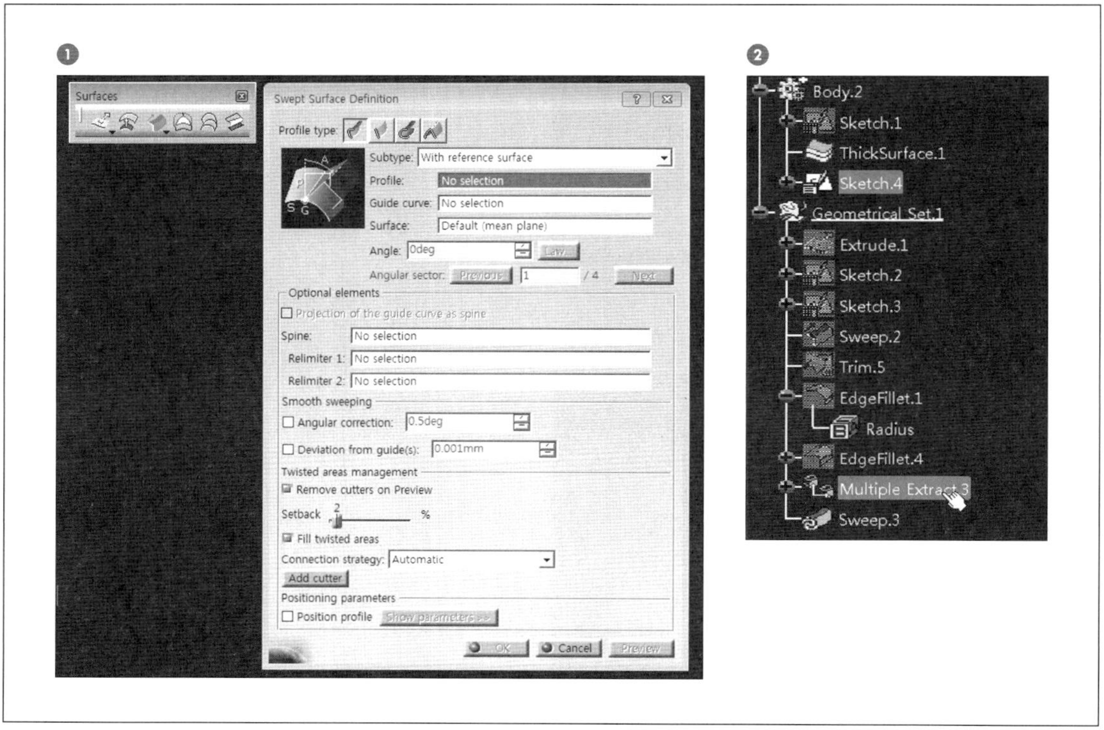

» 그림과 같이 설정되는 것이다.

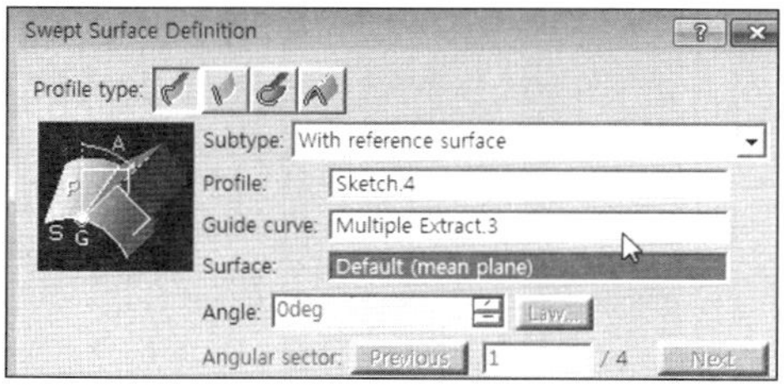

» 그림과 같이 Profile를 따라 Surface가 만들어진 것을 확인할 수 있다.

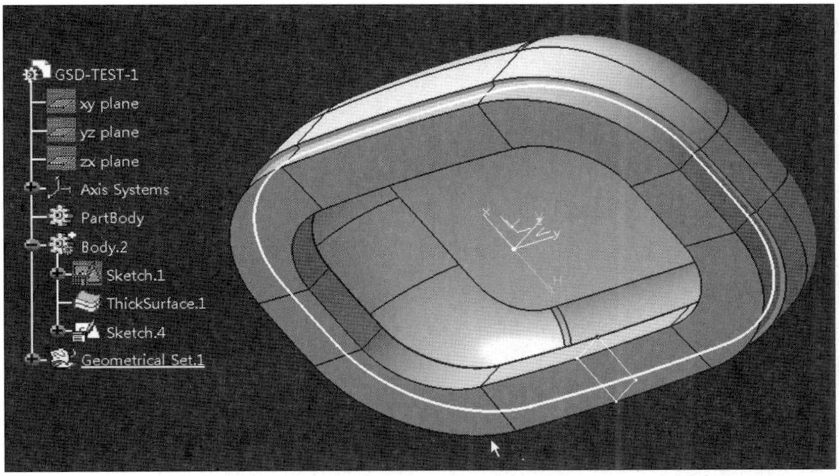

» 다음은 이 만들어진 Surface를 Solid로 채울 것이다. 그리고 난 이후에 만들어진 2개의 Solid가 중복되는 부분을 제거하여 도면의 원하는 형상을 만들것이다. PartDesign의 작업장으로 진입하도록 한다.

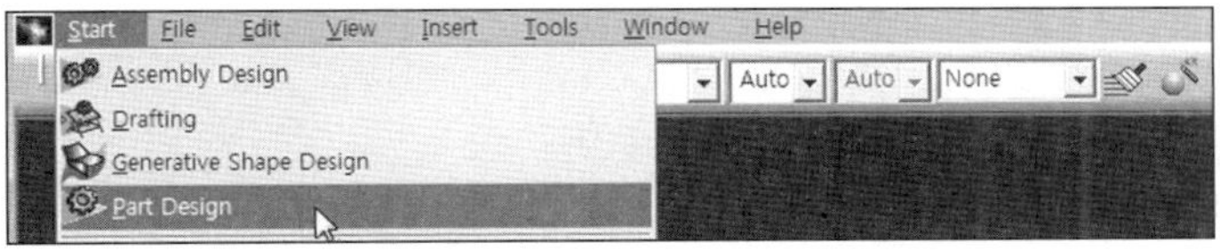

» 둘러싸여 있는 형태의 Surface내부를 Solid로 채우는 Close Surface아이콘을 사용하도록 한다.

» 그 전에 Solid를 채울 Body를 추가하도록 한다.

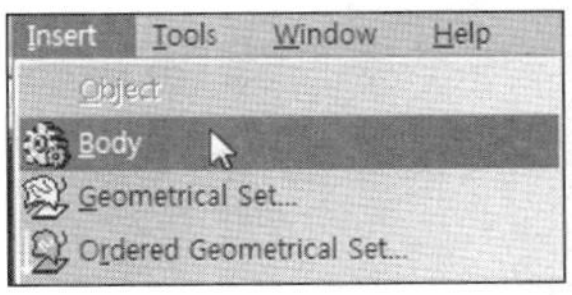

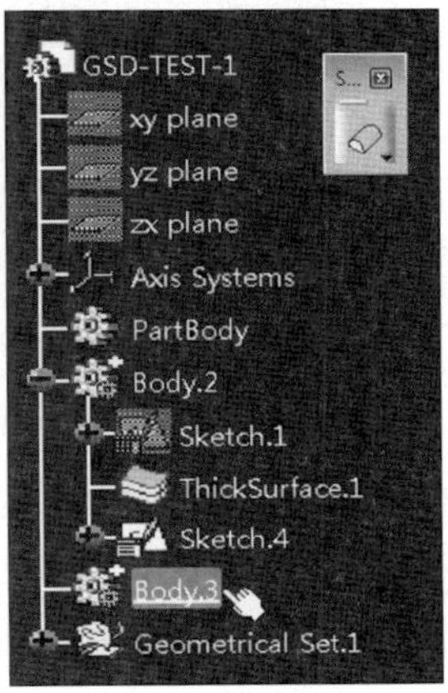

» Close Surface아이콘을 선택하고 Tree에서 앞서 만든 Sweep의 Surface를 선택하여 클릭한다.

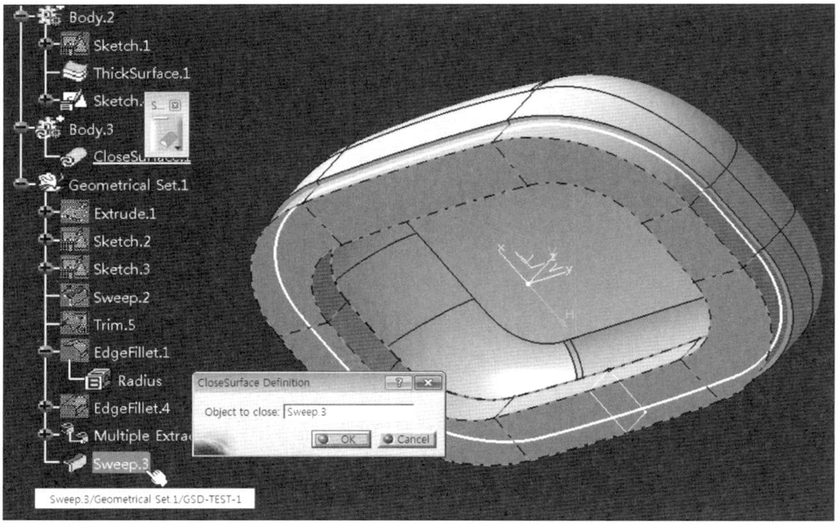

» 그러면 채워진 Solid 형태를 볼 수 있다. 그리고 자세히 확인할 수 있도록 Sweep는 Hide시킨다.

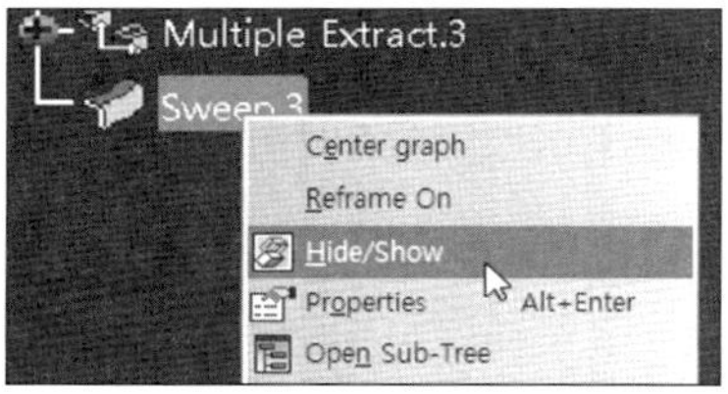

» 채워진 Solid를 확인할 수 있다.

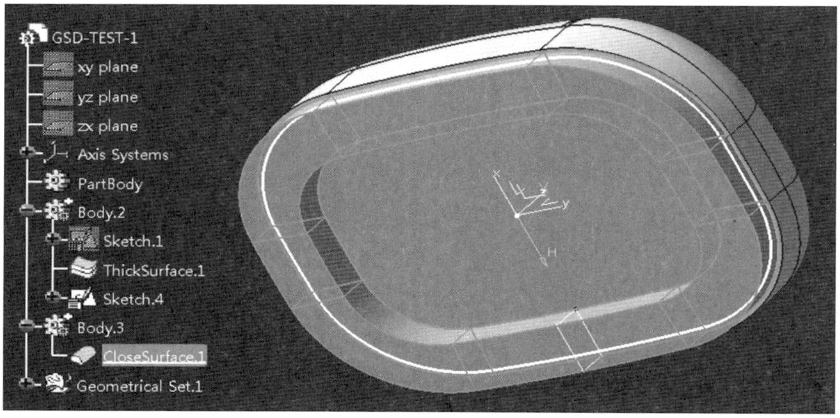

» ❶ 다음은 방금 만들어진 Body.3의 Solid를 Body.2의 Solid에서 제거할 것이다.

» ❷ Body.2를 선택하고 3번 마우스를 클릭하면 Define In Wo가 Object를 선택하도록 한다.

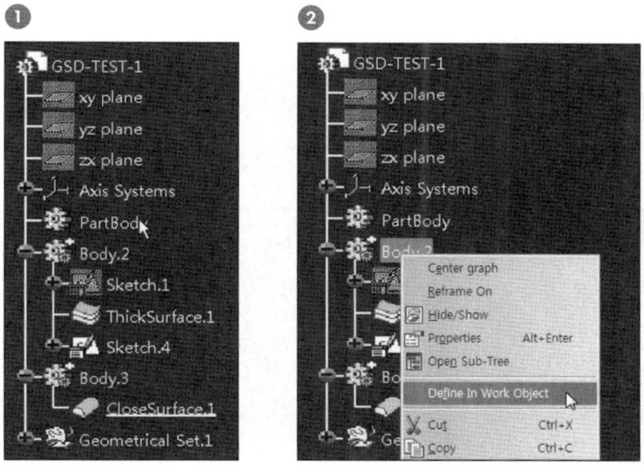

» 그리고, Body.3을 선택하고 3번 마우스를 선택하고 메뉴의 Body.3 object을 클릭하고 또 다시 나오는 메뉴에서 Remove를 선택한다.

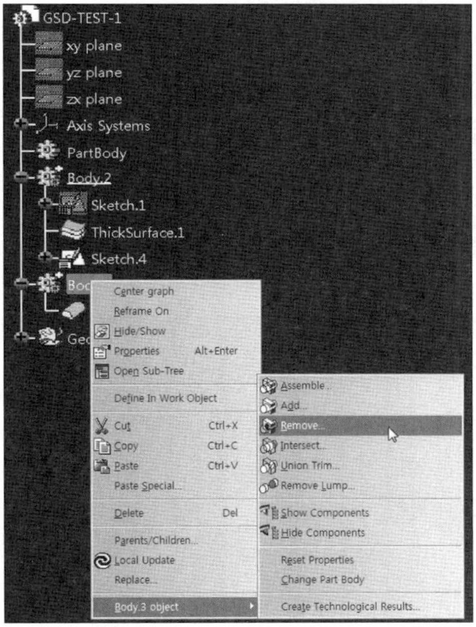

» 다음과 같은 대화창이 나오면 OK를 클릭한다.

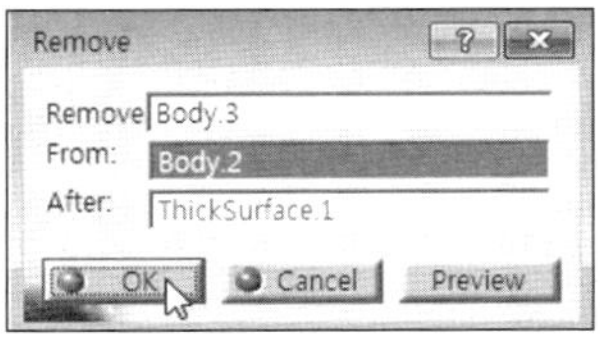

» 다음과 같은 결과를 확인할 수 있다.

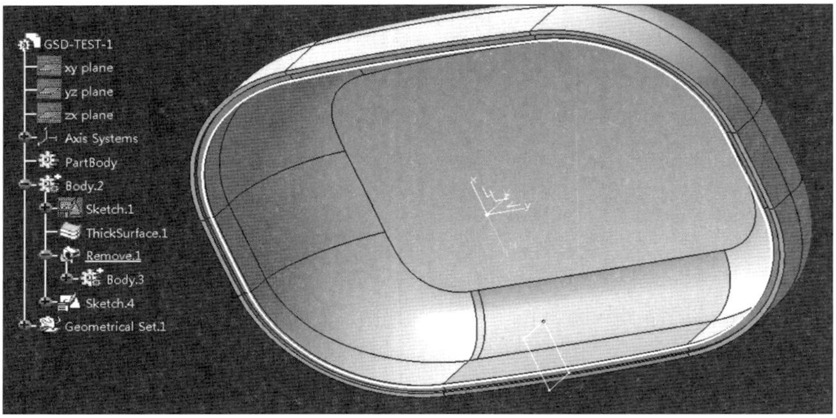

» 일부분을 자세히 보면 오른쪽 그림과 같다.

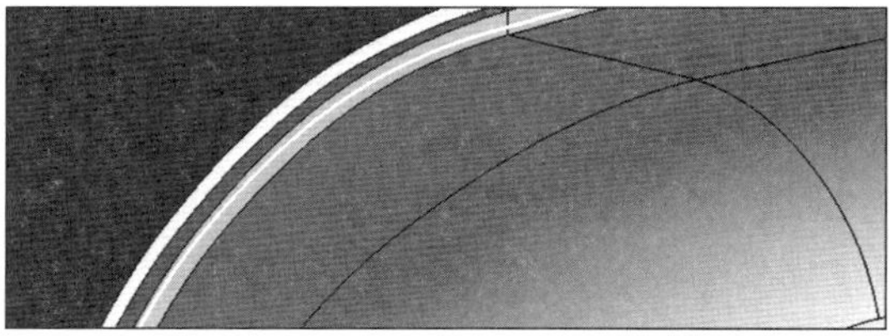

» 다음과 같이 전체를 보면 작업 진행 결과를 알 수 있다.

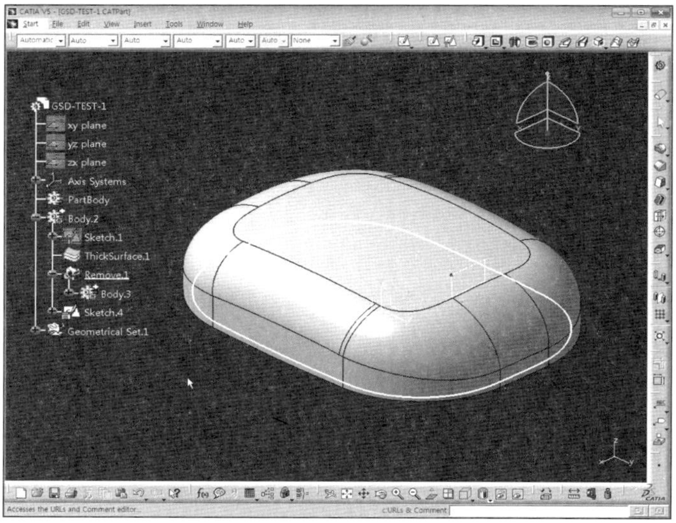

다음은 마지막 작업으로 중앙에 있는 사각형의 모양을 따내어 만들 것이다.

» Positioned Sketch아이콘을 선택하고 xy평면을 선택하여 스케치로 진입하도록 한다.

» ❶ 대화창에서 방향은 Reverse H, Swap로 정한다.

» ❷ 사각형을 그린다.

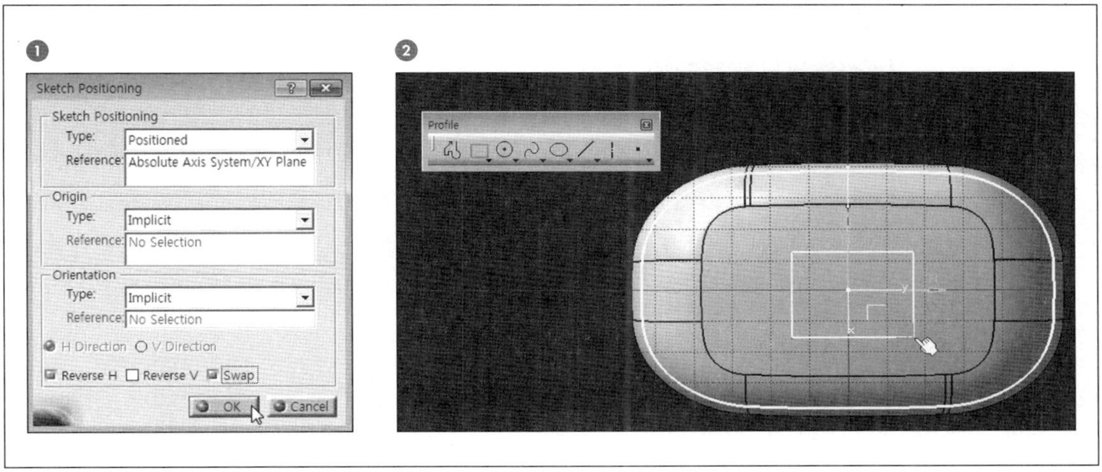

» 원점을 중심으로 하는 가로와 세로 20mm의 사각형을 만들어 치수를 기입하도록 한다.

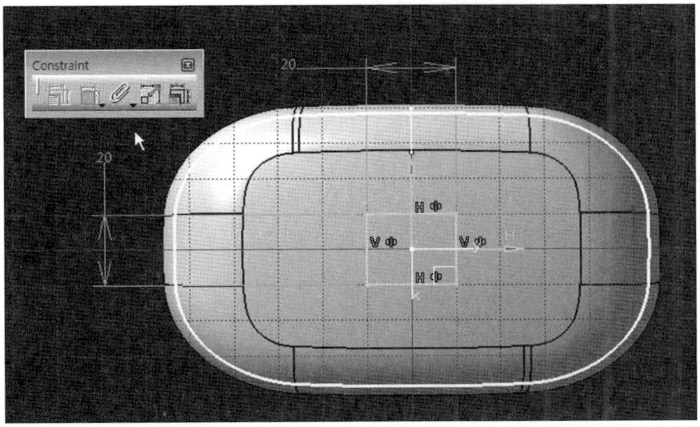

» ❶ 스케치를 빠져나간다. 그런데, 방금 만든 스케치가 Body.2에서 만들어진 것을 볼 수 있다.

» ❷ 이 스케치를 별도의 Gelmetrical Set를 추가하고 그 곳에 방금 만든 스케치를 이동시킨다. Geometrical Set.1를 선택하고 Define In Wo가 Object를 선택한다.(3번 마우스 사용)

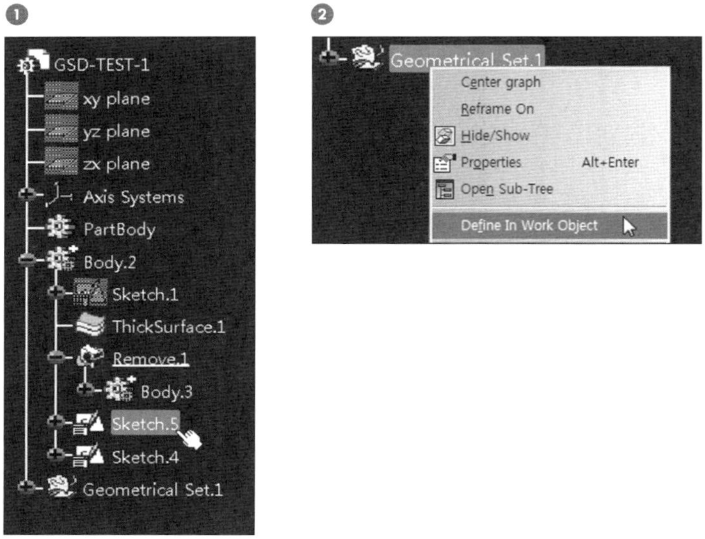

» 메뉴의 Insert에서 추가하도록 한다.

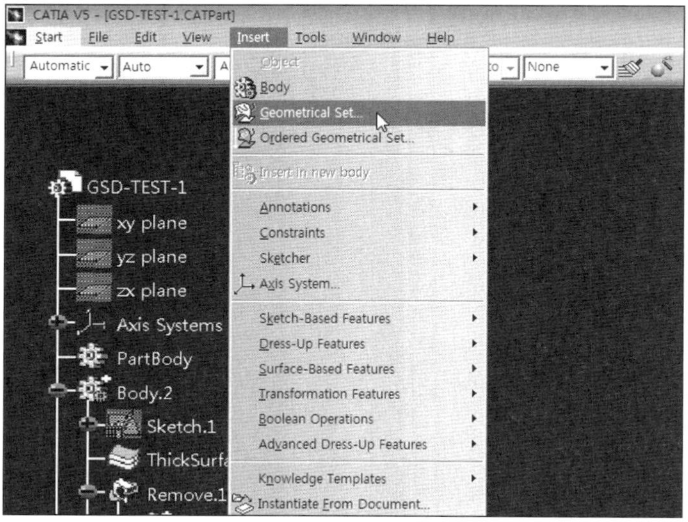

» 나타나는 대화창에서 OK버튼을 클릭한다.

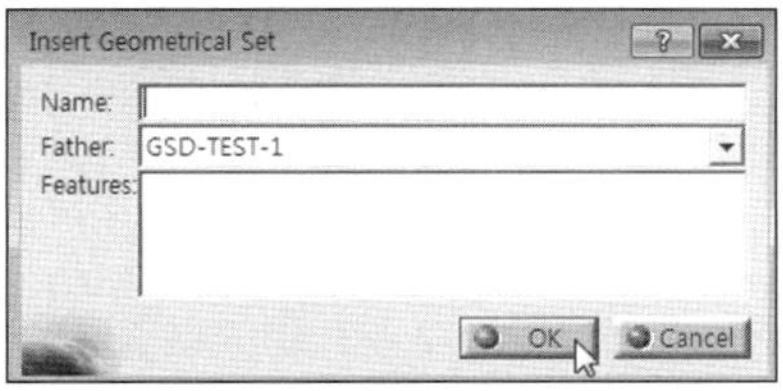

» ❸의 그림과 같은 구조를 확인할 수 있다.

» ❹의 그림과 같이 메뉴에서 Change Geometrical Set를 선택한다.

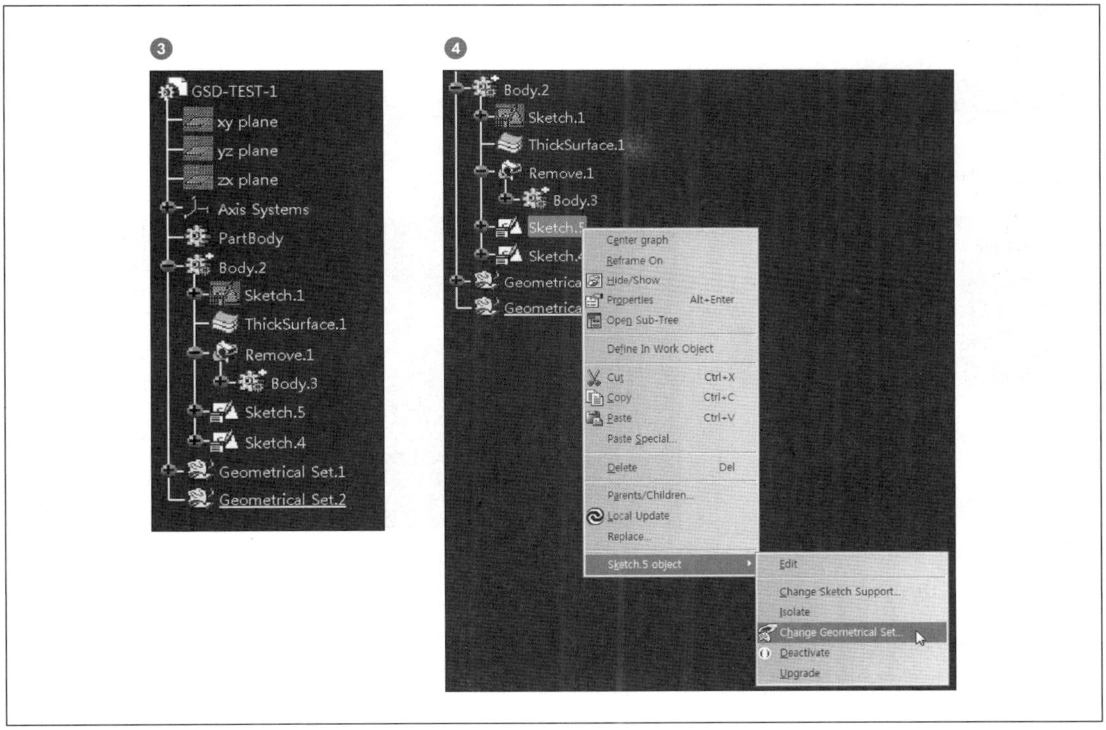

» 그림과 같이 우측에 대화창이 나타나면 반드시 옮길 위치의 Geometrical Set.2를 Tree에서 선택을 하여야 한다.

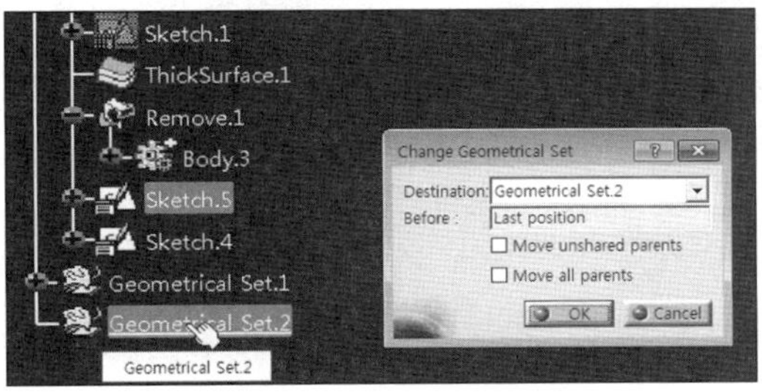

» 그림과 같이 Tree구조에서 옮겨진 것을 확인할 수 있다.

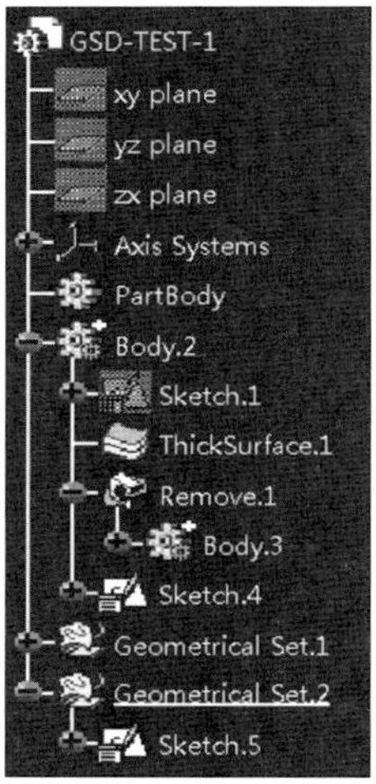

» Body.2에 밑줄(작업장)을 만들어지도록 한다.

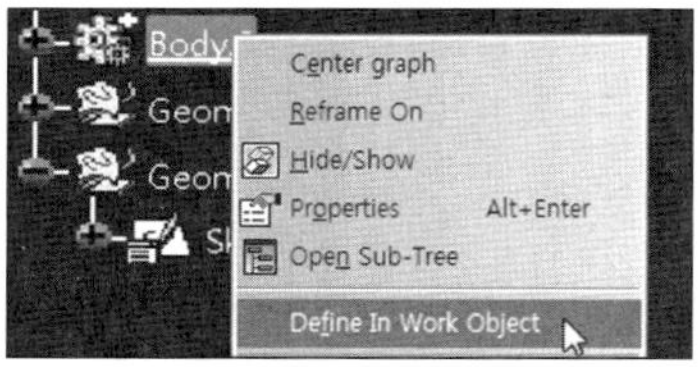

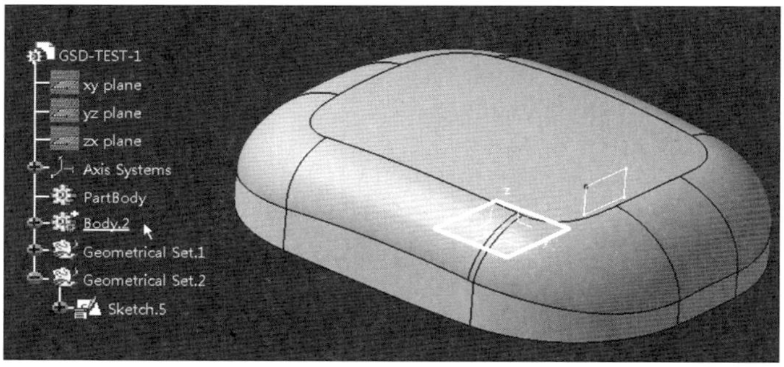

» ❶ 그리고 Body를 하나 추가한다.

» Tree 구조가 ❷의 그림과 같이 될 것이다.

❶

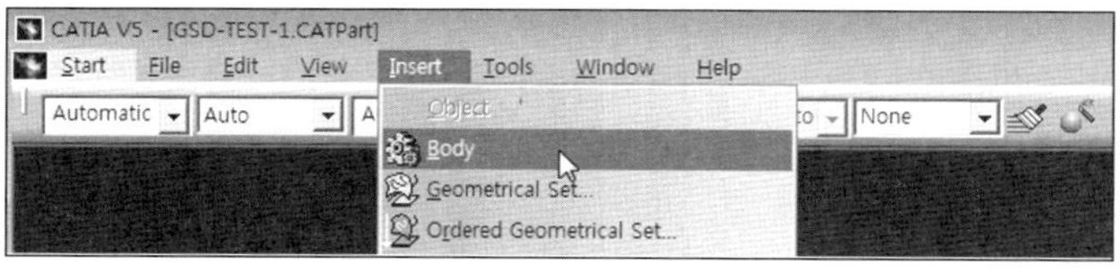

❷

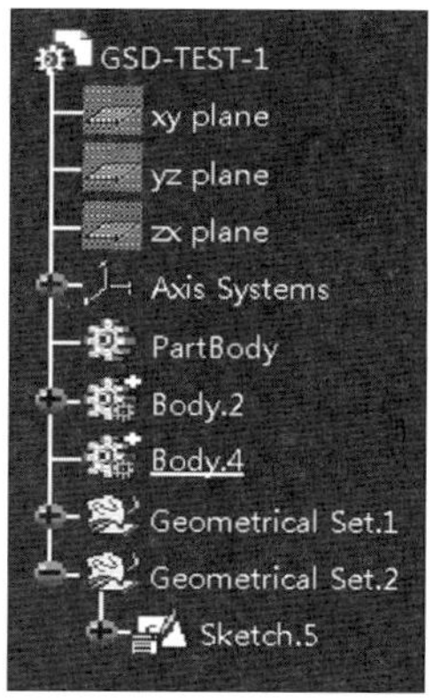

» 앞서 만들어 이동한 스케치로 Pad 작업을 한다.

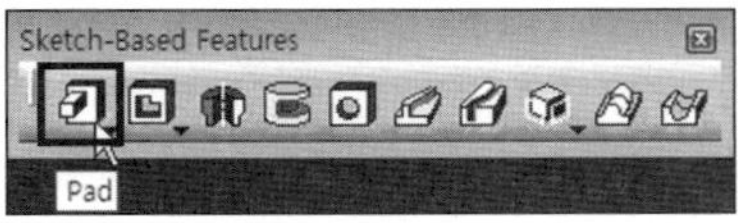

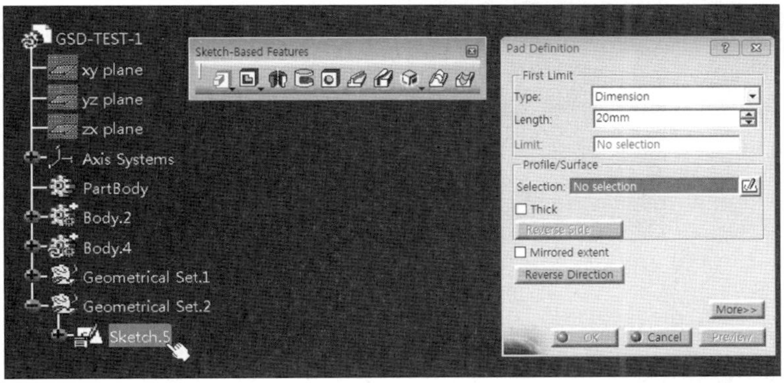

» Pad 대화창에서 Mirrored extent를 선택하고 치수를 100mm 입력을 한다.

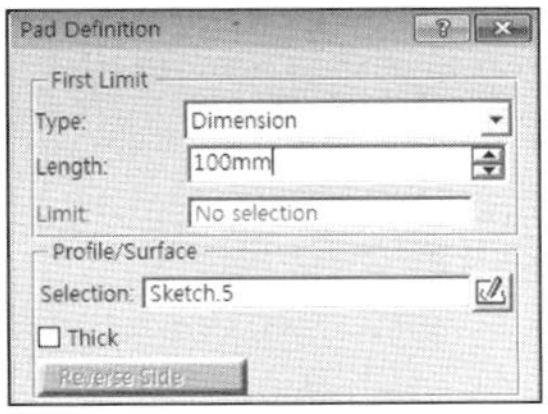

» Pad 작업의 결과를 확인할 수 있다.

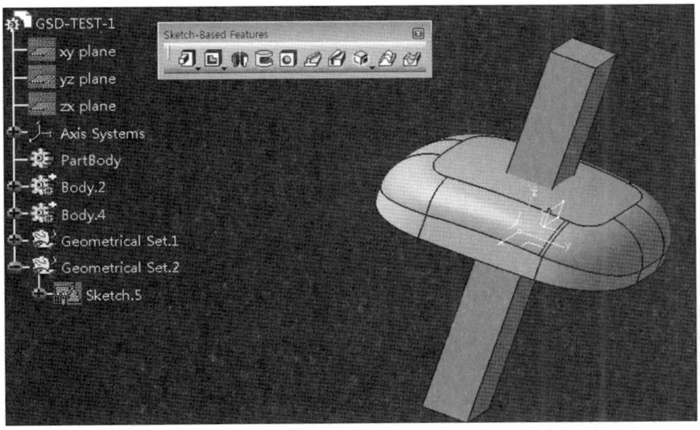

» 이 만들어진 Pad의 Solid를 뽑아내어 최종 결과물을 만들도록 한다.

» Body.2를 선택하고 Define In Work Object를 클릭한다.

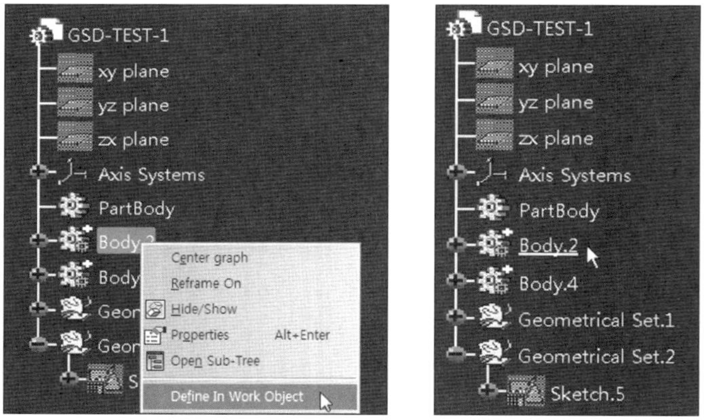

» 그림과 같은 순서로 클릭을 하여 앞서 만든 Solid를 제거하도록 한다.

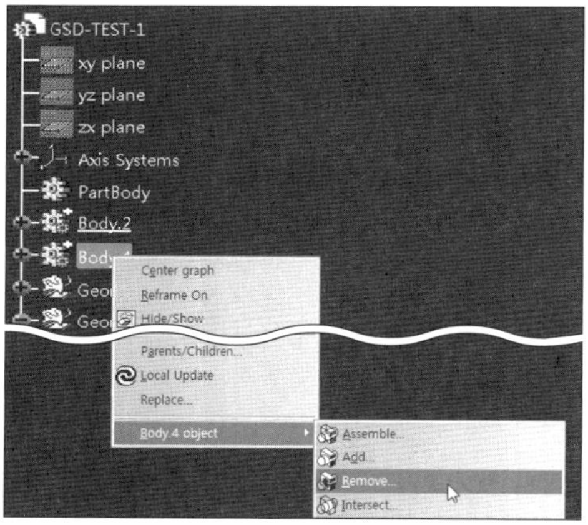

» 대화창의 OK버튼을 클릭한다.

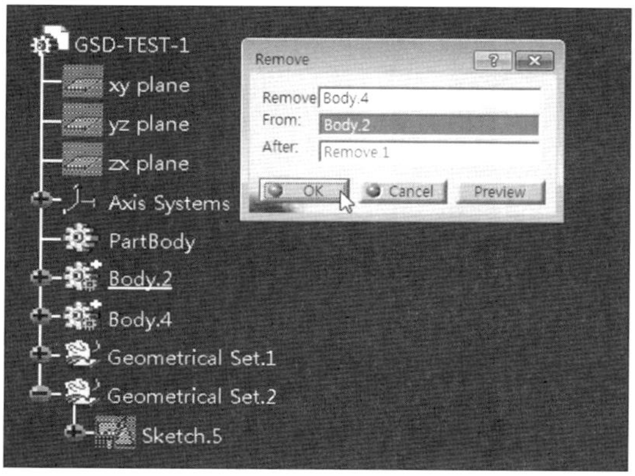

» 원하는 최종 결과물을 확인할 수 있다.

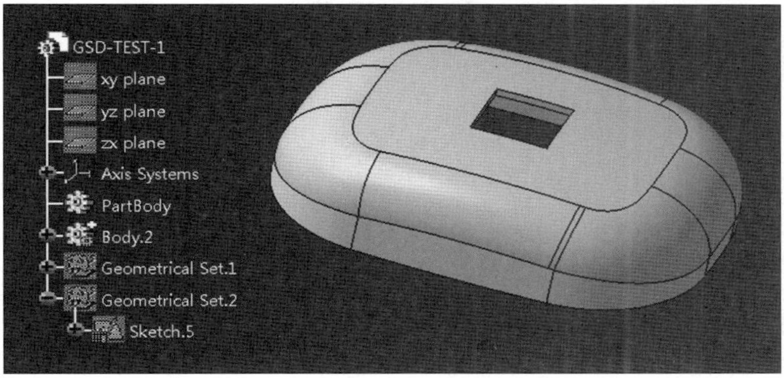

» 다음은 도면의 Detail R 0.4mm를 주도록 한다.

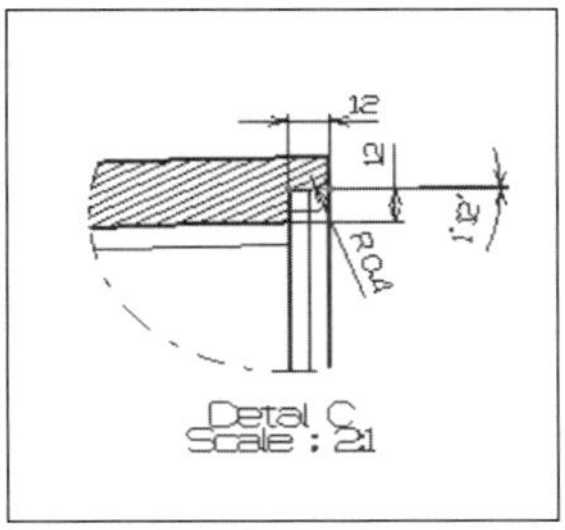

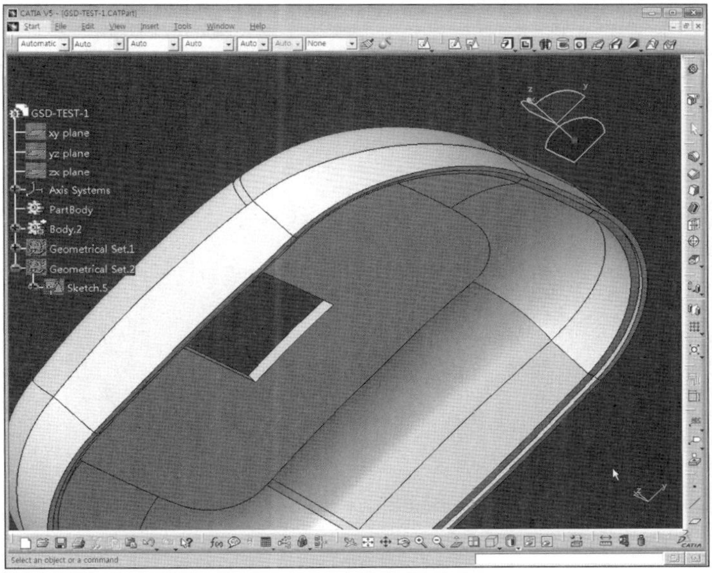

» Dress-Up Features의 Edge Fillet 아이콘을 사용하도록 한다.

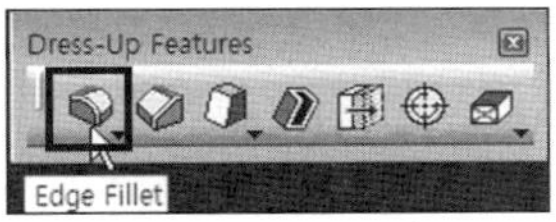

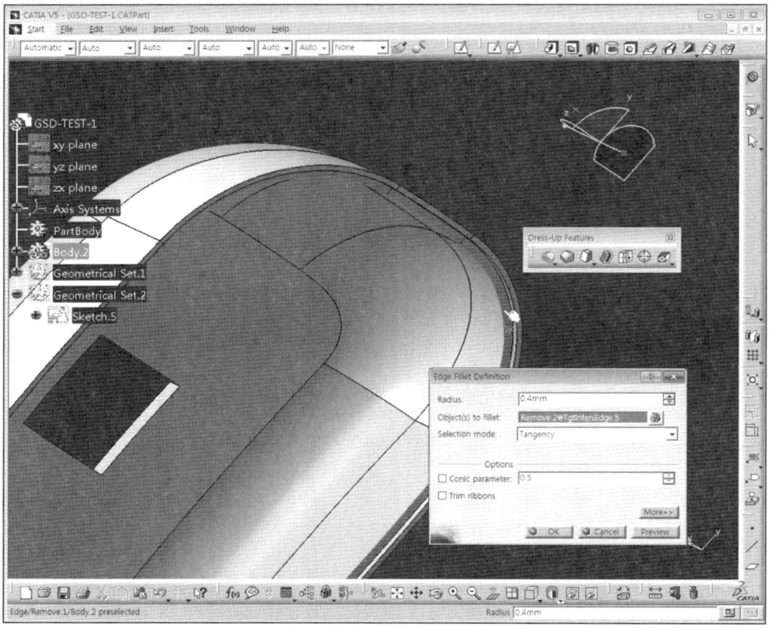

» 작업이 완료되었다.

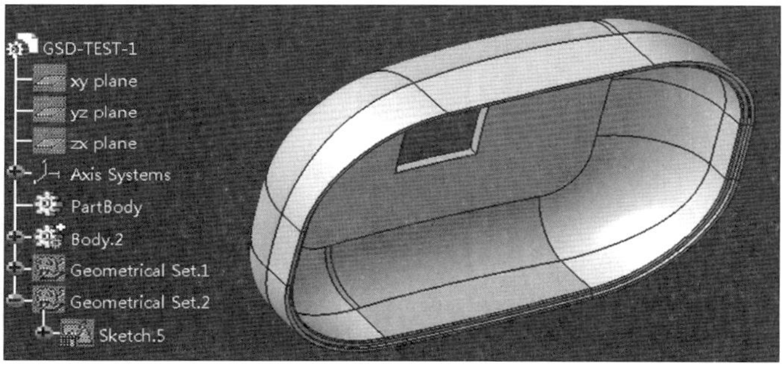

» 그리고 최종 결과물을 PartBody에 담았다.

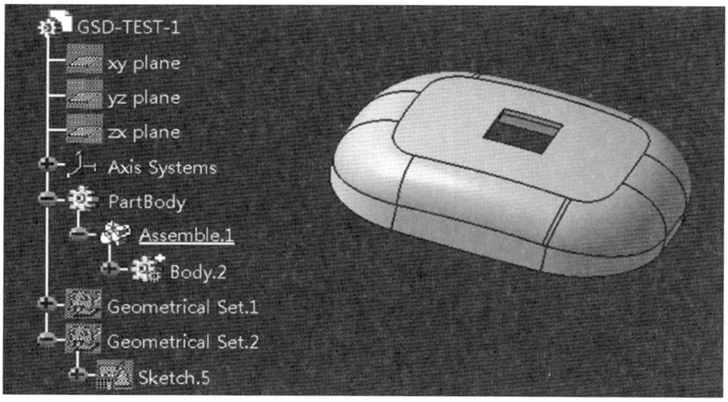

» 아래와 같이 메뉴를 따라하면 된다.

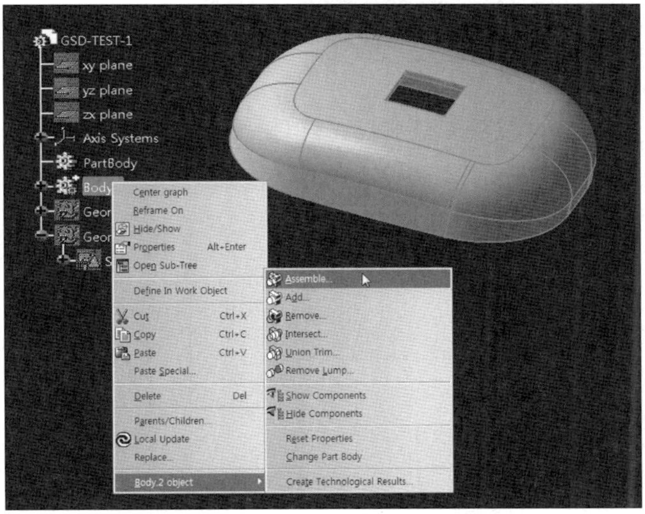

» 참고로, 상기 모델링 결과물을 CATIA의 Machining모듈로 가공하기 위한 NC코드를 가공을 할 수 있는 상태를 만들기 위해 라운드 R0.5mm값을 주어보도록 하겠다. 모든 모서리 부분인 Edge에는 공통적으로 라운드 R0.5mm값을 적용한다.

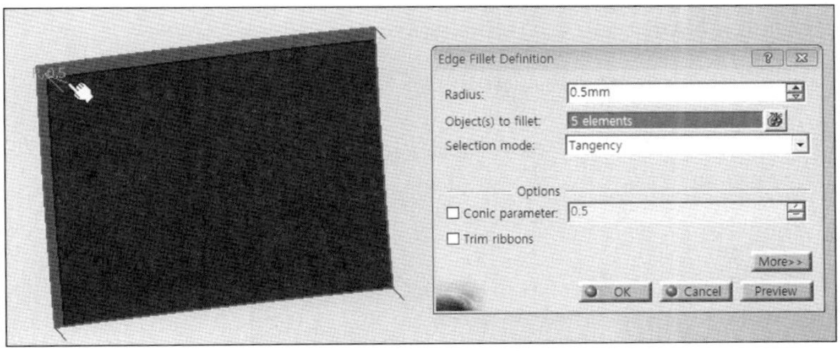

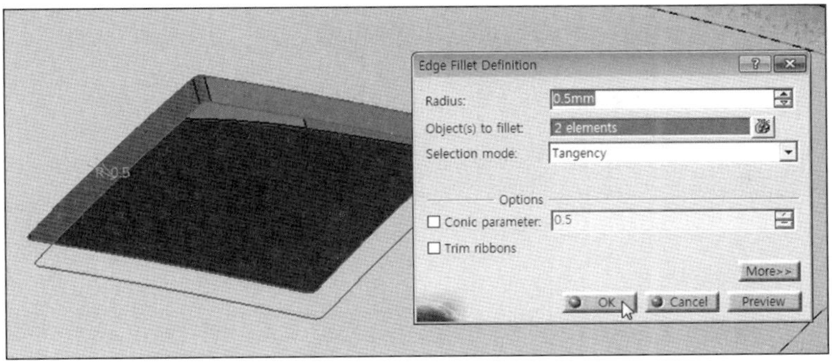

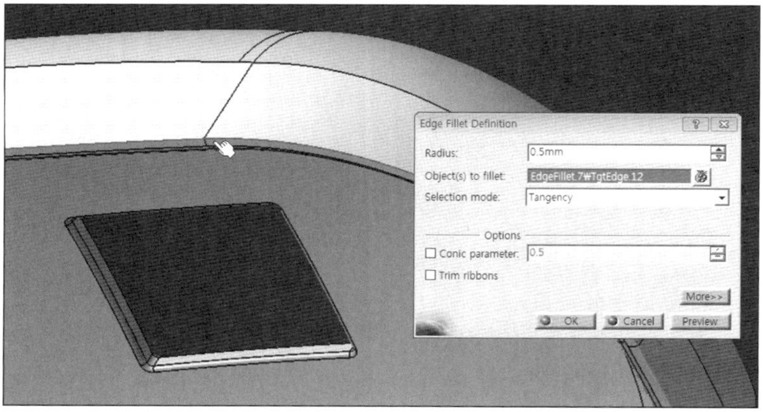
Edge Fillet Definition
Radius:
0.5mm
Object(s) to fillet:
EdgeFillet.7₩TgtEdge.12
Selection mode:
Tangency
Options
Conic parameter:
0.5
Trim ribbons
More>>
OK
Cancel
Preview

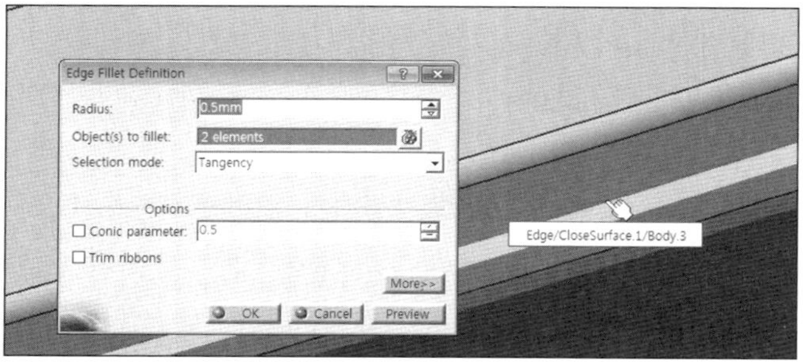
Edge Fillet Definition
Radius:
0.5mm
Object(s) to fillet:
2 elements
Selection mode:
Tangency
Options
Conic parameter:
0.5
Trim ribbons
More>>
OK
Cancel
Preview
Edge/CloseSurface.1/Body.3

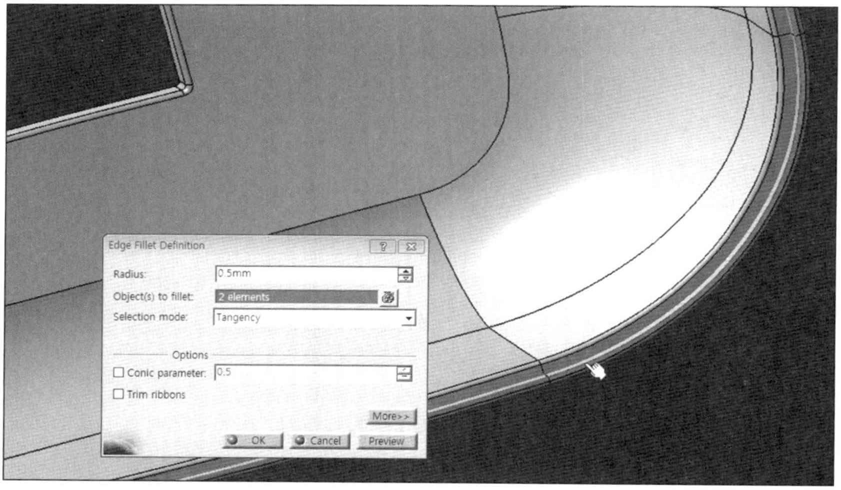
Edge Fillet Definition
Radius:
0.5mm
Object(s) to fillet:
2 elements
Selection mode:
Tangency
Options
Conic parameter:
0.5
Trim ribbons
More>>
OK
Cancel
Preview

CHAPTER 02 모델링 따라하기 예제(2)

1. 학습목표

본 따라하기 예제를 완성하게 되면 초중급 정도의 모델링을 할 수 있는 수준으로 평가받을 수 있으며 3차원 공간에서 스케치로 필요로 하는 거리를 찾아낼 수 있는 좋은 사례를 알 수 있다. 그리고 모델링에서 스케치가 얼마나 중요한지를 알 수 있는 좋은 예제이다.

2. 모델링 진행방법

도면에 주어진 형상을 이해하고 어느 순서로 모델링을 할 지를 어느 정도 고려하여 시작하는 것이 좋다. 이런 고려 없이 모델링을 하게되면 모델링을 하는 과정에서 어떻게 진행을 하는 것이 좋은지에 대한 고민을 하게 될 수 있다. 따라서, 어느 정도 모델링에 대한 과정을 생각하는 시간을 가지는 것이 좋다. 그리고 본 모델링에서는 회전 형상의 Surface 기능을 상당히 많이 사용하게 된다. 대개의 모델링은 직선, 원, 그리고 자유곡선 순서로 모델링이 어려워진다. 필요로 하느 부분을 스케치하고 3차원 공간에서 필요로 하는 Surface를 만드는 과정이 반복될 것이다.

3. 주요 사용 툴 및 아이콘

앞서 예제와 같이 Sketcher 툴을 사용하여 스케치 작업을 주로 진행을 하고 만들어진 스케치를 바탕으로 형상을 만드는 Sketch-Based Features 툴바를 많이 사용할 것이다.

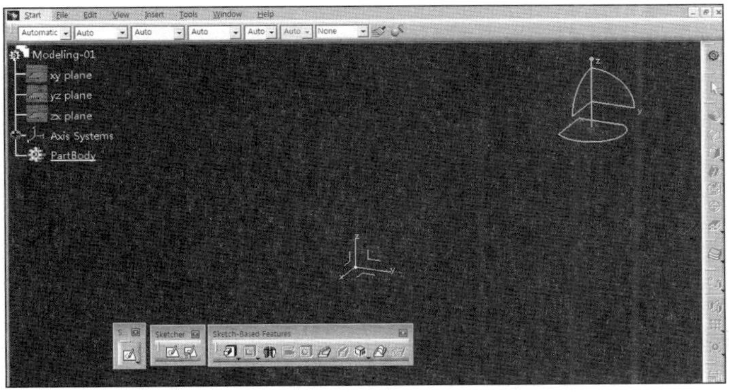

4. 모델링 도면

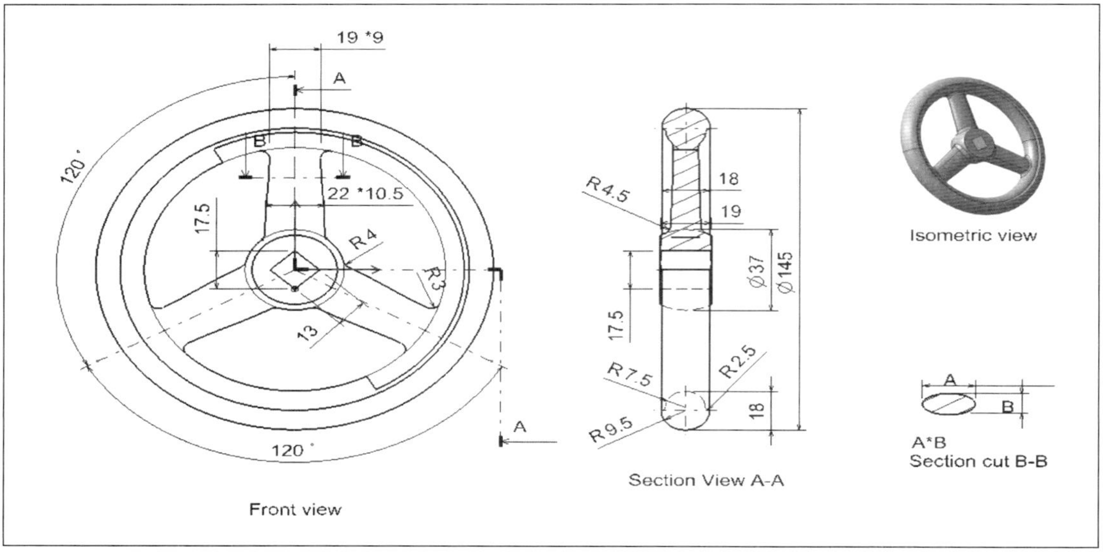

(모델링을 모두 끝내면 CATIA의 Machining기능 따라하기를 위해 결과 모델링을 수정할 것이다. 따라서 위 도면의 형상을 가지는 모델링을 한 이후에 다른 형상으로 약간 수정됨을 확인할 수 있다.)

5. 모델링 따라하기

주로 PartDesign 보다는 Generative Shape Design을 사용하여 모델링을 하게 될 것이다. 특히 Extrude-Revolution 툴바의 Revolve 아이콘을 많이 사용하게 될 것이다.

(1) Surface 모델링 방법론으로 따라하기

[모델링 환경 만들기]

» Start 메뉴에서 Generative Shape Design을 선택한다. 또는, Shape에서 Generative Shape Design을 선택한다.

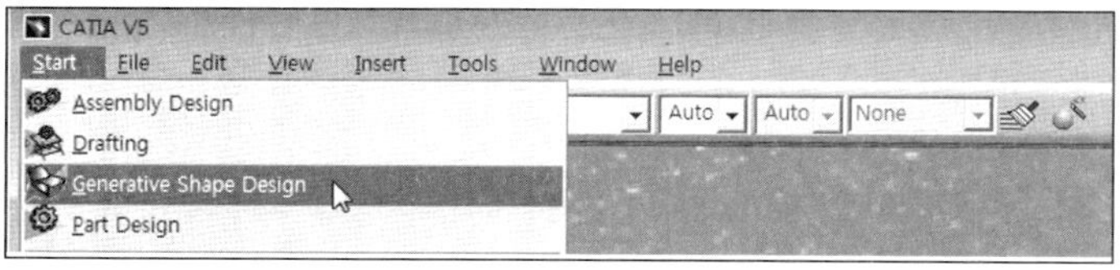

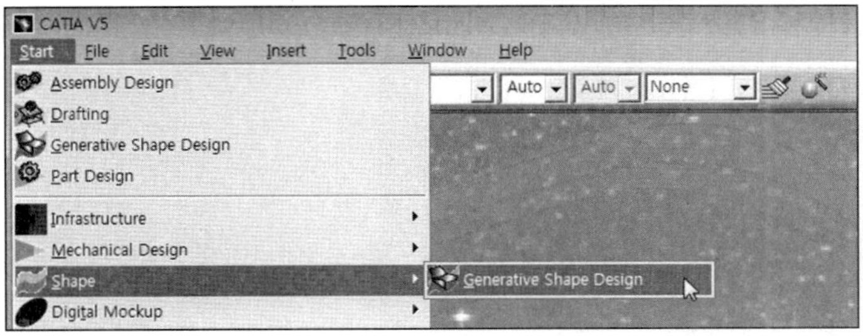

» 이렇게 Generative Shape Design이라는 모듈을 선택하게 되면 New Part라는 대화창이 나타날 것이다.

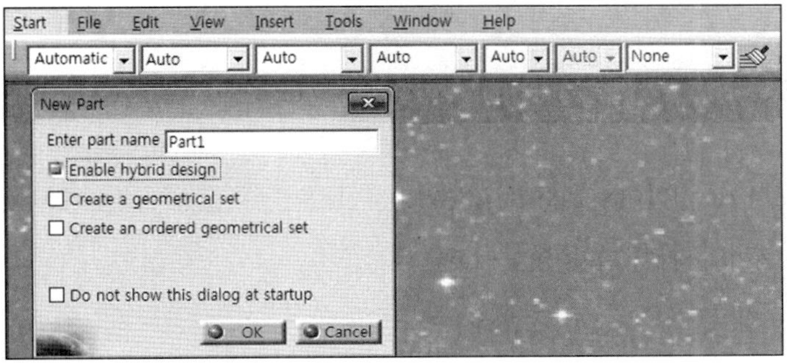

» Enter Part name에는 GSD-TEST-2이라고 적도록 한다. 그리고, Enable hybrid design이 체크되어 있는데 체크를 풀고 모델링을 하도록 하겠다.

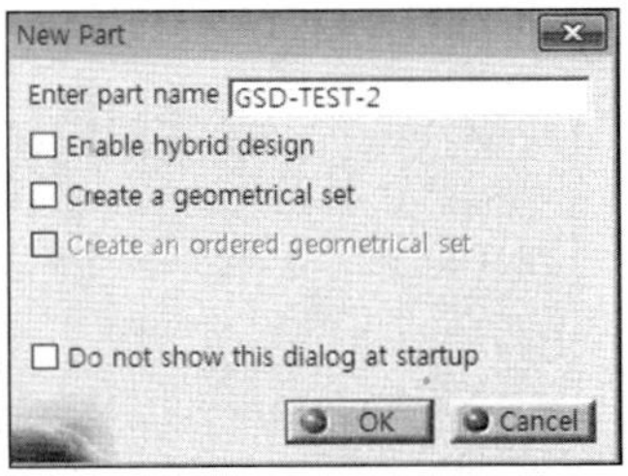

» OK하고 GSD(지금부터는 Generative Shape Design을 GSD라고 사용하도록 한다.)의 작업 환경으로 들어가게 된다.

그리고 이렇게 들어왔으면 먼저 이 모델링 파일을 저장하도록 한다. 저장을 하지 않으면 작업중에 잘못되어 오류가 생겨 프로그램이 정지하게 됐을 때 힘들게 만든 내용이 사라지기 때문이다. 물론, 자동저장이라는 기능이 CATIA에 있지만, 100% 저장이 되지 않는다.

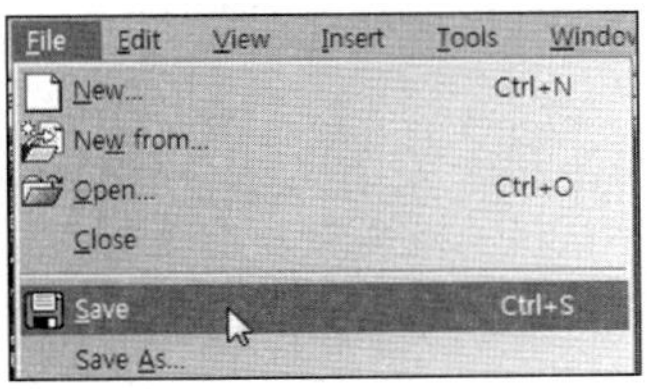

» 다음과 같이 Axis Systems가 있는 환경을 사용하도록 하겠다.

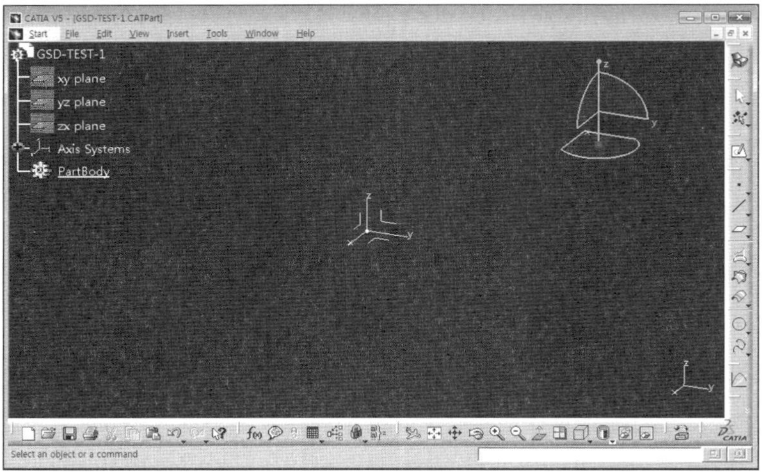

» 여기까지 모델링을 할 수 있는 가장 기본적인 환경이 만들어졌다.

[모델링따라하기]

» 도면의 Section View A-A 일부를 스케치로 작업을 한다. 스케치 툴바의 Positioned Skethch 아이콘을 사용하도록 한다. xy 평면을 선택하고 스케치의 방향은 Reverse H, Swap로 한다.

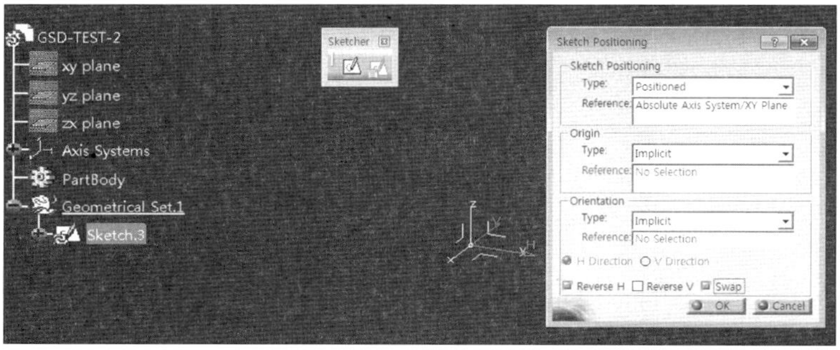

» 원호를 그릴 수 있는 아이콘을 선택한다. 그리고, V축선상에 임의의 포인트를 원점으로 하는 원호를 그리도록 한다.

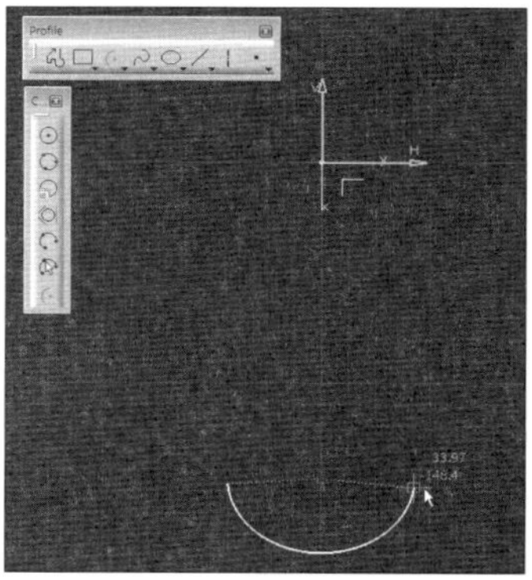

» 반지름 9.5mm의 치수를 부여한다.

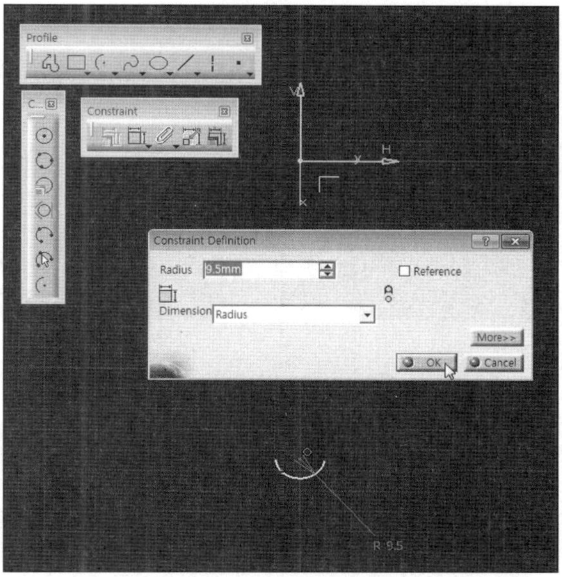

» 원점에서 72.5mm로 하는 치수를 그림과 같이 주도록 한다.

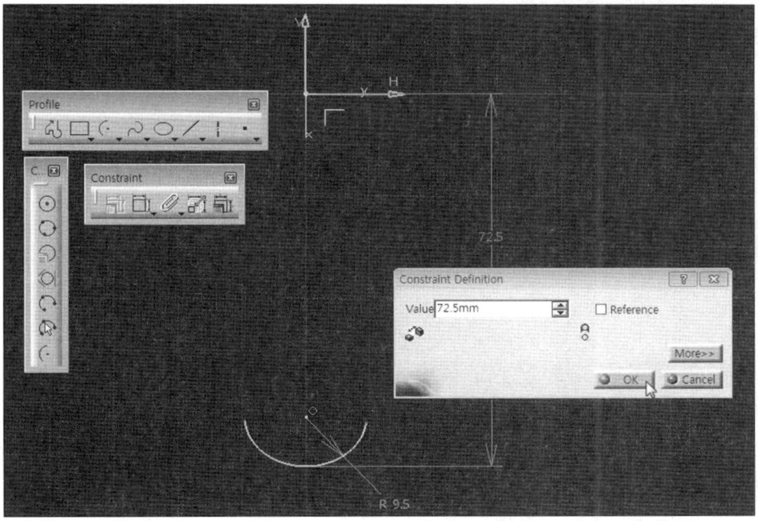

» 다음은 7.5mm의 원호를 그린다.

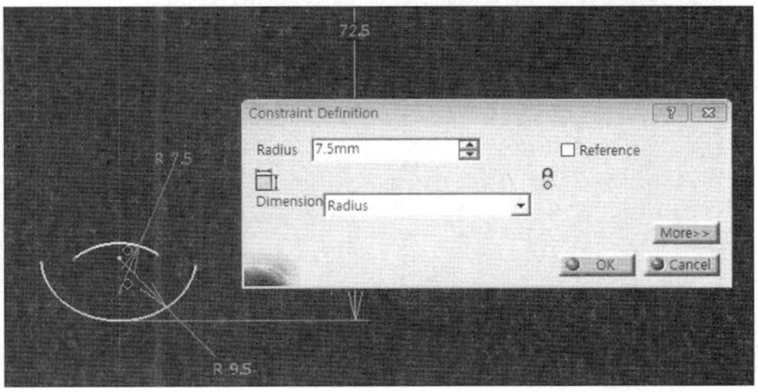

» 앞 두 개의 원호간의 거리를 18mm로 한다.

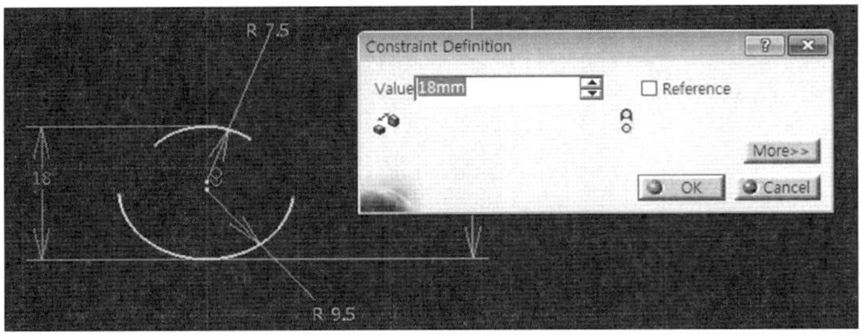

» 다음은 R 2.5mm의 원호를 그린다.

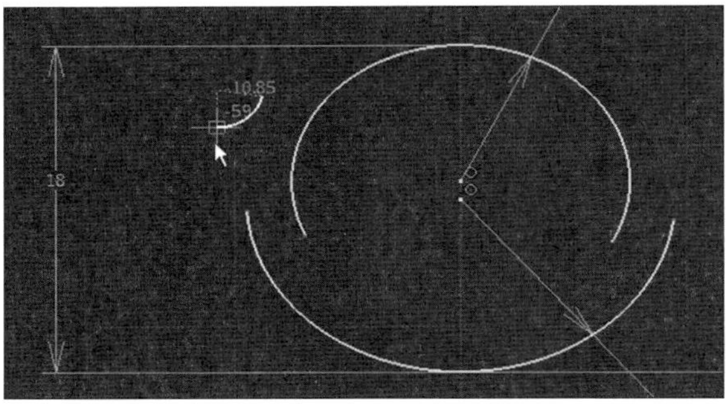

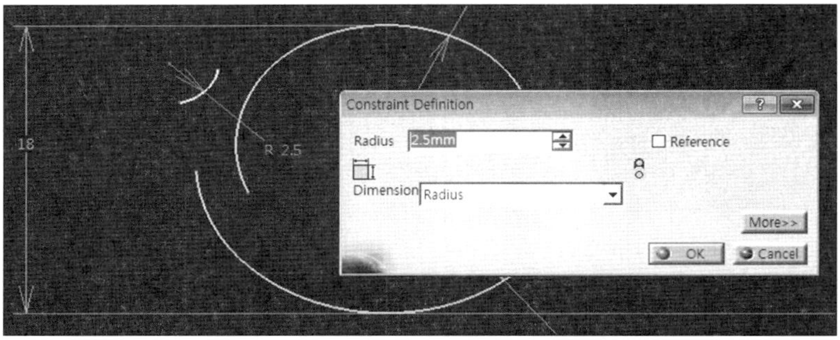

» 수평선을 그리고 점선으로 바꾼다.

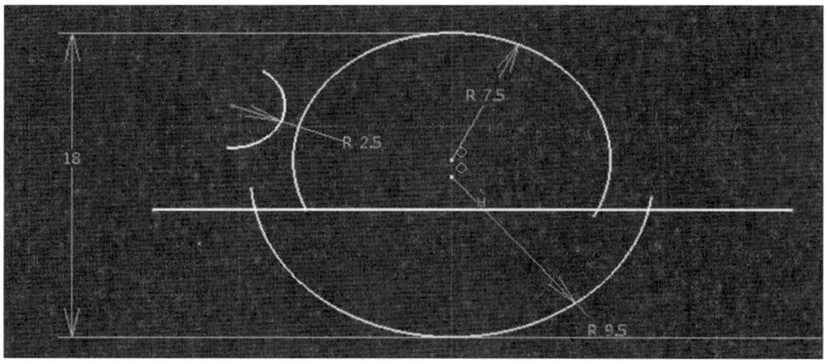

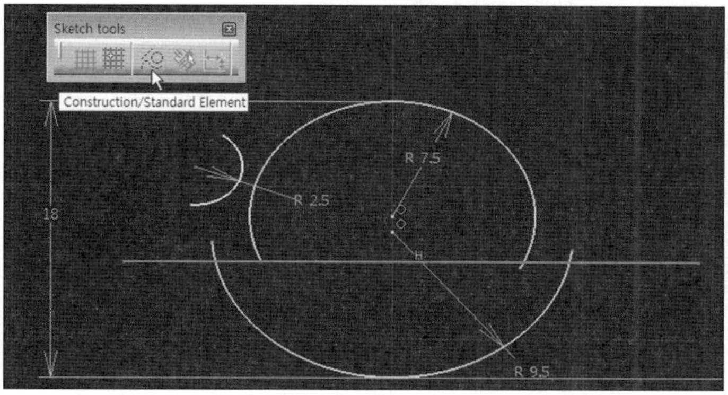

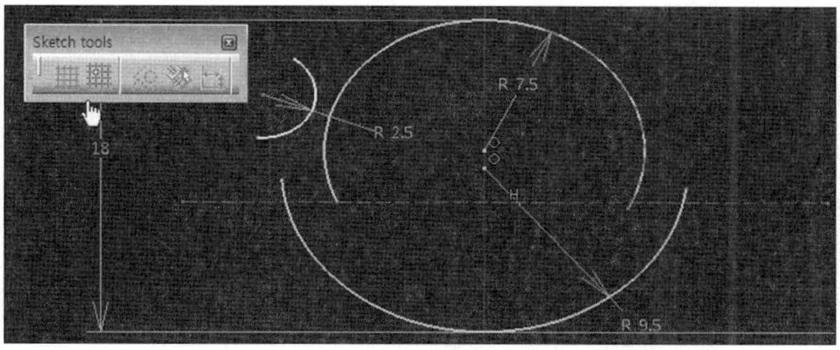

» 다음은 점선과 아래 원호간의 거리를 9.5mm의 치수를 부여한다.

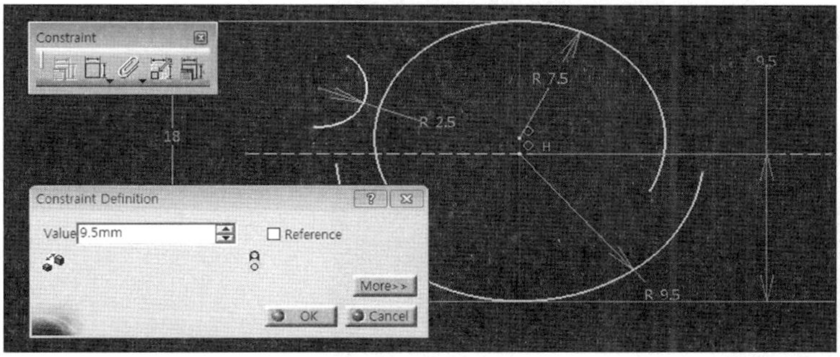

» 만든 점선과 아래 부분 원호가 만나도록 한다.

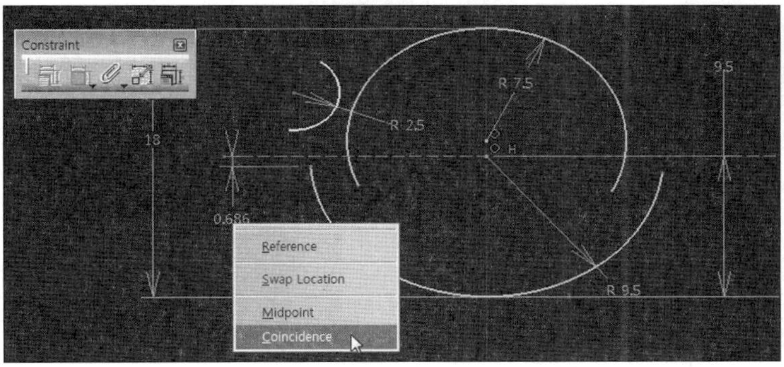

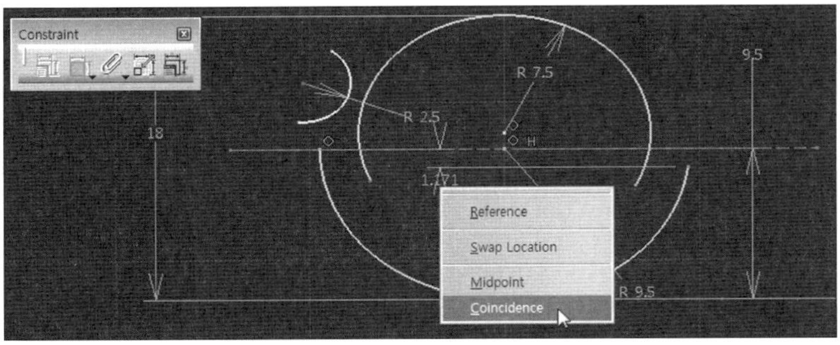

» 다음은 앞서 만든 원호와 아래 원호의 끝 포인트 부분이 서로 만나도록 한다.

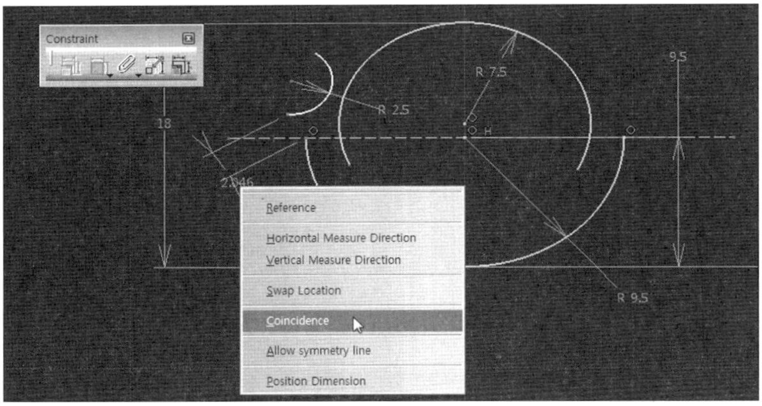

» 다음은 앞서 만든 원호와 윗부분 원호가 Tangent로 만나도록 한다.

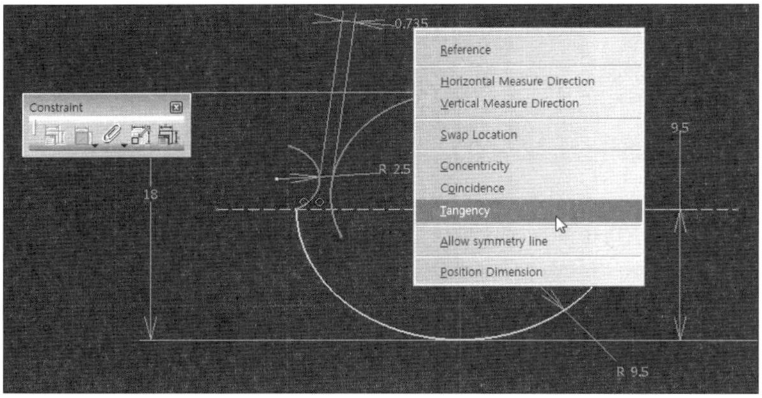

» 왼쪽 작업부분을 오른쪽 부분에도 반복하여 작업을 하도록 한다.

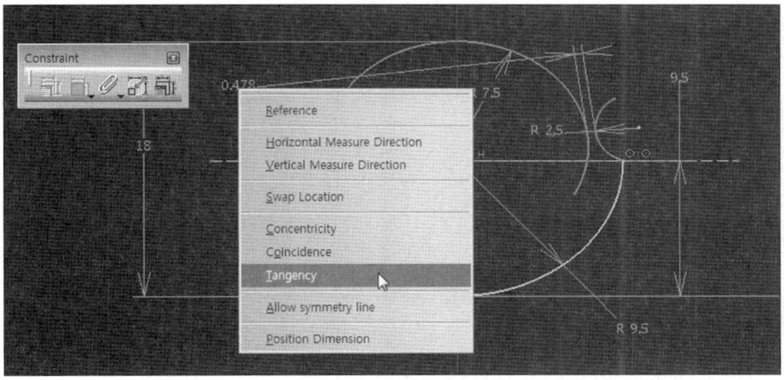

» 지금까지 작업한 부분은 그림과 같다.

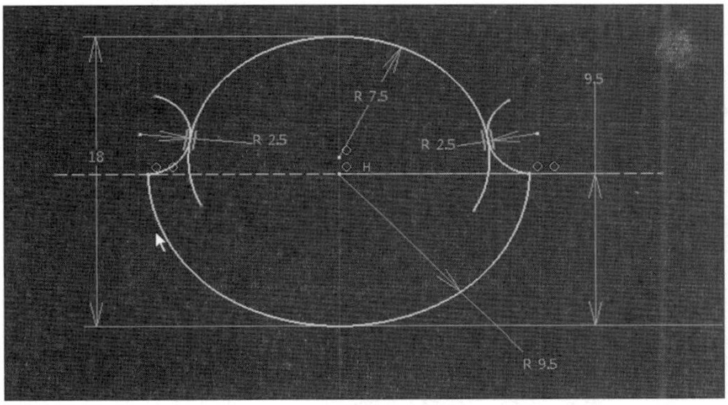

» ❶ 다음은 불필요한 부분을 삭제하는 트림 작업을 한다. Quick Trim 아이콘을 사용한다.

» ❷ 불필요한 선을 선택하면 삭제된다.

❶

❷

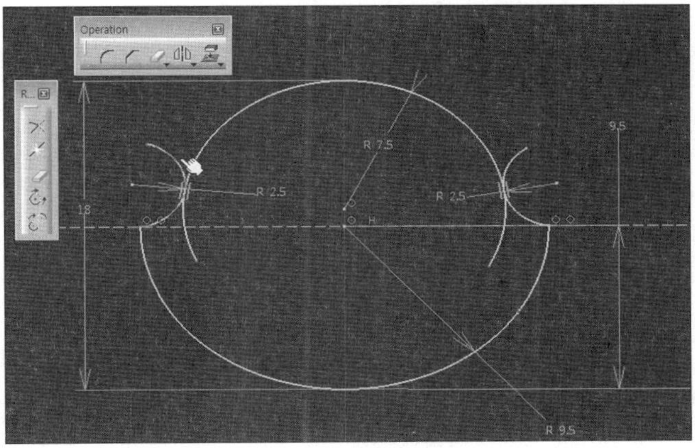

» 그림과 같이 원하는 스케치 작업 결과를 얻을 수 있다.

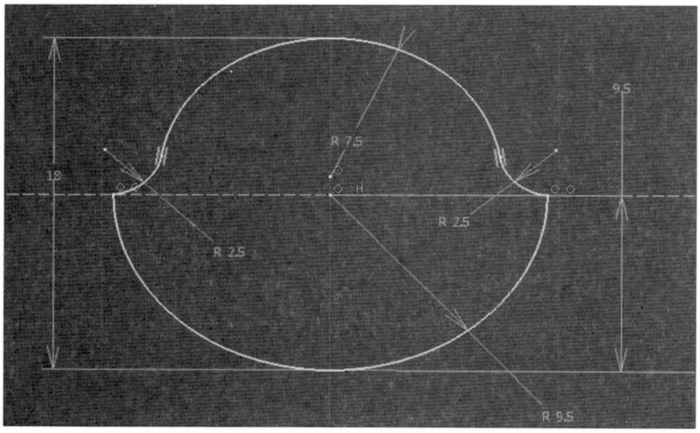

» 3차원 공간에서 그림과 같은 결과를 확인할 수 있다.

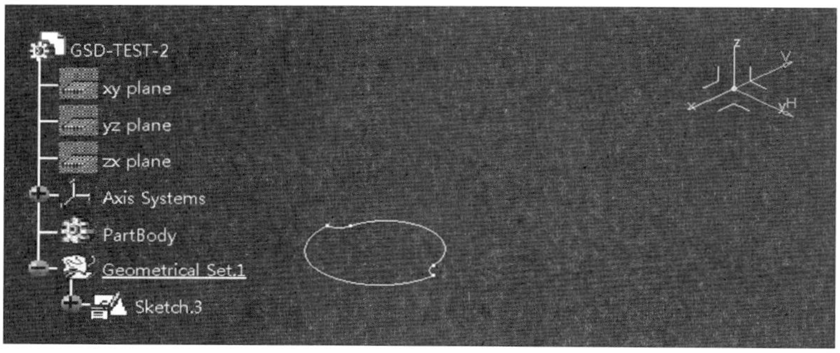

» 다음은 만들어진 스케치를 이용하여 회전 형태를 만들도록 한다.

» Revolve 아이콘을 사용하도록 한다. Profile는 앞서 만든 스케치로 한다. 여기서 스케치의 명칭을 일치하기 위해서 Properties에서 변경한다.

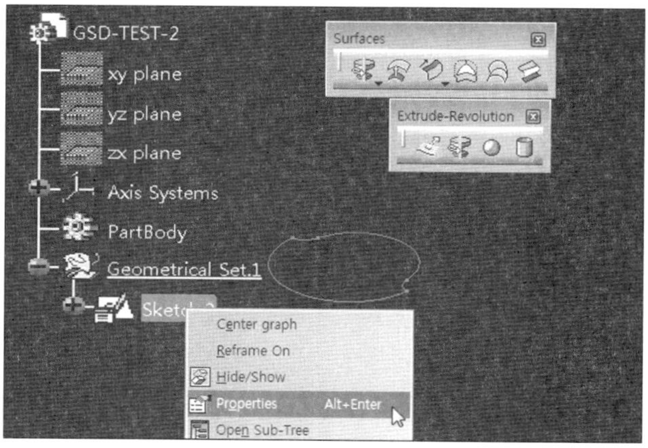

» 명칭은 Sketch.1로 한다.

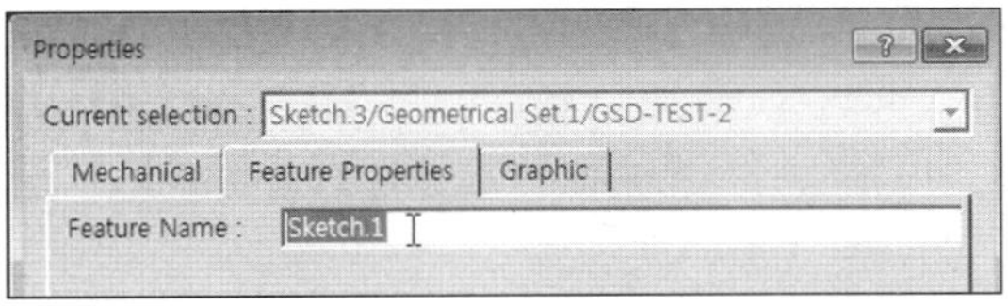

» Profile는 Sketch.1로 하고 Revolution axis는 HDirection으로 한다.

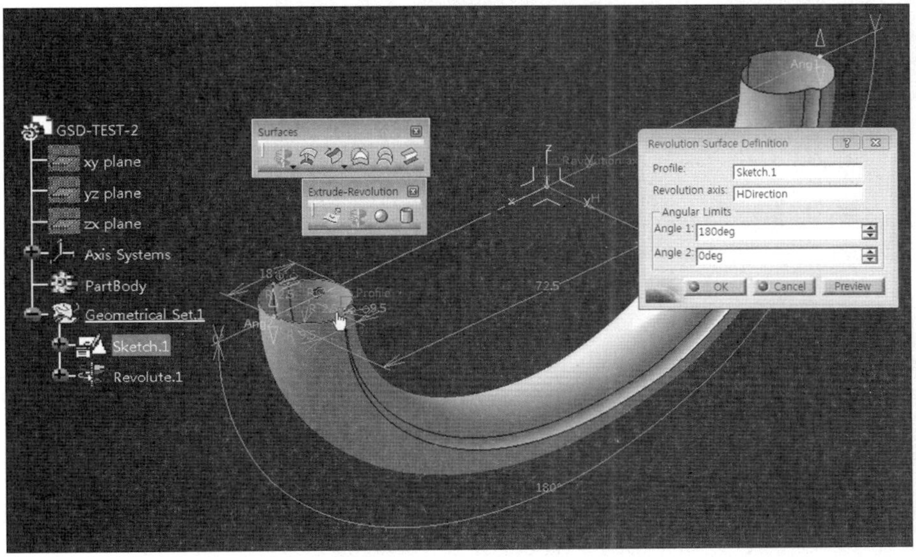

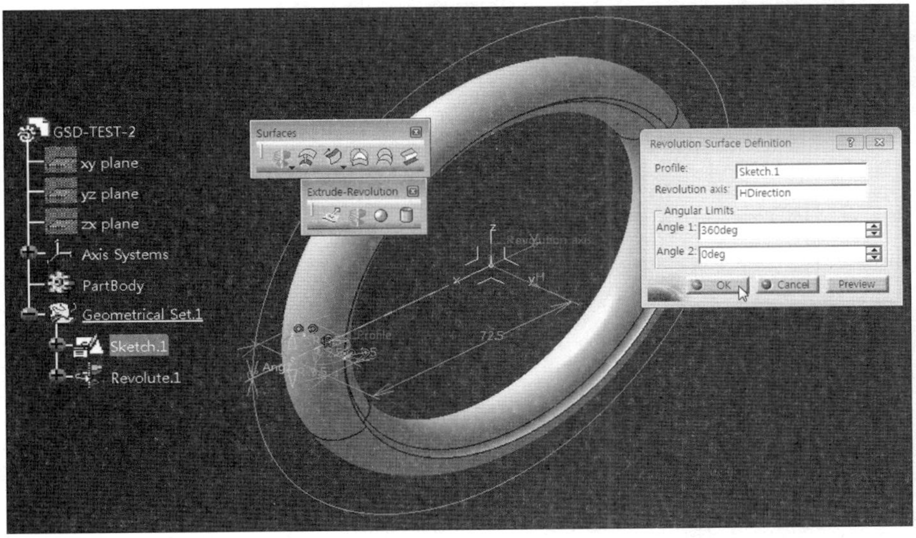

» Color은 원하는 색깔로 한다.

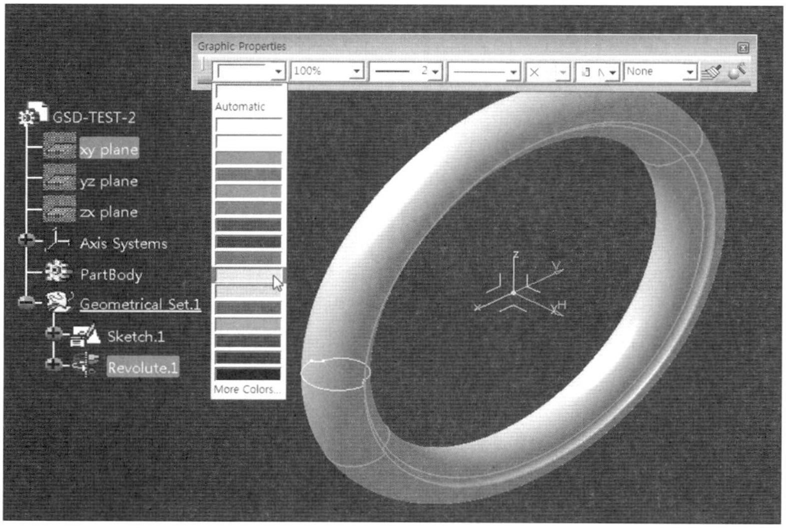

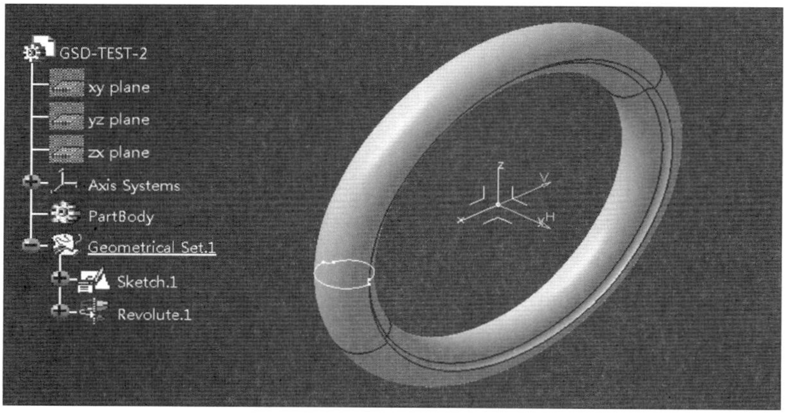

» 다음은 중앙부의 회전체를 만들도록 한다. 따라서, 스케치 작업장으로 진입하도록 한다. yz평면을 선택하고 스케치로 들어간다.

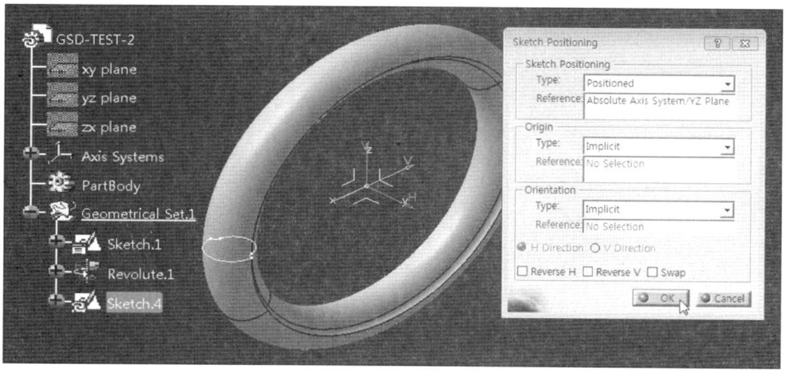

» 임의의 사각형을 그린다.

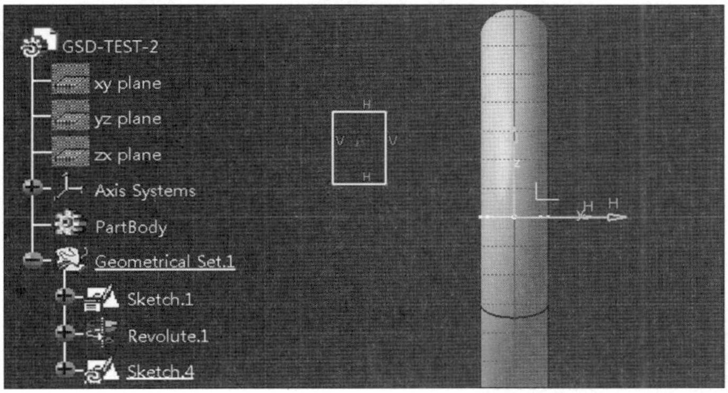

» 사각형의 위선은 점선으로 변경한다. 왜냐하면, 사용하지 않은 부분이 될 것이기 때문이다. 그리고 사각형의 위 양쪽 포인트를 지나는 원호를 그리도록 한다.

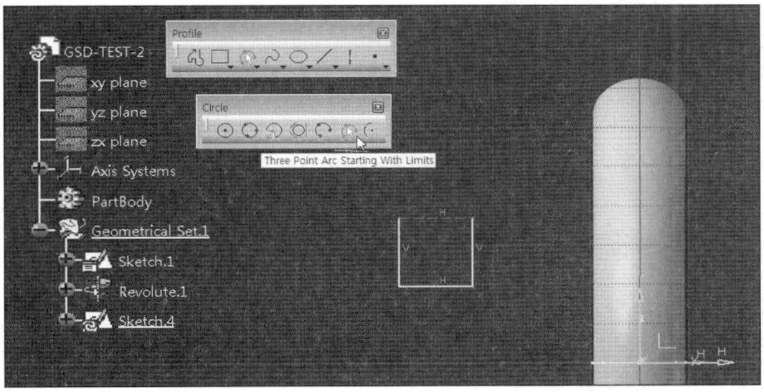

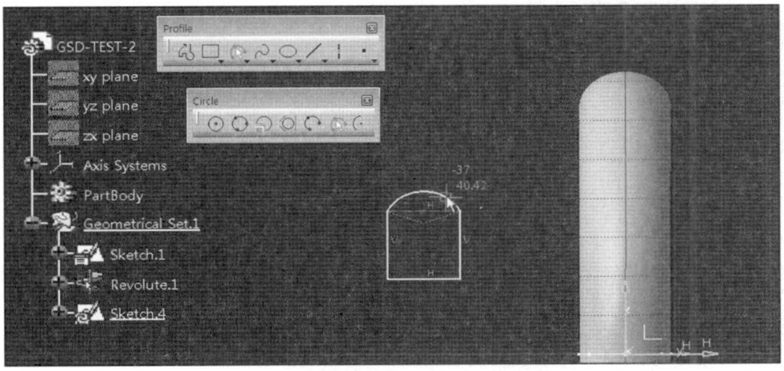

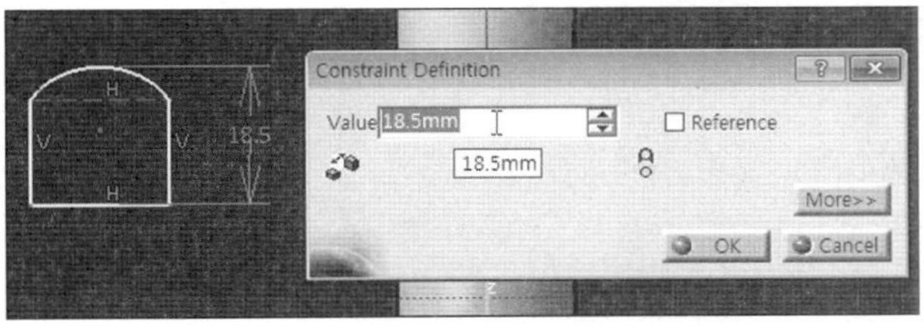

» 18mm의 치수를 부여한다.

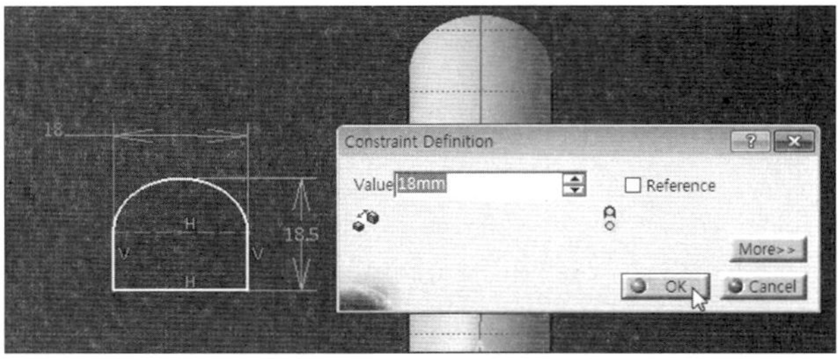

» 앞서 만든 원호의 반지름을 18.5mm로 한다.

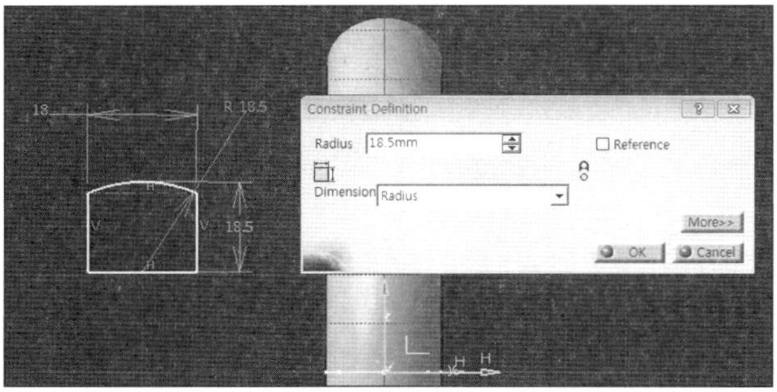

» 그림과 같이 스케치한 부분과 H축이 일치되도록 한다.

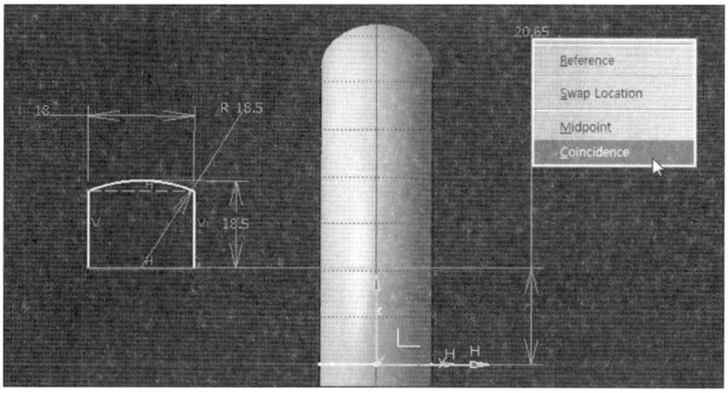

» 다음은 V축을 기준으로 대칭이 되도록 한다.

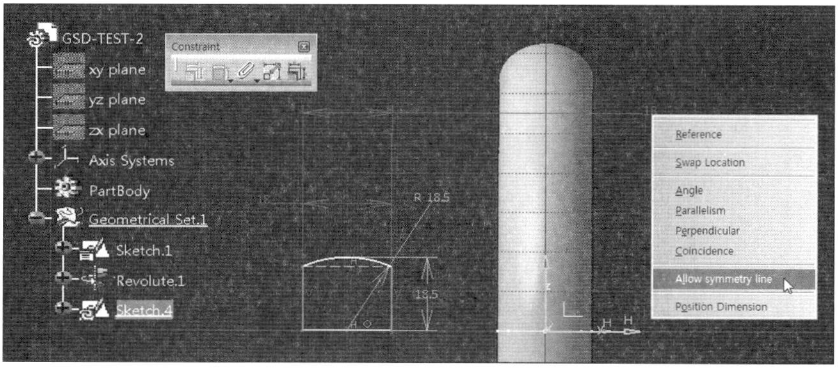

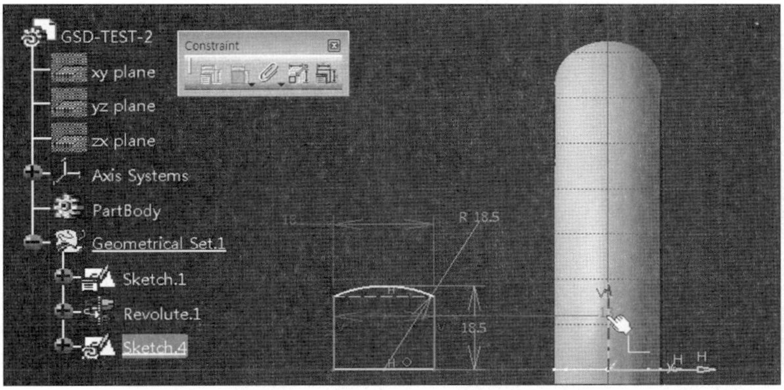

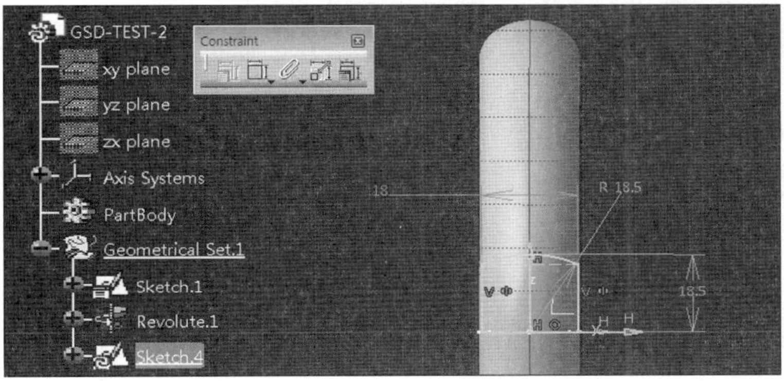

» 3차원 공간으로 빠져나가 만들어진 스케치를 확인할수 있다.

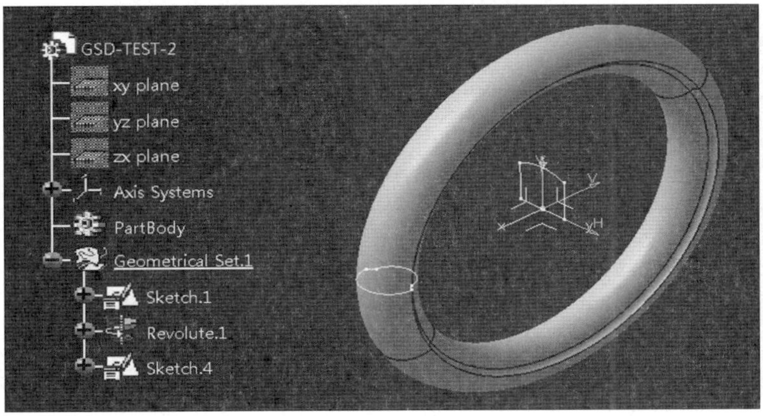

» 만들어진 형상의 스케치를 회전시켜 원하는 모델링 결과를 얻도록 한다.

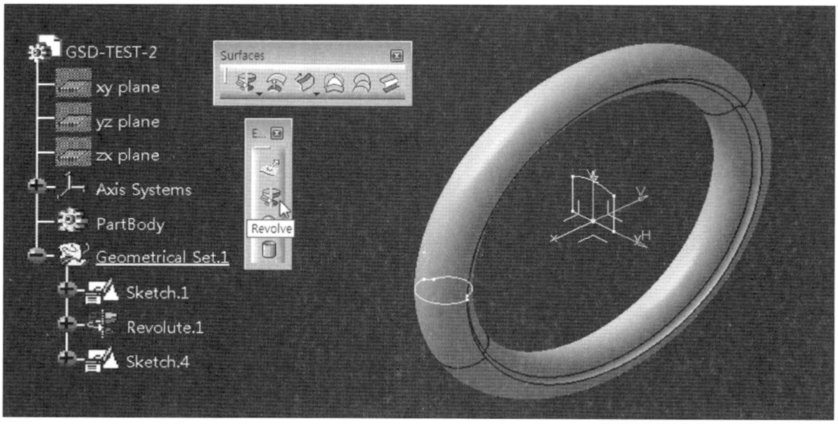

» 앞서 만든 스케치 프로파일을 선택하고 회전축은 Y축으로 한다.

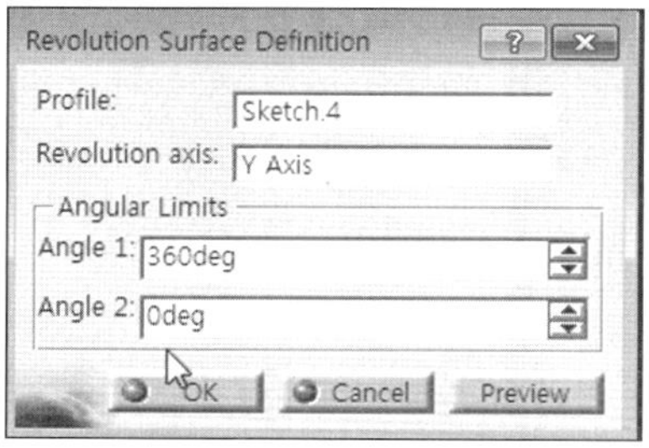

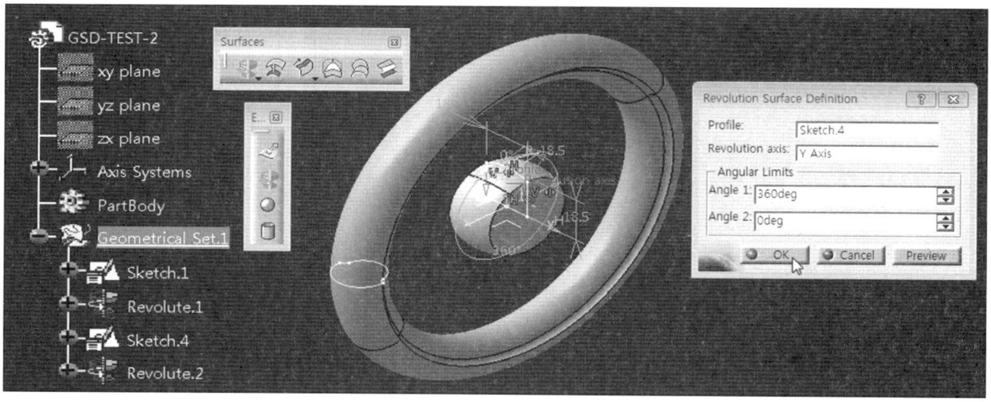

» 다음은 3개의 Rib 부위를 모델링하도록 한다. 도면을 보면 Rib 단면이 각각 다르기 때문에 Multi-Sections Surface 아이콘을 사용하도록 한다.

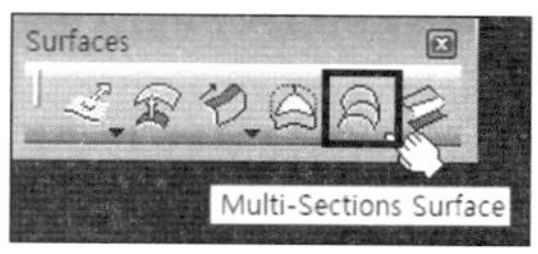

» 이전에 먼저 만든 Surface를 Solid로 채우는 것이 좋다. 왜냐하면 추가 작업을 하고 난 이후에는 각 Surface로 트림 작업을 하게 되면 힘들어질 수 있다. Surface가 만들어지면 Solid로 채우는 작업을 하는 것이 모델링을 쉽게 도와줄 수 있다. 따라서, PartDesign으로 작업장을 바꾸도록 한다. 툴바의 모양이 변경된 것을 보면 작업장 변경을 알 수 있다.

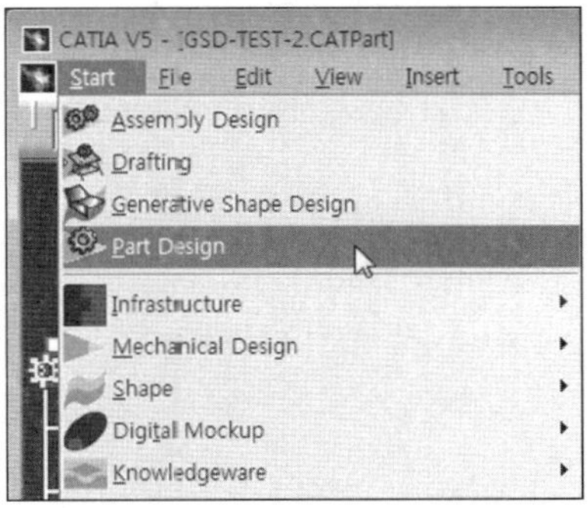

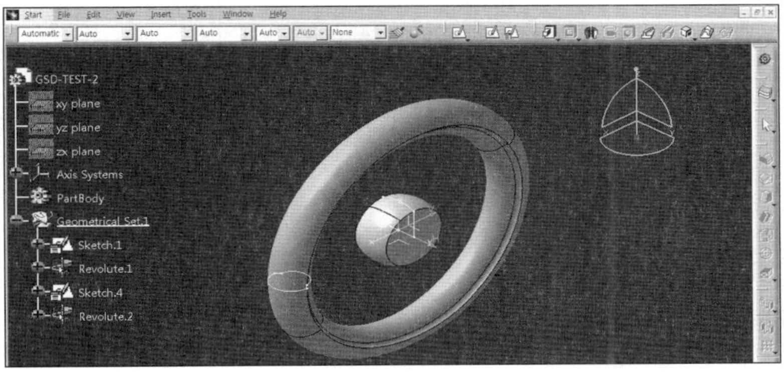

» Close Surface아이콘을 사용하도록 한다.

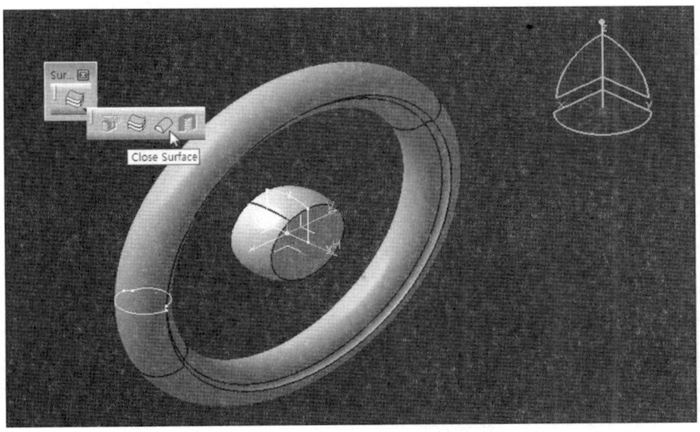

» 작업에 앞서 Solid를 채울 Body를 추가하도록 한다. 먼저, PartBody에 Define In Work Object를 한다.

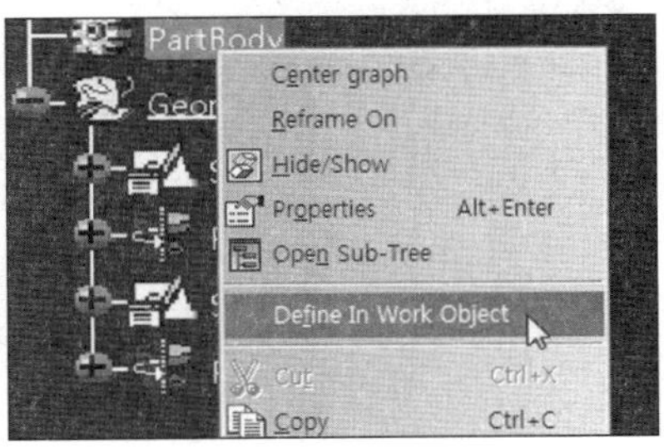

» Body를 추가한다. 2개를 추가하도록 한다.

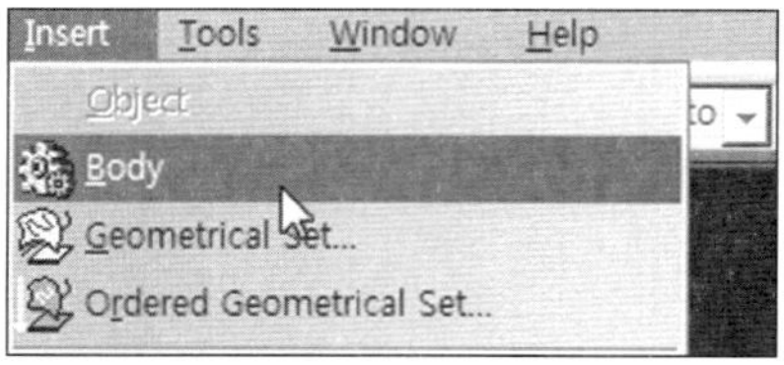

» Body가 추가된 것을 확인할 수 있다.

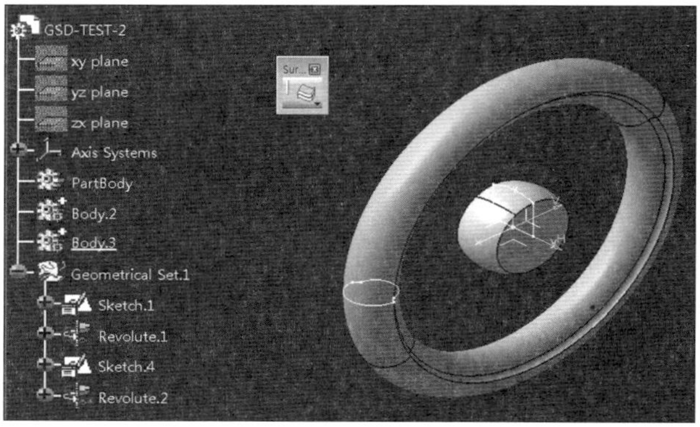

» Body.2에 Define In Work Object를 한다.

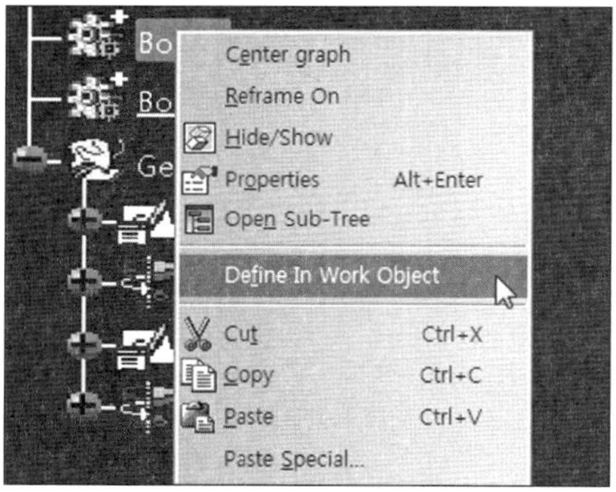

» 채울 Revolute.1를 선택하여 Close Surface 아이콘을 클릭하여 Solid로 채운다.

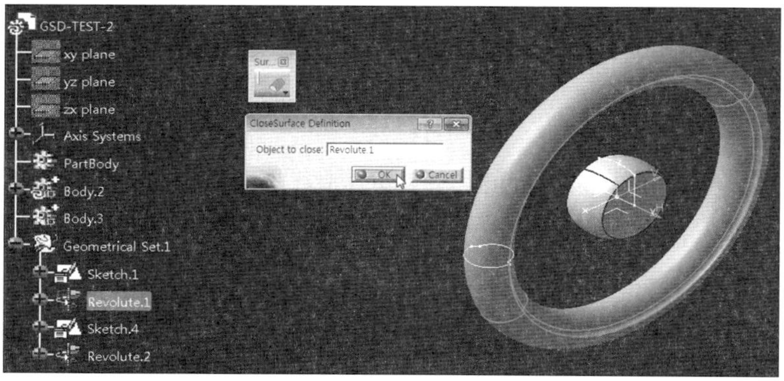

» 다음은 채울 Revolute.2를 선택하여 Close Surface 아이콘을 클릭하여 Solid로 채운다.

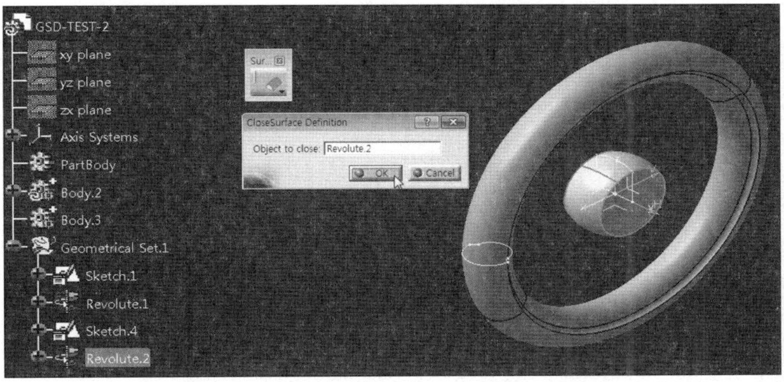

» Geometrical Set를 Hide하면 만들어진 Solid를 확인할 수 있다.

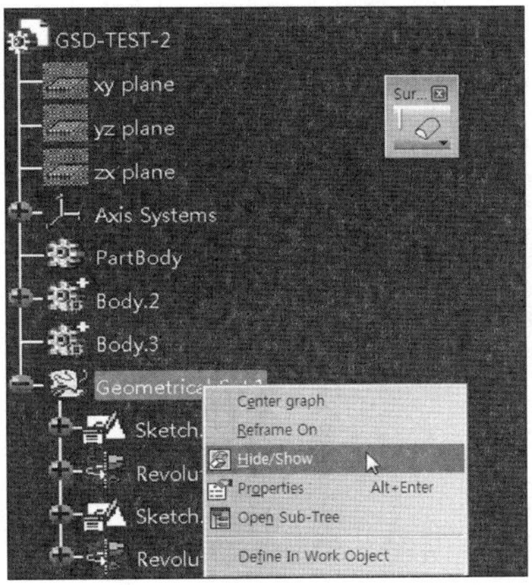

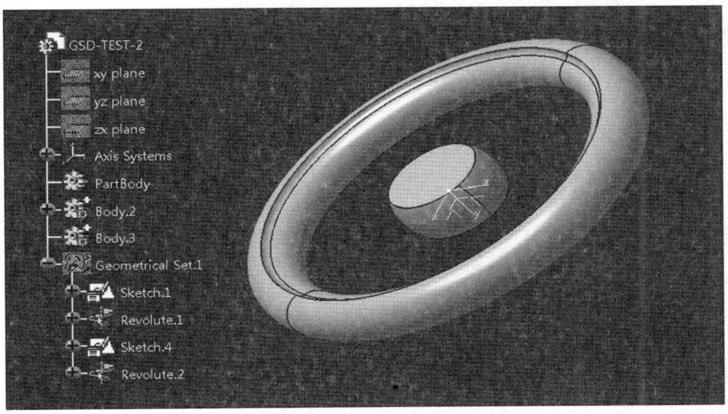

» 이제는 앞서 하기로 한 Rib 작업을 하도록 하겠다. 작업장은 Generative Shape Design으로 변경하도록 한다.

» 작업의 편의상 Isometric View 아이콘을 사용하여 정렬을 한다.

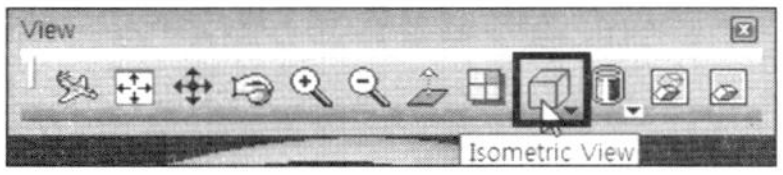

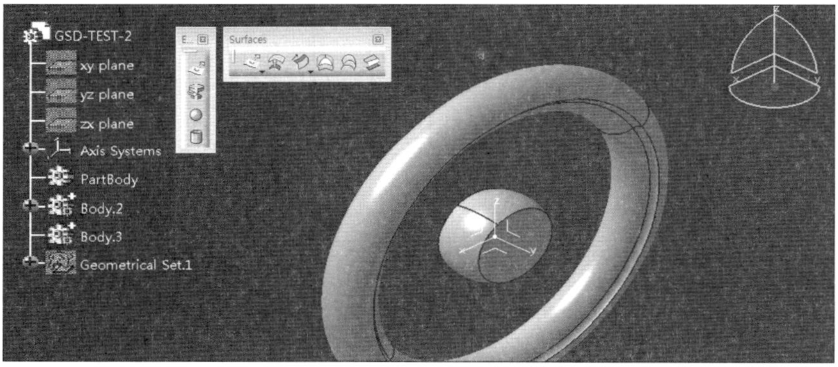

» 그리고, 작업이 편리한 방향으로 뷰를 그림과 같이 회전하여 정렬한다. 이렇게 정렬을 하는 것은 독자와 같이 모델링을 하기 위한 시도이다.

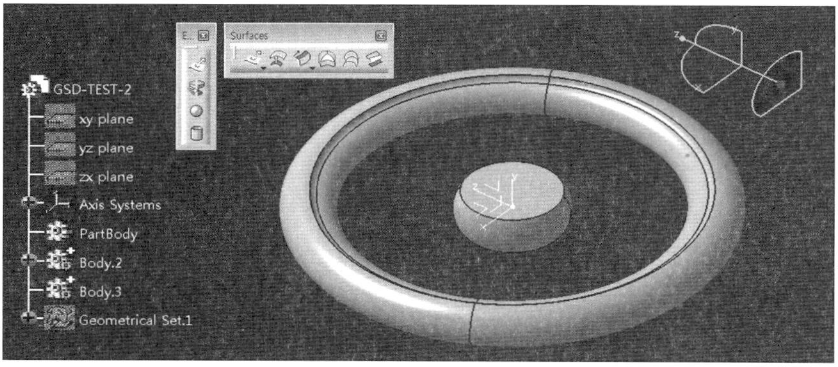

» 스케치로 진입한다.

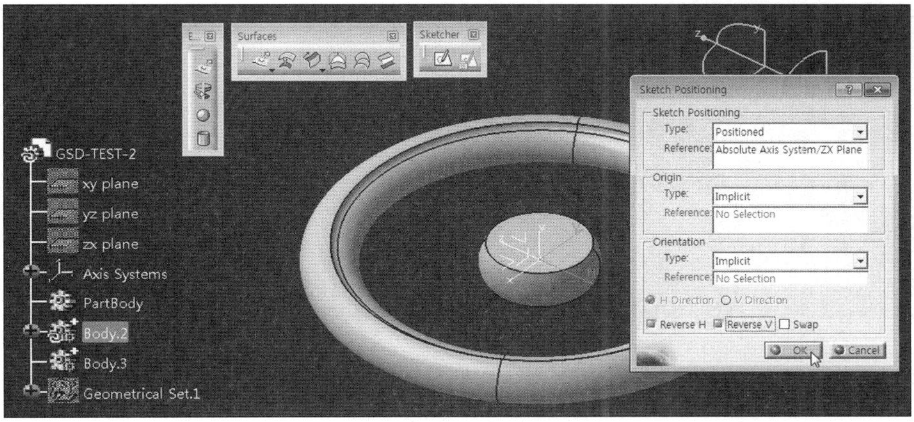

» 스케치 방향은 Reverse H, Reverse V로 한다.

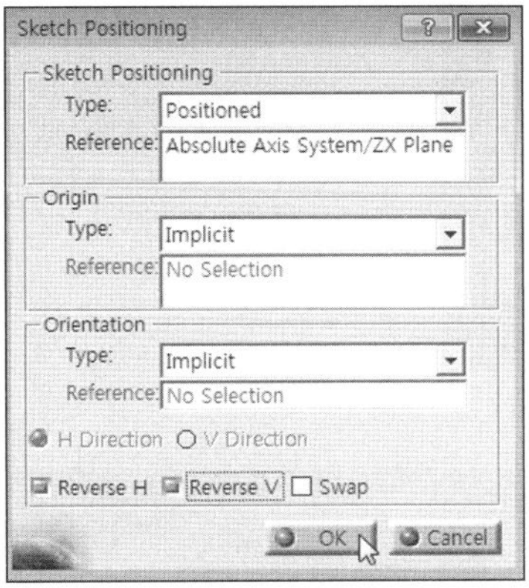

» 수평선을 그린다.

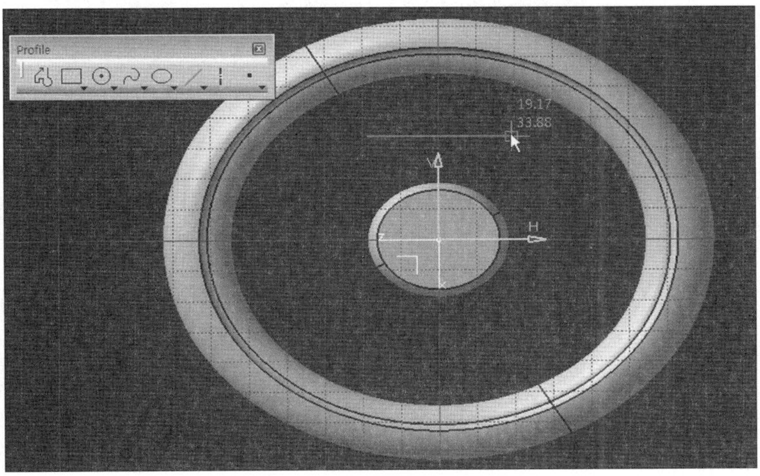

» 22mm의 치수를 기입하도록 한다. 왜냐하면 도면에서 타원의 장축이 22mm이다.

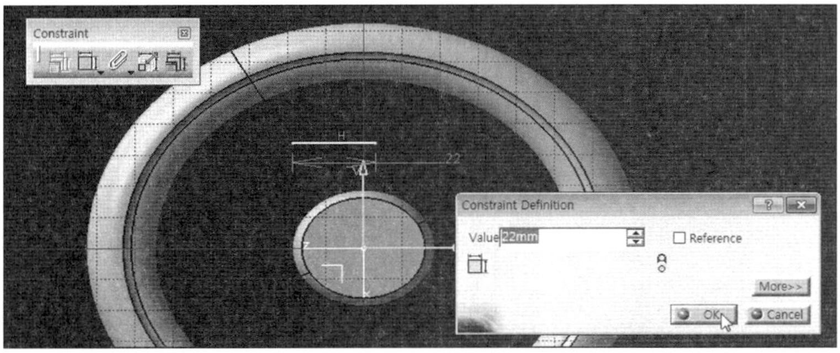

» 수평선의 양쪽 끝 포인트를 각각 선택하고 V축을 중심으로 하는 Allow symmetry line을 사용하도록 한다.

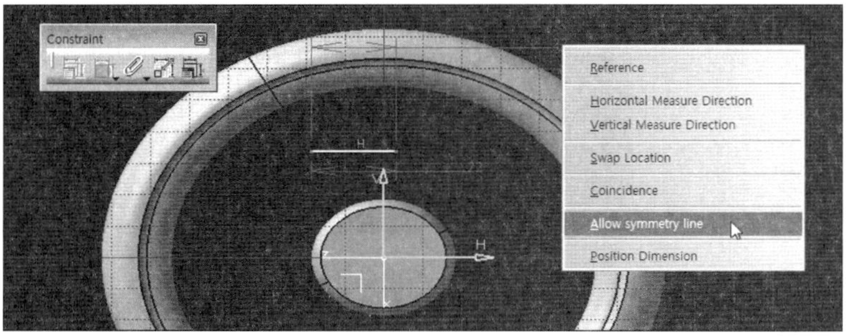

» 다음은 임의의 원호를 그린다. 원호는 점선이 되도록 한다.

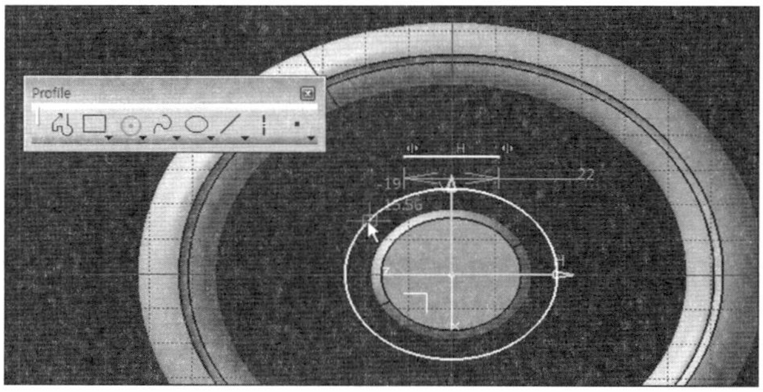

» 점선으로 변경되도록 한다.

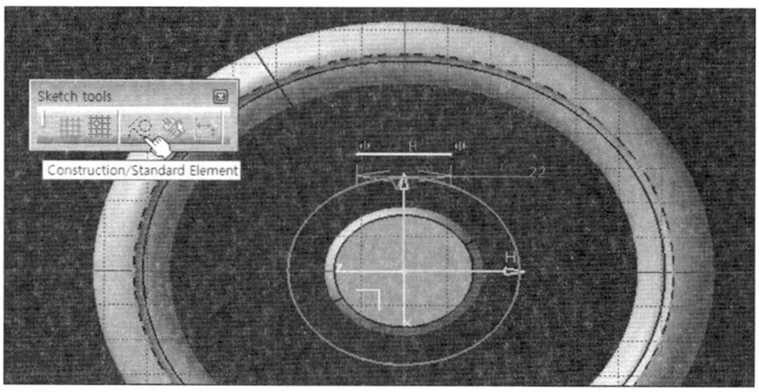

» 원호의 지름은 37mm가 되도록 한다.

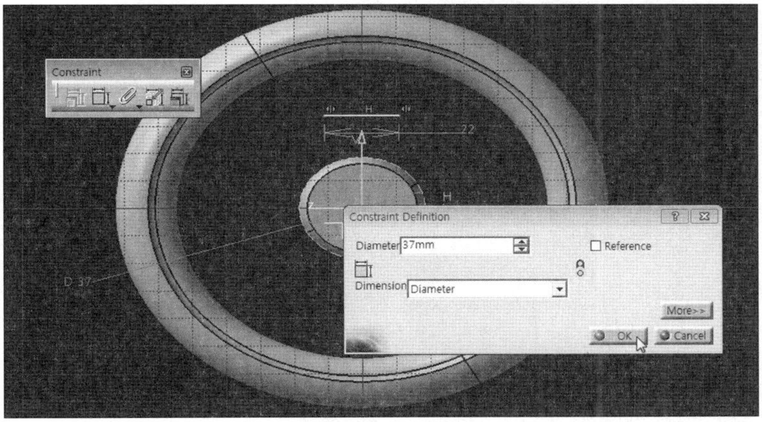

이렇게 작업을 하는 것은 결국 타원을 만들기 위한 과정이다. 물론, 다른 좋은 방법이 많이 있을 수 있겠지만 가능하면 이렇게 스케치에서 필요로 하는 것을 스케치하여 만들어가면 좋은 결과를 쉽게 얻을 수 있다. 단지, 과정이 복잡하게 보이지만 이런 과정 하나 하나가 만들어지면 바로 결과를 얻은 것보다 더 쉽게 치수를 변경하는 설계변경 작업을 용이하게 할 수 있는 장점이 있다.

» 작업 내용을 식별할 수 있도록 색깔을 변경하였다. 그리고 Constraint 아이콘을 사용한다. 포인트의 한쪽 끝인 왼쪽 포인트를 선택하고 원호를 선택하여 Constraint를 사용하여 Coinci-dence가 되도록 한다.

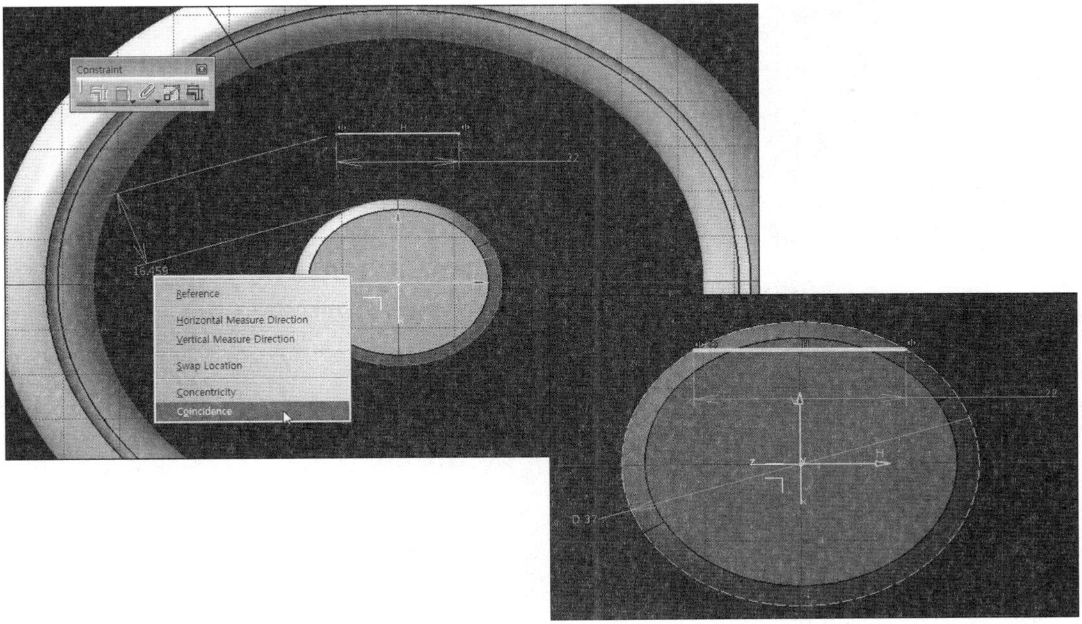

» 이제 원하는 스케치 작업이 완료되어 3차원 공간으로 빠져 나간다.

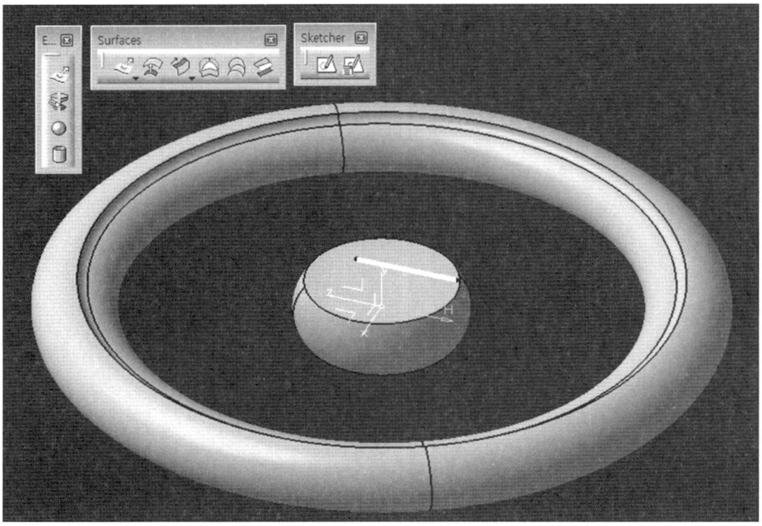

» 앞서와 같은 방식으로 큰 원호를 그리고 수평선을 스케치를 하도록 한다. 스케치로 진입을 한다. 스케치 방향은 Reverse H, Reverse V로 한다.

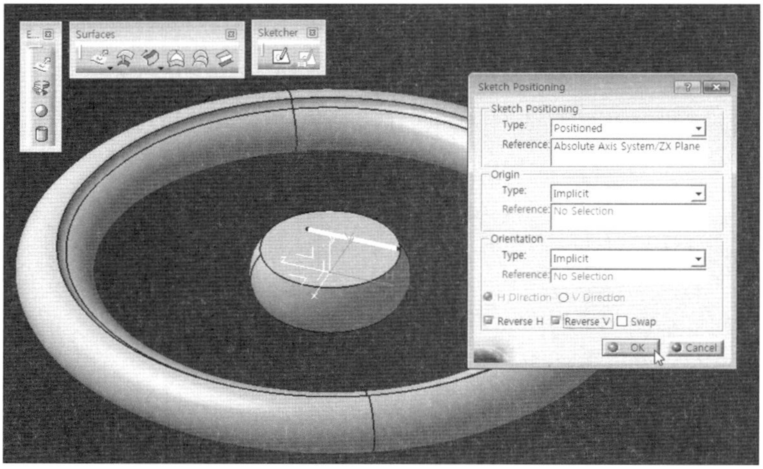

» 임의의 수평선을 그린다.

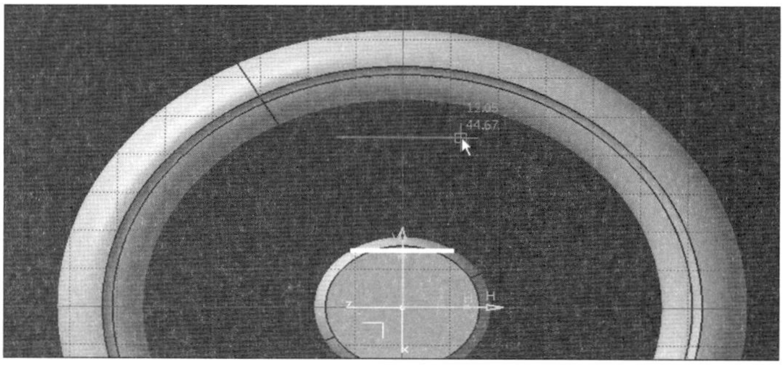

» 양 끝 포인트를 선택하여 V축을 중심으로 대칭이 되도록 한다.

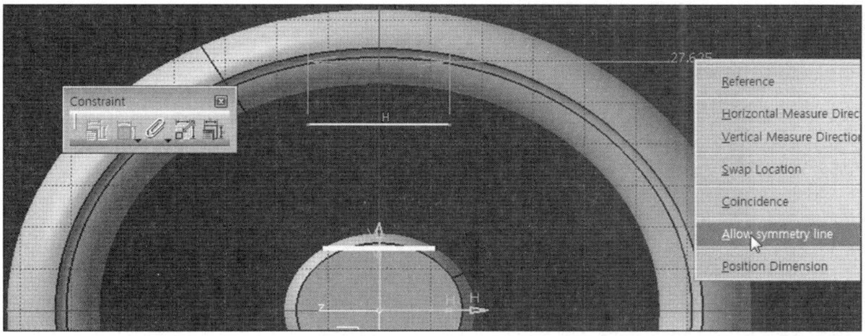

» 길이는 작은 타원의 장축인 19mm로 한다.

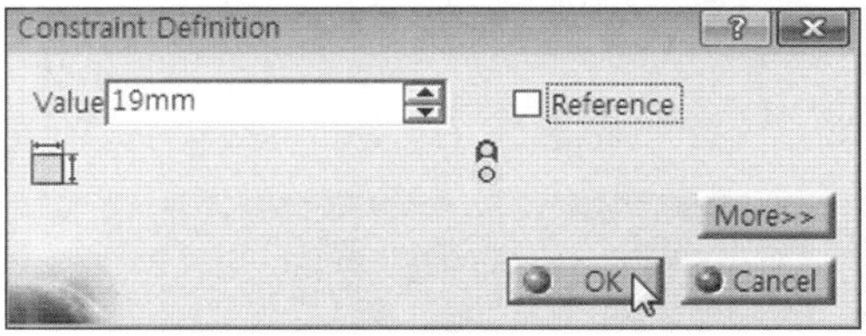

» 다음은 원호를 그리도록 한다.

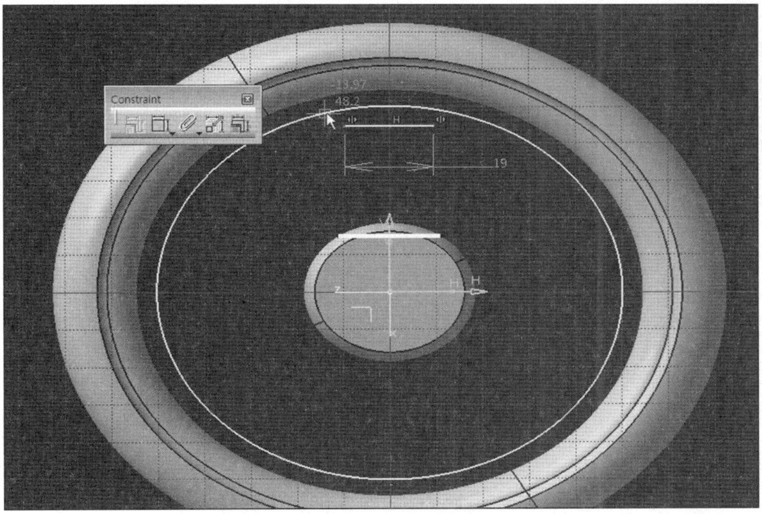

» 원호가 점선이 되도록 한다.

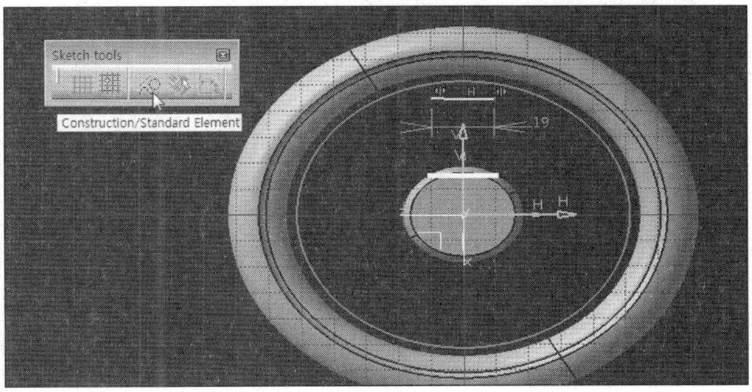

» 원호의 지름은 145mm－18mm－18mm ＝ 109mm로 한다.

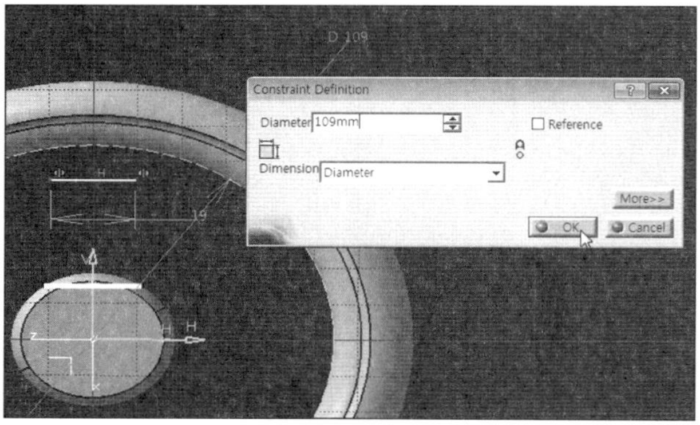

» 다음은 수평선의 오른쪽 끝 포인트와 원호를 Coincidence가 되도록 한다.

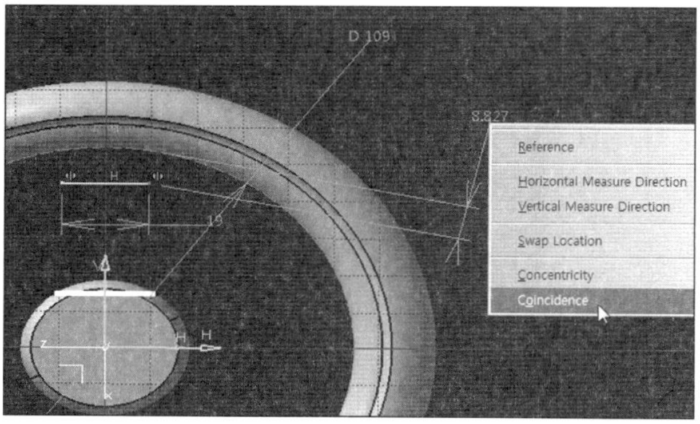

» 스케치 결과값을 확인할 수 있다.

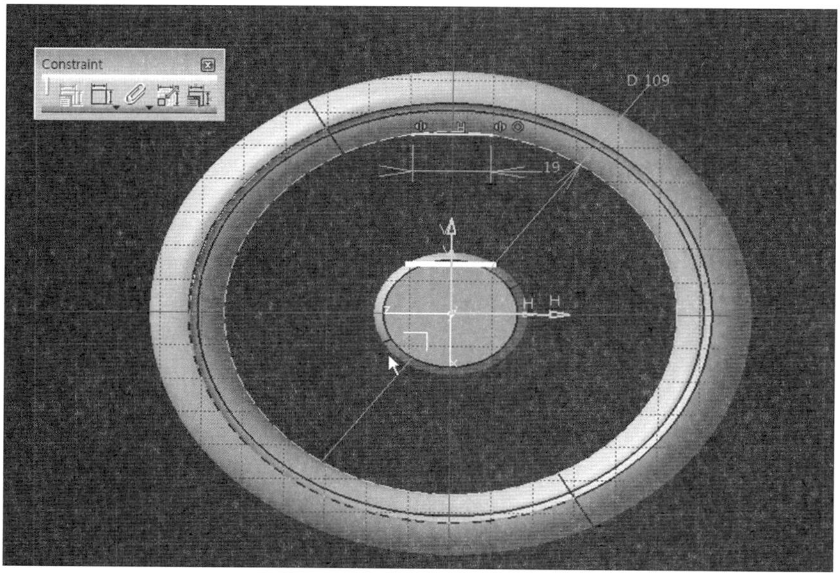

» 다음은 3차원 공간으로 빠져 나간다.

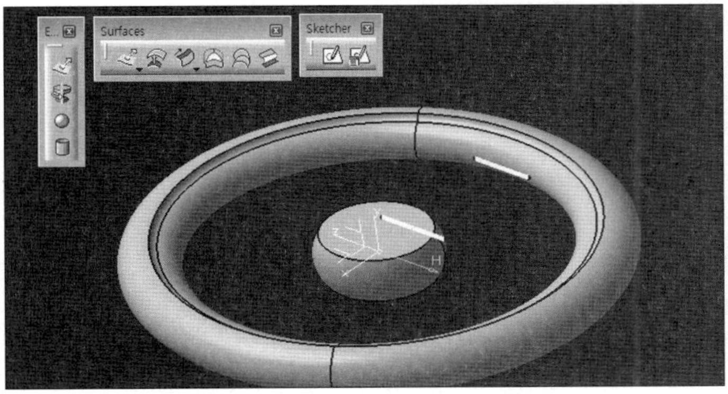

도면에 있는 두 개의 타원 부분의 스케치 작업을 해야 한다. 이렇게 만들어진 두 개의 타원 단면이 서로 다르기 때문에 멀티세션으로 Surface를 만드는 작업을 하여야 한다. 이런 타원을 만든 스케치를 만들려면 스케치로 진입할 평면이 필요하다. 평면을 만드는 방법은 여러 가지가 있다. 그중에서 우리는 3개의 포인트가 있으면 평면이 만들어지는 기하학적 성질을 사용하도록 하겠다.

» 이 포인트의 하나는 수평선의 중앙점으로 하겠다. Point의 On Curve 타입을 선택한다. 그 전에 Gelmetrical Set를 하나 추가한다.

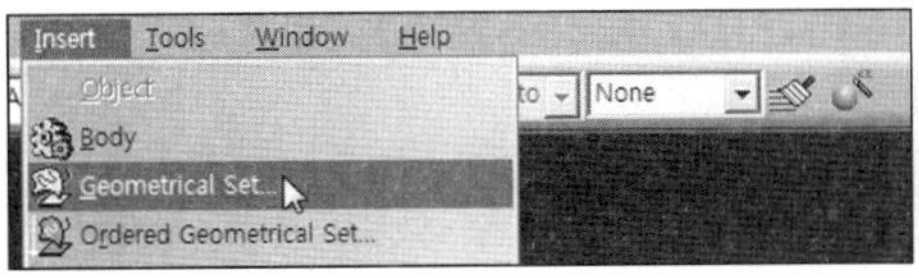

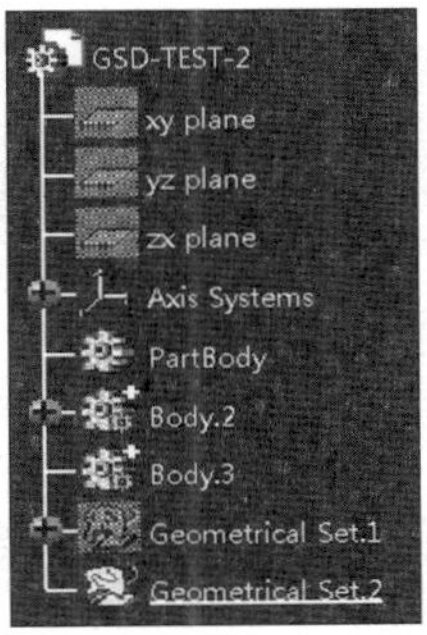

» 이제 중앙 포인트를 생성한다.

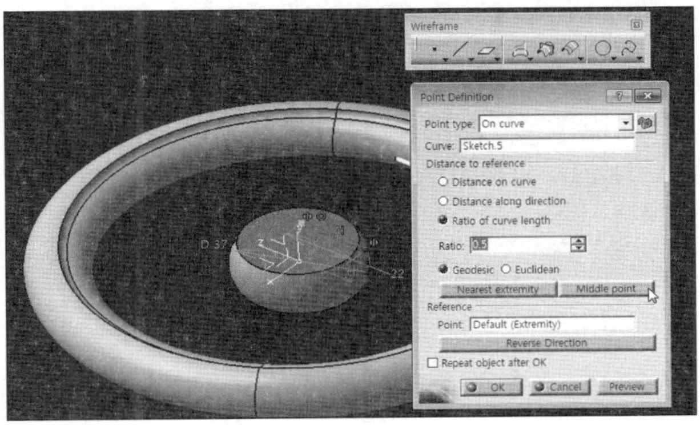

» 그리고, Middle 포인트의 탭을 선택한다. 그리고 OK를 클릭한다.

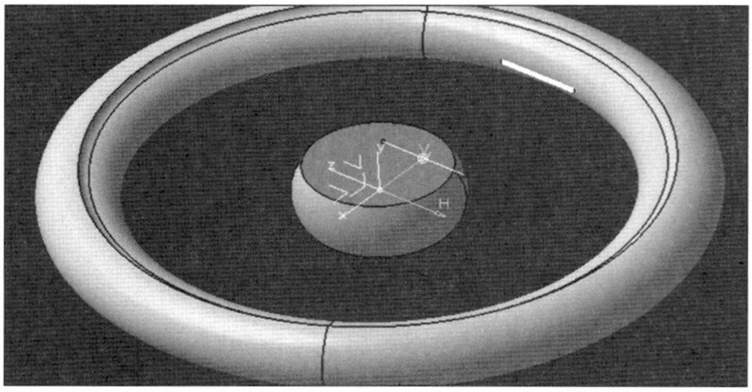

» 우선, 앞서 만든 수평선에 수직선을 만들도록 하겠다. Wireframe 툴바의 Line아이콘을 사용한다. Line Type은 Point–Direction을 선택하도록 한다.

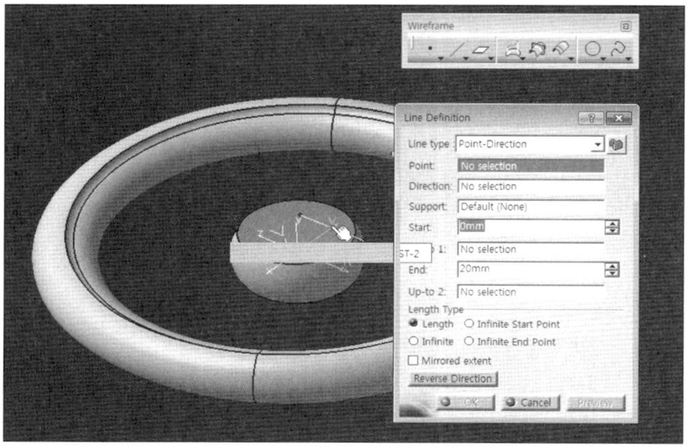

» Direction은 오른쪽 마우스(또는 3번 마우스)를 선택하여 Y Component를 선택한다. 또는, zx평면을 선택해도 된다.

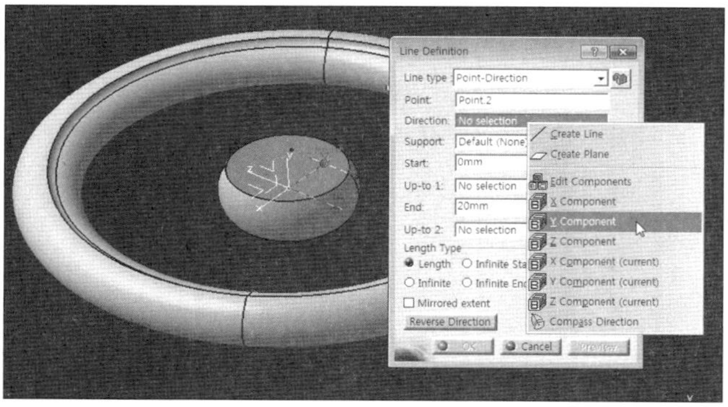

» 그림과 같이 설정하면 된다.

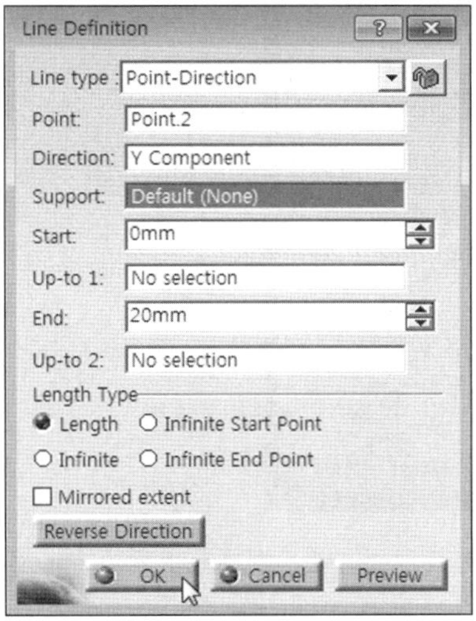

» 원하는 수직선이 만들어진 것을 확인할 수 있다.

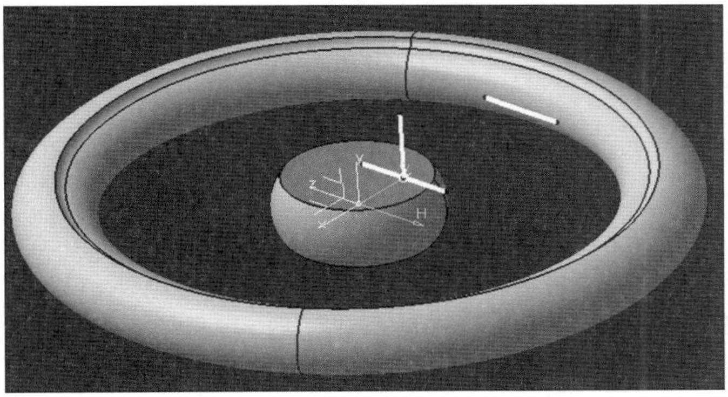

» 같은 방식으로 큰 원호에 있는 수평선에도 중앙점을 만들고 수직선을 만들도록 하겠다.

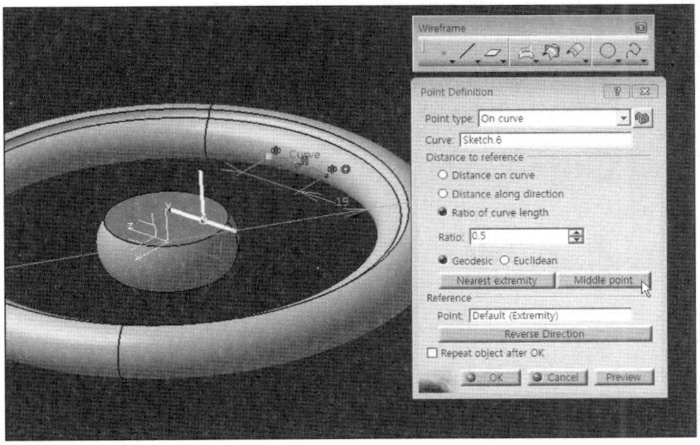

» 다음은 수직선을 만들도록 한다.

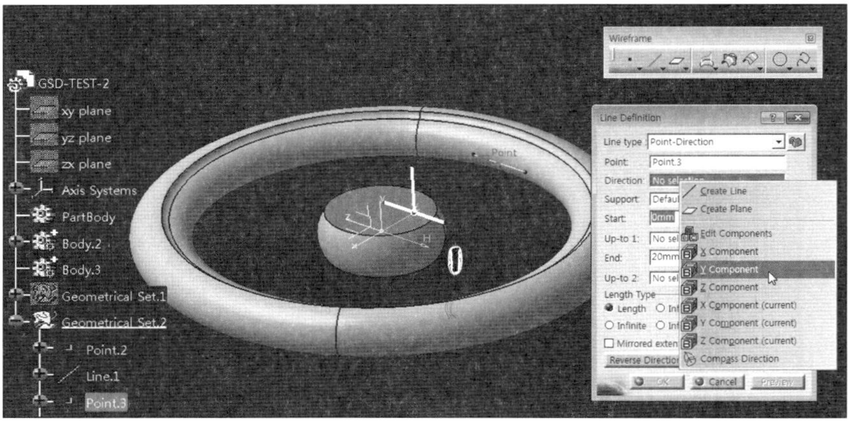

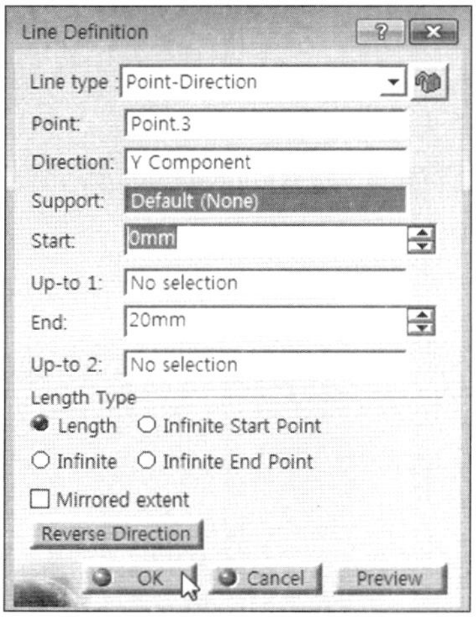

» 만들어진 결과를 확인할 수 있다.

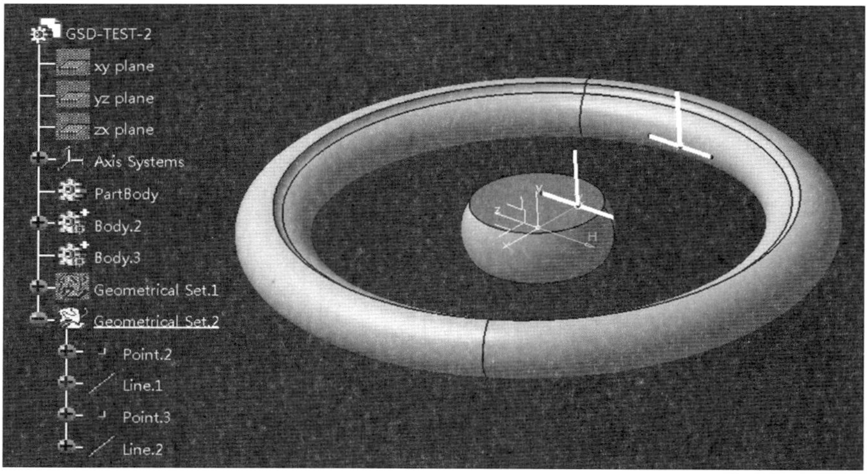

» 만들어진 수평과 수직선을 사용하여 타원을 그릴 스케치 진입 평면을 만들 수 있다. Plane툴바에서 타입을 Through three points로 한다.

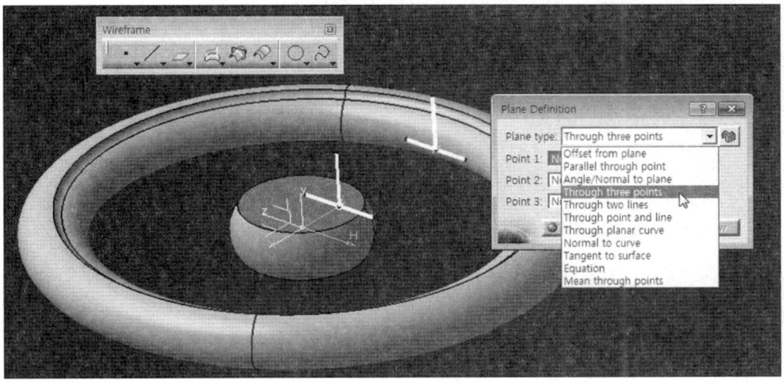

» 여기서 평면은 3개의 포인트에서 가장 먼저 찍은 포인트 위치에 만들어진다.(그곳이 평면의 원점이 될 것이다.)

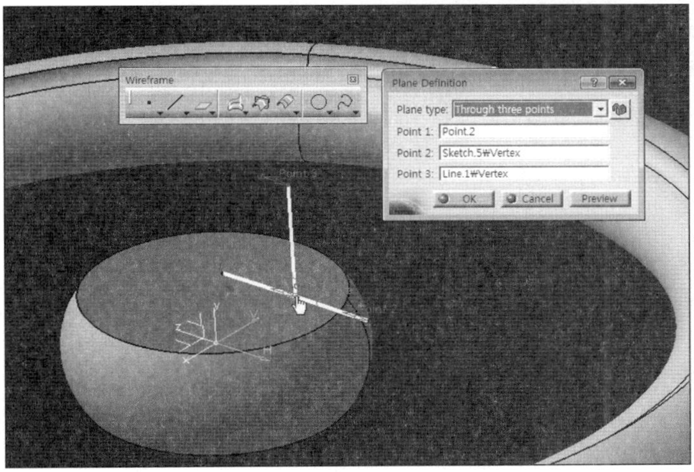

» 같은 방식으로 큰 원호 부분에도 평면을 만든다.

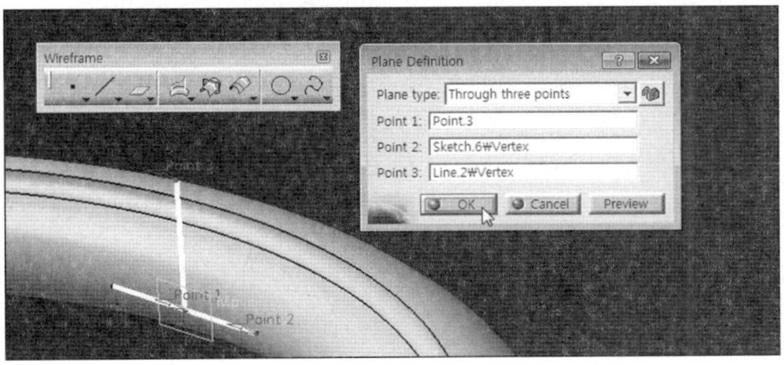

» 그림과 같이 두 개의 평면이 만들어진 것을 확인할 수 있다.

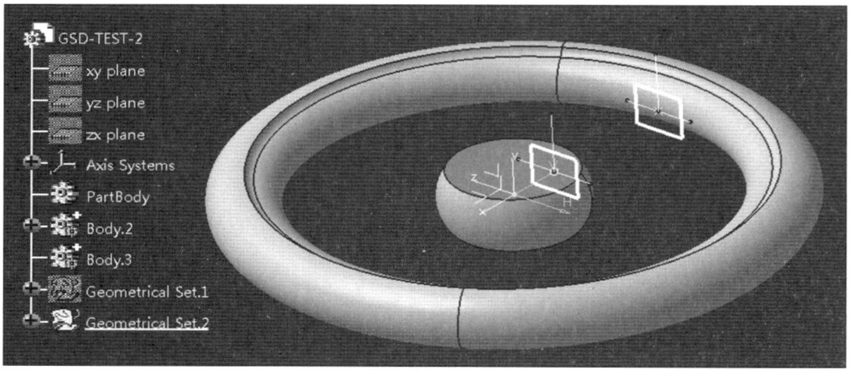

» 만들어진 평면을 선택하고 스케치 작업장으로 들어간다.

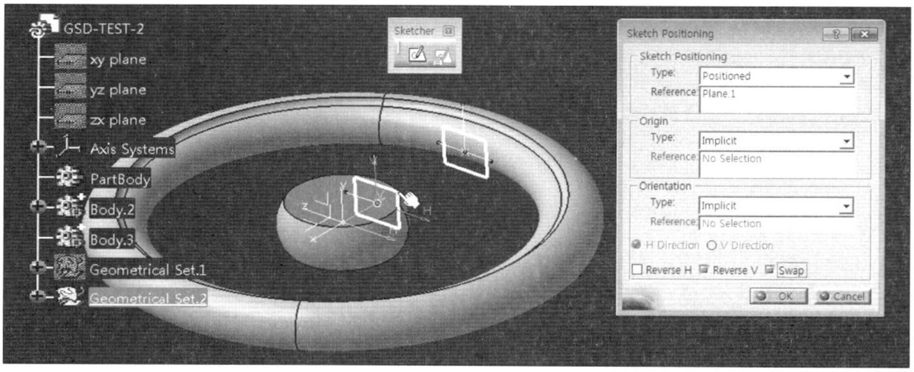

» ❶ 스케치 진입 방향은 Reverse V, Swap로 한다.

» ❷ 도면에 주어진 22×10.5의 원호를 그린다. 수평 H축위의 임의의 포인트를 찍어 선택한다.

❶

❷

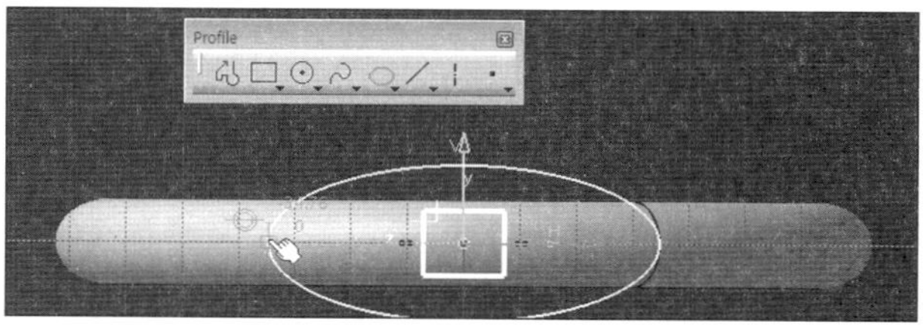

» 이어서 수직 V축위의 임의의 포인트를 찍어 선택한다.

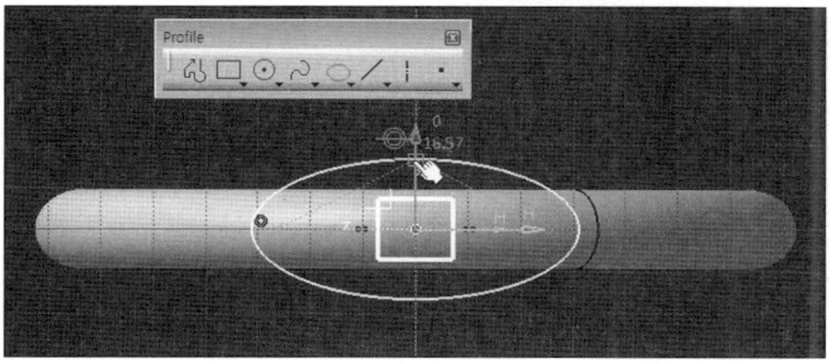

» 치수를 부여하는 작업을 하도록 한다.

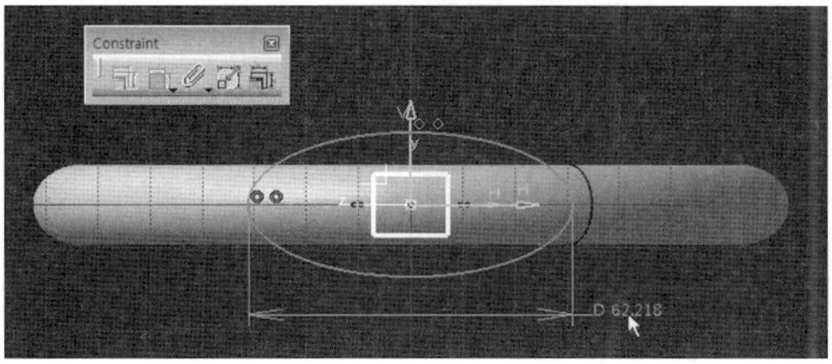

» 두 번째 단축은 타원을 선택하고 오른쪽 마우스(또는 3번 마우스)를 선택하면 단축을 선택할 수 있는 메뉴가 나타난다. 이것을 클릭하도록 한다.

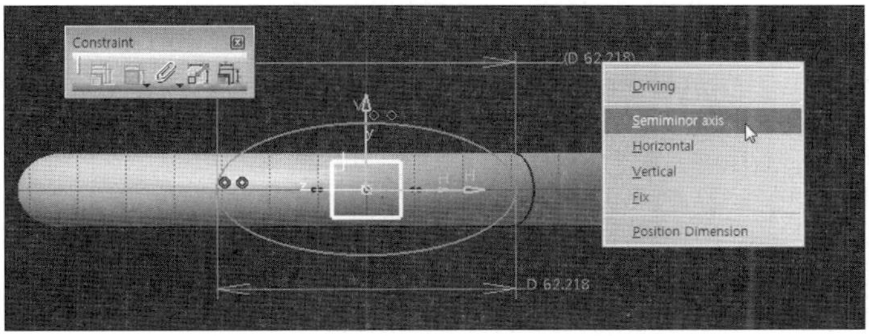

» 마지막으로 타원을 한번 더 선택하고 H축을 선택하여 치수를 뽑아낸다.

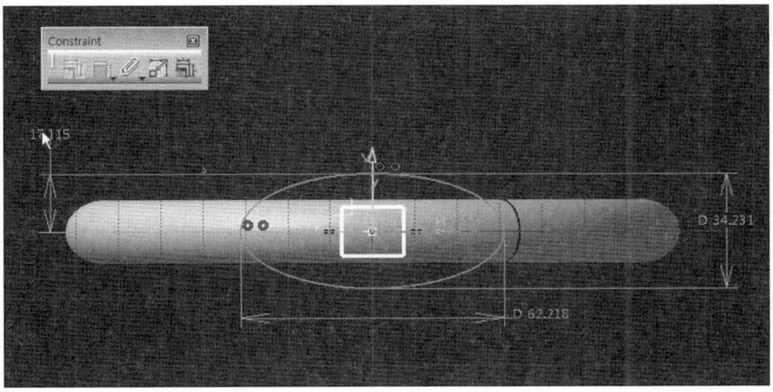

» 구속이 마모리되었다. 이번에는 도면에 있는 치수를 부여하도록 한다.

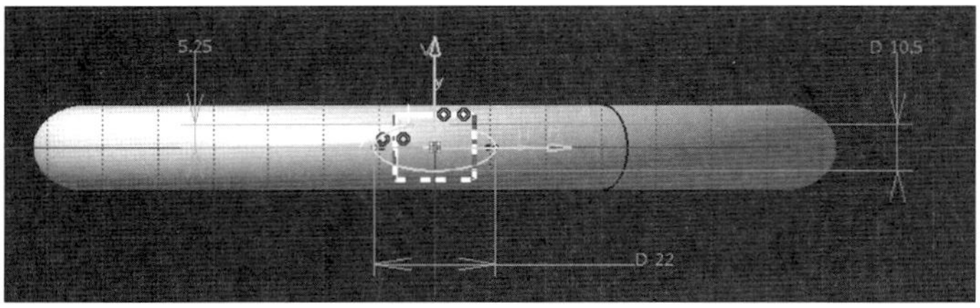

» 다음은 3차원 공간으로 빠져나간다.

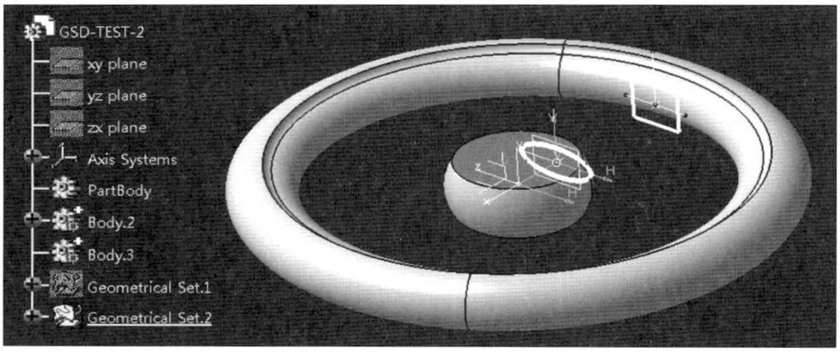

다음은 Multi-Section Surface를 만들려면 타원의 중심을 이어주는 선이 필요하다. 이 부분을 만들어 보자.

» Line 아이콘을 클릭하고 타입은 Point-Point를 선택한다.

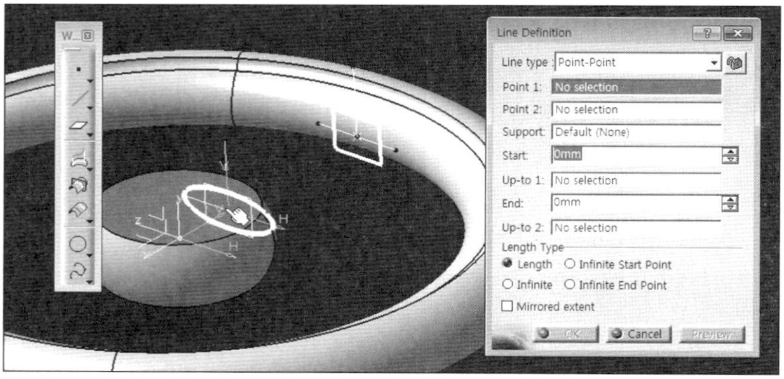

» ❶ 두 개의 각 중앙 포인트를 선택하고 OK를 클릭한다.

» ❷ 다만, 선을 각 중앙 포인트를 지나게 길게 만들어준다. 왜냐하면, Surface가 만들어질때 만들어진 선분이 있는 곳까지 Surface가 만들어질 수 있다. 그러면 짧게 만들어질 것이다.

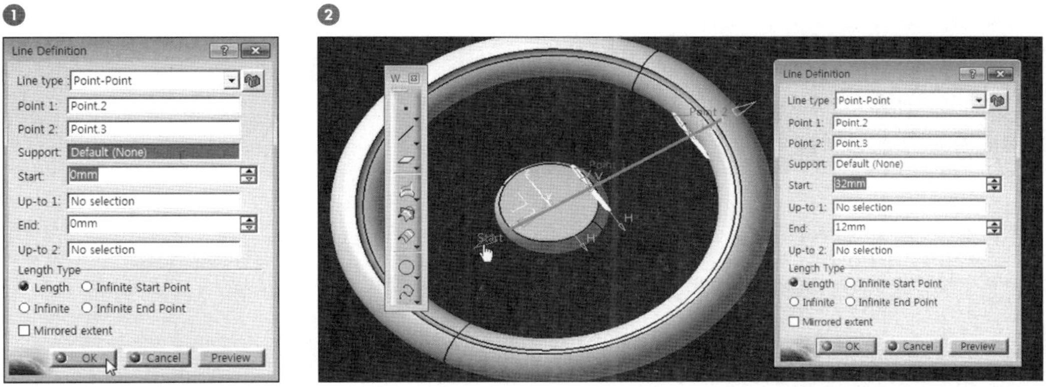

» 하나의 타원을 더 만들어보자. 방식은 앞과 같다. 스케치로 진입하는데 방향은 Reverse H, Swap로 한다.

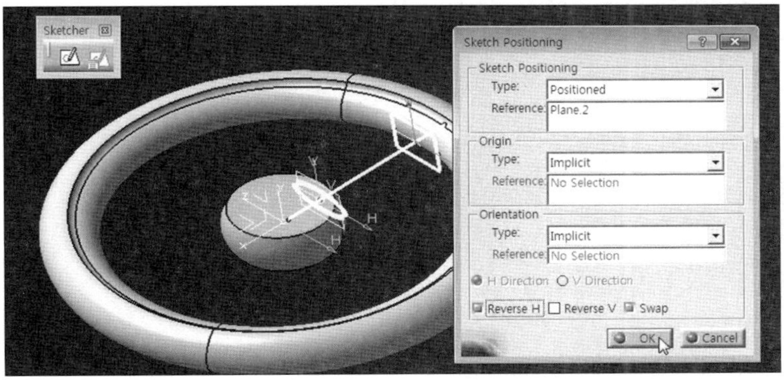

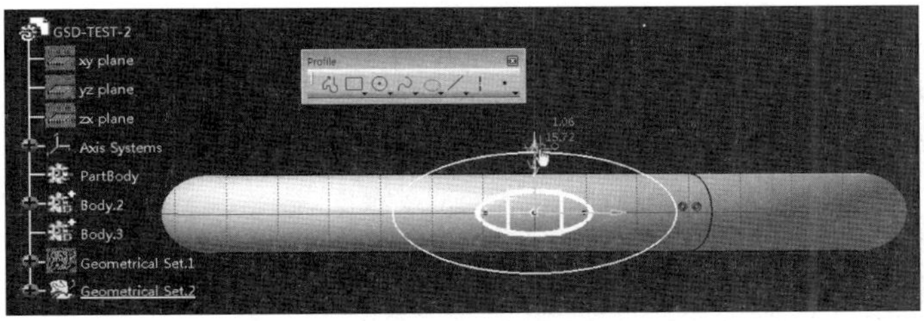

» 타원의 장축의 치수를 뽑아낸다.

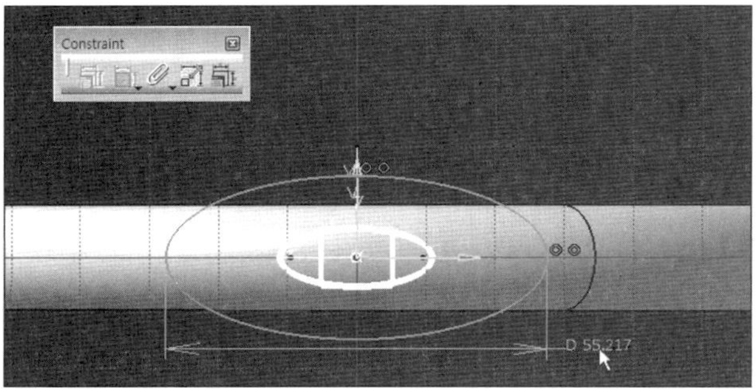

» 타원의 단축의 치수를 뽑아낸다.

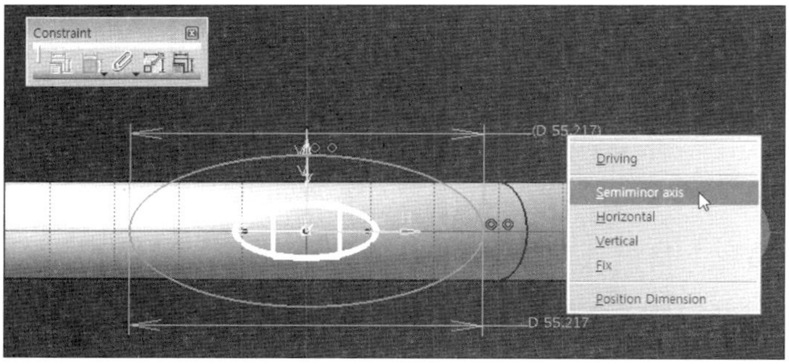

» 타원과 H축과 사이에서 치수를 뽑아낸다.

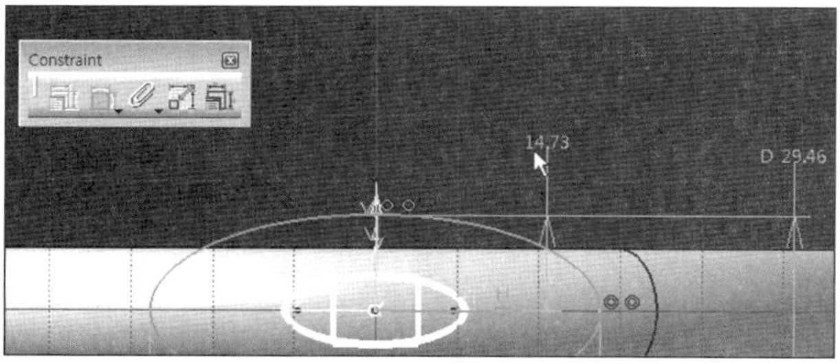

» 도면에 주어진 타원 치수로 기입을 하도록 한다. 19×9로 한다.

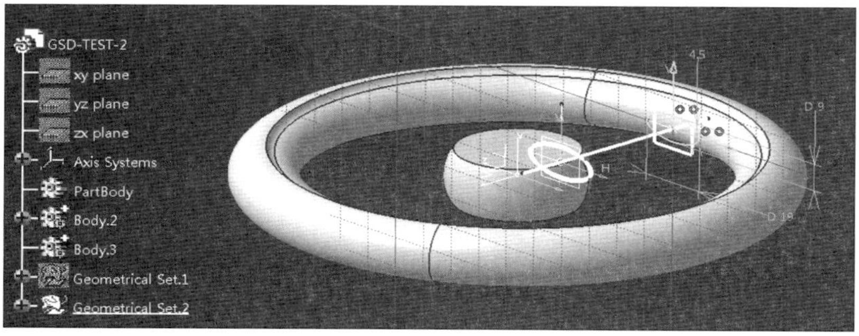

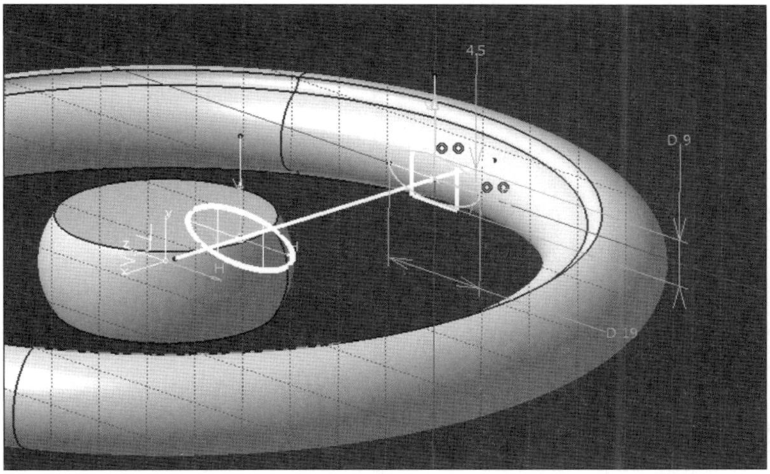

» 3차원 공간으로 빠져나간다.

» 다음은 두 개의 타원의 오른쪽 포인트 끝을 서로 잇는 직선을 만들도록 한다.

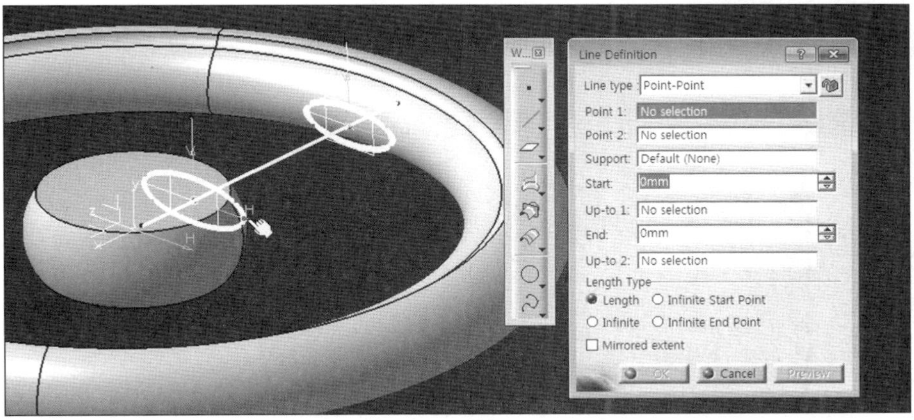

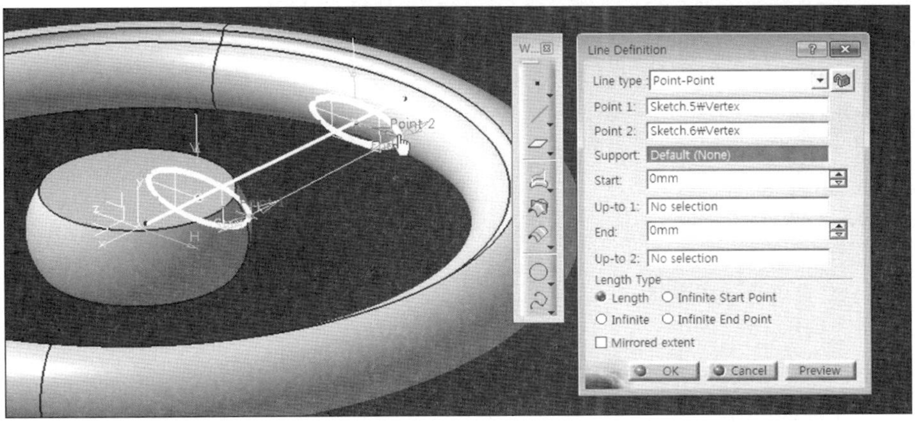

» 반대편인 왼쪽에도 같은 직선을 그린다.

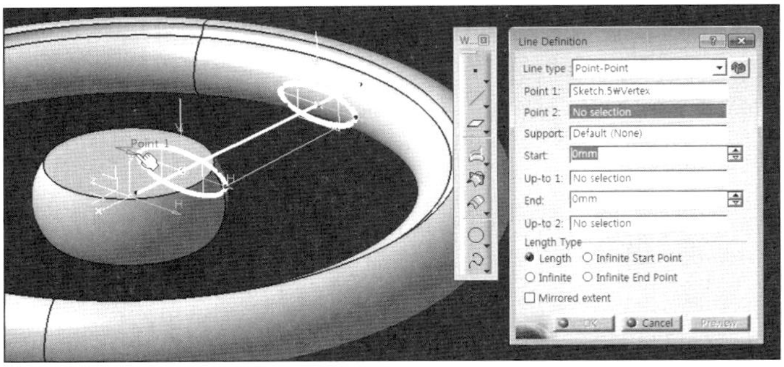

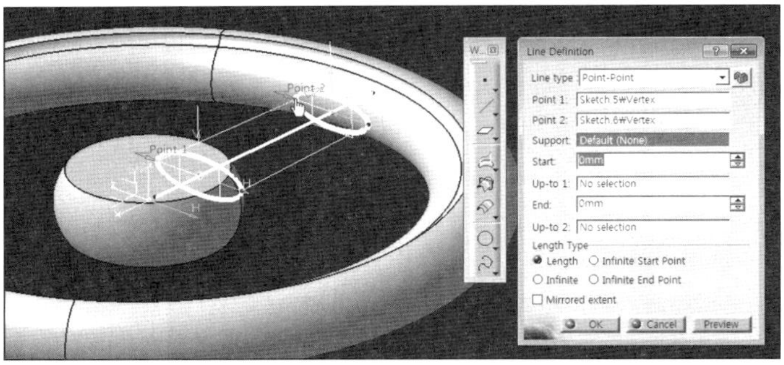

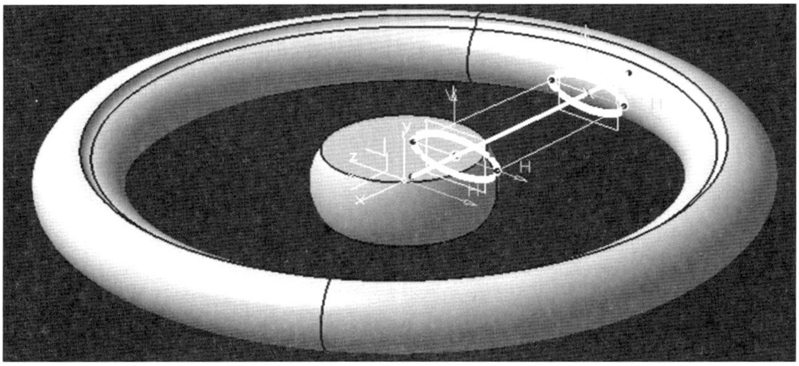

» 다음은 Multi-Sections Surface 아이콘을 사용하도록 한다.

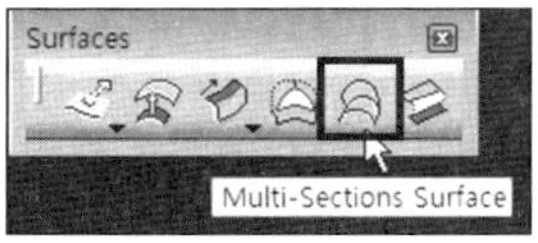

» 두 개의 타원을 각각 선택하도록 한다.

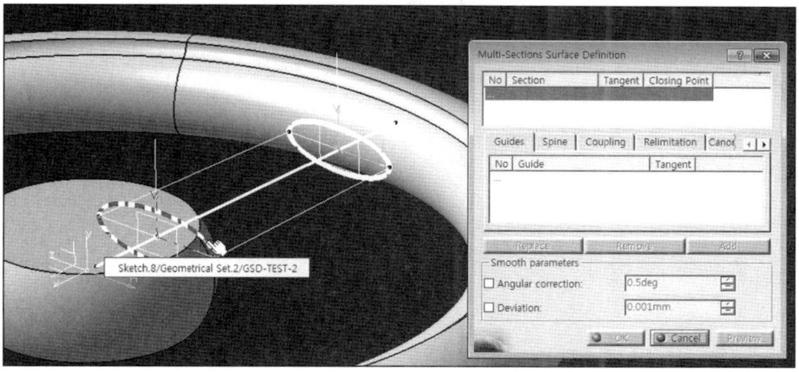

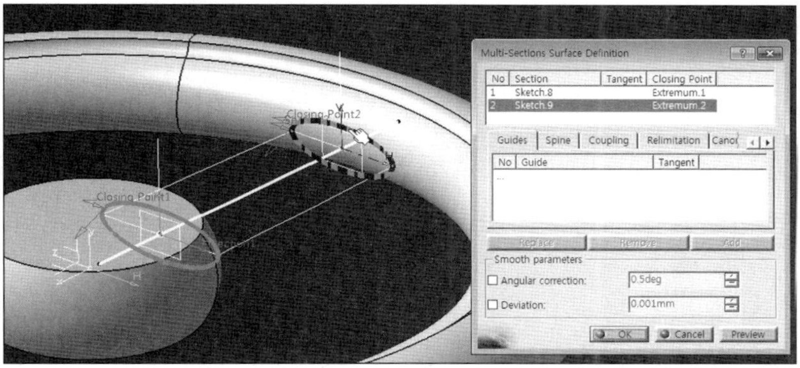

» Preview 해보도록 한다.

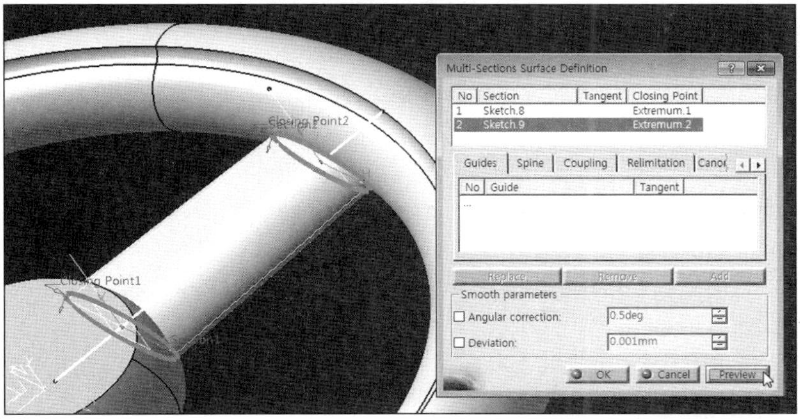

» 원하는 형상이 만들어진 것으로 보이지만 원하는 결과는 아니다. 확대해서 보면 그림과 같이 떨어져 있는 것을 확인할 수 있다. 이 부분이 채워져야 할 것이다.

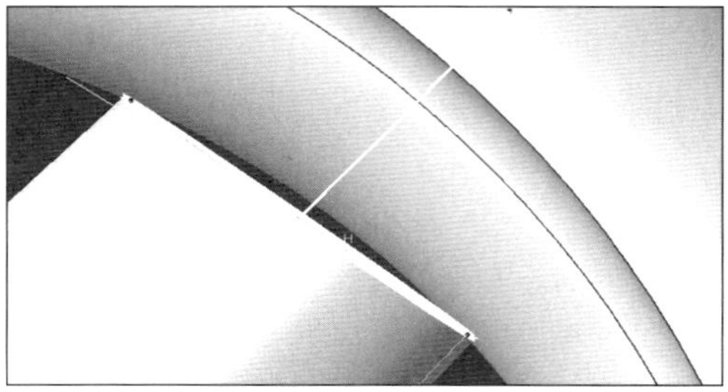

» 반대편은 채워져 있음을 확인할 수 있다.

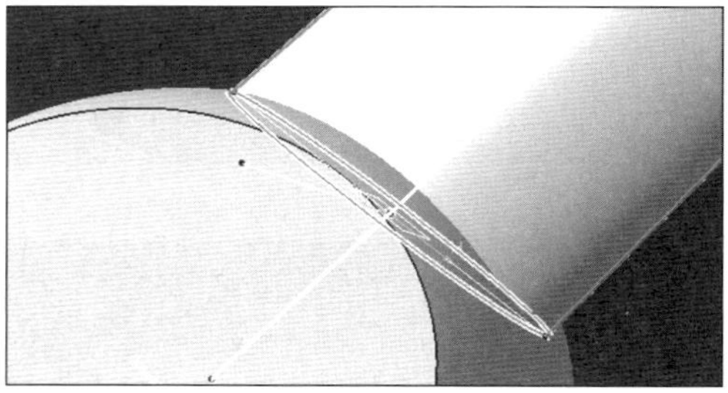

» 채워져 있지 않은 부분을 채우기 위해서 Tree의 Multi-sections Surface.1를 더블 클릭한다.

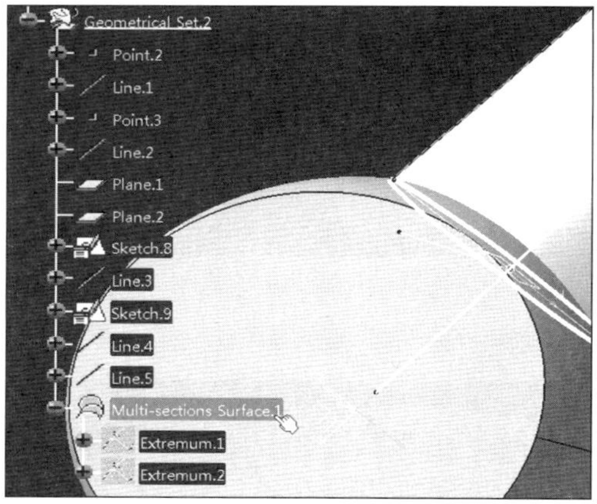

» 그림과 같은 대화창이 나올것이다.

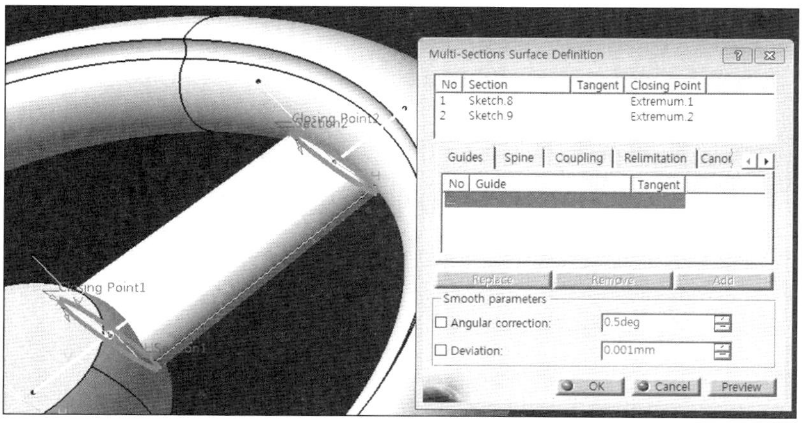

» Relimitation 탭을 클릭한다.

» Relimited on start section과 Relimited on end section의 체크를 해제한다.

» 그리고, Spine 탭을 클릭한다.

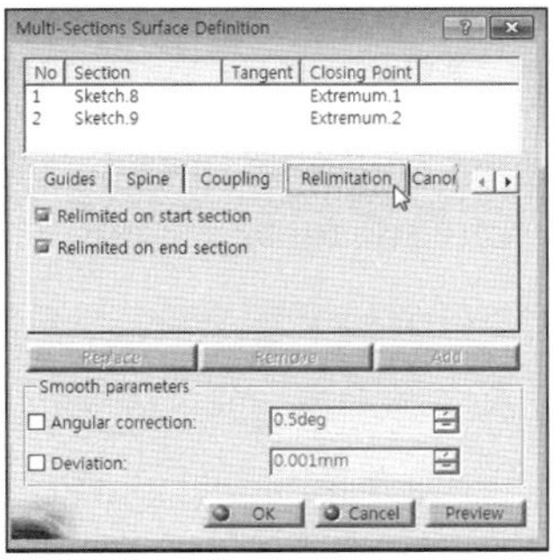

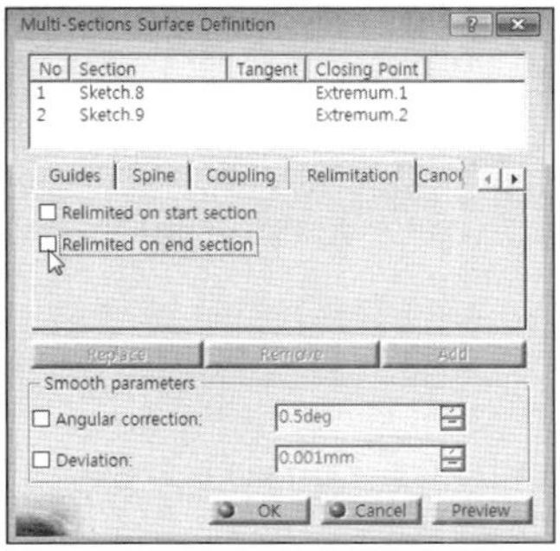

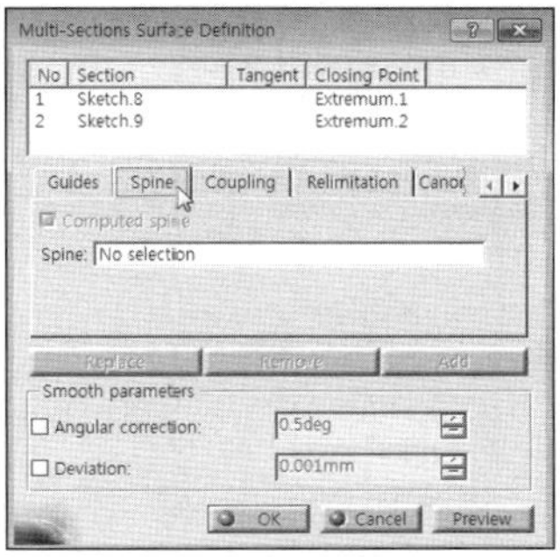

» Spine 빈 공란에 커서를 두고 앞서 만든 중심선을 선택하도록 한다.

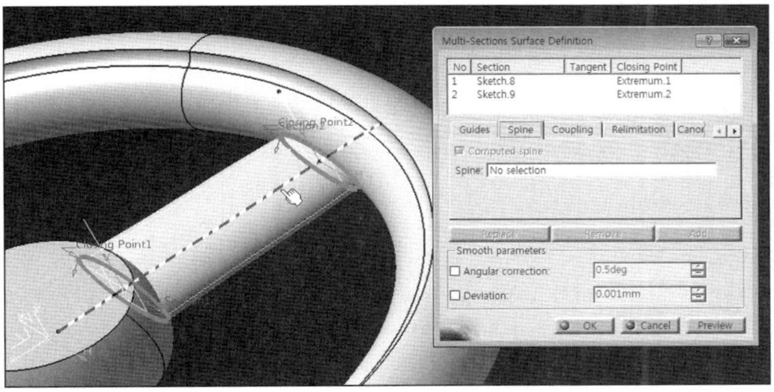

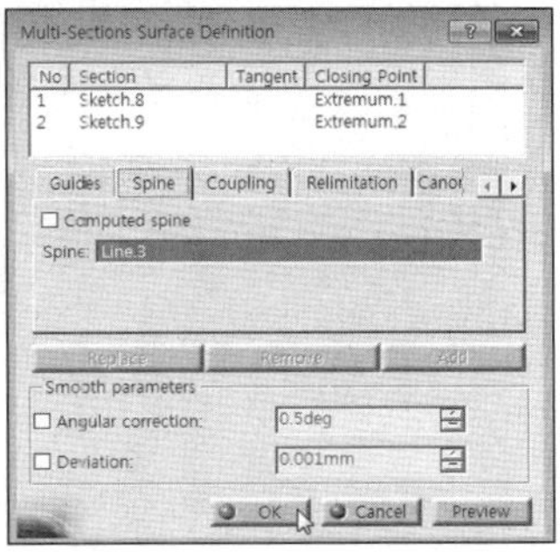

» 원하는 부족한 부분이 채워진 것을 확인할 수 있다.

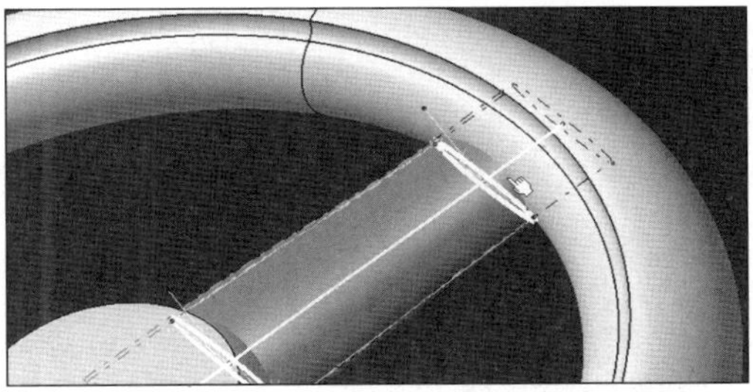

» 여기서 조심할 것이 있다. 이렇게 앞서 만든 선과 Surface가 일치하지 않고 공간이 벌어진 것을 확인할 수 있다. 이 부분에 대한 작업을 한다.

» Multi-Sections Surface 대화창에서 Guide 탭을 클릭한다.

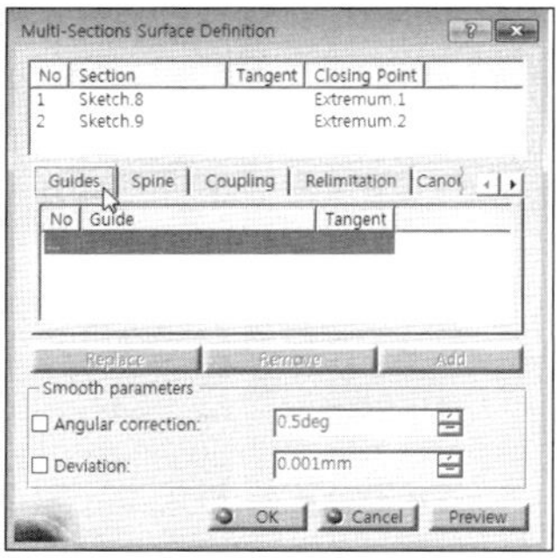

» Guide로는 앞서 만든 좌우 두 개의 직선을 선택하도록 한다.

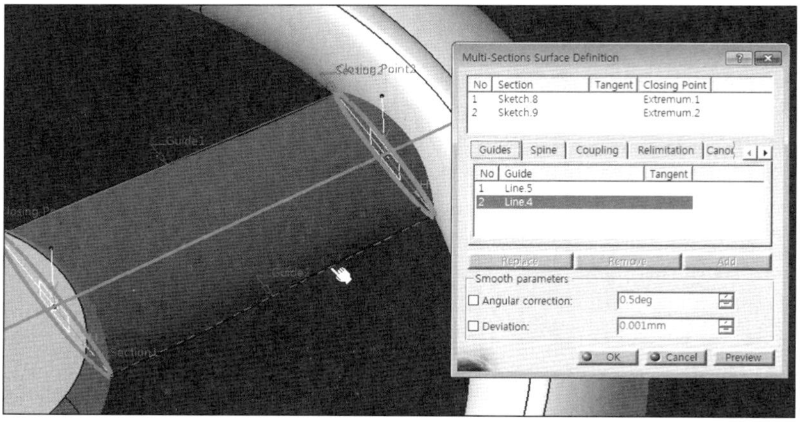

» 원하는 부분은 채워졌지만 또다시 끝부분이 채워지지 않게 된 것을 확인할 수 있다. 이것은 Guide가 있는 선 길이만큼 채워진 것이다. 물론, Guide를 선택하지 않으면 이전의 작업으로 원하는 결과를 얻을 수 있을 것이다.

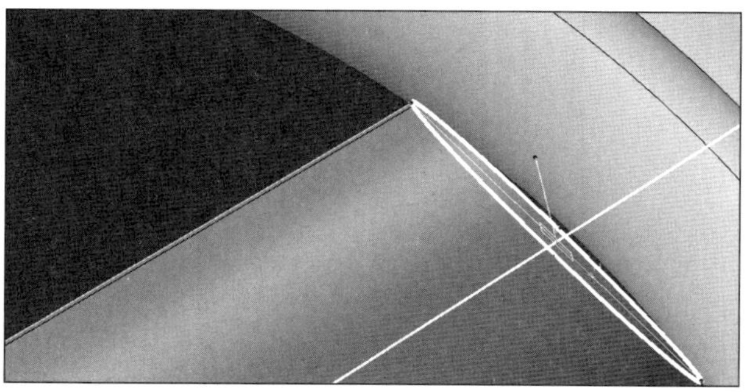

» 따라서, Guide의 두 개의 직선의 길이를 채워질 정도로 좀 더 길게 수정해야 한다. 선분을 더블 클릭하여 길게 하면 된다.

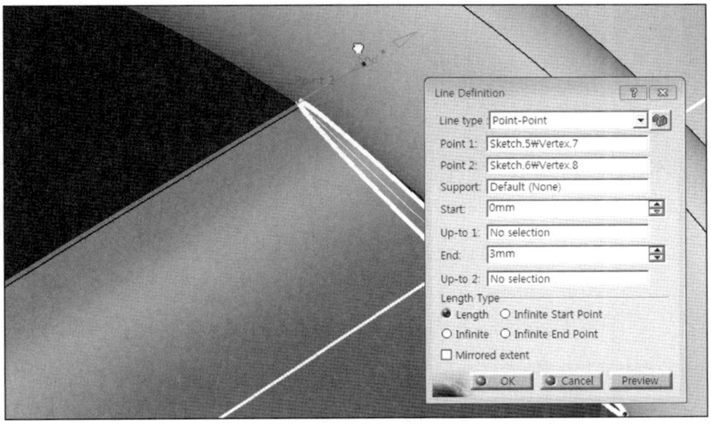

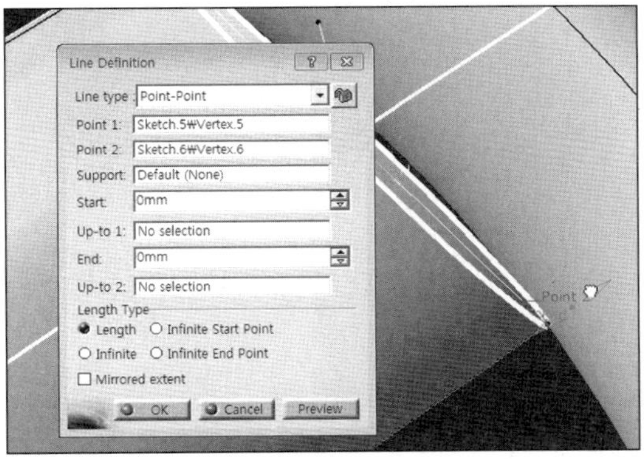

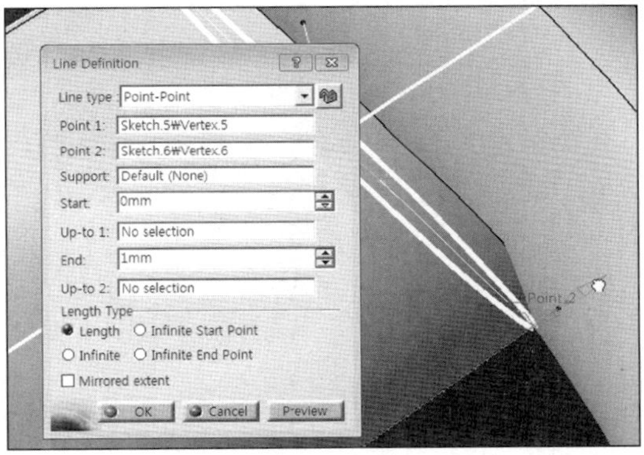

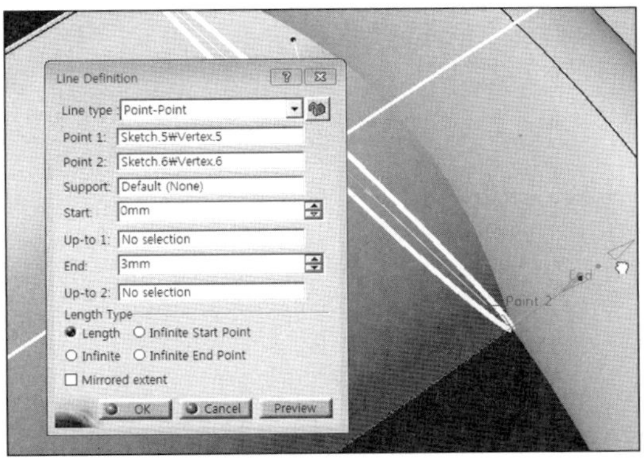

» 지금까지 작업한 결과를 확인할 수 있다.

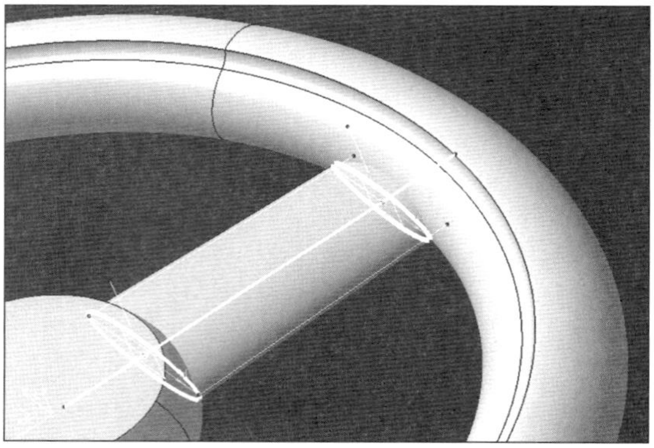

» 결과는 그림과 같다. 다음 작업할 내용은 이 Surface 부분을 Solid로 채울 것이다.

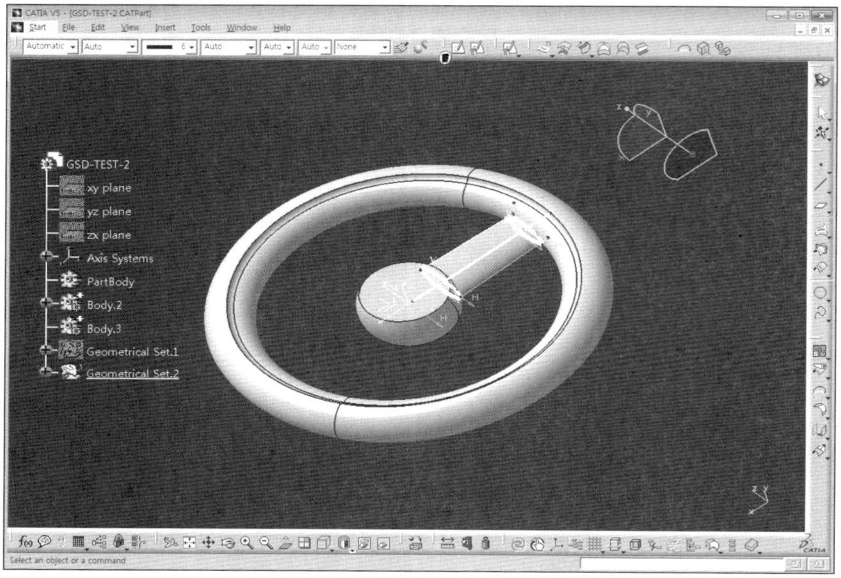

» 앞서 만든 Solid를 Hide 해보도록 하자.

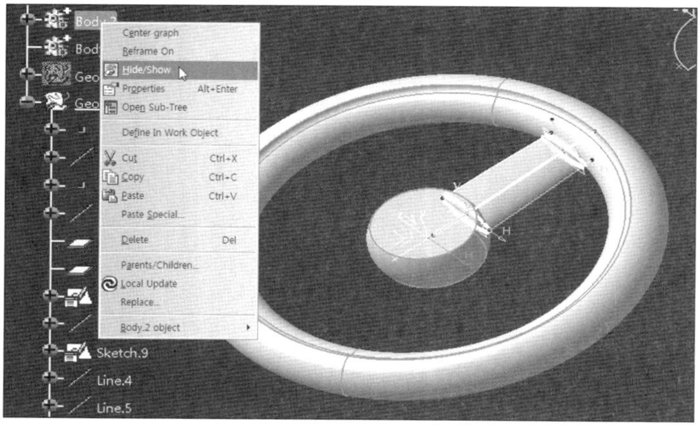

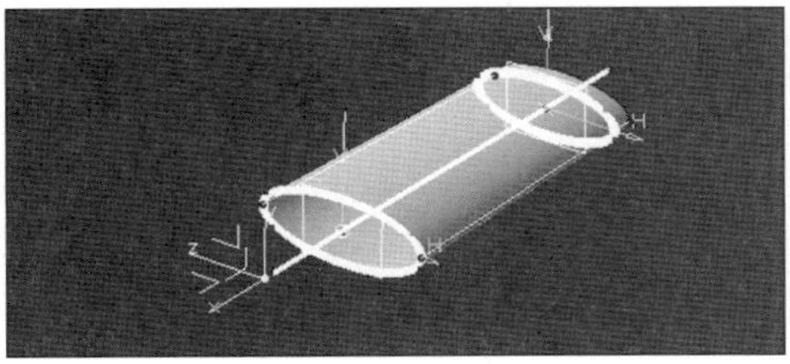

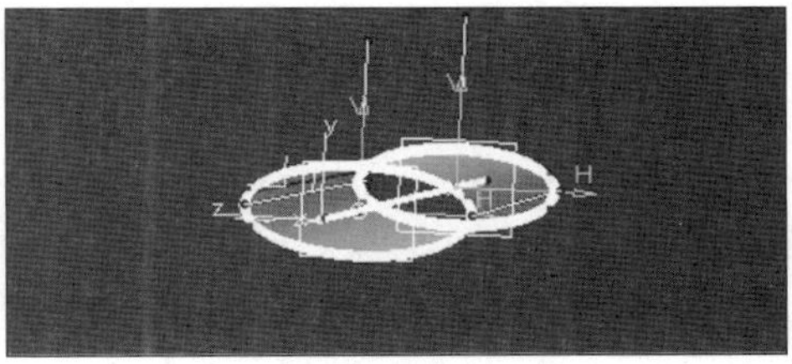

» 이 부분을 Solid로 채우도록 하겠다. PartDesign 작업장으로 이동한다.

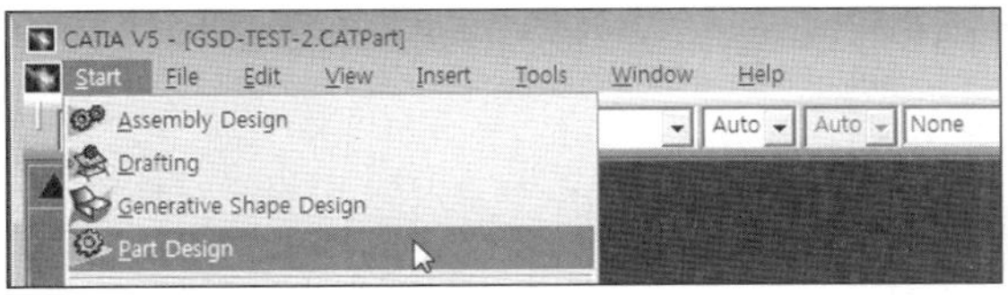

» Body.3에 Solid를 채우도록 하겠다. Close Surface 아이콘을 사용하도록 한다.

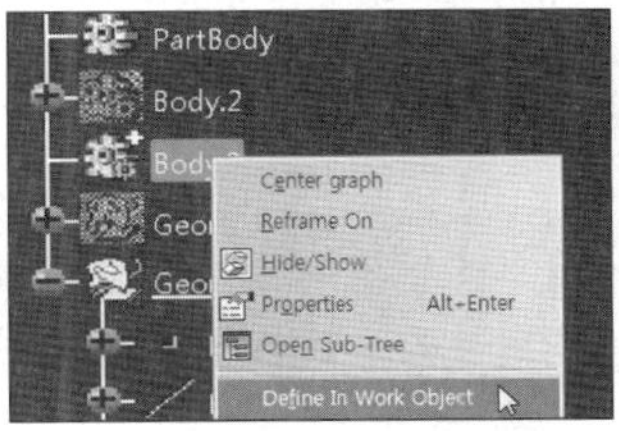

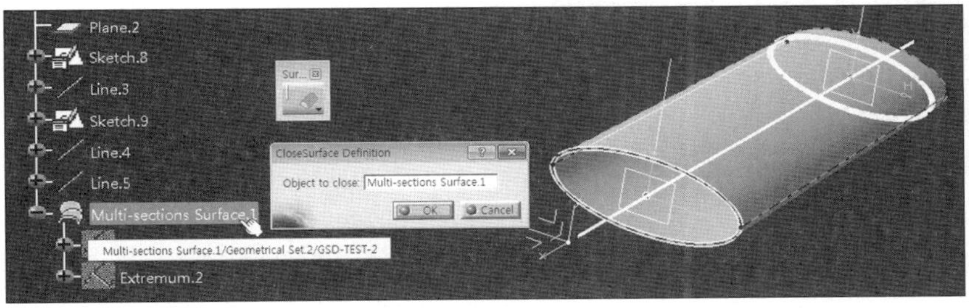

» 채워진 것을 확인할 수 있다.

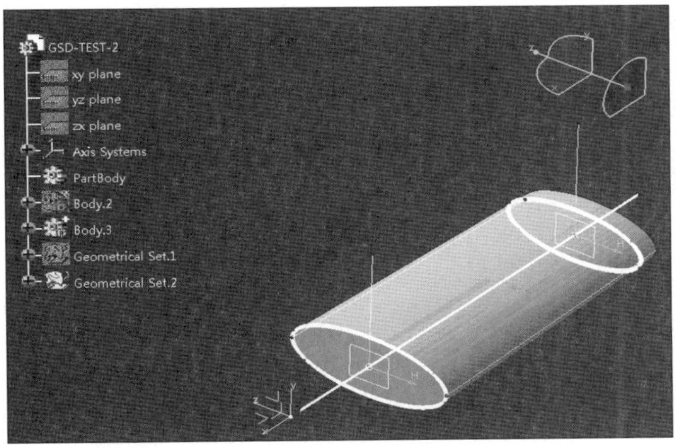

» 다음은 만든 Rib가 120도의 각도로 2개를 더 만들어야 한다. 이에 앞서 Geometrical Set.2에 있는 Multi-sections Surface.1를 숨기기(Hide)를 한다.

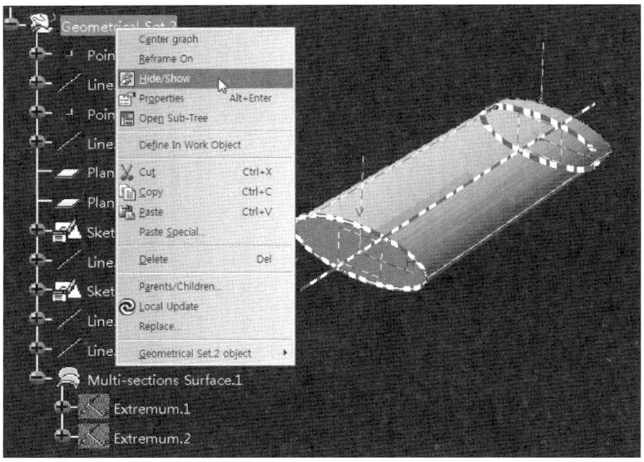

» 다음과 같은 결과값을 얻을 수 있다.

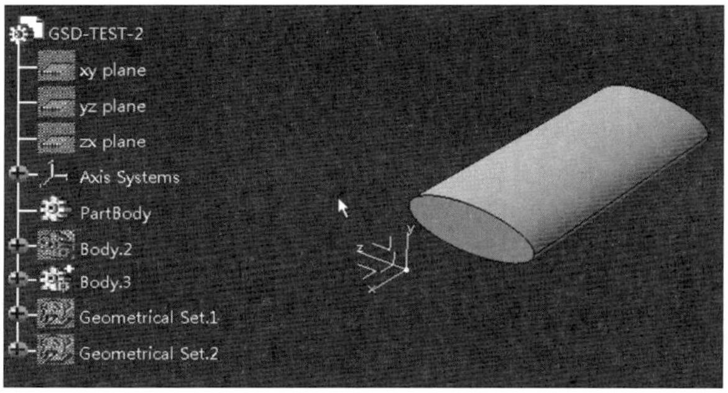

» ❶ 이제는 추가 Rib를 만들도록 한다. Body.3에 Define In Wo가 Object를 한다.

» ❷ Transformation Features툴바의 Circular Pattern 아이콘을 사용하도록 한다.

❶

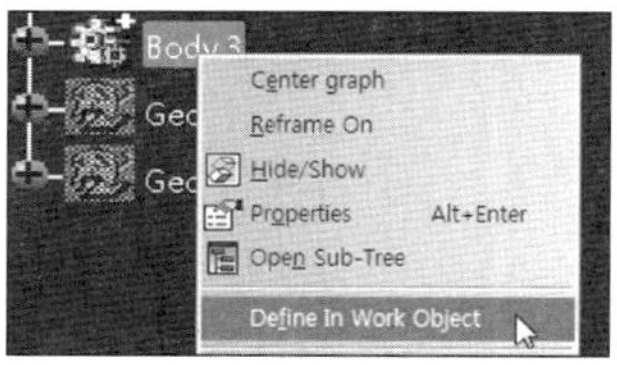

❷

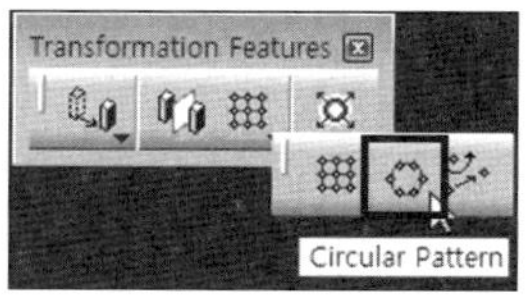

» Parameters에 Complete crown을 선택하도록 한다. 이것은 어떤 부분을 어떤 축을 기준으로 회전하여 같은 형태의 복사물을 만들어준다.

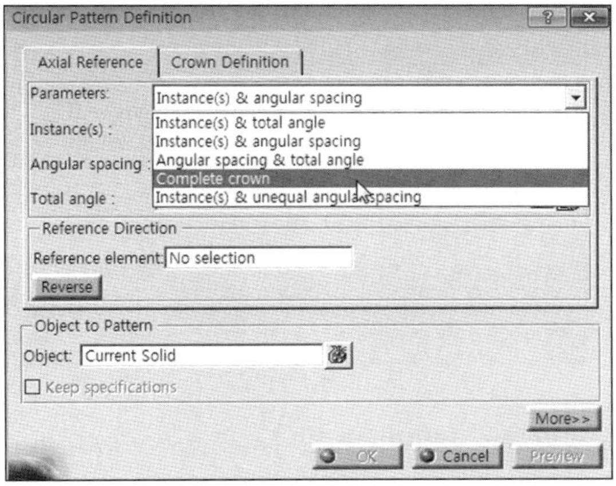

» Reference Direction은 y축을 선택한다. (오른쪽마우스의 메뉴에서)

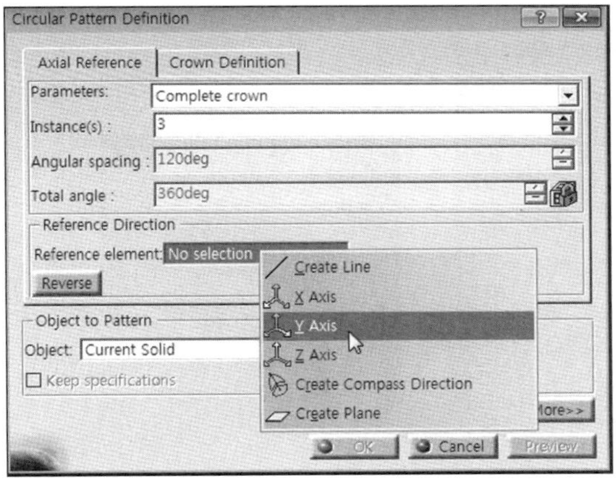

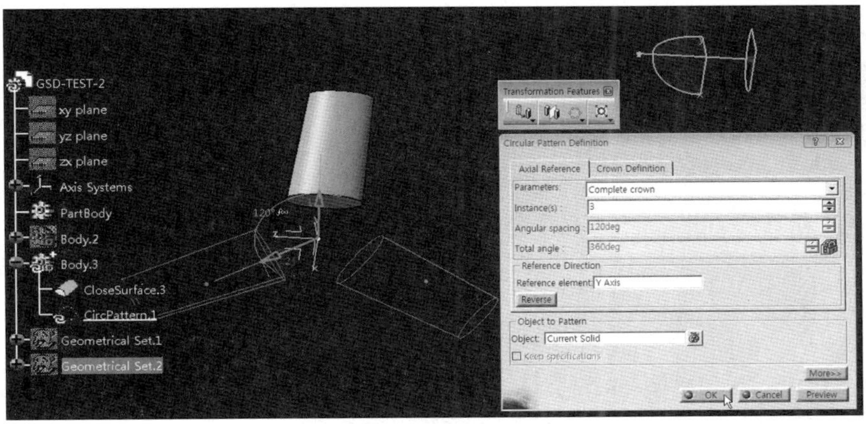

» 대화창을 확대하면 오른쪽 그림과 같다.

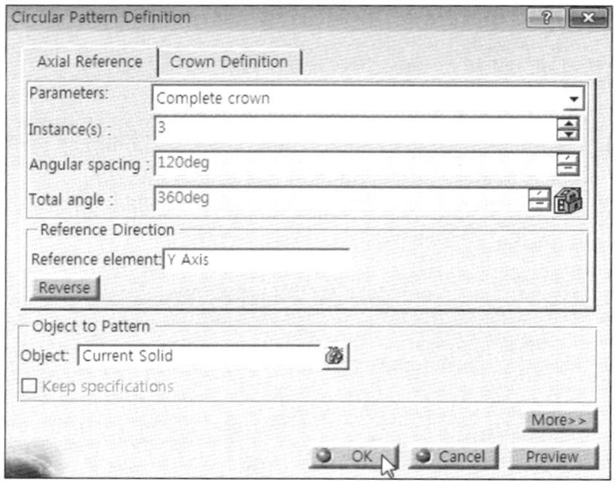

» ❶ 그림과 같이 회전하여 120도 간격을 가지는 결과물을 확인할 수 있다.

» ❷ 다음은 숨기기(Hide)한 Body.2를 보이기(Show)를 한다.

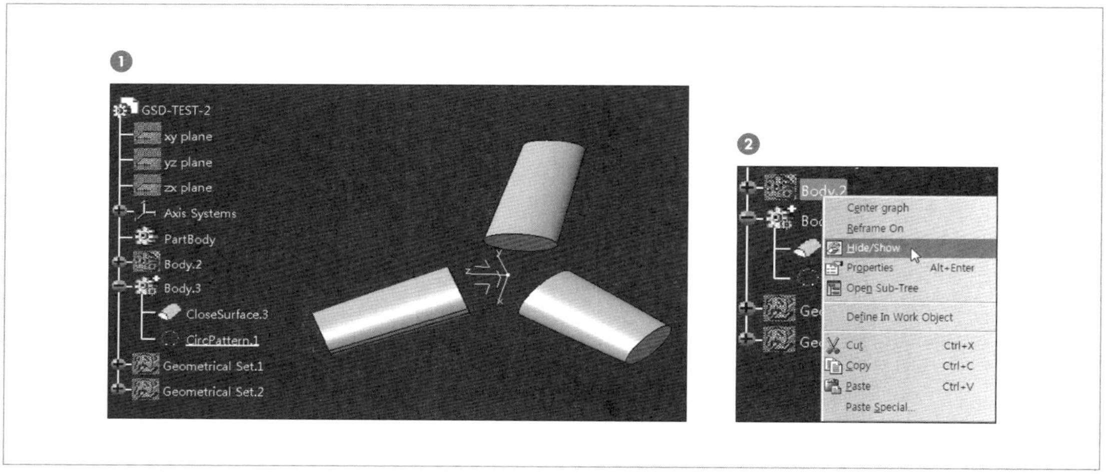

» 지금까지 작업한 결과를 확인할 수 있다.

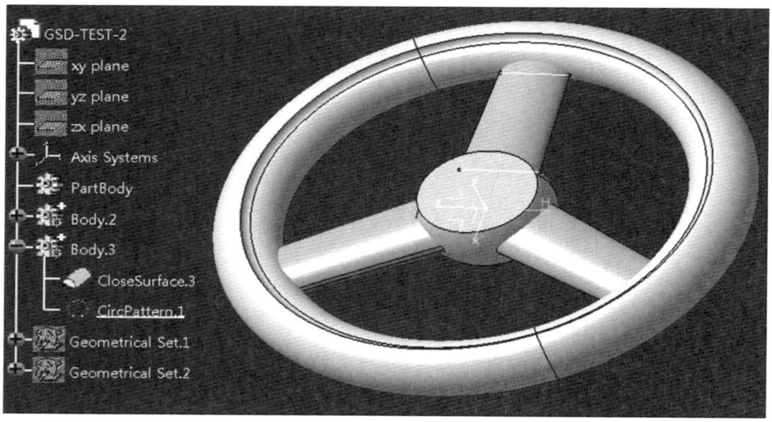

» 다음은 앞서 만든 두 개의 Body로 나뉘어진 Solid를 하나의 Body로 합치는 Assembly 작업을 하도록 하겠다. 왜냐하면 각각의 Body로 되어 있으면 겹치는 부위의 Fillet(라운드를 주는 작업) 처리를 할 수 없다. Body.3를 선택하고 그림과 같이 선택한다.

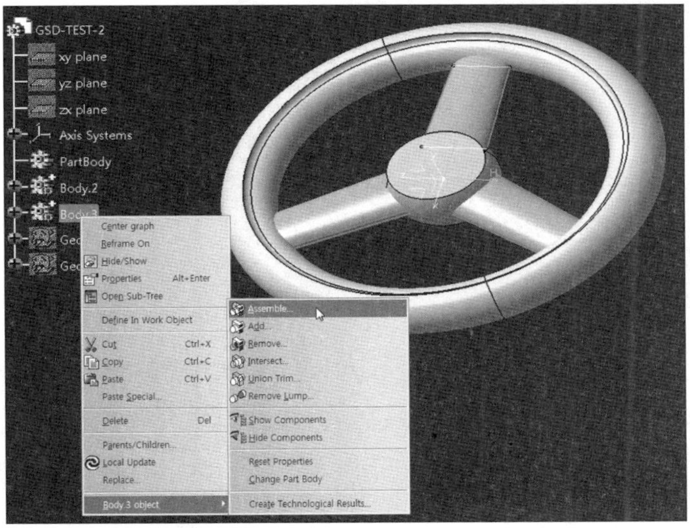

» 대화창이 그림과 나타날 것이다. 이 의미는 Body.3를 Assemble(두개의 Body를 하나로 합침)하는데 To : PartBody로 되어 있다. 우리는 Body.2에 Assemble할 것이다.

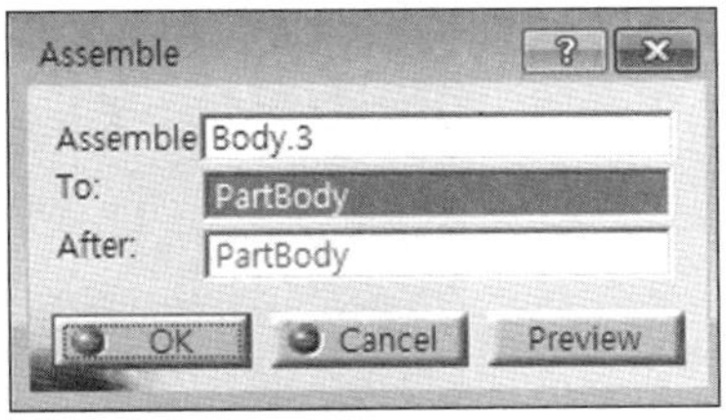

» 따라서, Body.2를 더블 클릭하여 선택을 한다.

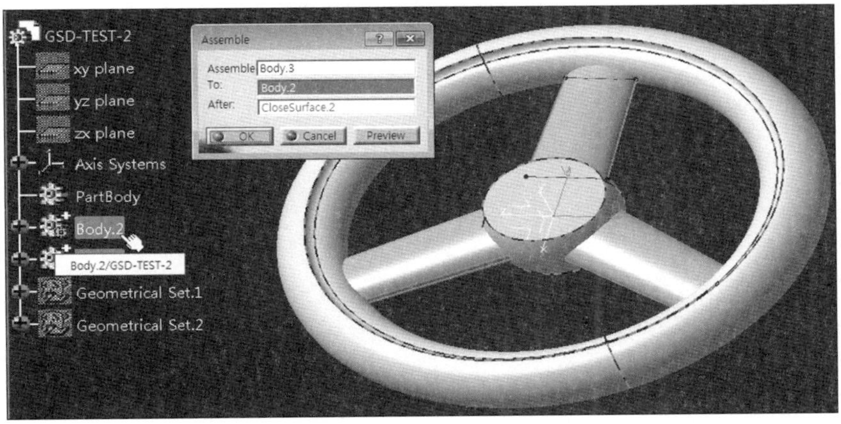

» 그림과 같이 될 것이다.

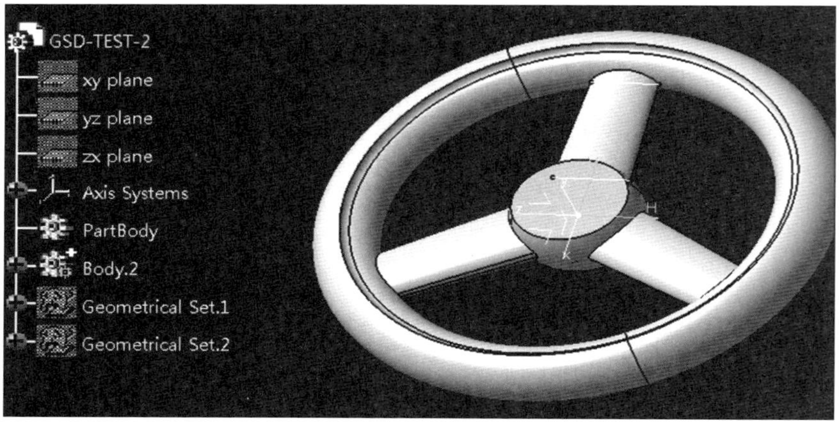

» 변화가 없는 것으로 보이지만 Body.2의 Tree의 상태를 보면 변경된 내용을 확인할 수 있다. 그림의 내용은 Body.2에 Body.3이 합쳐진 Assemble 상태를 확인할 수 있다.

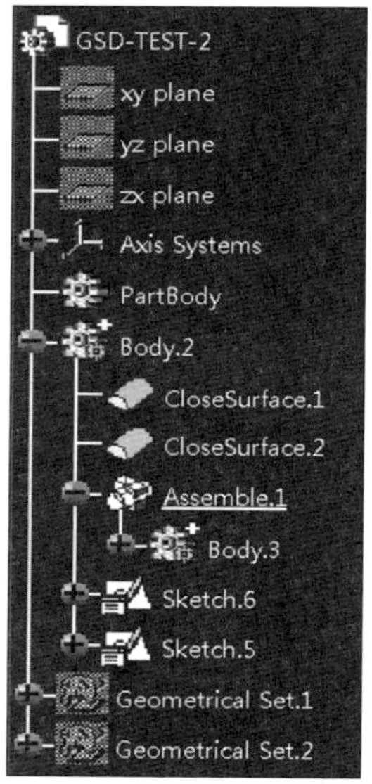

CHAPTER

03 모델링 따라하기 예제(3)

1. 학습목표

얇은 박판의 경우에 해당하는 형태를 가진 모델링 결과물을 완성하게 된다. 모델링 수준은 중급 정도의 수준이 필요하며 어떤 경우에는 낮은 고급 수준의 모델링에 속한다. 특히, 본 모델링을 하면서 다양한 툴과 아이콘 기능을 실습할 수 있다. 모델링을 성공적으로 하게 되면 일상적인 제조공정의 제품을 무난하게 모델링을 할 수 있는 수준이 될 것이다.

2. 모델링 진행방법

도면을 보면 상당히 복잡하게 여겨진다. 얇은 두께를 가진 형상으로 도면을 보고도 잘 이해가 되지 않을 수 있다. 이런 경우에는 따라하기 순서를 잘 익히게 되면 큰 어려움 없이 좋은 모델링을 할 수 있는 능력을 가지게 될 것이다. 특히, 각 요소의 치수들이 잘 보이지 않는 경우에는 각 부분도를 볼 수 있도록 할 것이다. 본 모델링의 특징은 각 도면의 치수를 잘 이해하고 따라하는 것이 중요한 만큼 어떤 위치에 어떤 형상이 위치하여 있는지를 전체적으로 이해할 필요가 있다.

3. 주요 사용 툴 및 아이콘

가장 많이 사용하는 툴과 아이콘은 스케치 툴의 기능일 것이다. 그리고 각 단면에 Surface 형태를 잘 뽑아내고 Extrude기능을 많이 사용하게 될 것이다. 크게 직선 구조와 원호의 형상이 대부분이다. 따라서 스케치에서 직선와 원호의 기능을 잘 사용하고 다룰줄 알아야 할 것이다. 그리고 적절하게 PartDesign의 툴도 병행해서 사용할 것이다.

4. 모델링 도면(가로, 세로, 각 부위 확대)

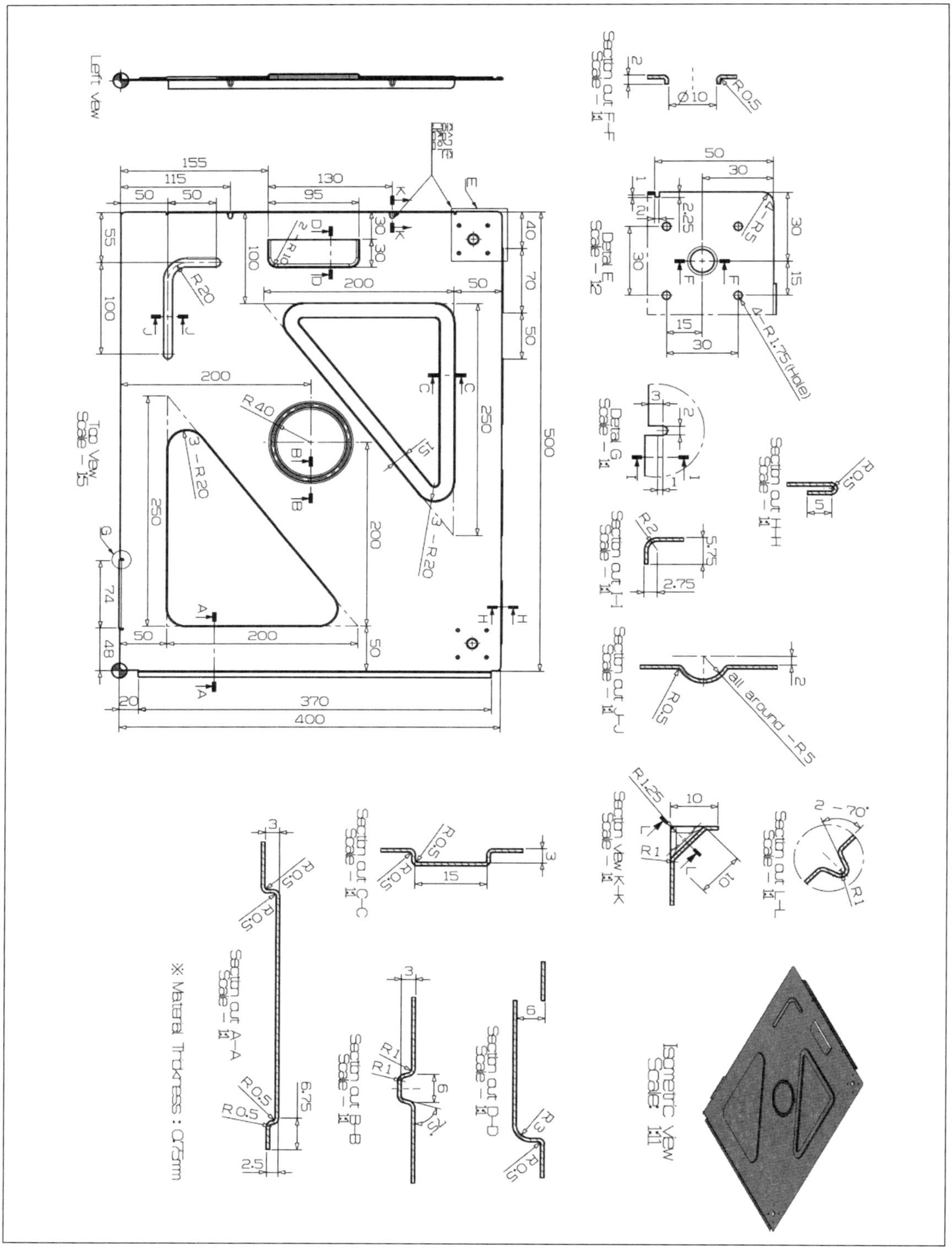

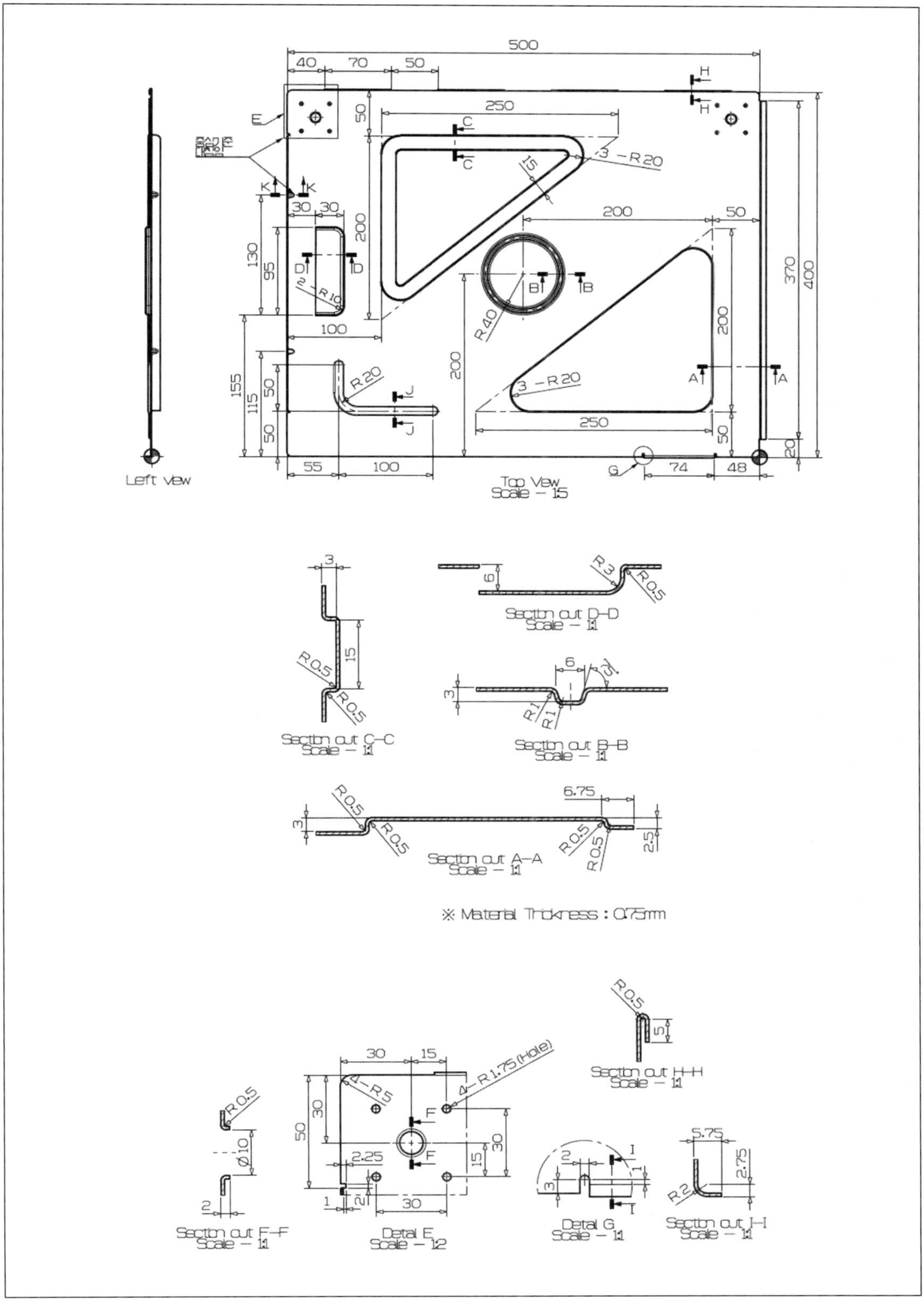
Left view
Top View
Scale – 1:5
Section cut D–D
Scale – 1:1
Section cut C–C
Scale – 1:1
Section cut B–B
Scale – 1:1
Section cut A–A
Scale – 1:1
※ Material Thickness : 0.75mm
Section cut H–H
Scale – 1:1
Section cut F–F
Scale – 1:1
Detail E
Scale – 1:2
Detail G
Scale – 1:1
Section cut I–I
Scale – 1:1

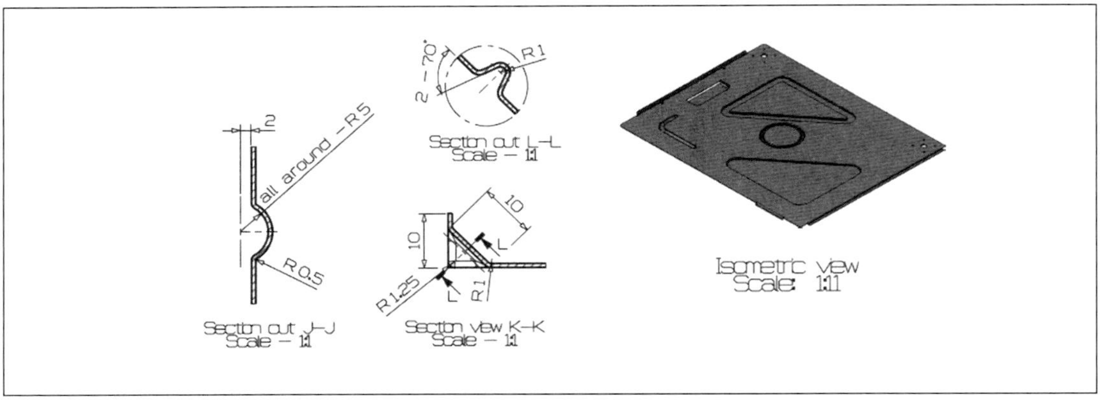

(모델링을 모두 끝내게 되면 CATIA의 Machining기능 따라하기를 위해 결과 모델링을 수정할 것이다. 따라서, 위의 도면의 형상을 가지는 모델링을 한 이후에 다른 형상으로 약간 수정됨을 확인할 수 있을 것이다. 그리고 도면에 있는 치수를 기준으로 하되, 모델링의 편의상 필요하면 본 따라하기 과정에서 부여하는 치수를 우선으로 한다.)

5. 모델링 따라하기

사각형의 형상을 먼저 만들고 그 사각형 형상을 기반으로 각 부착되는 형상을 모델링할 것이다.

(1) 모델링 따라하기

[모델링 환경 만들기]

» Start 메뉴에서 Generative Shape Design을 선택한다. 또는, Shape에서 Generative Shape Design을 선택한다.

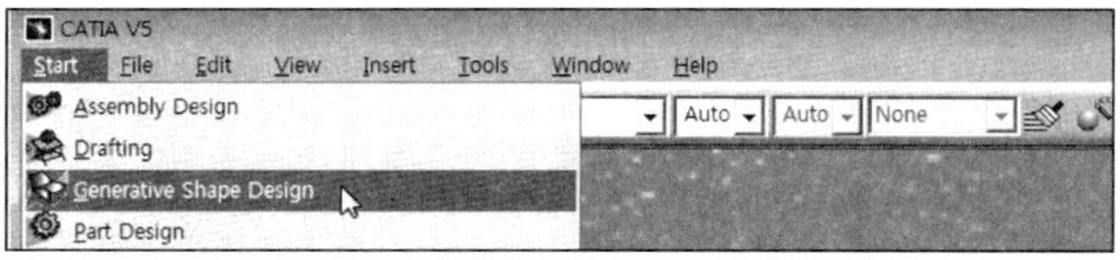

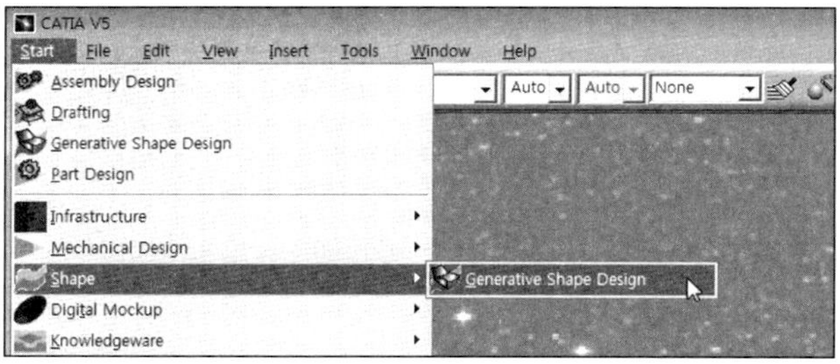

» 이렇게 Generative Shape Design이라는 모듈을 선택하게 되면 New Part라는 대화창이 나타날 것이다.

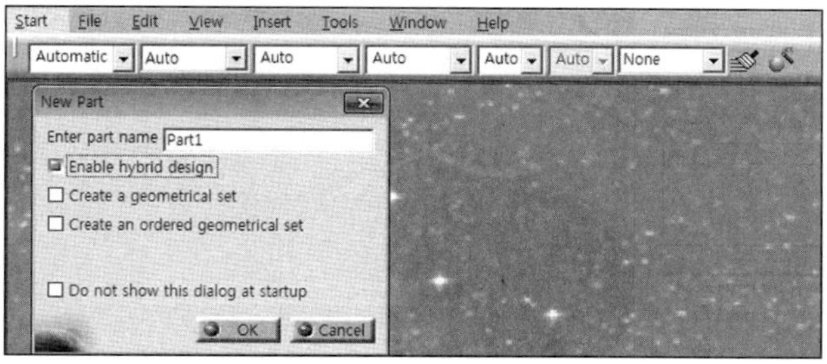

» ❶ Enter Part name에는 GSD-TEST-3이라고 적도록 한다. 그리고, Enable hybrid design이 체크되어 있는데 체크를 풀고 모델링을 하도록 하겠다.

» OK하고 GSD(지금부터는 Generative Shape Design을 GSD라고 사용하도록 한다.)의 작업 환경으로 들어가게 된다.

» ❷ 그리고 이렇게 들어왔으면 먼저 이 모델링 파일을 저장하도록 한다.

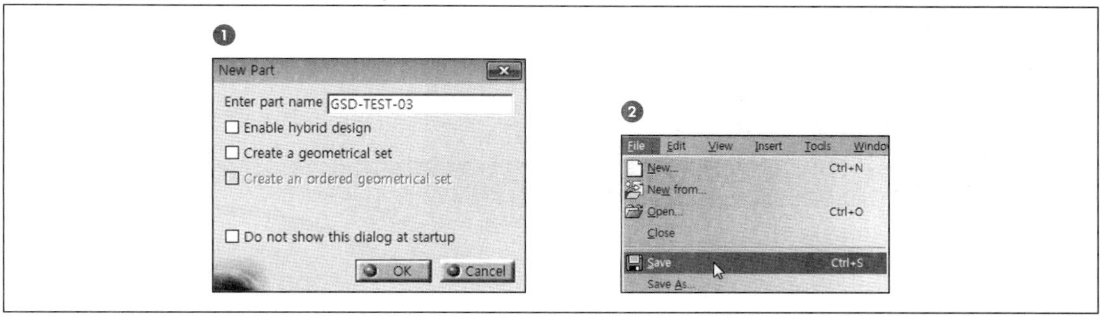

» 다음과 같이 Axis Systems가 있는 환경을 사용하도록 하겠다. 여기까지 모델링을 할 수 있는 가장 기본적인 환경이 만들어졌다.

» Positioned Sketch를 사용하여 스케치 작업장으로 들어간다. 스케치의 방향은 Reverse H, Swap를 체크하도록 한다.

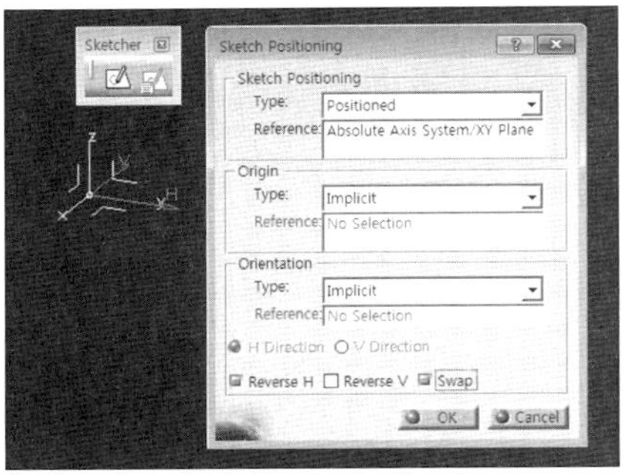

» 임의의 사각형을 그린다.

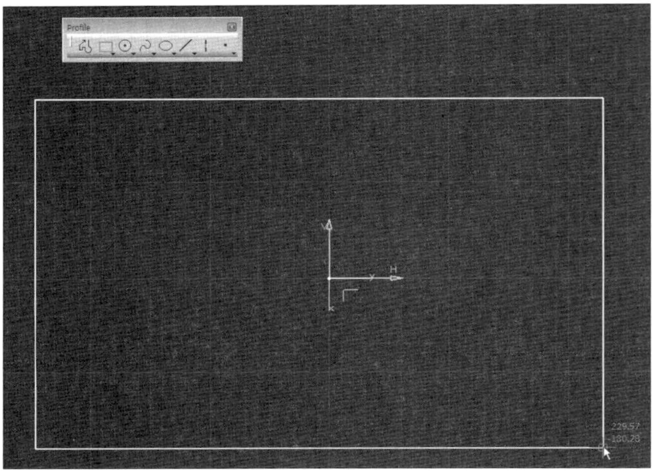

» 도면에 주어진 500mm, 400mm의 치수를 기입한다.

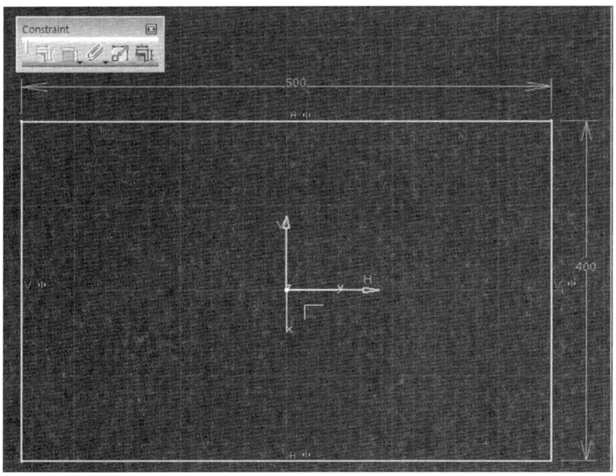

» 3차원 공간으로 빠져나간다.

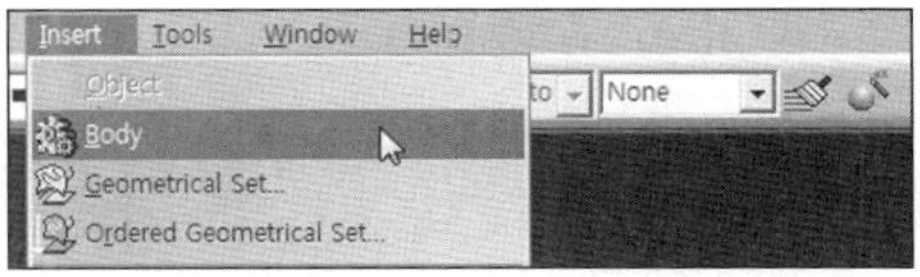

PartBody에 스케치가 만들어진 것을 확인할 수 있다. 그런데, PartBody보다는 Body를 하나 추가하여 추가된 Body로 스케치를 옮겨 보자. 물론, 처음부터 Body를 삽입하여 추가하고 추가된 Body에서 스케치를 할 수 있다.

» 그리고 만들어진 스케치를 Body.2로 옮기도록 한다.

» 그림과 같이 Change Geometrical Set를 선택하여 스케치를 옮긴다.

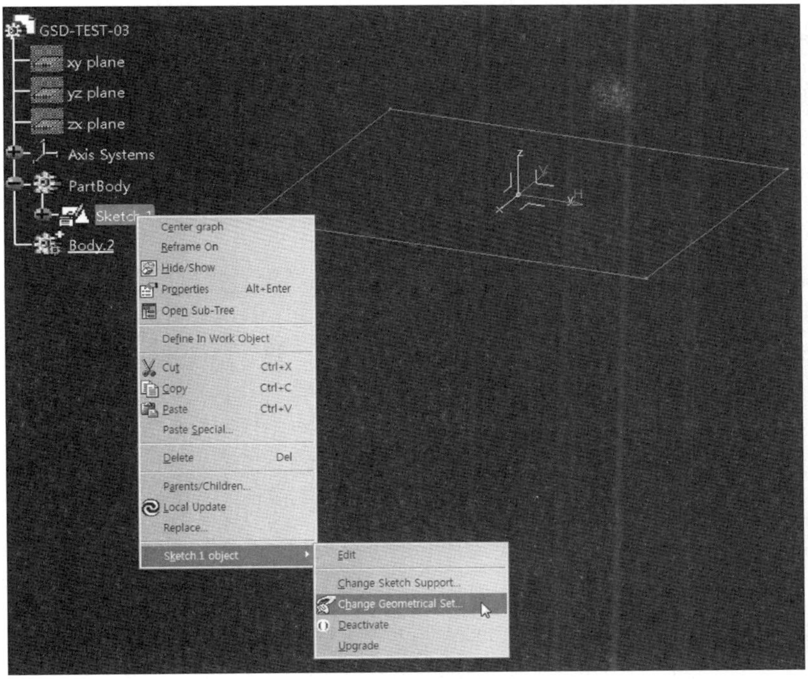

» 그림과 같은 대화창이 나타날것이다. 여기서 Body.2를 Tree에서 선택한다.

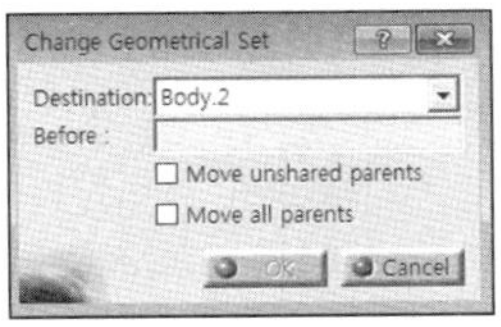

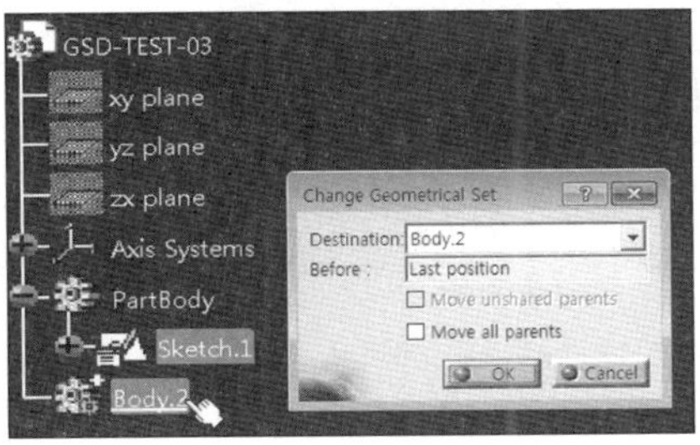

» Body.2로 스케치가 옮겨진 것을 확인할 수 있다.

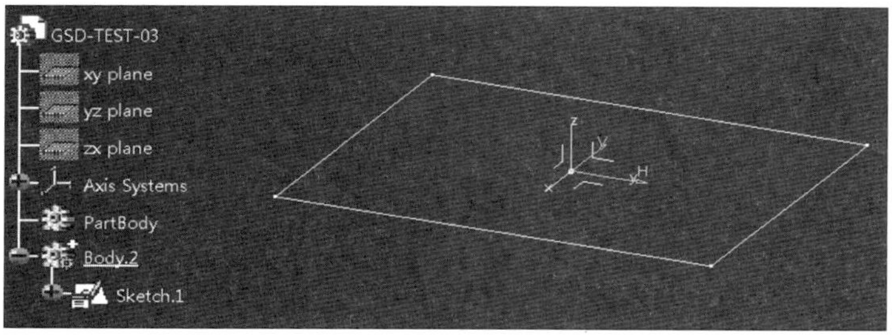

» 이 스케치로 20mm정도의 두께를 가지는 Solid를 Pad 아이콘 사용으로 만들어 보자.

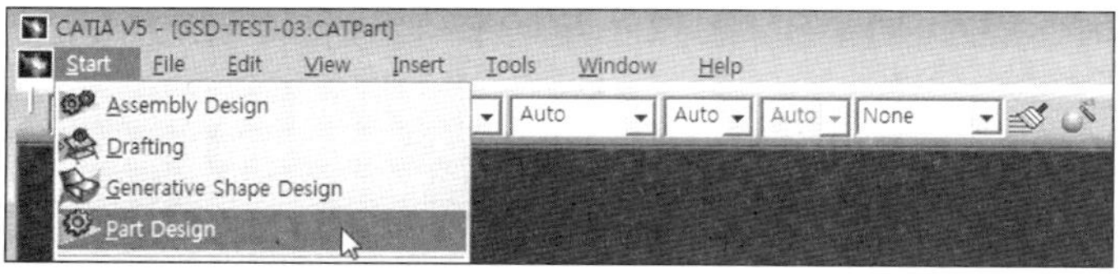

» 그림과 같이 Pad 방향이 위로 향할 것이다. 이 방향을 반대로 한다. 위로 향한 화살표를 클릭해도 되고 대화창에서 Reverse Direction 버튼을 클릭해도 된다.

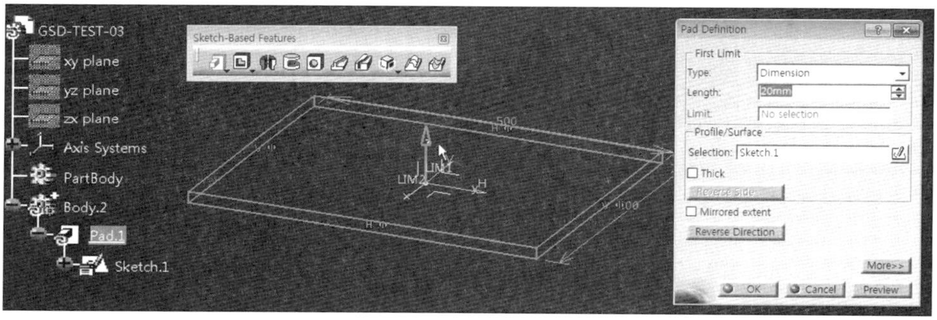

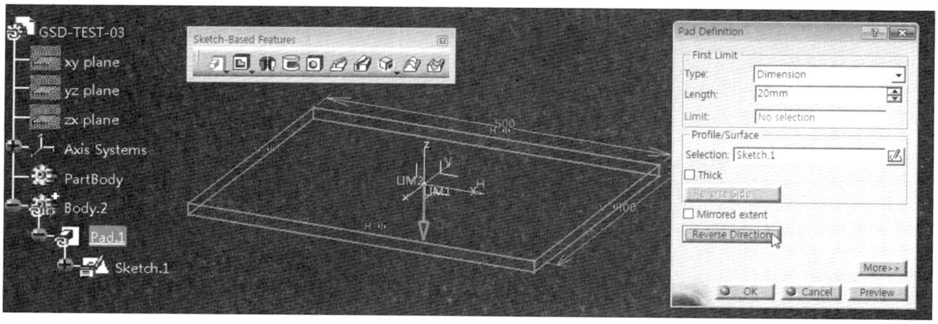

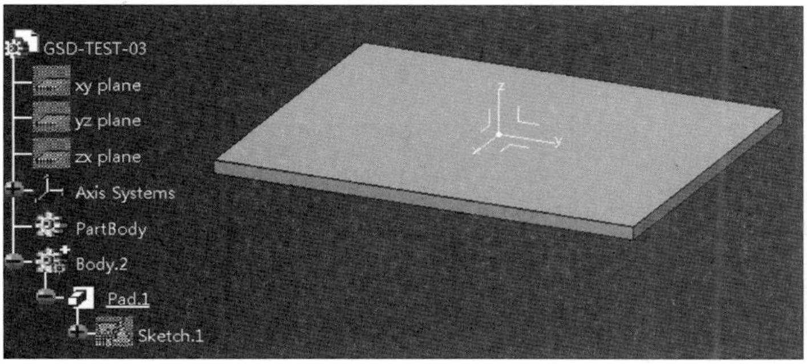

» 다음은 도면의 단면 B–B 부분을 만들어보도록 한다. yz평면을 선택하고 스케치로 진입하여 들어가도록 한다.

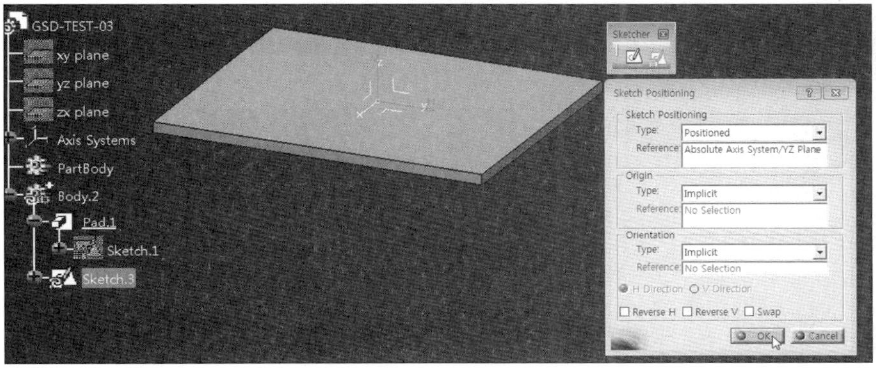

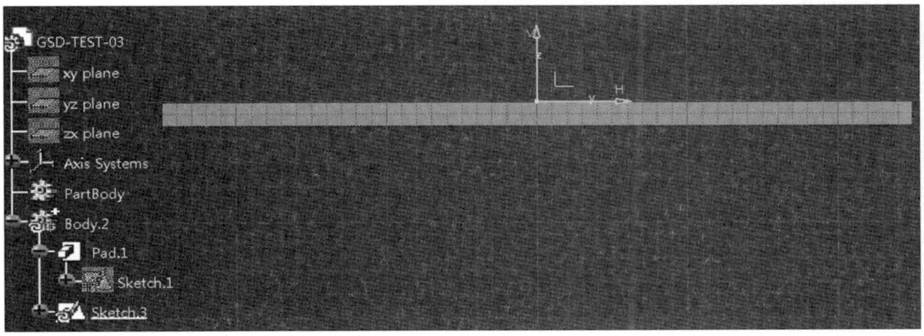

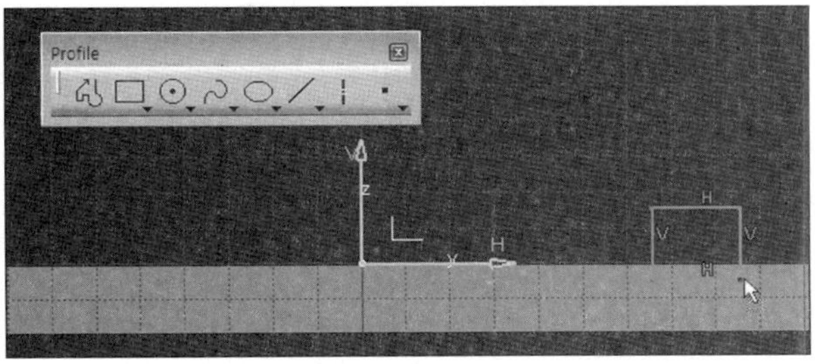

» 도면 치수를 참조하여 그림과 같이 40mm, 6mm, 3mm의 치수를 기입한다.

» 다음은 75도의 기울어진 각도 부위를 그린다.

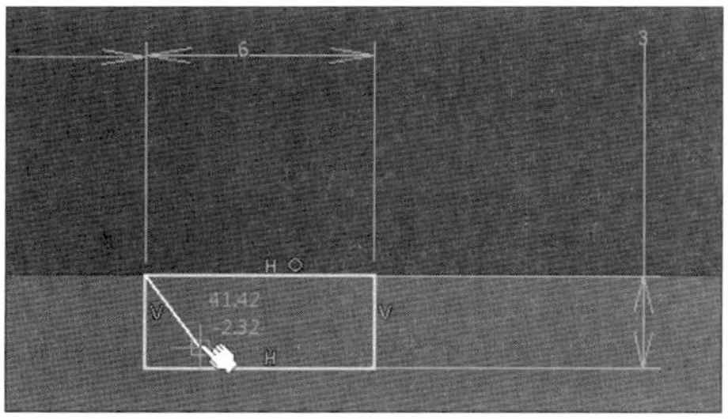

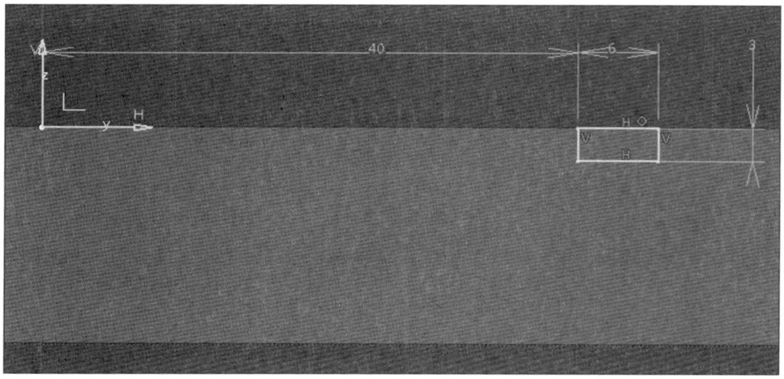

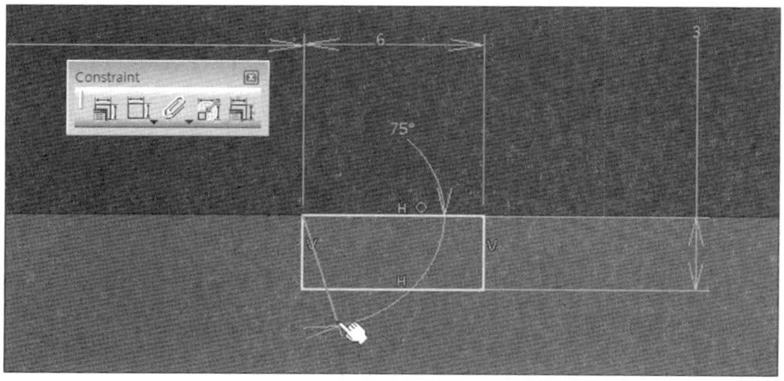

» 반대편에도 75도의 직선을 그린다.

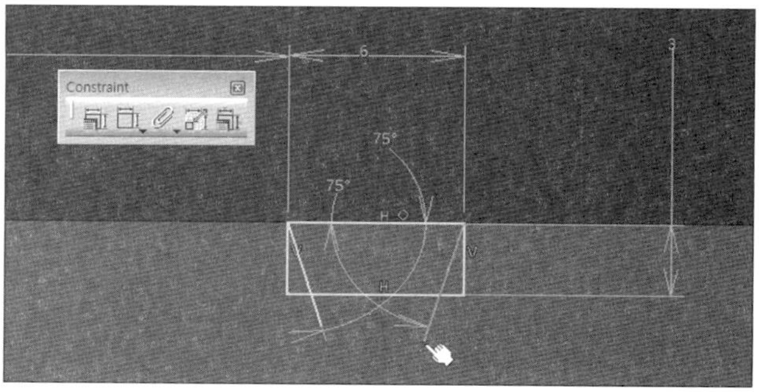

» 다음은 불필요한 선은 점선으로 변경되도록 한다.

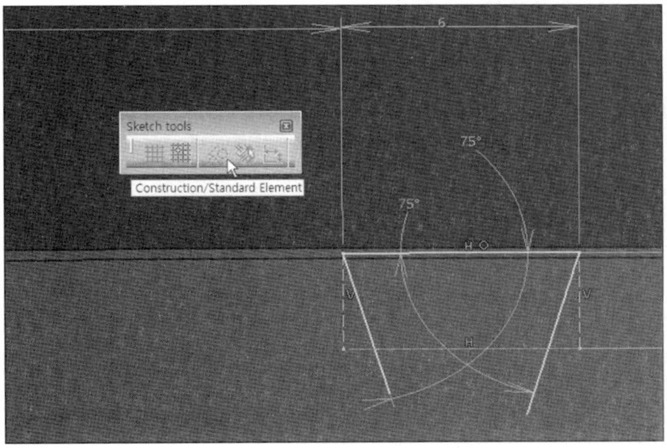

» 75도 기울어진 직선이 아래 수평의 점선과 Coincidence가 되도록 한다. 반대편도 마찬가지 작업을 하도록 한다.

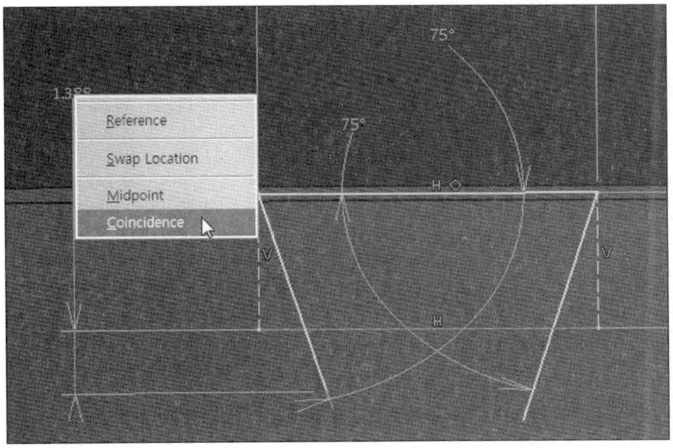

» Coincidence가 된 두 개의 끝 포인트를 잇는 직선을 그린다.

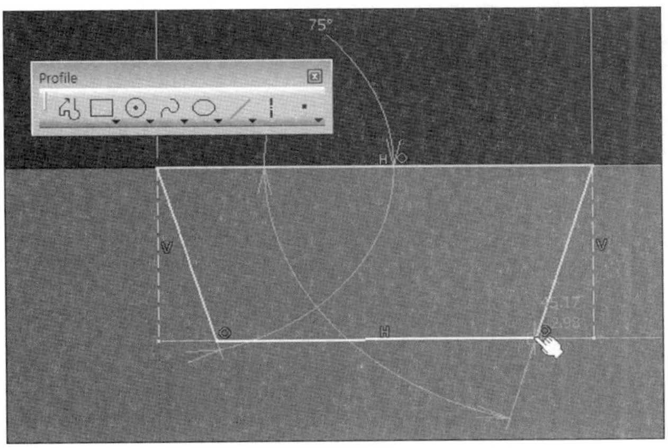

» 다음은 윗 수평선이 H축과 일치되어 있는 부분이 표면보다 더 위에 있도록 수정한다.

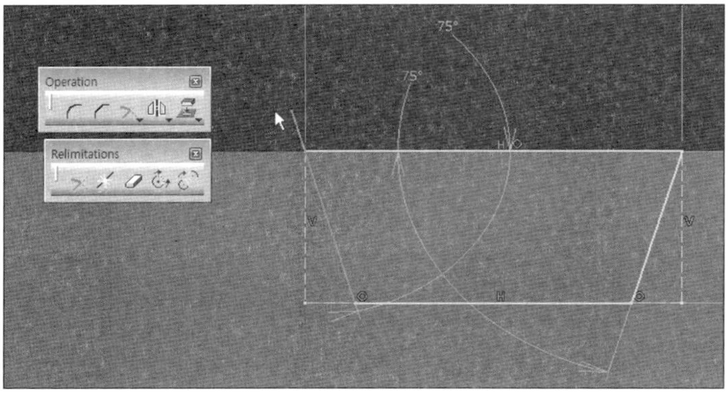

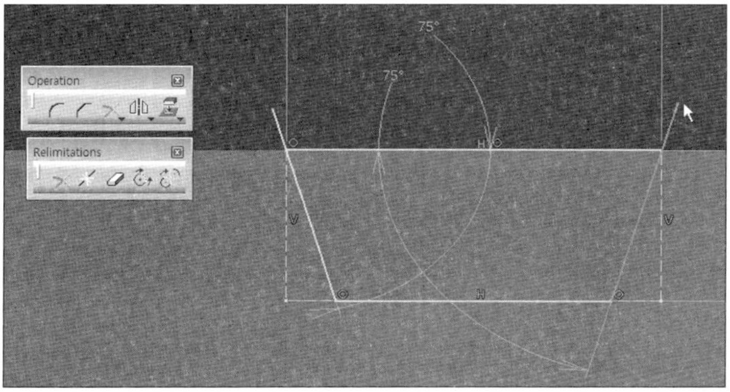

» 수평축과 만나는 부분의 직선은 점선으로 변경되도록 한다.

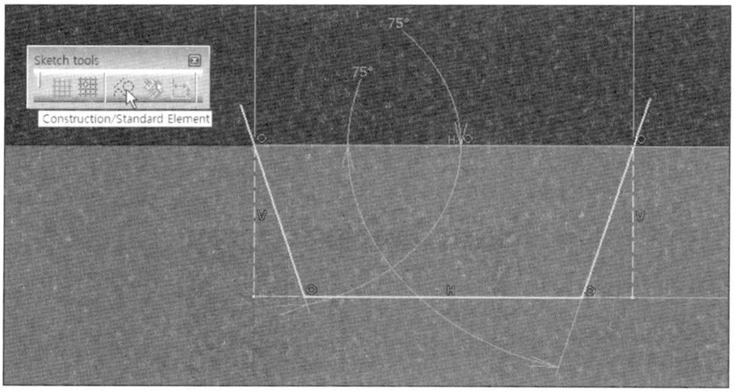

» 다음은 75도 기울여져 있는 연장된 두 개의 직선을 이어주는 직선을 그린다.

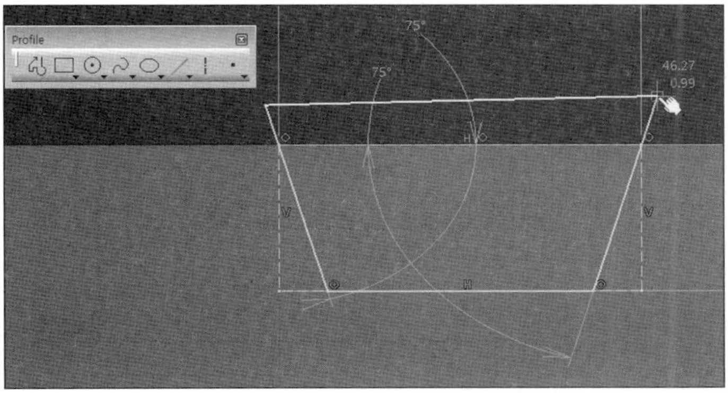

» 다음은 이어 직선이 수평이 되도록 한다.(물론, 이 작업은 하지 않아도 되지만 좀 더 보기 좋게 하기 위함이다.)

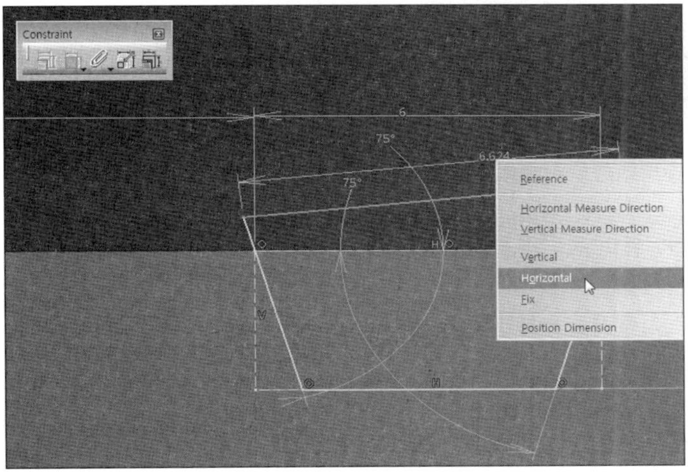

» 원하는 스케치 형태를 확인할 수 있다.

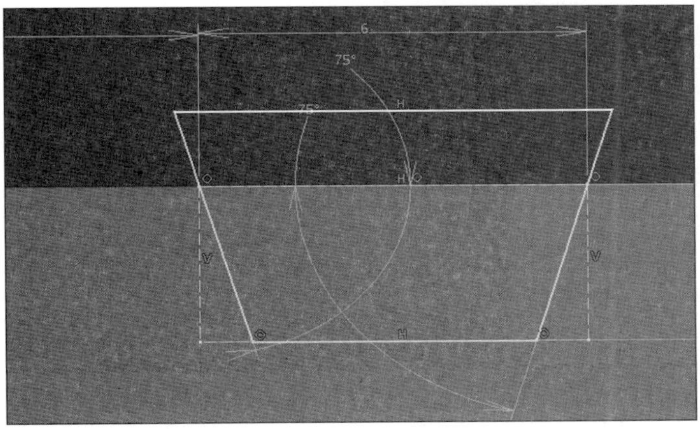

» 3차원 공간으로 빠져나간다.

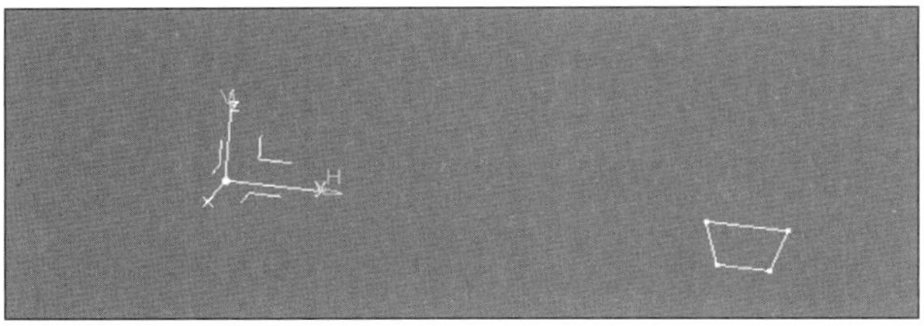

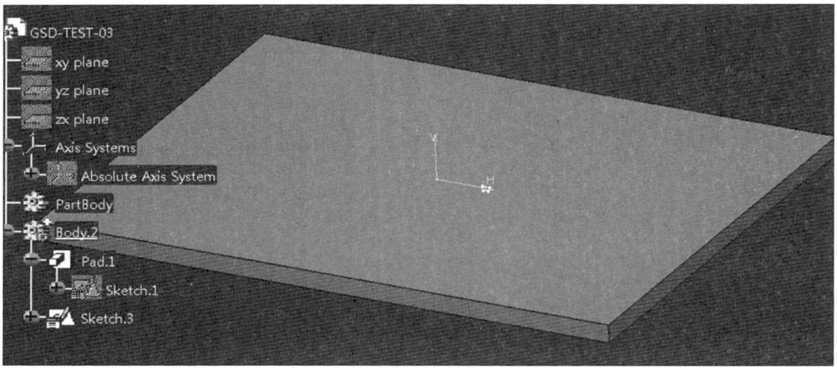

» 만든 스케치를 Z축을 중심으로 회전하여 제거하는 Gloove 작업을 한다.

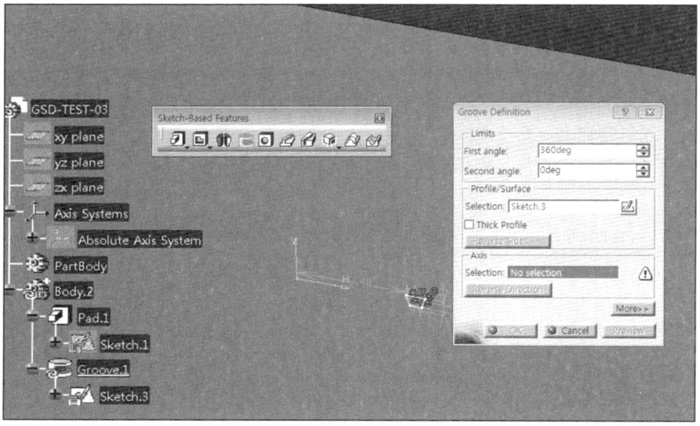

» 다음은 1mm의 Fillet 처리를 한다.

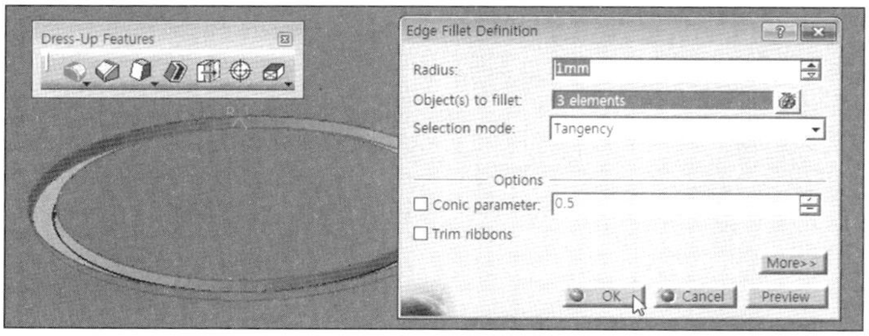

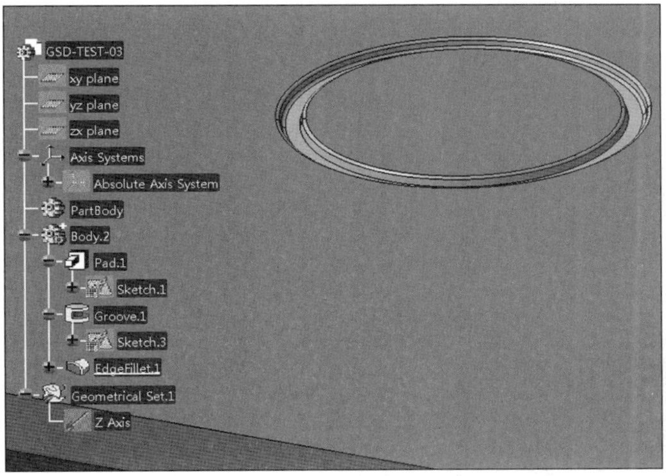

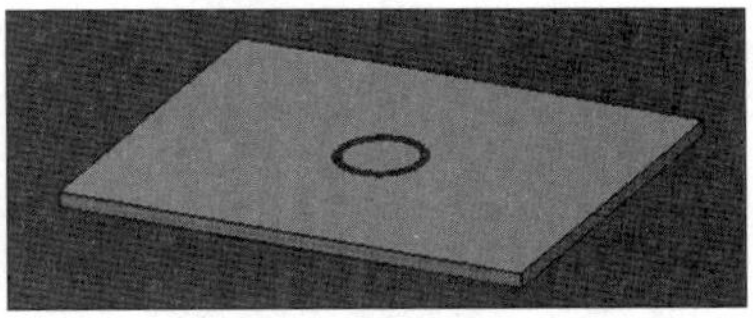

» 다음은 도면의 Detail E부분을 모델링하도록 한다. xy평면을 선택하고 스케치로 진입해 들어가도록 한다. 스케치의 방향은 Reverse H, Swap가 되도록 한다.

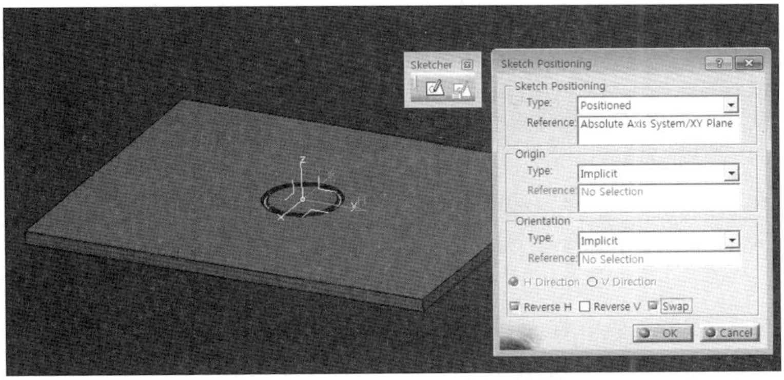

» 반지름 1.75mm의 원을 4개 그리도록 한다.

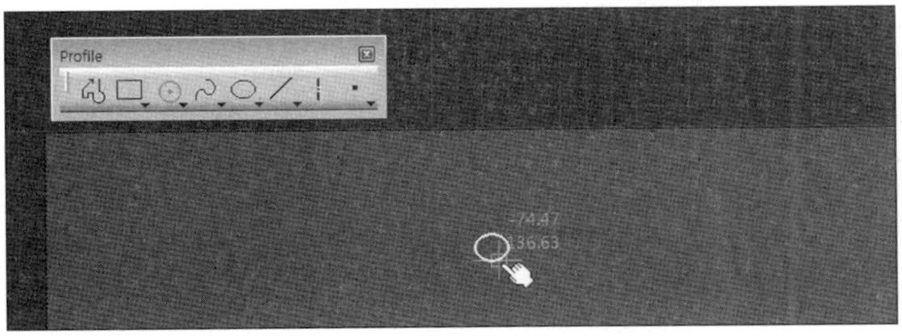

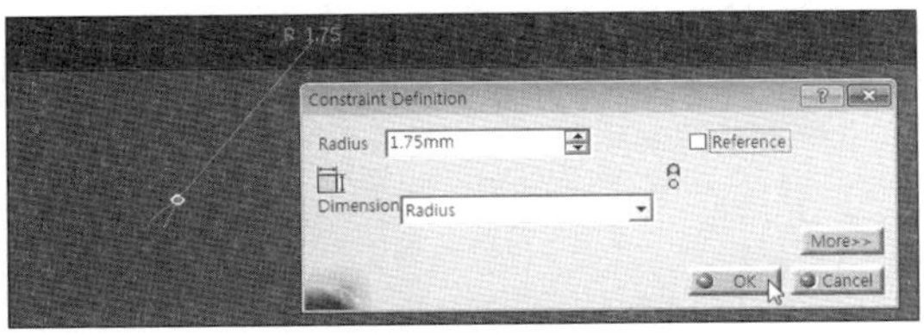

» 도면에 주어진 치수를 기입하여 작은 원의 구속을 하도록 한다.

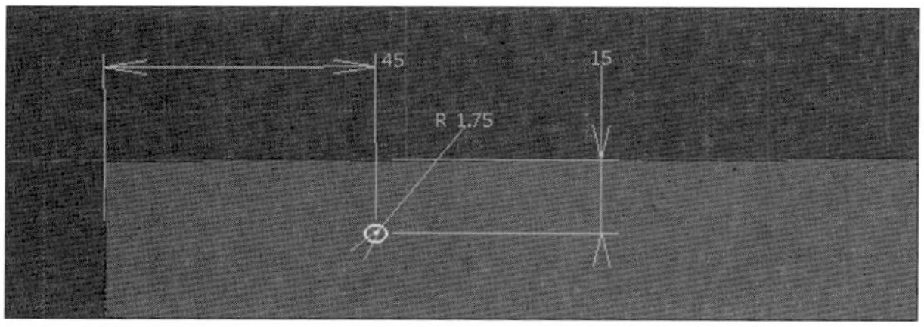

» 또 하나의 원을 그린다.

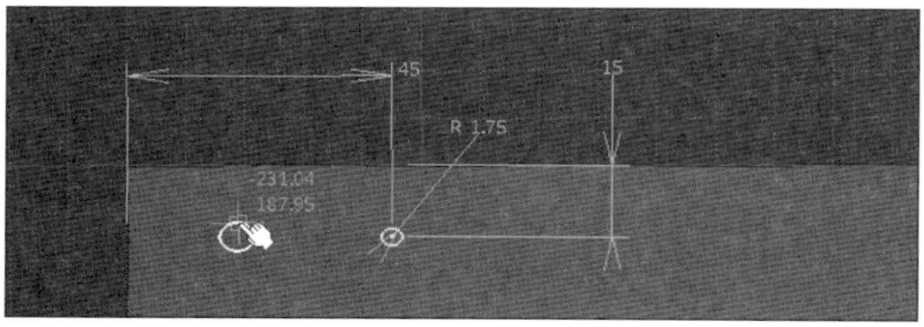

» 도면에 주어진 치수를 기입하여 구속을 하도록 한다.

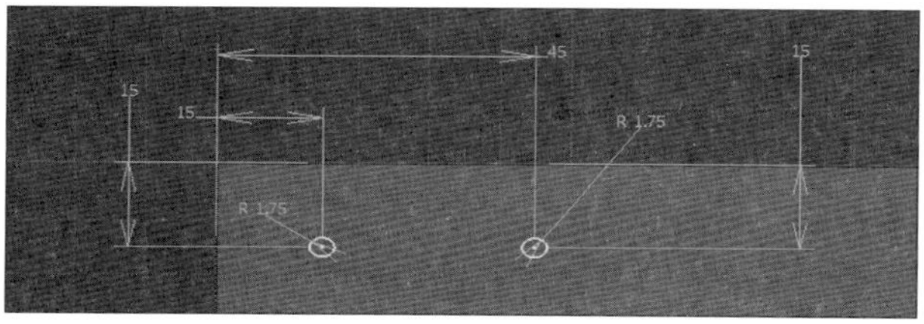

» 나머지 두 개의 원도 그리고 치수를 부여하여 구속을 하도록 한다.

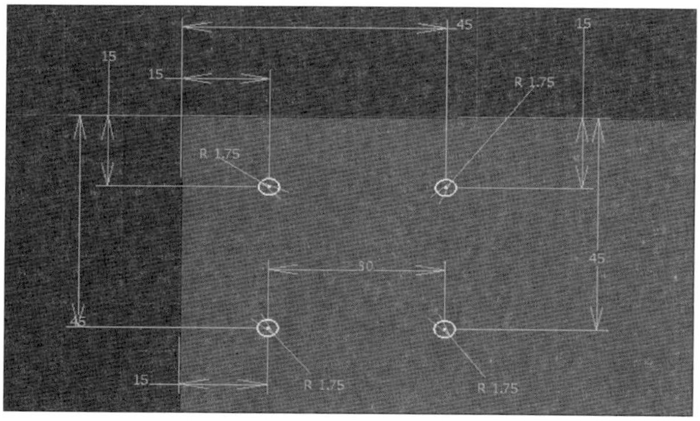

» 3차원 공간으로 빠져나간다. Body.2에 Define In Work Object가 되도록 한다.

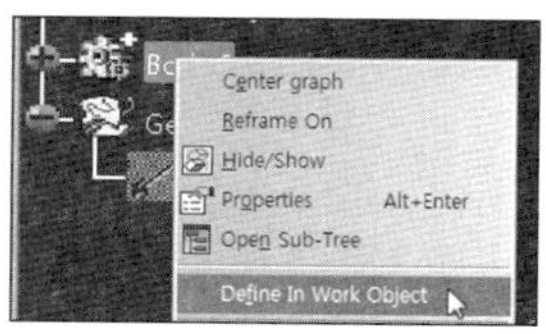

» Pocket 작업을 하여 홀을 파내도록 한다.

» Pocket을 할 때 충분히 홀을 파내기 위해 Mirrored extent의 옵션을 체크한다.

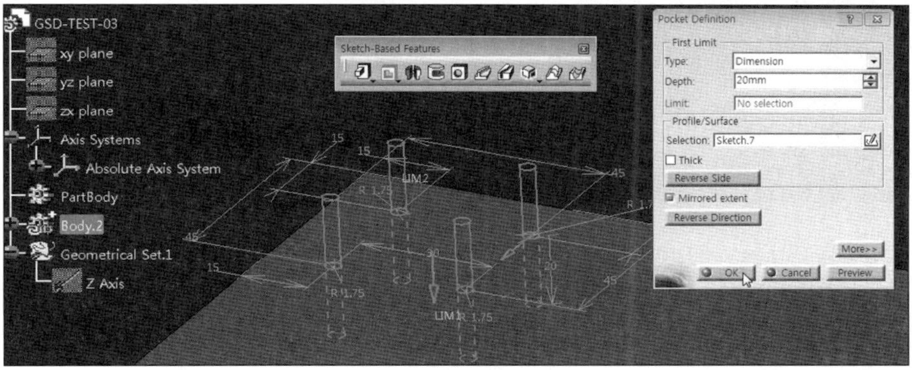

» 중앙의 홀의 스케치로 만든다. 위 평면을 선택하고 스케치 방향은 Reverse H, Swap가 되도록 한다.

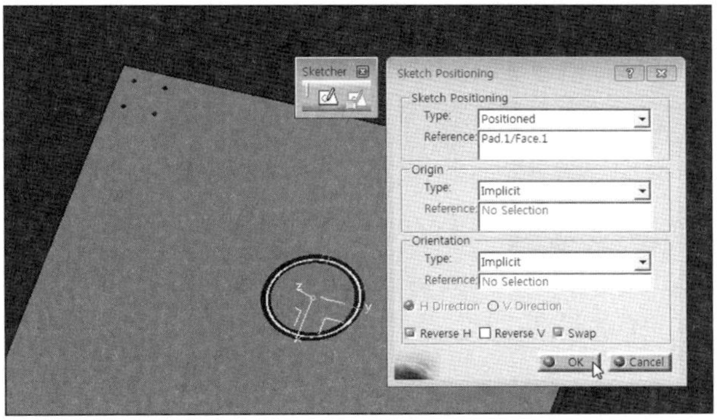

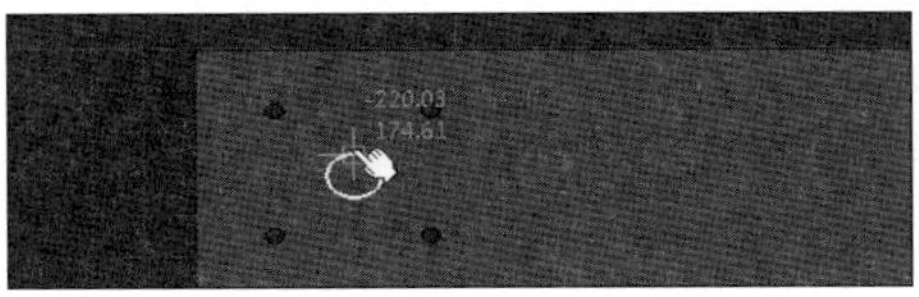

» 도면에 주어진 치수를 기입한다.

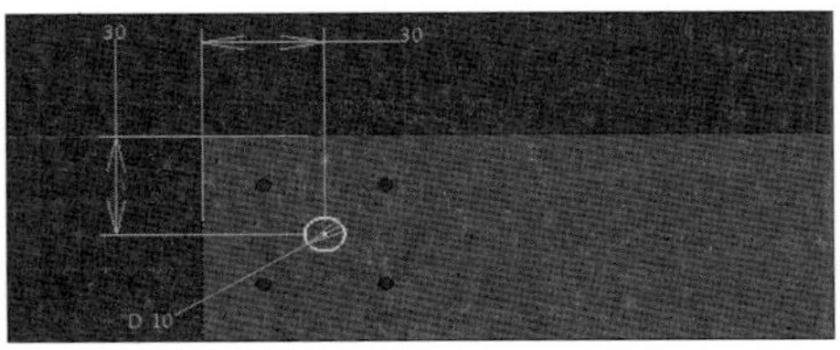

» 3차원 공간으로 빠져나가서 Pocket 작업을 한다.

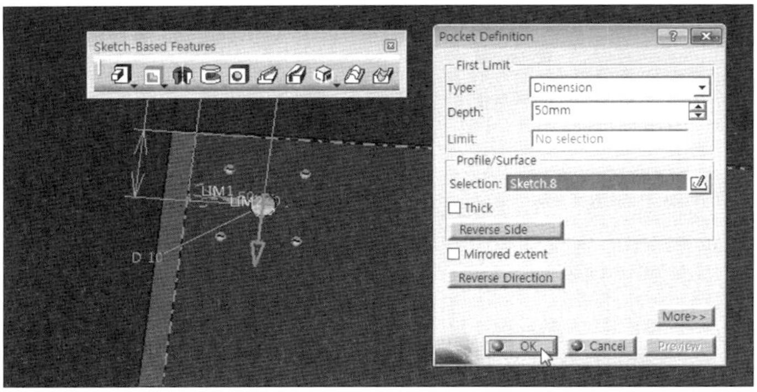

» 나머지 두께를 주고 Fillet 작업은 나중에 하도록 한다. 다만, 원호의 일부 부위는 Fillet 작업을 한다.

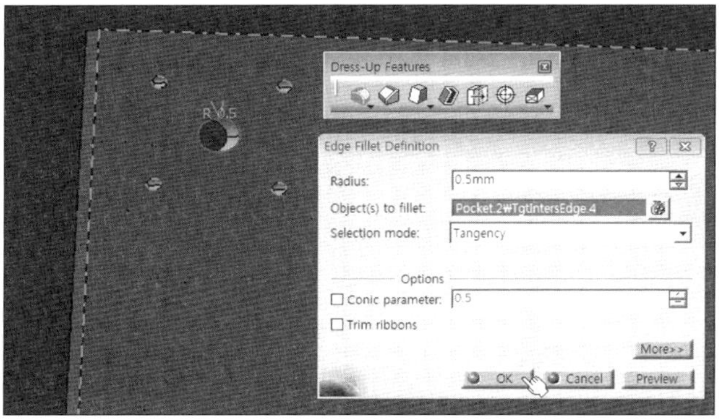

» 지금 작업한 것이 왼쪽 모서리 부분이라면 오른쪽 모서리 부분도 동일한 작업을 하도록 한다. xy평면을 선택하고 스케치 방향은 Reverse H, Swap가 되도록 한다.

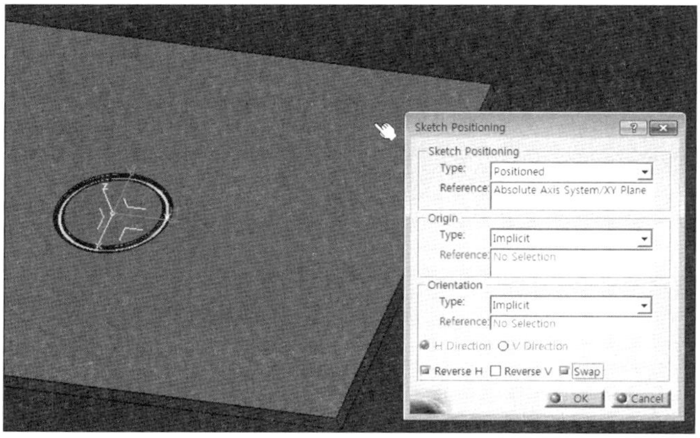

» 스케치하고 도면에 따라 치수를 기입한다.

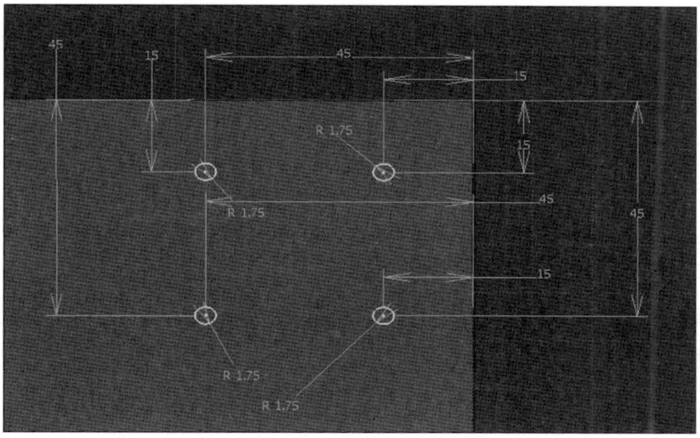

» 3차원 공간으로 빠져나가 Pocket 작업을 한다.

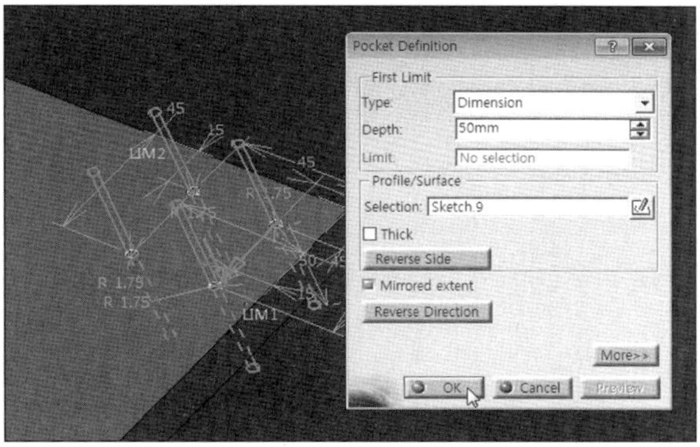

» 다음은 중앙부위의 원을 스케치하여 Pocket 작업을 한다.

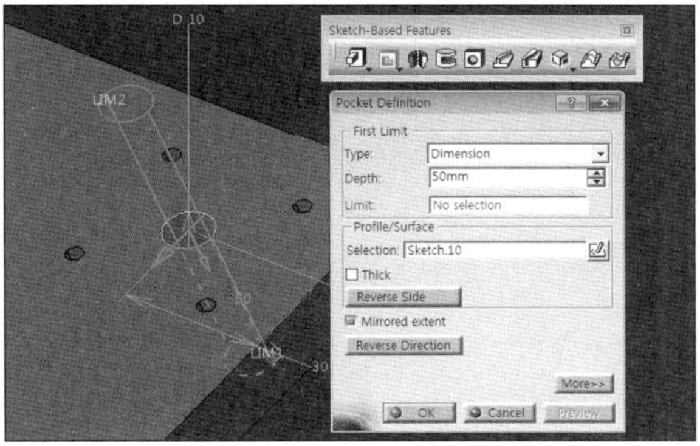

» 그리고 Fillet 처리를 한다.

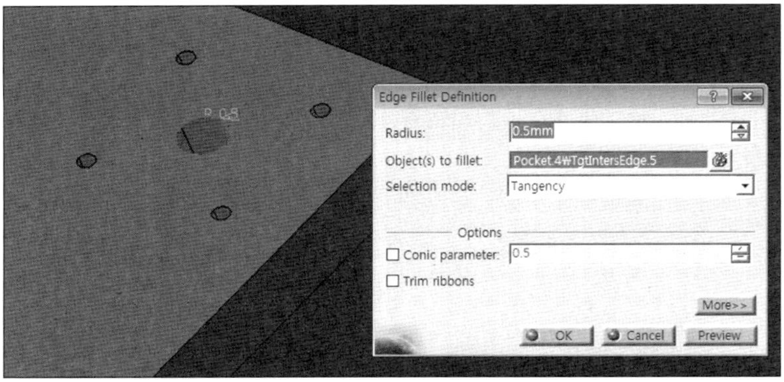

지금 홀 작업을 하는 것은 나중에 재료 0.75mm 두께를 줄 때 작업이 어려워질 여지가 있다. 이 부분은 거의 모델링 완료 직전에 이해가 될 수 있는 부분이다. 따라서 지금 이해가 어려울 수 있다. 그러나, 지금 이 작업을 한 것은 이런 문제점이 생기는 경우에 어떻게 해결하는 것인지를 알려주려는 저자의 의도가 있다. 이 홀 작업 부분을 모델링 완료되기에 앞서 홀 모델링 작업을 하여도 아무런 문제가 없음을 밝힌다.

» 다음은 Top View의 오른쪽 아래 삼각형 구도 부분을 모델링해보자. 아래 그림부분이다.

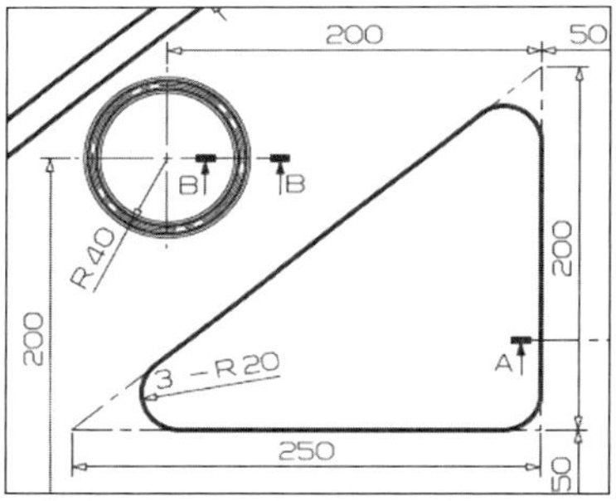

» 이 모델링의 결과를 미래 살펴보면 그림과 같다.

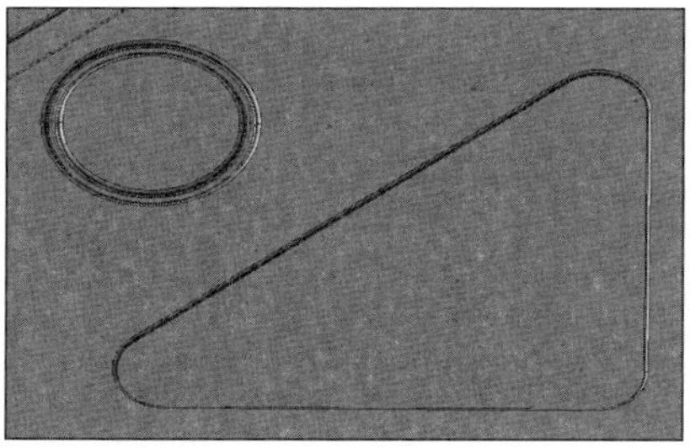

» 이 부분은 아래에서 본 그림이다.

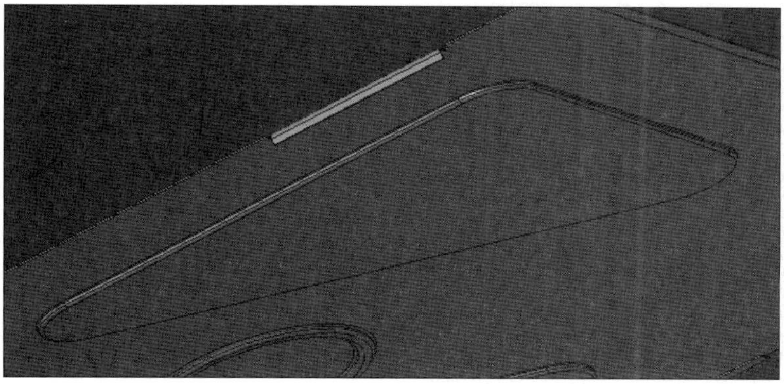

» 이번에는 스케치 작업을 할 평면으로 아래 그림의 마우스 표시가 있는 표면을 선택하고 스케치 방향은 Reverse H, Swap로 한다.

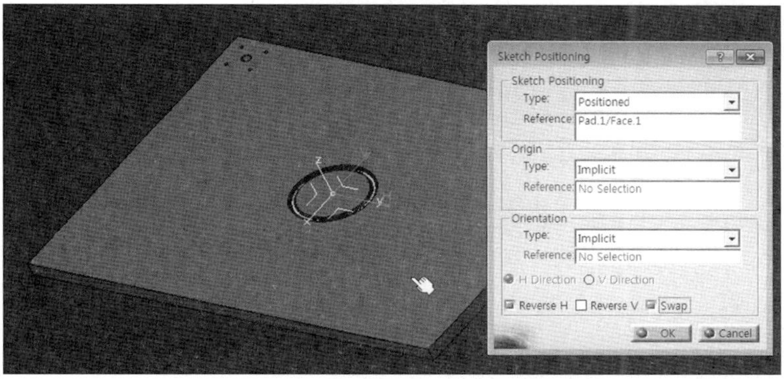

» ❶ 임의의 삼각형 구도를 그린다.

» ❷ 도면에 주어진 250mm, 200mm의 치수를 기입한다.

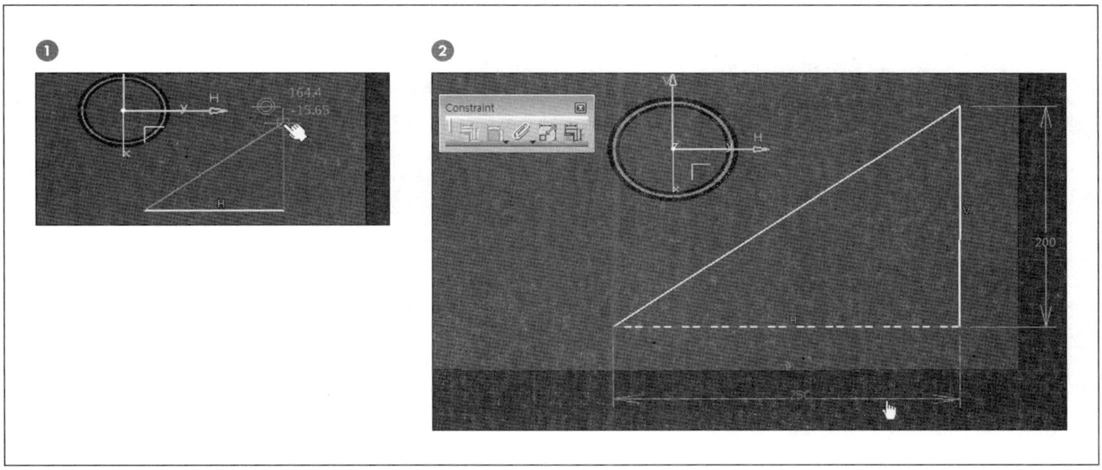

» 48mm, 50mm의 치수를 기입한다.

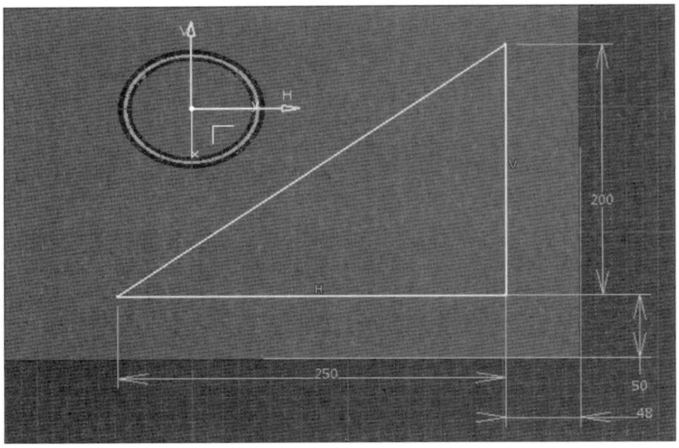

» 반지름 20mm의 코너부를 만든다.

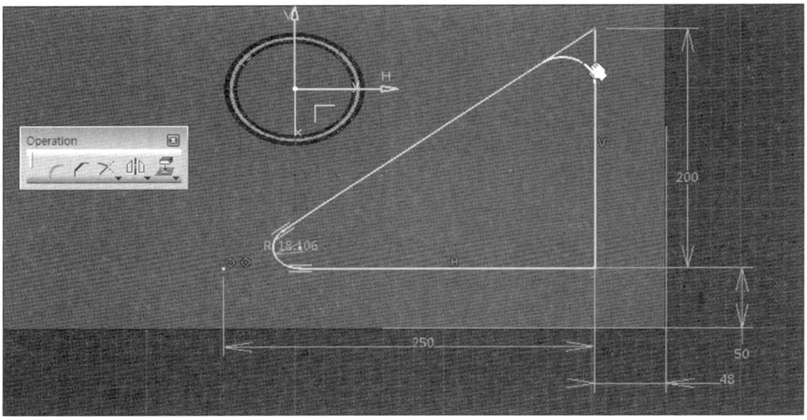

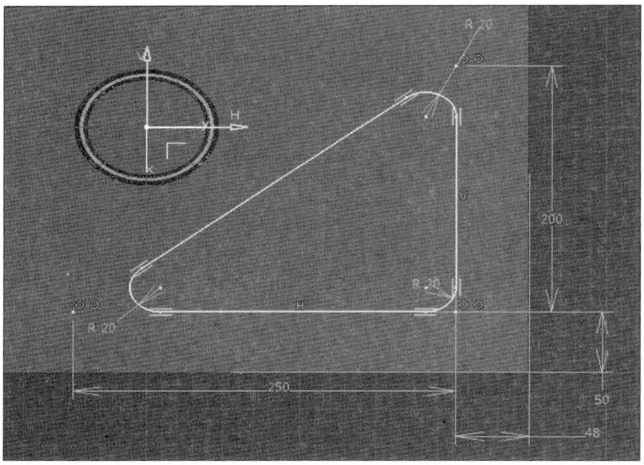

» 3차원 공간으로 빠져나간다. 그리고 Pocket 작업을 한다. 도면은 Section Out A-A를 참조하여 치수를 기입한다.

» 모서리 두 곳은 각각 0.5mm로 치수를 부여하도록 한다.(Fillet 처리)

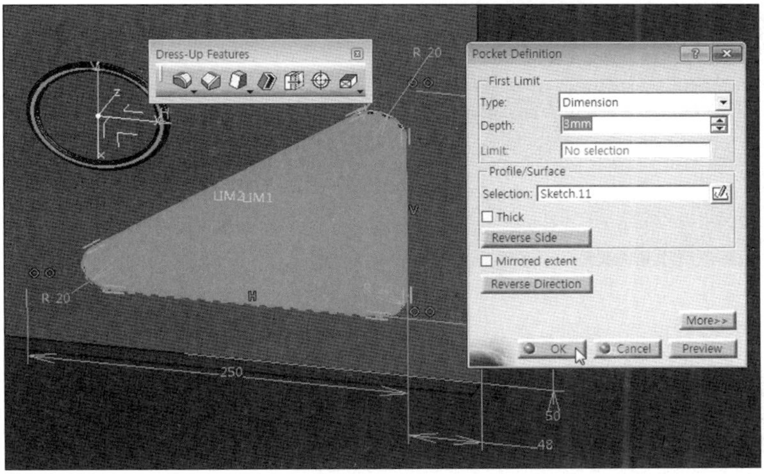

» 다음은 왼쪽 모서리의 삼각형 구도를 스케치 작업을 하고 Pocket을 하도록 한다.

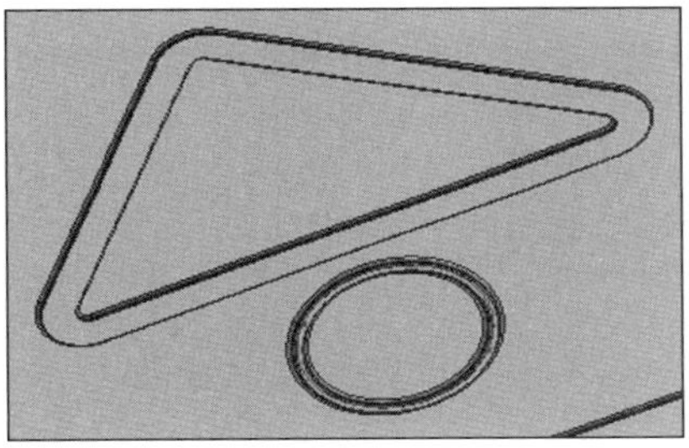

» Face면을 선택하고 스케치 방향은 Reverse H, Swap로 한다.

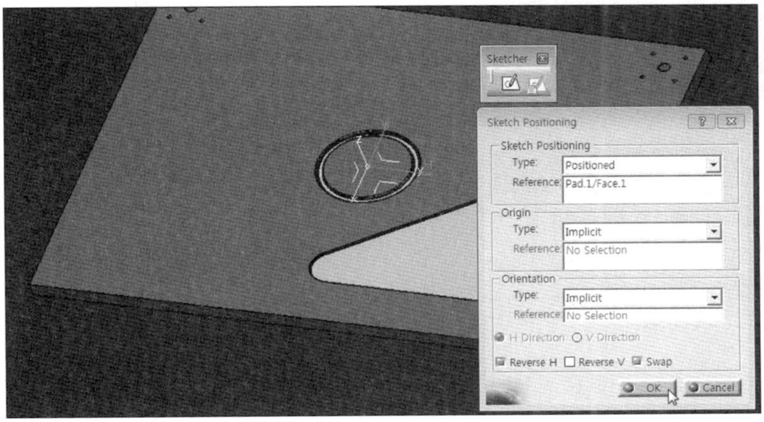

» 임의의 삼각형 형태를 스케치로 그린다.

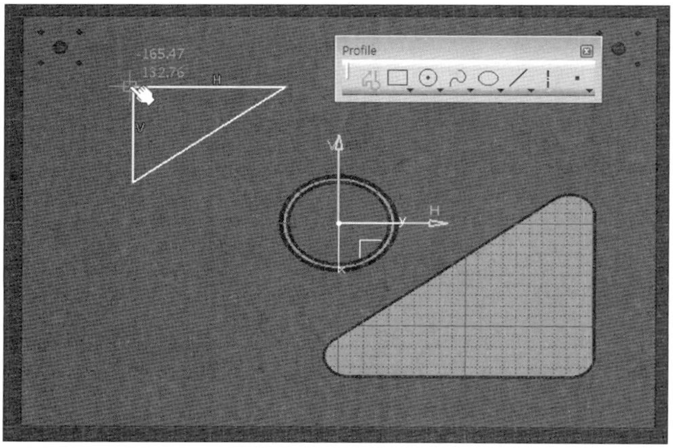

» 250mm, 200mm의 치수를 기입하도록 한다.

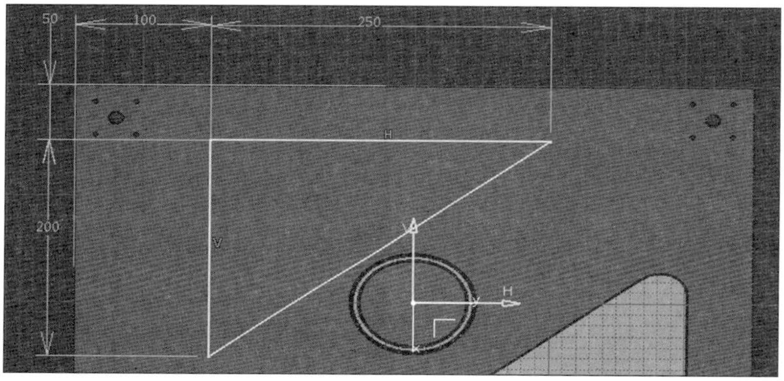

» 모서리는 20mm의 라운드처리를 한다.

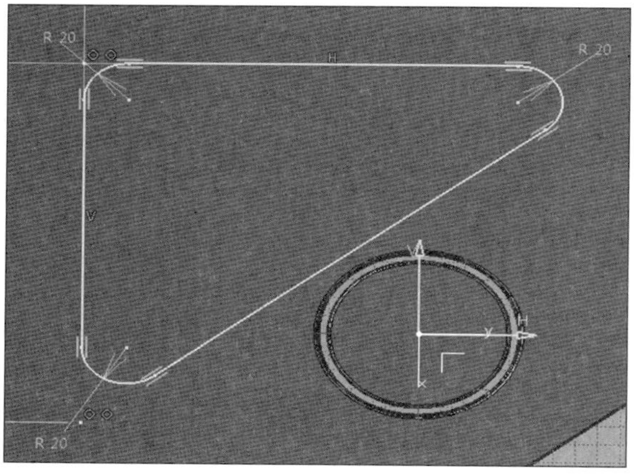

» 다음은 만들어진 삼각형 구도를 안쪽으로 15mm 옵셋(Offset)을 하도록 한다. Operation 툴바의 Transformation 서브 툴바의 Offset 아이콘을 사용하도록 한다.

» 먼저, 작업한 스케치의 일부 선을 선택하고 오른쪽 마우스를 선택하여 나타나는 메뉴 중에서 맨 아래 Object를 선택한다. 그리고 Auto Search를 선택하면 이어진 모든 선이 선택되도록 한다.

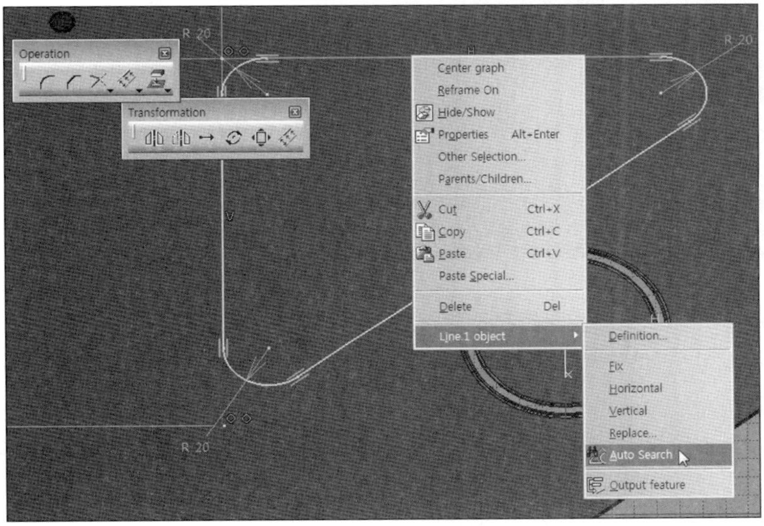

» Offset를 할 때 주의할 점이 있다. Offset를 하고 난 이후에 만들어진 Offset 결과물의 각 부위를 선택하여 클릭해보면 형태가 깨어진다. 이런 점을 감안하여 다음 작업을 잘 따라하기 바란다. 여기서 Offset 15mm 처리를 하려고 하면 Sketch tools 툴바를 사용해야 한다.

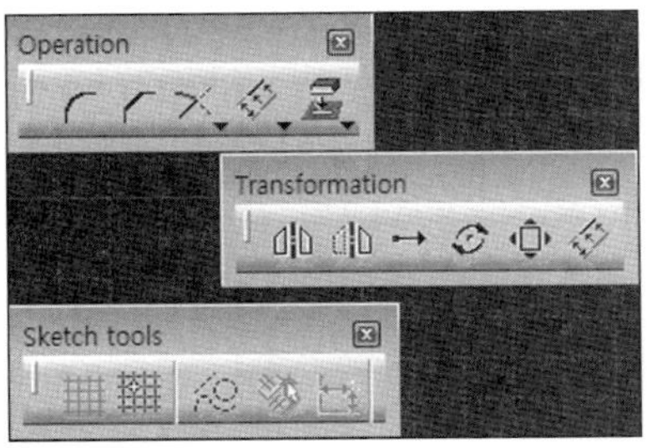

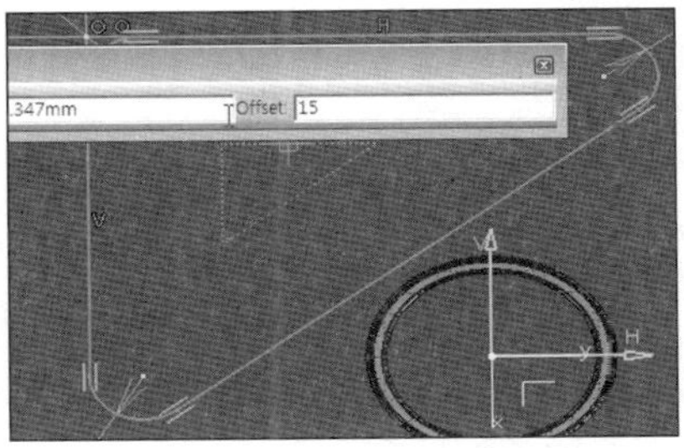

» 15의 치수를 Offset 기입란에 적고 엔터를 친다. 그리고 나서 만들어진 Offset를 잘못 만지면 형태가 깨어질 수 있다. 이 때 Constraint 툴바의 Fix Together 아이콘을 선택한다. 그러면 Offset결과물이 깨어지지 않을 것이다.

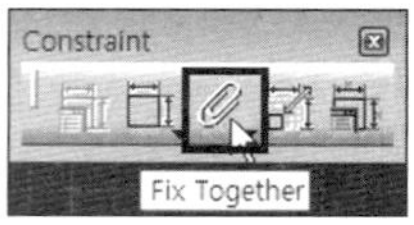

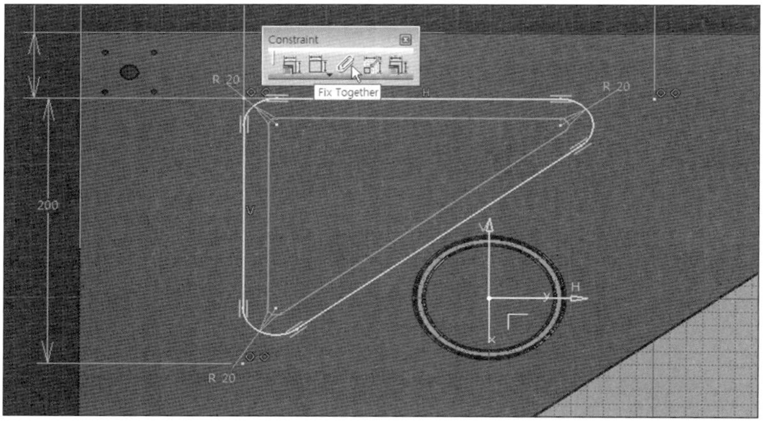

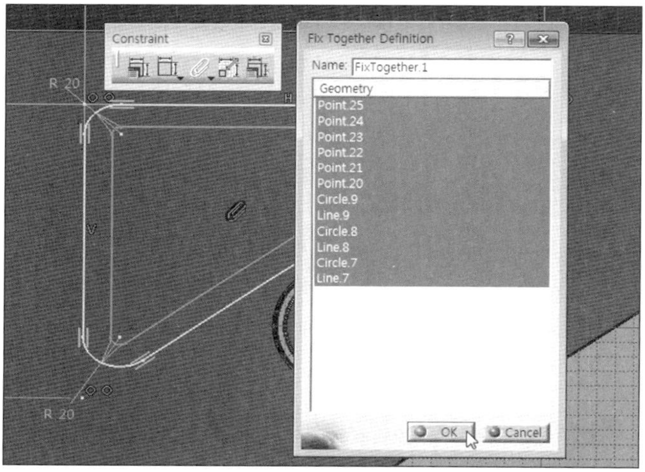

» 마지막으로 고정된 Offset 결과물의 어느 한 부분에 15mm의 Offset 값을 주도록 한다.

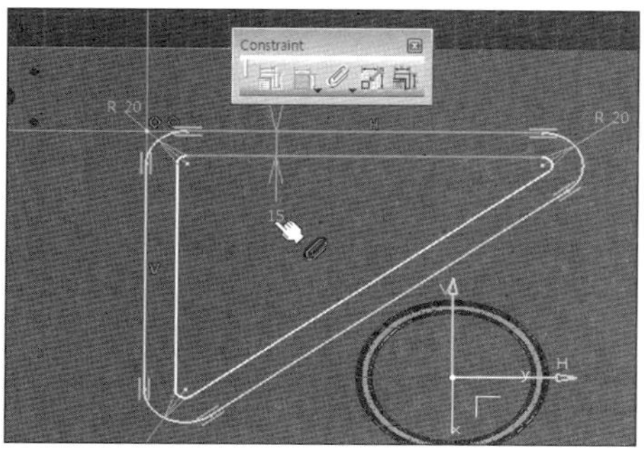

» 한부분에 더 15mm의 치수값을 주어야 한다. 그러면 완전히 치수값이 구속이 될 것이다.

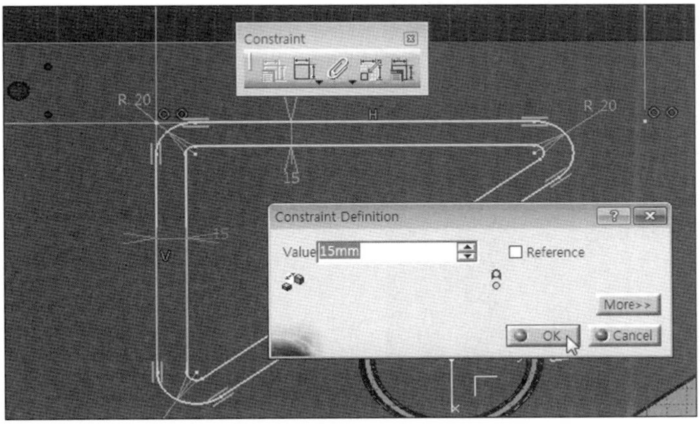

» 다음은 3차원 공간으로 빠져나가 Pocket 작업을 하도록 한다. 3mm만큼 Pocket 처리를 한다.

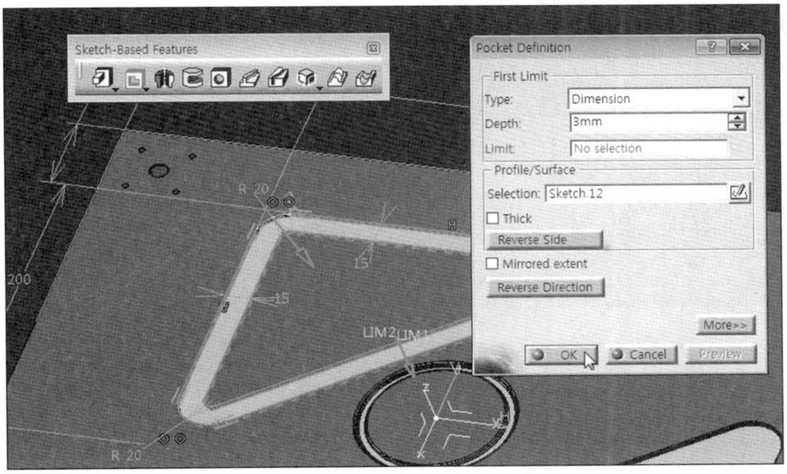

» Edge 부위에 0.5mm의 Fillet 처리를 한다.

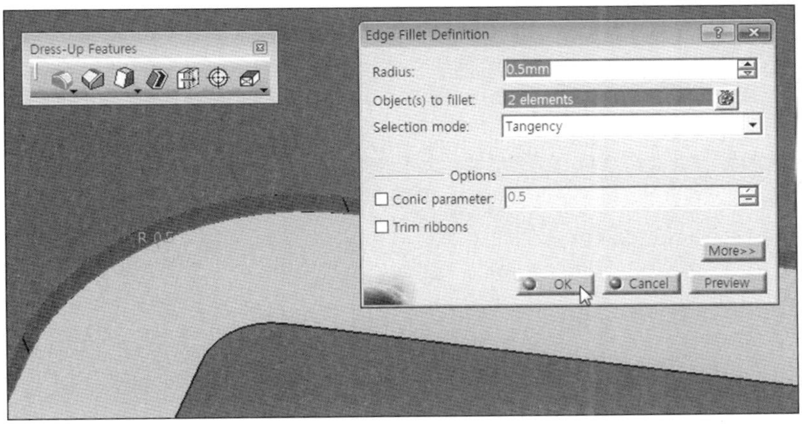

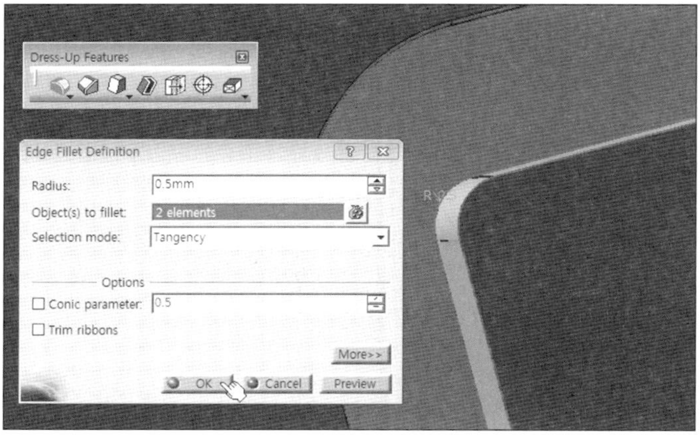

» 지금까지 작업한 결과는 그림과 같다.

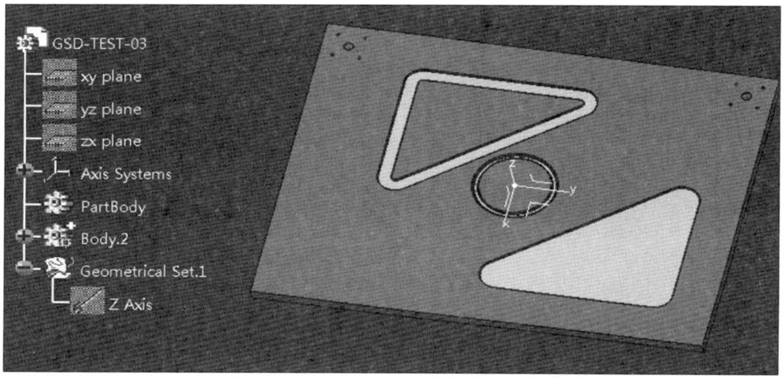

» 다음 작업 부분은 그림과 같다.

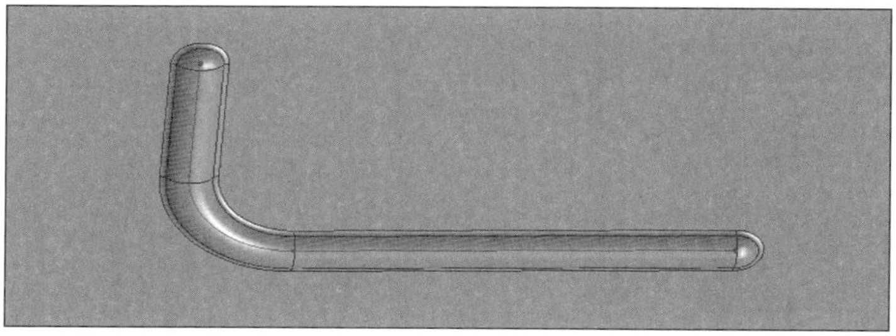

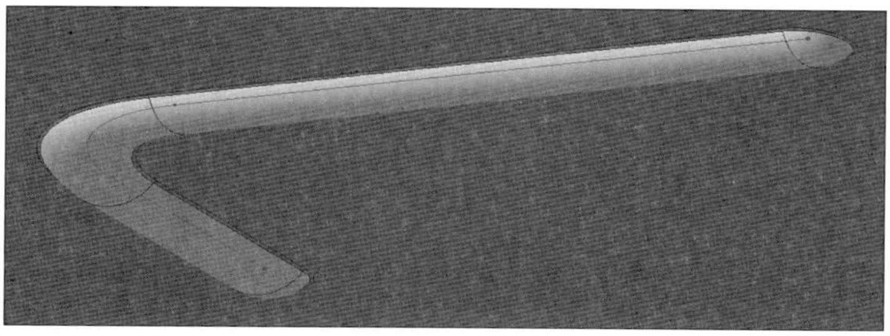

» 2mm 떨어진 곳에 Plane을 만들어야 한다. 왜냐하면, Section Out J-J를 보면 2mm가 떨어져 있는 상태에서 반지름 5mm의 원호로 따내는 형태이기 때문이다.

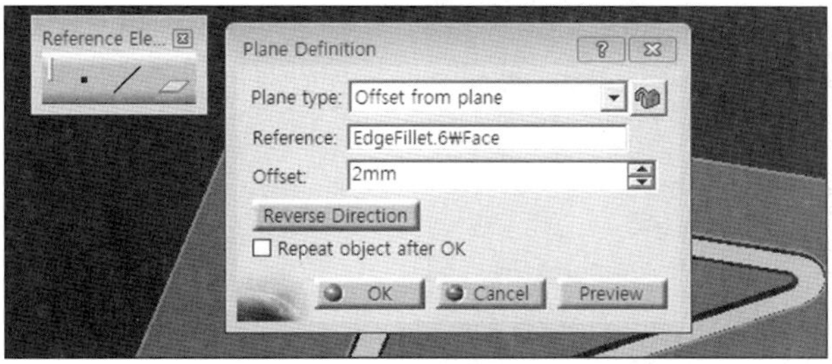

» 만들어진 이 평면을 선택하고 스케치 작업장으로 이동한다. 스케치 방향은 Swap로 한다.

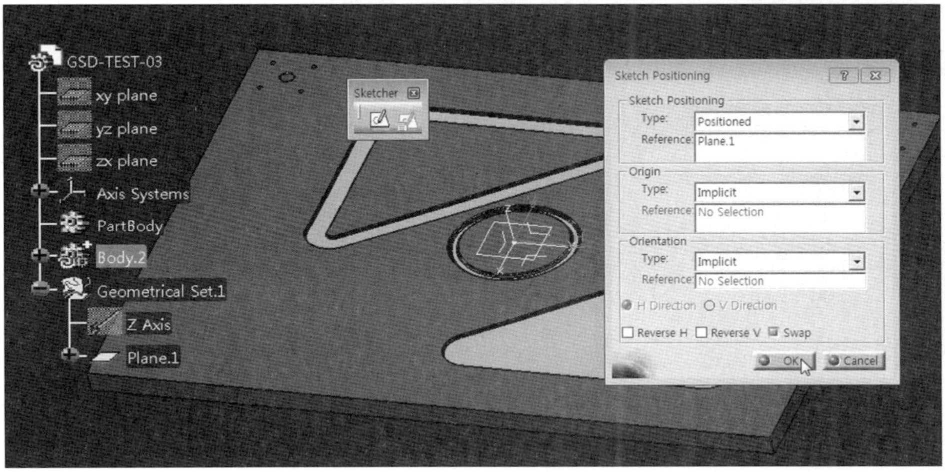

» 원하는 형상의 스케치 작업을 한다.

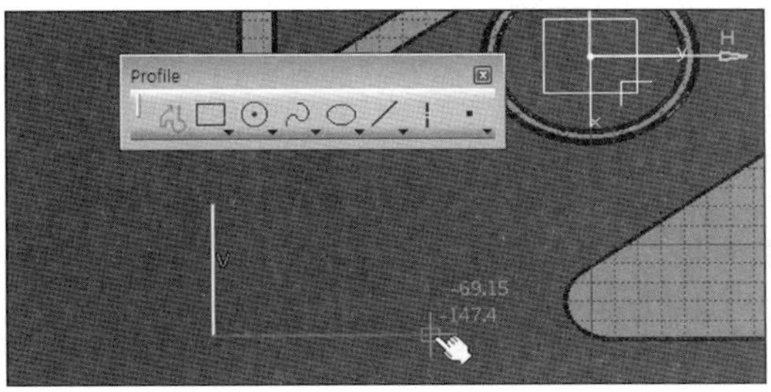

» 도면에 주어진 치수를 기입하도록 한다.

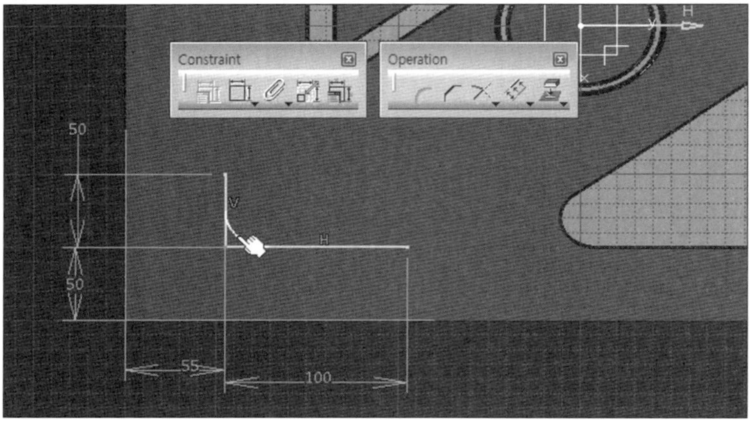

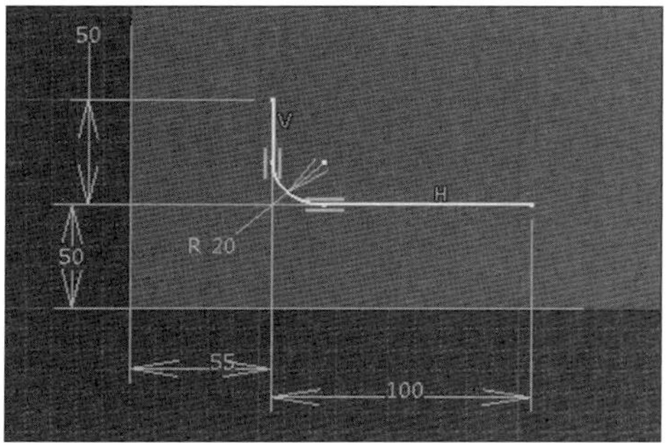

» 3차원 공간을 빠져 나간다. 다음은 Generative Shape Design의 모듈 작업장으로 이동한다.

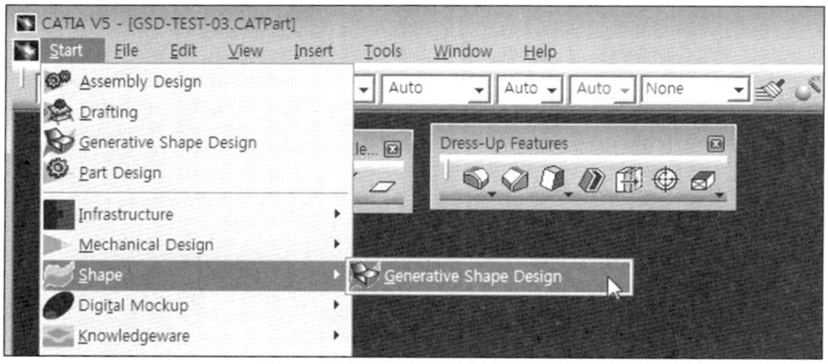

» Surfaces툴바의 Sweep 아이콘을 사용할 것이다.

» Circle탭을 선택하고 Subtype로는 Center and radius를 사용한다.

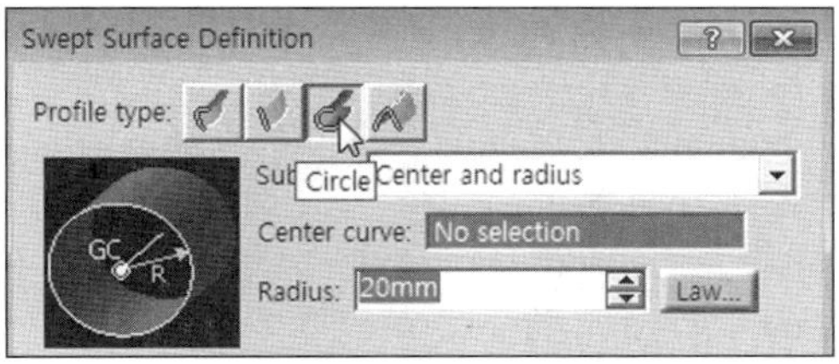

» Center curve로는 방금 만든 스케치를 사용하고 Radius는 도면에 주어진 5mm로 한다.

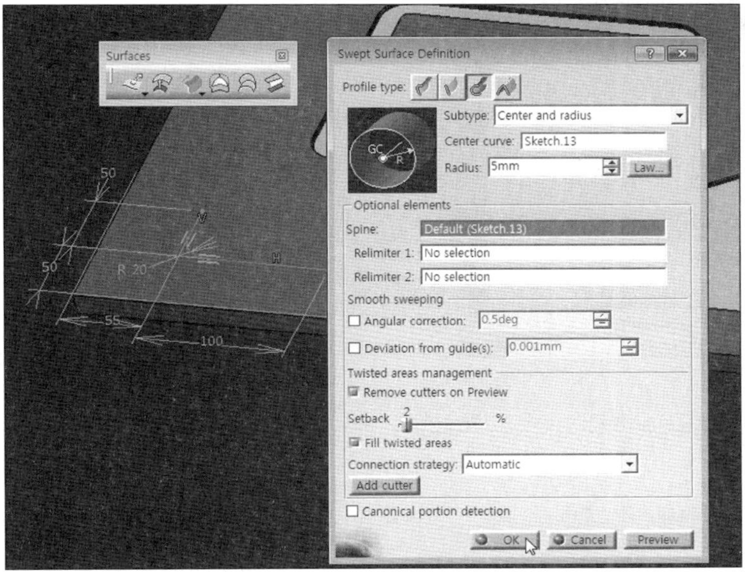

» 그림과 같이 결과를 확인할 수 있다.

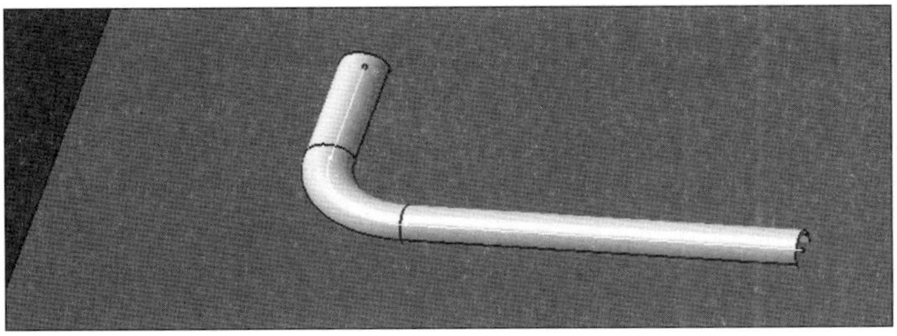

» 다음은 양끝부분에 구를 만들도록 한다. Sphere 아이콘을 사용한다.

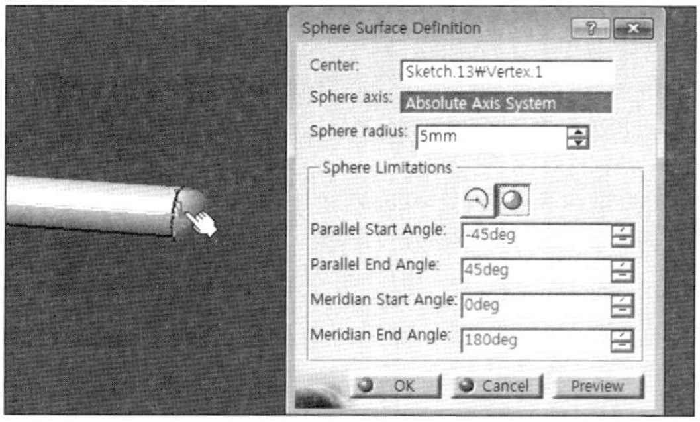

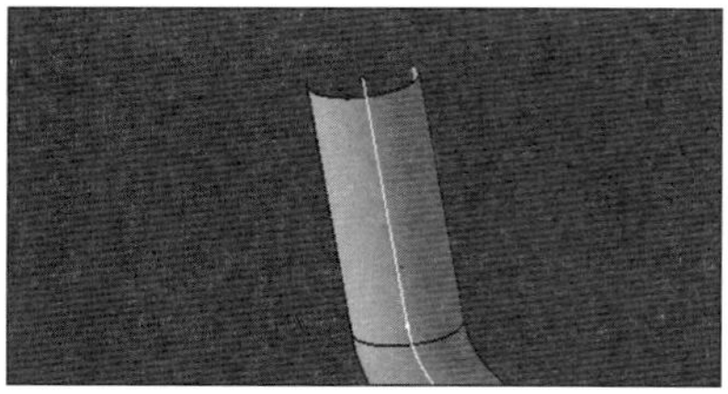

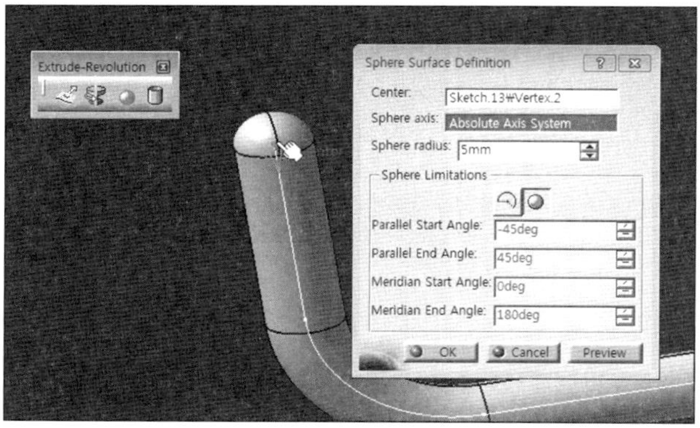

» ❶ 다음은 만든 Surface 결과물을 Solid로 채우고 Remove 작업을 할 것이다. 먼저, Body를 하나 삽입하여 추가하도록 한다.

» ❷ Surface를 Solid로 채우려면 작업장소를 PartDesign 모듈로 전환해야 한다.

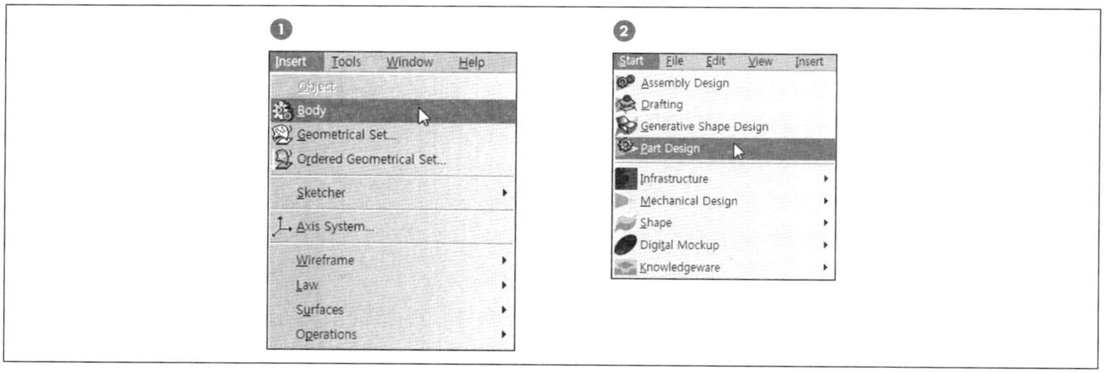

» Close Surface 아이콘을 사용할 것이다.

» Solid로 만들 Surface는 Sweep.1이다. 이것을 선택을 하면 채워질 것이다.

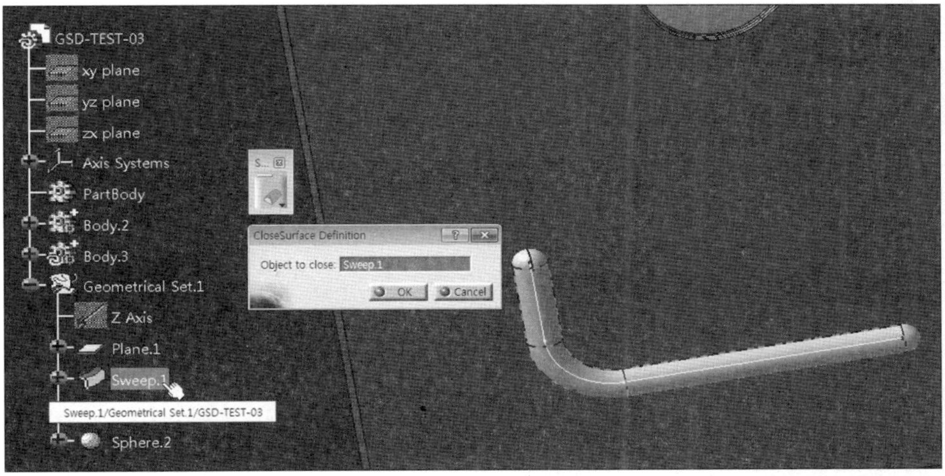

» 다음은 Sphere.1과 Sphere.2를 선택하여 채우도록 한다.

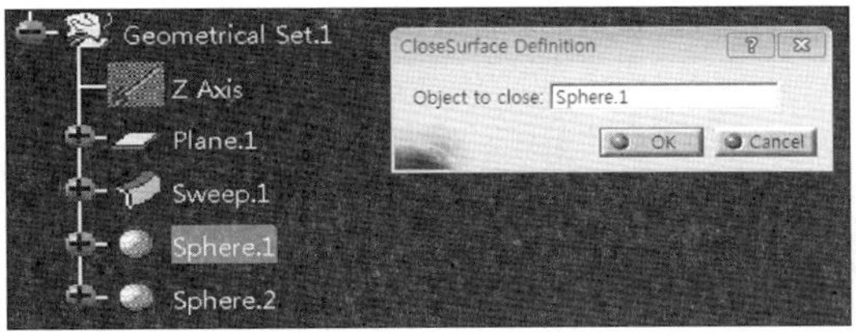

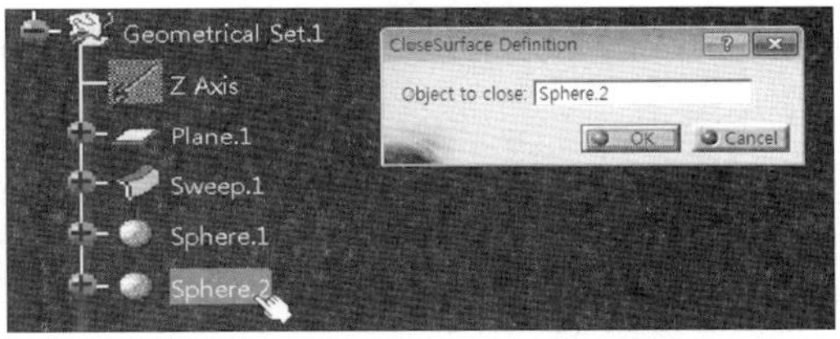

» ❸ 채워진 Solid를 확인하려면 Surface를 Hide(숨기기)를 한다.

» ❹ 다음은 이 Body.3부분을 Body.2에서 제거하여 뽑아내도록 한다.

❸

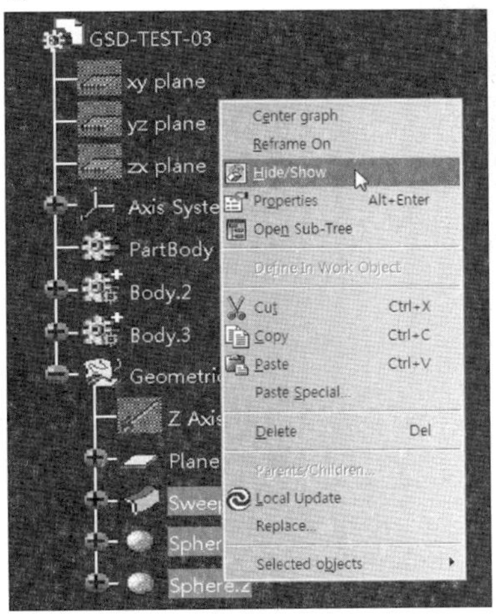

❹

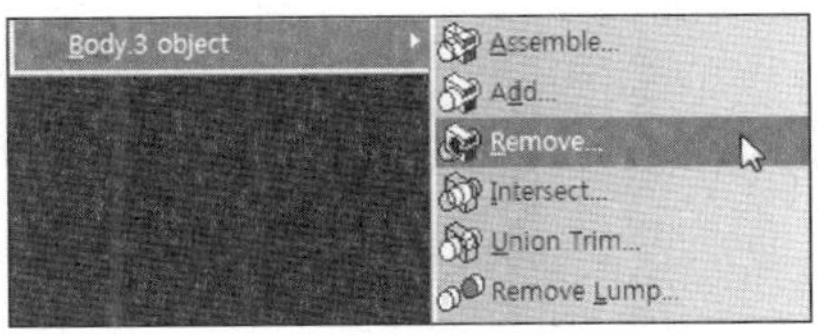

» Body.3을 선택하고 오른쪽 마우스를 선택하면 Body.3 object라는 메뉴가 나올 것이다. 이 메뉴를 선택하고 또다시 나오는 Remove 메뉴를 선택하도록 한다.

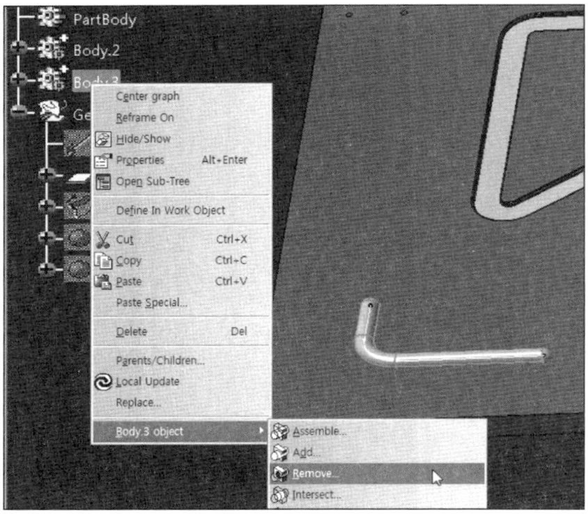

» Remove라는 대화창이 나올것이다. From부분에 마우스가 있는 상태에서 Body.2를 선택하고 OK 버튼을 클릭한다.

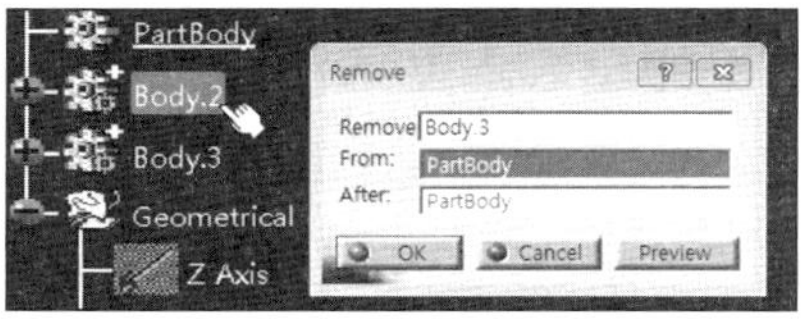

» 그림과 같은 결과를 확인할 수 있다.

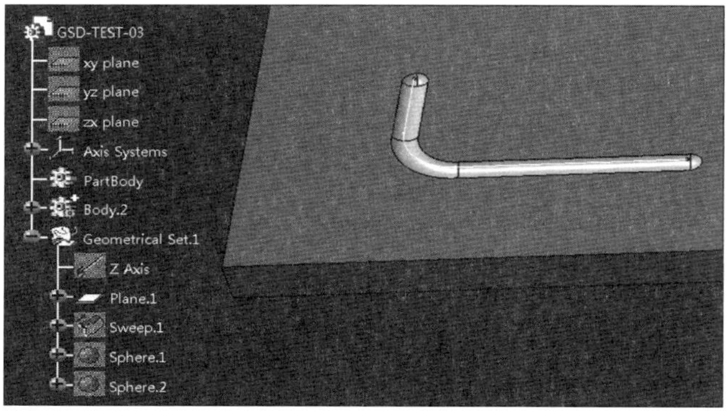

» 다음은 Edge 부분에 0.5mm의 Fillet를 주도록 한다.(물론, 도면에는 이 부분이 정확하게 명시되어있지 않지만 0.5mm를 주도록 한다.)

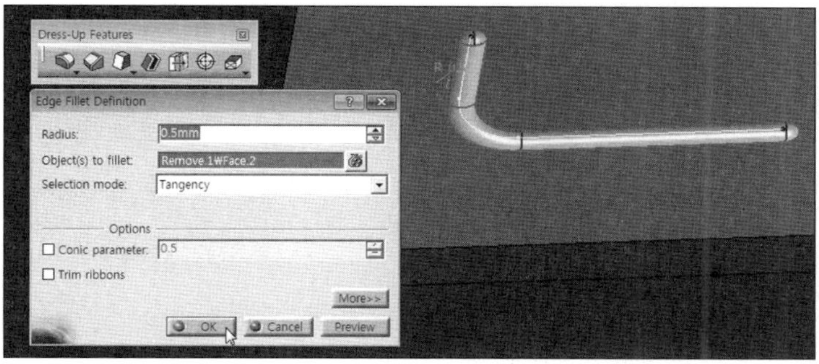

» 다음은 그림과 같은 형상의 모델링을 할 것이다.

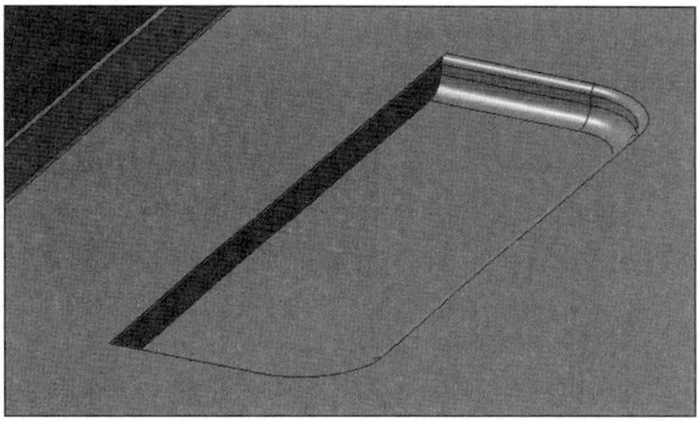

» 위 표면의 Face를 평면으로 선택하고 스케치 작업장으로 들어간다. 스케치 방향은 Reverse V, Swap가 되도록 한다.

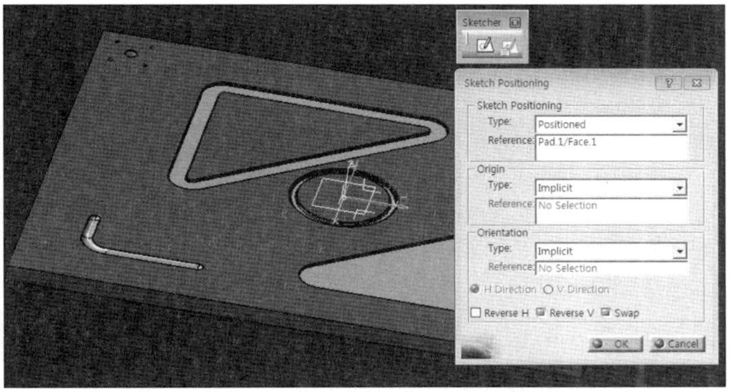

» Section out D-D의 형상을 이해하고 도면의 Top view를 보고 스케치를 할 형상을 구상하도록 한다.

» Profile 툴바의 Rectangle 아이콘을 사용하여 임의의 사각형을 그리도록 한다.

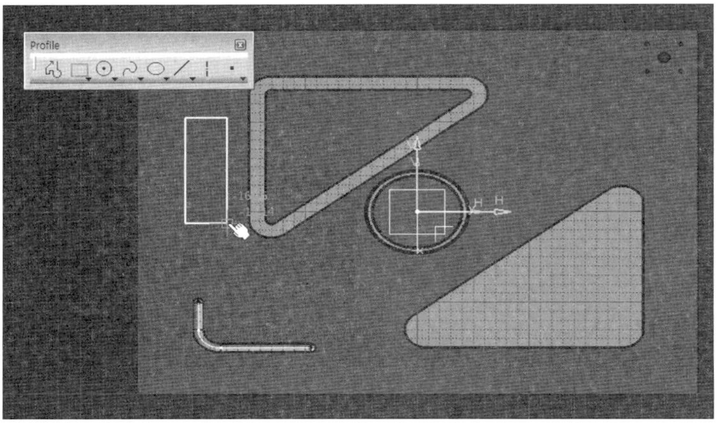

» 도면에 주어진 치수를 기입하여 구속을 하도록 한다.

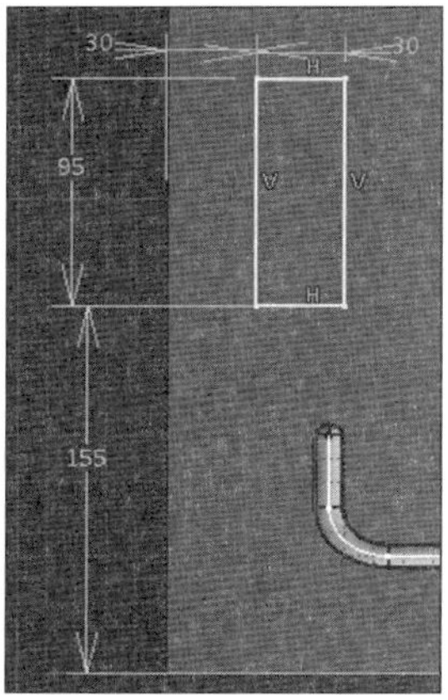

» 모서리 두 군데를 R10mm로 라운드 처리한다.

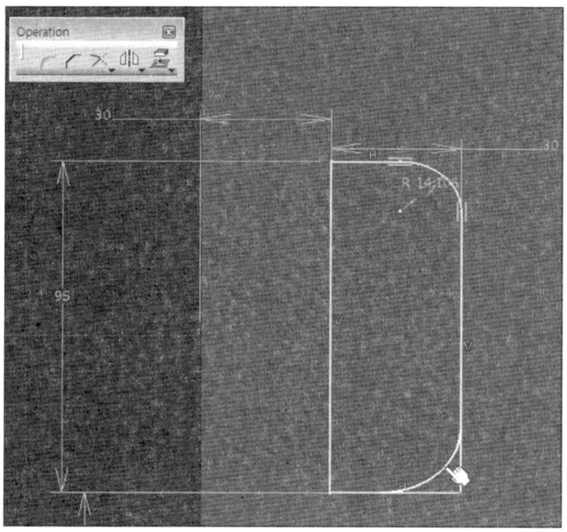

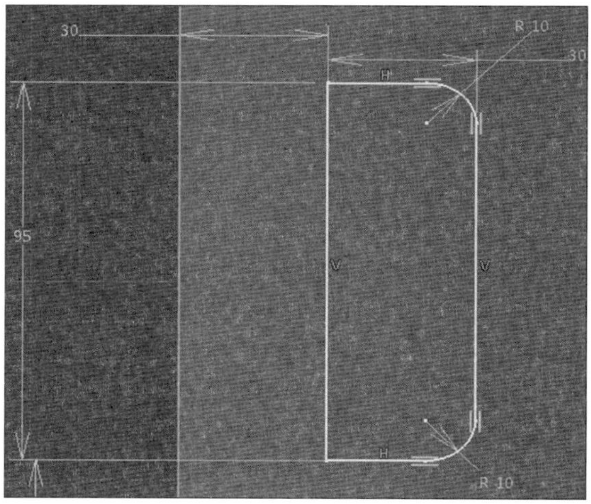

» 다음은 3차원 공간으로 빠져나가 Pocket 작업을 한다. Pocket는 6mm로 한다.

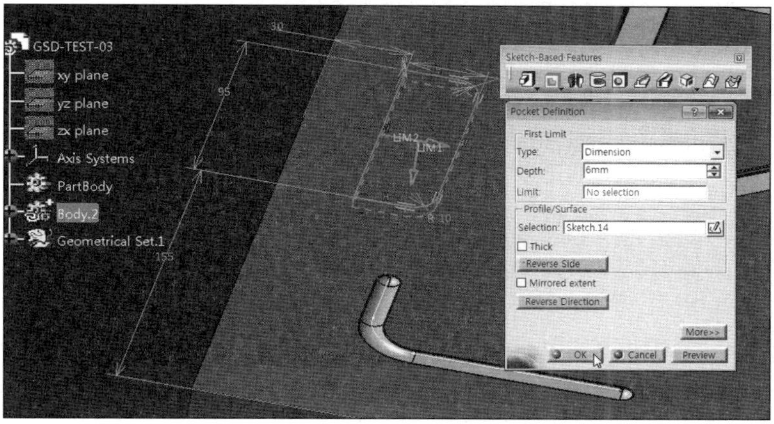

» 3mm의 안쪽 Fillet 처리를 한다.

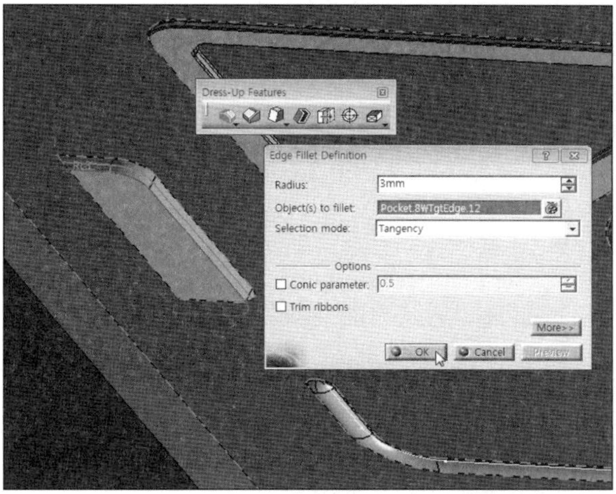

» 다음은 모서리에 0.5mm의 Fillet처리를 한다.

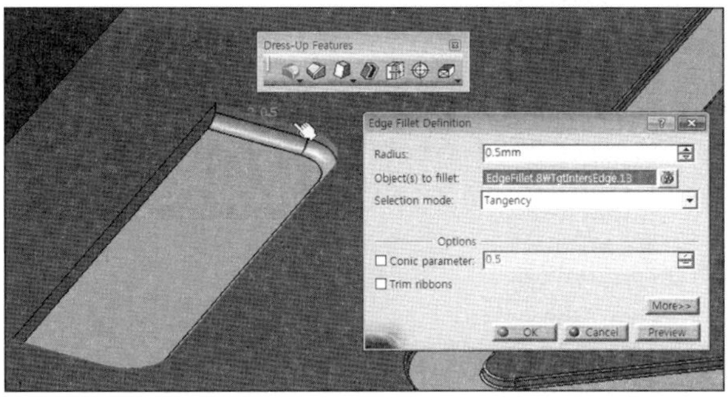

» 다음 작업할 곳은 Left View의 곳이다. 도면의 Section View K-K를 참조해야 한다.

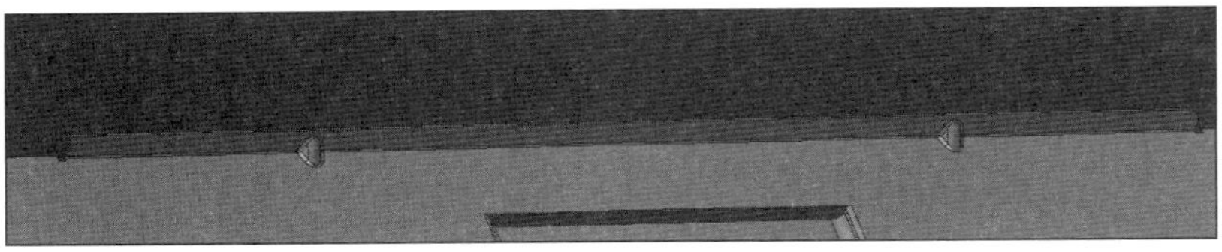

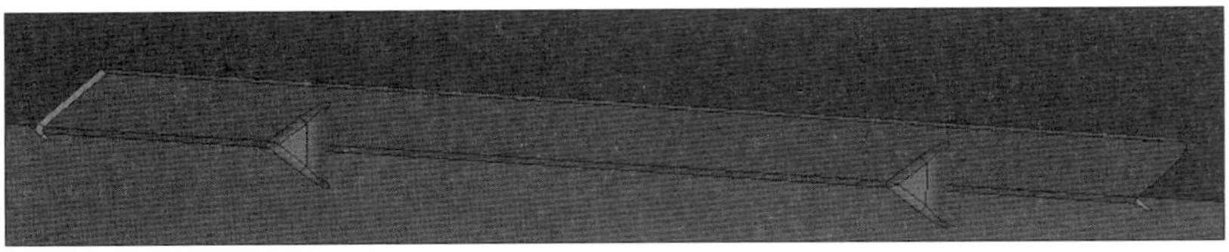

» 옆면의 평면을 선택하고 스케치 작업장으로 들어간다.

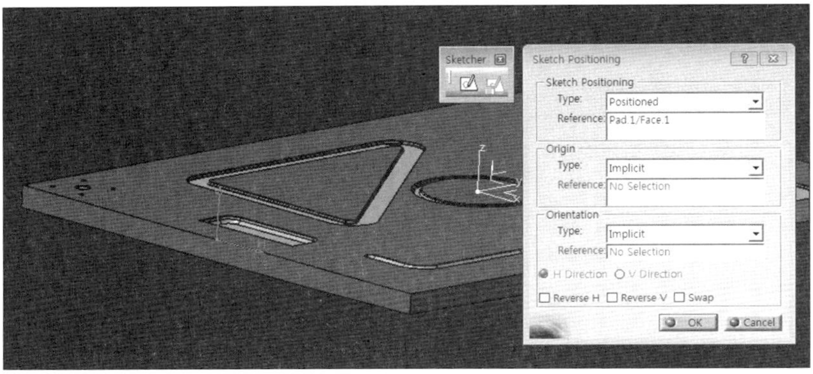

» 스케치로 들어온 상태의 그림이다.

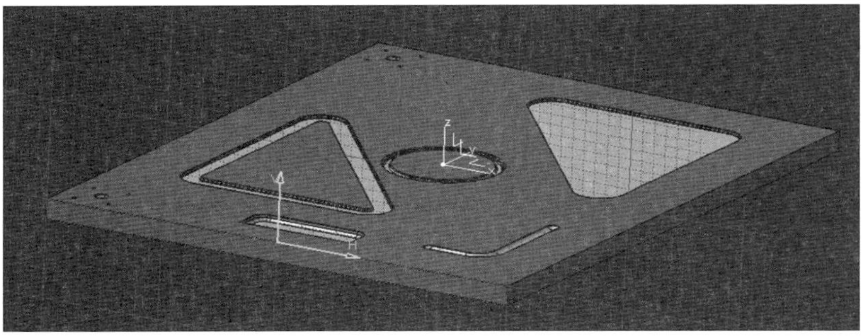

» Rectangle 아이콘을 사용하여 임의의 사각형을 그린다.

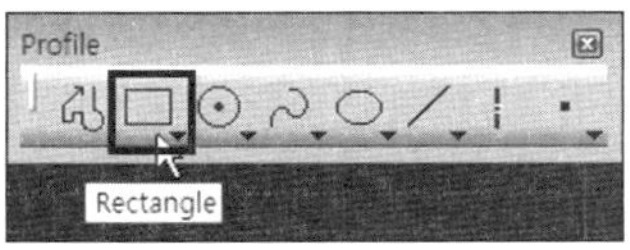

» 도면에 주어진 치수로 구속을 하도록 한다. 사각형의 아래선이 바닥과 만나도록 Coincidend가 되도록 한다.

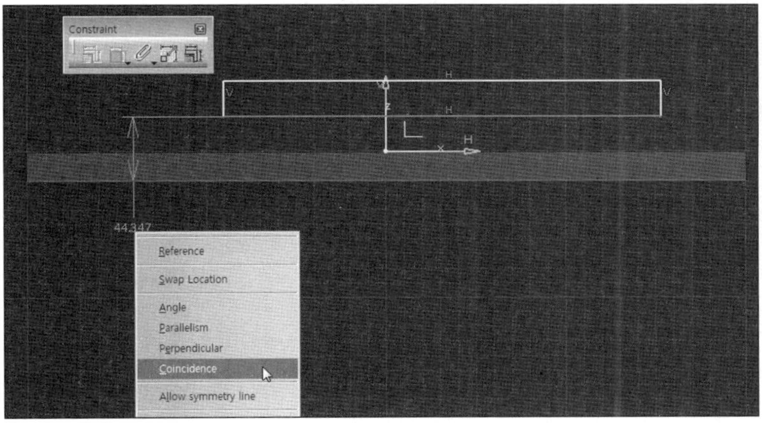

» 좌우로 대칭이 되도록 한다.

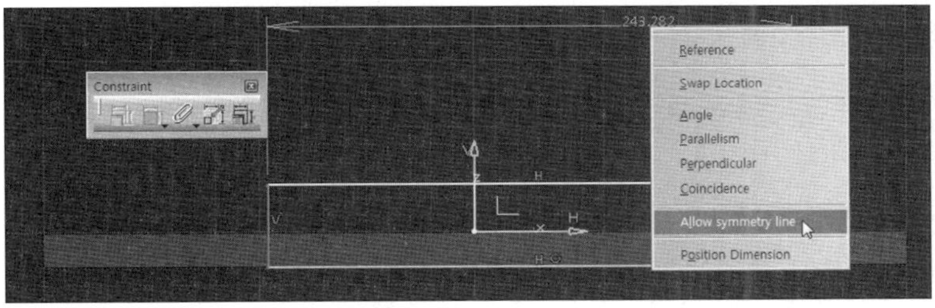

» 두께가 0.75mm이므로 10mm에서 0.75를 뺀 9.25mm의 치수를 기입하도록 한다.

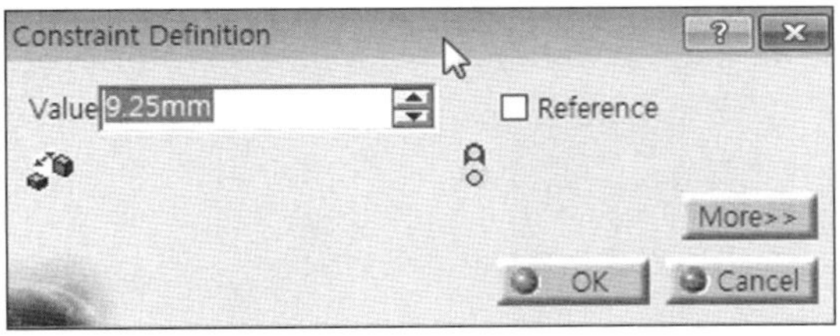

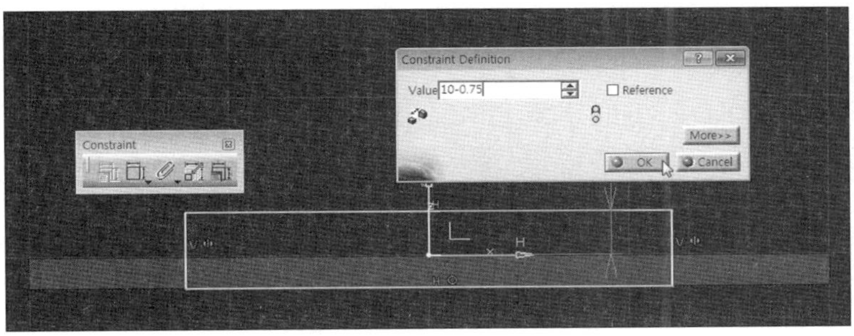

» 50mm가 양쪽면에서 떨어지도록 치수를 기입한다.

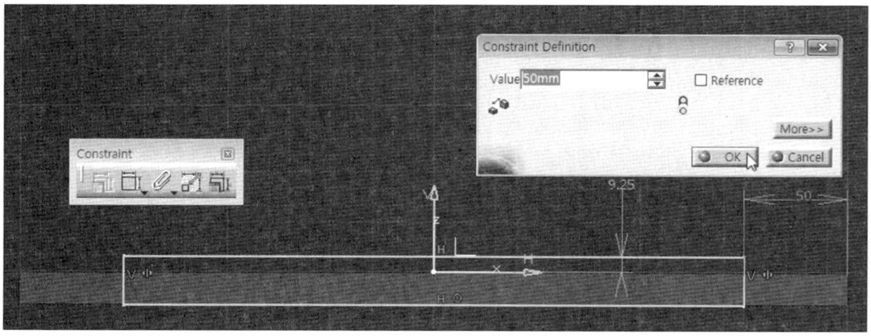

» 3차원 공간으로 빠져나가서 Pad 작업을 한다. Pad의 방향은 안쪽으로 향하게 하고 0.75mm의 치수를 부여한다.

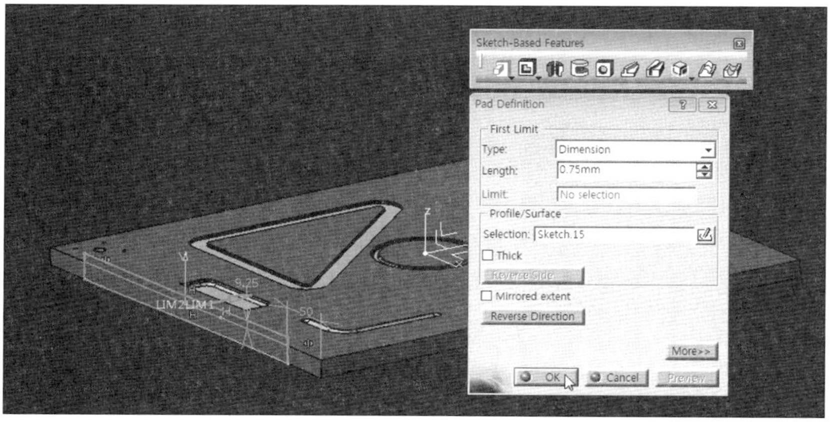

» 0.5mm의 라운드 처리를 한다.

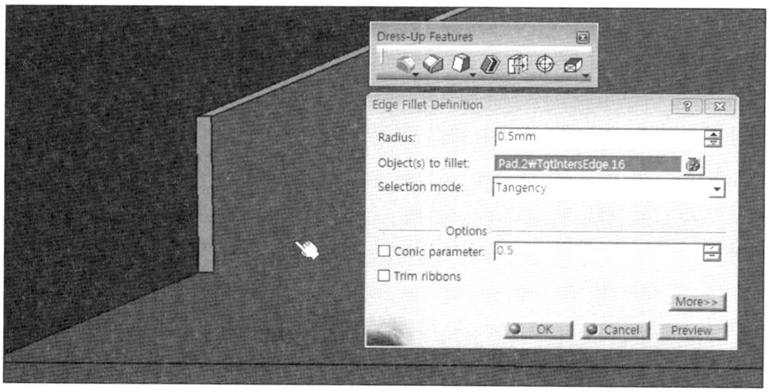

» 윗면을 선택하여 스케치 작업을 하도록 한다.

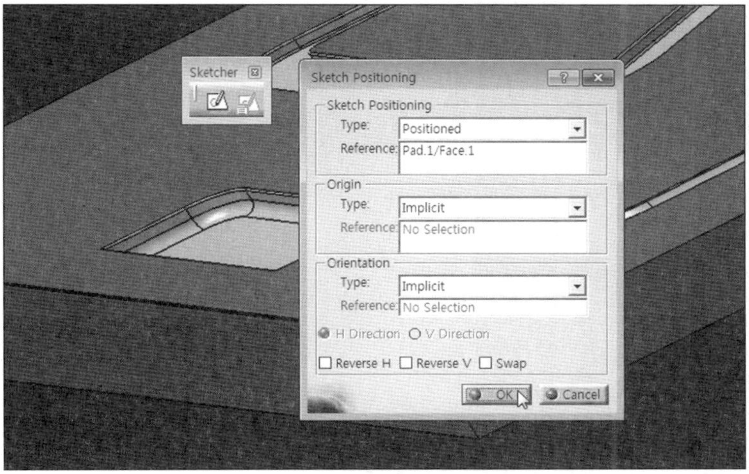

» 임의의 사각형을 그리도록 한다.

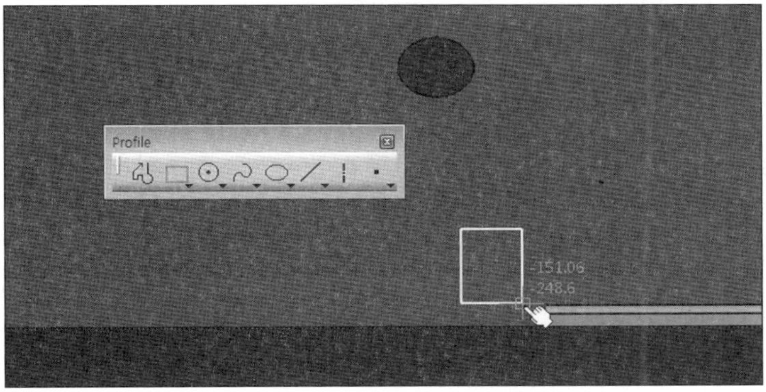

» 가로 2mm와 세로 2.25mm의 치수를 주도록 한다. 이에 앞서 먼저 Coincidence한다.

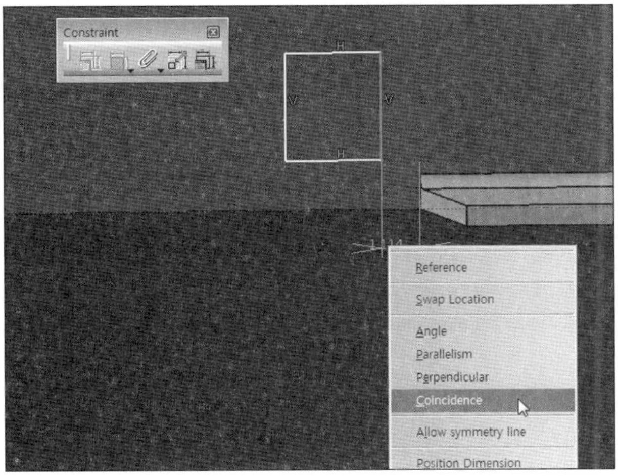

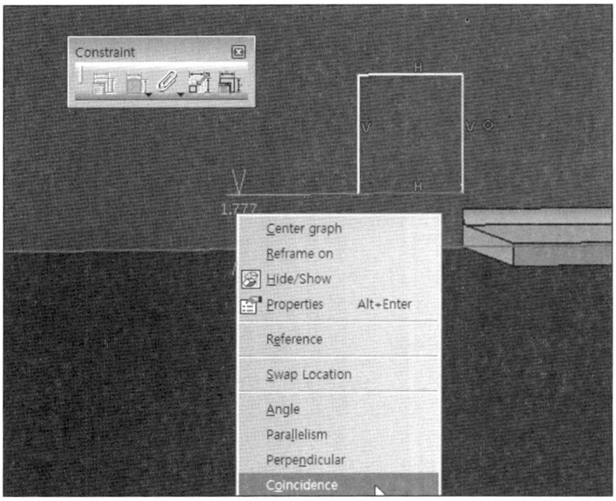

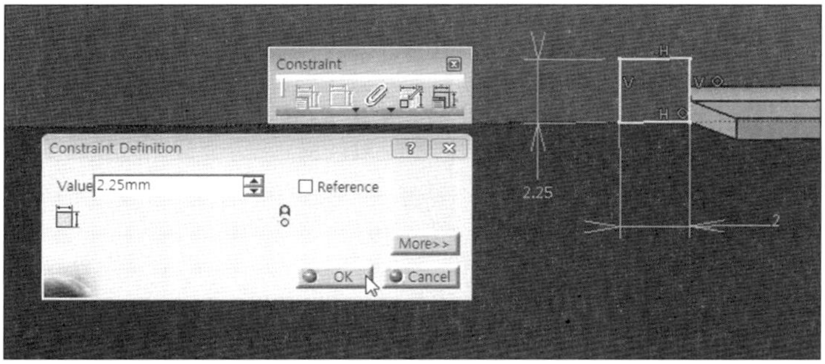

» 다음은 3차원 공간으로 나가서 Pocket 작업을 하도록 한다. Pocket 작업은 Type를 Up to last를 선택하도록 한다.

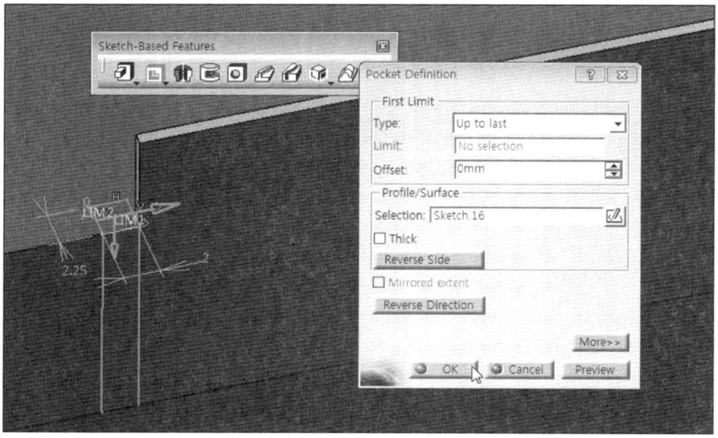

» 반대편에도 같은 스케치 작업을 하고 Pocket 작업을 하도록 한다.

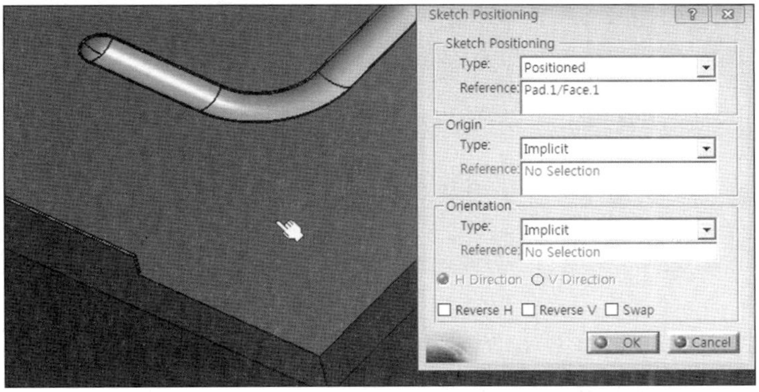

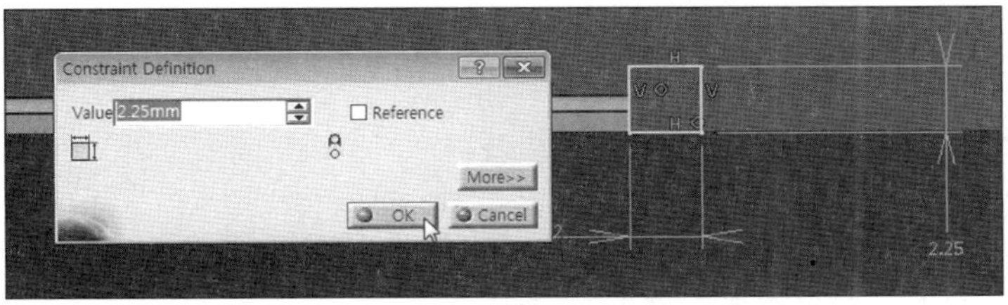

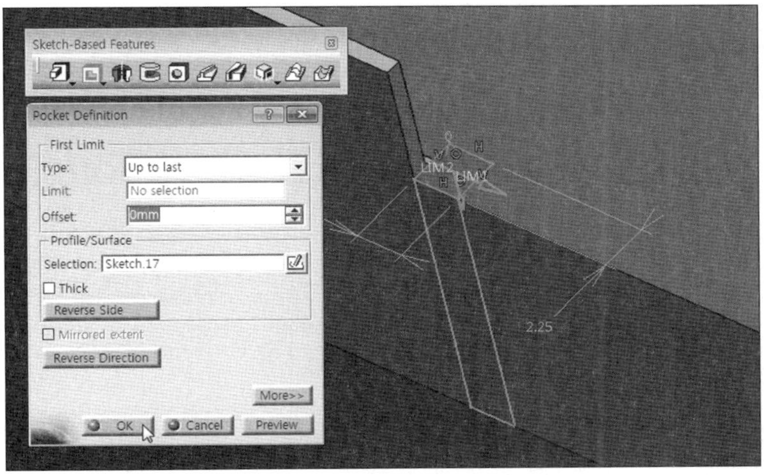

» 그림과 같은 결과를 얻을 수 있다.

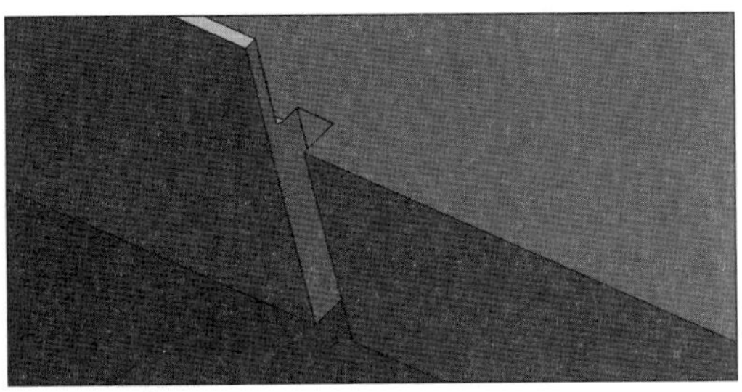

다음은 그림과 같은 형태의 모델링 작업을 할 것이다.

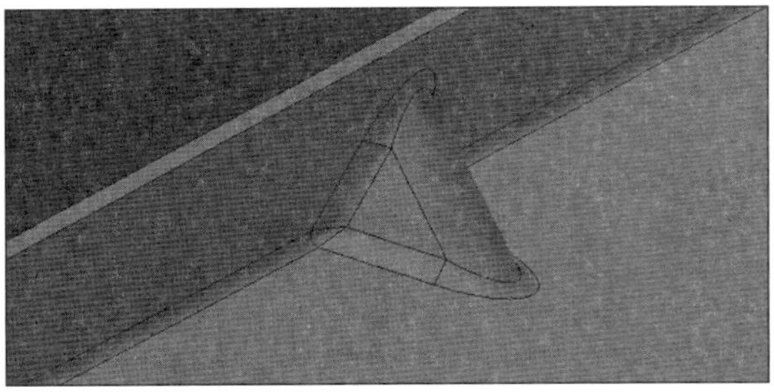

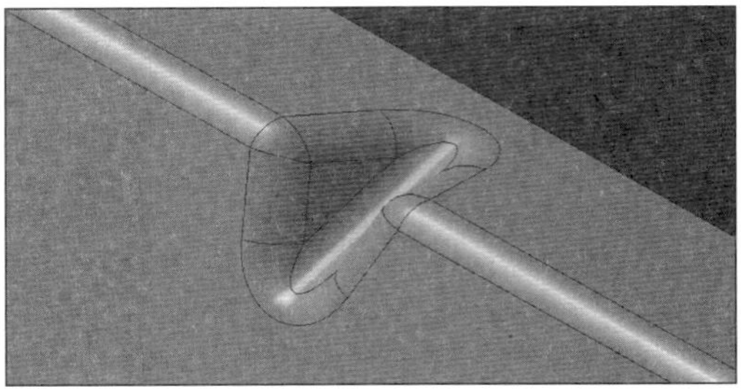

» 모서리 포인트로부터 115mm 떨어진 포인트(점)을 만든다.

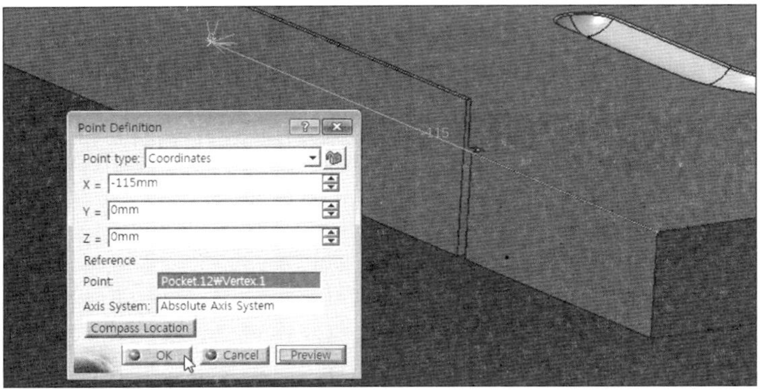

» 모서리 평면에서 115mm 떨어진 곳에 평행한 평면을 만들도록 한다. 이 평면으로 스케치를 할 작업장으로 들어갈 것이다.

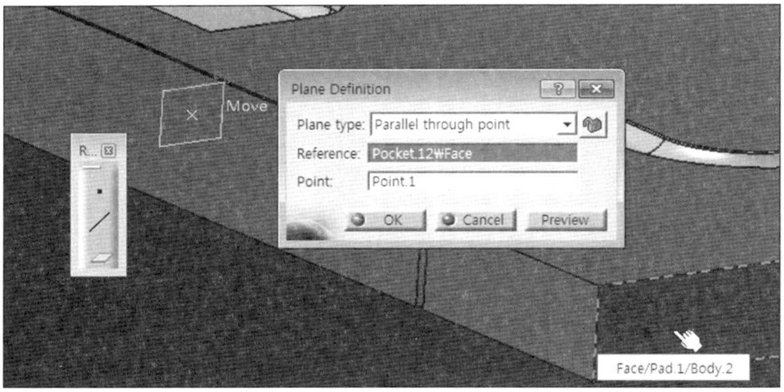

» 스케치를 진입하는데 주의해야 한다. 앞서 만든 평면을 선택하고 Origin 타입에 Projection point를 선택한다. 그리고 방향은 Reverse H로 한다. 이렇게 Projection point를 클릭하고 들어가면 이 포인트를 원점으로 하는 스케치 작업장으로 진입하게 된다.

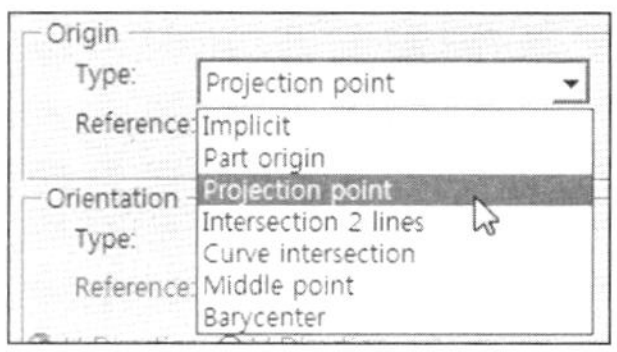

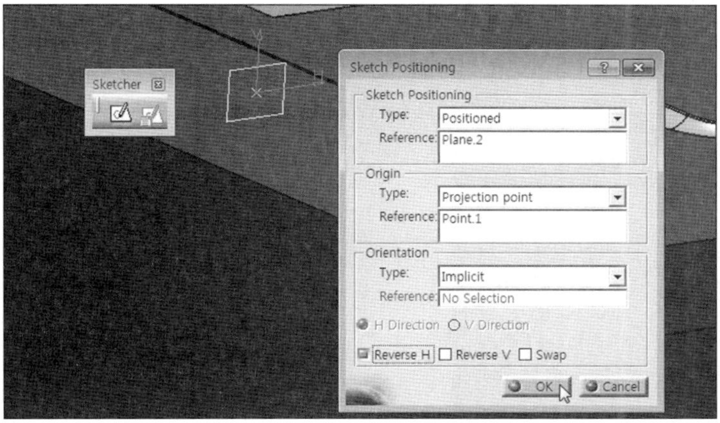

» ❶ 임의의 기울어진 직선을 그리도록 한다.

» ❷ 길이는 10mm로 한다. 그리고 45도가 되도록 구속을 하도록 한다. 당연히 각 포인트의 끝은 수평, 수직면과 만나도록 한다.

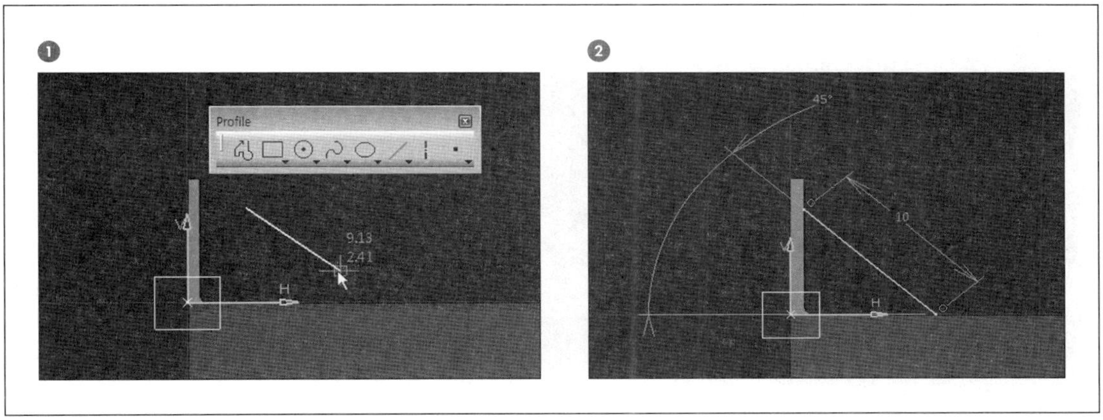

» 만들어진 직선의 중앙에 위치하는 포인트를 하나 만든다.

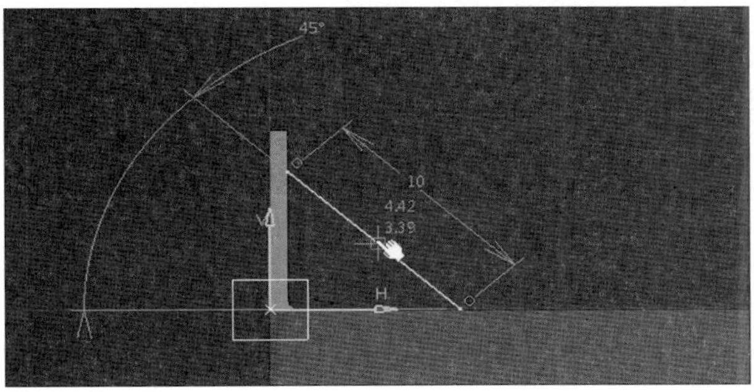

» 5mm가 되도록 하면 된다. 이 때 앞서 치수를 부여한 10mm 치수값을 삭제하든지 참조값으로 변경한다. 그래야만 중복 구속을 피할 수 있을 것이다.

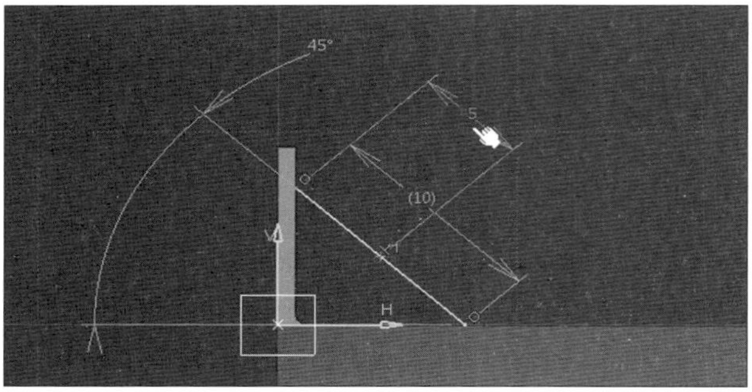

» 3차원 공간으로 빠져나간다. 만들어진 포인트가 3차원 공간에서 보일 것이다. 이 포인트를 지나는 평면을 하나 만들고 스케치로 들어갈 것이다.

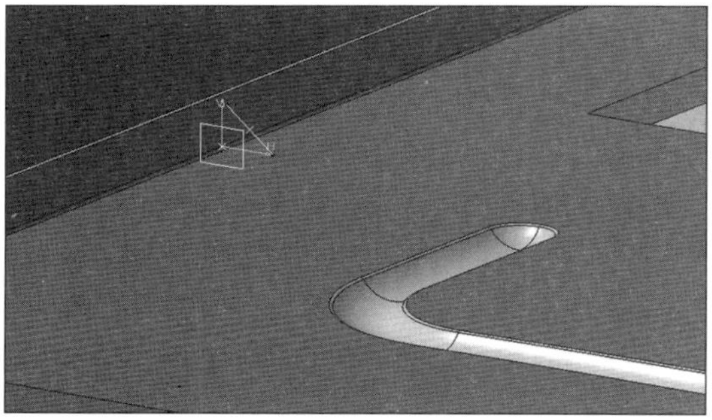

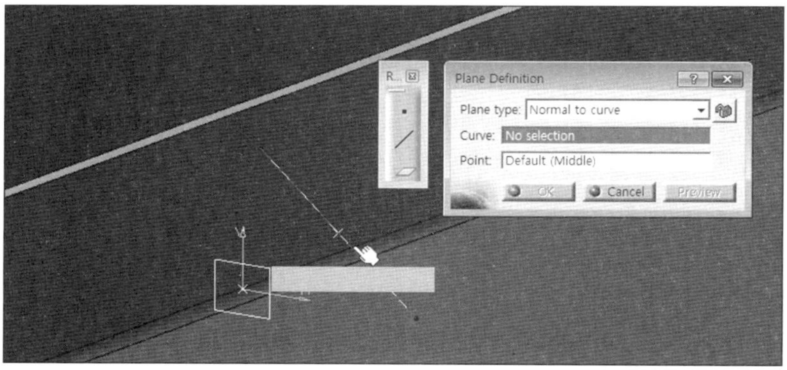

» 그림과 같이 Plane이 만들어질 것이다.

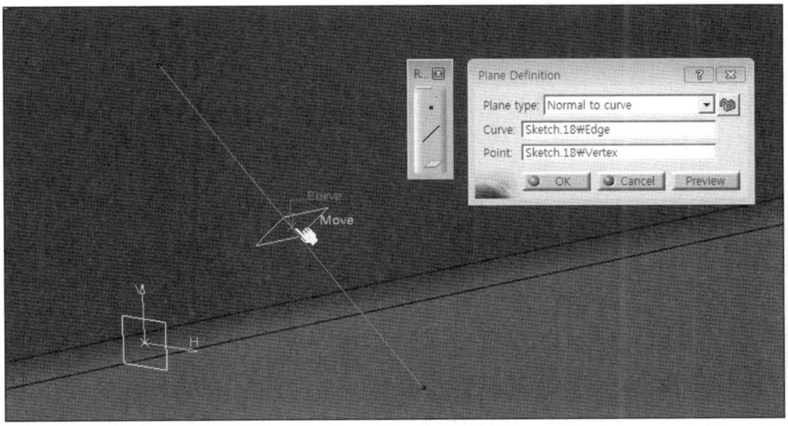

» 이 Plane과 포인트를 지나는 스케치 작업장으로 들어가도록 한다.

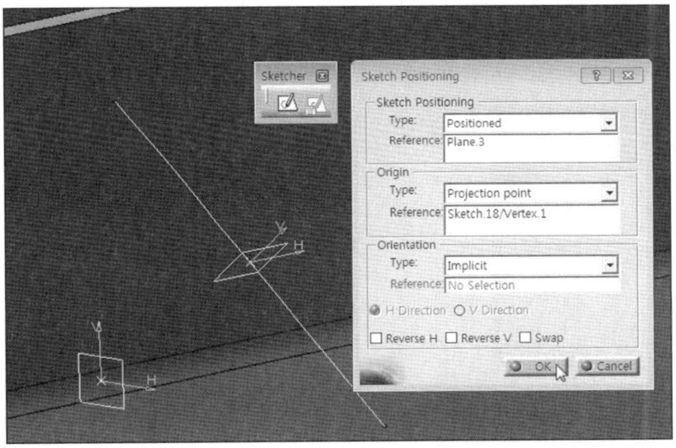

» 이렇게 스케치 작업장으로 들어왔지만 어디로 들어왔는지 분간이 잘 안될 수 있다.

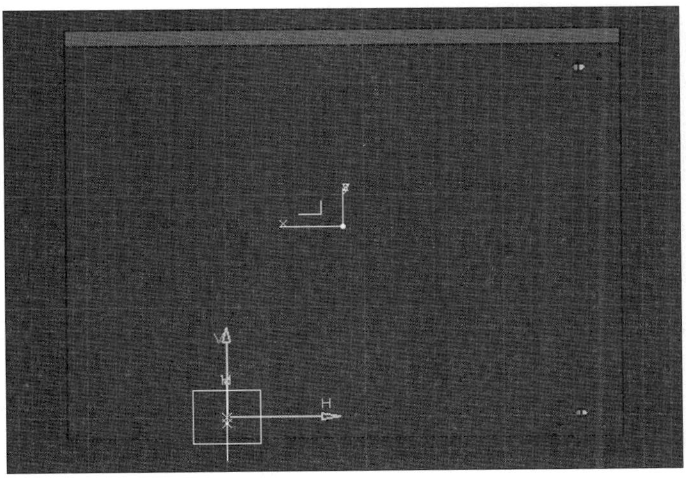

» Visulation 툴바의 Cut Part by Sketch plane아이콘을 사용하도록 한다.

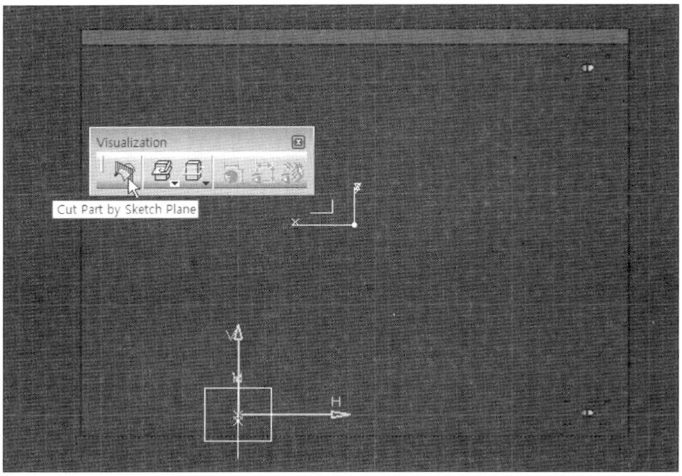

» 아래 그림과 같이 보일 것이다. 위치에 대한 감을 잘 느끼고 있어야 한다. 어디에서 작업을 하고 있는지 알아야 하기 때문이다.

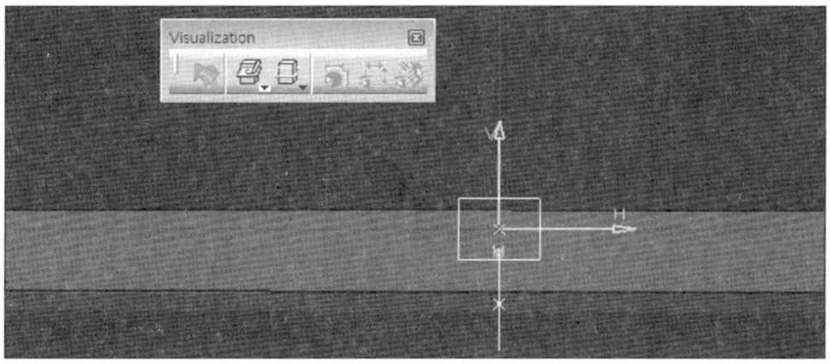

» 아래 그림을 잘 보고 그림과 같이 치수를 주고 작업을 하도록 한다. 그리고, 위의 모서리 부분에 라운드 R 1mm가 주어지는 삼각형 형태가 되어야 할 것이다.

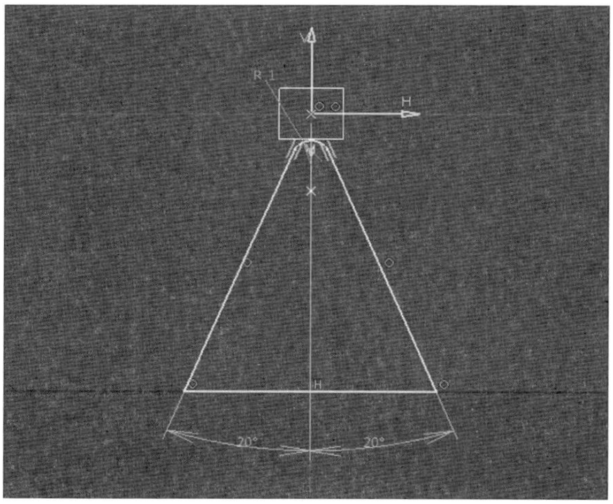

» ❶ 다음은 3차원 공간으로 빠져나간다. 그리고, Insert 메뉴에서 Body를 하나 추가한다.

» ❷ Body가 추가된 것을 확인할 수 있다.

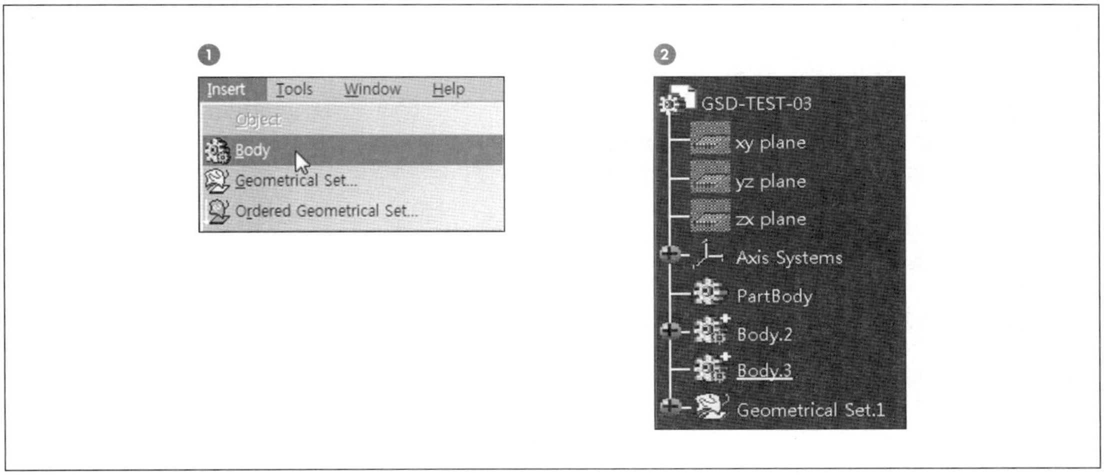

» Pad를 그림과 같이 충분한 30mm정도로 하고 Mirrored extent을 선택하고 OK를 클릭한다.

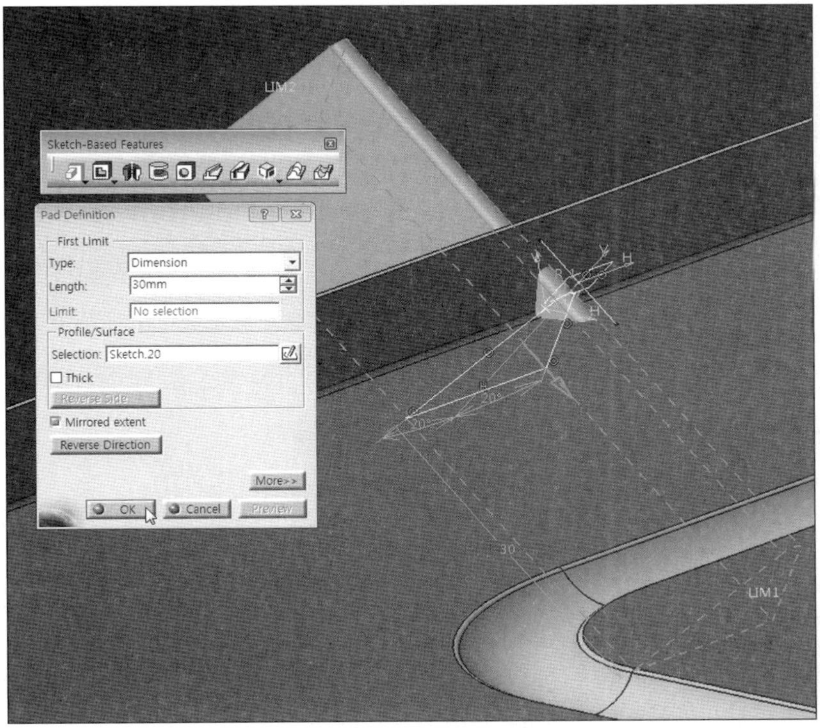

» 다음은 불필요하게 만들어진 Pad 부분을 없애기 위한 작업을 하도록 한다. Body와 Body간에 빼고 더하고, 불필요한 부분은 없애는 Union Trim 작업을 한다.

» Body.3을 선택하고 오른쪽 마우스를 선택하여 나타나는 Body.3 object에서 Union Trim 메뉴를 선택한다.

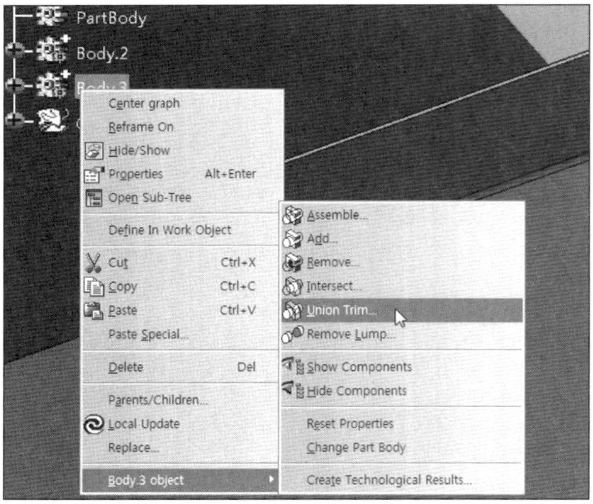

» Trim에는 Body.3이 되며 With는 Body.2가 될 것이다. Body.2에서 Body.3의 만나는 부분은 남기고 별도로 삭제할 부분은 Faces to remove을 선택하면 된다. 이것이 서로 만나는 Body간에 서로 남기고 제거하는 Union Trim이다.

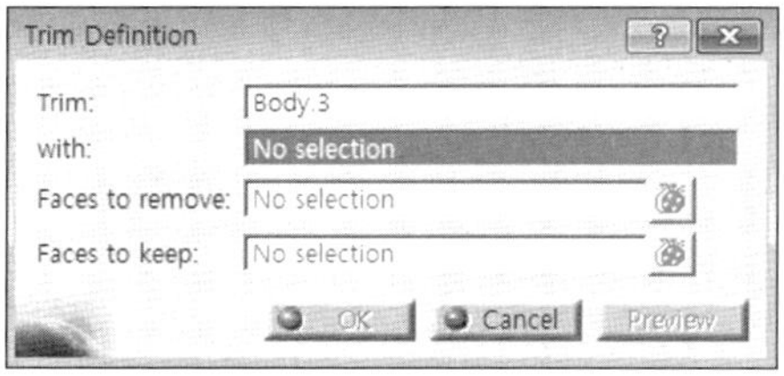

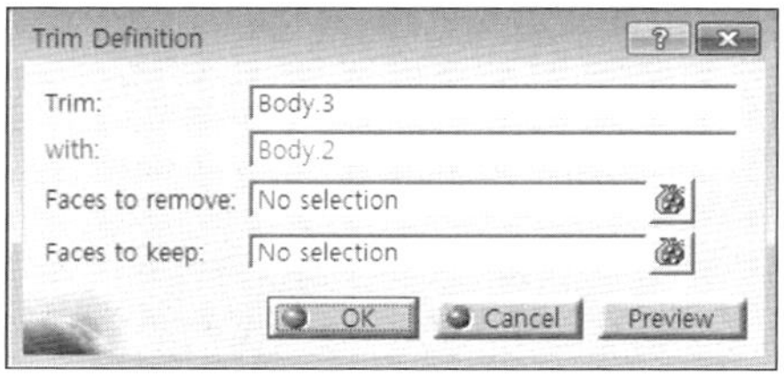

» 이제 제거할 불필요한 부분을 Faces to remove에 커서를 두고 선택하여 제거할 것이다.

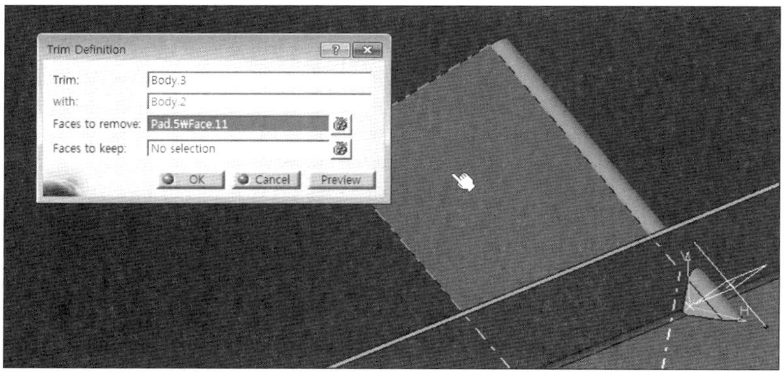

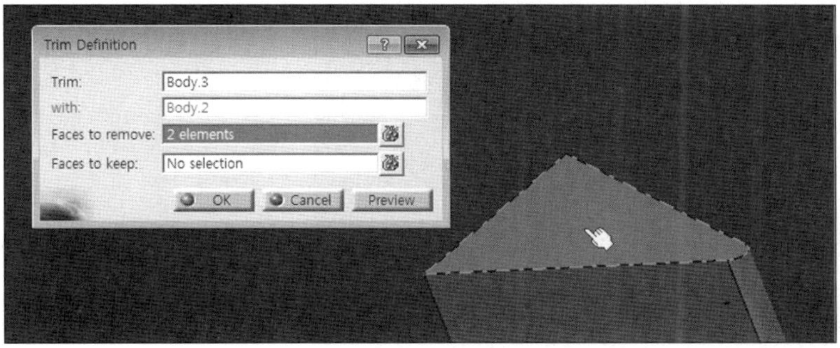

Trim Definition
Trim: Body.3
with: Body.2
Faces to remove: 2 elements
Faces to keep: No selection
OK
Cancel
Preview

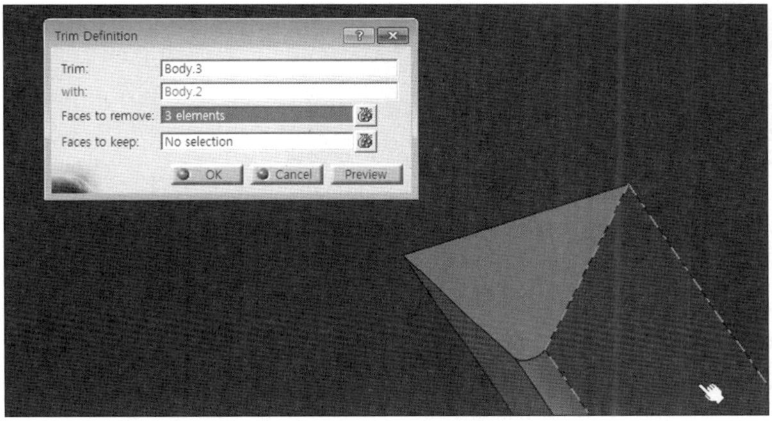

Trim Definition
Trim: Body.3
with: Body.2
Faces to remove: 3 elements
Faces to keep: No selection
OK
Cancel
Preview

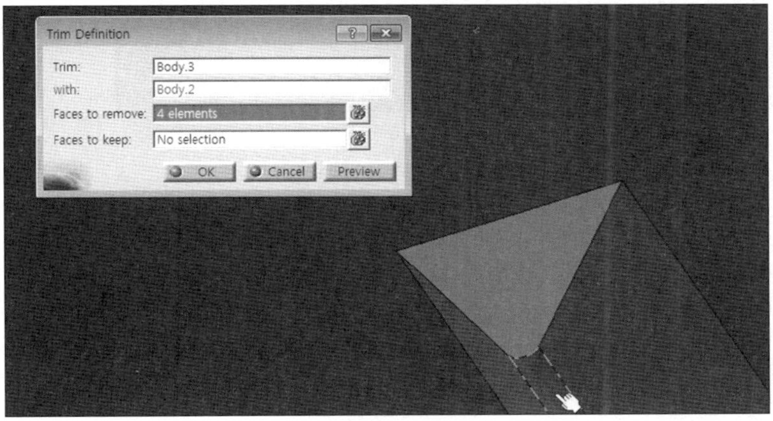

Trim Definition
Trim: Body.3
with: Body.2
Faces to remove: 4 elements
Faces to keep: No selection
OK
Cancel
Preview

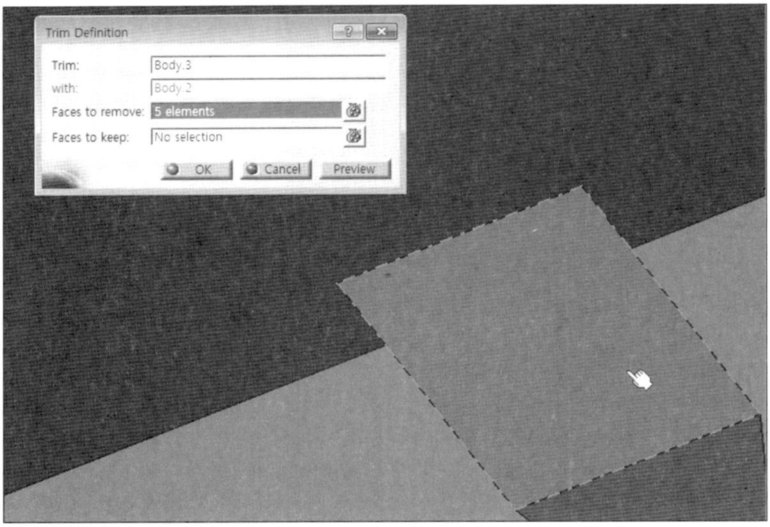
Trim Definition
Trim:
Body.3
with:
Body.2
Faces to remove:
5 elements
Faces to keep:
No selection
OK
Cancel
Preview

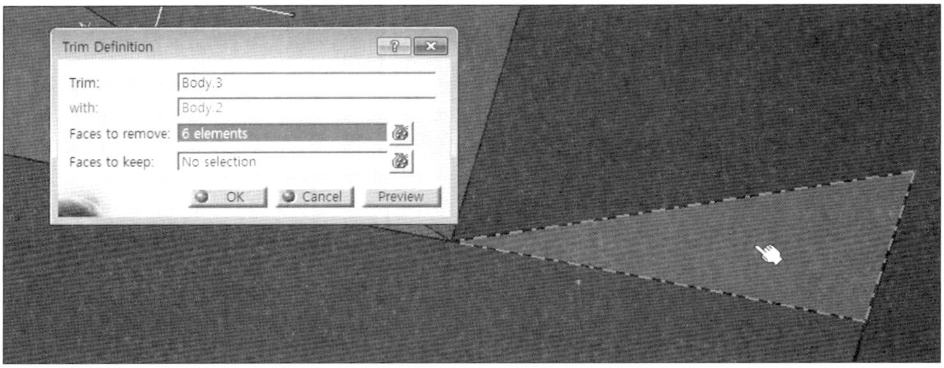
Trim Definition
Trim:
Body.3
with:
Body.2
Faces to remove:
6 elements
Faces to keep:
No selection
OK
Cancel
Preview

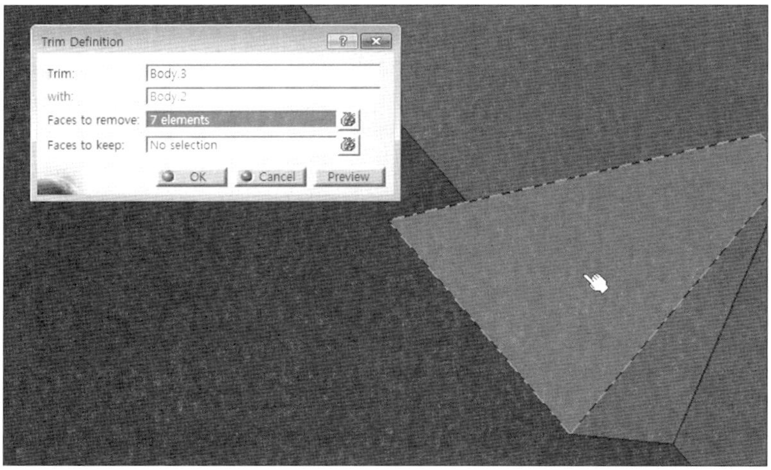
Trim Definition
Trim:
Body.3
with:
Body.2
Faces to remove:
7 elements
Faces to keep:
No selection
OK
Cancel
Preview

» 그림과 같이 Union Trim 결과를 확인할 수 있다.

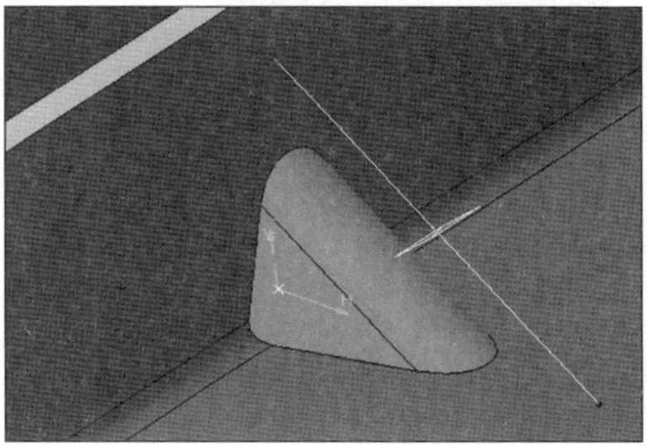

» 다음은 1mm의 Edge Fillet를 주도록 한다.

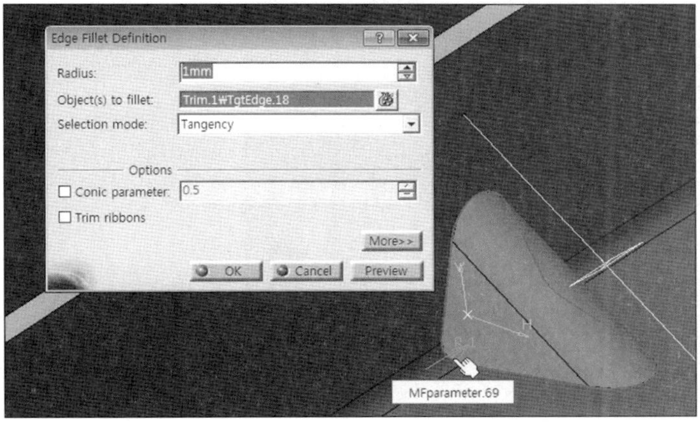

» 다음과 같은 결과를 얻을 수 있다. 이 작업을 반대편에도 동일하게 작업을 할 것이다.

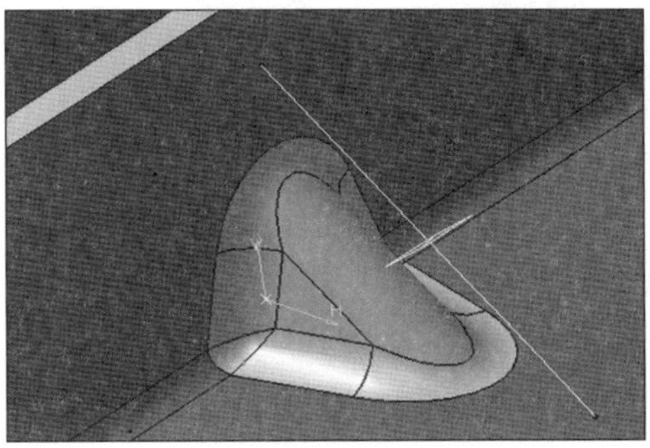

» 다만 좀 더 다른 방법으로 작업을 해보겠다. 115mm 떨어진 곳에 포인트 하나를 생성해보겠다.

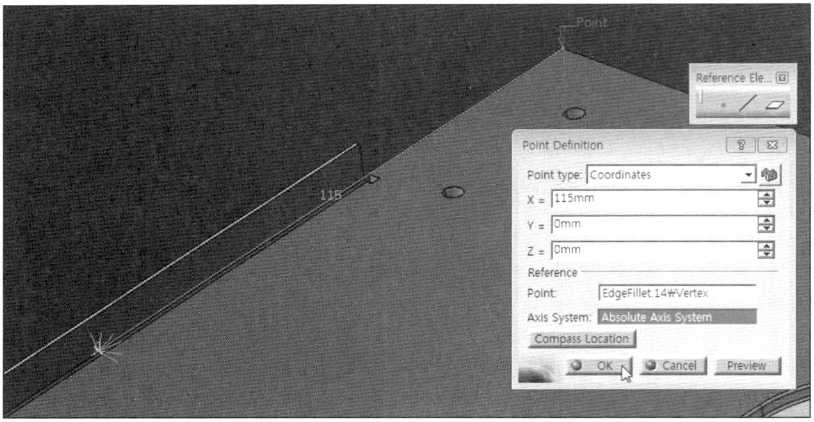

» 다음은 앞서와 같은 방식으로 이 포인트를 원점으로 하는 스케치로 진입을 하도록 한다. 그러려면 이 포인트에 평면을 만들어야 한다.

» 그림과 같이 Reference 평면을 기준으로 하는 평행한 평면을 만들 수 있다.

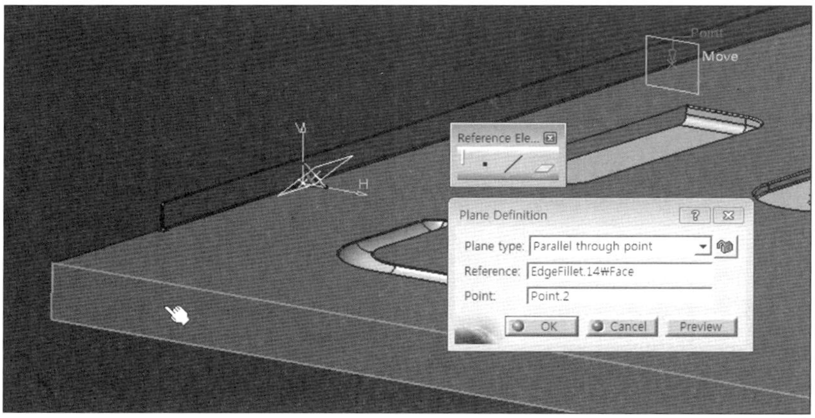

» 다음은 스케치 작업장으로 진입을 한다. 스케치 진입 방향은 Reference H로 하였다. 물론, 독자 여러분은 편의상 다르게 진입할 수 있다.

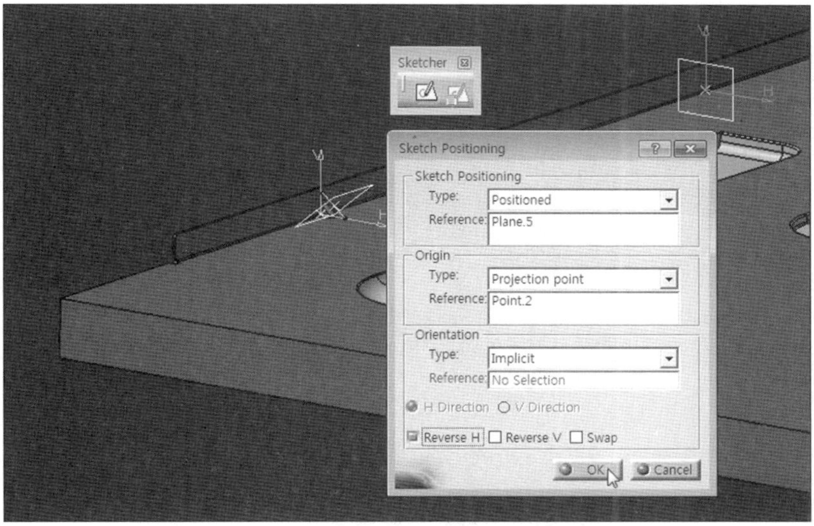

» 기울어진 임의의 직선을 그리도록 한다.

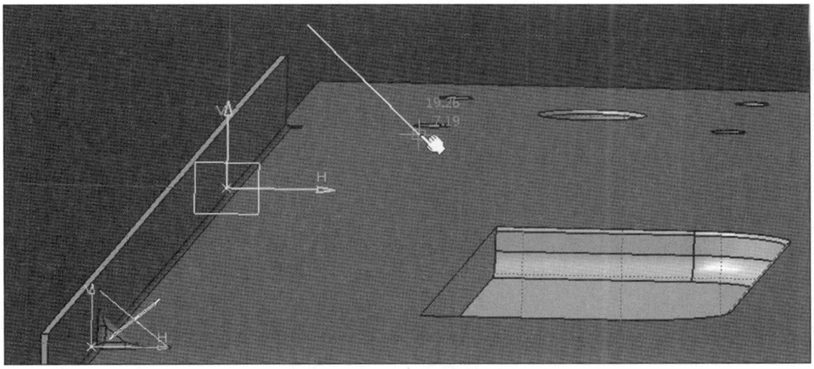

» 다음은 주어진 도면의 치수로 구속을 하도록 한다.

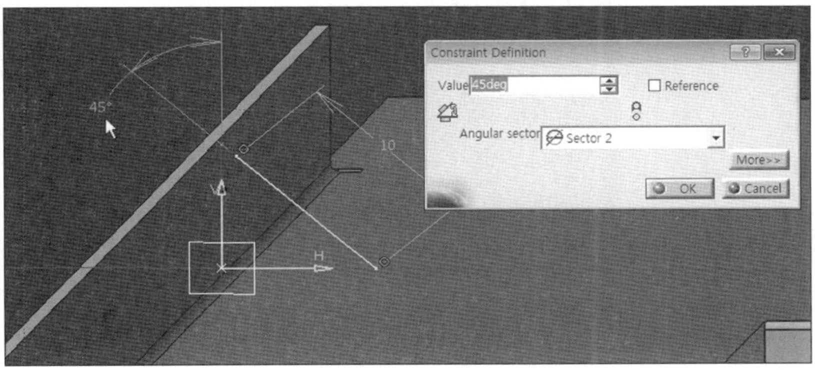

» 3차원 공간으로 빠져 나간다. 이번에는 스케치에서 만든 기울어진 직선을 2등분하는 중앙에 위치하는 포인트를 만들도록 한다.

» Middle point버튼을 클릭하여 만든다.

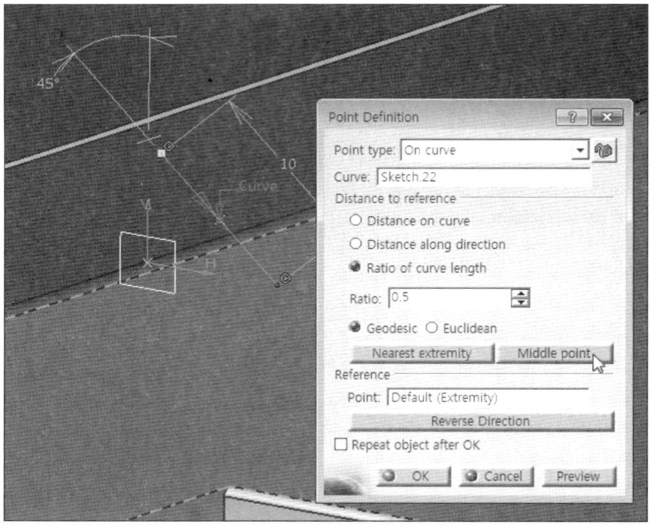

» 기울어진 직선과 중앙 포인트를 지나는 평면을 하나 만들어 스케치 작업장으로 진입하도록 한다.

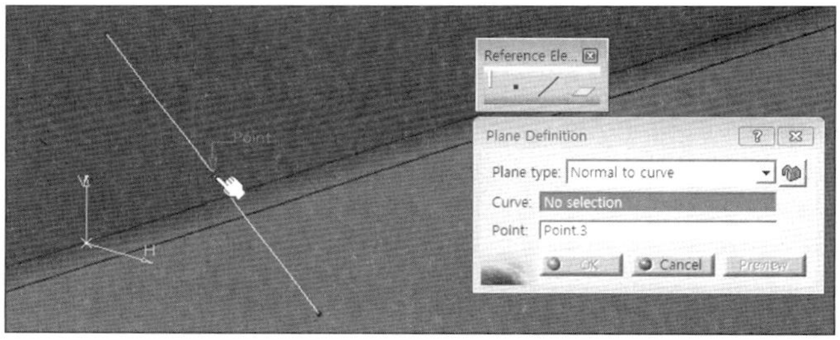

» 스케치 작업장으로 진입을 하도록 한다.

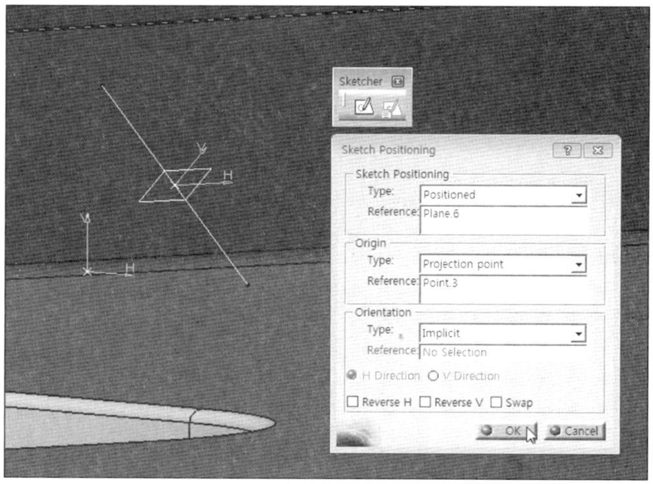

» 스케치로 진입을 한 상태이다. 그런데, 작업을 할 부분을 좀 더 명확하게 볼 수 있도록 Visualization툴바를 사용하도록 한다.

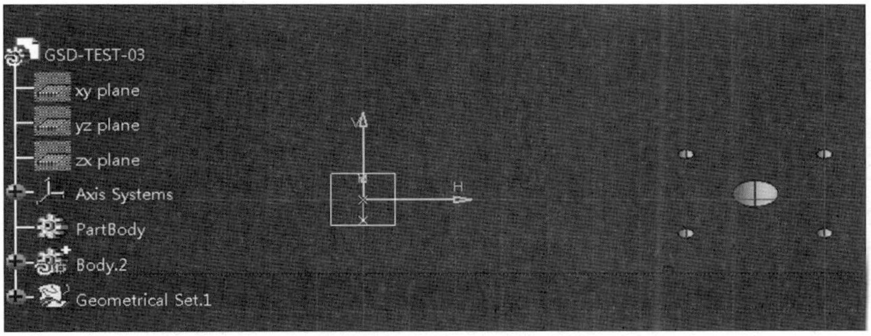

» 임의의 직선 두 개를 이어 만든다.

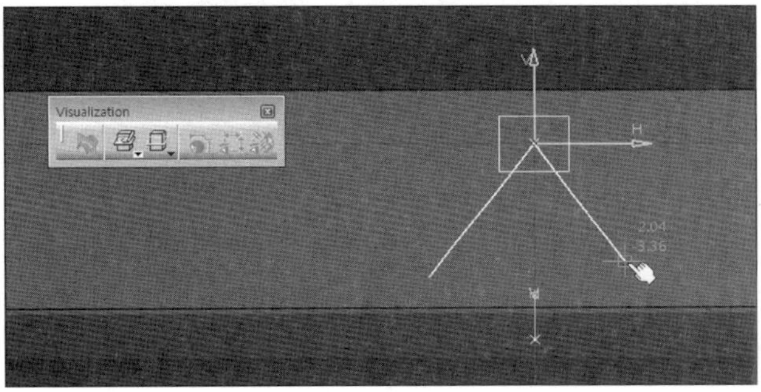

» 그림과 같이 구속을 하여 형태를 만들도록 한다. 여기서 주의할 것은 아래에 두 포인트를 지나는 선으로 연결하여 만든 형태가 폐곡선이 되도록 한다. 폐곡선이 되지 않으면 Pad 작업을 할 수 없기 때문이다. 그리고 두 폐곡선이 작으면 두 개의 직선을 더 연장하도 된다.

연장을 하는 경우는 이후에 만들어진 Solid가 원하는 부분과 틈새가 발생할 경우에 하도록 한다. (이 부분은 주의해서 기억해 둘 필요가 있다.)

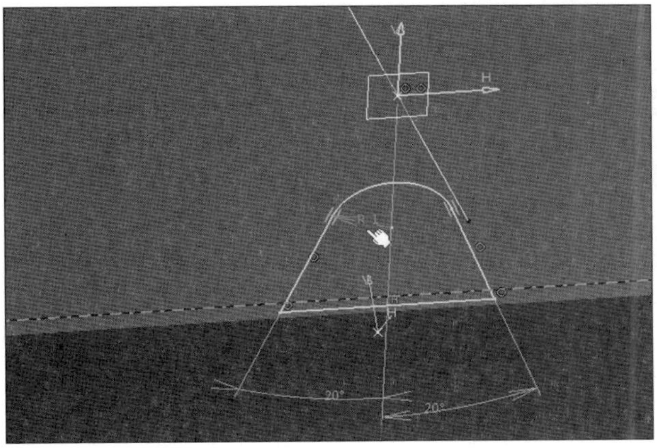

» 3차원 공간으로 빠져나가 Pad 작업을 하도록 한다. 이 작업을 하기에 앞서 Body를 하나 추가하도록 한다.

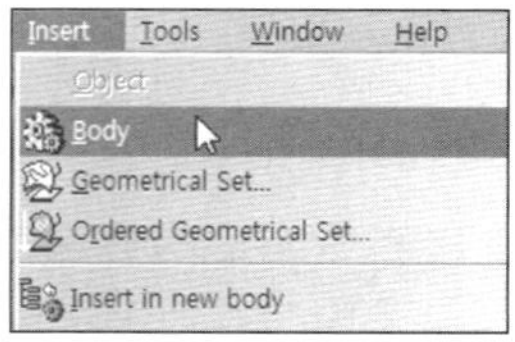

» Body가 추가된 Tree구조는 ❶의 그림과 같다. 독자 여러분은 Body.3의 이름이 아닐 수 있다. 그것은 문제가 되지 않는다. 만들어진 Body가 있으면 된다. 이 Body에 Pad 작업을 한 Solid가 담기게 될 것이다.

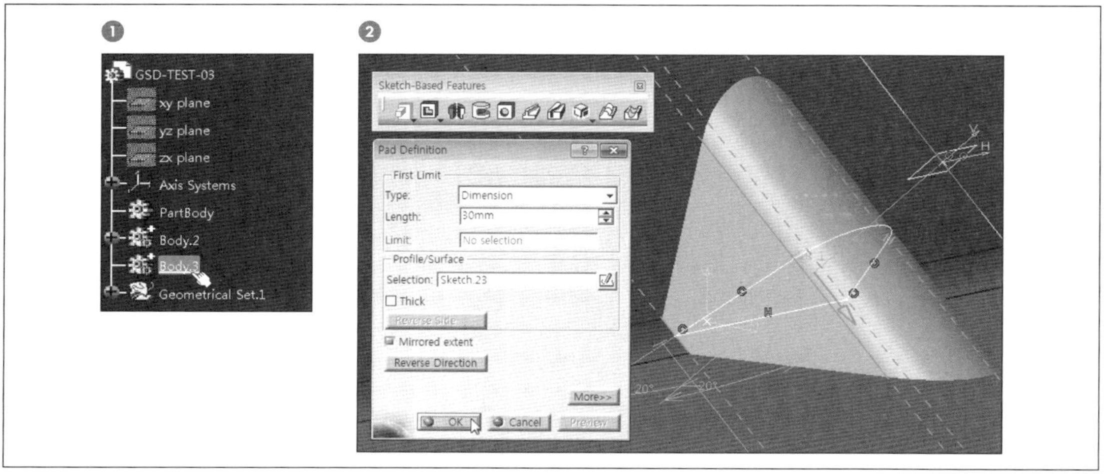

» 만들어진 Solid를 확인할 수 있다. 이 부분을 Union Trim 작업을 하여 불필요한 부분을 없애도록 한다.

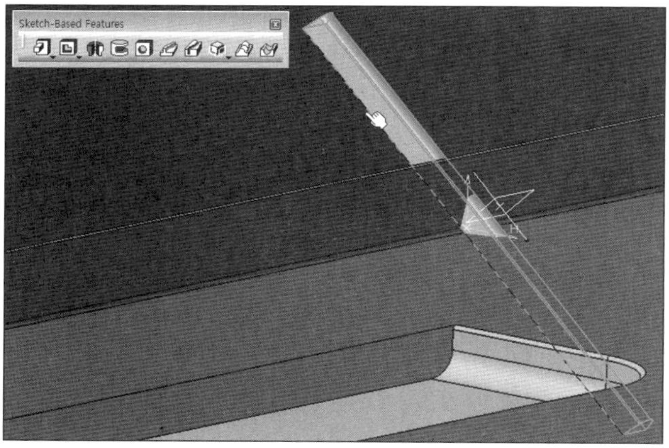

» Body.3을 선택하고 오른쪽 마우스를 클릭하여 나타나는 Body.3object를 선택한다. 그리고 나타나는 Union Trim메뉴를 선택하도록 한다.

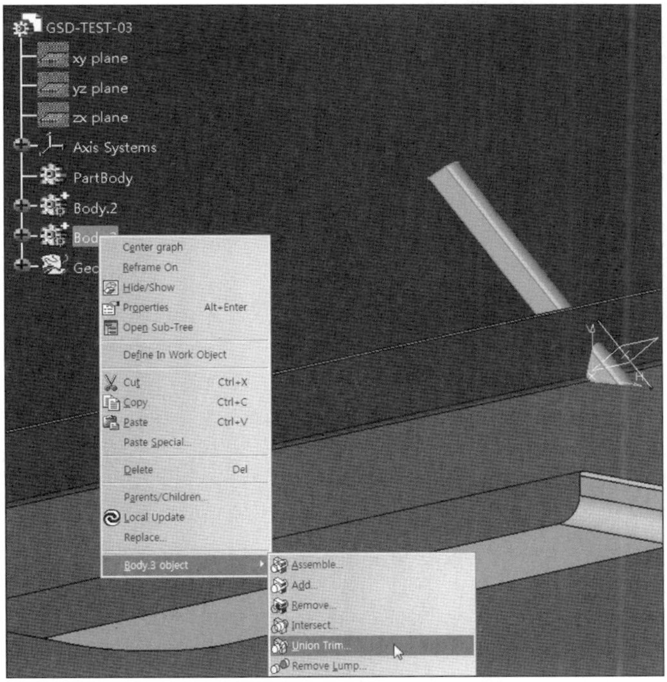

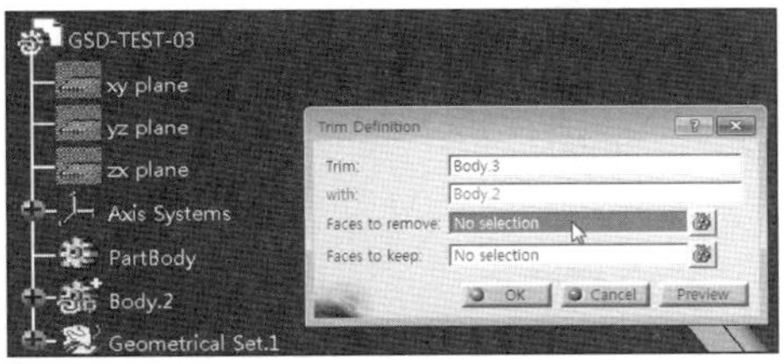

» Trim 대화창에서 Trim에는 Body.3을 With에는 Body.2를 선택한다. 그리고 Faces to remove에 커서를 두고 불필요한 Solid 부분을 연속해서 선택하여 없애도록 한다. 불필요한 면은 모두 선택하여야 한다.

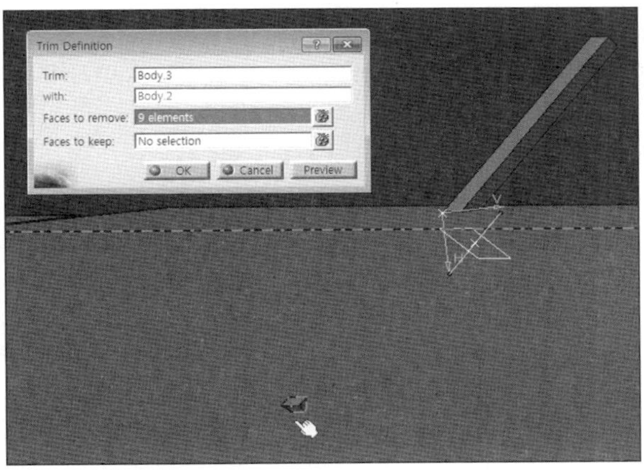

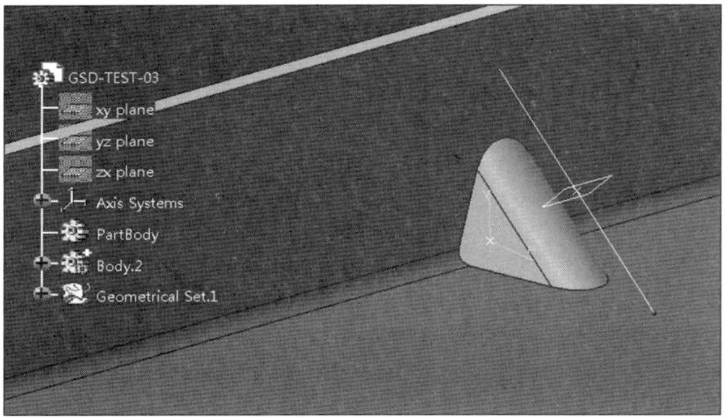

» 다음은 Edge Fillet 1mm을 주도록 한다.

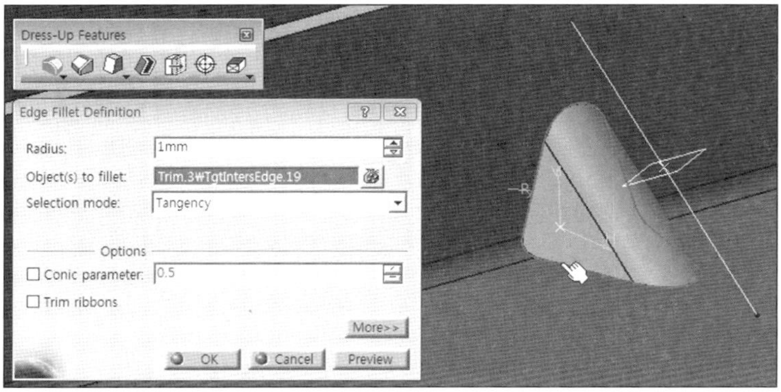

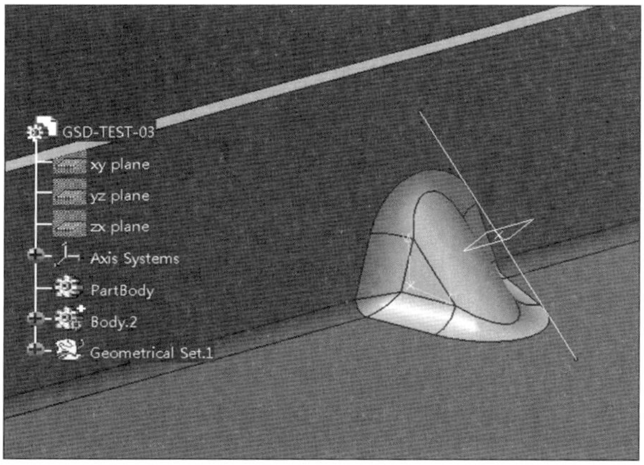

» 다음은 두께 0.75mm를 주는 작업을 하도록 한다. Shell 아이콘 기능을 사용하도록 할 것이다.

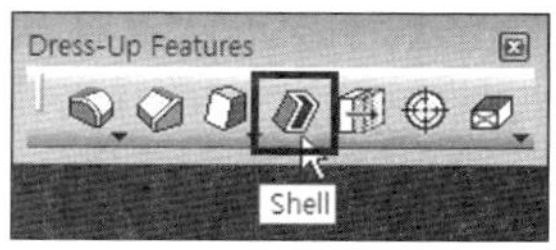

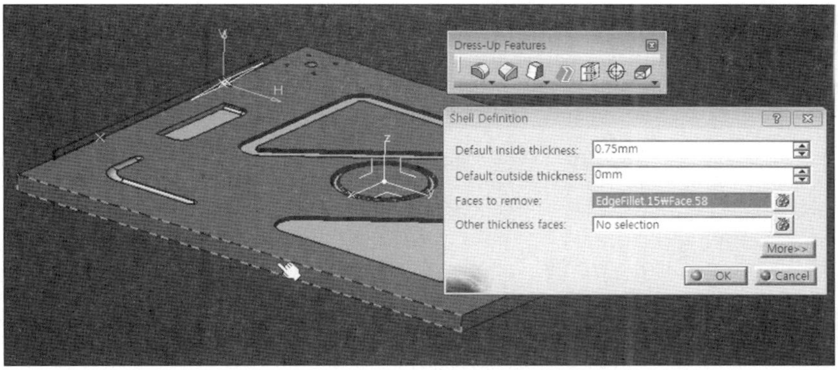

» 해당되는 부분은 모두 한꺼번에 선택하도록 해야 한다. 선택할 부분을 빠뜨리면 이상한 형태가 될 것이다.

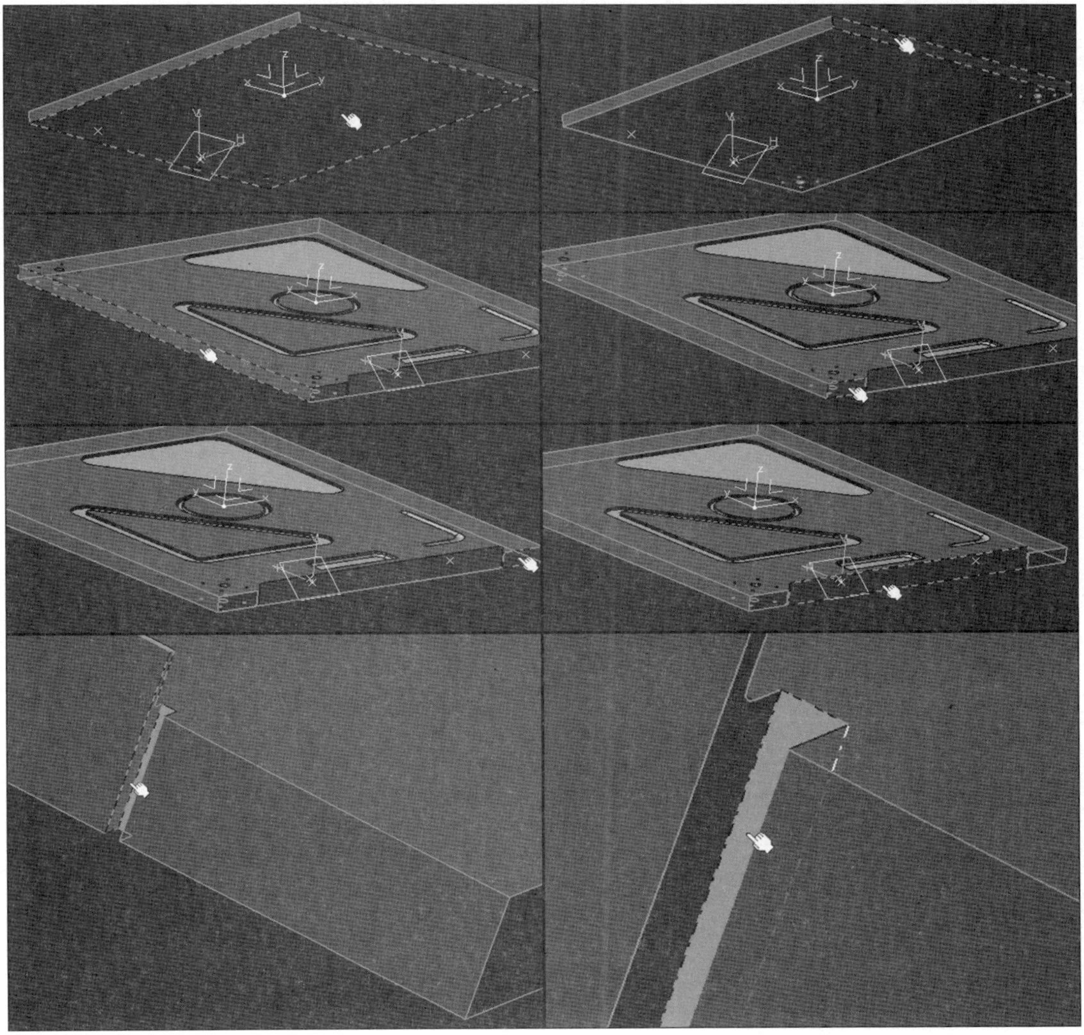

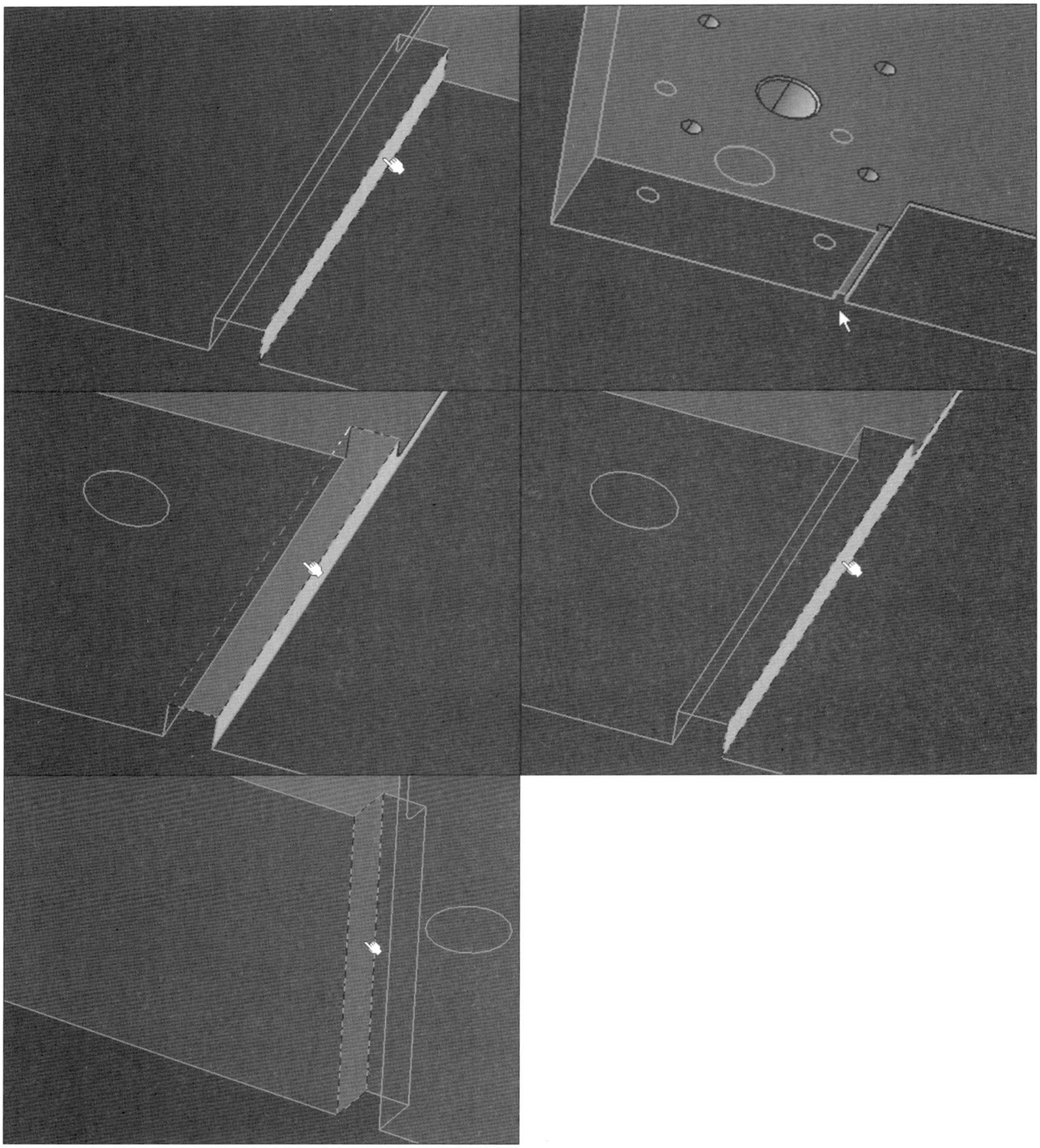

» 총 13군데를 선택하고 OK버튼을 클릭하도록 한다.

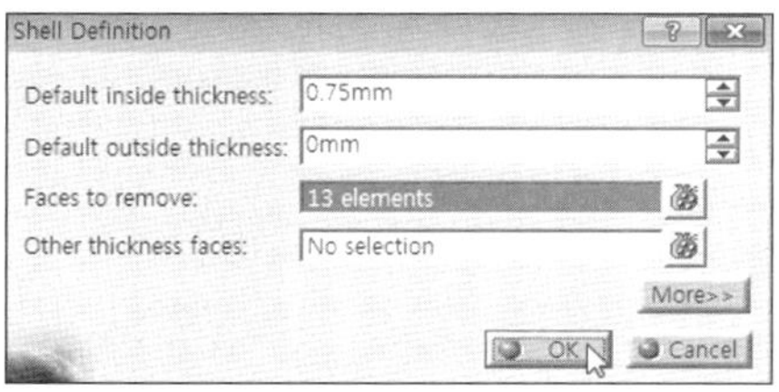

» 다음은 Remove Face를 사용하여 불필요한 부분을 없앨 것이다.

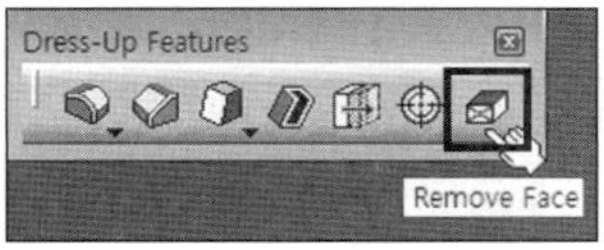

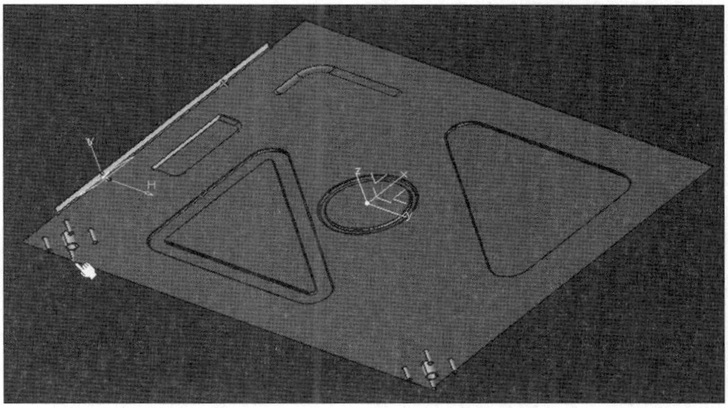

» 3군데를 선택하면 된다.

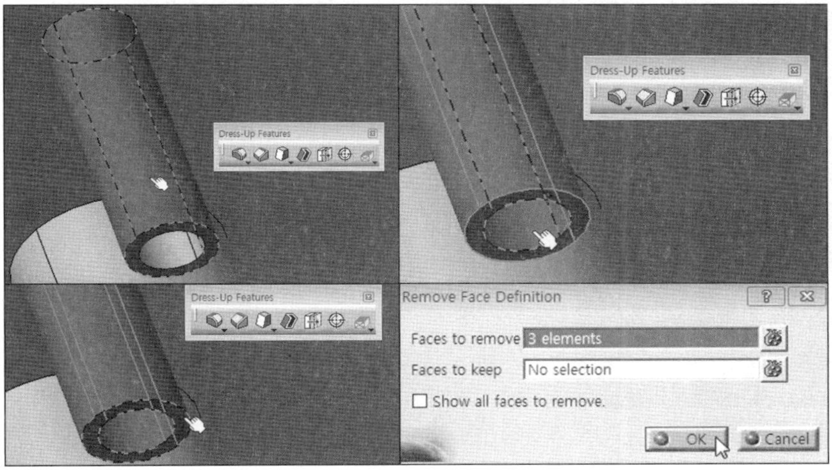

» 나머지 부분도 같은 작업을 반복한다.

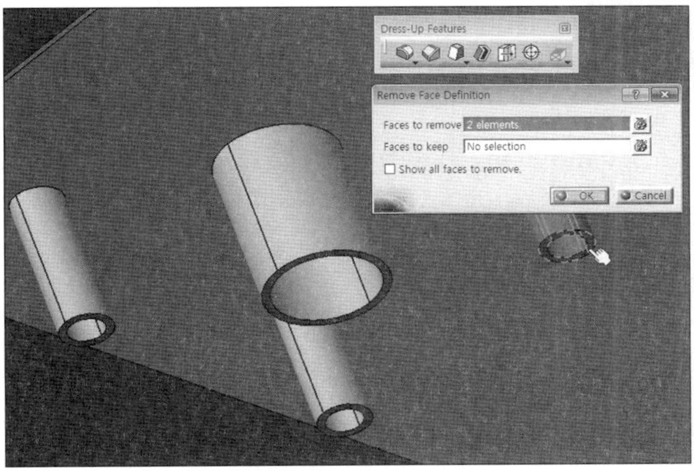

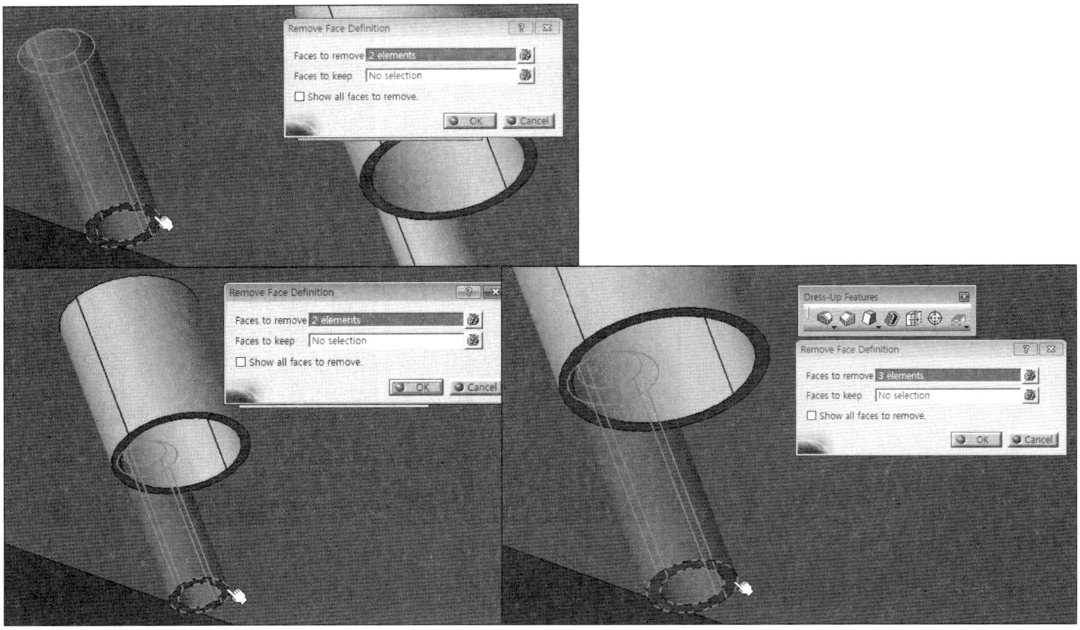

» 이 부분도 반복 작업을 한다.

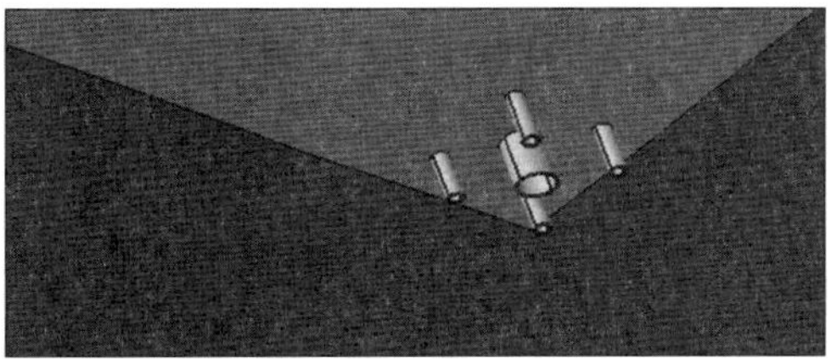

이제 작업할 부분은 그림과 같이 튀어나온 부분이다. 이 부분은 다르게 작업해야 한다.

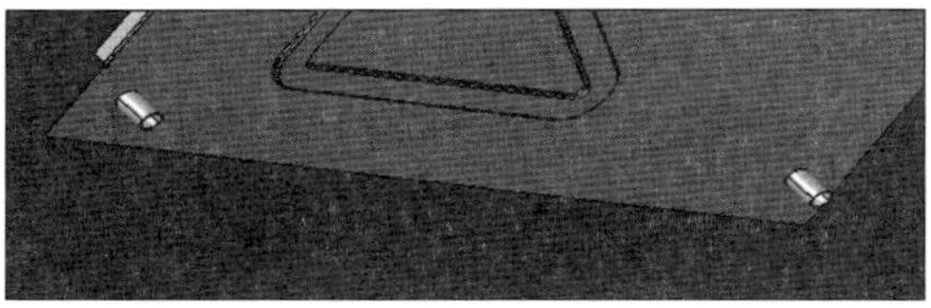

» 이번에는 같은 아이콘 기능을 사용하더라도 원기둥 안쪽 부분은 선택하지 않아야 한다.

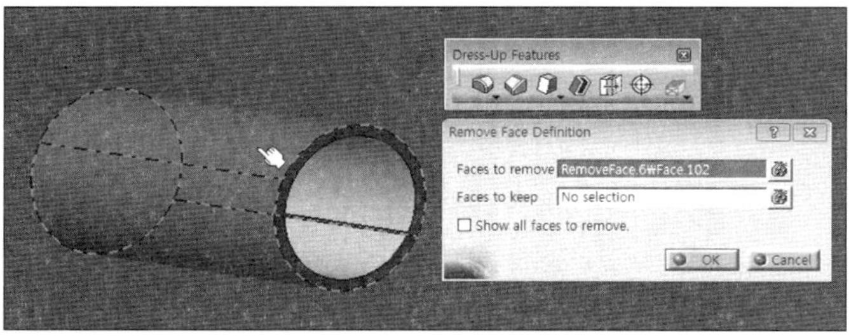

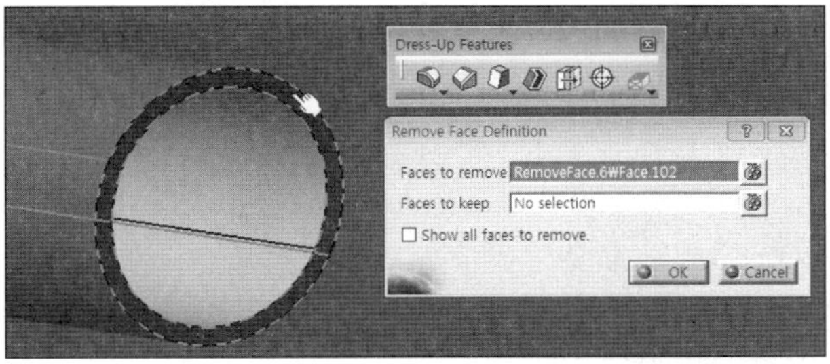

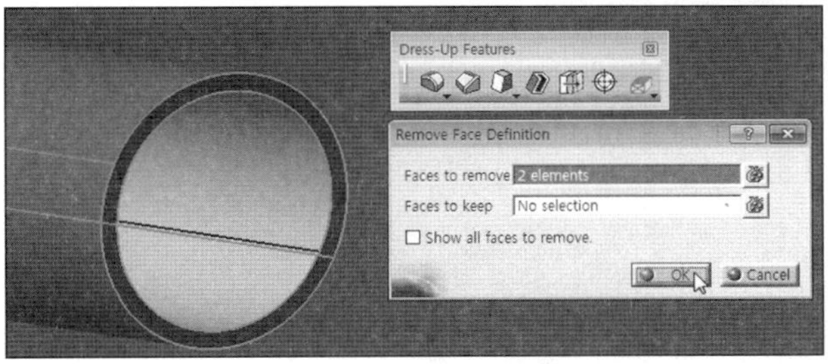

» 나머지 남은 부분도 같은 작업을 한다.

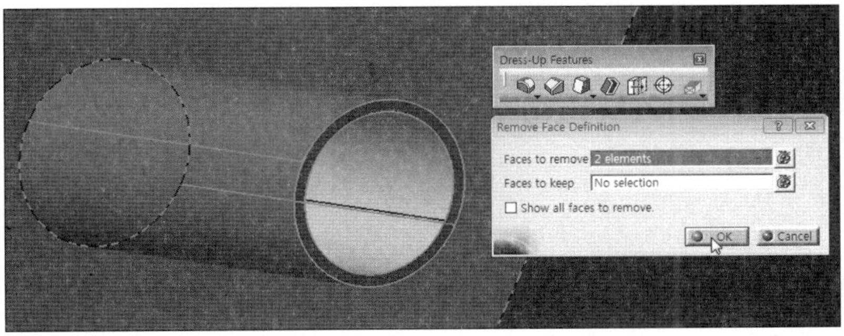

아래 그림 부분을 작업해야 한다.

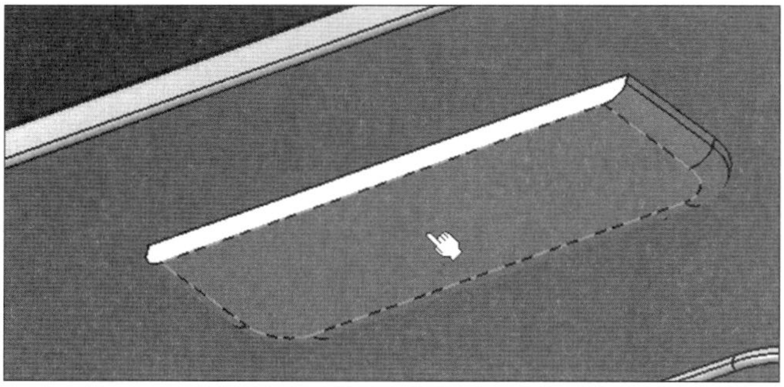

» 그림과 같이 평면을 선택하고 Reverse H로 하고 스케치 작업장으로 들어간다.

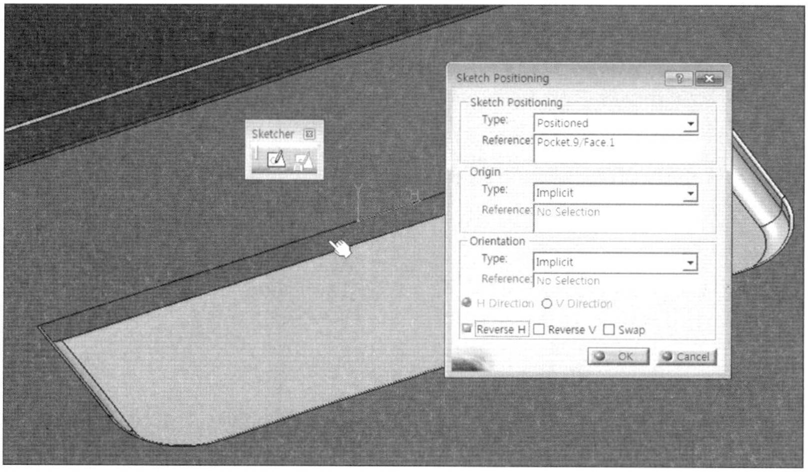

» Visualization 툴바를 사용한다.

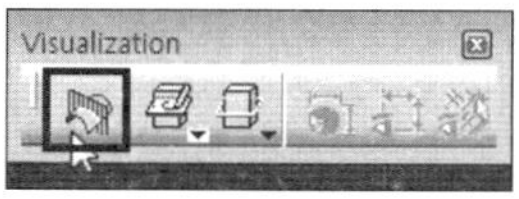

» 이번에는 Project 3D Elements 아이콘을 사용한다. 원하는 작업을 반복 수행하기 위해서 아이콘을 더블 클릭한다.

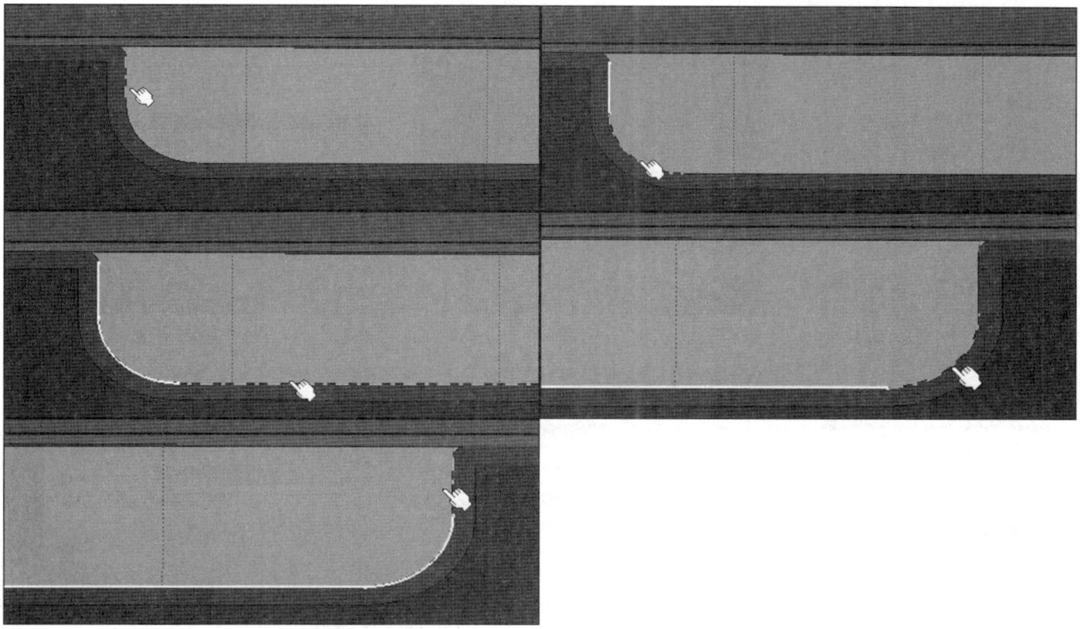

» 이렇게 스케치와 만나는 부분의 선을 가지고 왔다. 하나의 선을 더 가지고 오도록 한다.

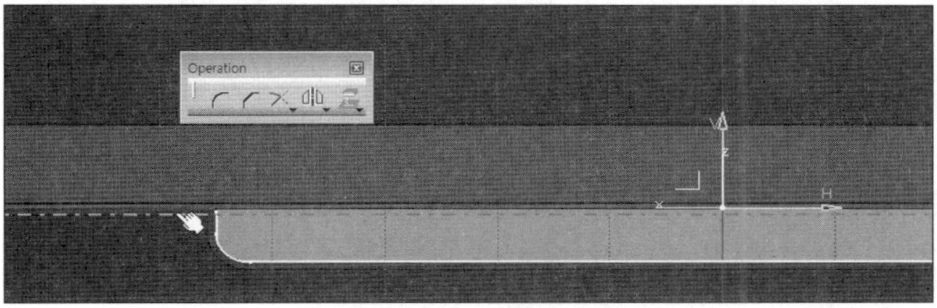

» 그러면 아래 그림과 같은 형태가 될 것이다.

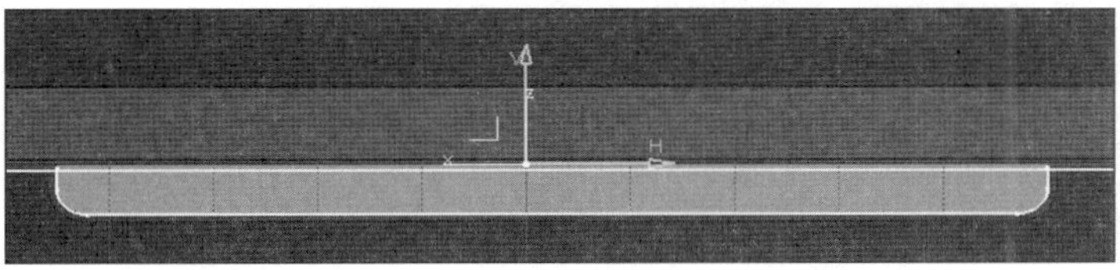

» 여기서 트림 작업을 하여 필요로 하는 형상을 만들도록 한다.

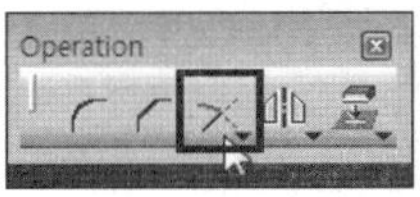

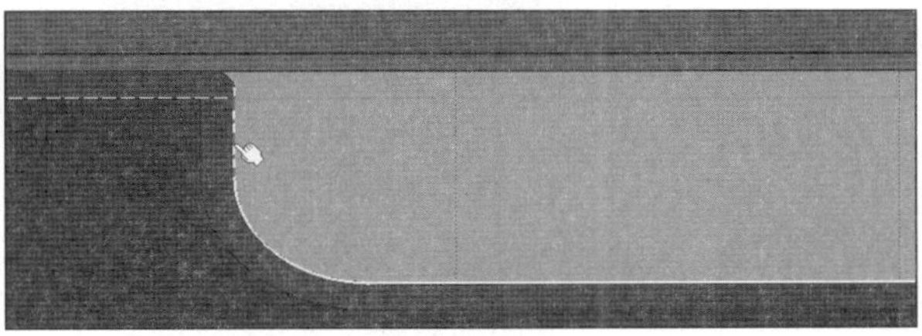

» 반대편에 트림 작업을 한다.

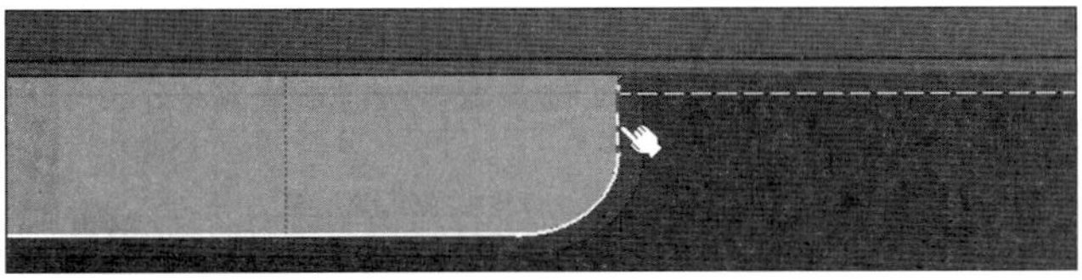

» 3차원 공간으로 빠져 나간다.

Body.2에 Define In Wo가 Object가 되도록 한다. Pocket 작업을 이 Body에서 할 것이기 때문이다.

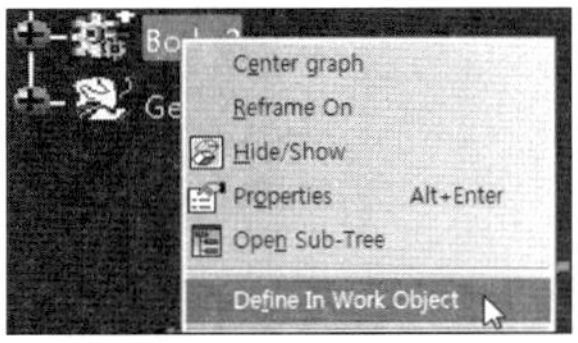

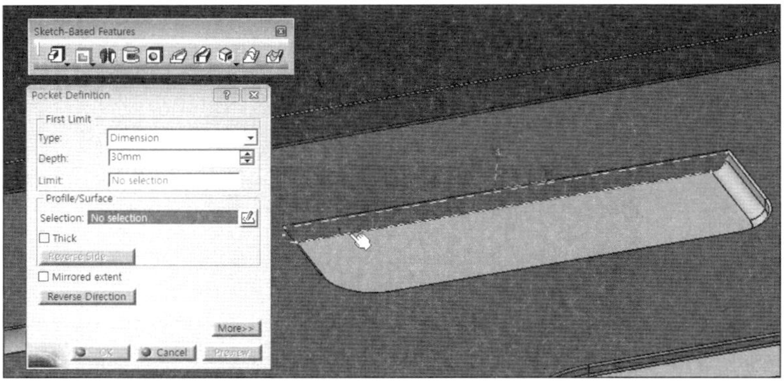

» Pocket 방향을 아래 그림의 반대방향으로 하기 위해서 Reverse Direction 버튼을 클릭한다.

» 그림과 같은 결과를 얻을 수 있다.

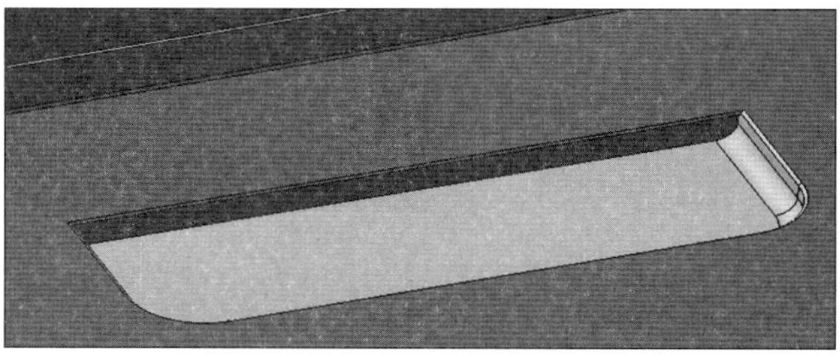

» 아직 작업이 완료된 것은 아니다. 확대해보면 아래 그림 부분의 작업이 더 필요함을 알 수 있다.

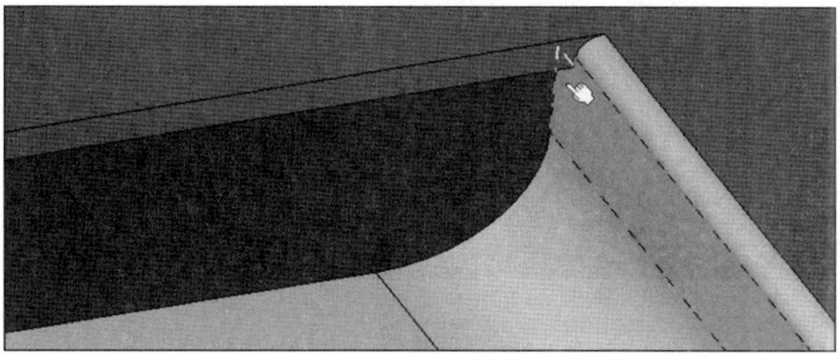

» 뒤집어 모양을 보면 아래 그림과 같다.

» 그림과 같이 0.75mm 튀어나온 것을 확인할 수 있다.

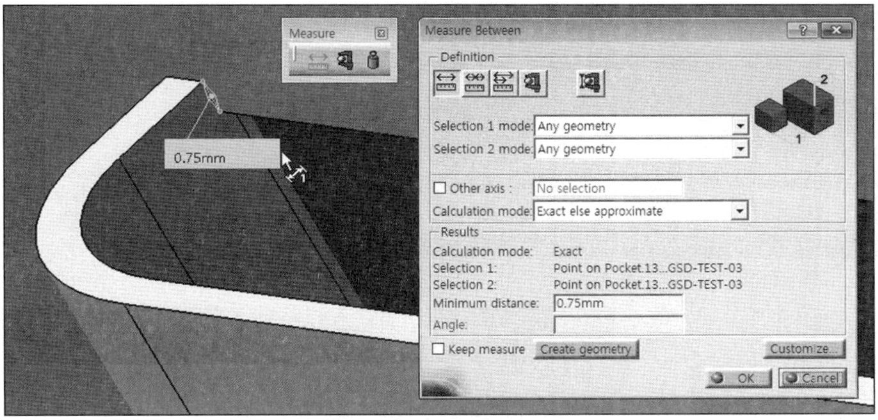

» Thickness 아이콘 기능을 사용하도록 한다.

» 튀어나온 부분을 선택하고 −0.75mm의 값을 부여하도록 한다.

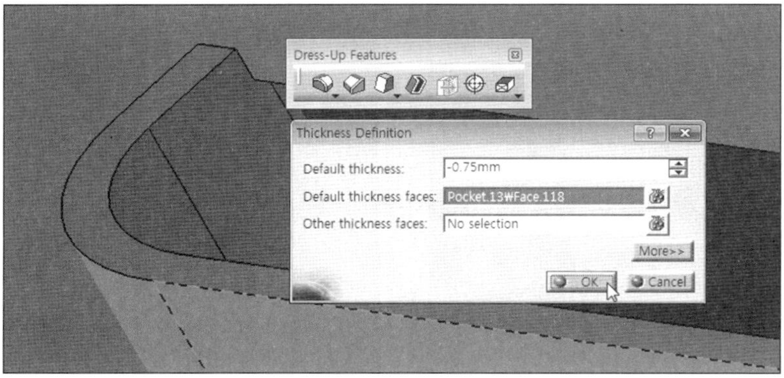

» 정상적으로 작업된 것을 확인할 수 있다.

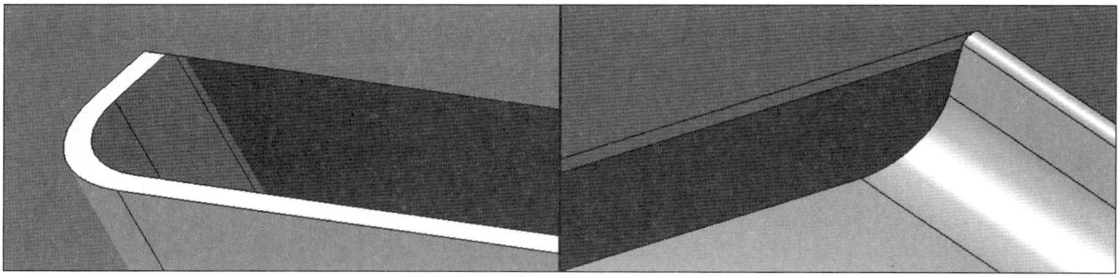

다음은 도면의 Section out A−A 부분을 작업하도록 하겠다.

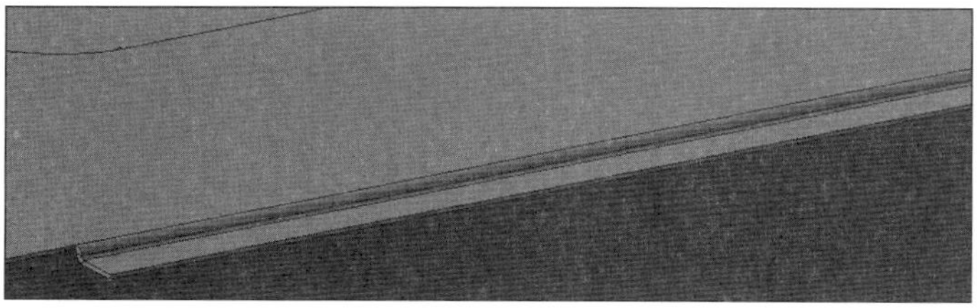

» 20mm 떨어진 곳에 포인트를 만든다.

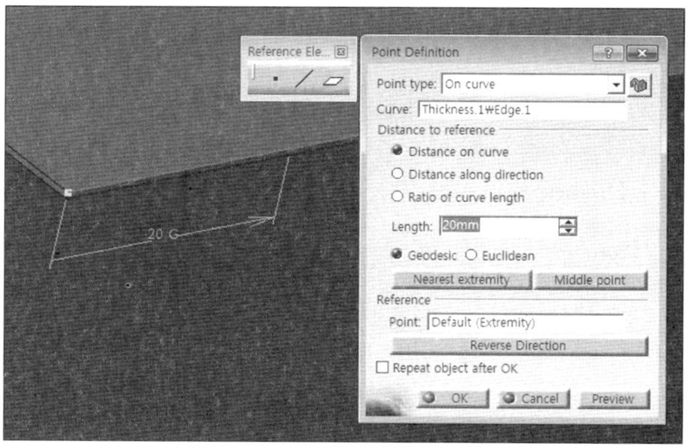

» 이 포인트를 지나는 Plane를 만든다. Parallel through point 타입으로 만든다.

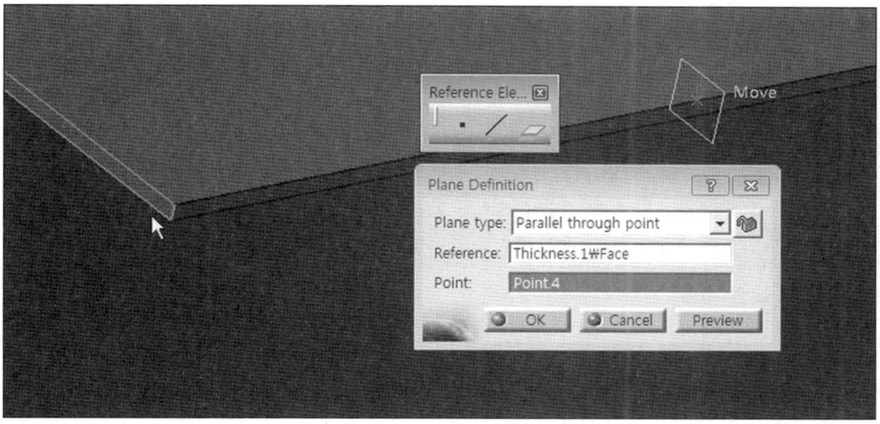

» 만들어진 포인트와 Plane으로 스케치 작업장으로 진입하도록 한다.

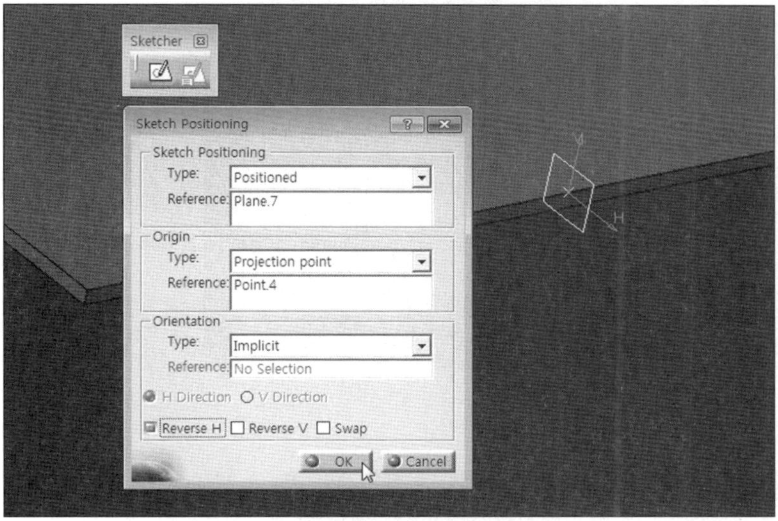

» 스케치 작업장으로 들어온 상태이다. 작업의 편의를 위해 확대해서 필요한 작업을 하도록 하겠다.

» 그림과 같은 임의의 형태를 그린다.

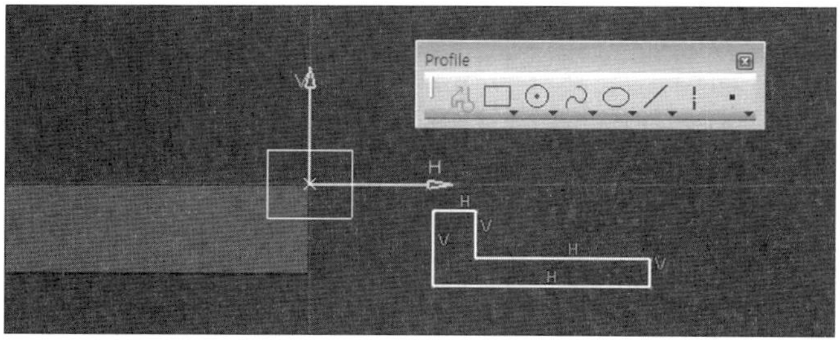

» 그림과 같이 치수를 부여하여 구속을 하도록 한다.(도면 치수값이 잘 보이지 않을 경우를 고려하여 반드시 아래 그림과 같이 치수를 부여할 것)

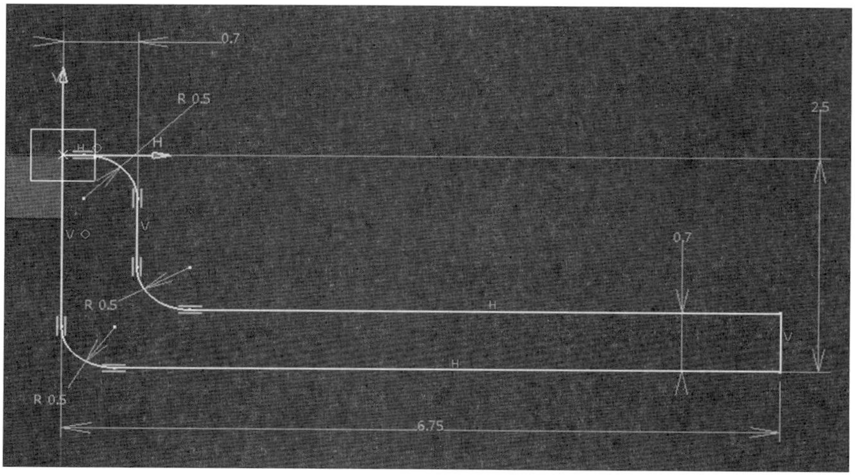

» 3차원 공간으로 빠져나가 Pad를 하도록 한다.

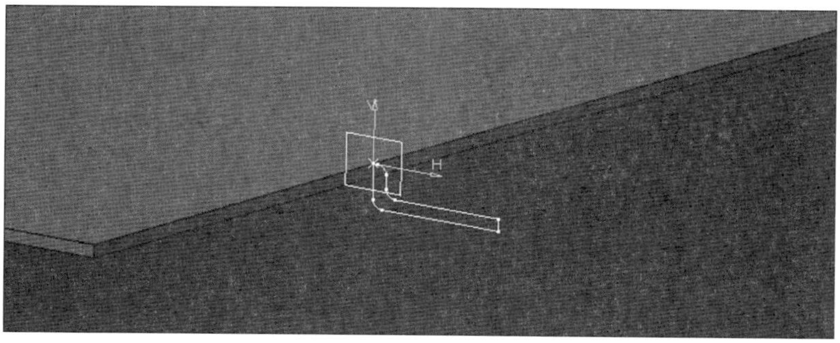

» Pad를 370mm로 한다.

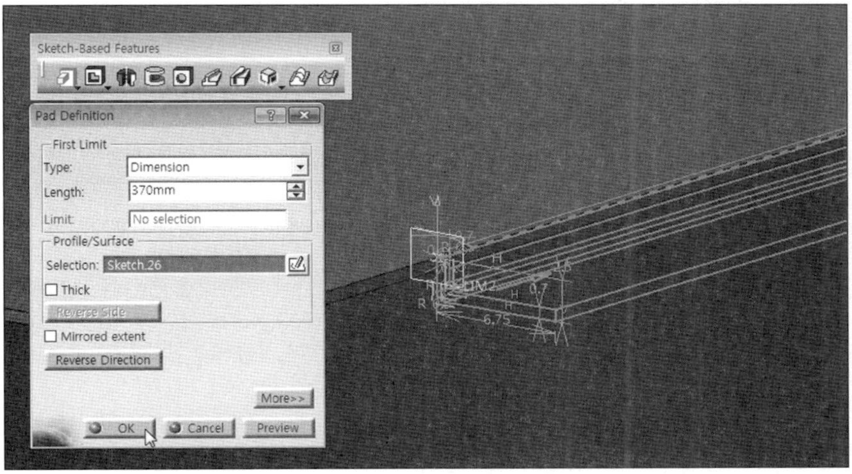

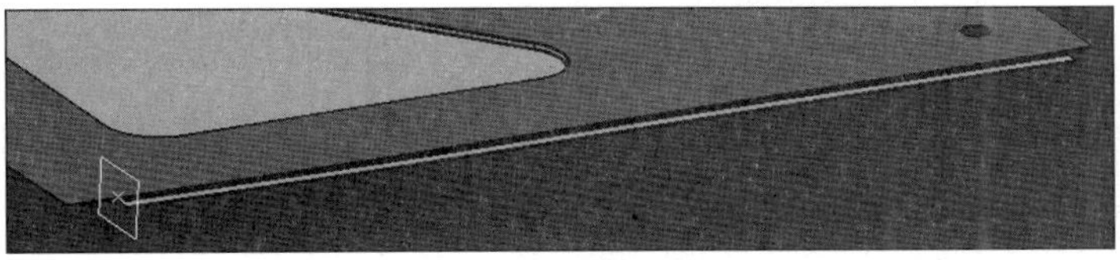

» 아래 그림의 부위에 비슷한 작업을 하도록 한다.

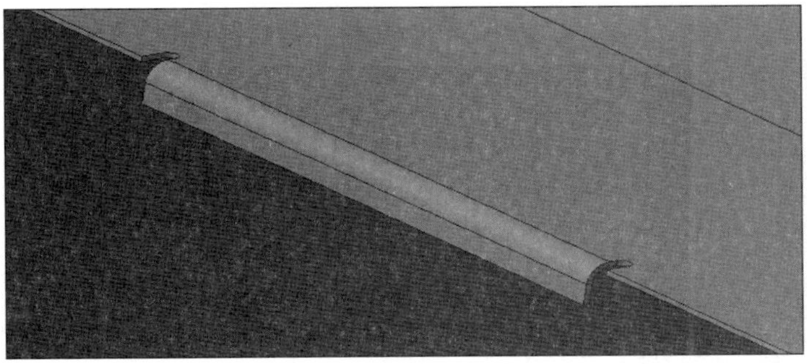

» 48mm 떨어진 포인트를 만든다.

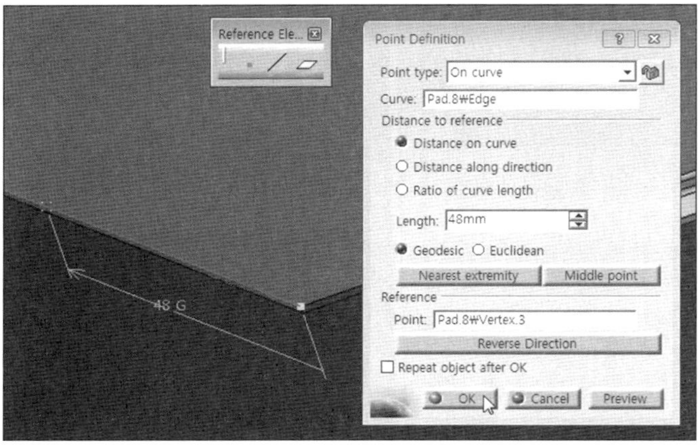

» 앞서 만든 포인트에서 74mm 떨어진 포인트를 추가로 만든다.

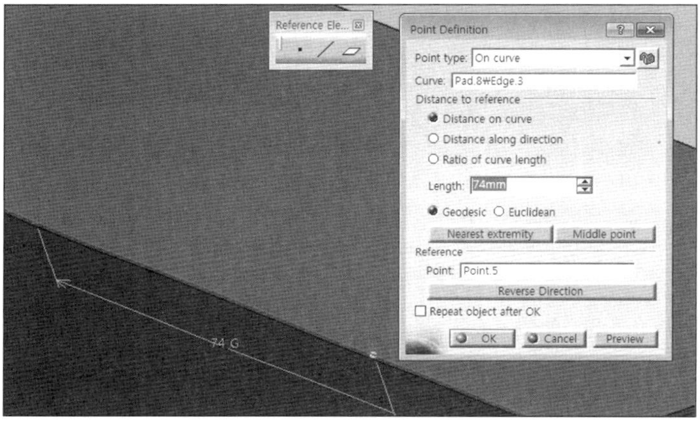

» 처음 만든 48mm 떨어진 포인트를 원점으로 하는 스케치 작업장으로 들어간다. 스케치 방향은 아래 그림과 같다.

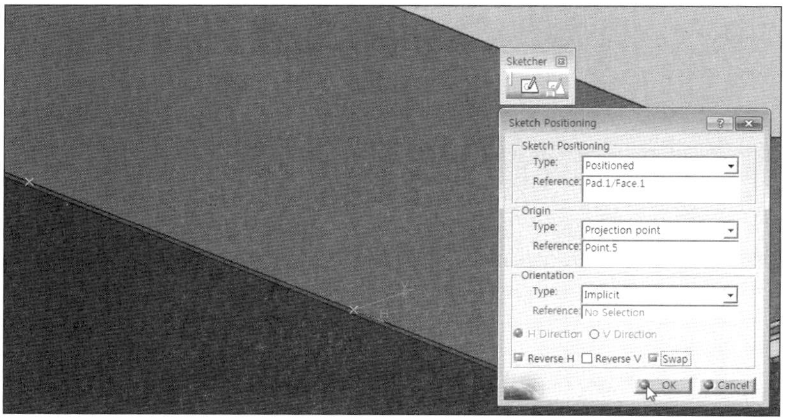

» 그런데, 작업을 할 때 48mm 떨어진 곳에서 2mm의 파인 홈부위를 만들고 122mm(48mm+74mm) 떨어진 포인트에서 2mm 파인 홈부위를 만들도록 한다.

» 도면의 Section out I−I를 참조하도록 한다. 사각형 모양을 그리도록 한다.

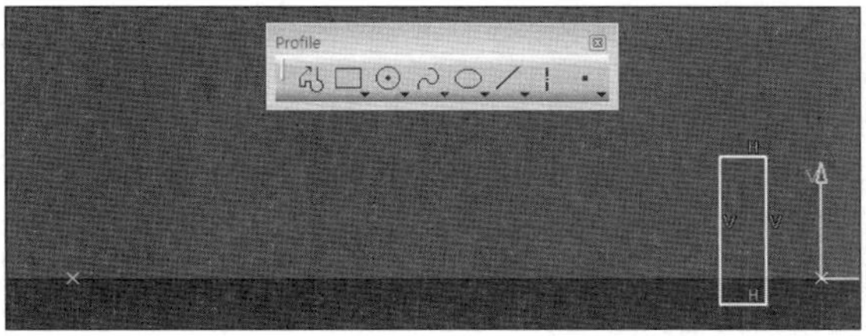

» 그림과 같이 치수를 부여한다.

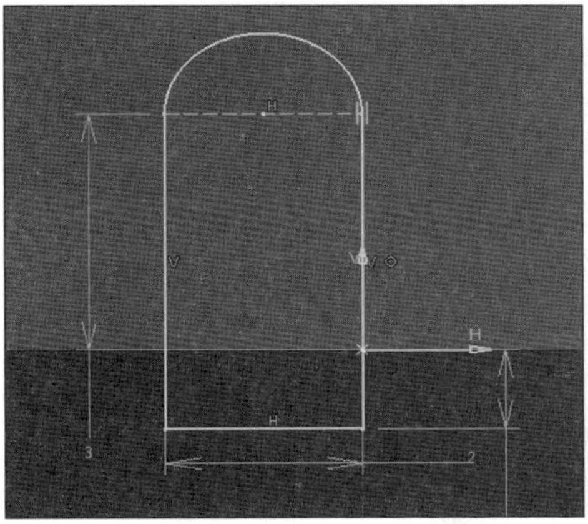

» 74mm 간격이 떨어진 포인트 부위에도 같은 모양을 만든다.

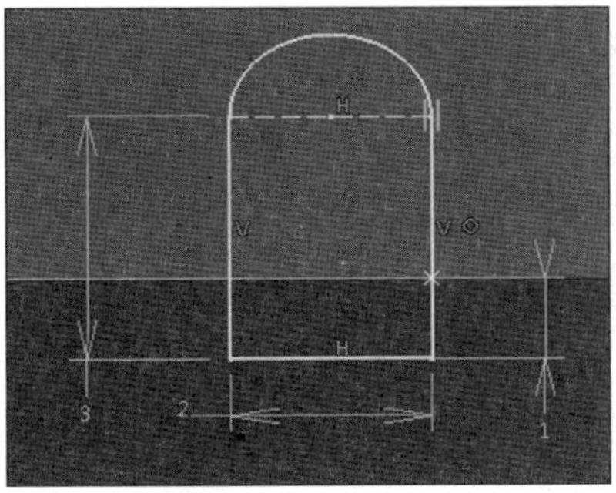

» 다음은 3차원 공간으로 빠져나가 Pocket 작업을 하도록 한다.

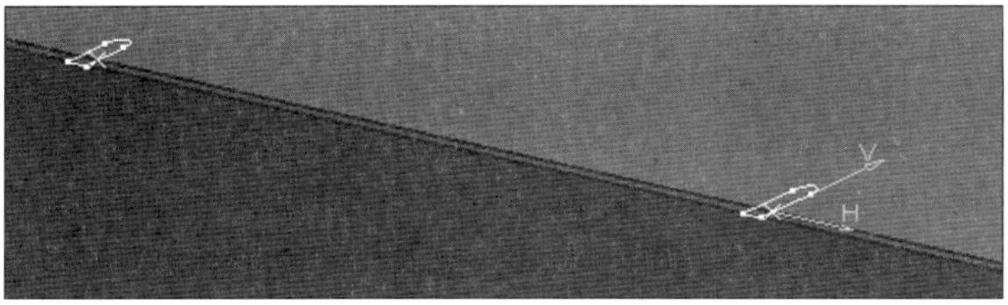

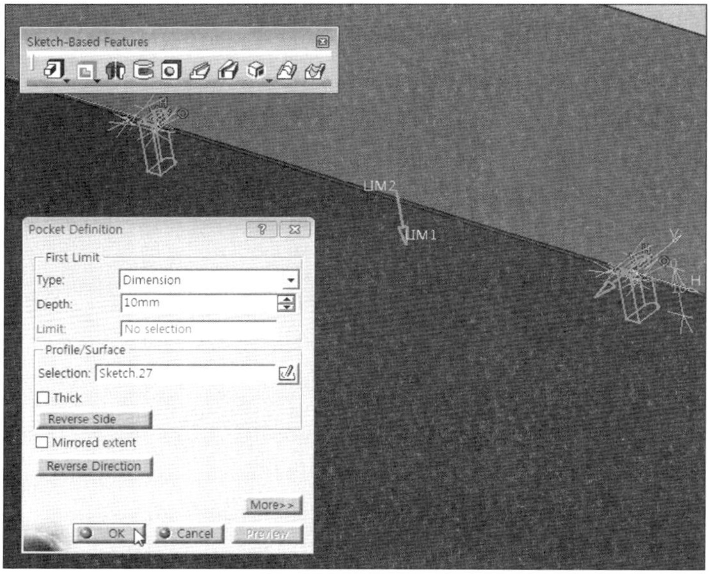

» 아래 그림과 같이 스케치 작업장으로 들어간다. 원점은 48mm 떨어진 포인트로 한다.

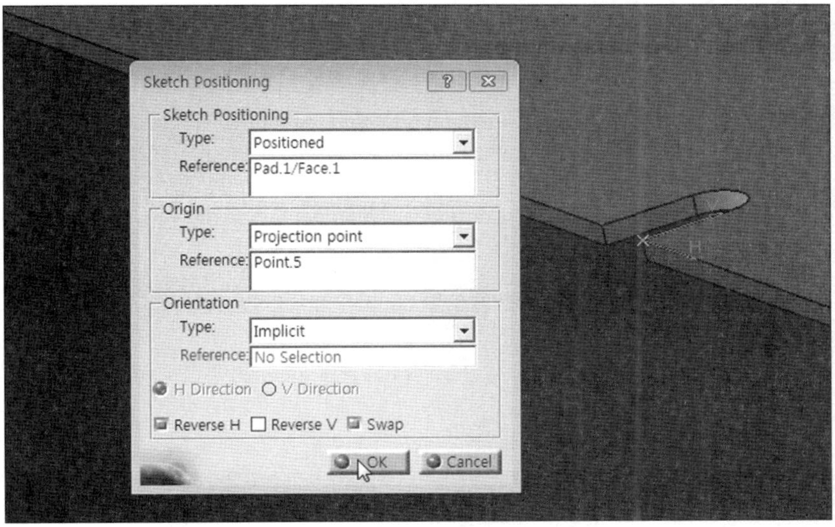

» 임의의 사각형을 만든다.

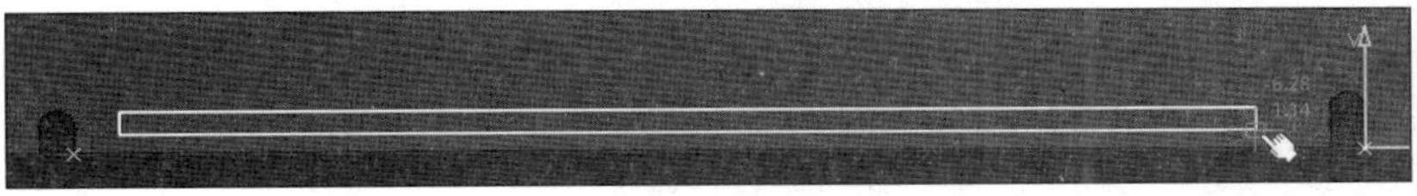

» 아래의 치수로 구속하도록 한다. 중요한 치수는 2mm가 떨어져야 한다. 나머지는 임의로 1mm의 치수를 부여했다. 왜냐하면 Pocket 작업을 할 부분이기 때문에 약간의 여유를 주면 된다. 따라서 꼭 1mm 치수를 부여하지 않아도 될 것이다.

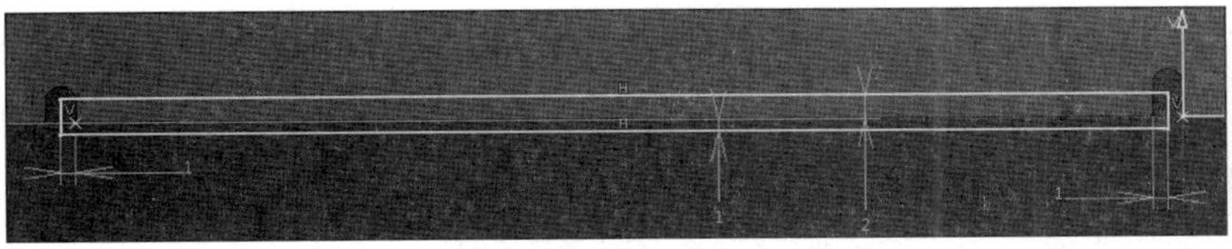

» 3차원 공간으로 빠져나가 Pocket 작업을 한다.

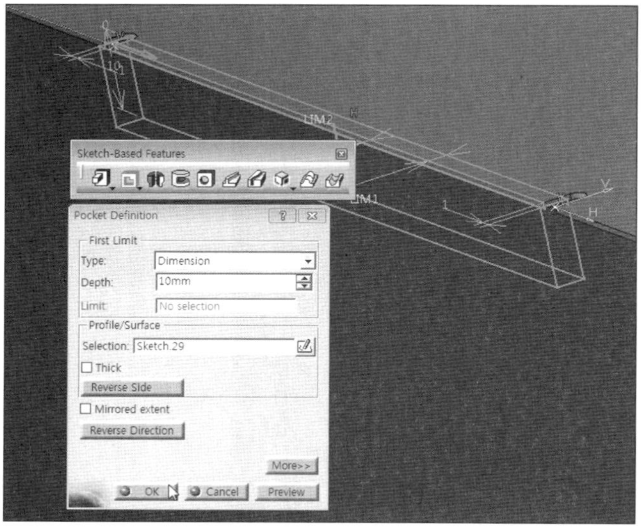

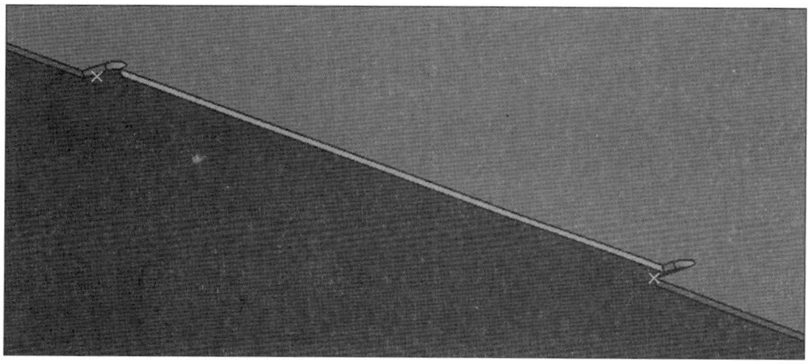

» 다음은 도면의 Section out I–I를 참조하여 작업을 한다. 아래 그림과 같이 모서리 포인트를 원점으로 하는 스케치 작업장으로 들어간다. 스케치 방향은 Reverse H로 한다.

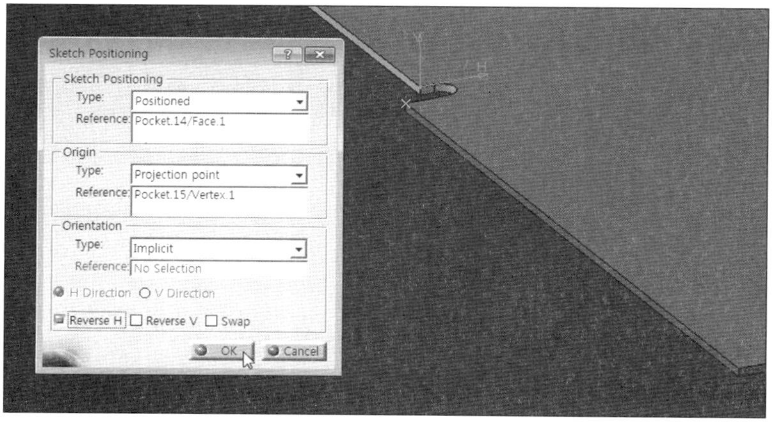

» Visualization 툴바를 사용하고 아래 그림과 같이 임의의 다각형을 그린다.

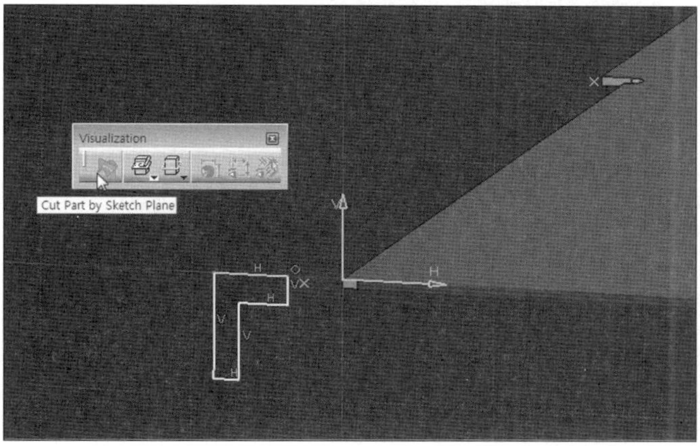

» 치수를 아래 그림과 같이 부여한다.

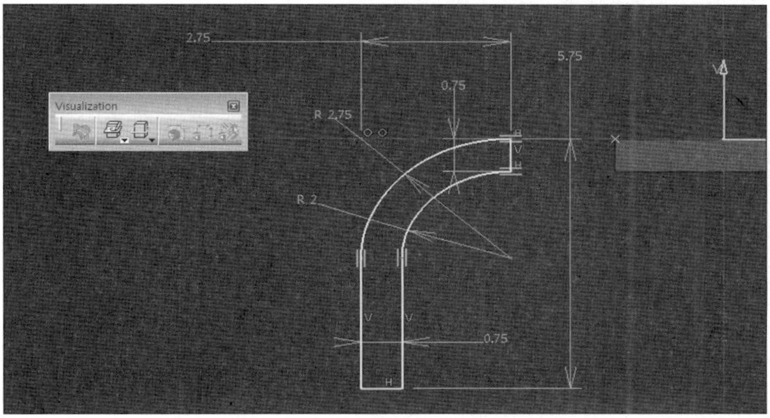

» 아래 그림과 같이 완전 구속을 하도록 한다.

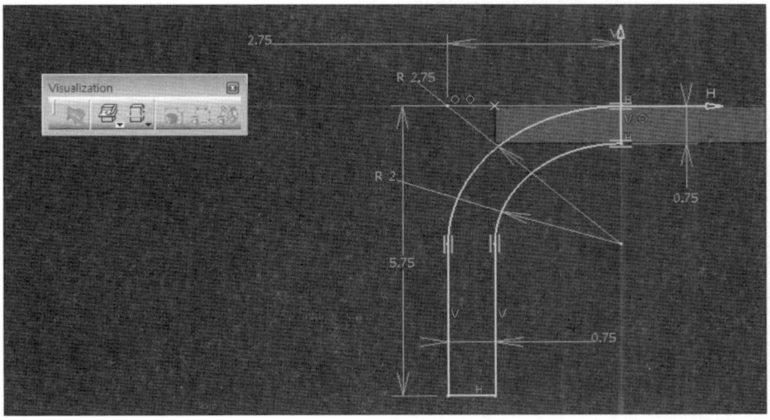

» 3차원 공간으로 빠져나간다. Pad를 72mm한다. 왜냐하면 74mm에서 2mm 공간을 빼야 한다.

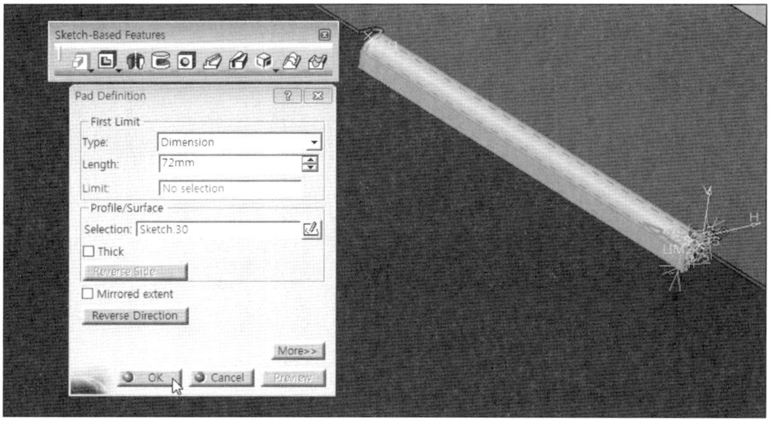

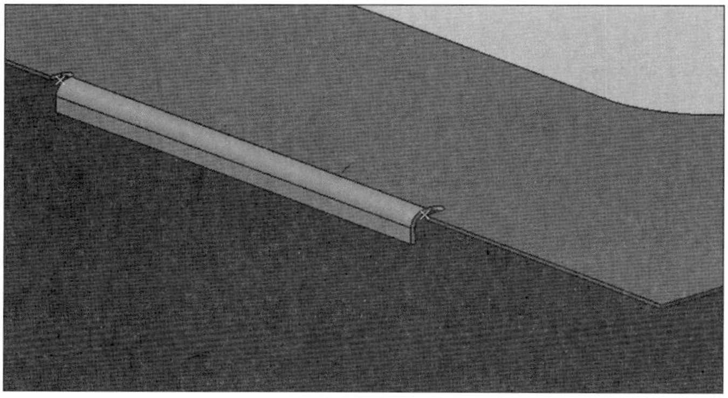

» 다음은 반대편 형상의 만든 작업을 할 순서이다. 도면의 Section out H–H를 참조한다.

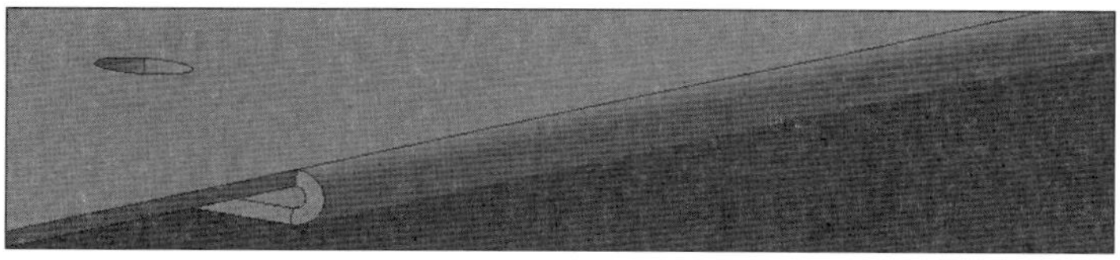

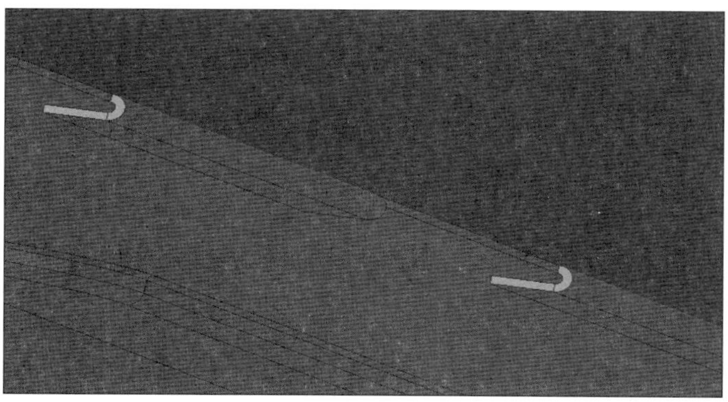

» 모서리에서 40mm 떨어진 곳에 포인트를 생성한다.

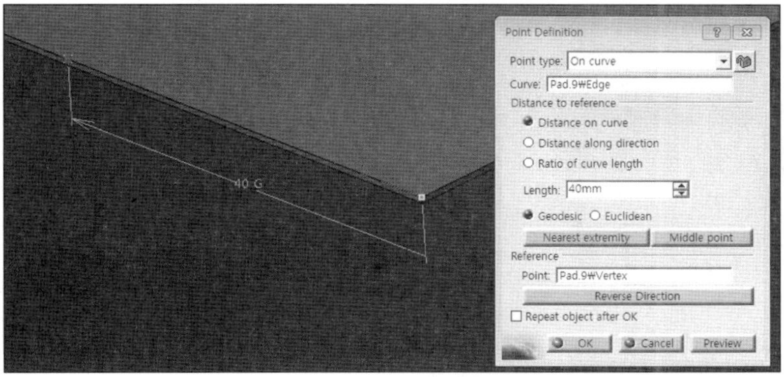

» 옆모서리 면을 기준으로 평행한 Plane을 만든다.

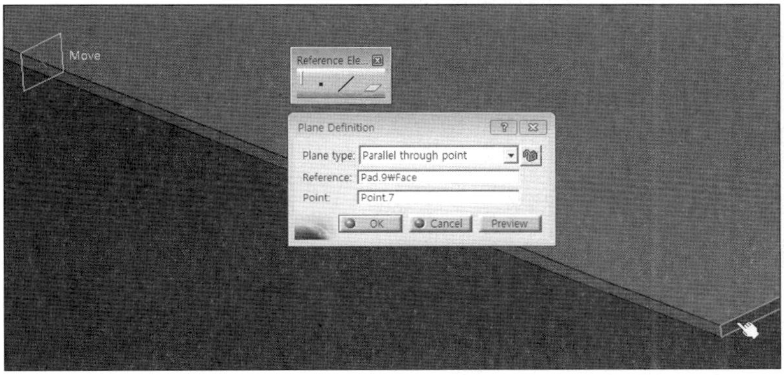

» 이 포인트와 Plane을 사용하여 스케치 작업장으로 들어간다.

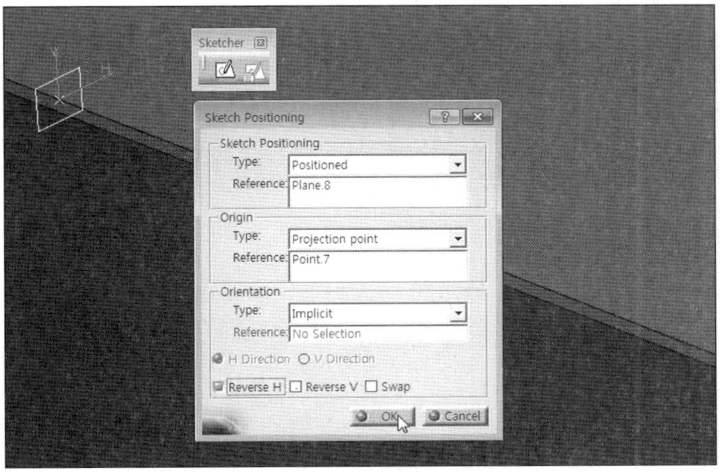

» 작업의 편의상 Cut Part by Sketch Plane을 사용하여 단면 상태에서 작업을 한다.

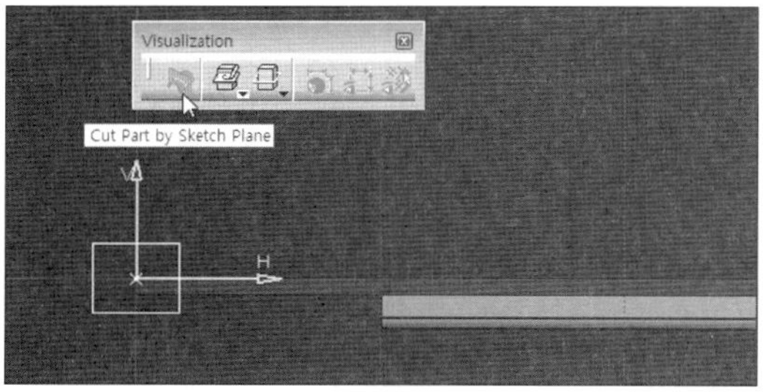

» 아래와 같이 임의의 원호를 두 개 그린다.

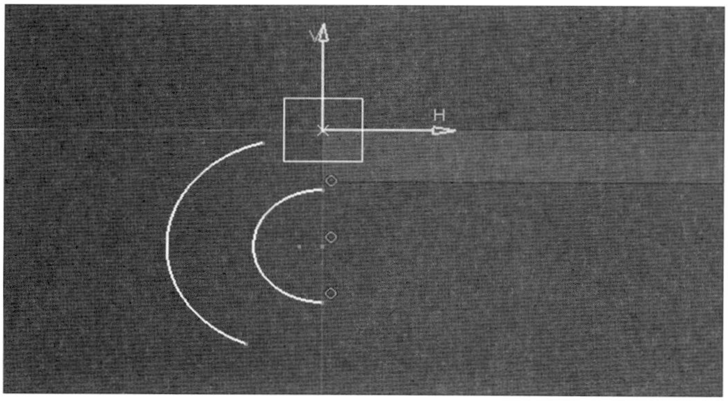

» 아래와 같이 치수를 부여하여 구속을 한다.

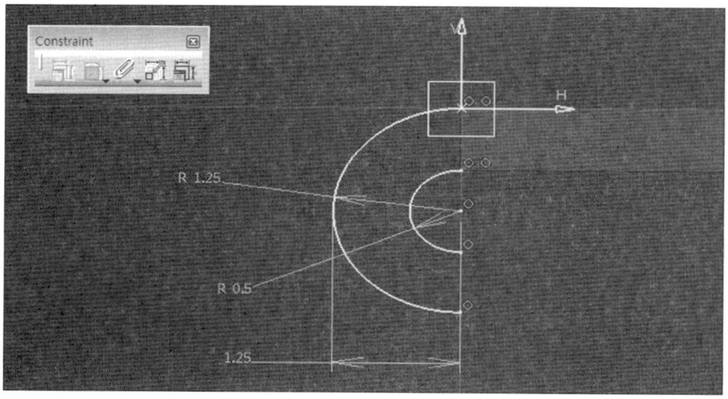

» 오른쪽 그림과 같이 수직선을 그린다.

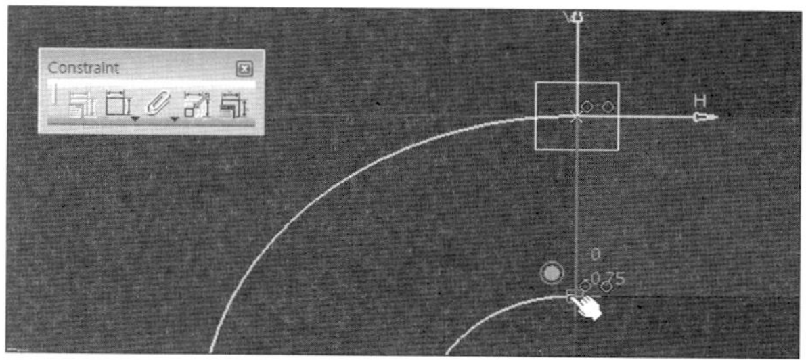

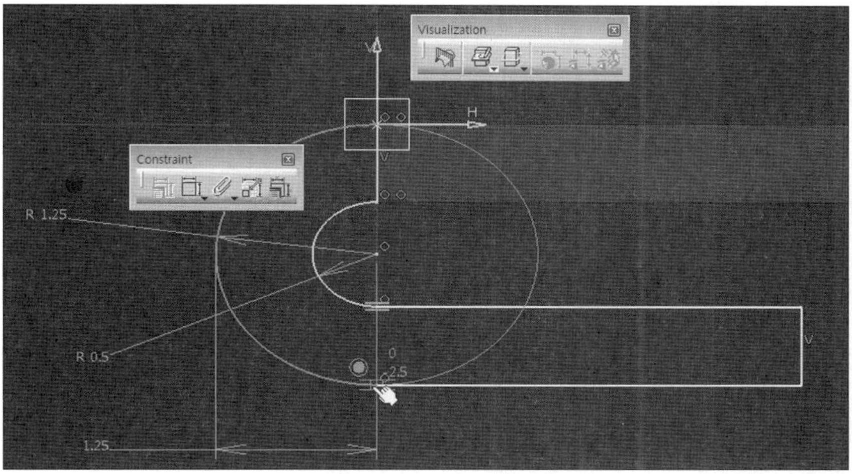

» 아래와 같이 치수를 부여하여 구속을 완성하도록 한다.

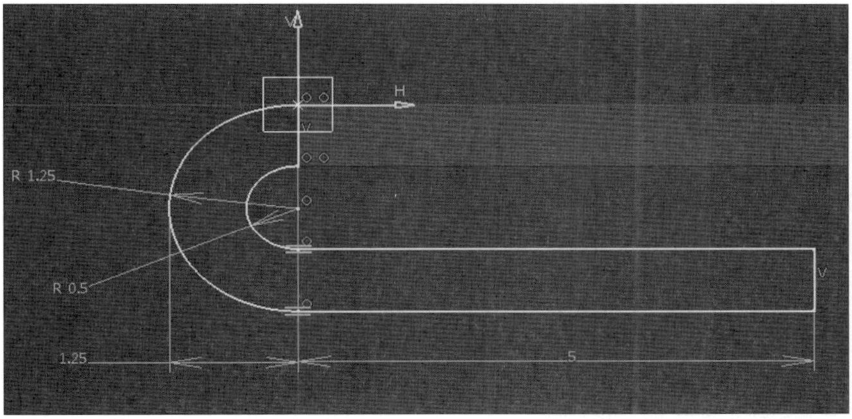

» 3차원 공간으로 빠져나가 70mm의 Pad 작업을 한다.

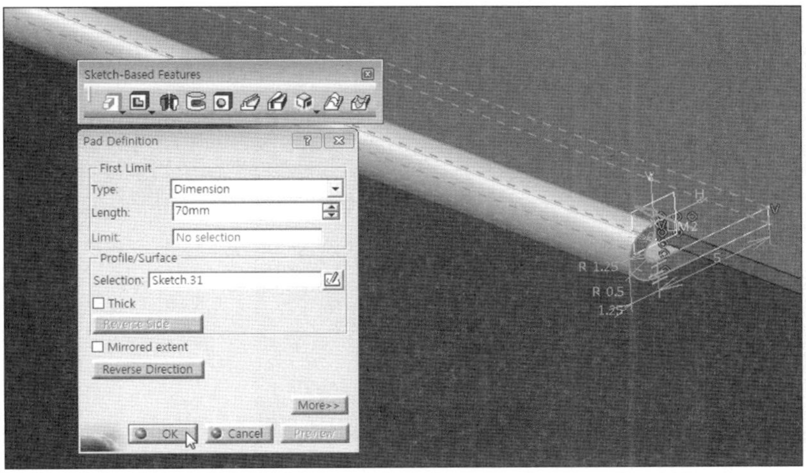

» 아래 그림과 같이 형상이 완성되었으며 이와 같은 형상을 3개 더 작업을 하면 된다.

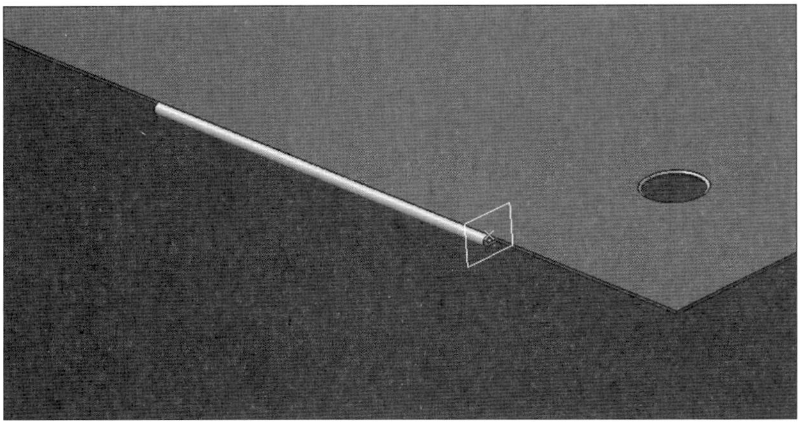

» 앞서 만든 Solid에서 50mm 떨어진 곳에 포인트를 생성한다.

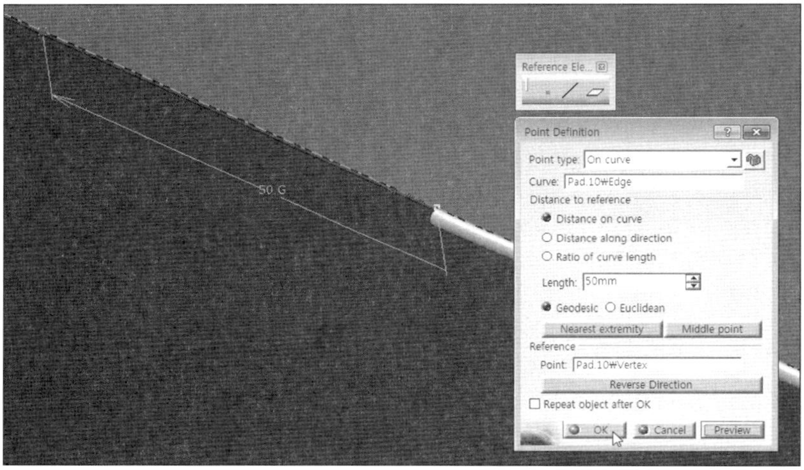

» 앞서 만든 스케치를 반복해서 사용해 보도록 한다. 매번 만들려면 힘들 수 있다.

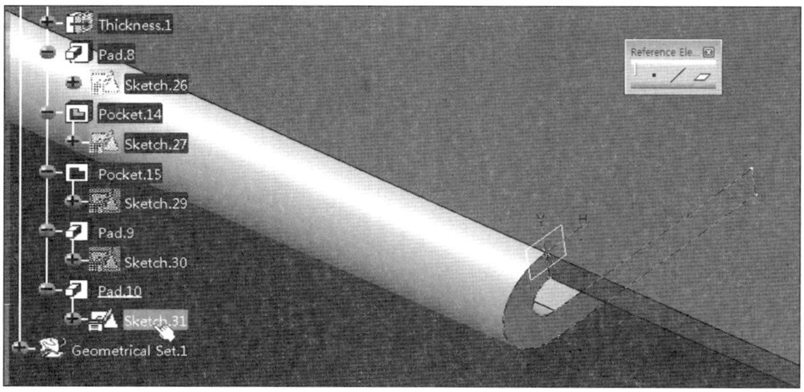

» 반복해서 만들려면 Tree에서 해당 스케치를 선택하고 Ctrl+C 하고 Ctrl+V를 하여 붙여넣는다. 3개를 더 만들어야 하기 때문에 Ctrl+V를 총 4번 한다. Tree에서 만들어진 것을 확인할 수 있다.

» 다음은 앞서 만든 포인트에 Plane을 만들어야 한다. Plane은 새로 만들어야 앞서 복사한 스케치를 사용할 수 있다.

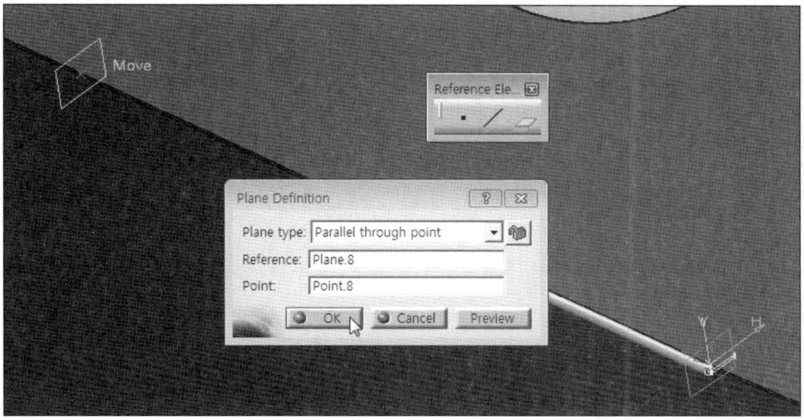

» ❶ 다음은 앞서 복사하여 만든 스케치를 선택하고 오른쪽 마우스를 클릭한 후 Sketch.Object에서 Change Sketch Support를 선택한다.

» ❷ 아래와 같은 Warning 창이 나오면 그냥 확인 버튼을 클릭한다.

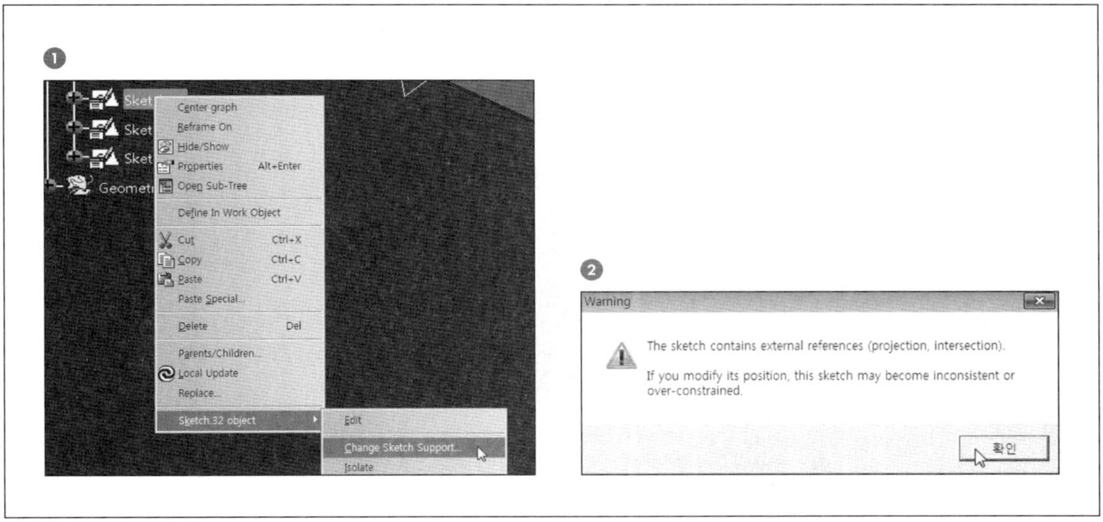

» 그러면 아래 그림과 같은 스케치 대화창이 나온다. 이 대화창에서 Reference는 스케치를 할 평면과 포인트를 새로 변경하여 선택해야 한다. 앞서 만든 Point.8을 선택하여 변경되도록 한다. 아래 그림과 같이 Point.7이 Point.8로 변경되었다.

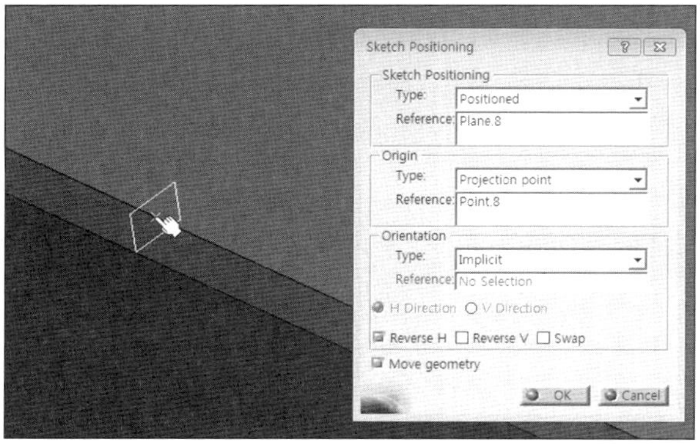

» 그리고 평면도 변경한다. 그러면 새로이 반복되는 평면과 포인트를 원점으로 하는 스케치가 아래 그림과 같이 나타날 것이다.

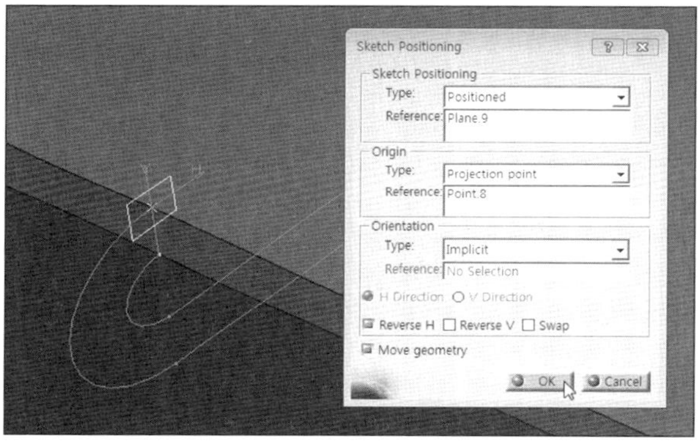

» 다음은 이 스케치로 Pad 70mm 작업을 하면 된다.

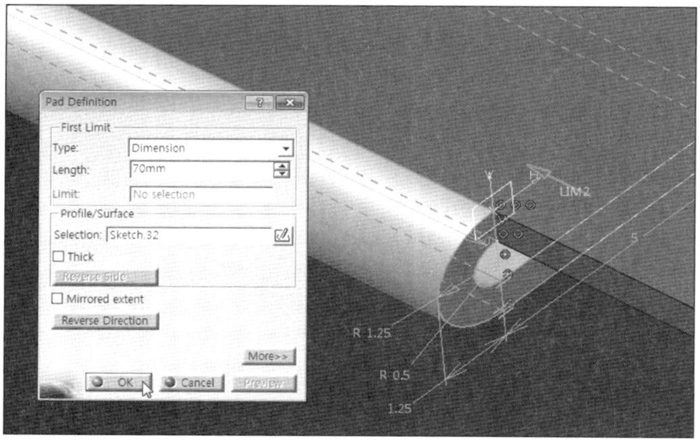

» 아래 그림과 같이 결과를 확인할 수 있다.

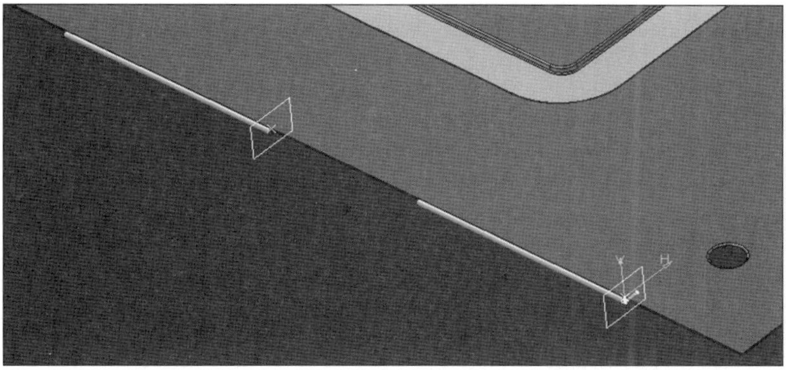

» 반복 작업을 두 번 하도록 한다. 다만, 이 부분은 과정을 생략하도록 하겠다. 결과는 아래 그림과 같다.

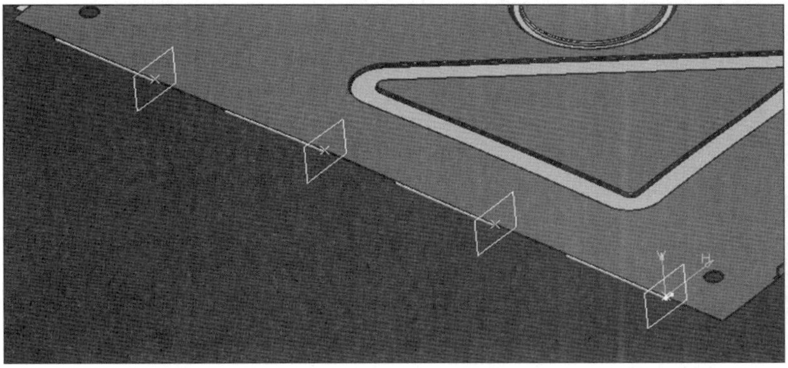

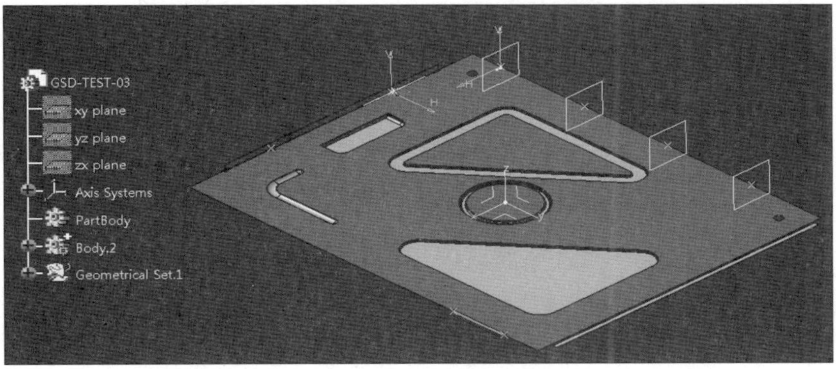

» 마지막으로 Body.2를 PartBody에 Assembly하도록 한다.

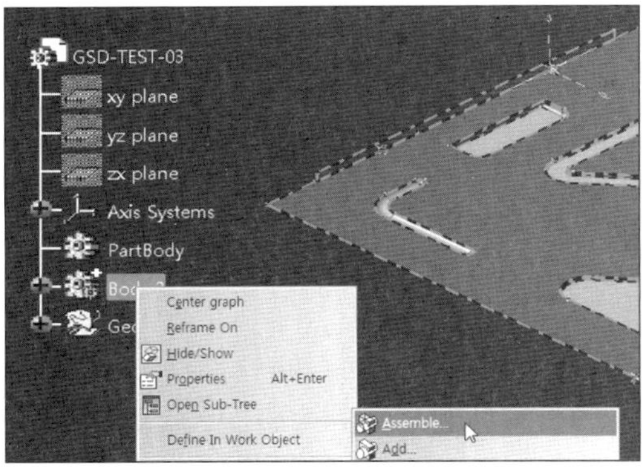

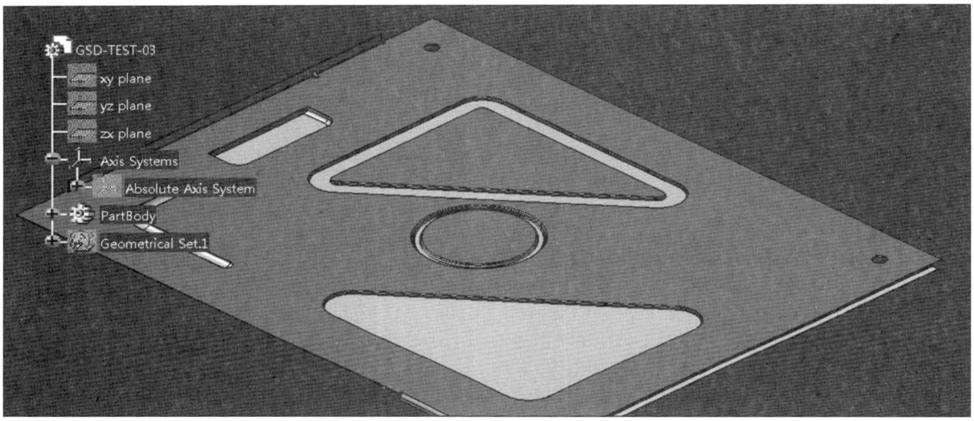

» 최종 모델링 결과이다.

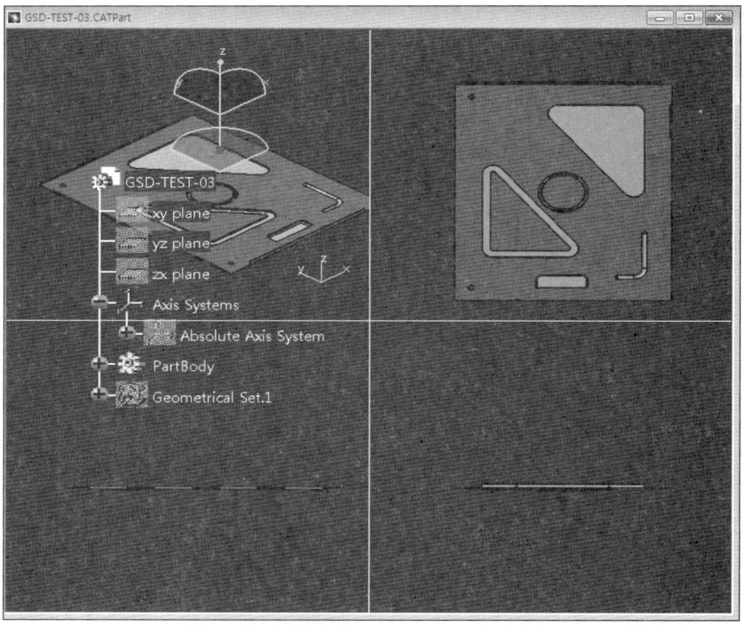

앞서 모든 모델링은 다 완성된 상태이다. 다음은 모델링 Data로 Machining을 하기 위한 상태로 만들어가는 작업을 해보자. CATIA로 모두 모델링이 완료되더라도 Machining으로 가공이 되지 않는 부분이 있다. 예를 들면 안쪽으로 휘어진 부분들은 가공이 되지 않으며 날카로운 Edge 부분도 되지 않는다. 이런 가공이 되지 않는 부분은 주물이나 주조 등의 공법으로 부품이나 금형을 제작하면 된다. 그러나 여기에서는 가공이 되지 않는 일부분을 가공이 가능한 상태로 변경 작업을 하겠다. 다만, 가공이 불가능한 부분을 전부 수정을 하게 되면 원하는 모델링 결과값에서 많이 벗어나는 결과를 초래할 수 있기 때문에 일부만 가공이 가능하도록 변환작업을 할 것이다. 이렇게 하는 이유는 가공 Machining 작업이 필요한 경우에는 어떻게 모델링을 하는 것이 좋을 것인지를 배우도록 하는 것이 목적이다. 먼저, Edge 부분에 Fillet 처리를 한다. Fillet 처리는 가능하면 가공이 가능한 최소한 값으로 하는 것이 좋다. 다만, 본 저서에서는 가공이 불가능한 부분을 제거하는 작업을 일부 진행하도록 할 것이다. 다른 부분은 독자 여러분이 가공 부분의 특성을 고려하여 작업을 하면 될 것이다. 아래 그림의 마우스 표시 부분은 가공이 되지 않을 것이다.

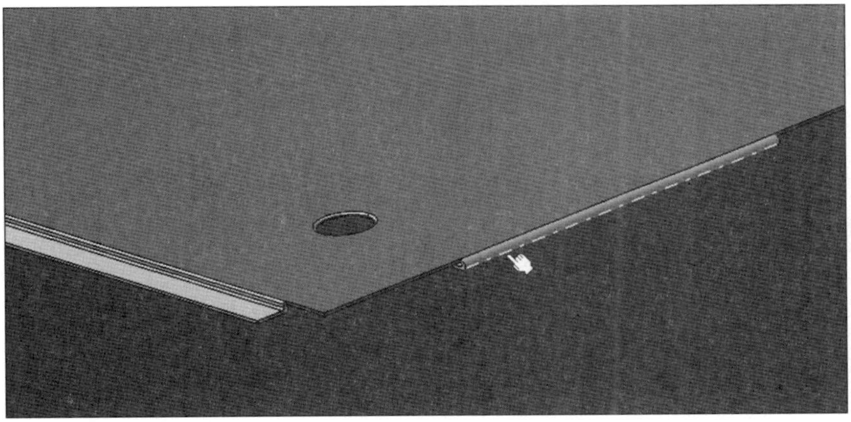

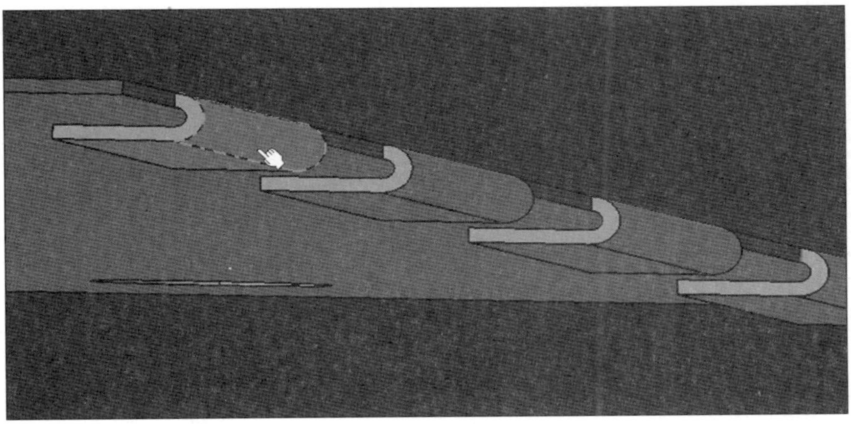

» 이 부분은 안으로 휘어 있는 부분이고 틈새의 치수가 1.75mm로 가공이 되지 않는다. 이 부분을 잘라내는 작업을 해보자.

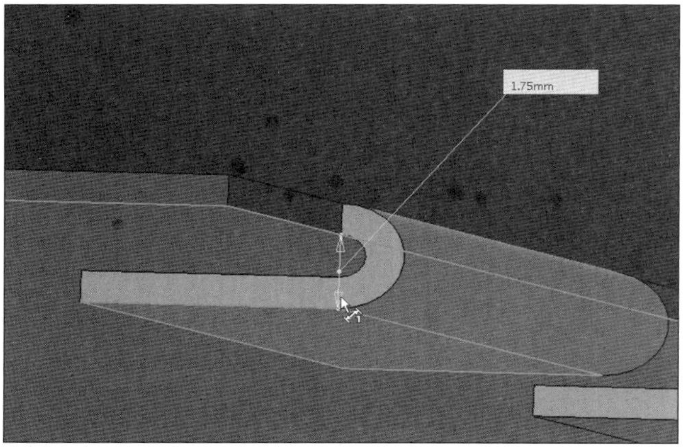

» ❶ 이 부분을 잘라내는 기능을 할 Plane을 하나 만들도록 한다. 3개의 포인트를 지나는 평면을 만들도록 한다. 먼저, Plane을 담을 Geometrical Set을 추가하도록 한다. PartBody에 Define In Wort Object가 되도록 한다.

» ❷ 그리고, Geometrical Set을 추가한다.

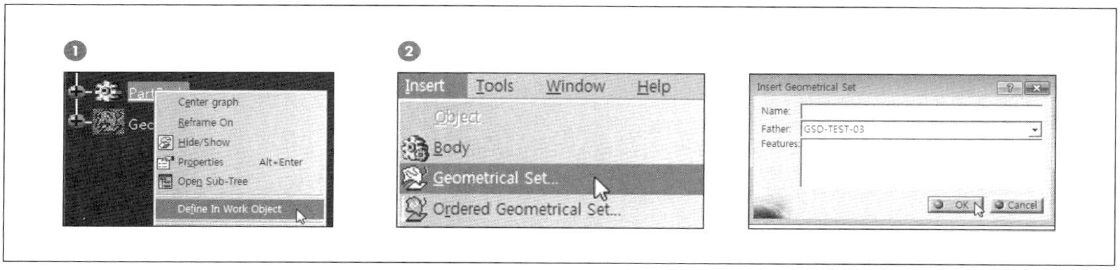

» Tree 구조는 아래 그림과 같이 될 것이다.

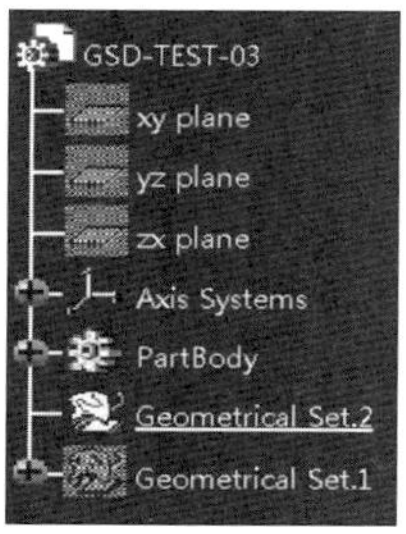

다음은 3개의 임의의 포인트를 지나가는 Plane을 만들도록 한다.

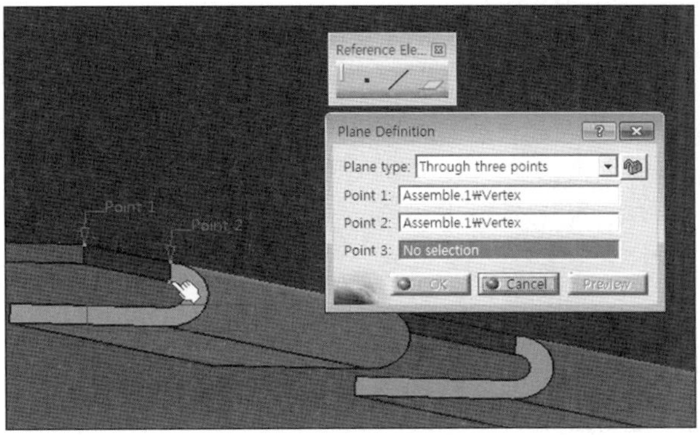

» 그림과 같이 만들어진 Plane을 확인할 수 있다.

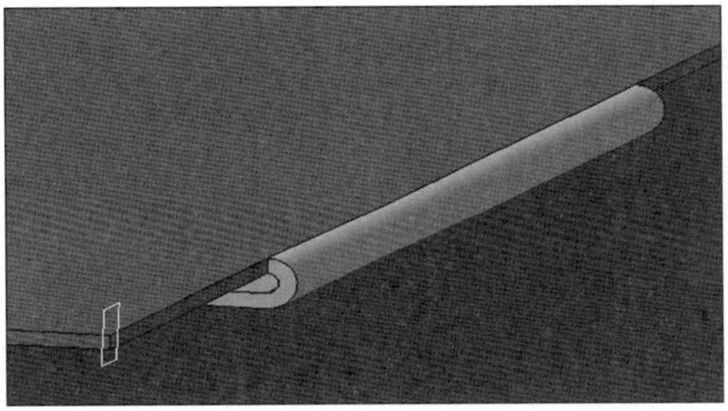

» 다음은 PartBody에 Define In Wort Object가 되도록 한다. Split 아이콘을 선택한다.

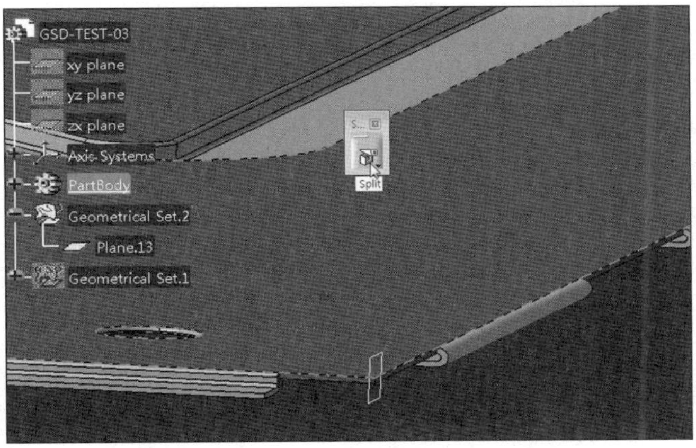

» 그리고, 자르는 도구로 앞서 만든 Plane을 선택한다.

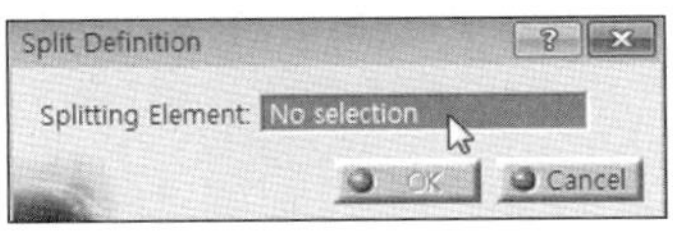

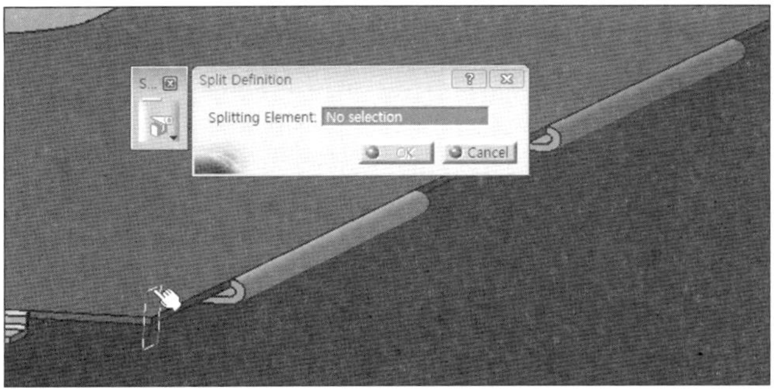

» 그림과 같이 대화창이 나타나면 평면이 선택되었고 OK버튼을 클릭한다.

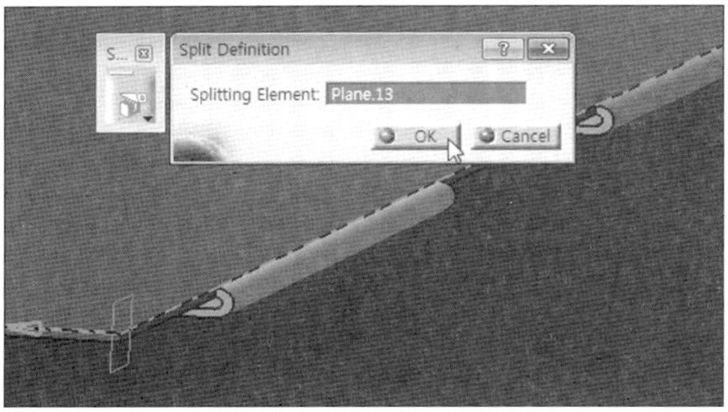

» 그림과 같이 잘라진 모양을 확인할 수 있다.

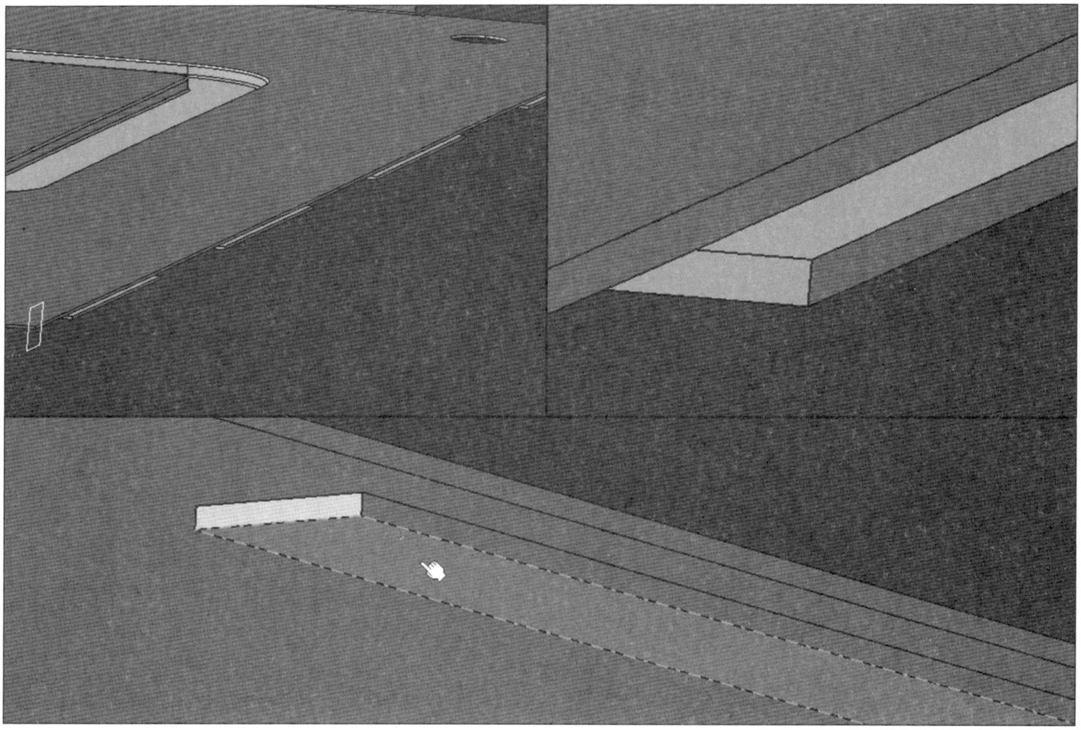

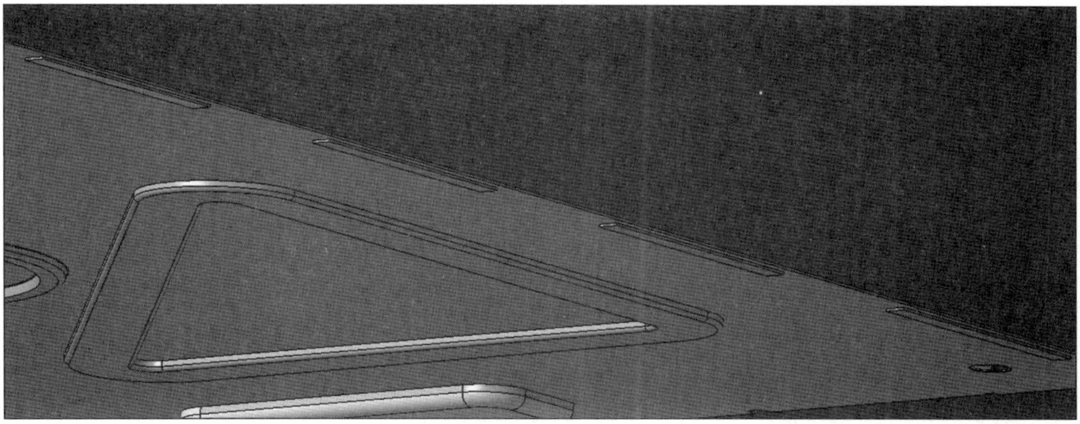

» 그런데, 아직 잘라지고 불필요한 부분이 남아 있다. 이 부분이 제거되어야 한다. 방법은 Remove Face 아이콘을 사용하는 것이다.

» 사용하는 방법은 제거하려는 면을 모두 선택하면 된다.

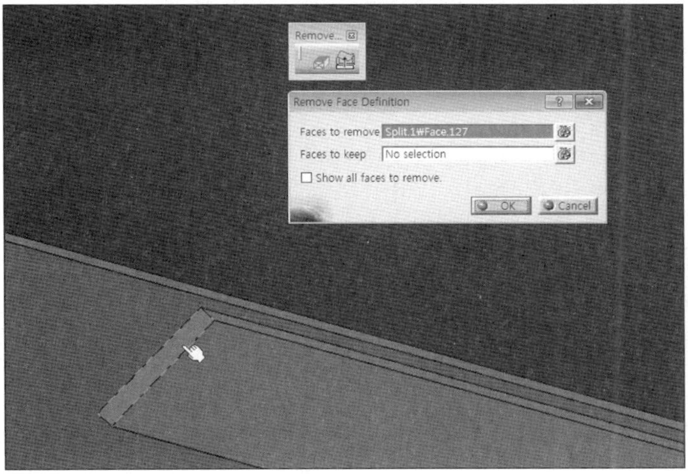

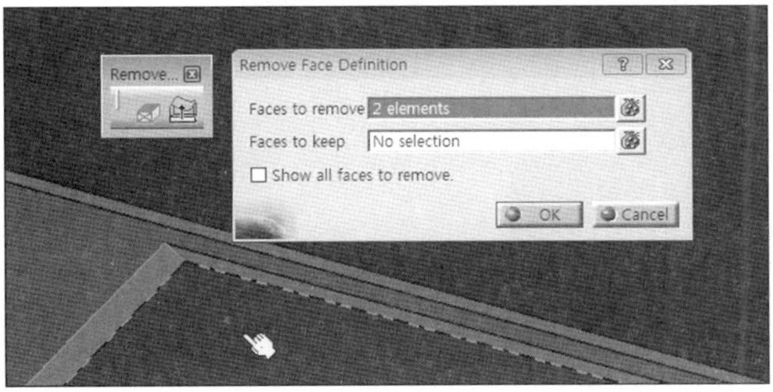

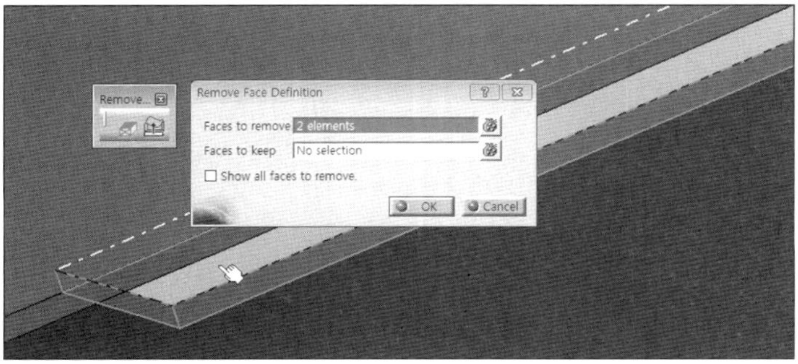
Remove...
Remove Face Definition
Faces to remove 2 elements
Faces to keep No selection
Show all faces to remove.
OK
Cancel

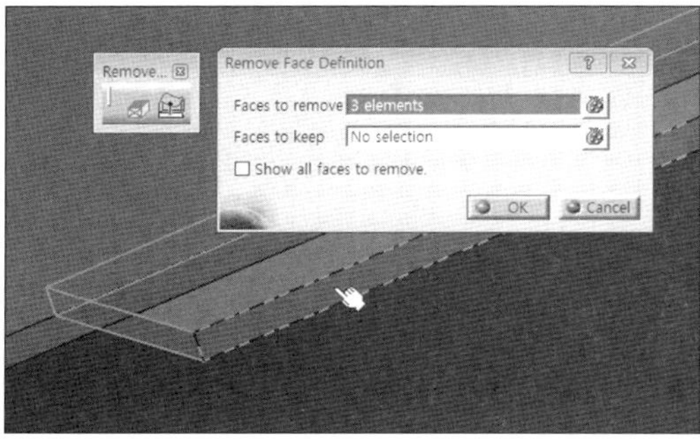
Remove...
Remove Face Definition
Faces to remove 3 elements
Faces to keep No selection
Show all faces to remove.
OK
Cancel

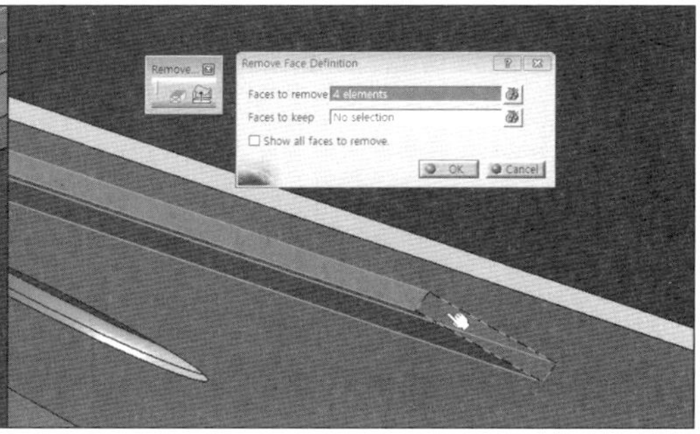
Remove...
Remove Face Definition
Faces to remove 4 elements
Faces to keep No selection
Show all faces to remove.
OK
Cancel

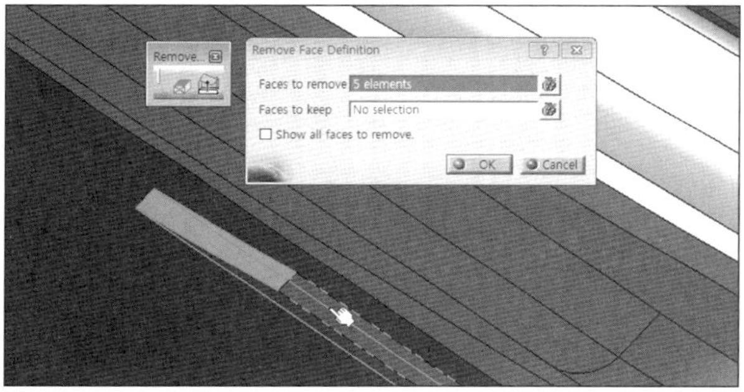
Remove...
Remove Face Definition
Faces to remove 5 elements
Faces to keep No selection
Show all faces to remove.
OK
Cancel

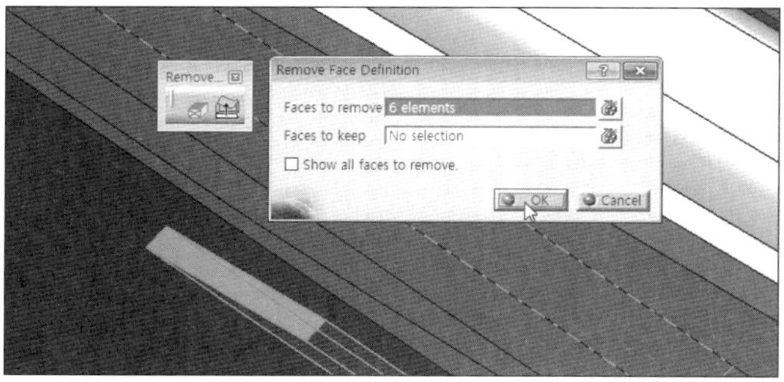
Remove...
Remove Face Definition
Faces to remove 6 elements
Faces to keep No selection
Show all faces to remove.
OK
Cancel

» 제거된 것을 확인할 수 있다. 나머지 부분도 같은 방법으로 작업을 하면 된다.

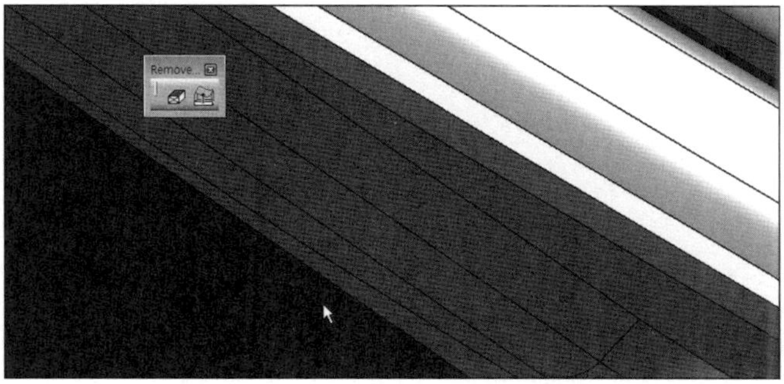

» 최종적으로 나머지 부분도 삭제된 것을 확인할 수 있다.

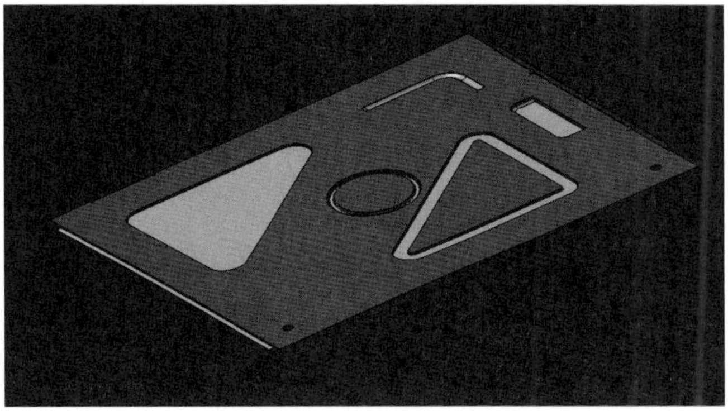

» 가공이 불가능한 다른 부분도 독자 여러분이 해보시기 바란다. 방법은 동일하다.

[제2편]

Machining에 들어가기에 앞서

1. CATIA V5 Manufacturing의 제품 군

CATIA V5 Manufacturing의 제품 구성은 다음 그림과 같이 Machining과 Lathe 군으로 나뉘며 Machining은 PMG, SMG, MMG, AMG Module로 세분화되어 있다.

NC Manufacturing

- NC Machining
  - Prismatic Machining(PMG)
  - 3–Axis Surface Machining(SMG)
  - Multi–Axis Surface Machining(MMG)
  - Advanced Machining(AMG)
- Lathe Machining
  - Lathe Machining
  - Multi–Slide Lathe Machining

각 Module은 가공 공정에 따라 평면 및 직각 가공 Module(PMG), 곡면 가공 Module(SMG), Multi–Axis 가공 Module(MMG), 모든 Machine을 포함한 Module(AMG)로 나뉜다.

각 Module 별로 포함되는 Machine operation은 다음과 같다.

AMG

PMG

- Axial Machining
- Point to Point
- Pocketing
- Facing
- Curve Following
- Profile Contouring
- Groove Milling
- Plunge Milling
- 4-Axis Milling
- Prismatic Machining
- Plunge Milling

- Helix Machining(Multi Axis)
- Cavity Roughing
- Flank Machining(multi Axis)
- Advanced Finishing

SMG / IMG

- Roughing
- Sweep Roughing
- Plunge Milling
- Zlevel
- Multi-Axis Tube Machining
- Sweeping
- 4-Axis Curve Sweeping
- Multi-Axis Sweeping
- Pencil
- Contour Driven
- Multi-Axis Contour Driven
- Isoparametic Machining(Multi Axis)
- Spiral Milling
- Multi Axis Spiral Milling
- Multi Axis Curve Machining

이 책에서는 Machine operation이 모두 포함된 AMG에 대해서 다루도록 한다.

2. PPR tree

PPR tree는 Process, Product, Resource의 약자로 다음과 같은 내용을 포함한다.

- **Process** : Tool path 생성을 위한 전반적인 사항을 순서대로 나열한다.
  ① Part operation : NC program에 사용될 Machine을 정의한다.
  ② Manufacturing Program : Tool path 작업 순서

③ Tool Change : Tool Change 정보

④ Machining Operation List

- **Product List** : Tool path 생성에 사용될 Design part, Stock, Fixture 등 Geometry가 위치한다.

- **Resource List** : Tool path 생성에 사용된 Machine, Tool, Holder가 표시된다.

① Machine

② Tool

③ Holder

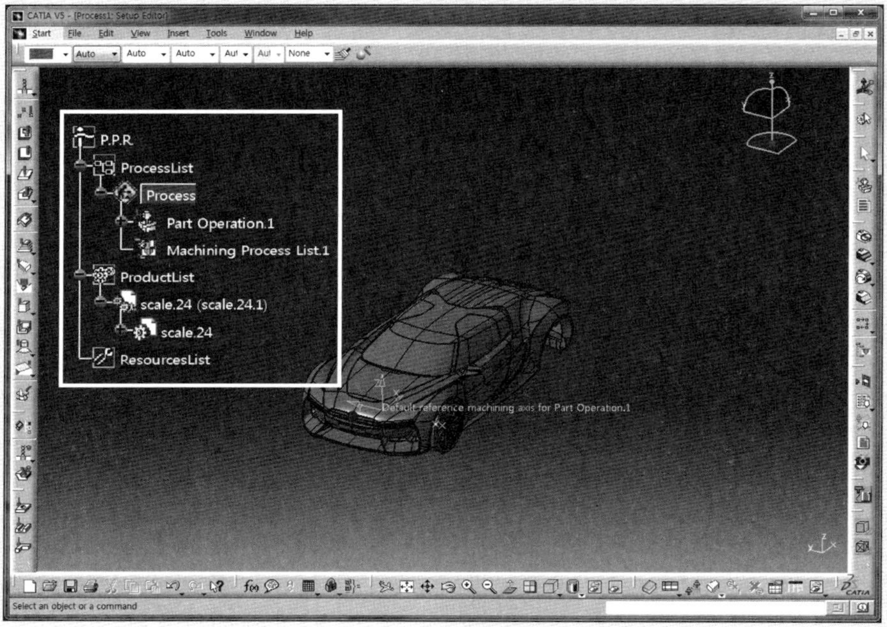

01 Manufacturing Option

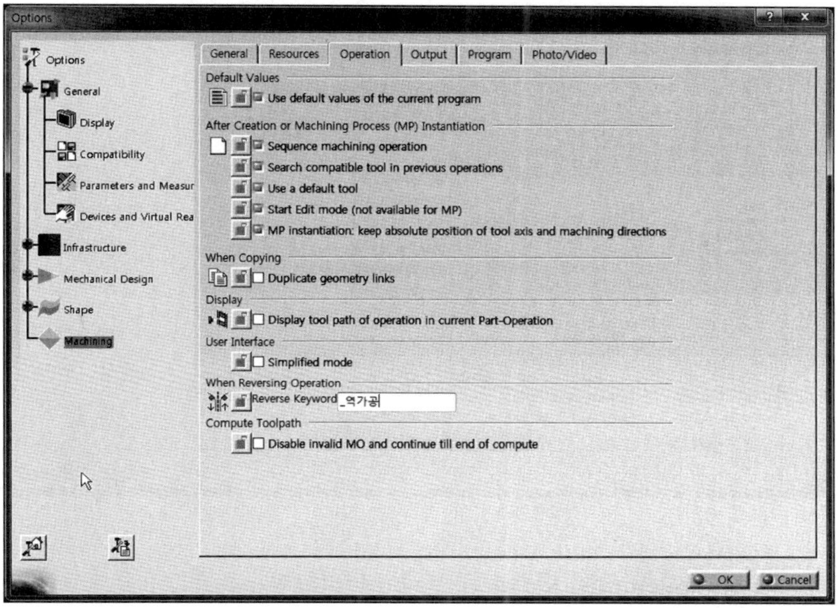

▲ Manufacturing Option 설정창

이 장에서는 보다 효율적인 NC programming을 위해 NC Manufacturing 환경을 설정하는 방법을 설명한다.

시스템의 성능에 크게 영향을 주는 설정은 사용자의 시스템 성능에 따라 적절히 Option을 조절하여 원활한 작업을 위해 사용자 환경을 구축할 수 있다.

◦ Manufacturing Option 설정창 열기

Full Down Manu 〉 Tool 〉 Options

왼쪽 Option tree에서 Machining 항목을 선택한다.

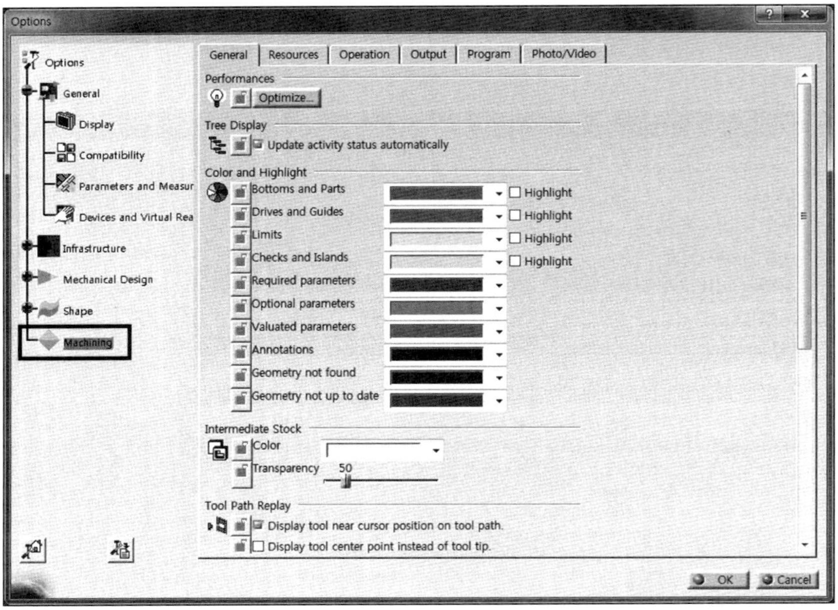

오른쪽에 가공 설정 Option 창이 탭으로 구분되어 나타난다.

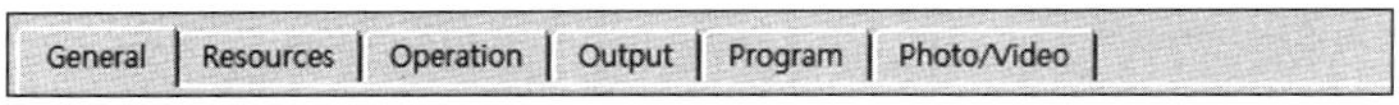

General	모든 가공 제품에 대한 일반 설정
Resources	Tooling, feeds & speeds and resource files 설정
Operation	Machining operations 설정
Output	PP files and NC data 출력 설정
Program	Manufacturing programs(sequencing, and so on)
Photo / Video	검증 Simulation 설정

1. General

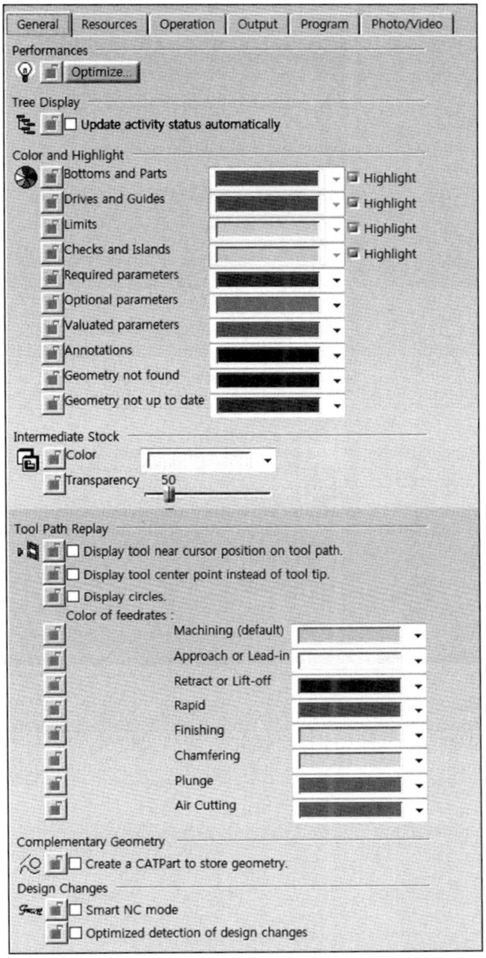

▲ Manufacturing Option 설정창

(1) Performances

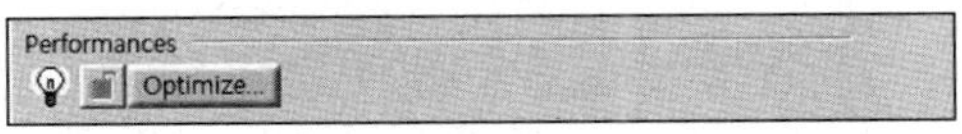

가공에 관련된 Option들을 최적화 한다. Optimize 버튼을 클릭하면 CATIA V5가 시스템 성능을 스캔하여 최적화 할 내역을 Information 창으로 확인할 수 있다.

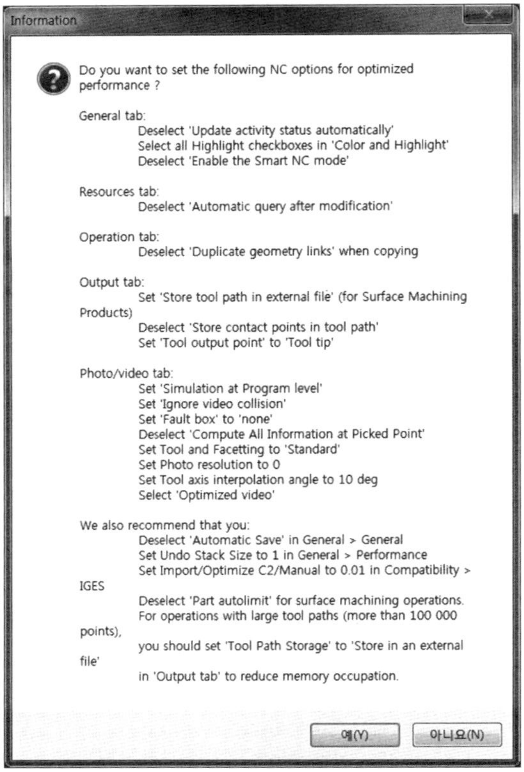

"예(Y)"를 선택하면 해당 사항을 적용한다. 반대로 "아니요(N)"를 누르면 취소하게 된다.

(2) Tree Display

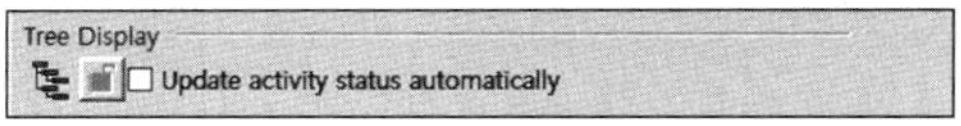

활성화 할 경우 Geometry의 형상이 변경될 경우 변경된 Geometry를 사용한 Operation의 아이콘에 자동으로 Update 표시를 한다.

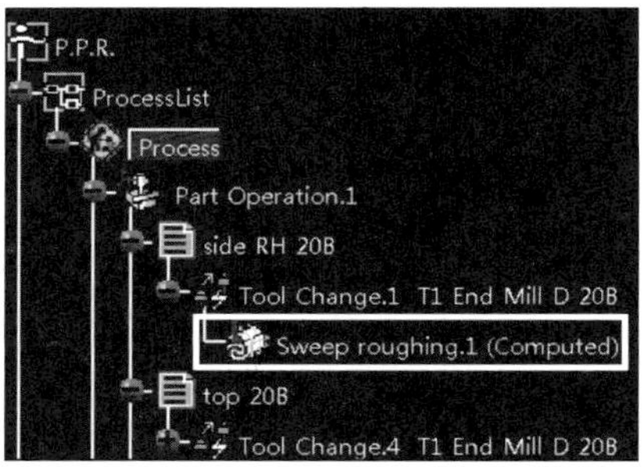

Check가 되지 않았을 경우 Auxiliary Command Tool Bar의 Display Status of Selected Activities 명령이 활성화된다. <u>Check하지 않는 것이 성능 향상에 도움을 준다.</u>

(3) Color and Highlight

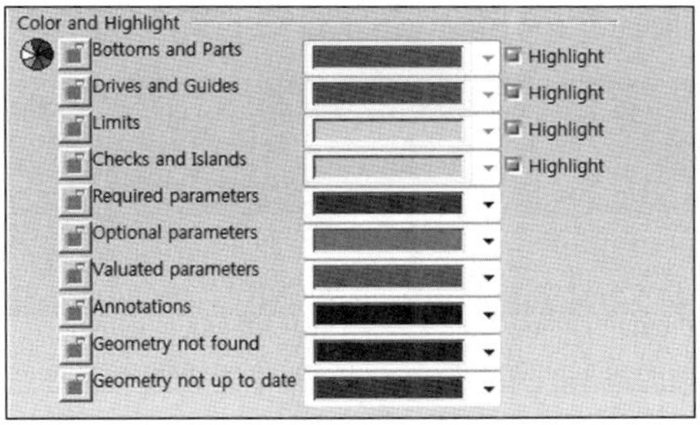

Operation에서 각 Part를 설정하면 지정된 Color로 화면에 표시한다.

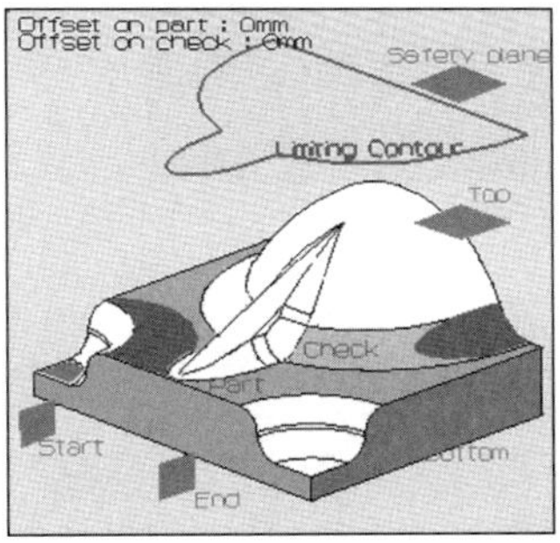

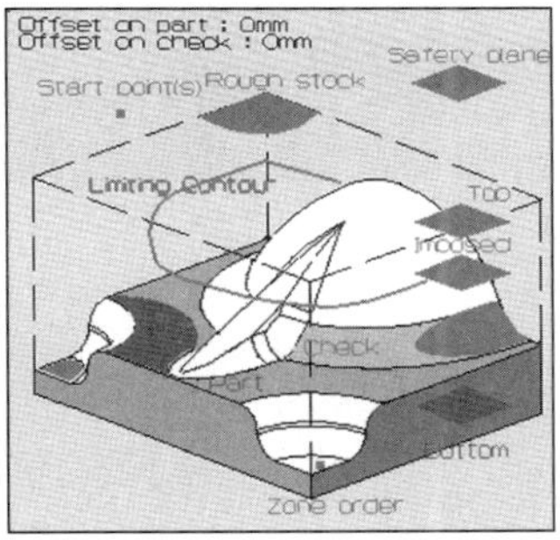

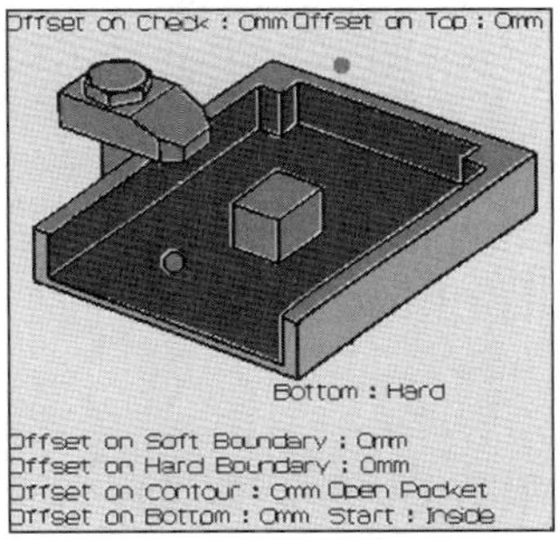

Highlight Check 된 항목은 선택 표시(녹색)만 나타나게 되며, Off 했을 경우 선택 Geometry 전체에 색상이 적용된다. <u>Default : ON</u>

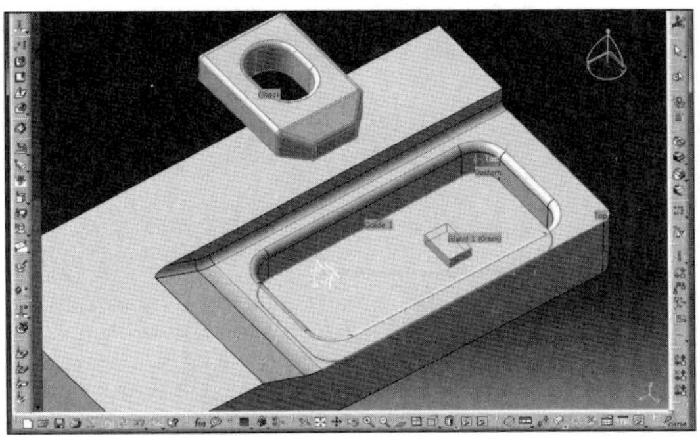

▲ On

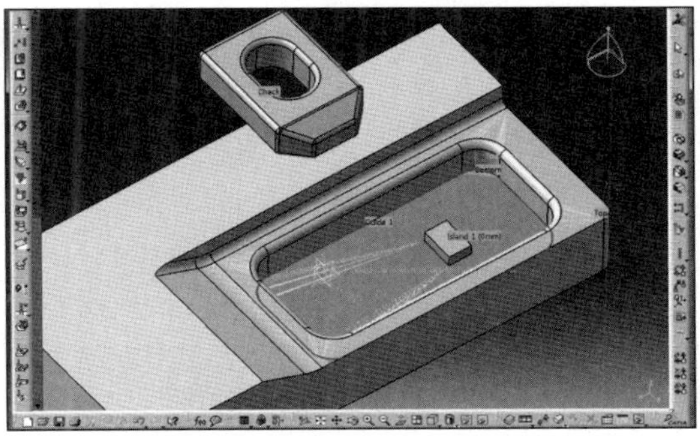

▲ Off

(4) Intermediate Stock

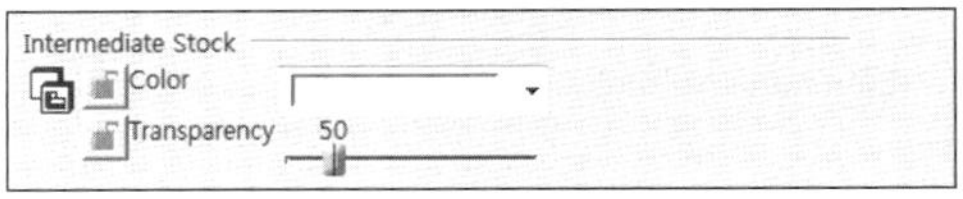

Create rough stock 명령으로 만들어진 stock의 색상과 투명도를 조절한다.

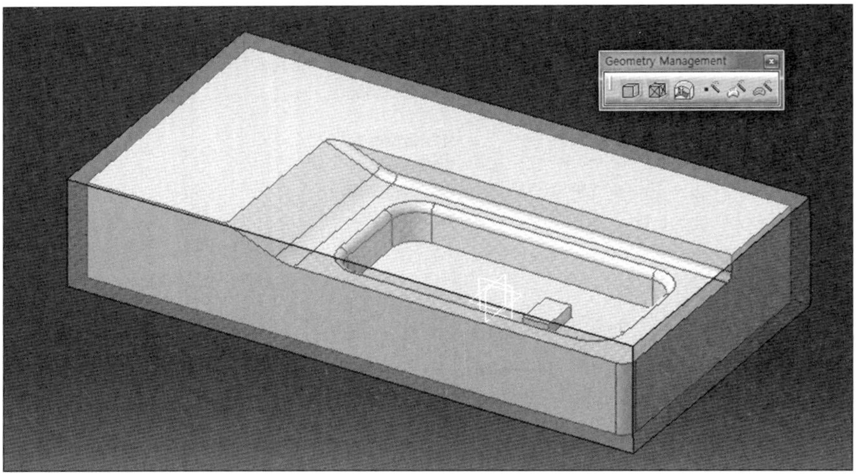

(5) Tool Path Reply

① Display tool near cursor position on path :

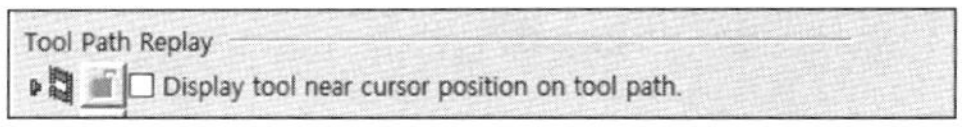

Tool Path 위로 마우스를 움직이면 Tool이 Tool path에 맞추어 마우스를 따라 움직인다. 비활성화 시 Tool pat의 특정 부위를 더블 클릭을 해야 Tool이 해당 위치로 이동한다.

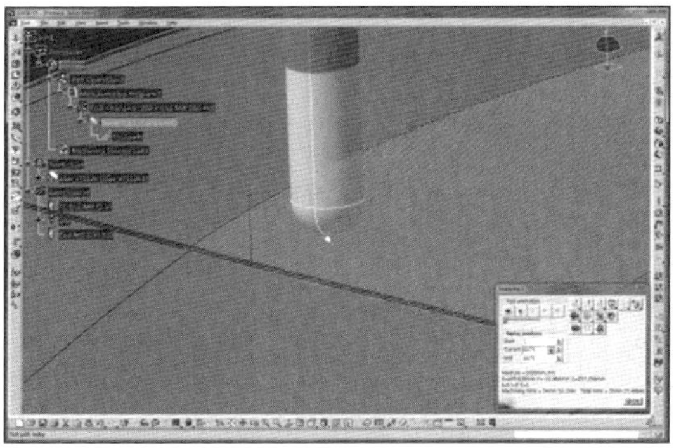

▲ On

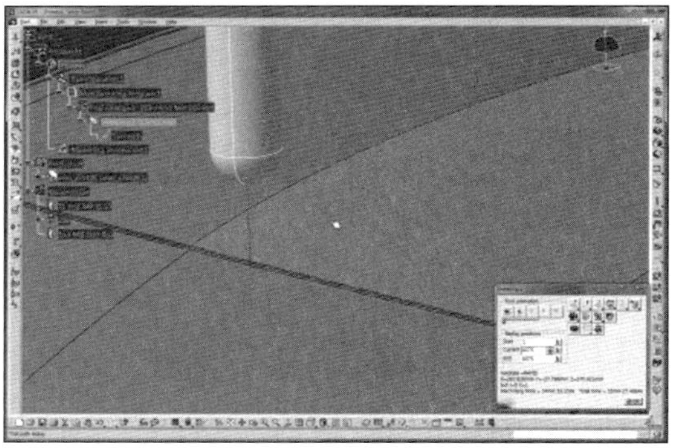

▲ Off

② Display tool center point instead of tool tip : 

활성화 되면 Tool의 Center를 기준으로 Tool path가 표시되며 비활성화 시 Tool tip으로 Tool path가 화면에 표시된다.

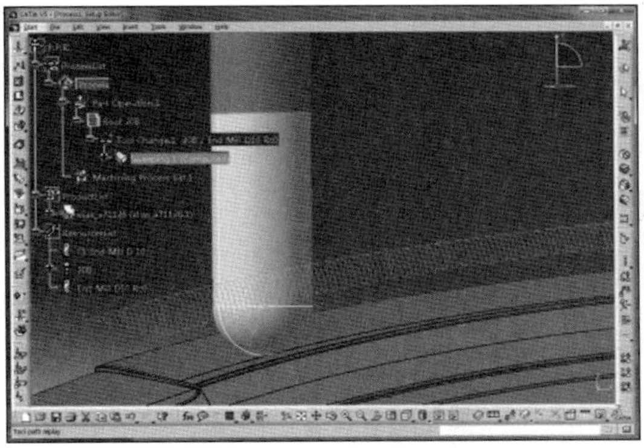

▲ On

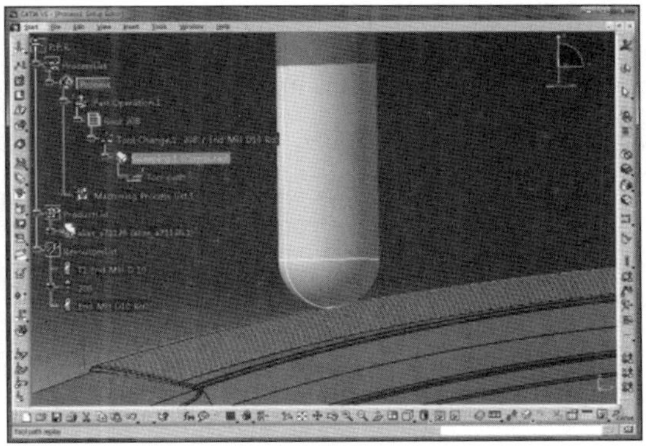

▲ Off

③ Color Feedrates : 

각 Macro에 Color 지정하여, 설정된 색을 해당 Macro에 적용하여 Tool path Replay 결과로 화면에 표시한다.

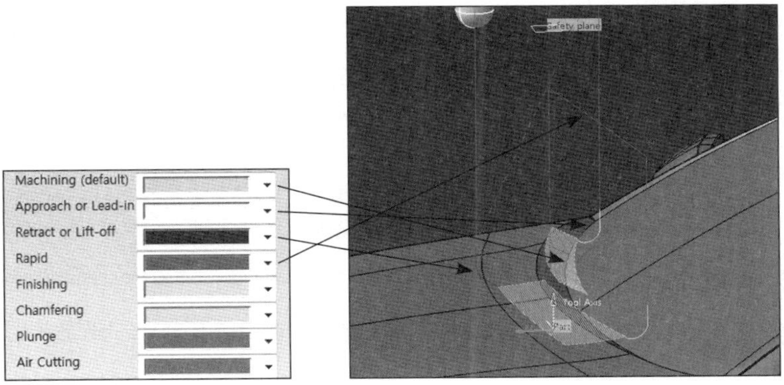

(6) Complementary Geometry

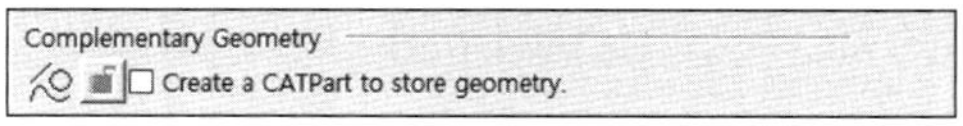

Check on : 작업 저장 시 CATProcess 파일과 새로운 2개의 파일을 자동으로 생성한다. (NC Setup_NC Modeling Data CATProduct와 NCGeometry_NC Modeling Data CATPart, CATProcess 3개의 파일이 생성된다.) Off 상태에선 CATProcess 파일만 생성된다.

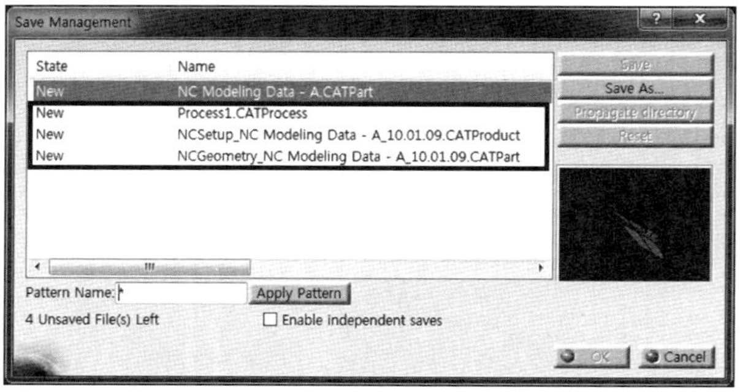

Complementary Geometry를 활성화 시키면 위와 같이 3개의 파일이 생성된다.

(7) Design Changes

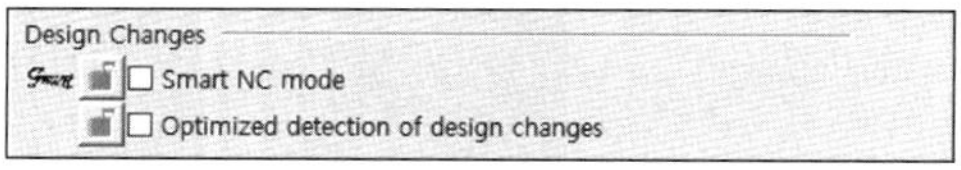

· Smart NC mode : Check 시 Machine Operation에서 사용된 선택된 모든 Geometry에 대해 디자인 변경 분석을 한다. 시스템 성능에 영향을 준다.

· Optimized detection of design change : 디자인 변경 시 자동으로 Synchronize process 명령을 적용한다.

2. Resources

Tooling, feeds & speeds and resource files 설정

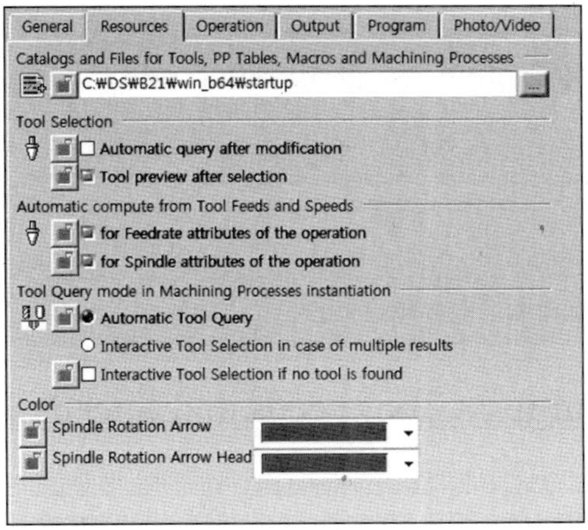

▲ Resources 설정창

(1) Catalogs and Files for Tools, PP Tables, Machining Process

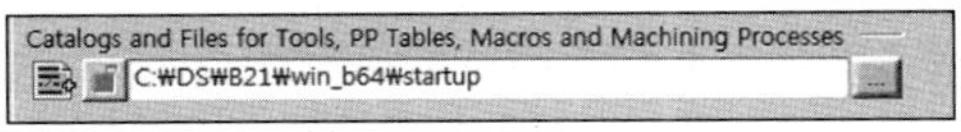

Tool catalogue, PP테이블, Machining process 파일의 저장위치를 지정

(2) Tool Selection

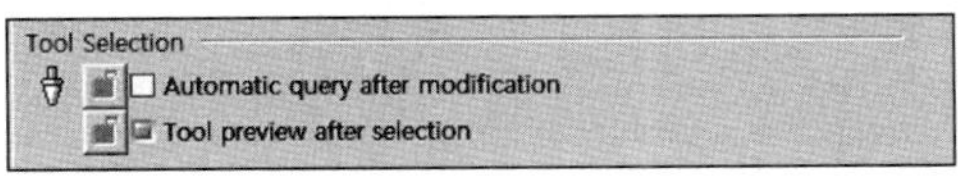

- Automatic query after modification : Tool의 Parameter 값을 수정 시 자동으로 해당 Tool의 조회 기능 활성화 시킨다. <u>시스템 성능에 영향을 준다.</u>
- Tool preview after selection : Tool 미리 보기 활성화. <u>Default : ON</u>

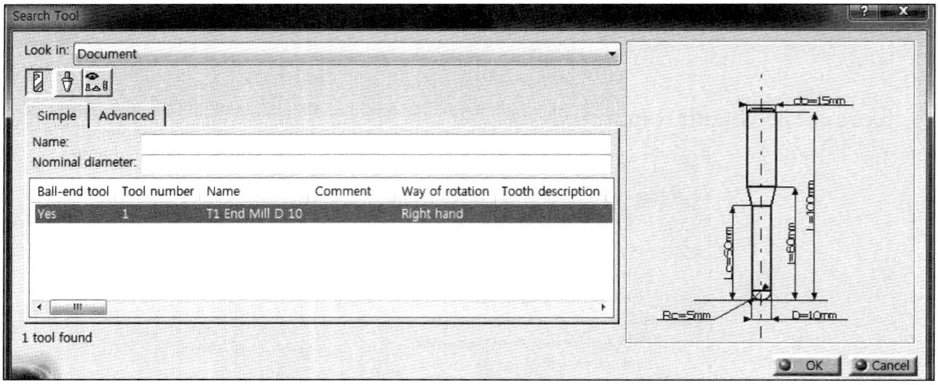

▲ Tool catalog의 Tool 미리보기 활성화 된 모습

(3) Automatic Compute form Tool Feeds and Speeds

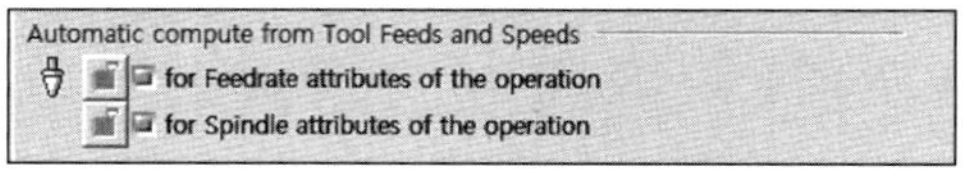

· For Feedrate, Spindle attributes of the operation : Automatic Compute form Tool Feeds and Speed Option이 활성화 되면 이전 Operation에서 수정된 Parameter 값이 다음 Operation에 그대로 적용이 된다.

Operation의 이송 Parameter, Spindle 회전 수 Parameter가 수정이 될 때마다 자동으로 Update를 해줌으로써, 다음 이송 정보 정의 과정의 programming 속도를 향상 시킬 수 있다. Default : ON

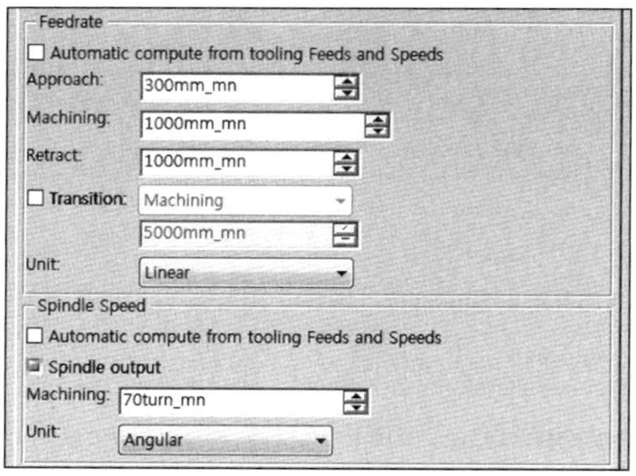

▲ Part Operation의 가공 속도 설정탭

3. Operation

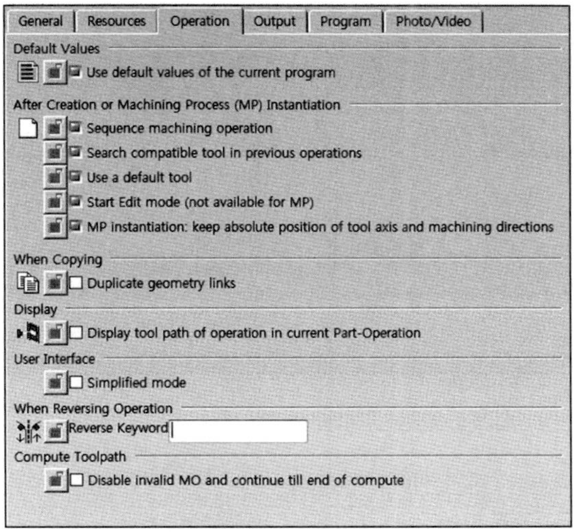

▲ Operations 설정창

(1) Default Values

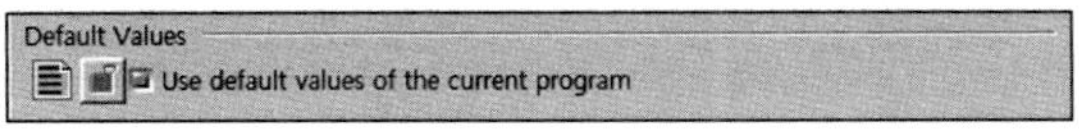

· **Check on** : Operation 실행 시 각 항목에 대한 Parameter 값을 이전에 사용한 값으로 불러온다. Off시 CATIA V5 기본 값을 불러온다. Default : ON

(2) After Creation or Machining Process(MP) Instantiation

새로운 가공 작업 또는 Machining process를 생성할 때 적용할 조건을 선택한다.

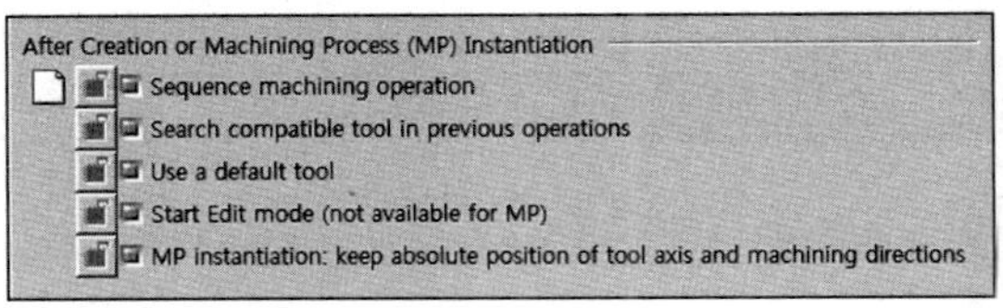

· **Sequence machining operation** : 현재 Machining Program에서 자동으로 Machining Operation이 순서대로 정렬이 된다.

· Search compatible tool in previous operations : Operation 생성시, 호환되는 Tool은 현재 Machining Program 이전의 Operation에 있는 경우 새로 생성된 Operation에 불러들여진다.

· Use a default tool : 이전 작업에서 사용된 Tool이 없을 경우 기본 Tool을 불러온다.

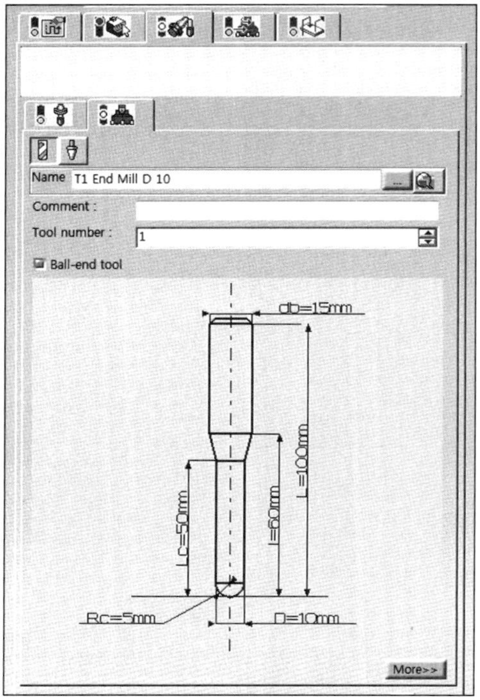

▲ On

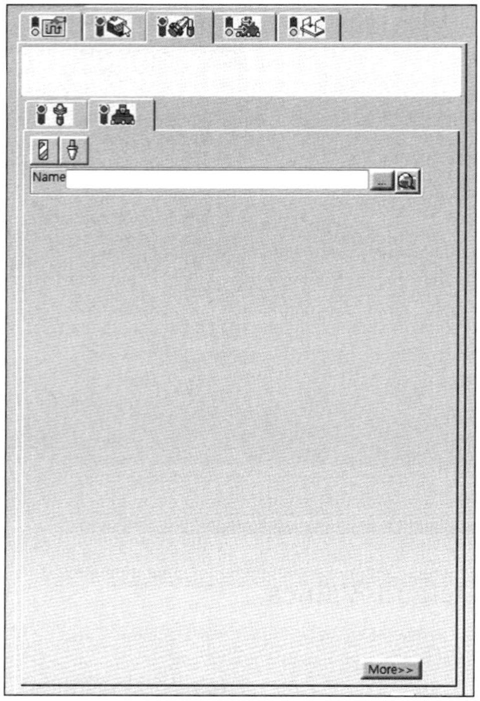

▲ Off

· Start edit mode(not available for machining processes) : Check on 시 Operation이 추가되면 Operation 설정창을 자동으로 시작시킨다. 선택하지 않으면, Operation은 Manufacturing Program에는 추가되지만 Operation 설정창이 자동으로 시작되지 않는다.

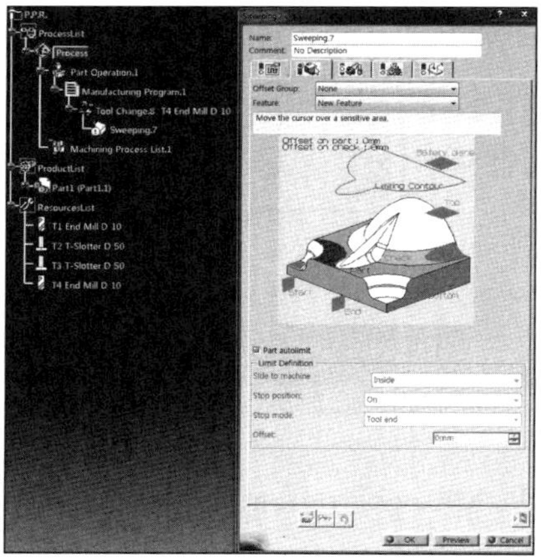

▲ On

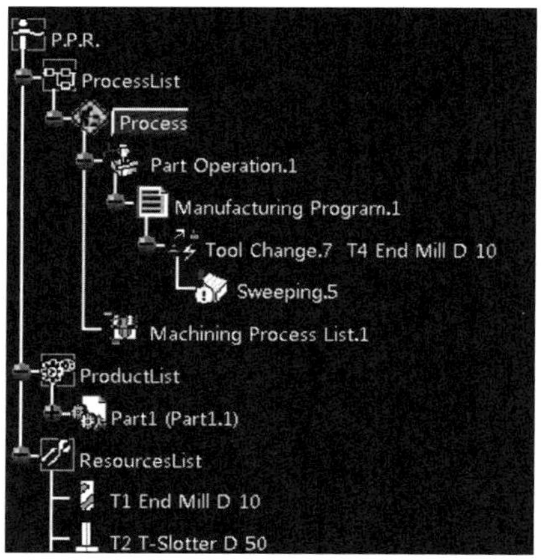

▲ Off

· MP Instantiation : Tool 축과 가공 방향이 Manufacturing Program이 활성화 되면 절대 축 위치를 유지 한다. Check 하지 않았을 경우 Tool 축과 가공 방향이 대상물을 유지하기 위해 변경 된다. <u>Default : ON</u>

(3) When Copying

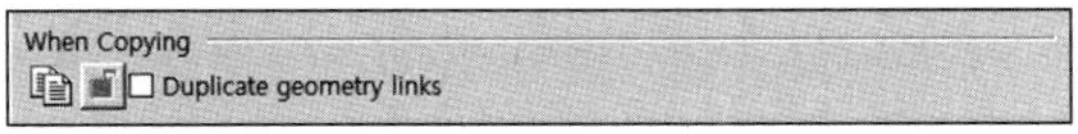

Check 시 연산된 Operation을 복사할 경우 선택된 Geometry(part, Check, Limit 등)를 같이 복사한다. Default : ON, Off 할 경우 성능은 향상된다.

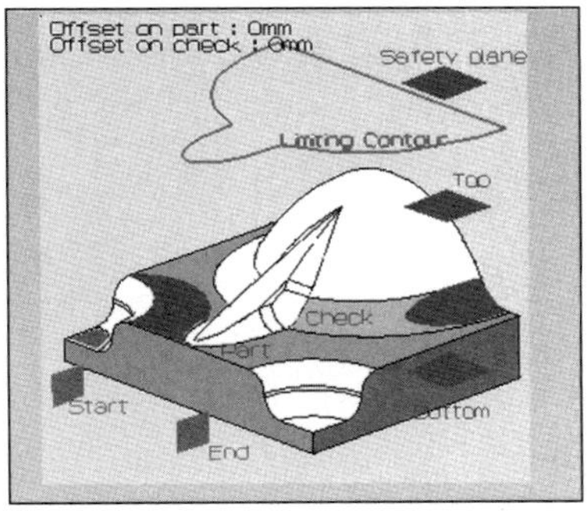

▲ On

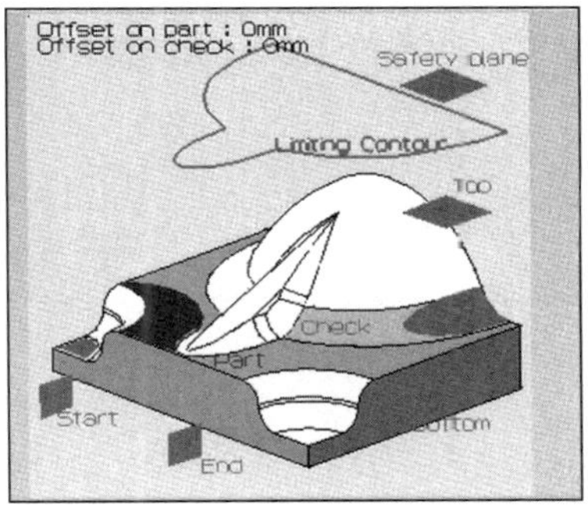

▲ Off

(4) Display

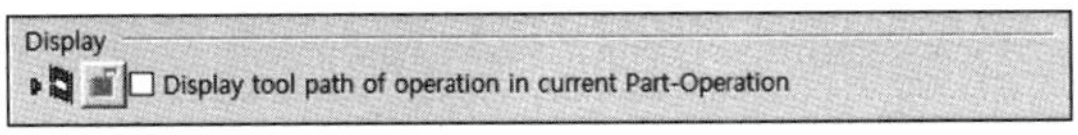

· 선택된 경우 생성된 Tool path가 화면에 Display 된다. <u>Default : Off</u>

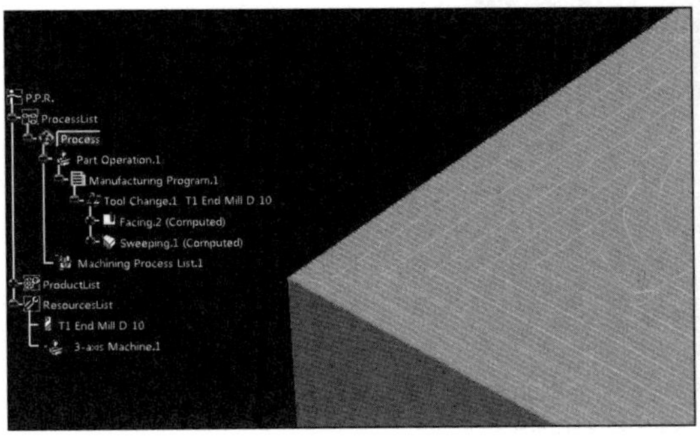

▲ On

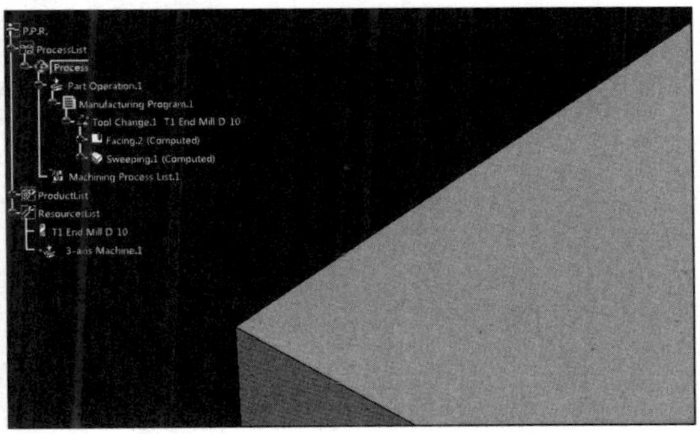

▲ Off

기본 화면에 생성한 Tool path가 모두 겹쳐 표시되기 때문에 효율적이지 못하다.

(5) User Interface

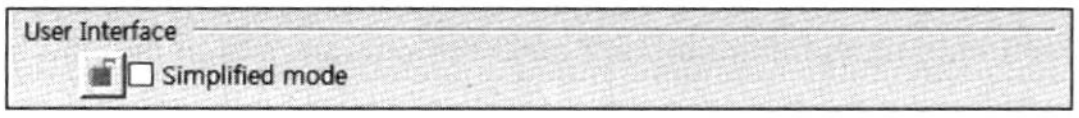

· Operation 대화상자를 단순화 한다(Tool path를 생성하기 위한 Parameter 입력을 최소화). 이 설정은 3축 Surface Machining에서만 사용이 가능하다. Default : Off

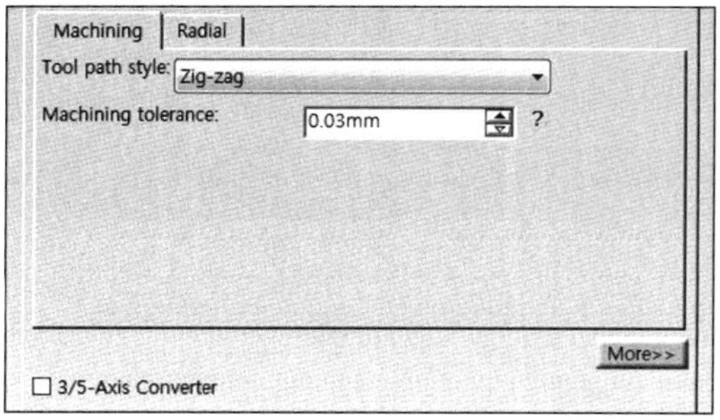

▲ On

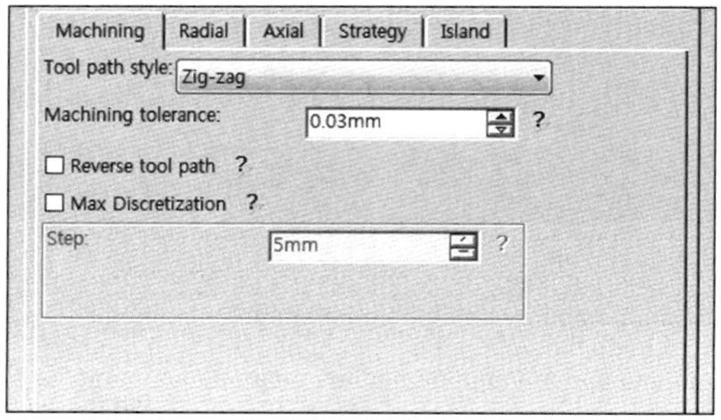

▲ Off

(6) When Reversing Operation

· Reverse machining Conditions 기능 사용시 Operation 이름에 Key word 추가한다.
ex) Key word 추가(_역가공)

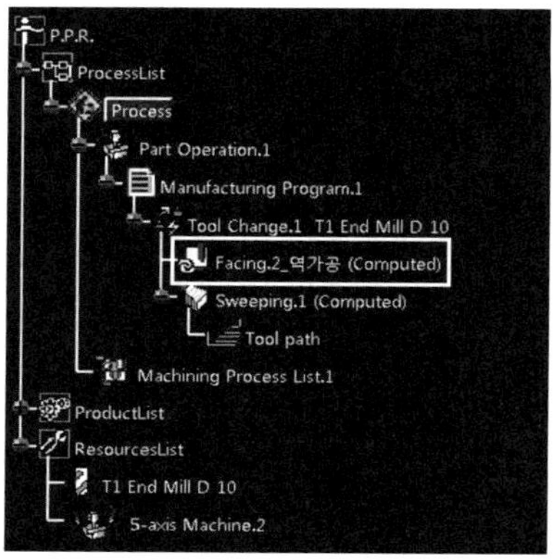

▲ ex) Key word 추가 (_역가공)

(7) Compute Tool path

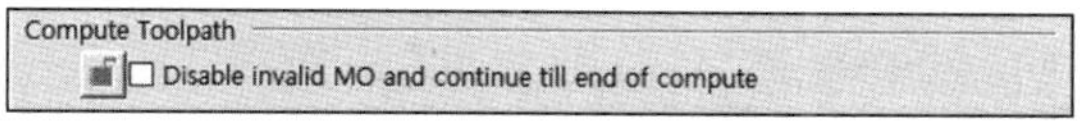

· Tool Path 연산 중에는 Operation 등이 변경되는 것을 보호하기 위해 CATIA V5를 사용할 수 없도록 잠그는 기능이다. Off 시 연산 중에도 계속해서 CATIA V5를 사용할 수 있다. Default : Off

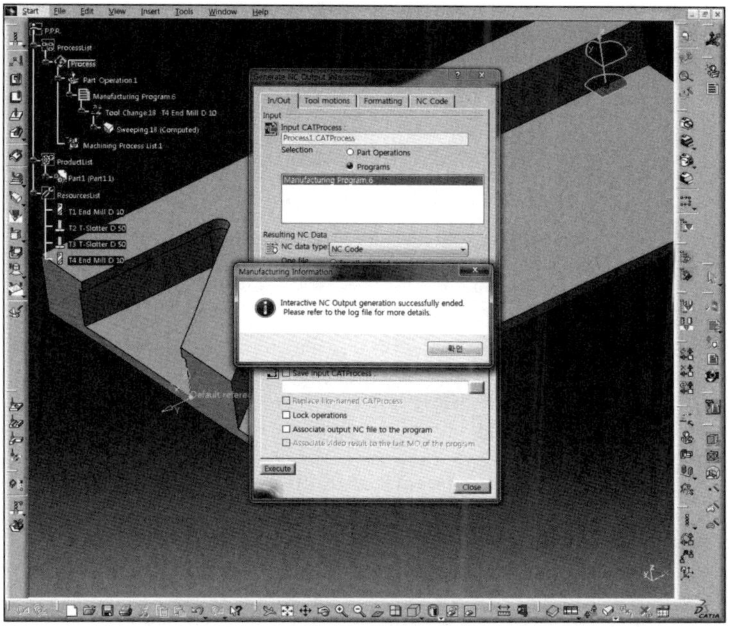

▲ Tool Path 연산이 끝날 때까지 CATIA V5가 잠긴다.

4. Output

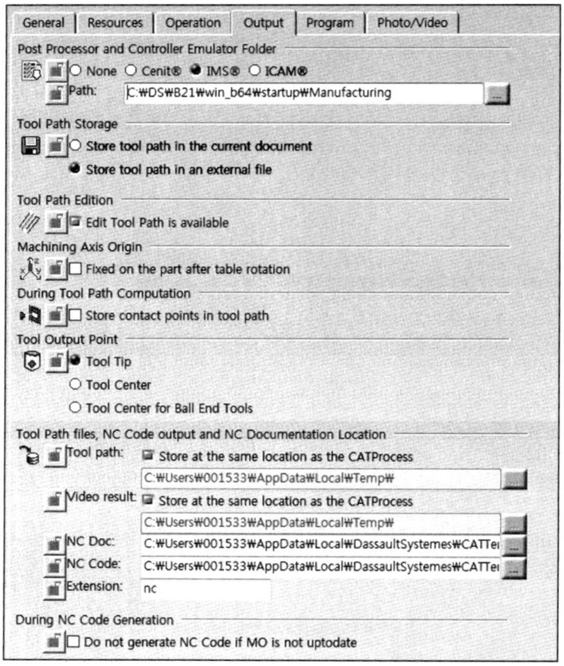

▲ Output 설정창

(1) Post processor and Controller Emulator Folder

- **Post processor 지정** : NC Code 출력 시 사용할 Post processor와 Controller Emulator가 저장된 곳을 지정한다.
- None : 사용하지 않는다.
- Cenit® : Cenit사에서 지원하는 Post processor and Controller Emulator 사용한다.
- IMS® : Intelligent Manufacturing Systems 사에서 지원하는 Post processor and Controller Emulator 사용한다.
- ICAM® : Campost사에서 지원하는 Post processor and Controller Emulator 사용한다. 선택을 해야 NC Code를 출력할 수 있다.

(2) Tool Path Storage

· Tool path Data를 활성화된 document또는 외부에 저장한다.(*.tpl File).

· Store tool path in an external File : Operation의 Tool Path point가 10000 point 이상일 경우에 권장한다. Default : Store tool path in the current document

(3) Tool Path Edition

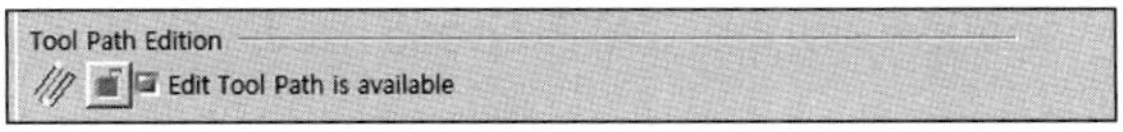

· Check 시 Tool path가 잠겨있을 경우에만 Tool Path의 편집 기능을 사용할 수 있다. Default : ON

(4) Machining Axis Origin

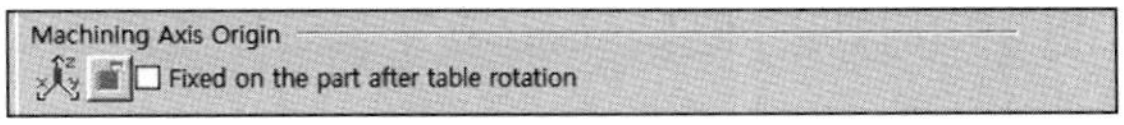

이 Option을 선택 시, 테이블 회전(Machine Rotation, 기계명령어 또는 경로 전환) 후 Machine 프레임은 기계의 축과 동일한 방향으로 유지된다. 가공 축 원점과 동일하게 유지된다. 다른 가공 축의 변경은 원점을 유지하기 위해 테이블 회전 후 정의해야 한다. Default : ON

(5) Tool Output Point

Tool path 출력 Point를 지정한다. Tool Tip으로 설정하는 것이 성능 향상에 도움이 된다. Default : Tool Tip

(6) Tool Path files, NC Code output and Documentation Location

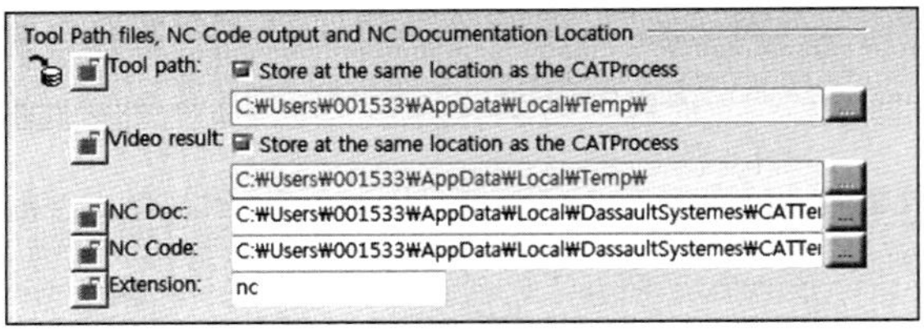

Tool path File, 비디오 결과, NC문서 와 NC Code를 저장하는 기본 위치를 지정한다.

· Extension : 출력되는 NC code의 파일 확장자를 설정한다.(문서의 유형은 TXT이다.)
  ex) *.NC

· Store at the same location as the CATProcess : Check 시 CATProcess와 같은 장소에 저장된다.

(7) During NC Code Generation

Machine Operation이 변경이 되었을 때, Update 되지 않았을 경우 NC Code가 출력이 되지 않는다. <u>Default : Off</u>

5. Photo / Video

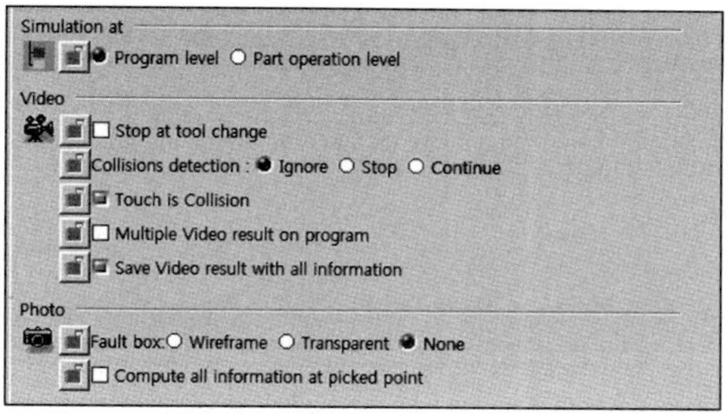

▲ Photo / Video 설정창

(1) Simulation at

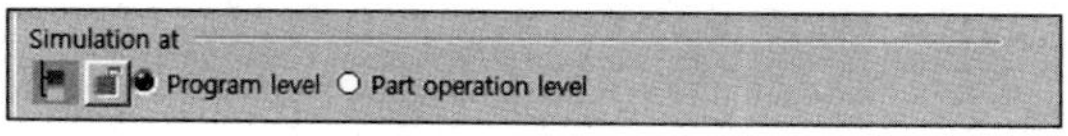

Simulation을 Program 단위나 part Operation 단위로 수행을 할 것인가를 선택한다. Program Level이 성능 향상에 도움이 된다. Default : Program level

(2) Video

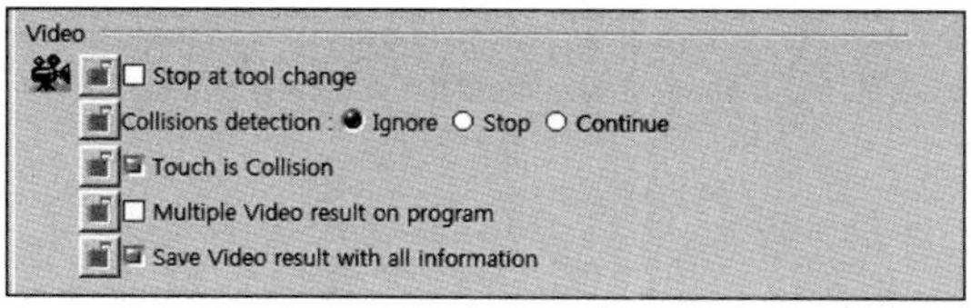

- Stop at tool change : Tool 체인지 시 Simulation 을 멈춤.
- Collision detection : 비디오 Simulation 중 충돌이 감지되었을 경우 진행 Option. Default : Ignore
  - Ignore : 충돌 무시
  - Stop : 충돌 감지 시 멈춤.
  - Continue : 충돌이 감지된 이후에도 Simulation을 계속한다. Simulation 중에도 충돌 목록을 확인할 수 있다.

· Multiple Video result on program : 하나 이상의 Simulation 결과를 저장한다. Default : Off

· Save Video result with all information : 모든 Simulation 결과를 저장한다. Default : ON

(3) Photo

미절삭 부위 또는 홈 부위를 확인하기 위한 박스 표시 방법이다. Default : Wireframe

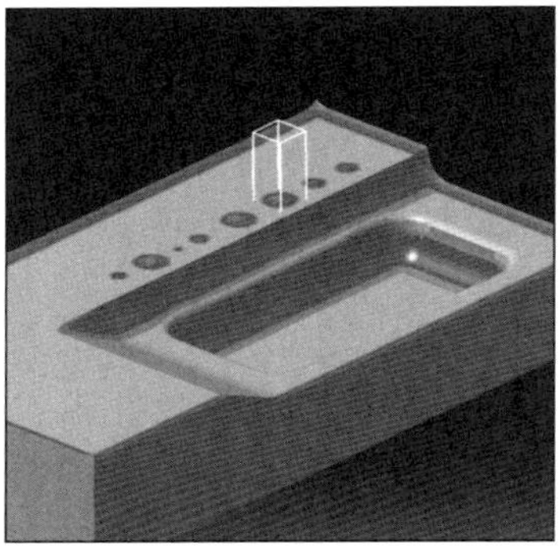

▲ Wireframe

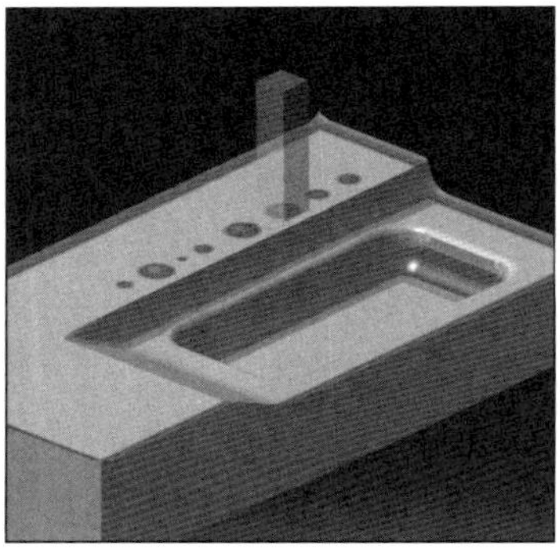

▲ Transparent

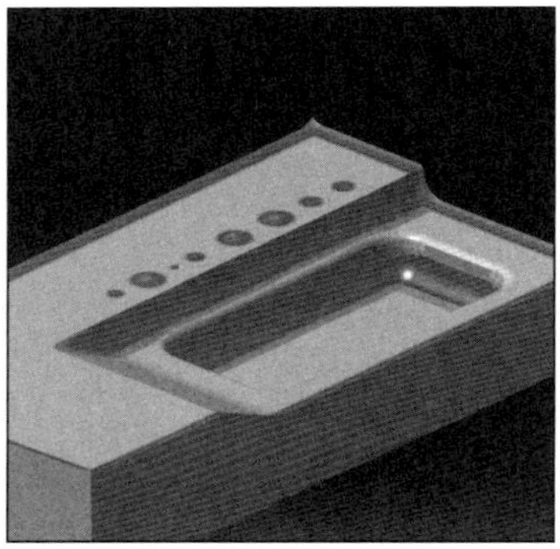

▲ None

· Compute all information at picked point : 마우스로 클릭한 부분을 실시간으로 계산 정보를 나타낸다. Check 시 가공 후 남게 되는 미절삭 부위에 대한 정보를 더 얻을 수 있다. Default : Off

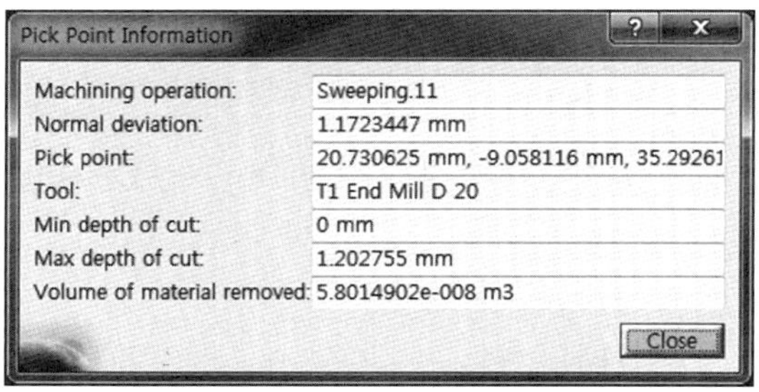

▲ On

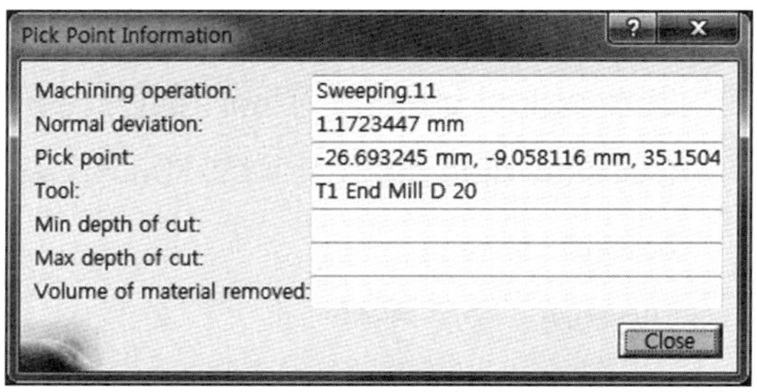

▲ Off

(4) Color

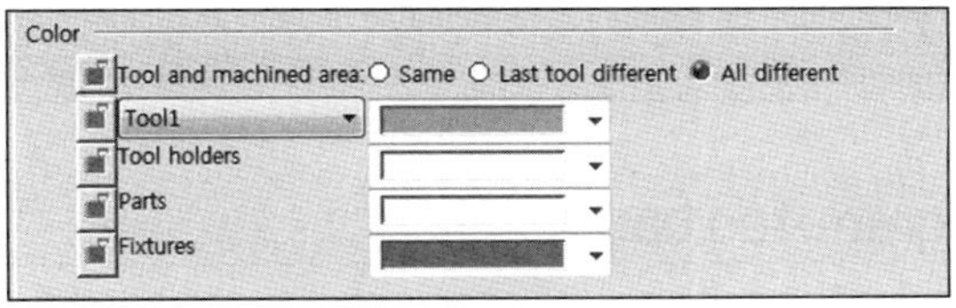

- Tool and machined area : Tool과 가공 영역에 대한 색 표시 방법
- Same : 모두 같은 색
- Last tool different : 마지막 Tool과 다른 색으로 표시
- All different : 모두 다른 색으로 표시

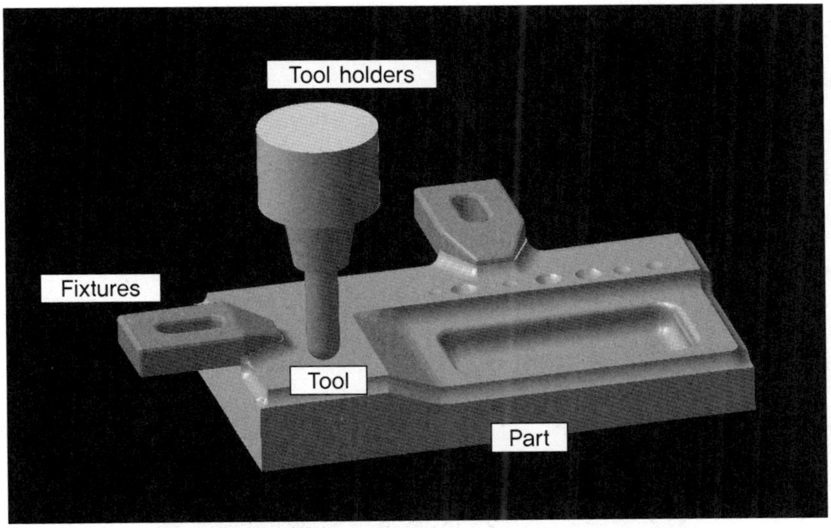

▲ 각 항목별로 고유색을 지정한 모습

CHAPTER

02 각 도구에 대한 이해(NC Manufacturing Toolbar)

1. Manufacturing program Toolbar

Manufacturing Program 및 Part operation 요소를 만들기 위한 Part Operation과 Manufacturing Program 명령이 포함되어 있다.

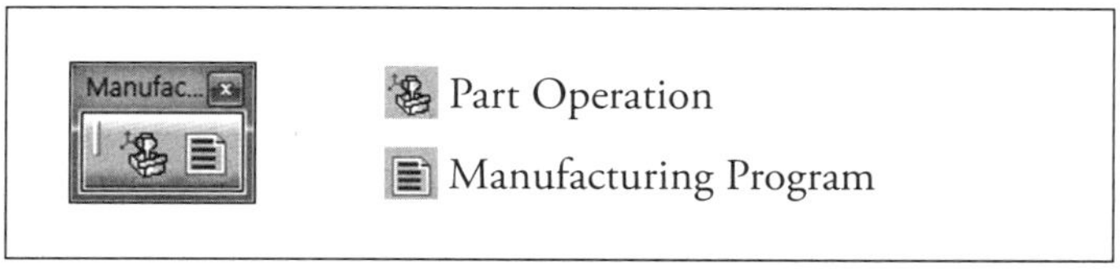

(1) Part Operation 설정

CATIA V5 Machining 환경을 CNC 장비의 특성에 맞게 설정을 할 수 있다.

○ Part Operation 추가

TTR tree의 Part Operation 선택 후 Manufacturing program Toolbar의 Part Operation 아이콘 선택 또는 역순으로 추가한다. 기존 Part Operation 하위에 생성이 된다.

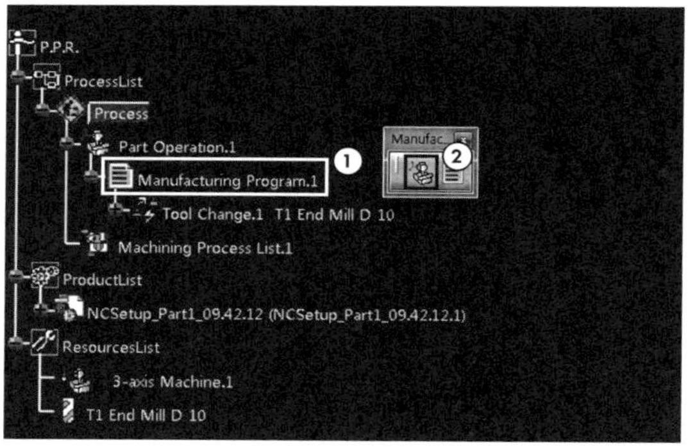

○ Part Operation 설정

PPR tree 〉 Part Operation 더블 클릭하여 대화상자를 Open한다.

▲ Part operation 설정창

1) Machine

사용할 장비의 특성과 종류 등 장비의 전반적인 설정을 할 수 있다.

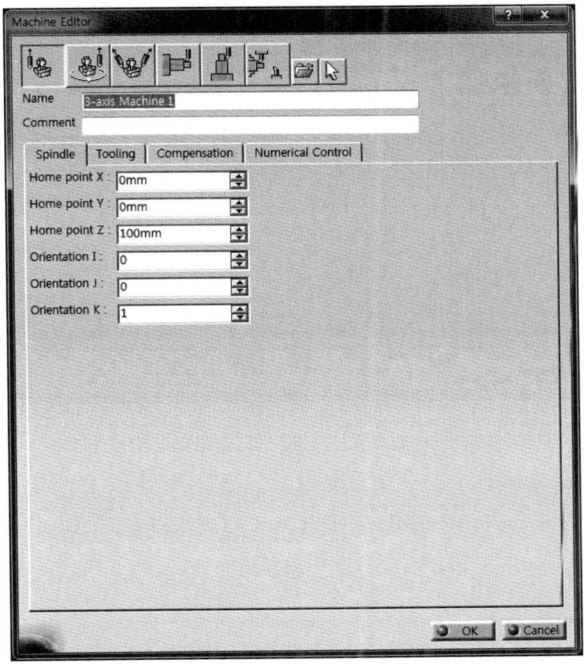

▲ Part operation 설정창

- Machine 선택

3−axis Machine

3−axis With Rotary Table Machine

5−axis Machine

Horizontal Lathe Machine

Vertical Lathe Machine Deprecated

Multi−slide Lathe Machine

사용자에 의해 개발된 머신 선택

- CNC Machine 설정(3Axis Machine 기준) : 3-axis Machine 아이콘을 클릭하여 3Axis Machine를 선택한다.

① Name, Comment : Machine장비의 이름과 Comment를 입력할 수 있다.

② Spindle Tap : Spindle의 Home point 및 Spindle의 축 방향을 설정한다.

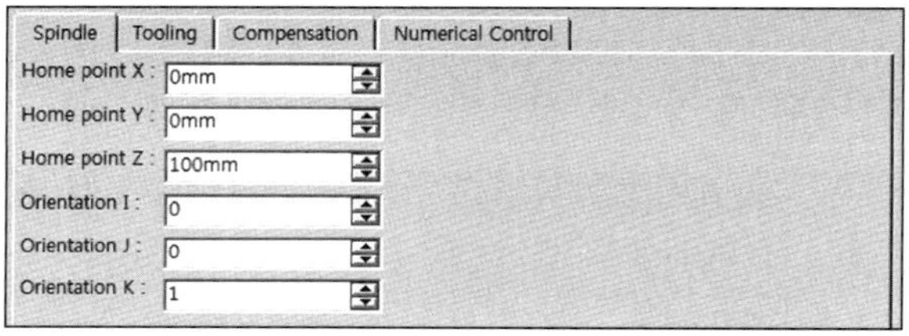

– Home point : X, Y, Z 위치 값 입력

– Orientation : I, J, K 축 방향 설정

③ Tooling Tap :

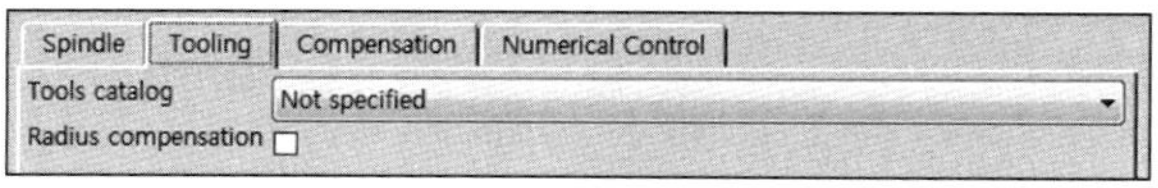

- Tool catalog : operation에서 사용될 Tool catalog를 지정한다. 대화상자를 클릭하면 CATIA V5의 Sample catalog 리스트가 펼쳐진다. Tool catalog 기본 Sample은 다음과 같은 Directory에 저장이 되어 있다.

C:\..\startup\Manufacturing\Tools

사용 중인 Tool catalog가 있다면 이곳에 저장하면 List에 포함이 되어 표시된다.

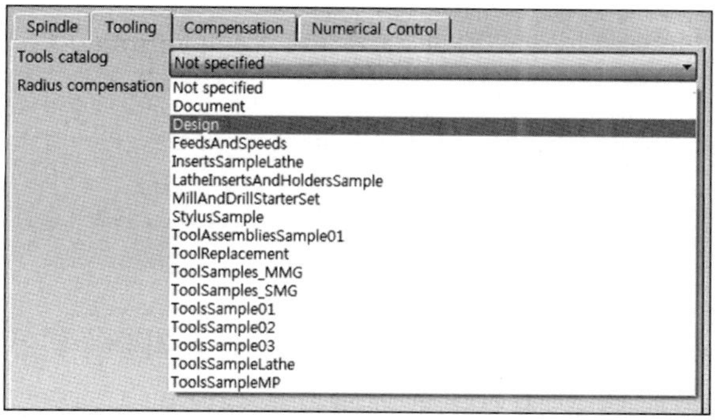

또는 Option에서 저장위치를 다른 곳으로 지정할 수도 있다.

Full Down Manu 〉 Option 〉 Machining 〉 Resources Tap

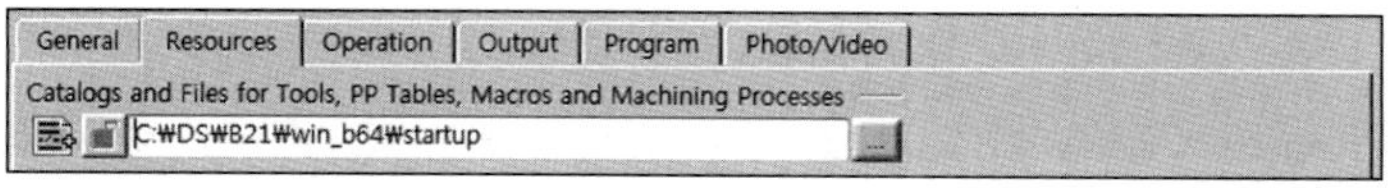

④ Numerical Control :

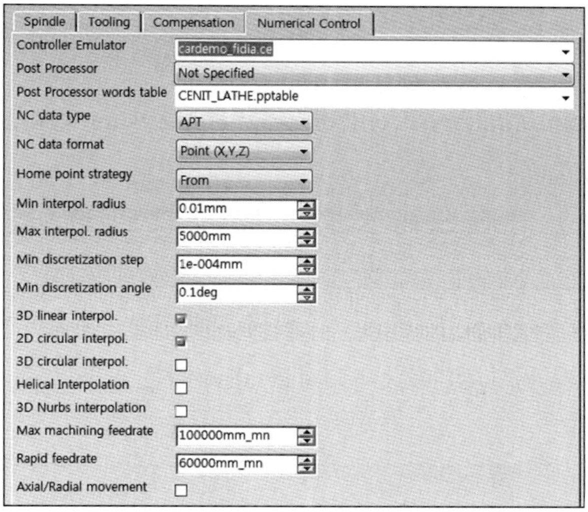

· Controller Emulator / Post Process / Post Process words table : 대화상자에서 해당 Process를 선택한다.

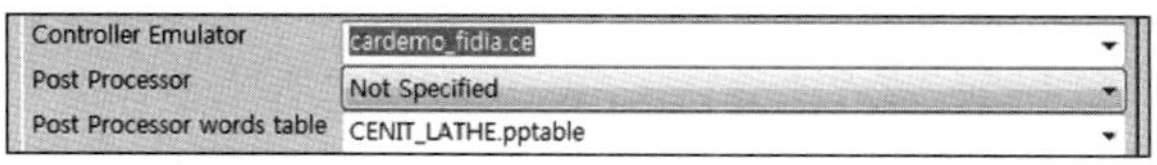

우선 Option에서 Controller Emulator와 Post Process 공급업체를 설정한다.

Full Down Menu 〉 Tool 〉 Option 〉 Machining 〉 Output

Post Process words table Sample은 아래 Directory에 저장이 되어 있다.

C:\DS\B21\win_b64\startup\Manufacturing\PPTables

· **NC data type** : 기본 출력 방식을 APT, CL file 또는 NC code 중에서 선택을 한다.

· **NC data format** : 출력 시 Tool 좌표를 포인트 좌표(X, Y, Z), 또는 축 좌표(X, Y, Z, I, J, K) 중 선택한다.

· **Home point strategy** : APT data에서 Home Point 출력을 From 또는 Goto로 적용 여부를 확인한다.

· **Min/Max Interpol. Radius** : 최소 및 최대 반경 보간값은 NC 데이터 출력에 원호 보간을 생성하기 위해 정의된다. 이 Para-meter 값은 공구 경로 계산 및 출력 파일 생성에 사용된다.

· **3D liner interpol.** : 2점 간의 3차원 선형 보간 기능을 지정한다.

· **2D circular Interpol.** : 2점 사이의 2차원 원호 보간 기능을 지정한다.

· 3D circular Interpol. : 2점 사이의 3차원 원호 보간 기능을 지정한다.

· Helical interpolation : 연속된 두 점 간의 Helical 보간 기능

· 3D Nurbs interpolation : APT 출력 파일에 NURBS 데이터를 생성하는 기능을 활성화 한다. 이 Option이 설정되면, 출력 Tap(NURBS를 지원하는 모든 그 가공 작업을 위한) Machining 동작 대화상자에서 사용할 수 있다.

· Max machining federate / Rapid federate

· Axial / Radial movement : Axis / Radial operation의 끝과 다음 Operation의 시작 사이에서 사용할 수 있는지 여부를 정의한다. 설정이 완료되어 OK button을 클릭하면 P.P.R tree의 ResourcesList에 성정한 장비가 생성된다.

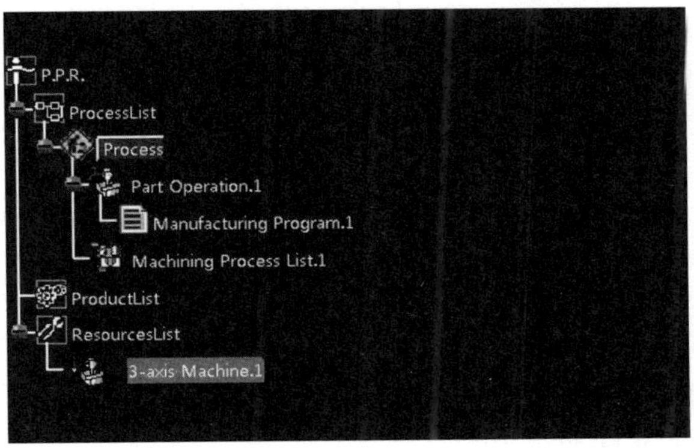

더블 클릭하여 정보를 수정할 수 있다.

2) Reference machining axis System

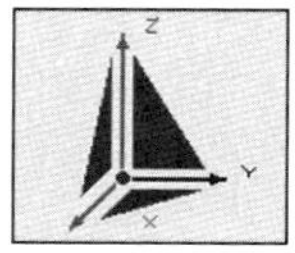

가공물 원점 및 축 지정, 여기서 설정된 좌표 기준으로 Tool path가 생성된다. 또한 CNC Machine에 가공물을 Setting할 때 기준이 된다. 설정을 하지 않으면 CATIA 기본 원점을 사용하게 된다.

○ 설정 방법

가운데 붉은색 포인트를 클릭하면 대화상자가 사라지고 메인 화면상의 Geometry를 선택할 수 있다. 아래 그림과 같이 대상물의 모서리를 클릭하거나 이미 만들어둔 Point 등을 선택한다.

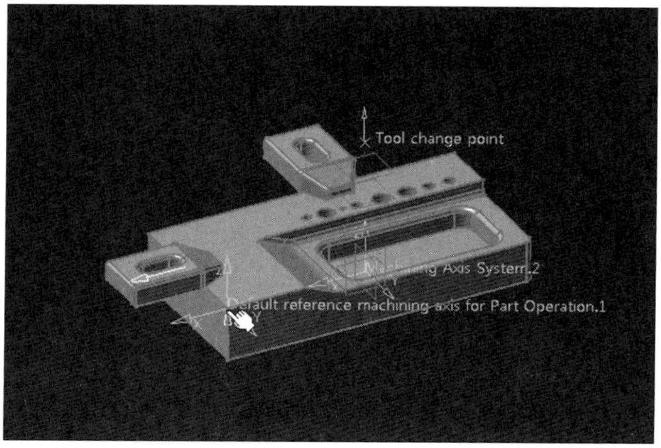

선택이 완료되면 다음과 같이 설정 항목이 녹색으로 바뀌게 된다.

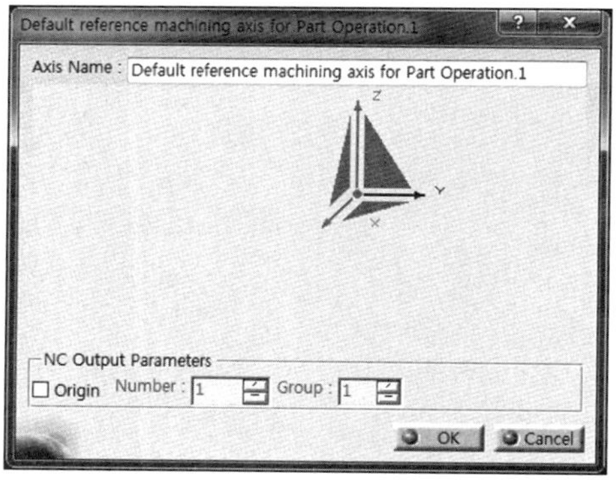

위와 같이 설정된 좌표는 가공 원점이 된다.

3) Product or Part

가공 대상물을 불러온다(Geometry, CATPart, CATProduct 등).

아이콘을 클릭하면 파일 선택창이 Open되며 이 때, 해당 Product 또는 Part 파일을 선택한다.

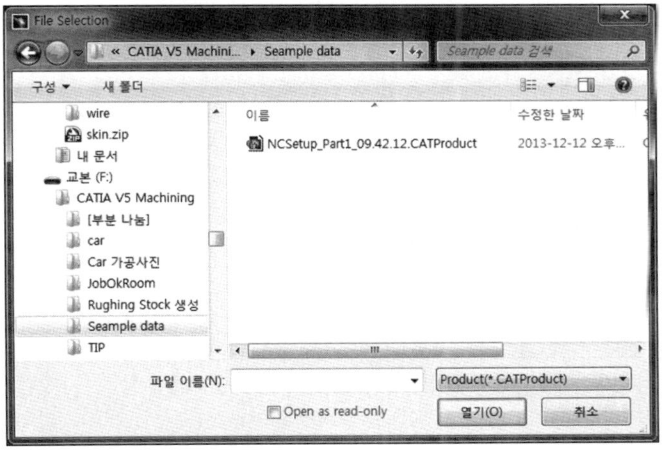

선택이 완료되면 해당 DATA가 로드되며, PPR tree의 Product List 하위에 위치하게 된다.

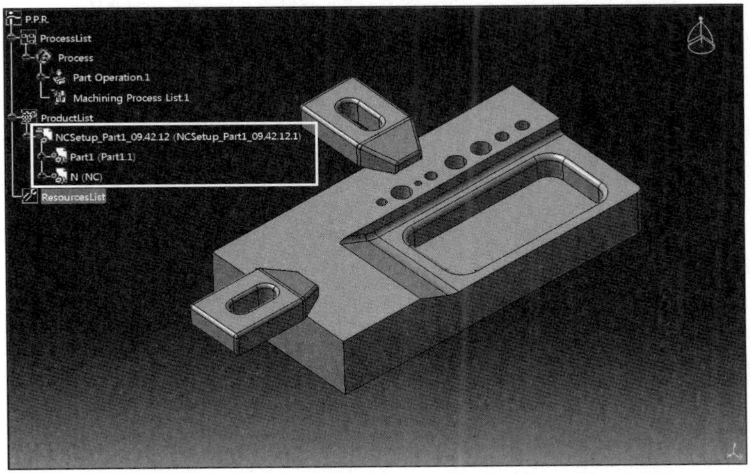

4) Geometry tap

Program에 사용될 가공물(Design part), 가공소제(Stock), Fixture, 안전높이(Safety plan) 등을 설정할 수 있다.

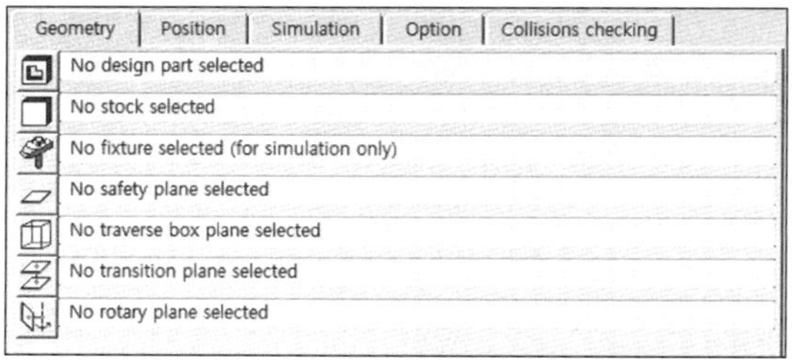

○ 설정 방법

해당 아이콘 선택 후 메인 화면에서 대상물을 선택하고 바탕화면을 더블 클릭하여 완료한다.

① Part : 가공할 Part를 선택한다.

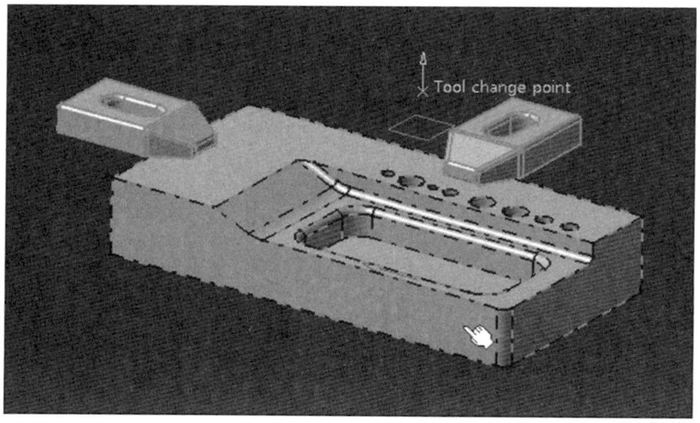

② Stock : 가공 Stock를 선택한다.

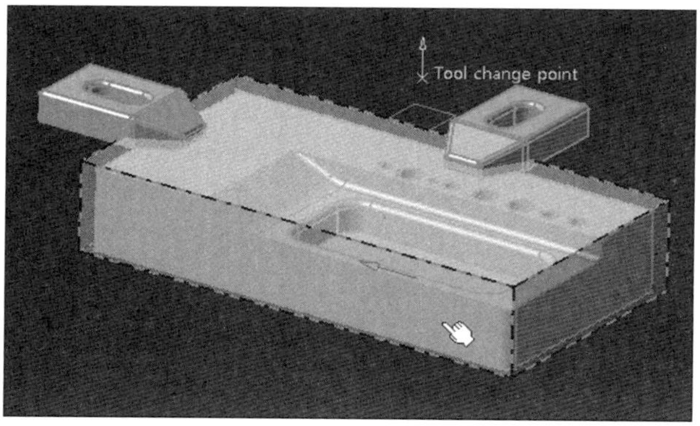

③ Fixture : Simulation에 서만 사용되며, 간섭 Check는 따로 정의해야 한다.

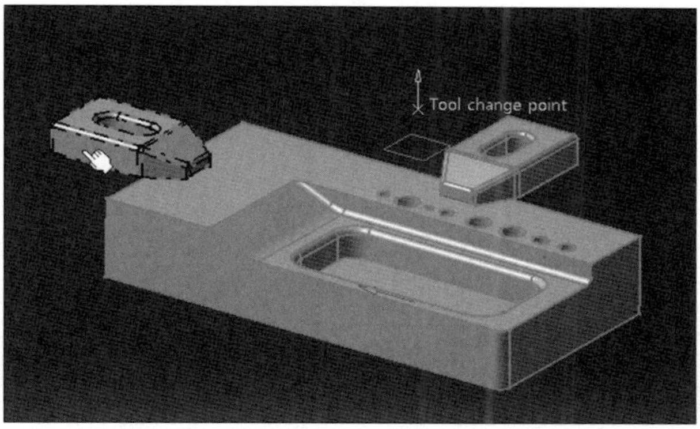

④ **안전 높이**

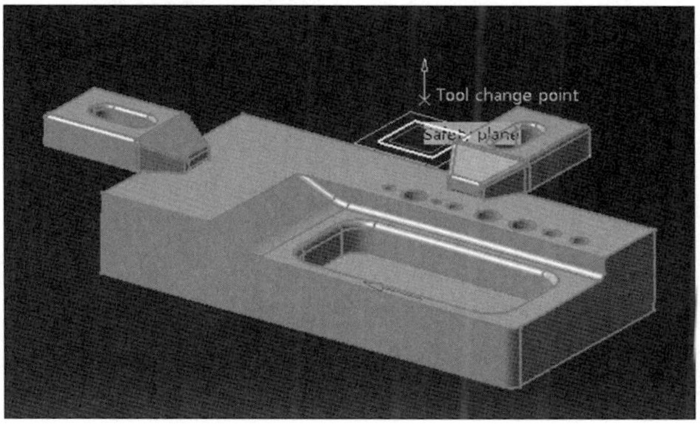

5) Position Tap

공구 교환 위치(Tool Change Point), 테이블 중심위치(Table Center), 기계 원점(Home Point)을 설정한다.

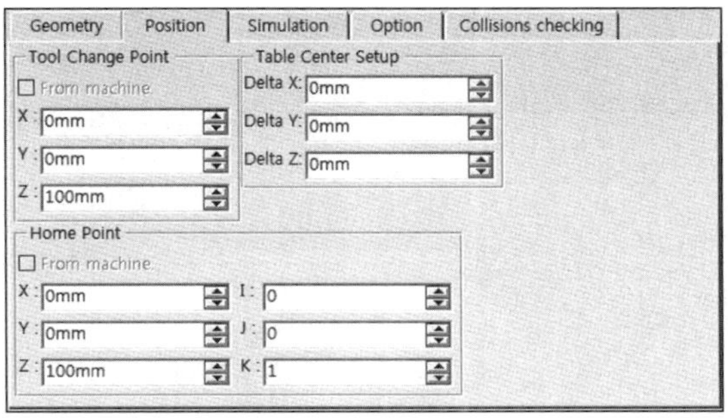

From machine를 Check on하여 3-1-1 Machine Editor에서 지정한 설정값을 불러오거나 Check off하여 새로운 값을 입력할 수 있다.

6) Simulation Tap

Simulation Detail을 조정한다.

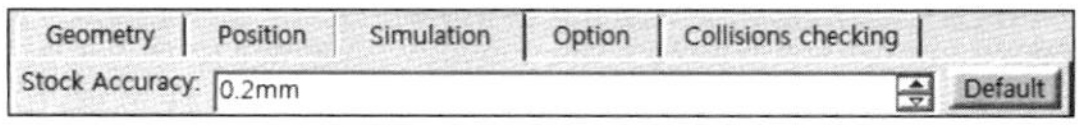

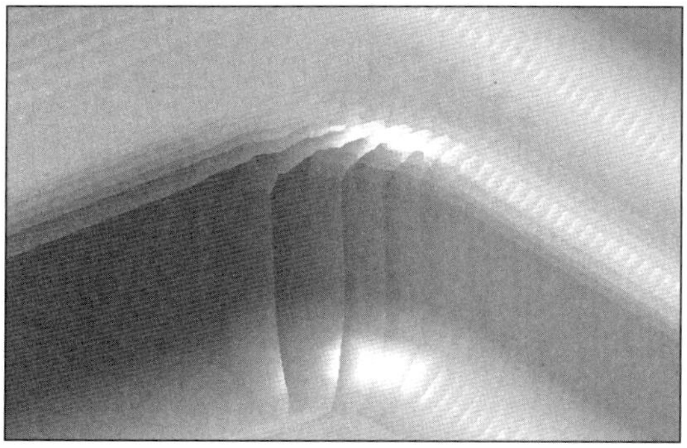

▲ Stock Accuracy : 0.2

▲ Stock Accuracy : 1

값을 낮출수록 정확도가 올라가지만 Computer의 성능에 따라 처리 속도가 느려질 수 있다. Default button을 클릭하면 기본 값(0.2mm)으로 변경된다.

7) Collisions checking tap :

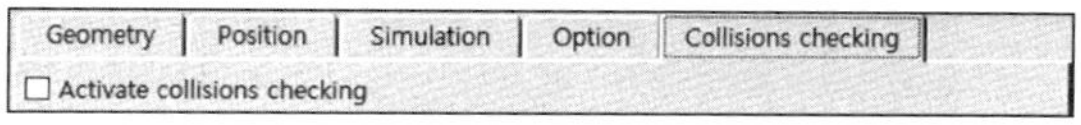

① Activate collisions checking : 각 operation에서 Tool path replay시 자동으로 충돌을 검토한다.

사용 예) Tool Path replay시 자동으로 Collisions Check를 하여 충돌이 일어났을 경우 알림 창을 띄운다.

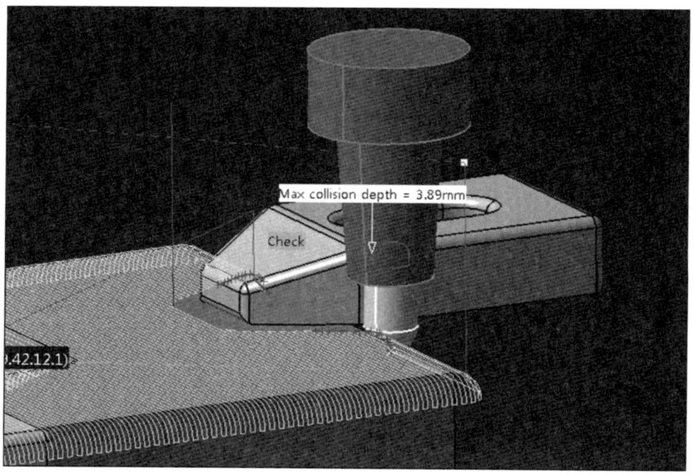

충돌이 일어난 부분의 Tool path가 붉게 표시되며, 충돌된 양을 나타낸다. Activate collisions checking Check on 시 기능이 활성화 된다.

② On geometries / Offset on Tool shank, holder

Design part, fixtures Check 여부 : 지정하는 값만큼 실제 Tool Shank와 Tool holder에서 Offset 하여 Check 한다.

(2) Manufacturing Program

실재적인 가공 경로 생성을 위한 처리 순서 작성 : Machining operation, 보조 명령, pp 지령 등을 메뉴팩쳐링 Program 하위에 작성한다.

○ Manufacturing program 추가 방법

TTR tree의 Manufacturing program 선택 후 Manufacturing program Toolbar의 Manufacturing program 아이콘을 선택하거나 역순으로 추가한다. 기존 Manufacturing program 하위에 생성된다.

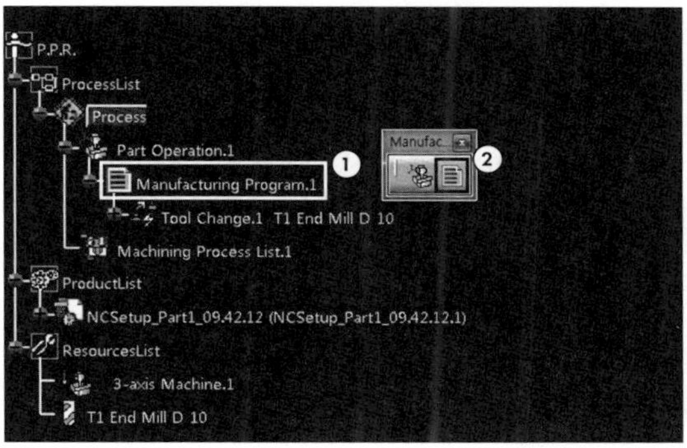

CAM DATA 출력 시 CATProcess 파일 이름과 Manufacturing Program 이름이 합쳐서 출력된다. 따라서 적절한 이름으로 변경을 하는 것이 좋다.

이름 변경은 PPR tree의 Manufacturing Program항목을 더블 클릭하여 변경을 한다.

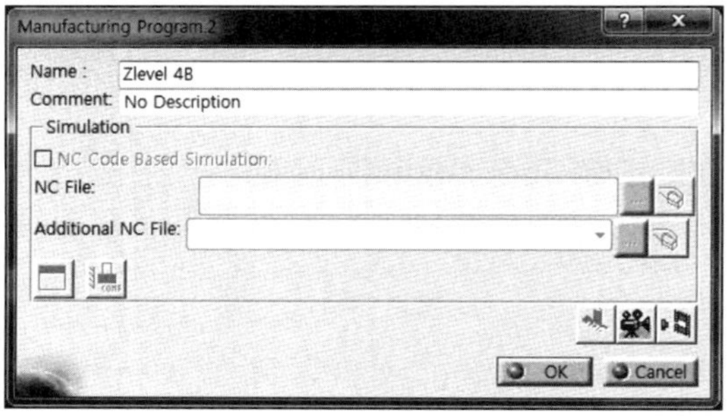

ex)

Manufacturing program name : **Zlevel 4B**	출력 Name : **Process1_Zlevel_4B.NC**
CATProcess name : **Process1.CATProcess**	

CHAPTER

03 Machine Operation Toolbar에 대한 이해

실질적인 가공 Data를 생성하기 위한 Operation Tool bar로 가공물의 형상이나 특징에 따라 적절한 Operation을 선택하여 Programming 할 수 있다.

▲ Machine Operation Toolbar

1. Machine Operation 추가 방법

① TTR tree의 manufacturing program을 선택 후 manufacturing program Toolbar의 Manufacturing program 아이콘 선택 또는 역순으로 추가한다.

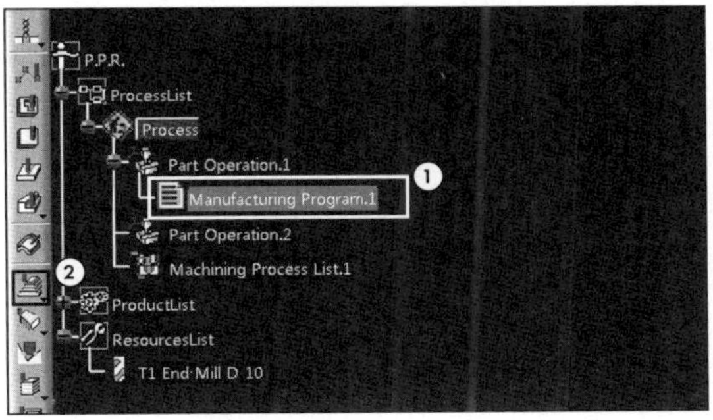

② TTR tree의 Manufacturing program을 선택 후 Full down Menu Insert 〉 Machine Operation 〉 항목 중 해당 Machine Operation 선택한다.

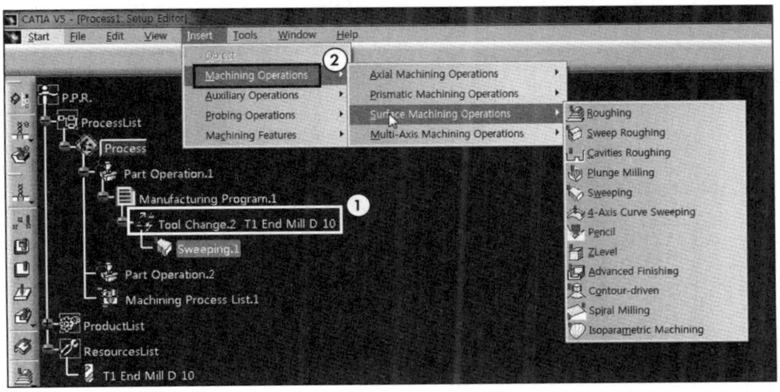

새로 추가되는 Operation은 TTR tree에서 선택한 Manufacturing program 또는 선택한 Operation 하위에 생성이 된다.

2. Machine Operation 기본

이번 장에서는 각 operation에서 자주 사용되는 기본적인 설정방법에 대해 알아본다.

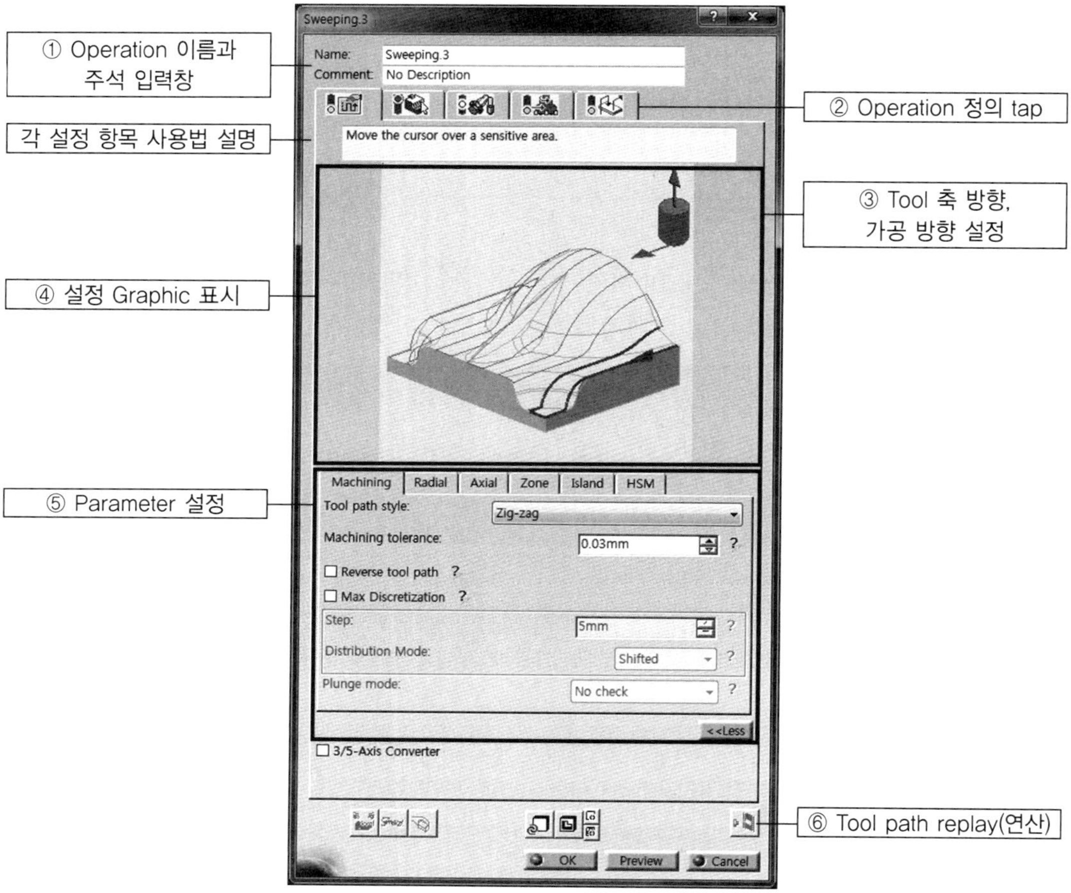

▲ Sweeping operation

○ Machine operation 이름과 주석 입력창 : 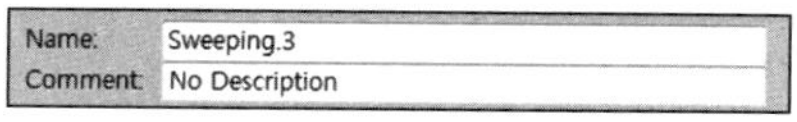

사용자가 입력하지 않으면 Machine operation Name은 자동으로 입력이 되며 사용 횟수에 따라 Machine operation 이름 뒤에 숫자가 자동 입력된다. ex) Sweeping.1, Sweeping.2, …….

- Machine operation 정의 :

기본 동작 및 가공 Parameter 설정 tap, 가공물 설정 tap, 공구 설정 tap, 가공 속도 설정 tap, Macro tap으로 구성이 되어 있다.

각 Machine operation의 특징에 따라 다소 차이가 있지만 기본은 같다. 특히 공구 설정, 가공 속도, Macro tap 설정은 거의 동일하다.

(1) Machining strategy tap

가공 Parameter tap : 기본 가공법 정의

1) Machining Axis : CNC machine의 가공 Tool 축을 설정한다.

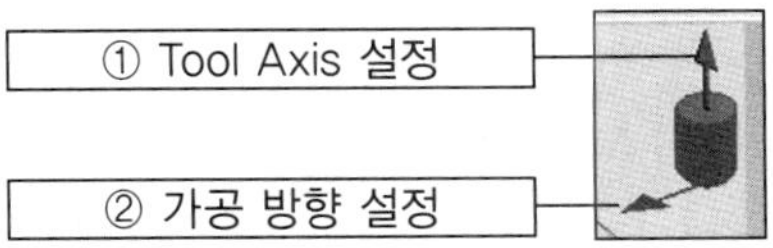

- **Tool Axis 설정** : Tool 축을 설정한다. ①번 화살표를 클릭하면 설정창이 Open 되며, 붉은 색 화살표가 축 방향 표시이다.

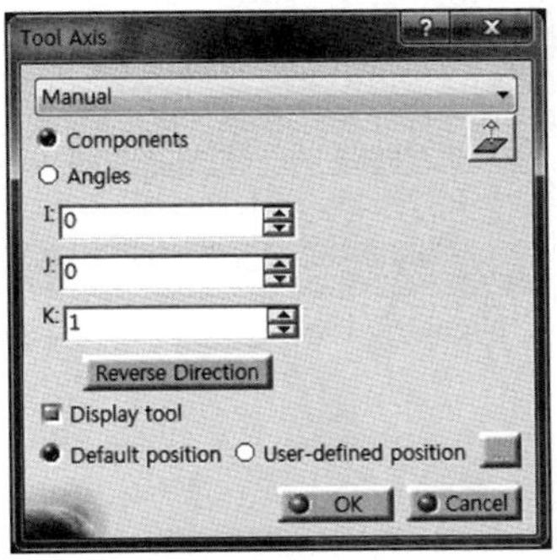

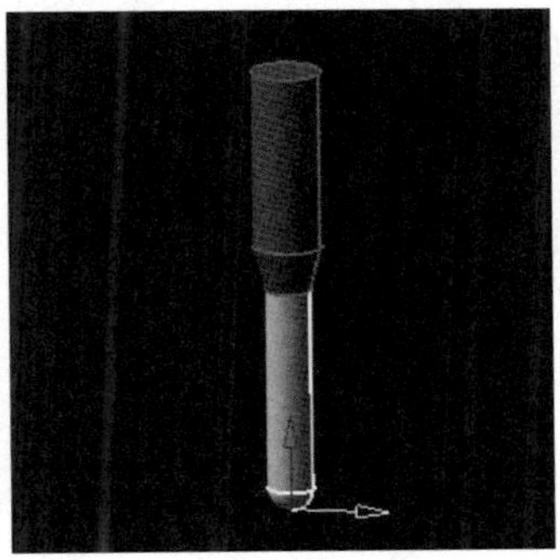

· Components : I, J, K = X, Y, Z

수치 0은 오프, 1은 온으로 설정된다. 예를 들어 K 값을 1을 입력했다면 Z축 방향이 툴 축이 되며, −1을 입력했다면 Z축이 (−)방향이 된다.

예를 들어 I : 1, j : 0, k : 1값을 입력했을 경우 X축과 Z축 사이 45도가 축 방향이 된다.

· Angles : 사용자가 직접 각도를 수치로 입력

· Reverse Direction : 설정된 축의 +, − 방향을 정의한다.

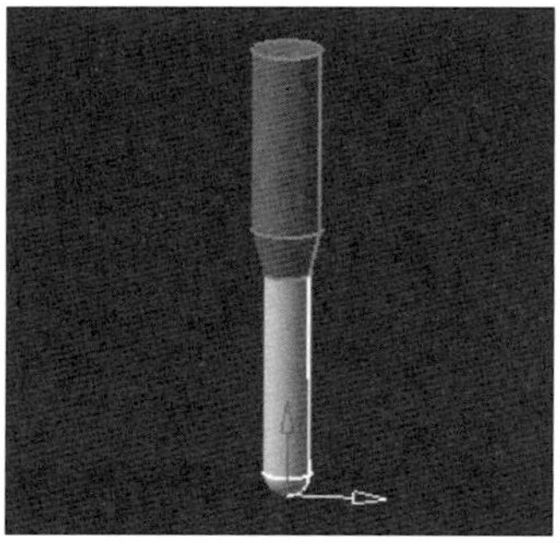

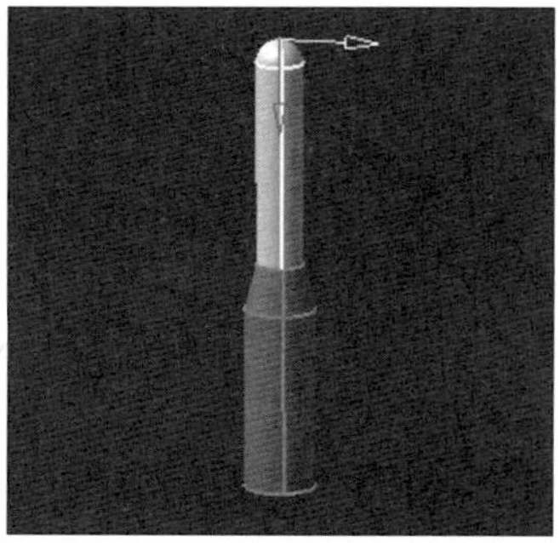

· Display tool : operation Tool tap에서 설정한 Tool을 화면에 표시한다. (Tool 형상과 Tool 측 방향 확인용) check on시 Tool이 화면에 표시된다.

- Default position : Tool이 Machining 좌표계 원점에 위치한다.
- User-defined position : Tool 위치를 사용자가 지정할 수 있다.

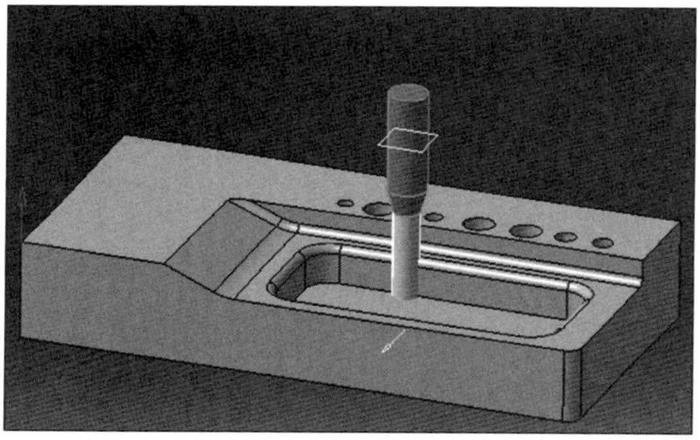
▲ Default position

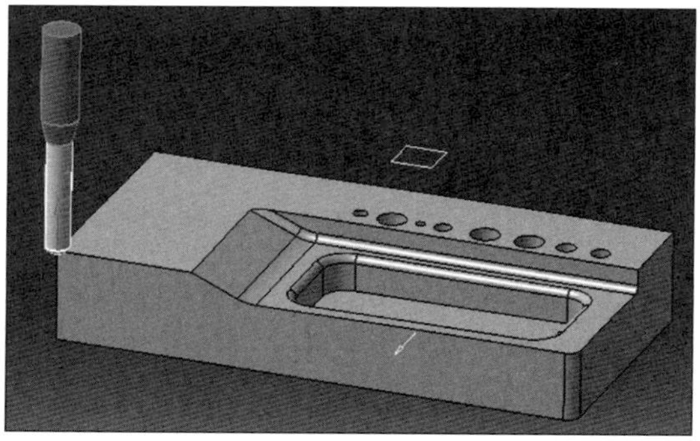
▲ User-defined position(part 모서리 선택)

◦ **가공 방향 설정** : 2번 화살표를 클릭하여 설정할 수 있으며 사용방법은 축 설정과 같다.

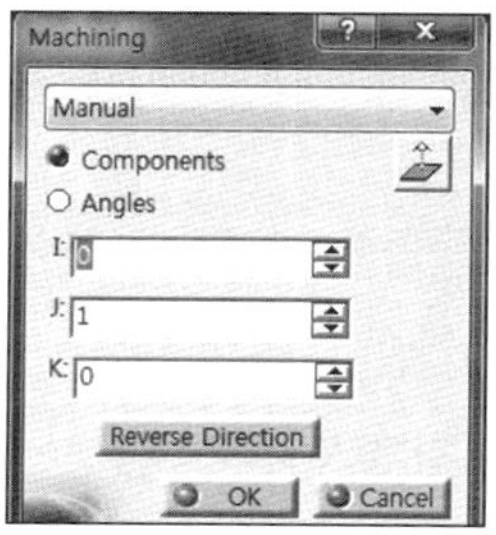

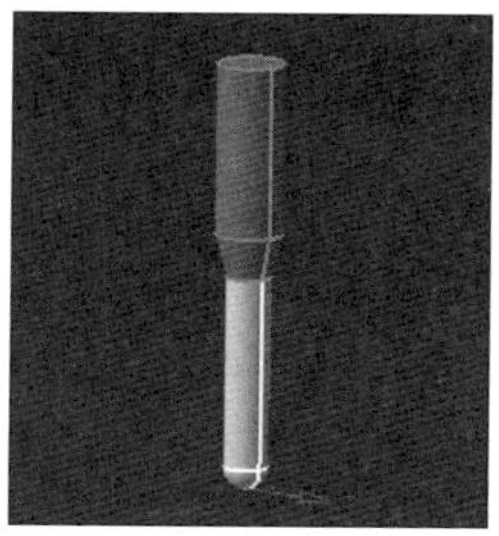

◦ **설정 Graphic 표시창** : Parameter 설정 정보 표시 가공 Style, Part설정, Limit 설정 등을 직관적으로 표시한다.

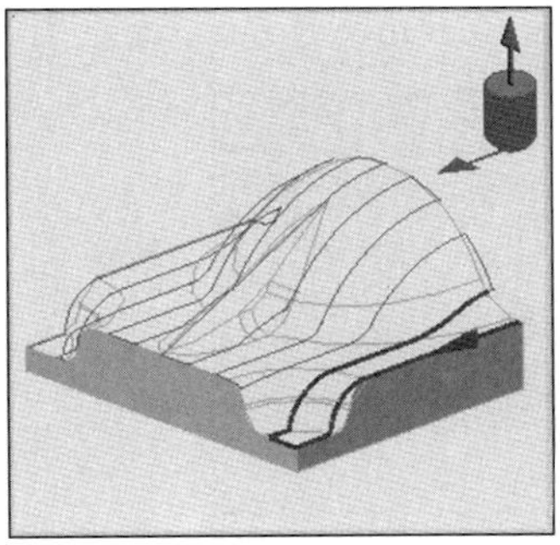

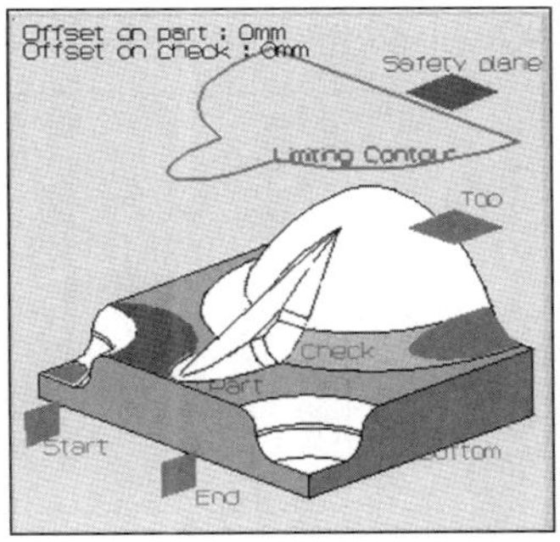

각 Parameter 설정창의 "?"를 클릭하면 Graphic 표시창 우측 상단에 해당 항목이 행하는 기능을 Graphic으로 표시한다.

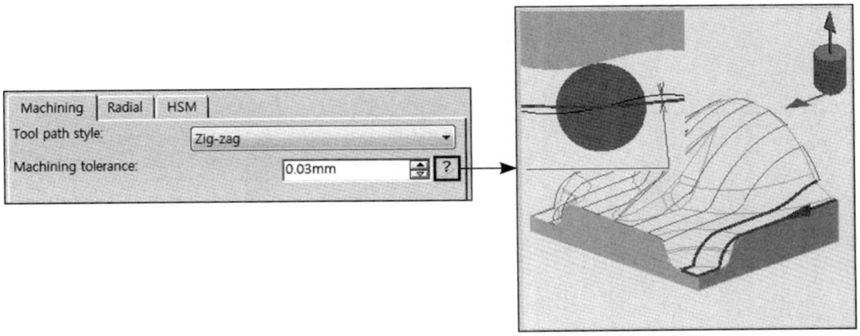

- **메뉴 확장** : 대화창 하단의 More>> 버튼을 클릭하면 메뉴가 확장이 된다. 반대로 <<Less 아이콘을 클릭하면 축소된다.

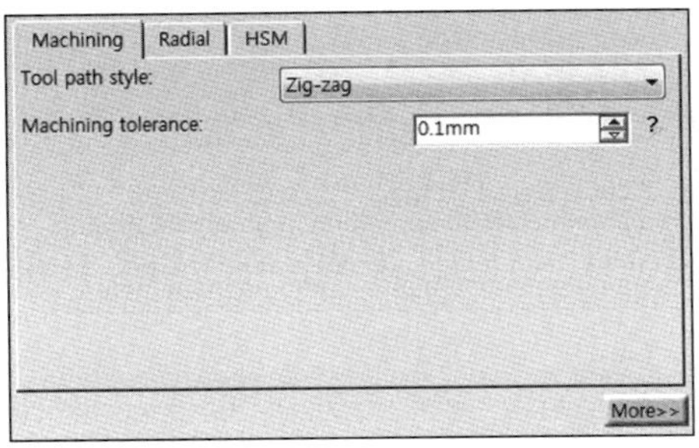

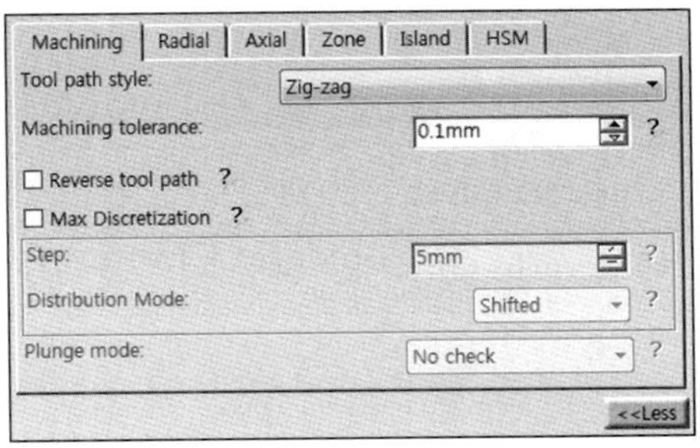

기본 Machining tap과 Radial, HSM tap에 Axis, Zone, Island tap과 각 tap 항목이 추가된다.

2) Machining Tap : Tool path style과 Machining tolerance Parameter를 입력한다.

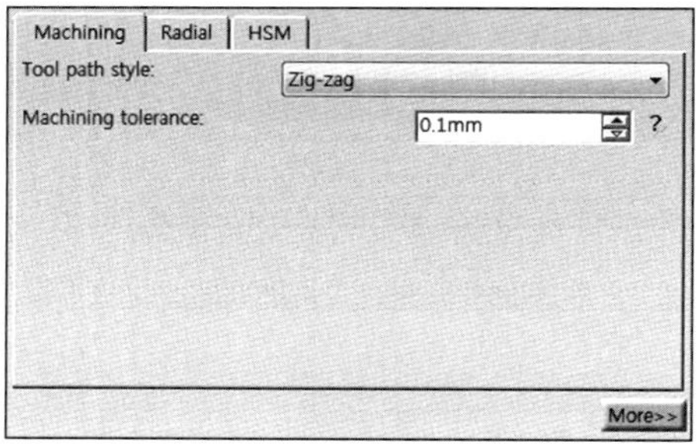

· Tool path style : 각 operation의 특성에 따라 가공 Style을 선택할 수 있다. ex) Sweeping

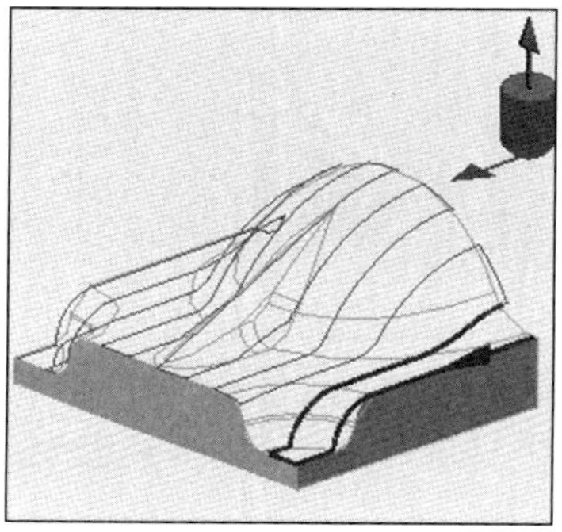

▲ Zig-zag

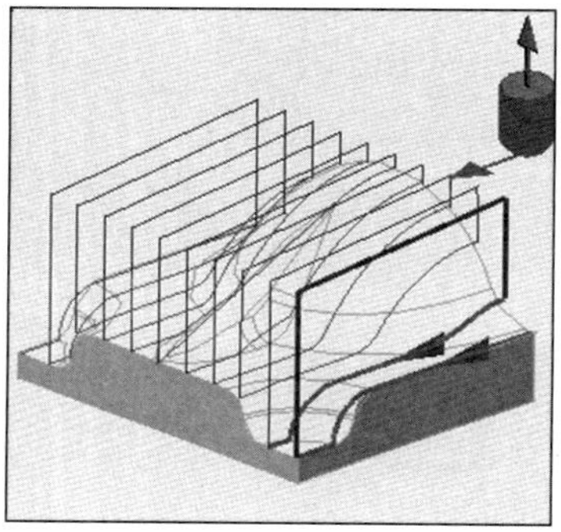

▲ One-way next

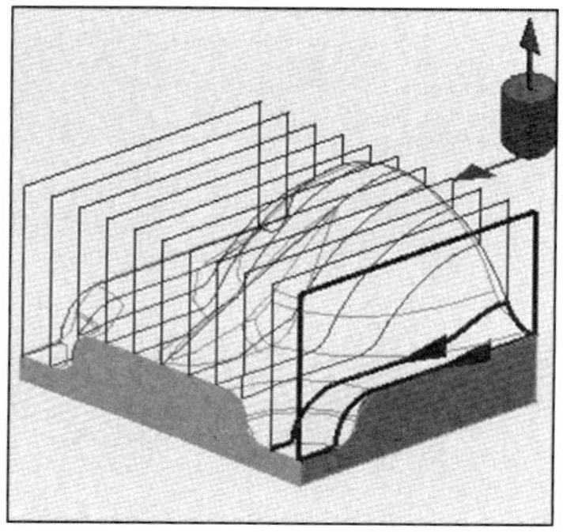

▲ One-way sam

- Zig-zag : 가공 방향과 상관 없이 왕복으로 가공한다.
- One-way next : 단 방향 가공을 위한 이동으로 다음 Path로 이동한다.
- One-way sam : 단 방향 가공을 위한 이동으로 시작점으로 되돌아온 다음 Path로 이동한다.

· Machining tolerance : 가공 Tolerance Parameter 입력한다.

허용 오차 값을 입력한다.

3) Radial tap : Tool Path와 Tool path 사이의 거리를 설정한다.

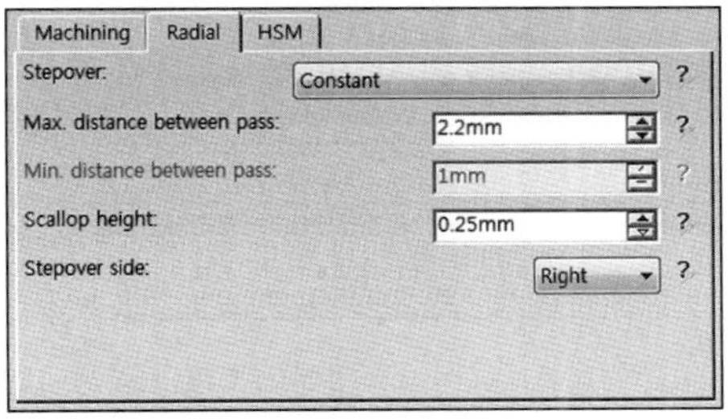

· Stepover : Tool path 간격

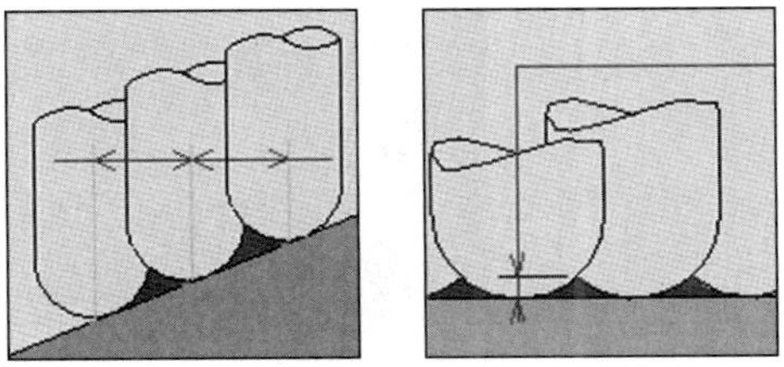

– Constant : Tool의 중심과 중심 사이 거리(Tool 방향에서 보았을 때 균일한 간격으로 Tool path가 생성된다.

– Via scallop height : Tool이 절삭하고 남은 양(cusp) 높이

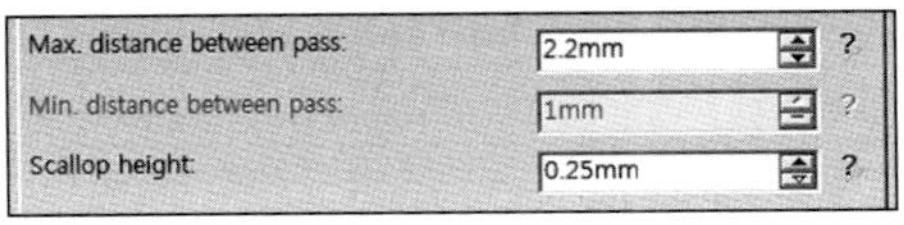

– Max. distance between pass : 최대 Tool path 간격 값 입력

– Min. distance between pass : 최소 Tool path 간격 값 입력(Stepover에서 Via scallop height 선택 시 활성화 됨)

– Scallop height : (Stepover에서 Via scallop height 선택 시 적용)

4) HSM TAP : High speed milling. 고속 가공을 위해 Tool pat가 급격히 방향을 전환하는 코너 부위 부드럽게 연결하는 Tool path를 만든다.

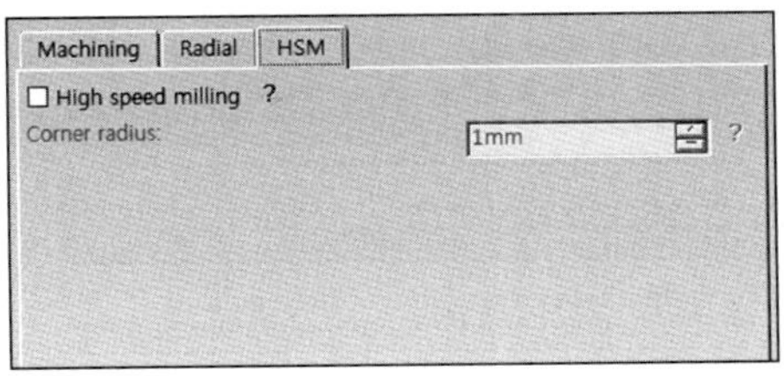

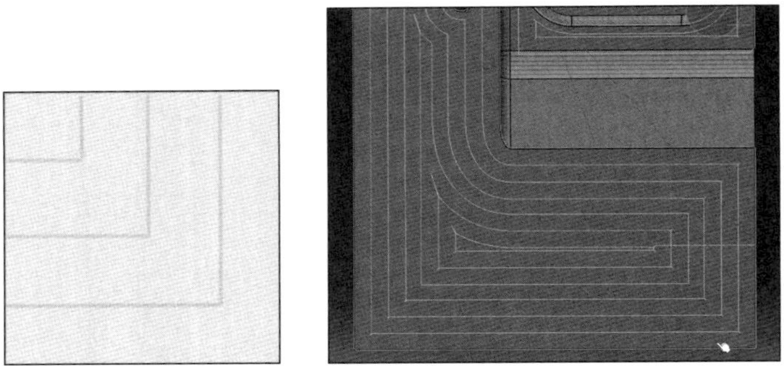

▲ High Speed milling : Off

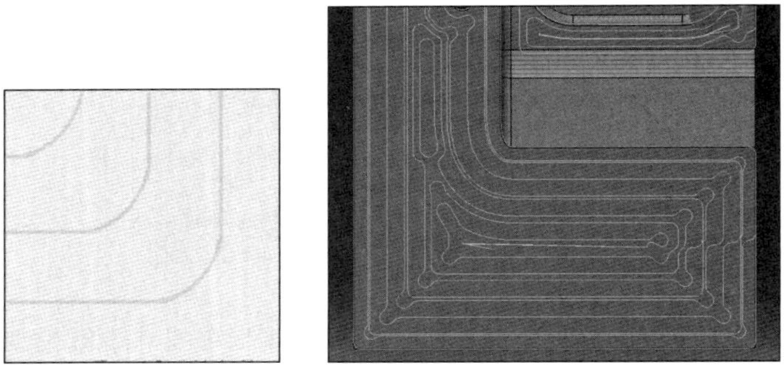

▲ High Speed milling : On

◦ 확장 TAP

1) Axis tap : Tool 축 방향으로 Tool path를 반복해서 생성시킨다.

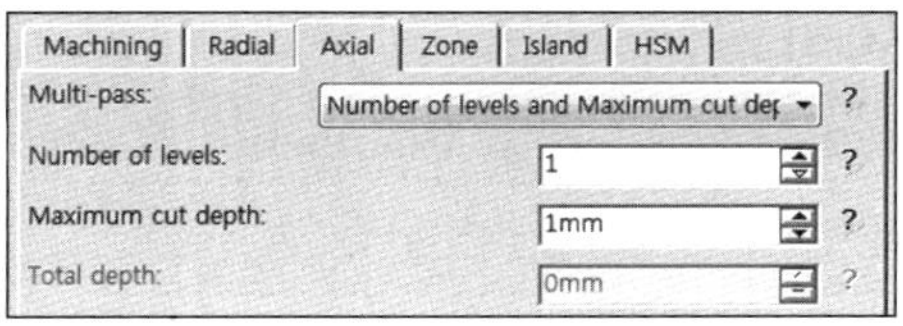

· Multi-pass

① Number of level and Maximum cut depth : 각 Level을 같은 간격으로 정해진 수만큼 반복해서 Tool path를 생성한다.

② Number of levels and total depth : 전체 가공 높이를 설정, 지정된 수에 따라 균등한 높이로 가공한다.

③ Number of levels and Maximum cut depth : 전체 가공 높이와 각 Level 간의 간격을 지정, 반복 횟수가 자동으로 생성된다.

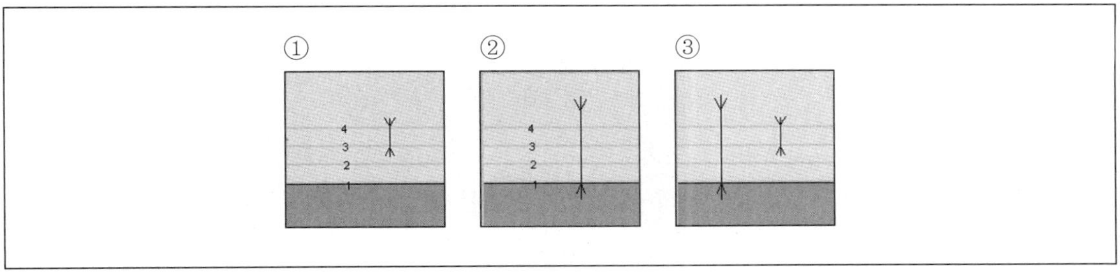

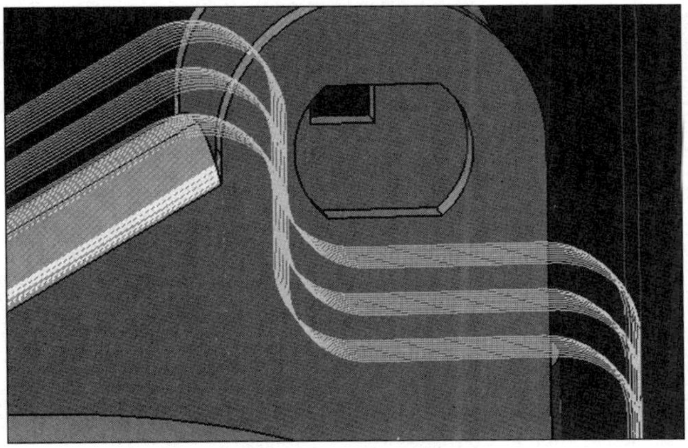

▲ Multi-pass를 적용하여 Tool path를 생성한 모습

2) Zone tap : Tool path 진행 방향으로 Part의 형상에 대한 각도에 따라 Tool path를 생성한다.

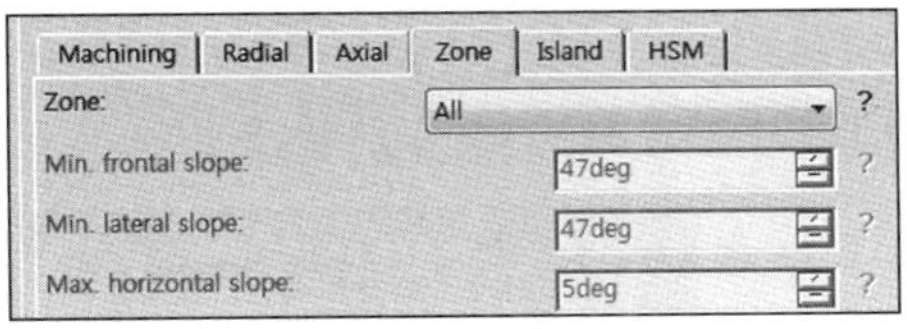

· Zon

– All : 각도와 상관 없이 Part의 모든 부위를 가공한다.

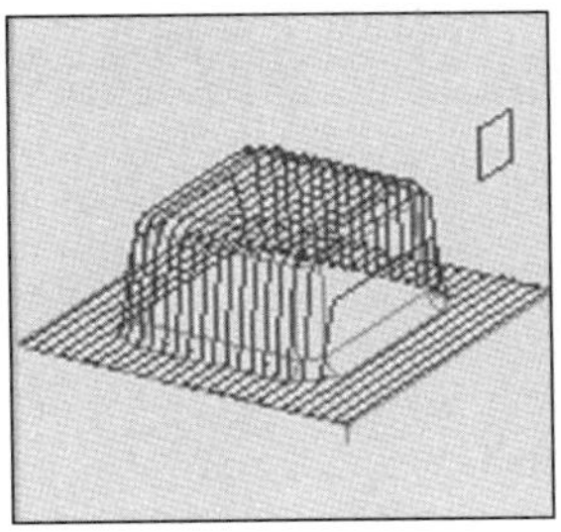

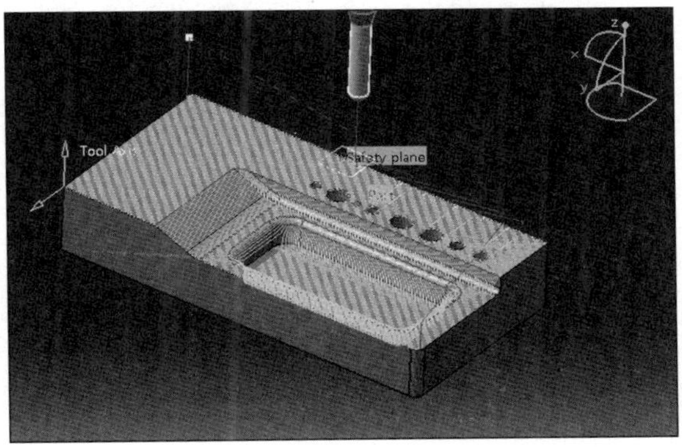

- Frontal walls : Tool path 가공 방향으로 높은 각도의 형상 부위를 가공한다.

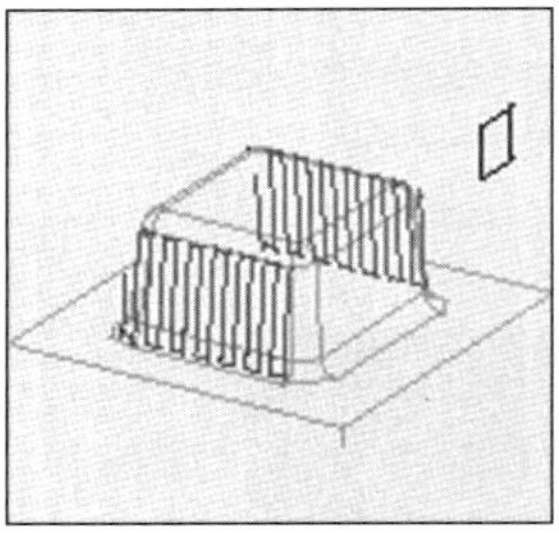

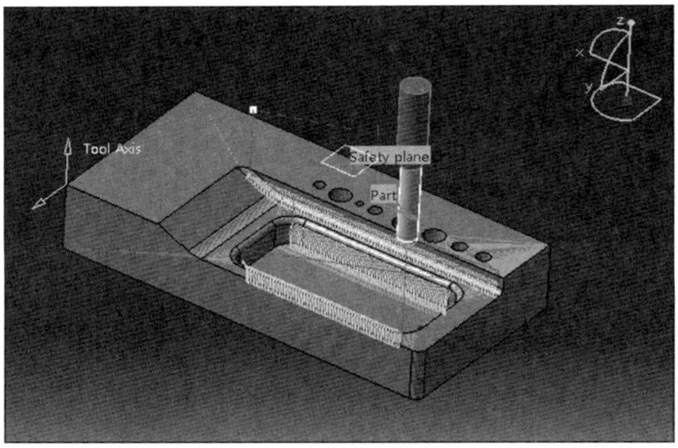

- Lateral walls : Tool path의 진행 방향으로 높은 각도의 형상 부위를 가공한다.

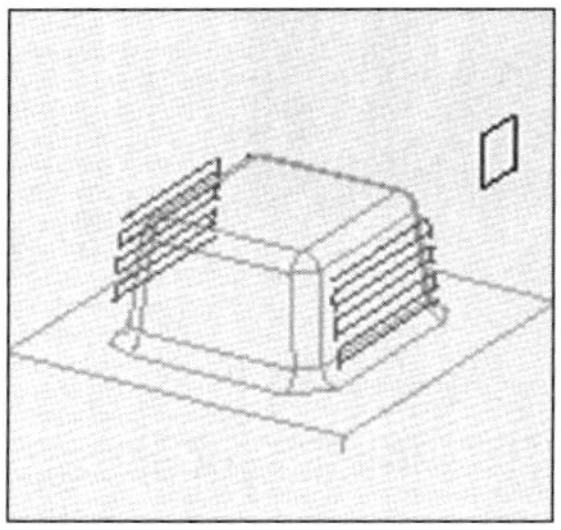

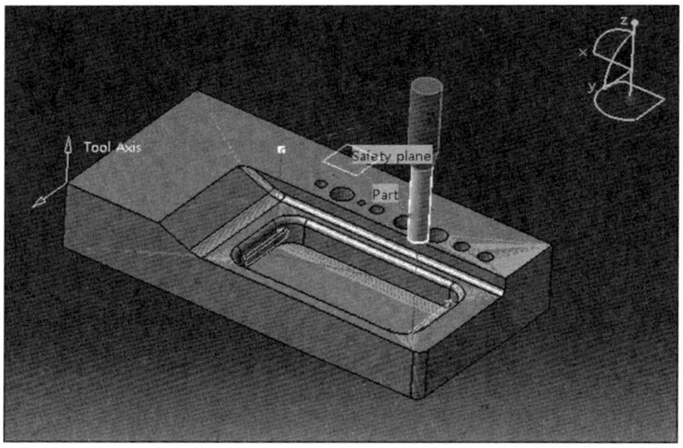

- Horizontal zones : 평면 구간만 분리하여 가공한다.

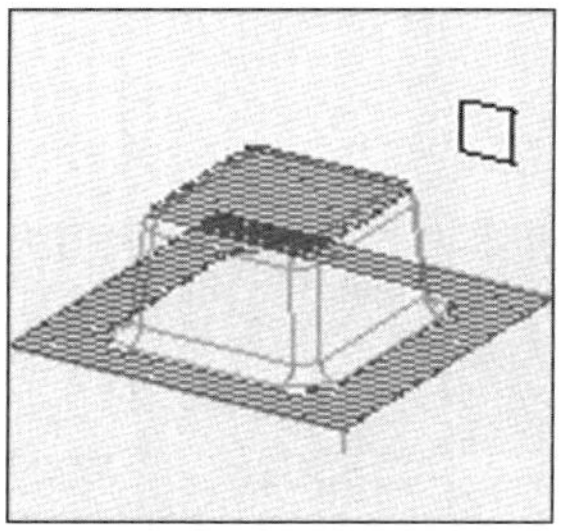

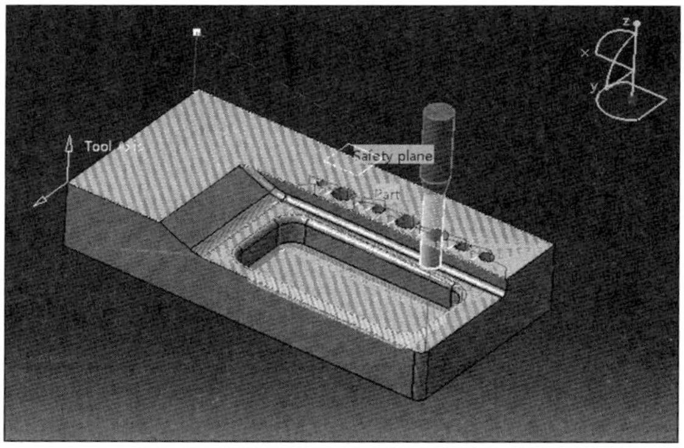

3) Island tap : Tool path 진행 중 만나게 되는 Hole, Gap 등의 형상이 변하는 곳의 Tool path 연결 방식을 설정한다.

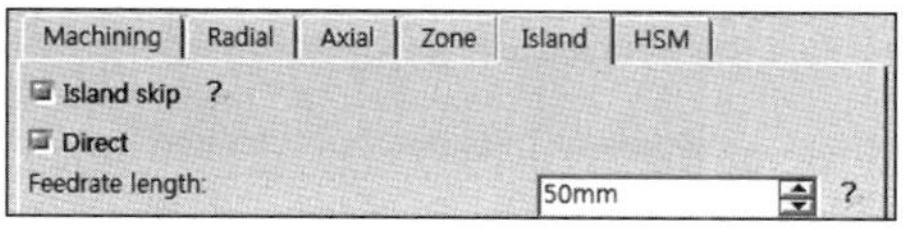

· Island skip

- check off : 홀 부위를 가공하지 않는다.

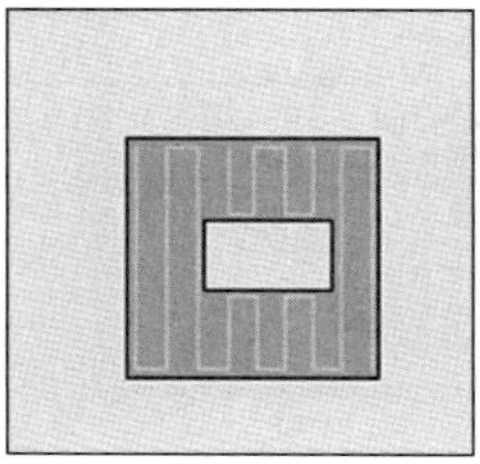
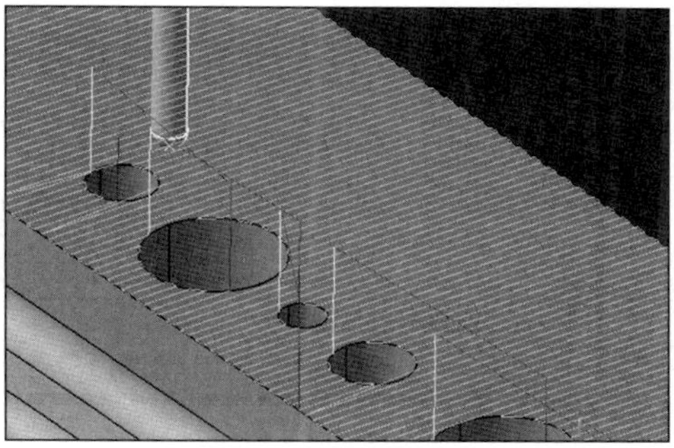

- check on : 홀을 무시하고 Tool path를 연결한다.

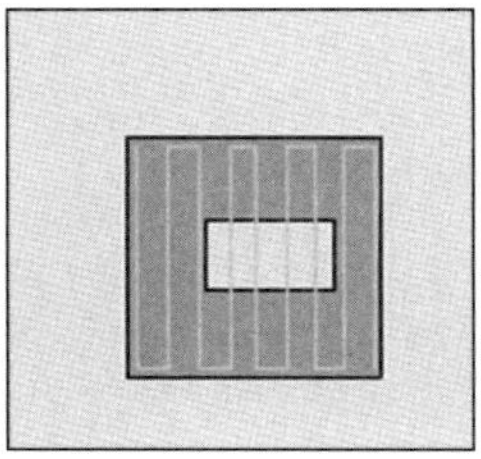
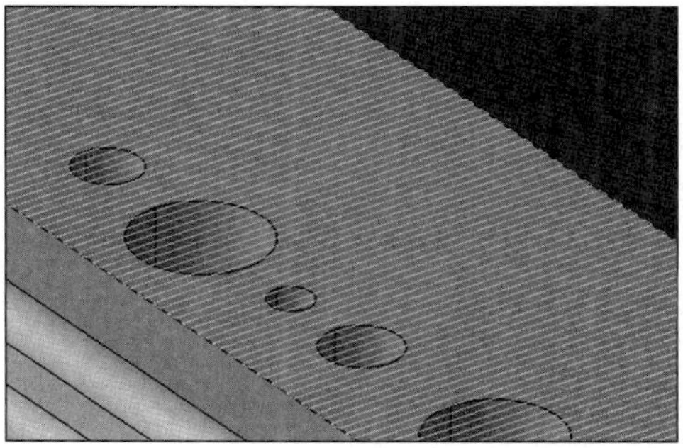

- Direct : 홀의 거리 값을 입력 허용 치수보다 작을 경우 가공 이동 넓은 부위는 급속 이동 한다.

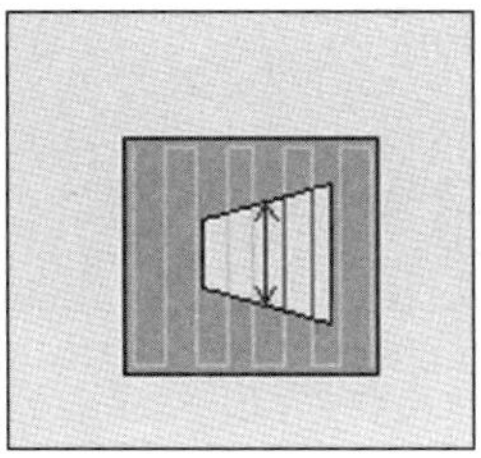
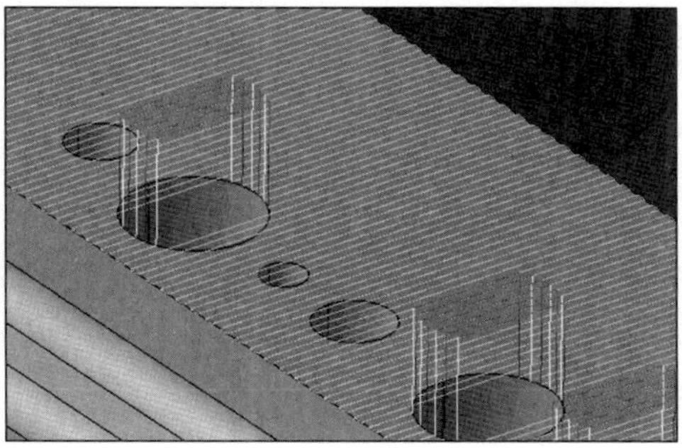

(2) Geometric components Tap

- Geometry 선택 tap : 설정 항목이 Graphic으로 표시되어 직관적으로 선택을 할 수 있다. 해당 항목을 클릭하면 operation 창이 사라지며 선택이 끝난 후 바탕화면을 더블 클릭하면 operation 창으로 복귀한다.

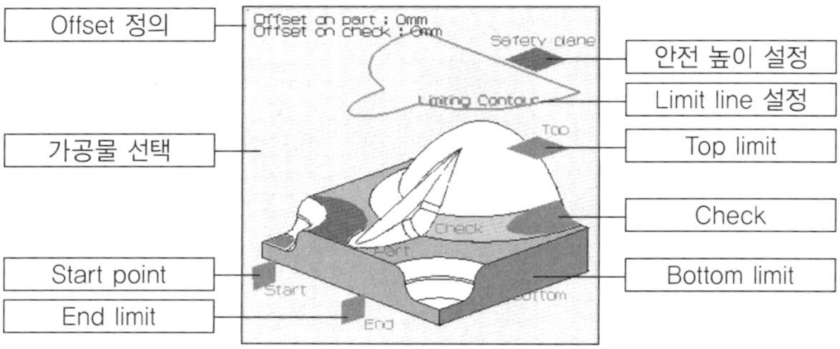

· **Offset 가공 정의** 

- Offset on part를 더블 클릭하여 Offset 값을 입력한다.

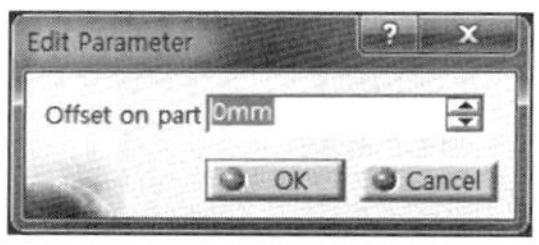

입력된 값만큼 가공물에서 Offset되어 Tool path를 생성한다.

TIP "−"Offset : 볼 Tool의 경우 반경 값, Corner radius값 이상으로 Offset 값을 입력할 수 없으며 평툴의 경우 "−"Offset를 할 수 없다.

- Offset on check : Check된 Part 영역을 넓혀준다.

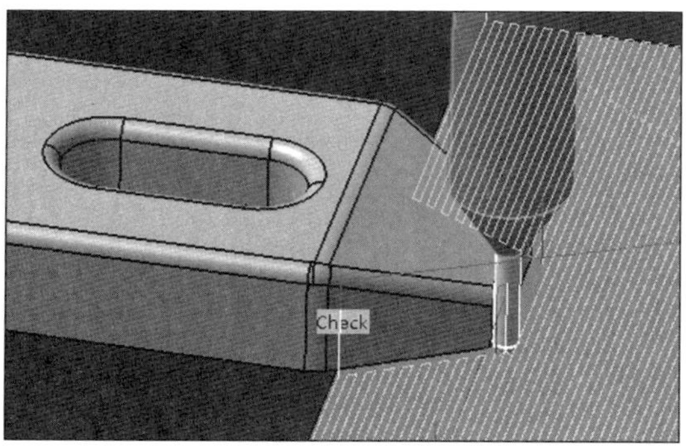

▲ Offset on check : 0

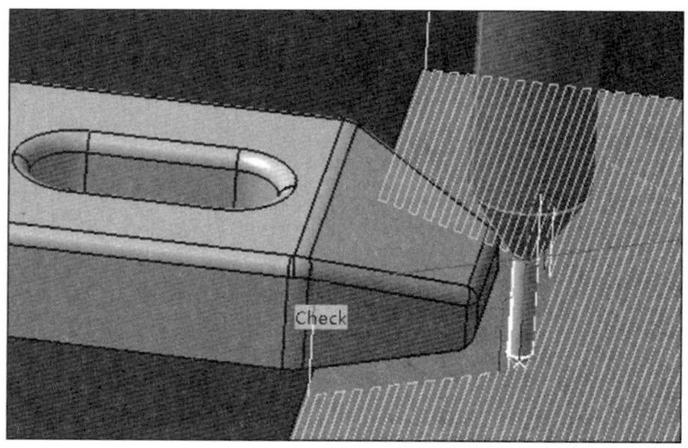

▲ Offset on check : 3mm

· 가공 Limit 설정

Top, Bottom, Start, End Limit 설정 : CATIA V5에서는 Limit 영역을 다음과 같이 다양하게 활용할 수 있다.

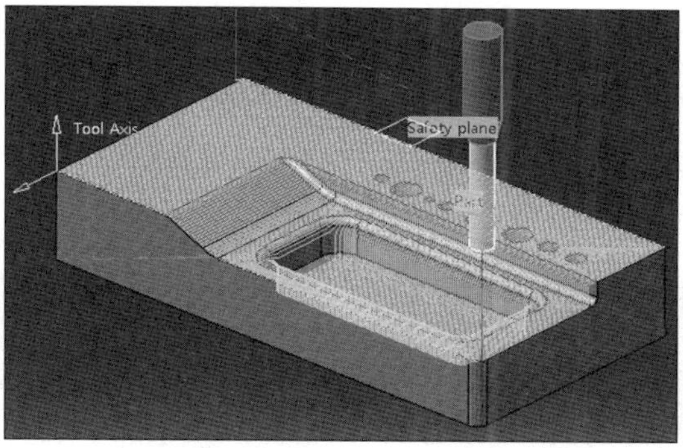

▲ 기본 Tool pass

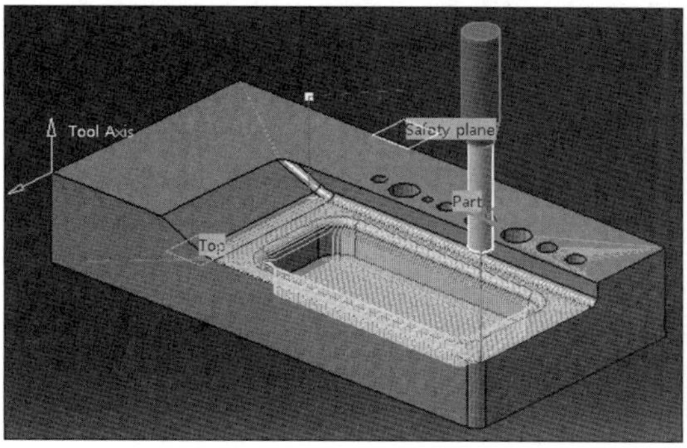

▲ Top Limit 설정

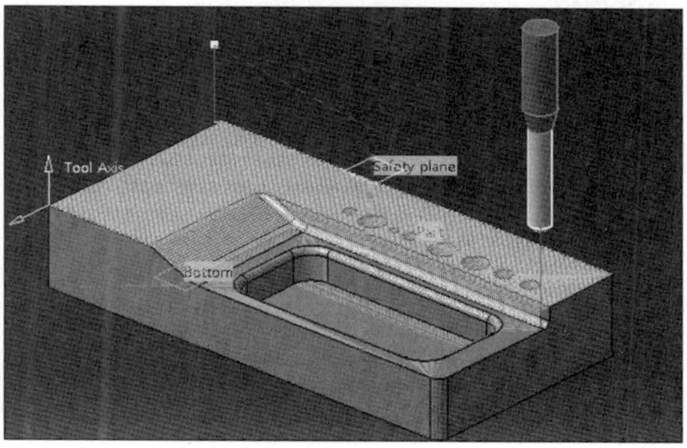

▲ Bottom Limit 설정

- **Top** : XY Plan이나 Point로 Top를 지정하여 지정 높이 아래로 Tool path를 생성한다.
- **Bottom** : XY Plan이나 Point를 Bottom으로 지정하여 지정 높이 이하로 가공하지 않는다.

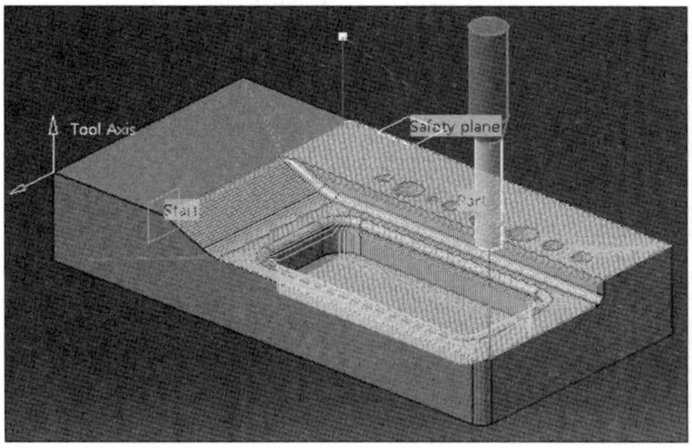

▲ Start Limit 설정

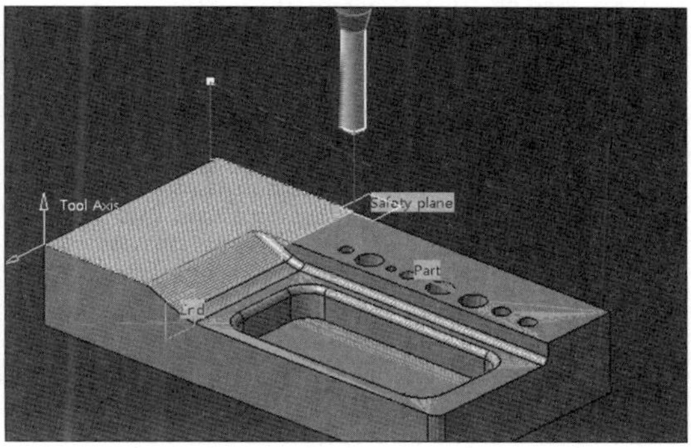

▲ End Limit 설정

- Start : 가공 방향의 Plan 또는 Point를 지정, 그 지점부터 Tool path 생성
- End : 가공 방향의 Plan 또는 Point를 지정, 그 지점까지 Tool path 생성

· Part auto limit : Limit 설정

- Part autolimit : check on 시 자동으로 Part의 최외각을 Tool 축 방향을 기준으로 Limit를 적용한다. Tool 중심까지 Tool path가 생성이 되며, Off 시 Tool의 직경과 Tool의 Radius 값만큼 확장이 된다.

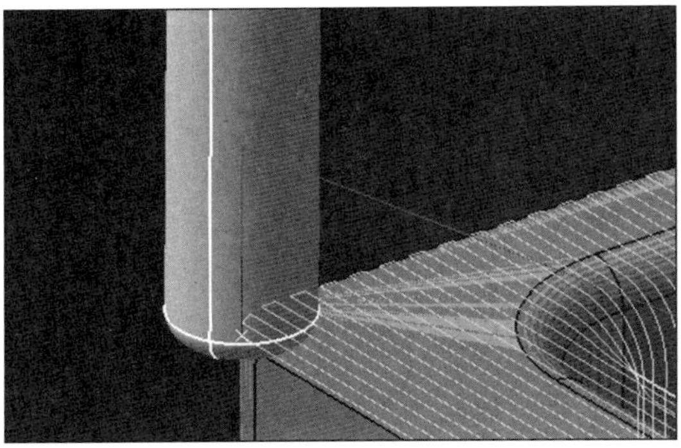

▲ On

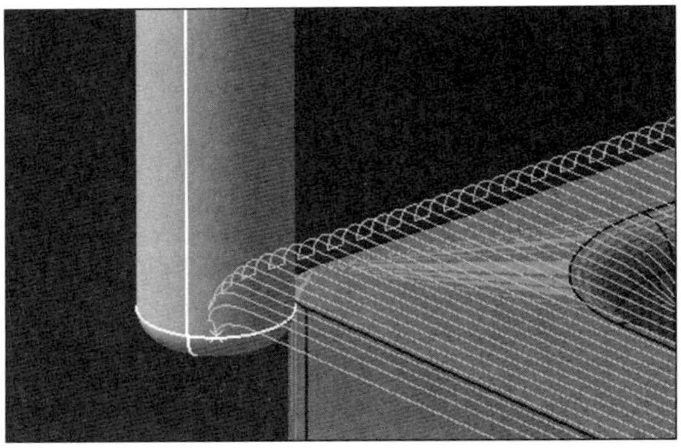

▲ Off

· Limit Definition : Limit Line을 선택 시 활성화 된다.

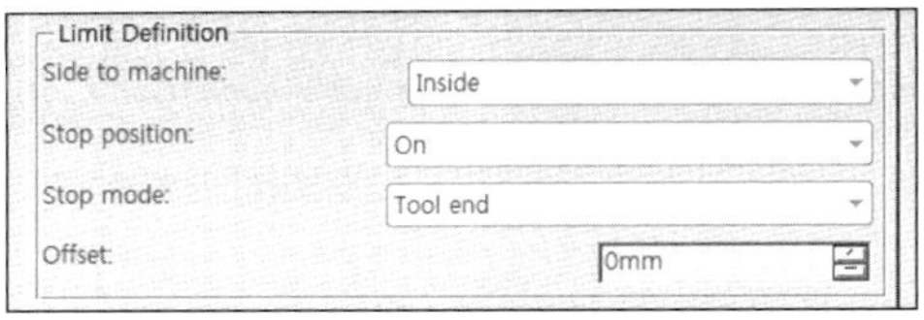

- Side to machine : Limit Line 안쪽 또는 바깥 부분으로 가공 범위를 선택할 수 있다.
- Stop position : 공구가 멈추는 위치 지정
- Stop mode : Limit에 접근 했을 때 Tool의 멈춤 방법을 설정한다. Tool end, Center
- Offset : 설정 값만큼 Limit Line을 Offset 한다.

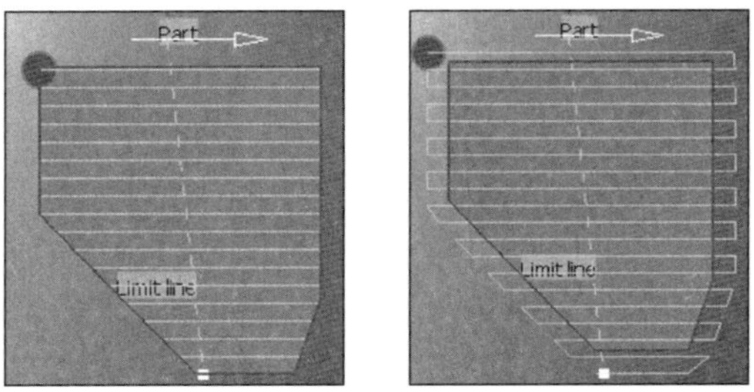

(3) Tool data Tap

- Tool 정의 tap : Tool path 연산에 사용될 Tool을 정의한다. Tool 카탈로그에서 불러오거나 가공 현장에서 실 사용하는 Tool의 정보를 사용한다. 따라서 Tool 정보를 정확히 파악, Parameter를 입력하여 사용한다. 충돌 사고가 발생할 수 있으므로 주의를 요하는 부분이다.

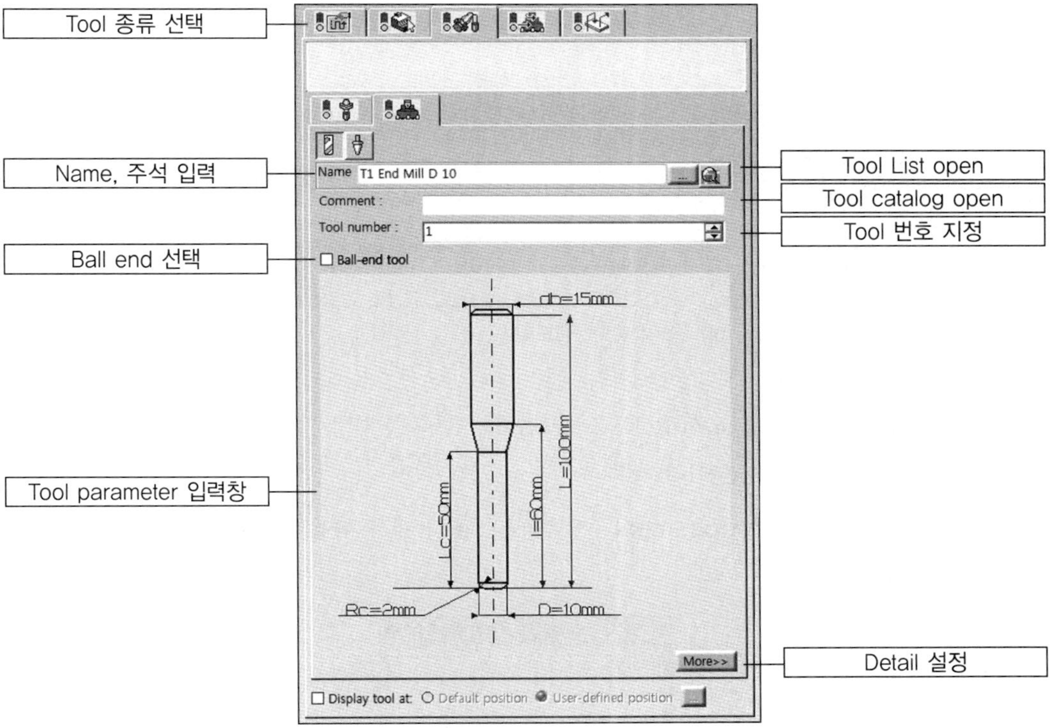

1) 단일 공구 Parameter 설정

· Name : Tool 이름 지정

Tool 변경은 이미 생성한 Tool path에 영향을 주기 때문에 같은 이름의 Tool의 Parameter를 변경할 수 없도록 되어있다. Tool의 Parameter를 변경하기 위해서는 Tool 이름을 변경하여 다른 Tool로 인식을 시켜야 한다.

ex) Boll end mill D10

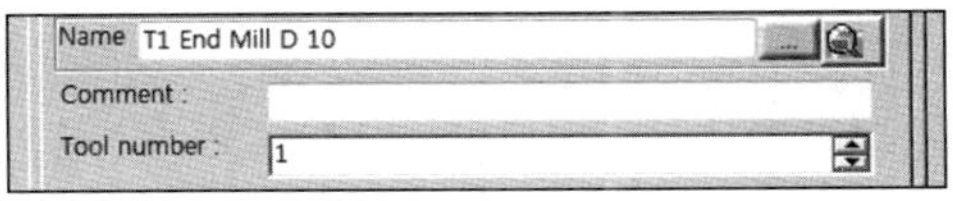

◦ **주의** : 간혹 Tool 이름만 변경하고 Parameter는 미처 수정하지 못하는 실수를 하는 경우가 있다. 주의가 필요한 부분이다. Name을 변경한 후 아래 그림의 Parameter 값을 더블 클릭하면 수치 입력창이 나타난다. 수치를 변경하여 설정을 한다.

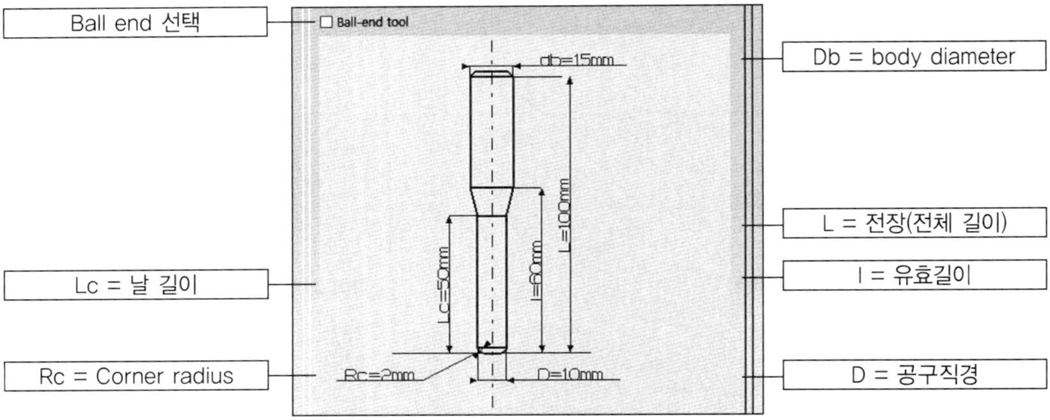

▲ Tool Parameter 정보창

· **Ball-end tool** : check on시 Rc(Corner radius) 항목을 변경하지 않아도 D(공구 직경) 입력만으로 볼 값이 자동으로 입력된다.

Select a tool in document : 이전 operation에서 사용하여 Resources List에 저장된 Tool List를 불러온다.

· **Tool number** : Tool chinge를 사용할 경우 할당된 번호를 지정한다. NC Code 생성 시 출력된다.

· **More〉〉** : Tool Menu를 확장한다. Tool의 Detail Parameter를 적용할 수 있다.

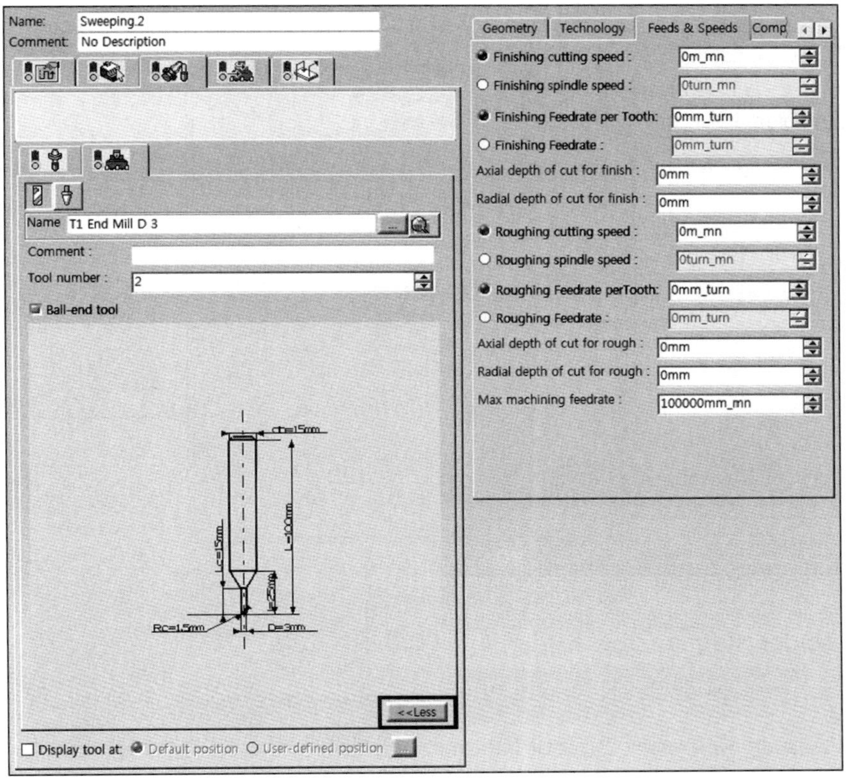

▲ Tool Menu가 확장 된 모습

2) Tool 어셈블리(Tool holder)

Tool 어셈블리 Tap을 처음 클릭했다면 정의된 Tool이 없기 때문에 Parameter 입력창에 아무런 형상이 나타나지 않는다.

이름을 입력하여 새로운 Holder를 정의한다.

Name에 워드를 입력 후 Enter를 누르면 Assemble Tool Parameter 입력창이 생성된다.

ex) Name : Tool holder 10B

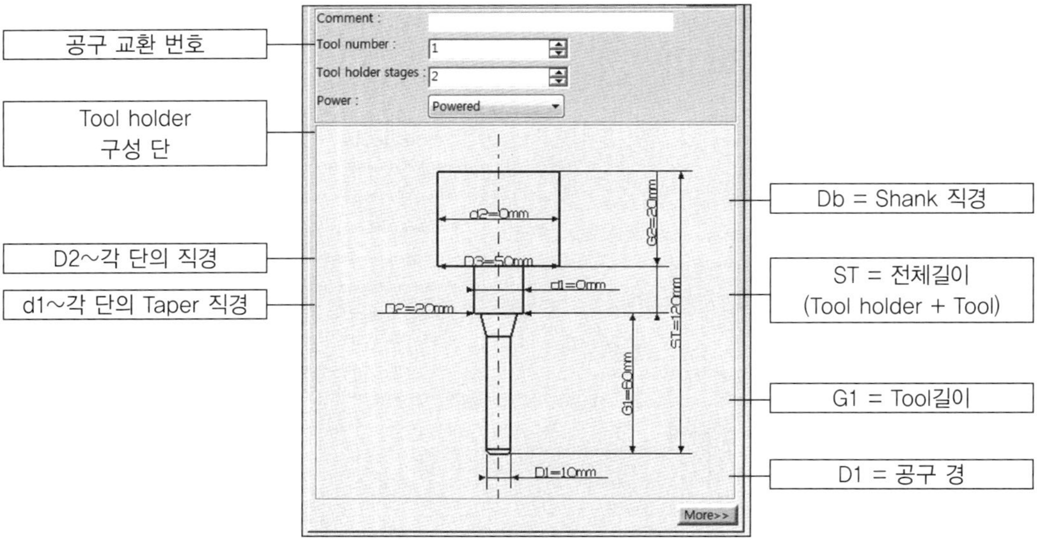

· **Tool holder stages** : Tool holder 구성 단의 개수 입력

각 치수를 더블 클릭하여 수치를 입력한다. holder 이외 Tool의 설정, Tool의 직경과 날 장 등의 Parameter는 단일 Tool Parameter 입력창에서 설정된 값이며, 변경을 하려면 단일 Tool 입력창에서 할 수 있다.

· **Display tool at** : check on, Tool 어셈블리 형상을 메인 화면에 표시, 생성된 Tool의 형상을 파악할 수 있다.(Tool축 설정에서와 같은 명령이다.)

– **Default position** : 가공 원점에 위치

– **User- default position** : 사용자가 임의로 위치를 변경할 수 있다.

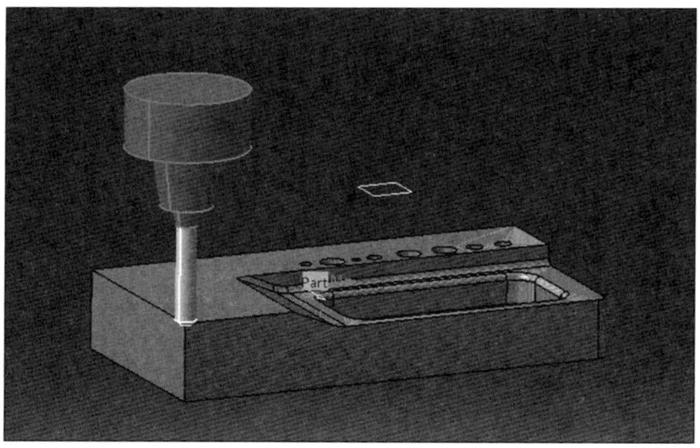

▲ 메인 화면에 Tool 어셈블리가 표현된 모습

(4) Speed & rates tap

- 가공속도, 스핀들 회전 속도 정의

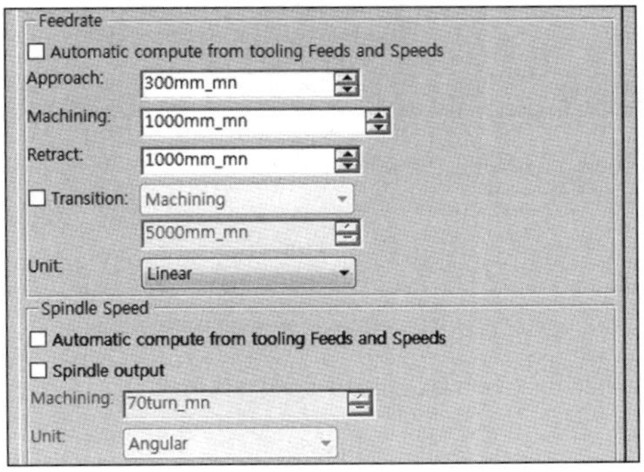

▲Feedrate / Spindle Speed 설정창

· Automatic compute from Tooling Feeds and Speeds : Check 시 Tool의 Parameter 값으로 자동으로 입력된다.

· Approach : 진입 속도를 설정한다.

· Machining : 가공 속도를 설정한다.

· Retract : 퇴각 속도를 설정한다.

· Transition : 기타 이동(공구 교환, 축 이동 등) 속도를 설정한다.

· Spindle : 분당 회전 속도를 입력한다.

입력단위는 분당 이송속도, 분당 회전수를 입력한다.

(5) Macro data tap

- Macro : Tool이 가공물에 접근, 퇴각 방법 정의

고속 가공과 가공 소재의 특성에 따라 Macro 설정이 가공 속도와 품질에 많은 영향을 준다. Macro는 경험을 바탕으로 설정하는 것이 좋다.

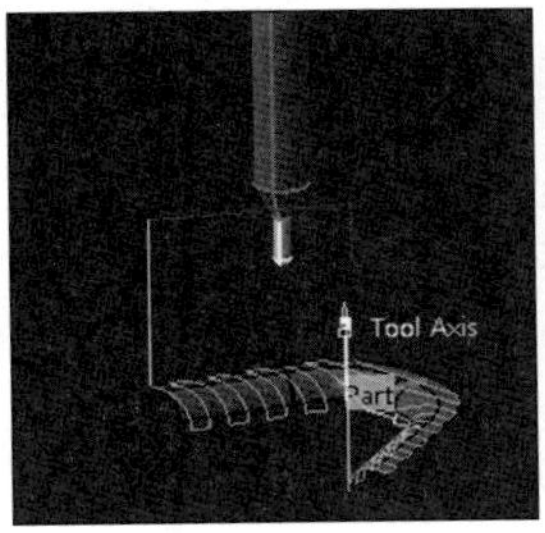

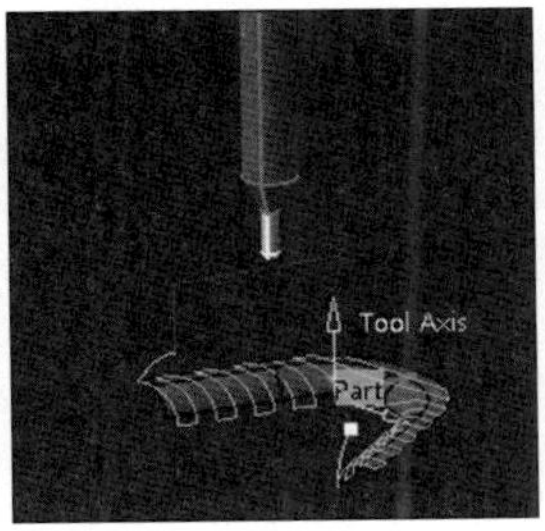

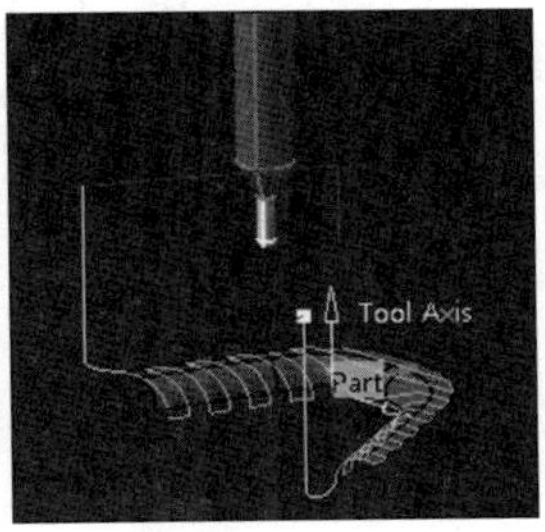

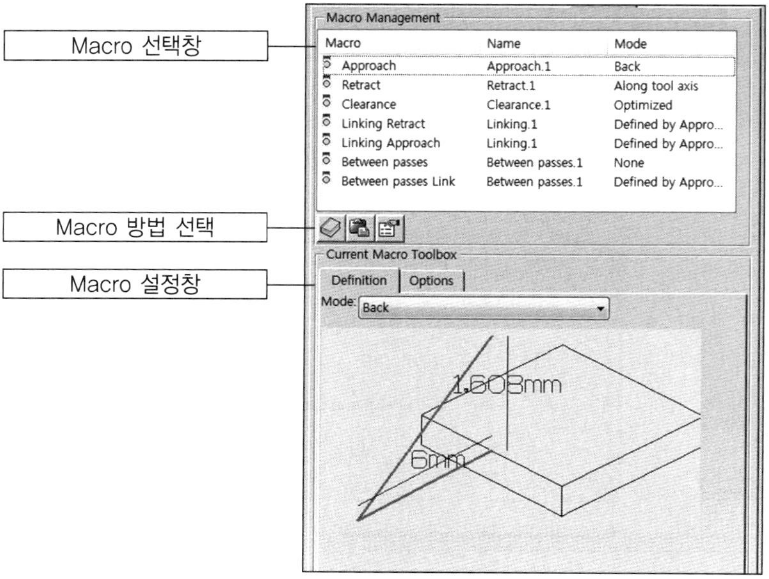

1) **Macro 작용**

Macro	작용	color
Approach/Linking Approach	급속이동 후 가공물로 진입	노란색
Clearance	가공물에 대한 안전 높이	붉은색
Machining	가공 이동	녹색
Retract/Linking Retract	가공물에서 퇴각	푸른색
Rapid	급속이동	붉은색
Between pass	Tool Pass와 Tool pass 연결	푸른색

2) **Macro 선택창** : Macro를 수정한다.

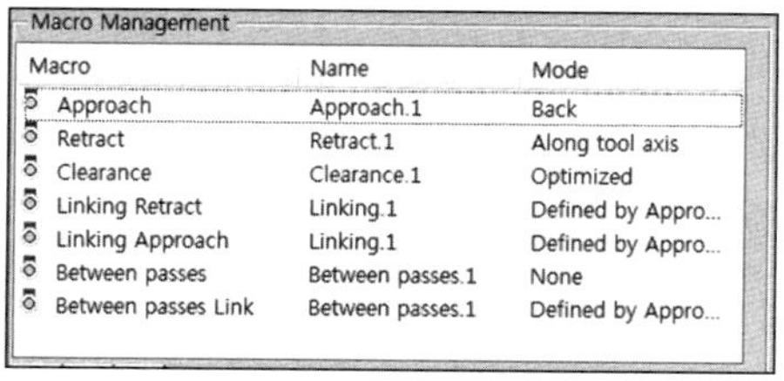

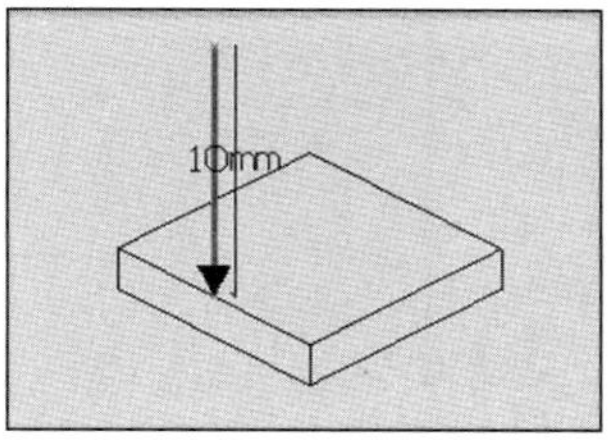

▲ Approach

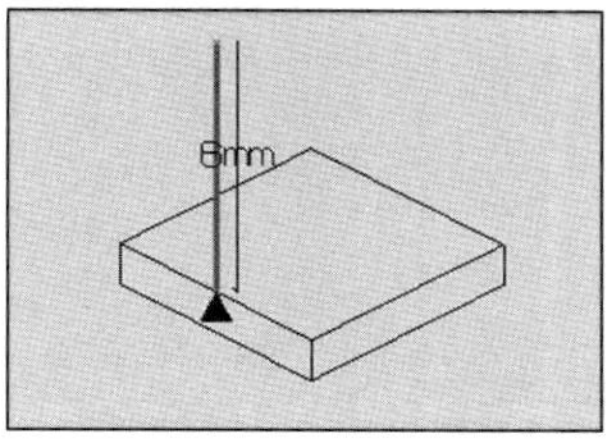

▲ Retract

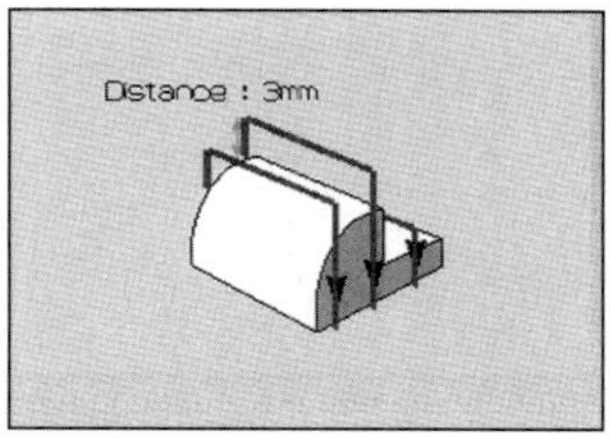

▲ Clearance

· Macro 선택 후 마우스 3번 버튼을 클릭하여 Activate, Deactivate 할 수 있다.

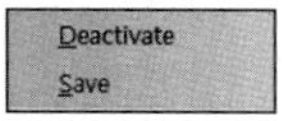

· **Mode** : 풀다운 메뉴에서 Macro를 선택 해당 Parameter를 입력한다.

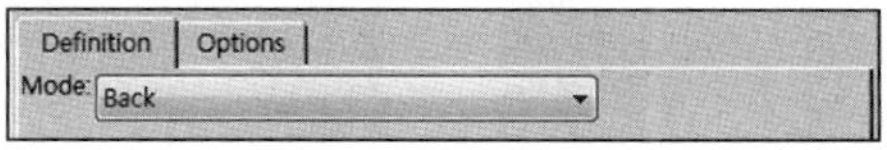

· **Mode 종류** : Along tool axis, Along a vector, Normal, Tangent to movement, None, Back, Circular, Box, Prolonged Movement, High speed milling, Build by user, Romping up to plane

3) **설정 방법** : 변경하고자 하는 Macro 모드를 선택하여 Macro 설정창의 Graphic을 참조하여 Parameter를 정의한다.

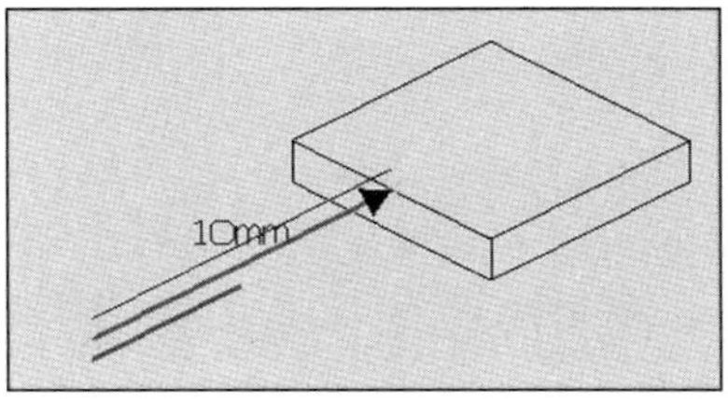

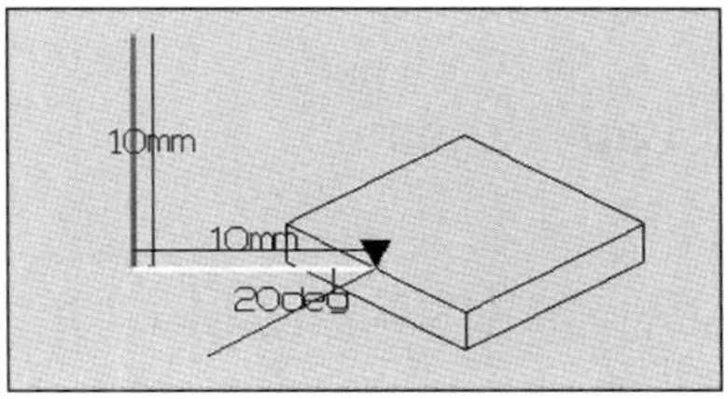

TIP Graphic 상의 치수, 핑크색 Line, 녹색 Line을 더블 클릭하면 디테일 설정이 가능하다.

· Graphic 상의 치수 더블 클릭(Parameter값 입력)

· Graphic 상의 보조 Line(녹색, 핑크색, 노란색) 클릭, 보조 창이 뜨면서 Detail 설정이 가능해진다.

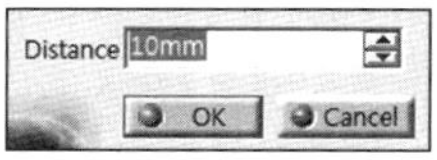

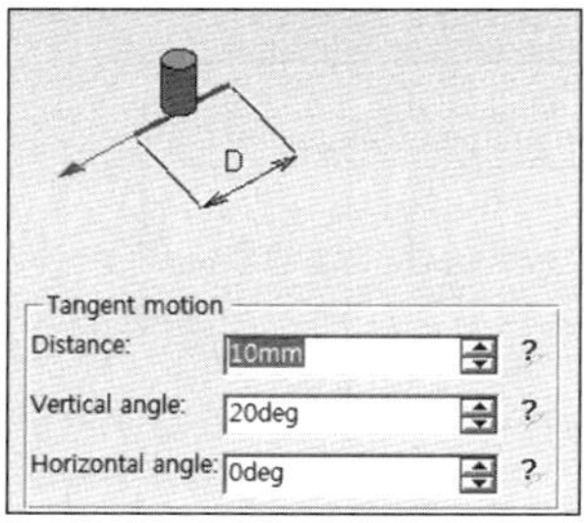

· 대화창의 "?"(물음표)를 클릭하면 해당 기능을 Graphic으로 표시 설정에 도움을 준다.

4) Macro 적용 예

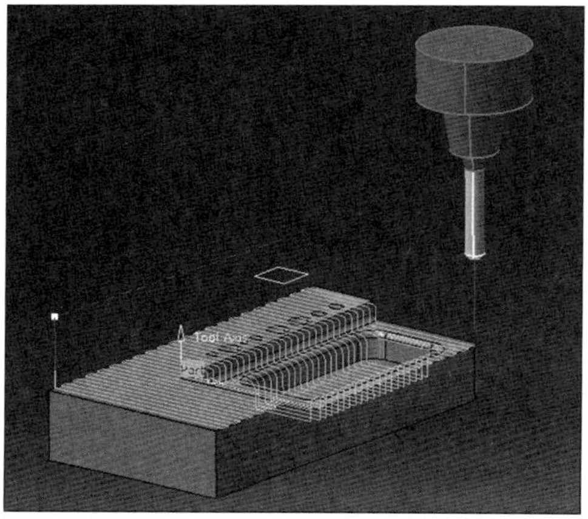

▲ 기본

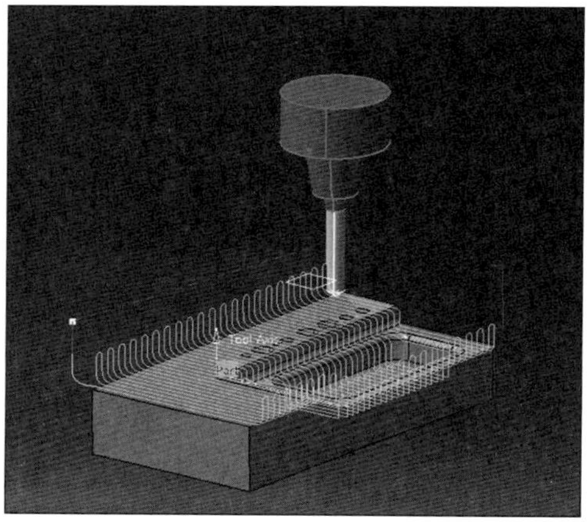

▲ Macro 적용

(6) Tool Path Replay

- 각 operation에서 설정된 Parameter를 반영하여 연산과정을 거치고, 가공 경로를 화면에 표시한다.
- operation이 요구하는 기본적인 Parameter를 정의하면 Tool Path Replay 버튼이 활성화된다. 이 때 아이콘을 클릭하면 연산이 진행된다.

Parameter 정의 전	Parameter 정의 후

- **Tool path 연산** : Tool path Replay 버튼이 활성화 되었다면 클릭한다. 다음과 같이 연산 진행 과정을 그래프로 보여준다.

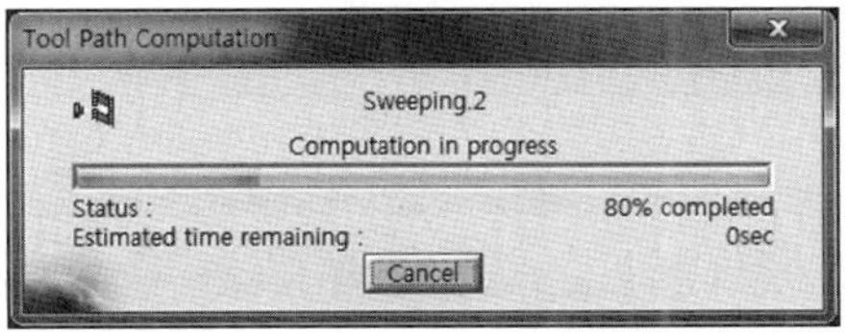

▲ 연산 진행

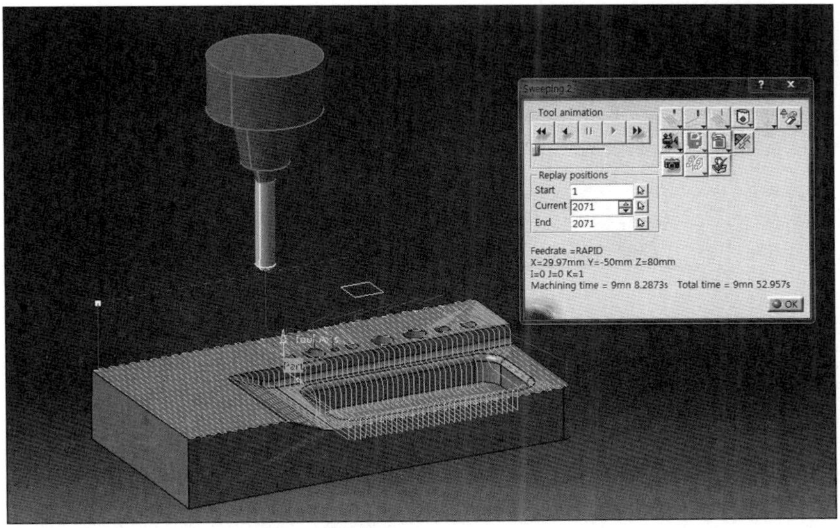

▲ 연산 완료 후 메인 화면에 표시된 모습

Tool path 확인 후 만족스런 결과가 나왔다면 OK 버튼을 눌러 Operation을 종료한다.

3. Machine Operation Toolbar

(1) Point to point Operation

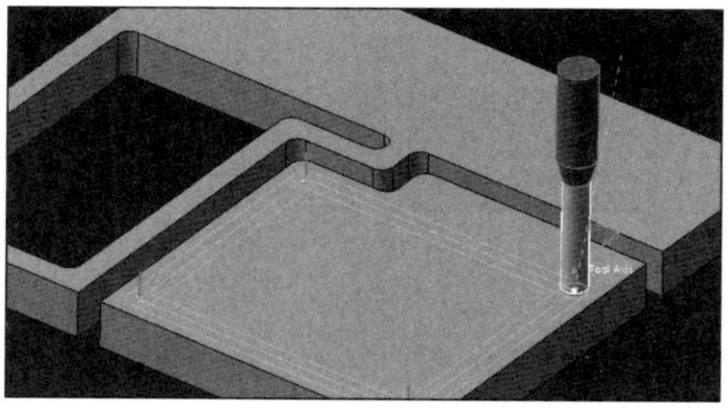

○ Point to point Operation

Point와 Point를 직선으로 연결하는 Tool path 생성

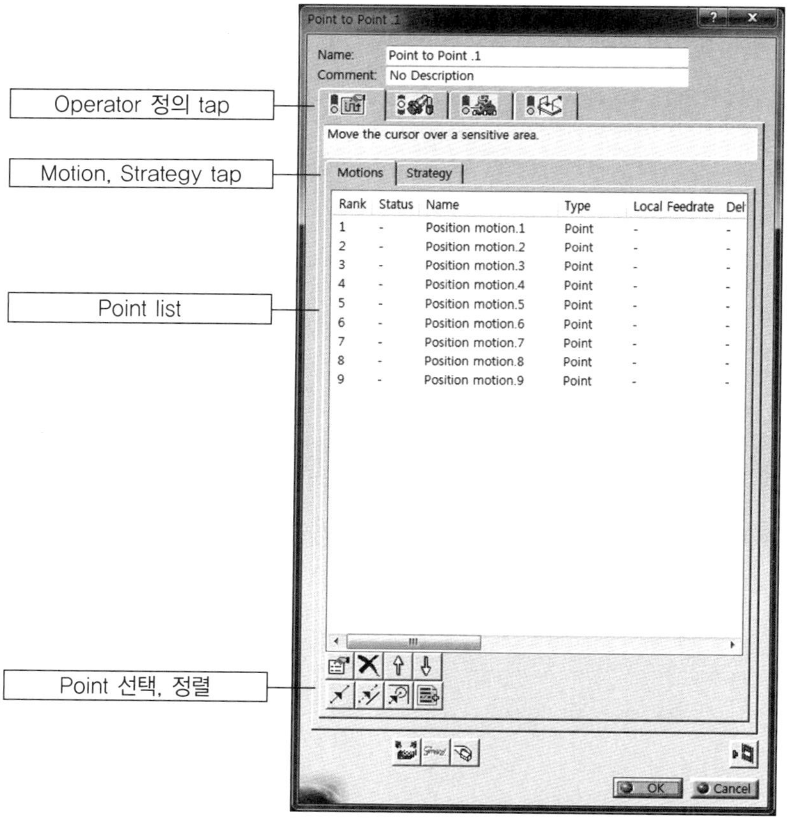

○ Point 생성

▲ Point 설정 아이콘

1) Goto Point : Point 선택, Point와 Point 사이를 직선으로 연결하는 Tool path 생성, 선택한 순서를 따라 이동 경로가 생성된다. Point가 선택이 되면 Point 번호와 Tool 축, 진행 방향을 확인할 수 있다.

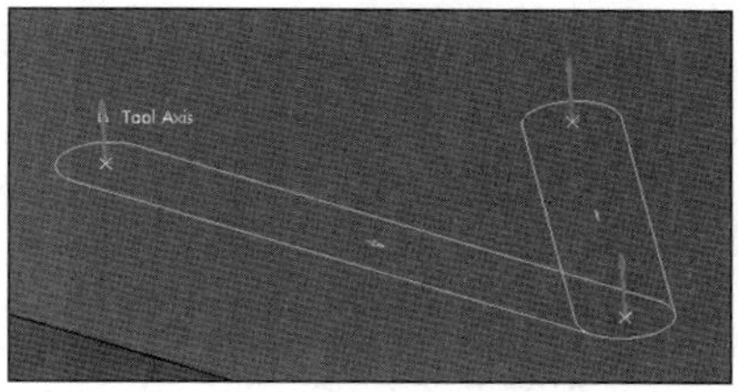

2) Go Delta : 설정 값을 이용하여 새로운 좌표에 Point 생성한다. 선택된 Point에서 사용자가 지정한 값만큼 이동하여 Point가 생성된다.

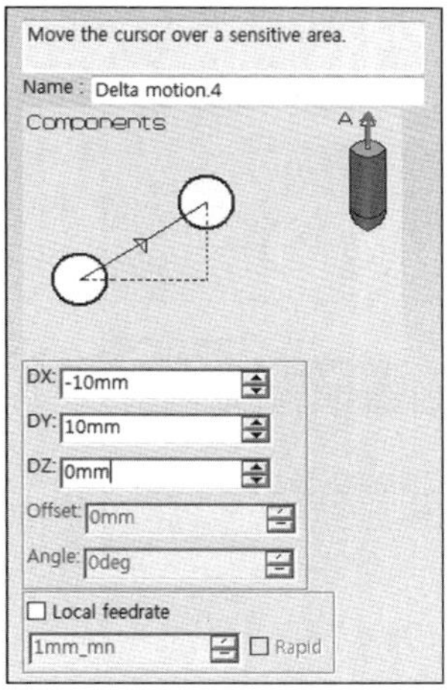

상대 좌표로 생성되며, 각 축 방향(X, Y, Z)과 Offset, 각도 등을 입력하여 Point를 생성할 수 있다.

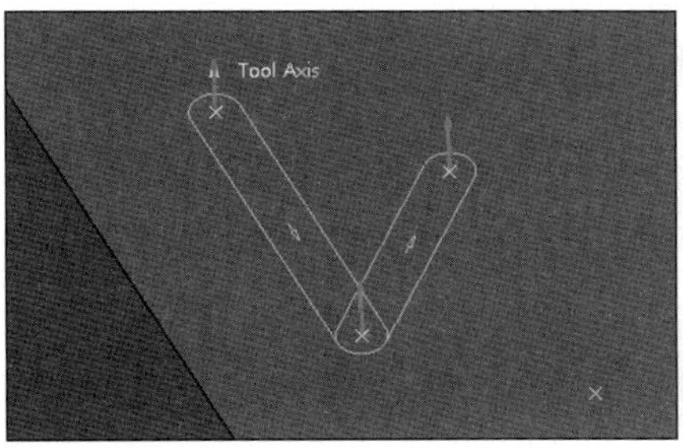

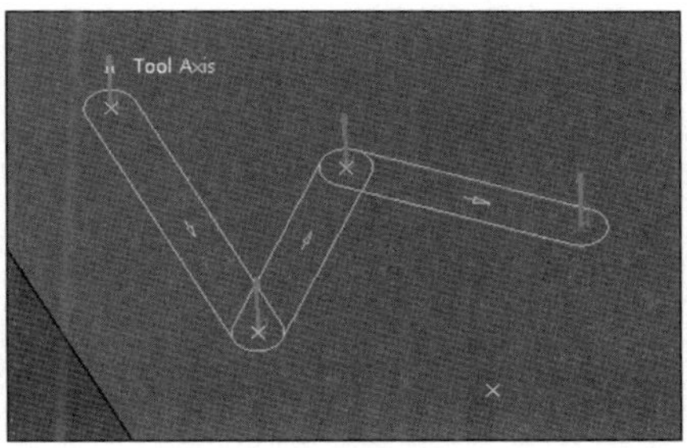

· **Point 생성** : 아래 그림과 같이 Components를 마우스 3번 버튼으로 클릭, 다음과 같이 Point 생성 방식을 선택할 수 있다.

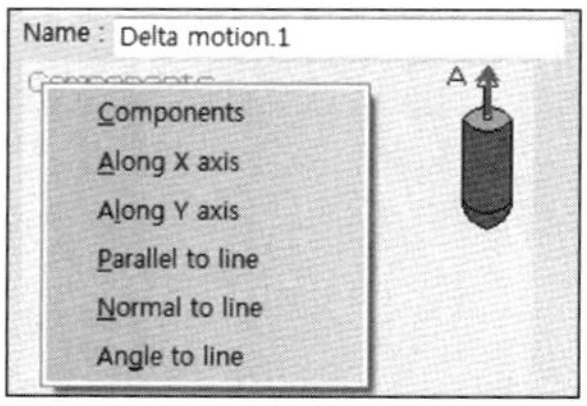

① **Components** : X, Y, Z 이동 값을 입력 Point 생성

② **Along X axis** : X축 방향으로 이동 값을 입력 Point 생성

③ **Along Y axis** : Y축 방향으로 이동 값을 입력 Point 생성

④ **Along to line** : 선택한 Line에서 각도와 거리 값을 입력하여 Point 생성

⑤ **Parallel to line** : 선택한 Line과 평행을 이루는 방향으로 Point를 생성

⑥ **Normal to line** : 선택한 Line과 수직을 이루는 방향으로 Point 생성

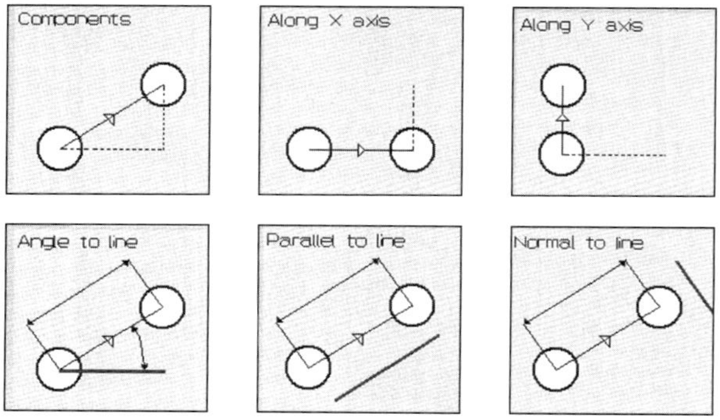

· Point 생성 방식을 선택 후 해당 Parameter를 입력하여 Point를 생성한다.

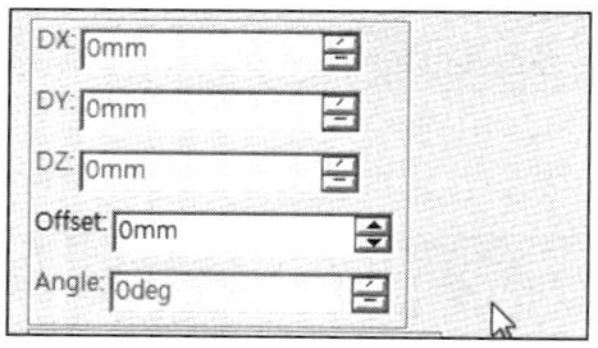

· **가공 속도 설정** : Point 사이의 속도를 각각 설정 할 수 있다. Local feedrate Check 후 분당 이송 속도 입력한다.

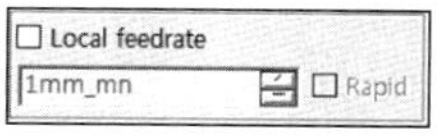

3) Goto Position

Part의 모서리를 선택하여 각 모서리를 따라 Corner에 Point 생성한다.

· **설정 방법** : Drive curve, Check curve, 기준면, 참조 Point를 차례로 선택하여 Part의 모서리를 따라 움직이는 가공 Point를 얻을 수 있다. 첫 Point를 생성하면 다음 Point부터는 자동으로 Drive curve가 선택되어 Check curve만 선택하여 다음 Point를 생성할 수 있다.

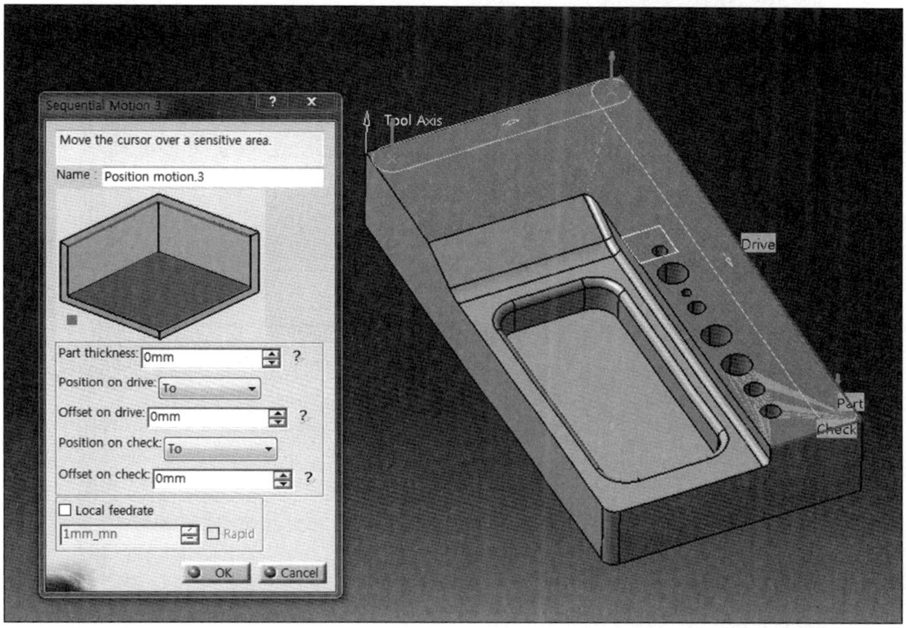

4) Launch the editor of the selected element

List에 나열되어 있는 Point의 정보 수정, Point 변경, Point의 위치와 Tool 축 방향을 변경할 수 있다.

· **설정 방법** : Point List 창에서 변경할 Point를 선택 후 아이콘 클릭, 아래 그림의 녹색 Point를 클릭하여 메인 화면에서 새 Point를 선택하거나, 좌표계를 이용하여 Point를 원하는 만큼의 수치로 이동한다.

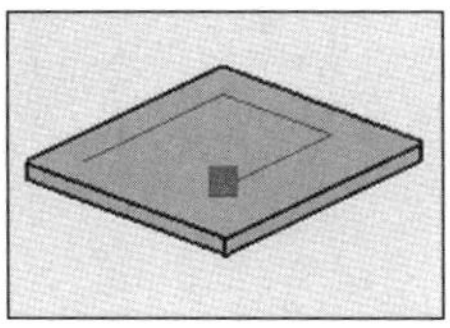

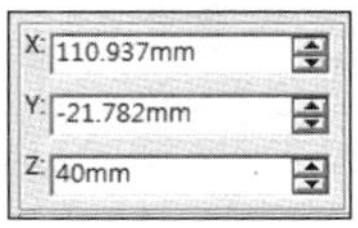

5) Delete the selected element(s)

· **Point 삭제** : 삭제하려는 Point를 선택 후 Delete the selected element아이콘을 클릭한다.

6) Move the selected upwards(Downwards) in the list.

· **Point 순서 변경** : 변경하려는 Point를 선택 후 아이콘을 선택하여 위치를 변경한다.

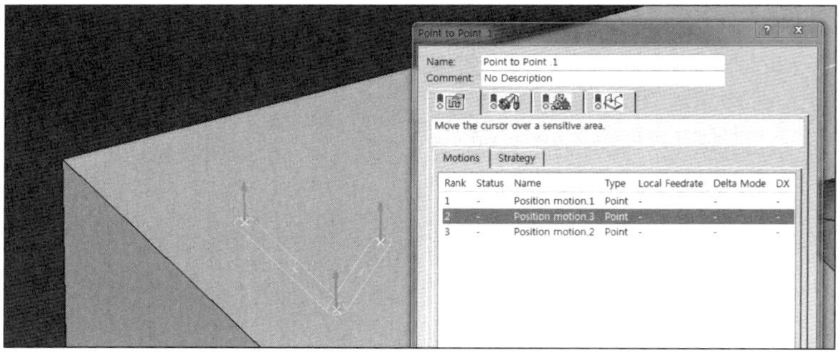

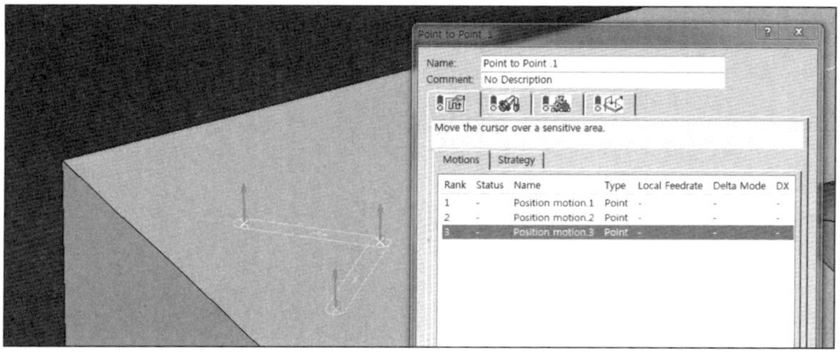

위와 같이 가공 순서를 변경할 수 있다.

(2) Pocketing Operation

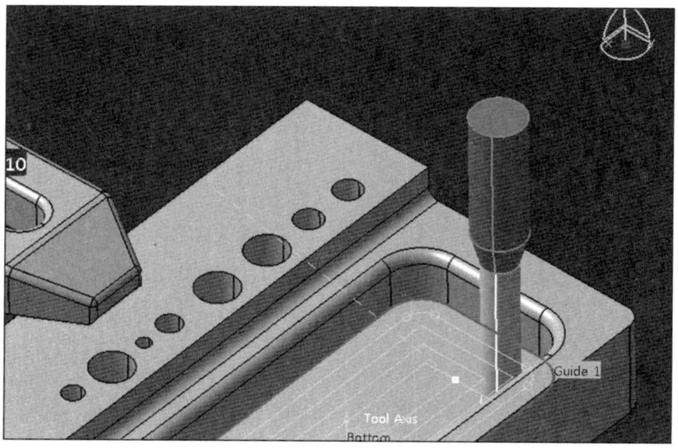

- Pocketing Operation : Hole, 움푹 들어간 부분 등 Pocket 가공 Operation

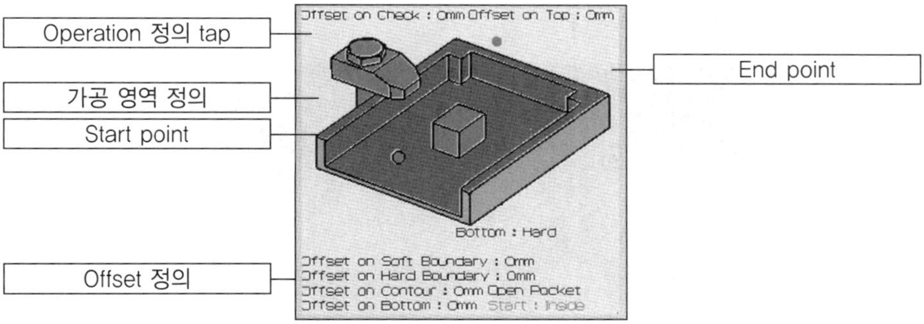

- 가공 영역 정의

Bottom : Hard, Bottom : Soft

1) Bottom : Hard

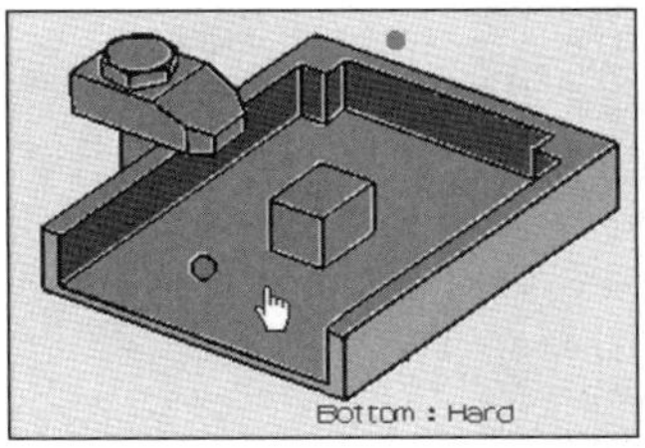

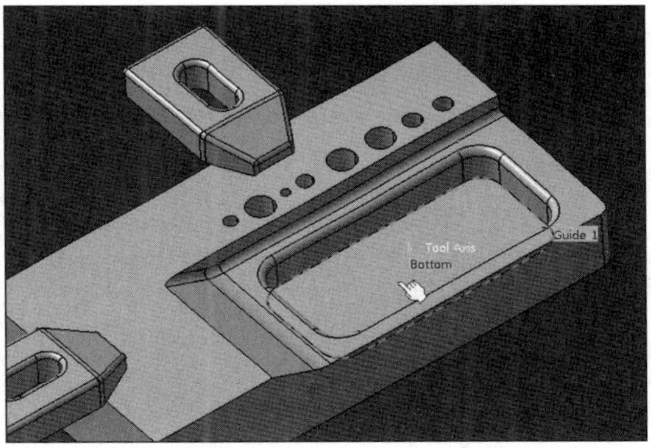

· **바닥면 선택** : 마우스 Point가 위치한 부위를 클릭한 후 메인 화면에서 바닥면이 될 Part를 선택한다.

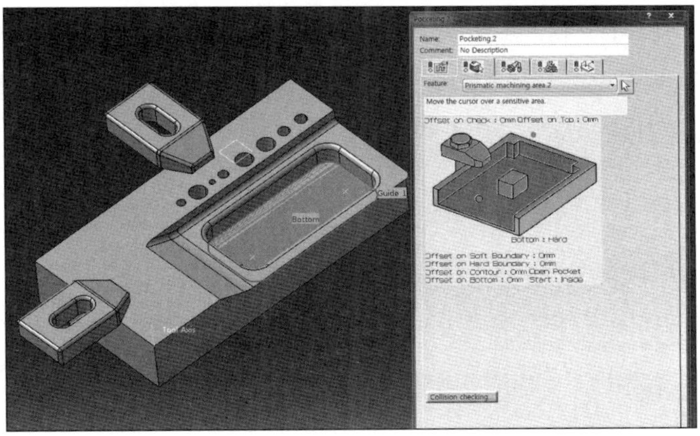

선택이 완료되면 바탕화면을 더블 클릭하여 선택을 종료한다. 선택이 종료되면 자동으로 바닥면과 Guide가 선택된 것을 확인할 수 있다.

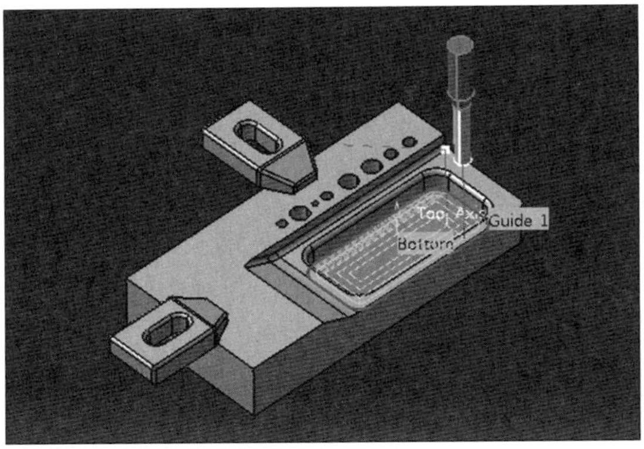

▲ Pocket 가공(Hard)

2) Bottom : soft

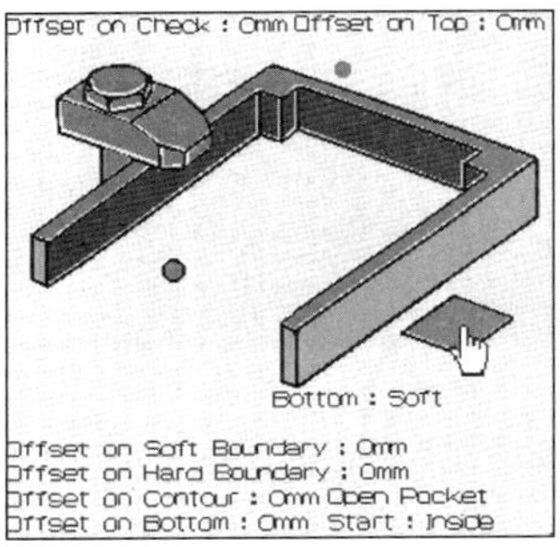

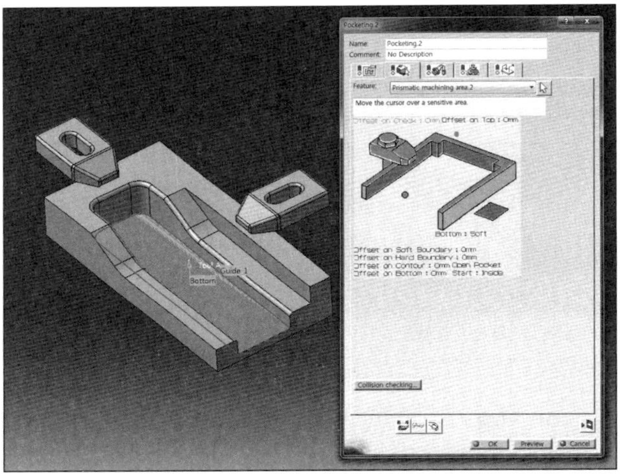

Bottom plan을 선택한다. 가공할 바닥면을 클릭하면 자동으로 Guide line이 선택된다. 만약 자동으로 선택이 되지 않는다면 Guide Line과 바닥면을 사용자가 직접 선택해야 한다. 이 때 주의할 점은 Guide Line이 Close 되어야 한다.

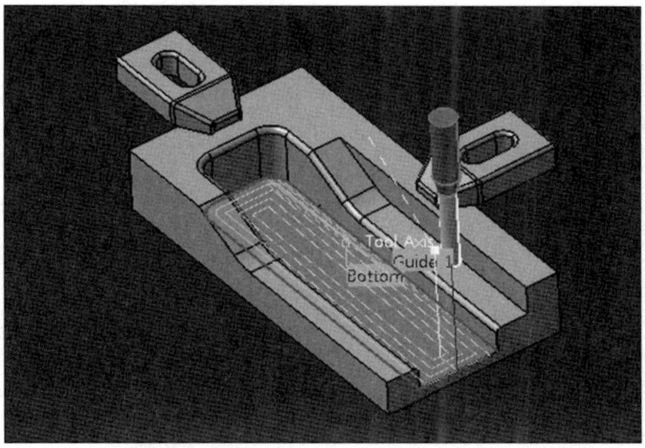

▲ Pocket 가공(Soft)

(3) Facing Operation

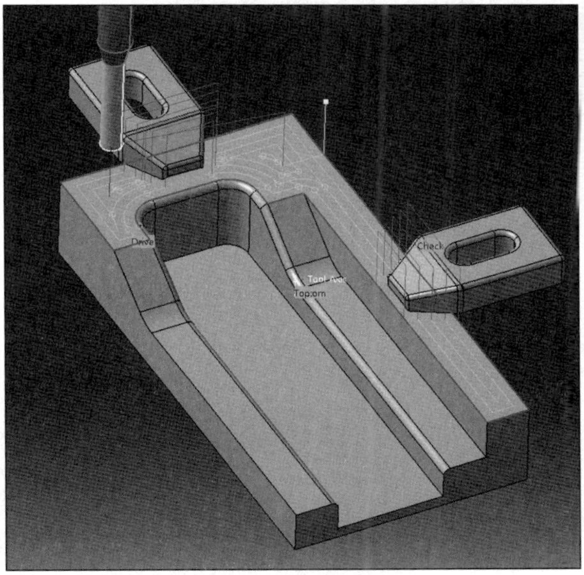

- Facing Operation : 평면 가공

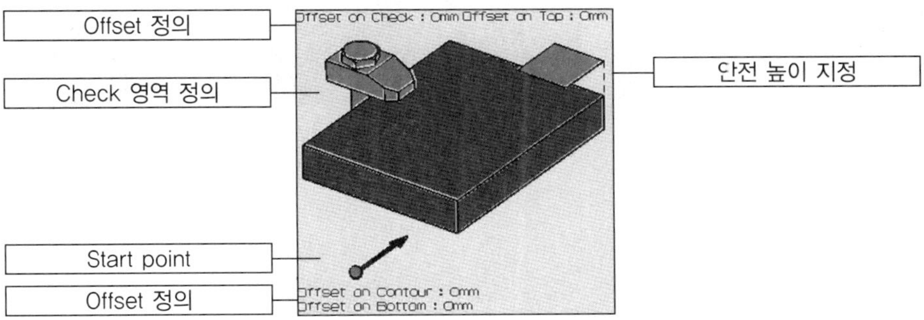

가공할 면을 선택하면 자동으로 Drive curve까지 자동으로 설정된다.

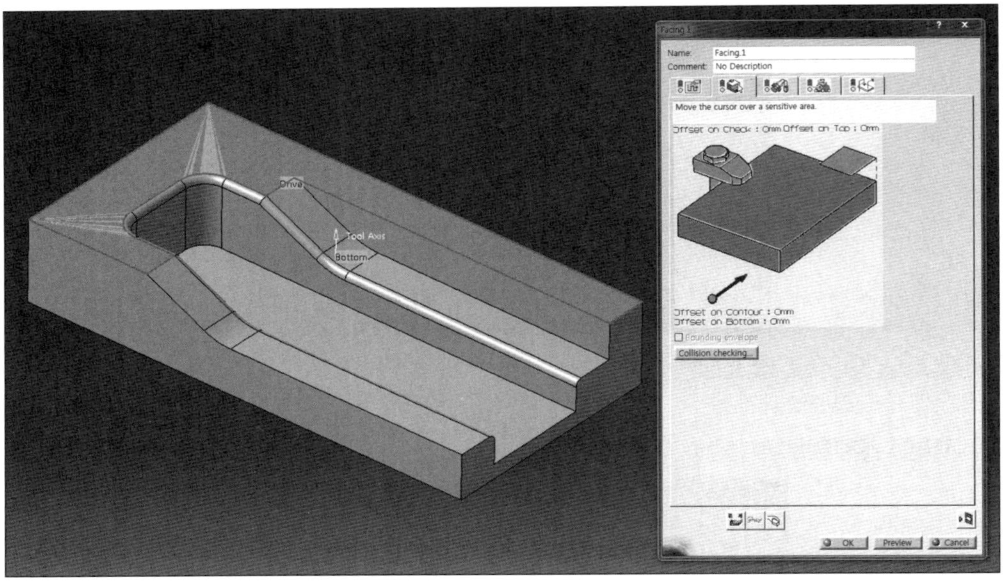

1) Tool path style

① Inward helical : Drive curve를 기준으로 정해진 값만큼 안쪽으로 Offset을 하여 Tool path를 생성한다.

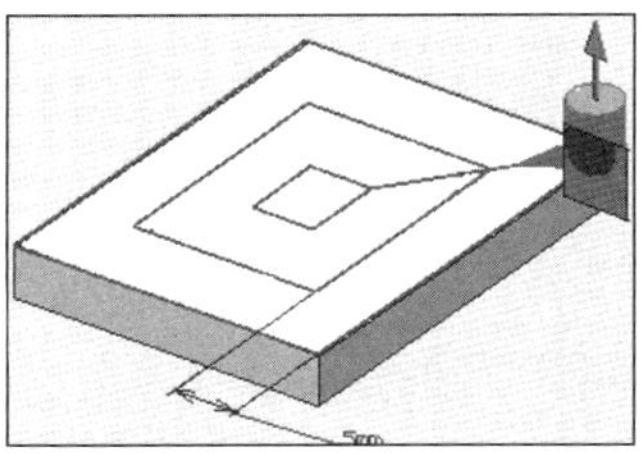

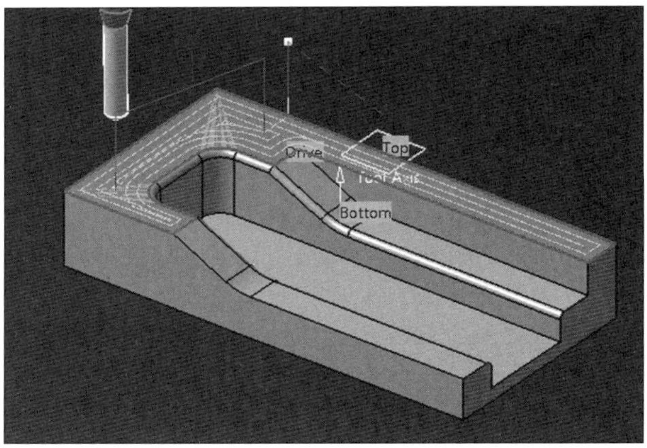

② Back and forth : Zigzag와 같은 방식으로 Direction 방향으로 Tool path를 생성한다.

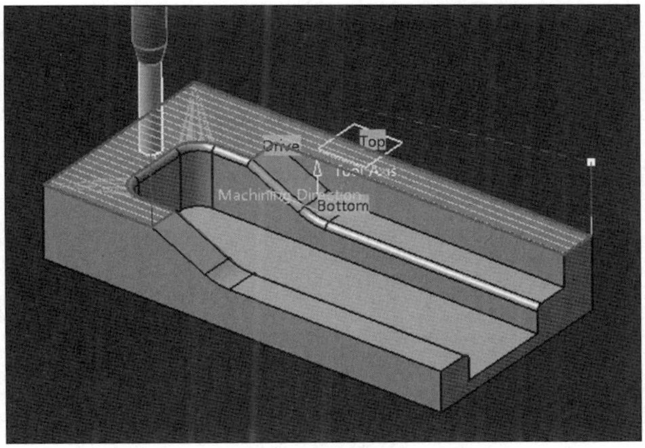

③ One way : 상향 가공이나 하향 가공을 위해 단 방향으로 가공하는 Tool path를 생성한다.

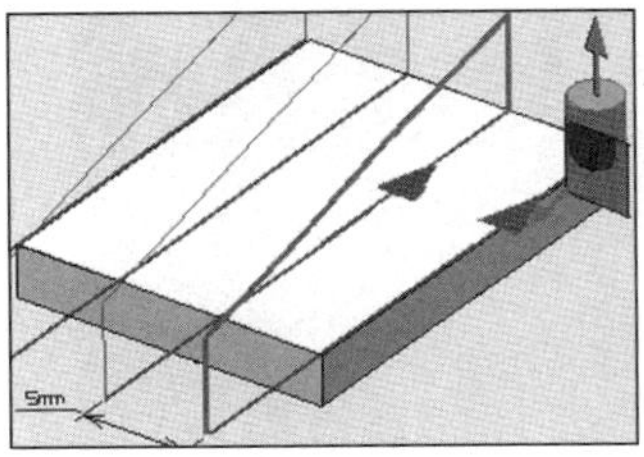

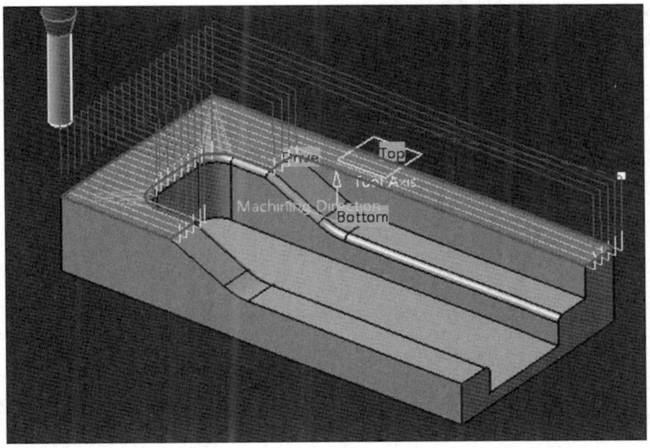

(4) Curve Following Operation

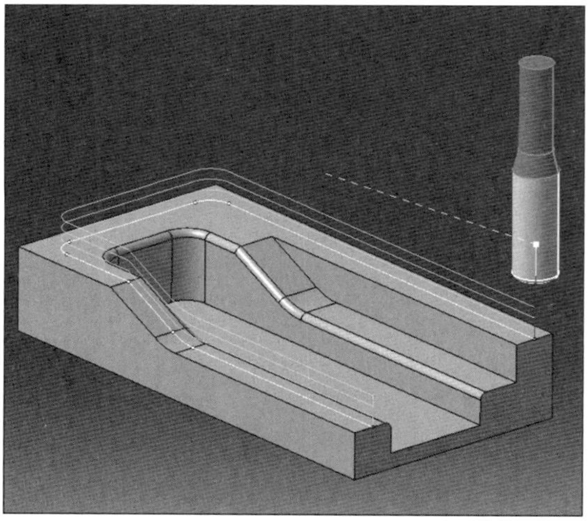

- Curve Following Operation : 면 위의 curve를 따라가는 Tool path를 생성한다.

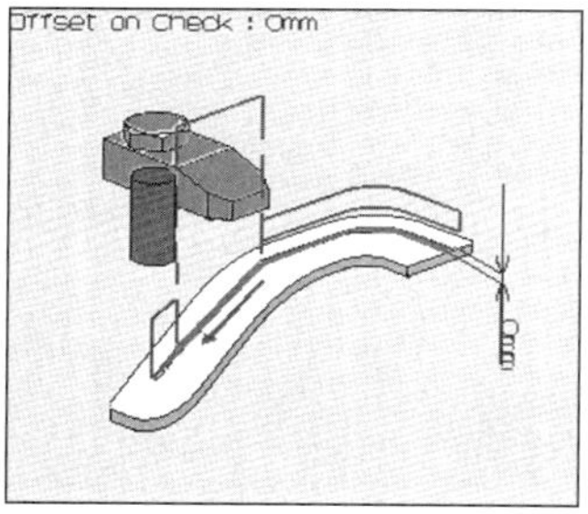

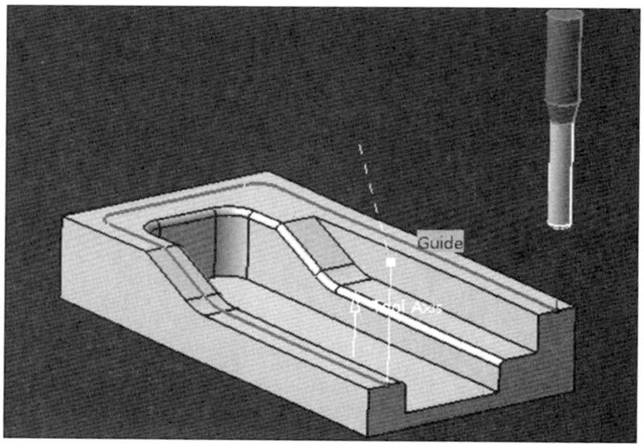

- Axial : 축 방향으로 Tool path를 반복해서 생성한다.

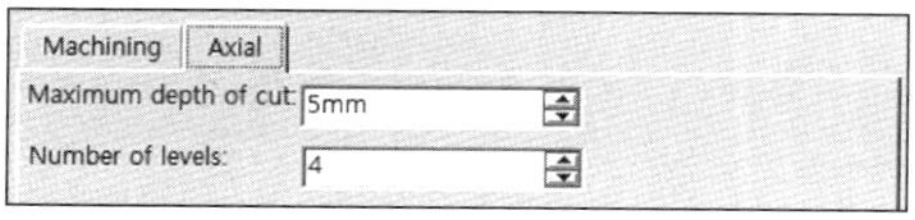

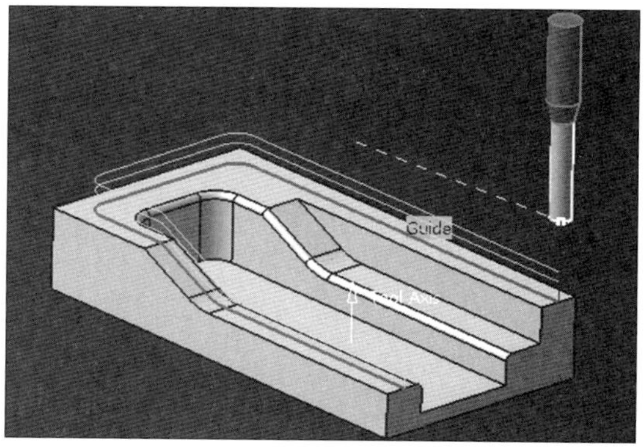

▲ 축 방향으로 Tool path가 생성된 모습

1) Tool path style

① Zig zag : 축 방향으로 curve까지 내려가는 Zigzag 방식 Tool path 생성

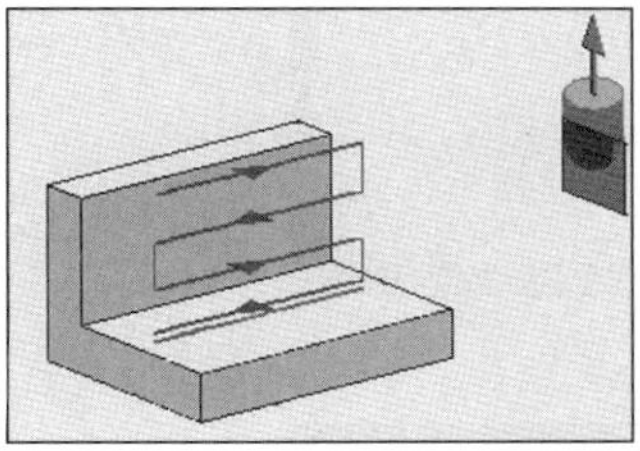

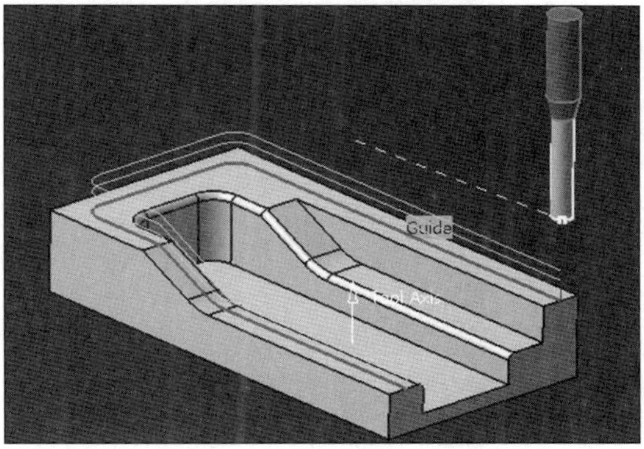

② One way : 축 방향으로 curve까지 내려가는 단 방향 가공 Tool path를 생성한다.

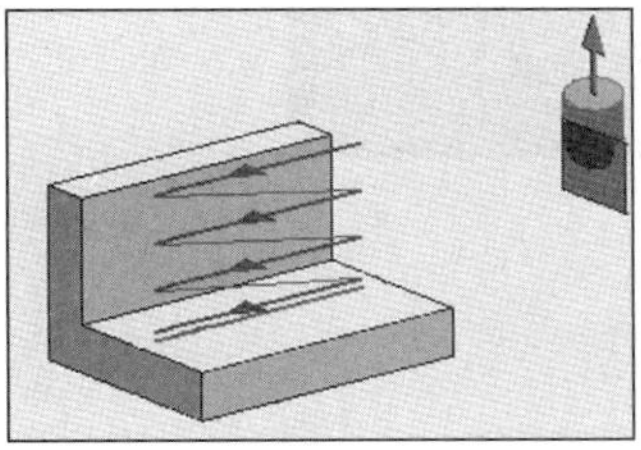

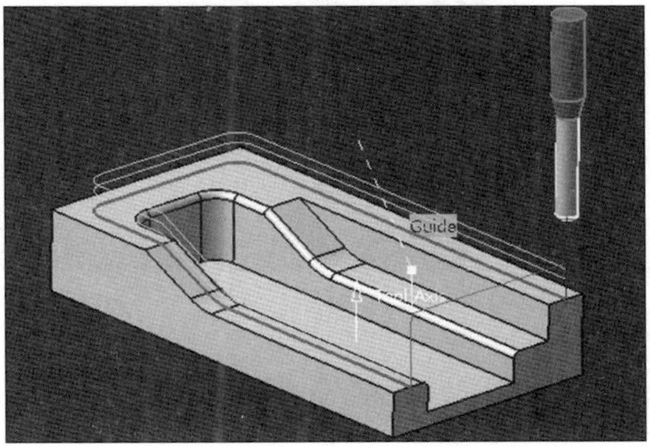

(5) Profile Contouring Operation

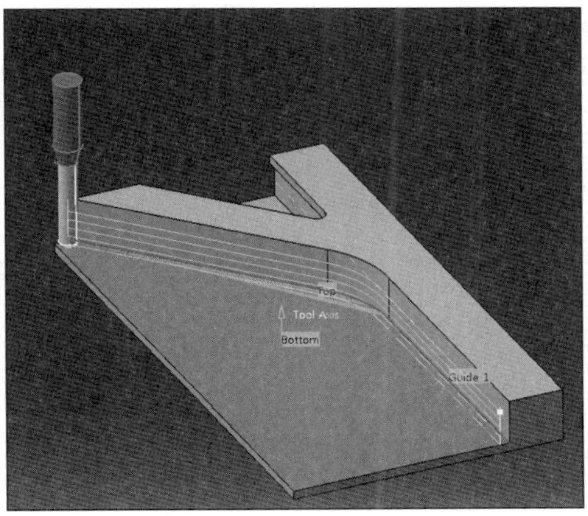

Profile Contouring Operation

바닥면과 Guide curve을 이용한 Tool path 생성(Pock의 Open 형태)

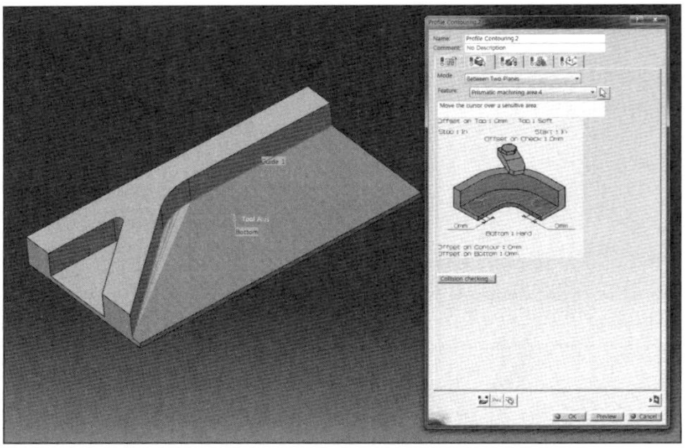

▲ Bottom(바닥면)과 Guide Line 선택

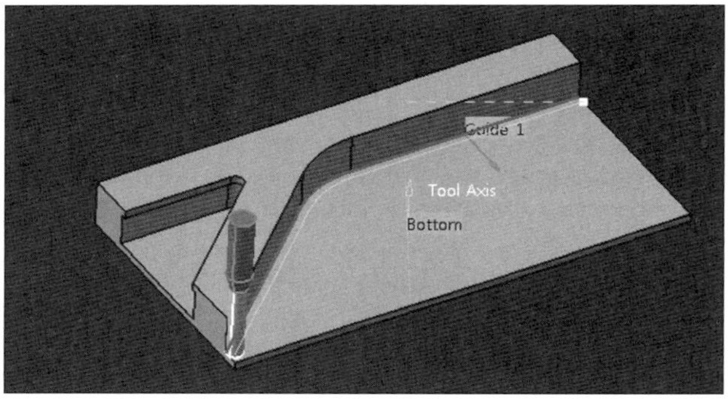

▲ Tool path 생성

1) Tool path style

① Zig zag : Zigzag로 Guide curve까지 반복 이동하는 Tool path 생성

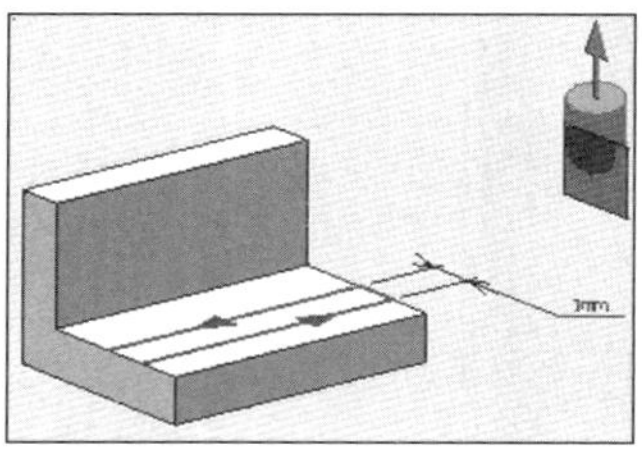

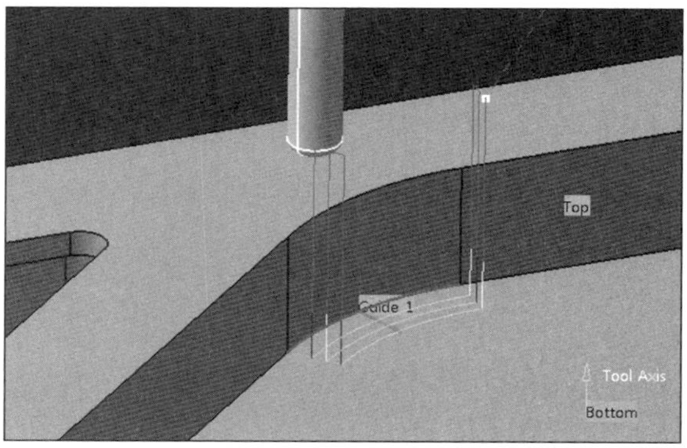

② One way : One way next로 Guide curve까지 반복 이동하는 Tool path 생성한다.

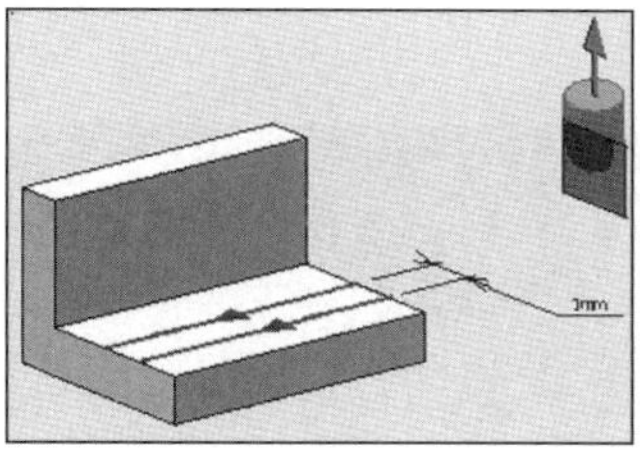

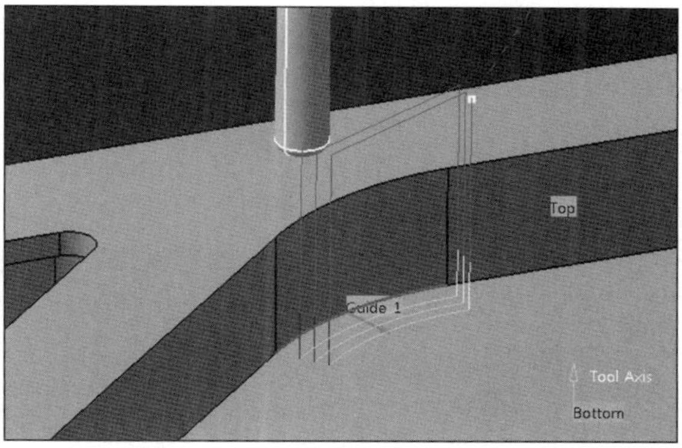

③ Helix : Drive curve 방향으로 지정한 값만큼 Offset된 지점부터 나선형으로 진행하는 Tool path를 생성한다.

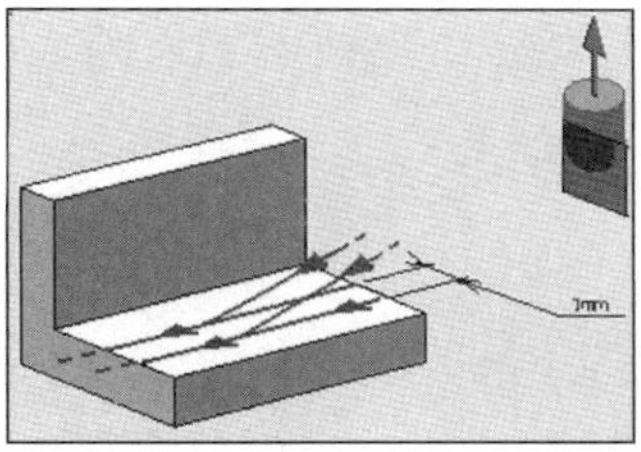

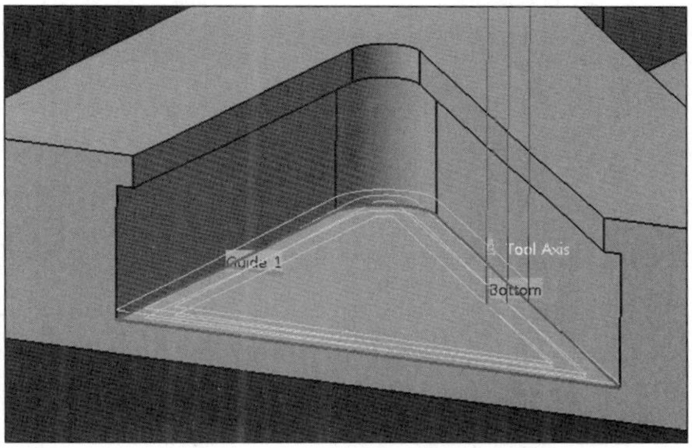

Guide curve가 닫혀 있어야 Tool path가 생성이 된다.

(6) Groove Milling Operation

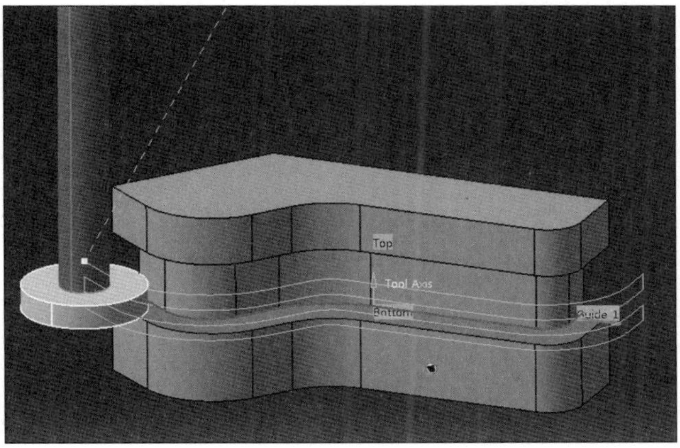

Groove Milling Operation

1) Groove 가공 Operation

Guide, Bottom, Top을 설정하여 가공 Tool path를 생성할 수 있다.

① **Bottom 선택** : Groove의 바닥면을 선택한다.

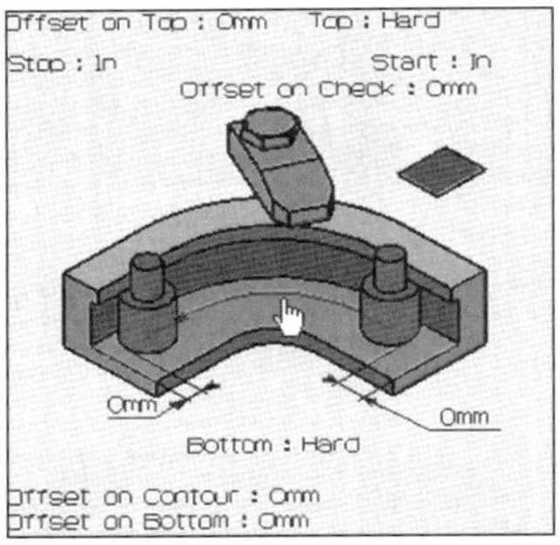

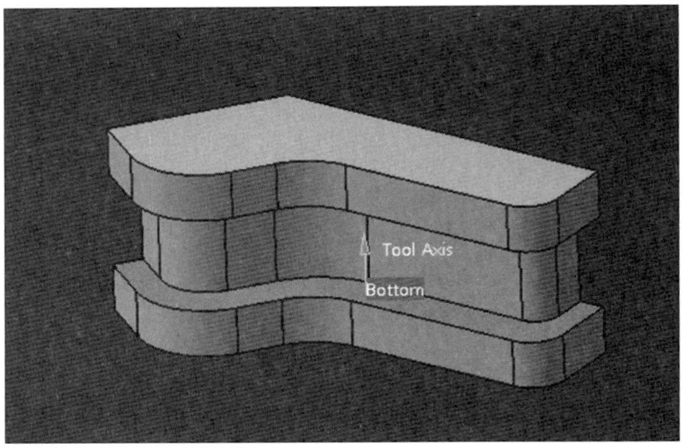

② **Guid 설정** : Groove의 바닥면의 Boundary curve를 선택한다.

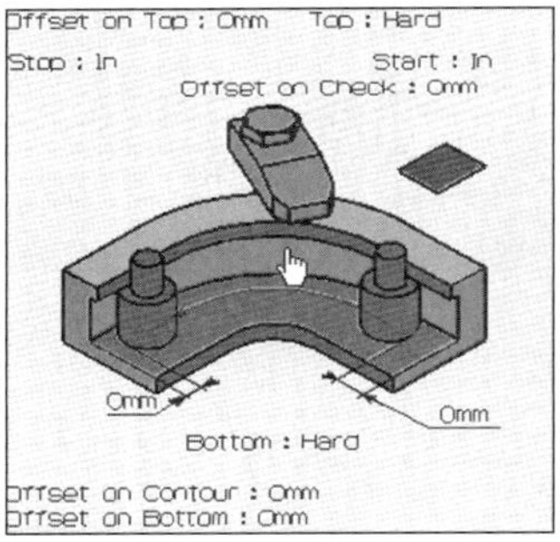

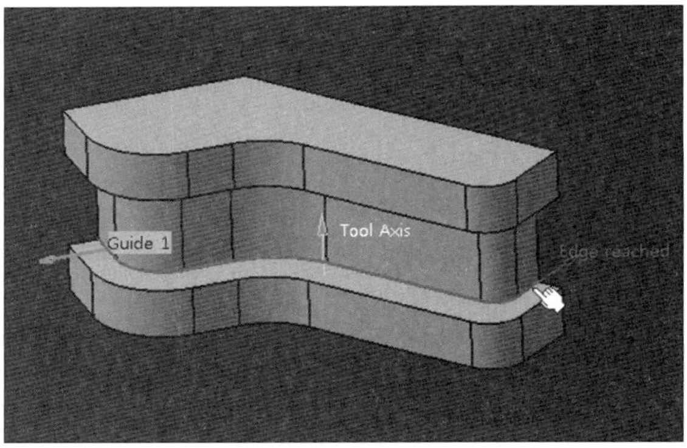

③ **Top 설정** : Groove의 윗면을 선택한다.

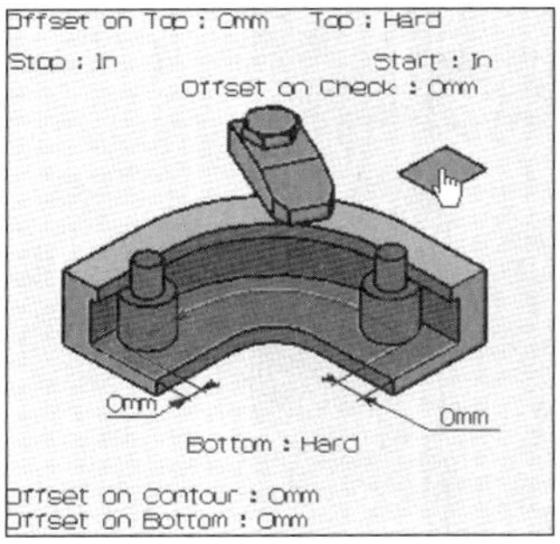

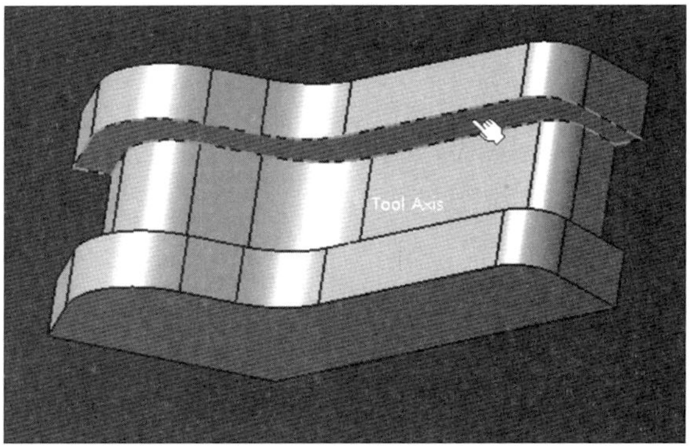

④ Radial : 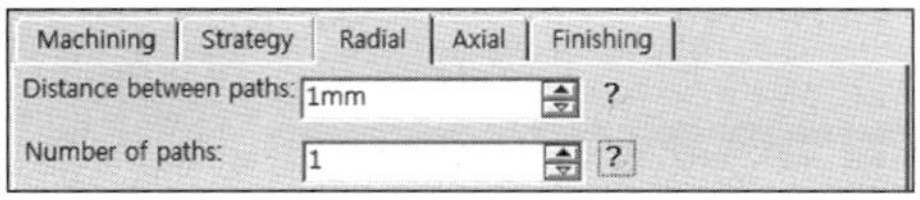

· Distance between path : Tool path와 Path와의 거리 값을 입력한다.

· Number of path : Tool path 반복 횟수를 입력한다.

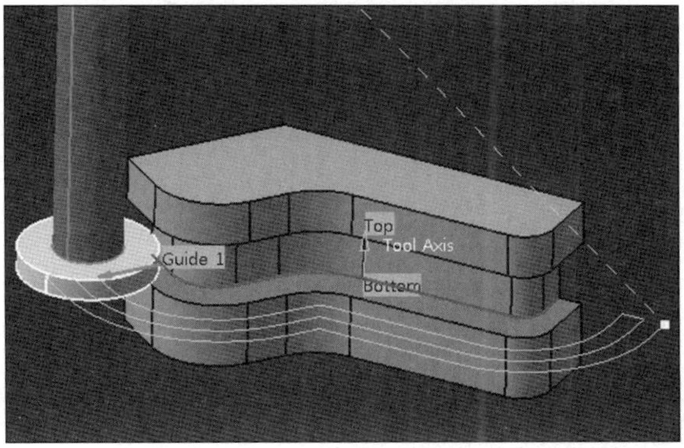

⑤ Strategy : 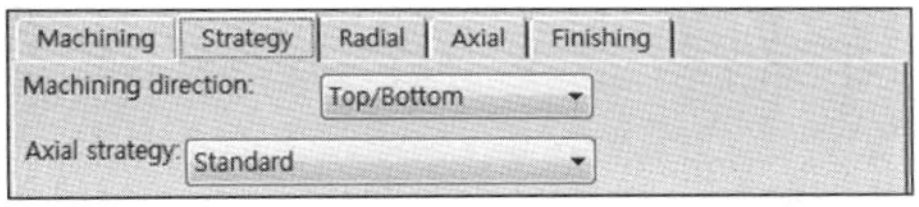

· Machining direction : Top로부터 Bottom 방향으로 진행하는 Tool path 생성 또는 Bottom으로부터 Top방향으로 진행하는 Tool path 방향을 선택한다.

⑥ Axial : 축 방향 Top로부터 Bottom으로 반복하는 Tool path를 생성한다.

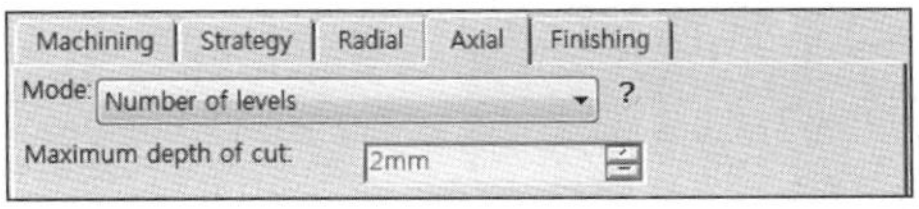

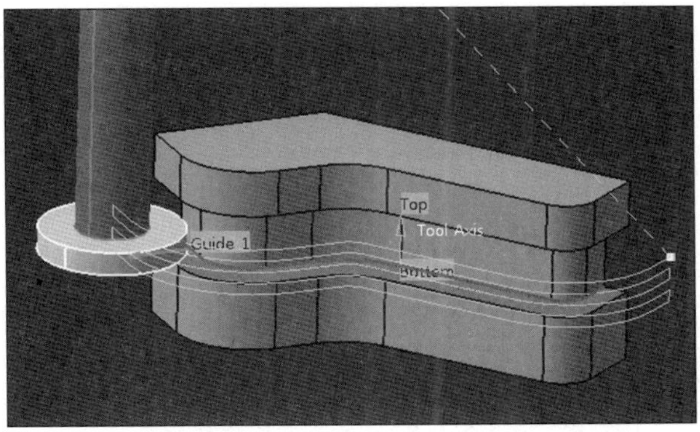

(7) Trochoid Milling Operation

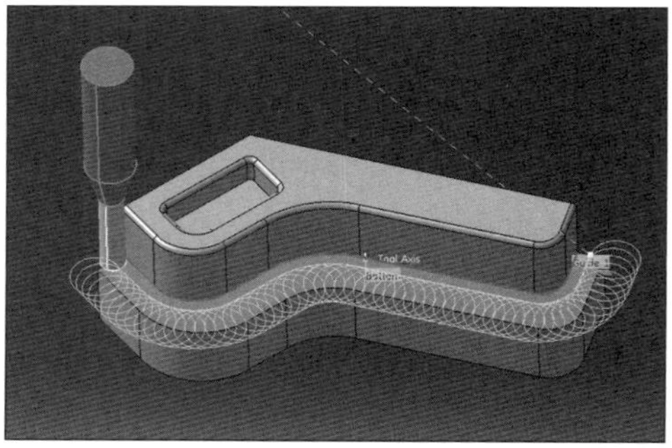

- Trochoid Milling Operation : 원을 그리며 Guide curve를 따라 진행하는 Tool path를 생성한다. Profile contouring과 같은 방식으로 Bottom, Guide curve를 선택하여 Tool path를 생성한다.

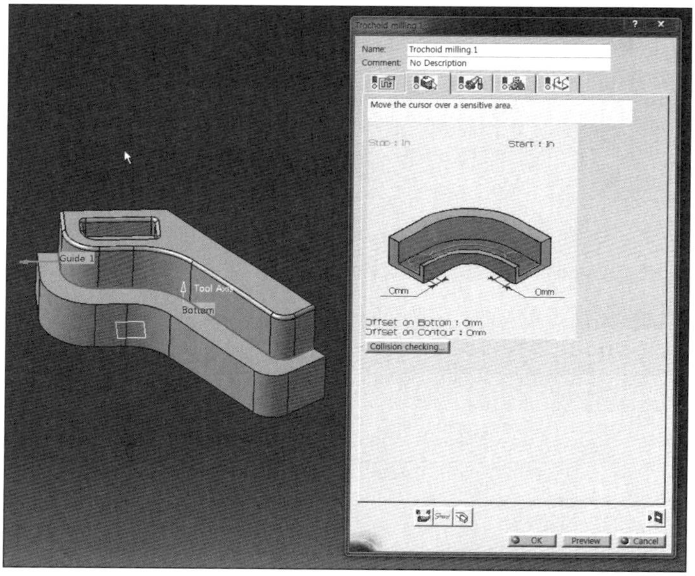

아래 그림과 같이 Guide curve를 따라 원을 그리며 진행하는 Tool path가 생성된다.

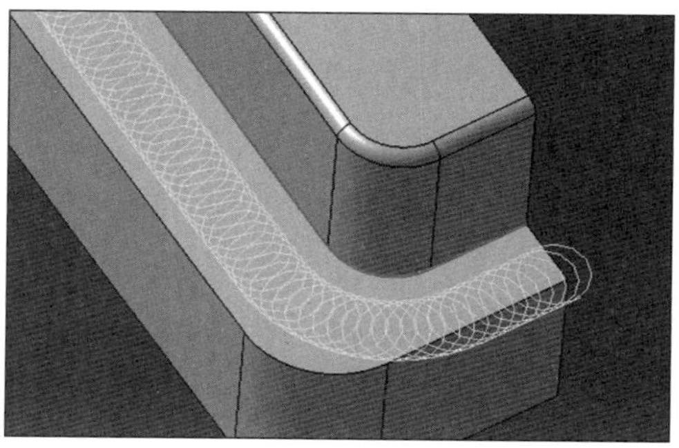

① Tool position on guide : 

Option을 활성화 시키면 원의 중심이 Guide curve를 따라 진행하는 Tool path가 생성된다.

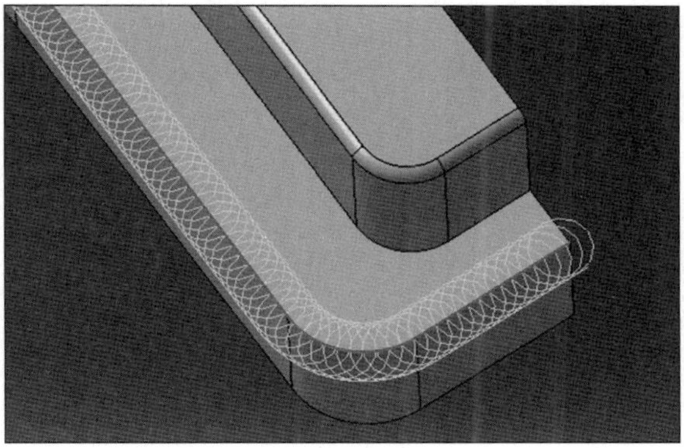

② Machining Tap

· Engagement : 원의 간격 설정

Tool path의 원의 중심과 중심 사이의 거리 값을 지정한다.

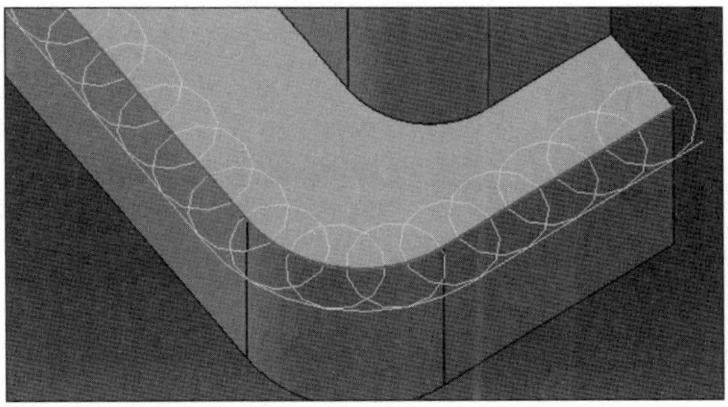

③ StepOver

· Radial Strategy : Tool path의 원의 직경을 설정한다.

(8) Multi-Axis Curve Following Operation

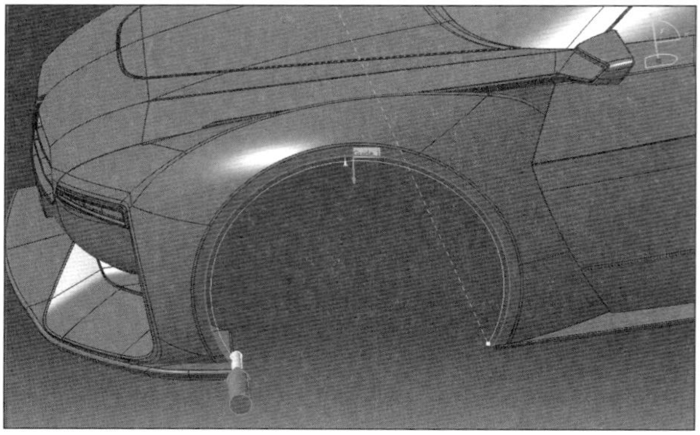

- Multi-Axis Curve Following Operation : curve를 따라가는 Tool path를 생성한다.

① Guide curve 선택 : Surface Boundary 또는 Line 등을 Guide로 사용한다.

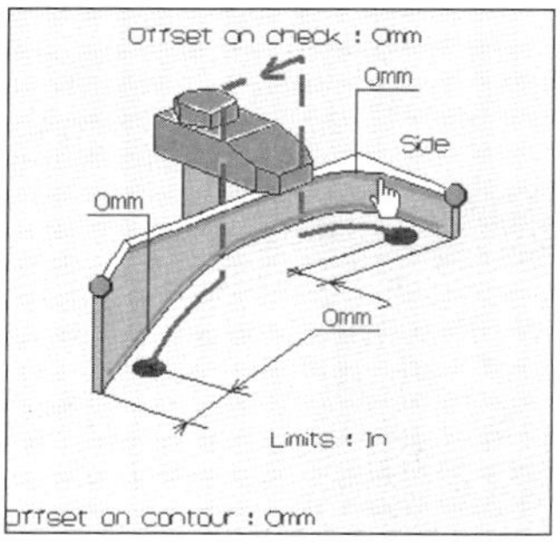

② 축 방향 Offset : Tool 축 방향으로 Offset 하여 가공하는 Tool path를 생성한다.

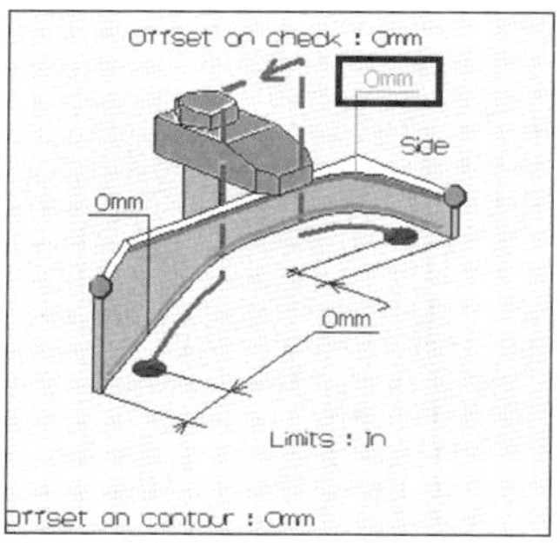

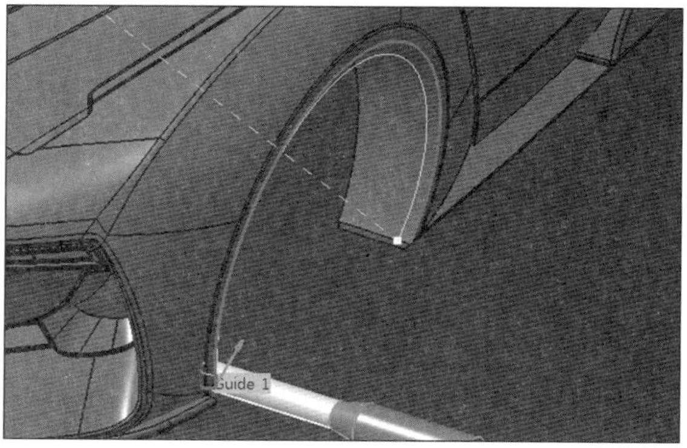

▲ Offset : 0mm

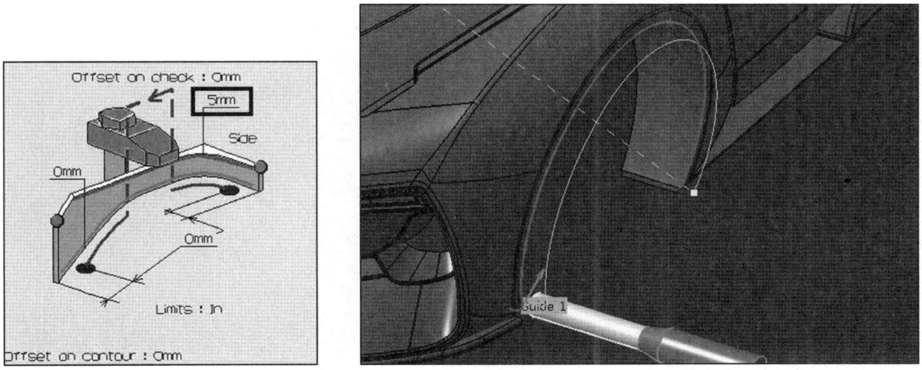

▲ Offset : 5mm

③ **Guide curve Offset** : Guide curve를 Offset 하여 가공하는 Tool path를 생성한다.

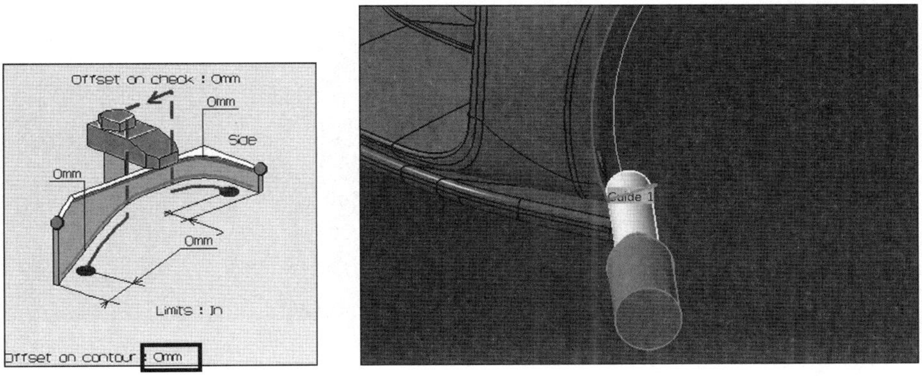

▲ Offset : 0mm

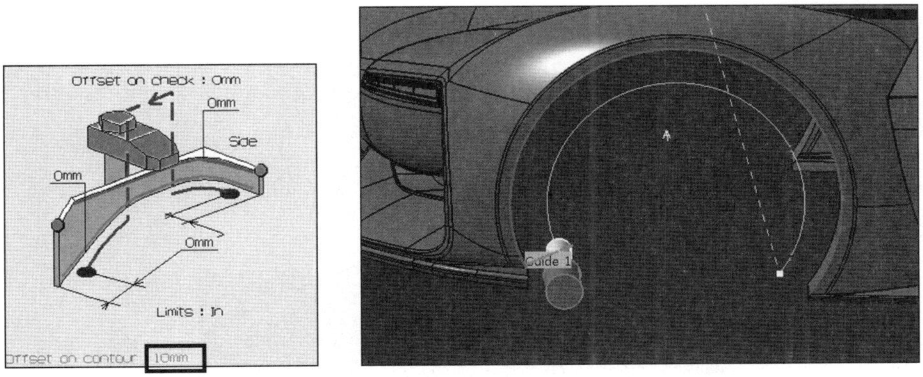

▲ Offset : 10mm

④ **Side / Tip** : Tool 포지션을 선택한다. (side : Tool의 옆 날로 Guidecurve를 따라가는 가공 Tool path 생성, Tip : Guide curve를 Tool 중심이 따라 가는 Tool path 생성)

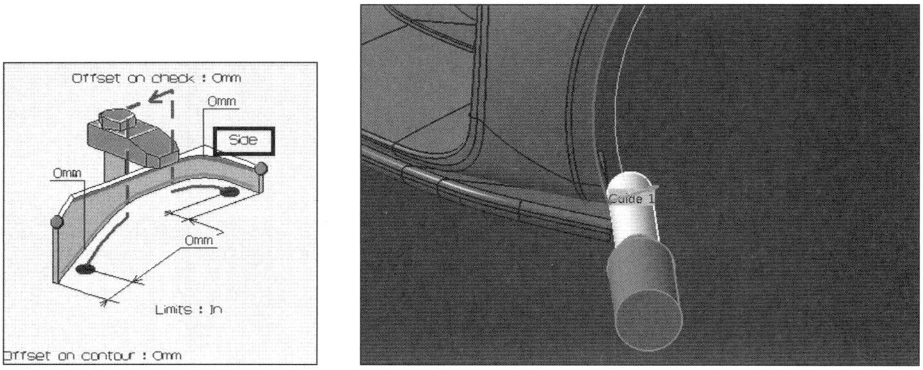

▲ Side

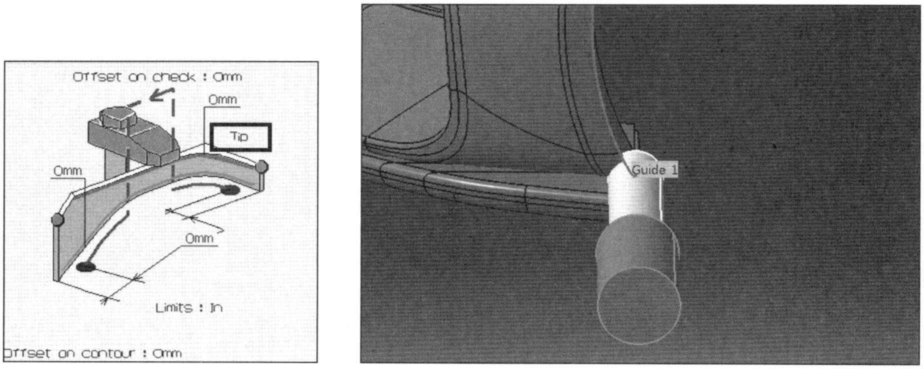

▲ Tip

⑤ Radial : Guide curve를 Offset 하여 Guide curve 방향으로 반복 가공하는 Tool path를 생성한다.

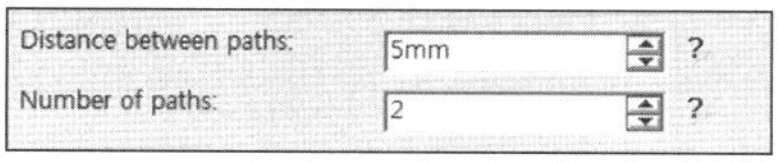

· Distance between paths : path와 path 사이의 거리 값 입력

· Number of paths : 반복 횟수 지정

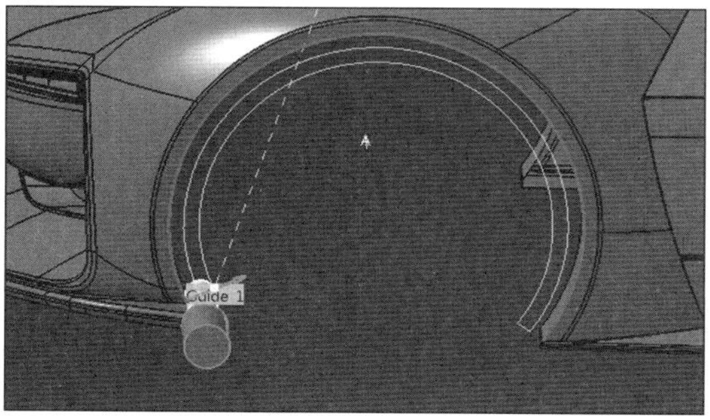

⑥ Axial : 축 방향으로 반복하는 Tool path를 생성한다.

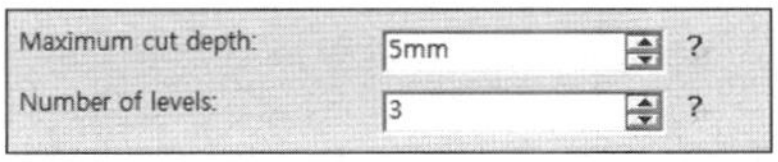

· Maximum cut depth : 축 방향 path와 path 사이의 거리 값을 입력한다.

· Number of level : 축 방향으로 반복하는 횟수를 입력한다.

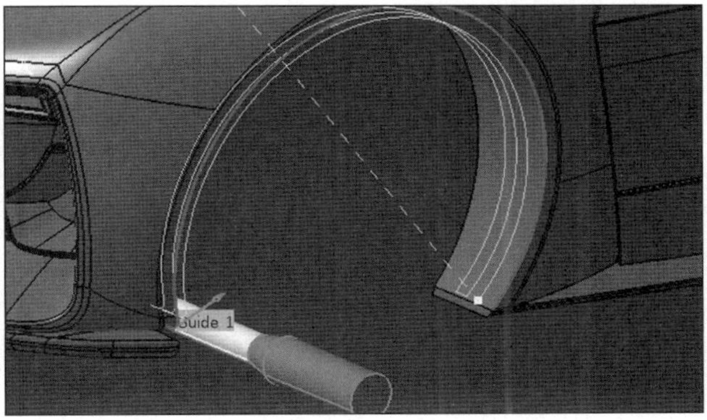

(9) Roughing Operation

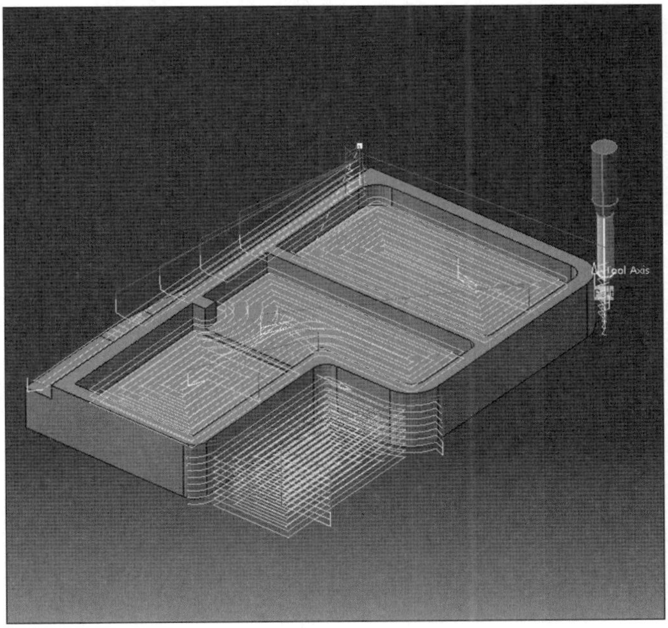

- Roughing Operation : 가공소재의 불필요한 부분을 제거함으로서 NC 가공의 효율성을 높여주는 기능을 한다. Roughing Operation을 사용하려면 우선 Stock이 있어야 한다.

1) Creates rough stock기능을 이용하여 스톡을 생성한다.

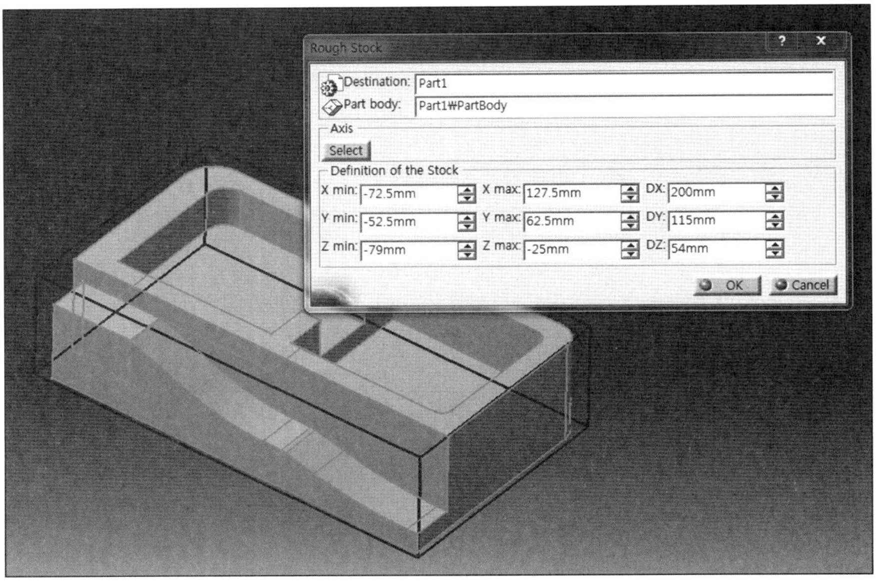

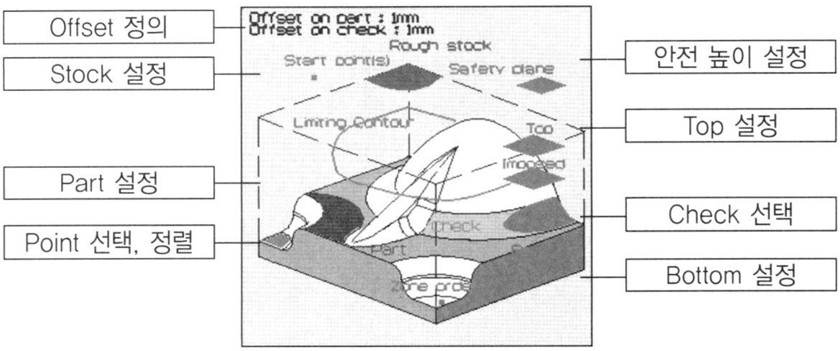

2) Machining mode

① By Area : Pocket 부위와 Out 영역을 분리하여 가공한다. Out 부분을 먼저 가공하고 Pocket부분을 가공하기 때문에 Air cut을 줄일 수 있다.

② By plan : Pocket과 Out 영역을 Plan 단위로 가공을 한다.

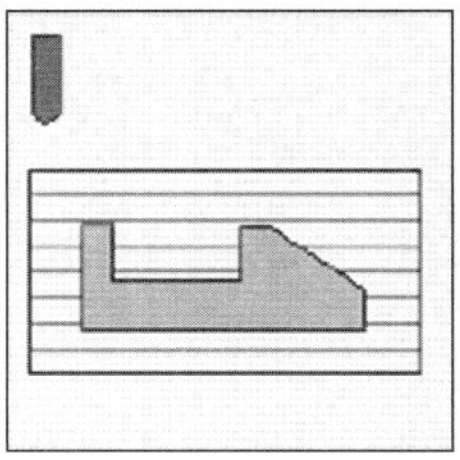

▲ By Plan

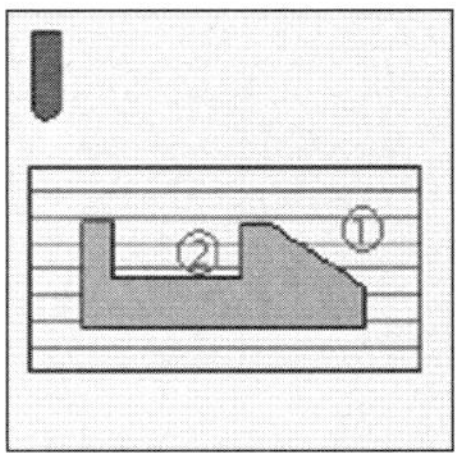

▲ By Area

③ Out part and pockets : 바깥 부분과 Pocket 부분을 모두 가공하는 Tool path를 생성한다.

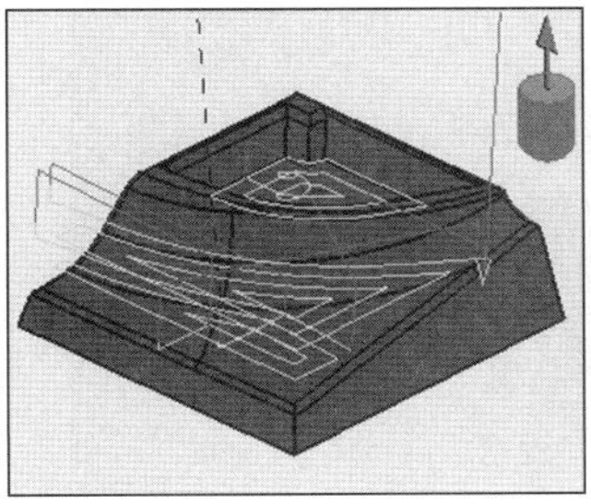

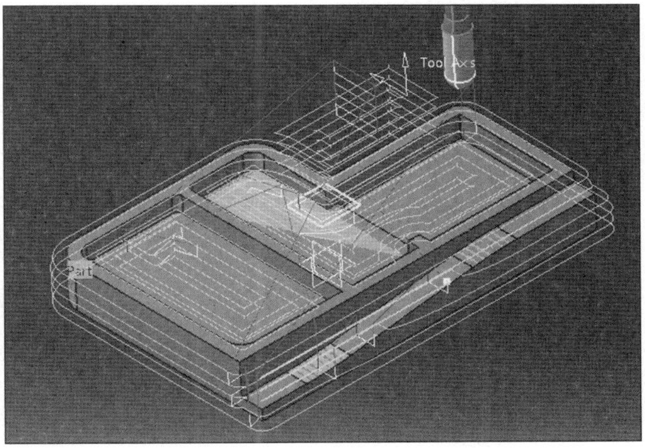

④ Pockets only : Pocket 부위만 가공하는 Tool path를 생성한다.

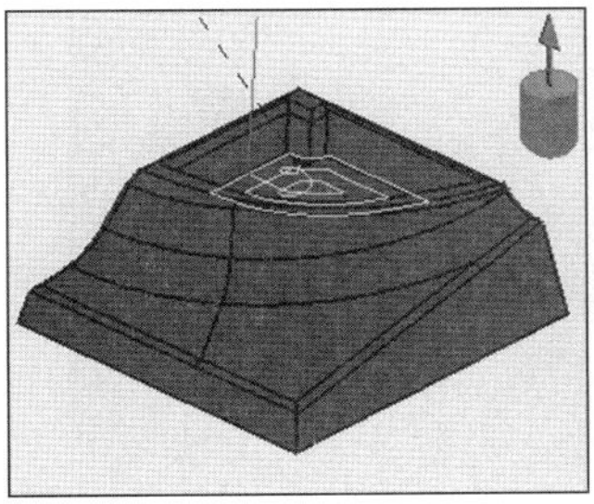

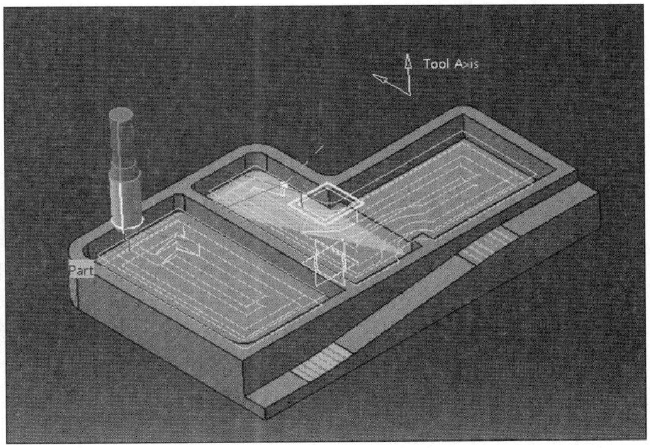

⑤ Out part : 바깥 부위만 가공하는 Tool path를 생성한다.

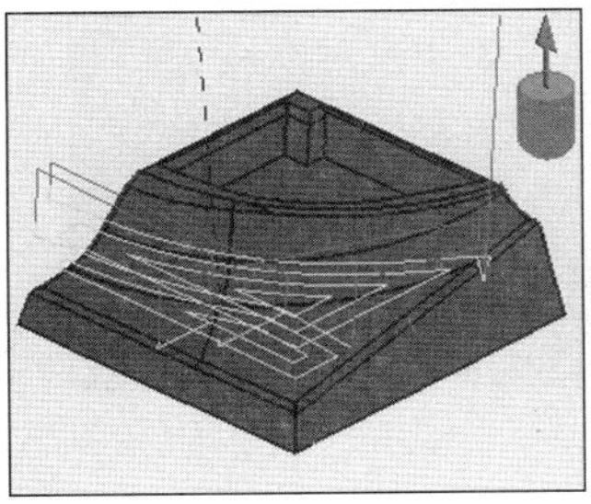

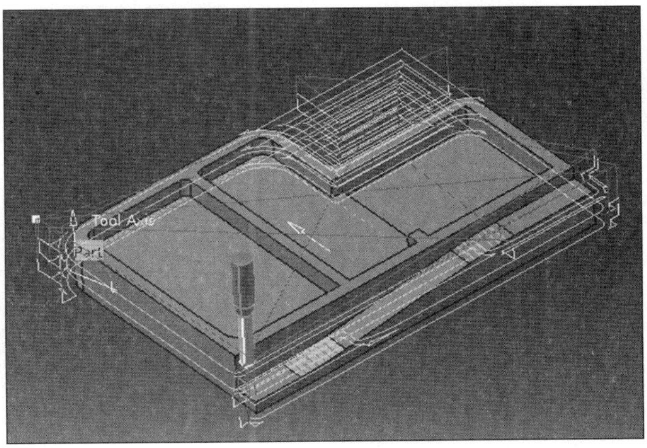

3) Tool path style

① One-way next : 상향 또는 하향 가공에 사용되며 한 Path 가공이 끝나면 다음 Path 시작점까지 이동하여 가공한다.

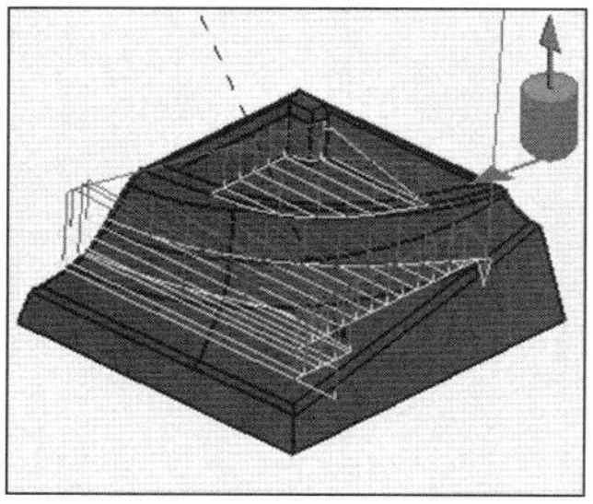

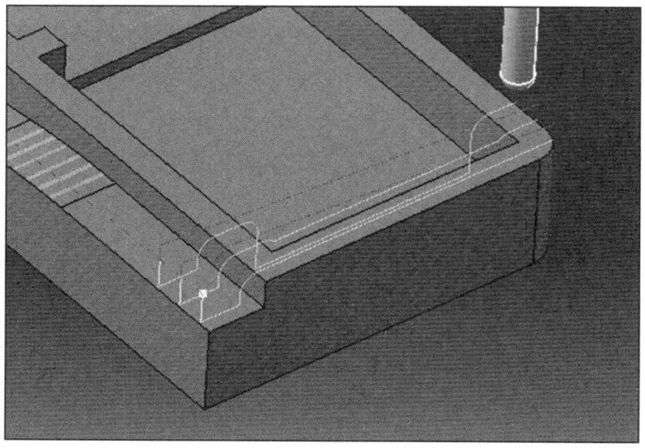

② One-way same : 한 Path가 가공이 끝나면 시작 위치까지 급속 이동 후 다음 Path로 진행한다.

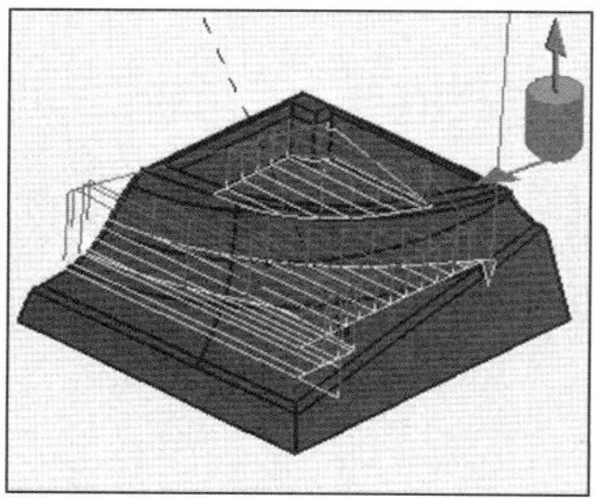

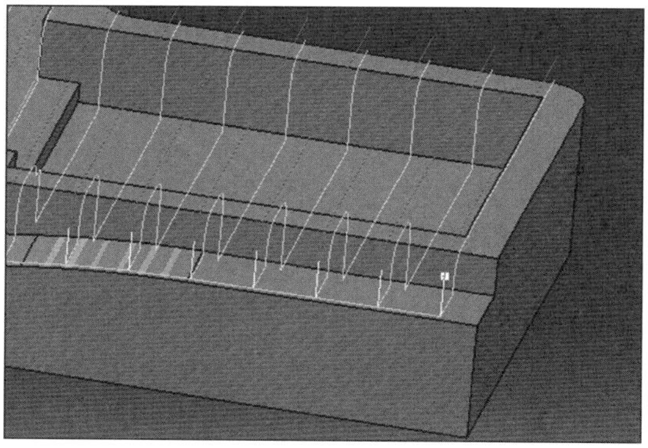

③ Zig-zag : 상향과 하향 절삭에 구분 없이 Zigzag 가공을 한다.

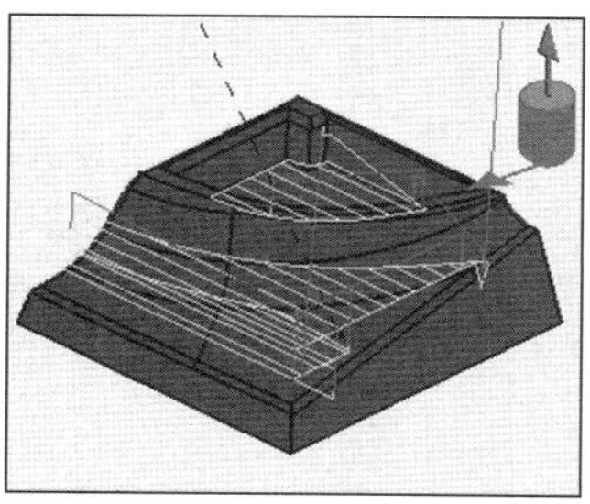

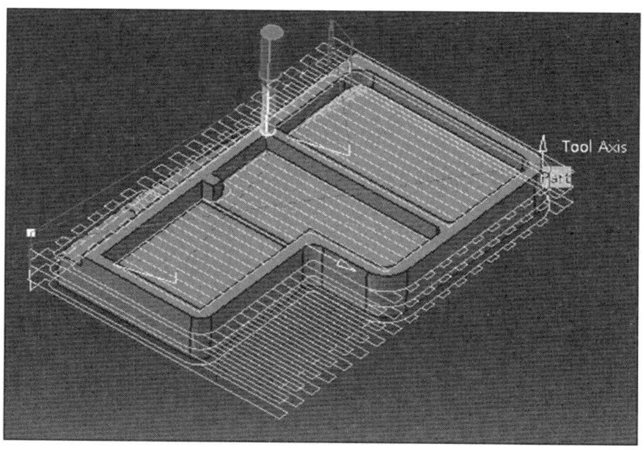

④ Spiral : 각 Plan의 Part 형상을 따라 가공을 한다.

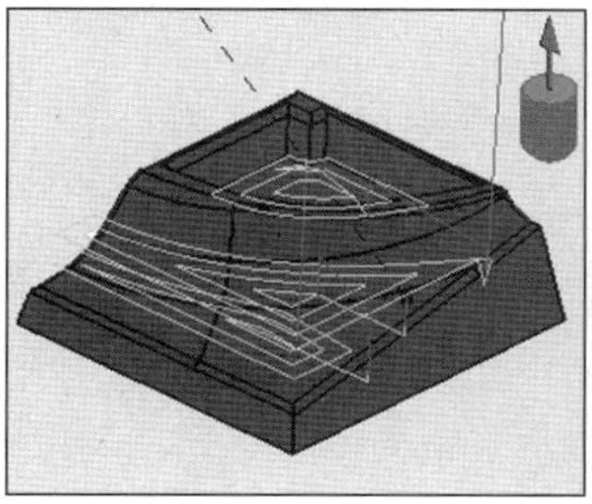

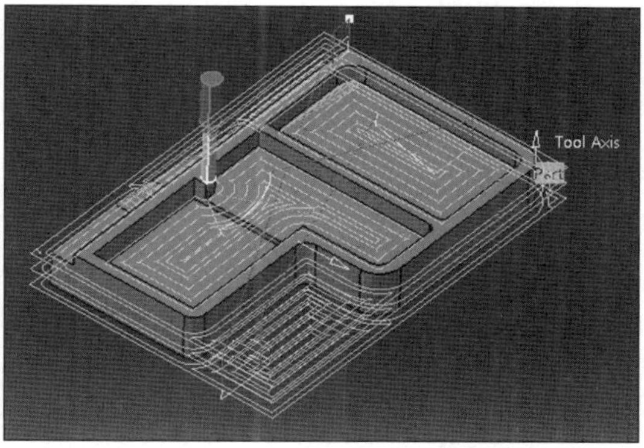

⑤ Contour only : 각 Plan의 외각 Line만 가공을 한다.

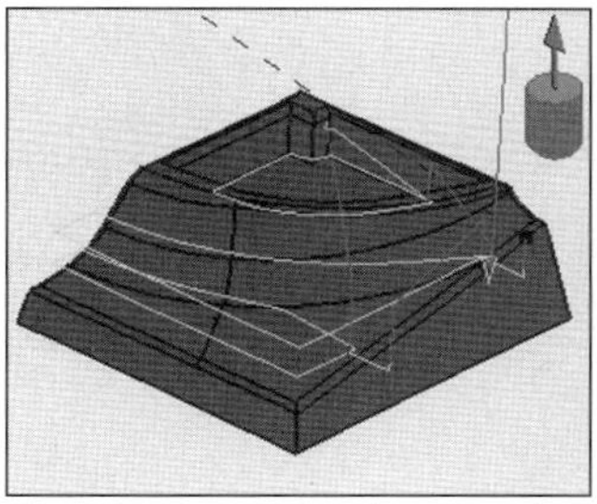

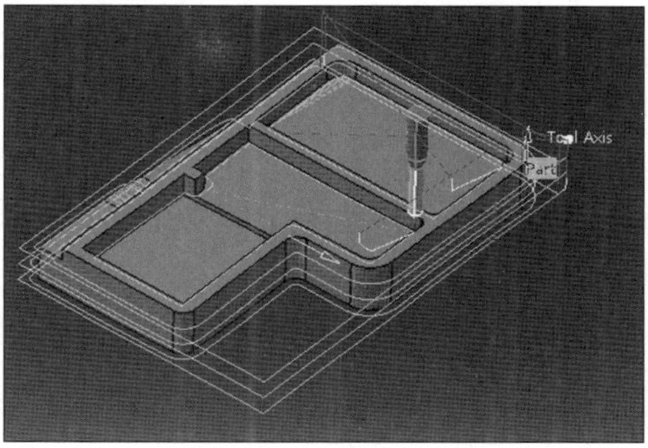

⑥ Concentric : 원을 그리며 가공을 한다.

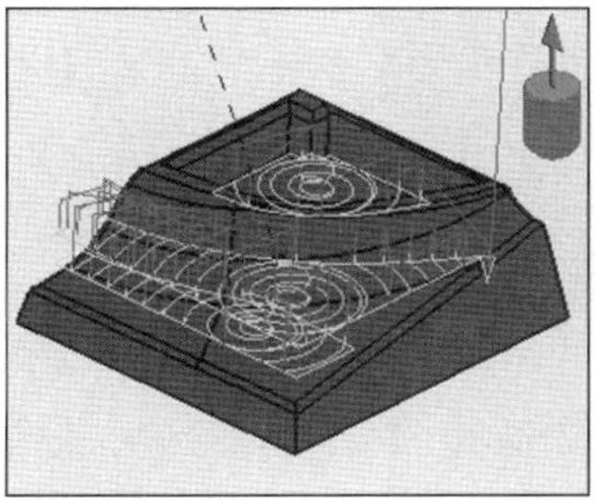

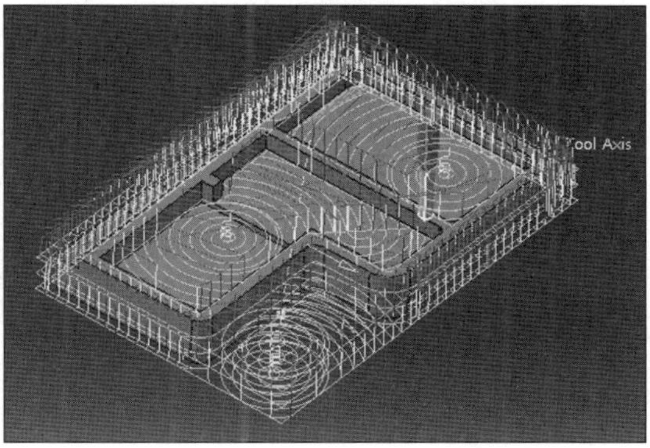

⑦ Helical : 나선 형태를 그리며 가공을 한다.

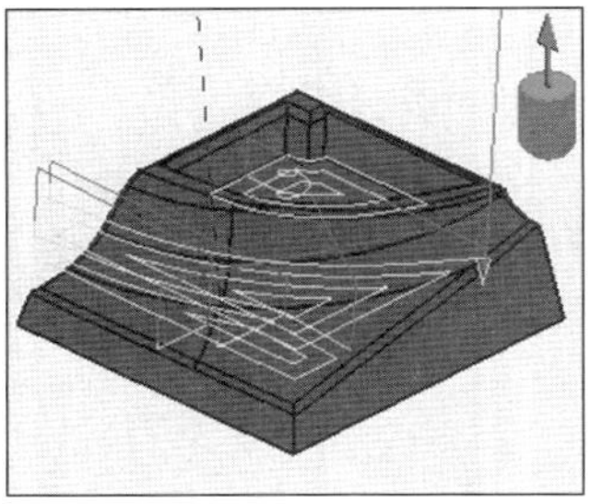

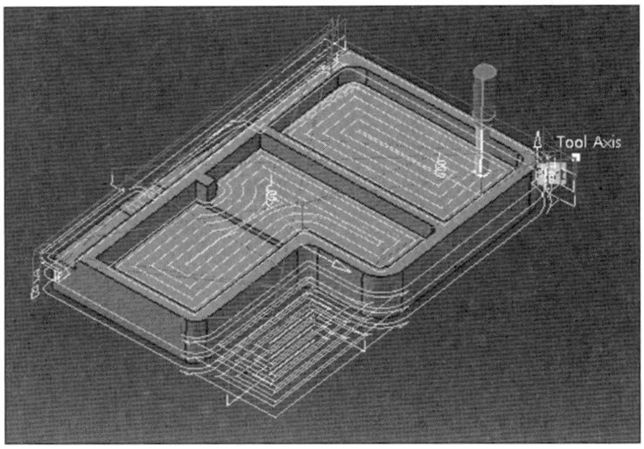

4) Distinct style in pocket : Pocket 영역의 Tool path Style을 따로 적용할 수 있다.

Tool path Style의 By Offset on part with One-Way와 By Offset on part with Zig-Zag에서는 비활성화 된다.

(10) Sweep Roughing Operation

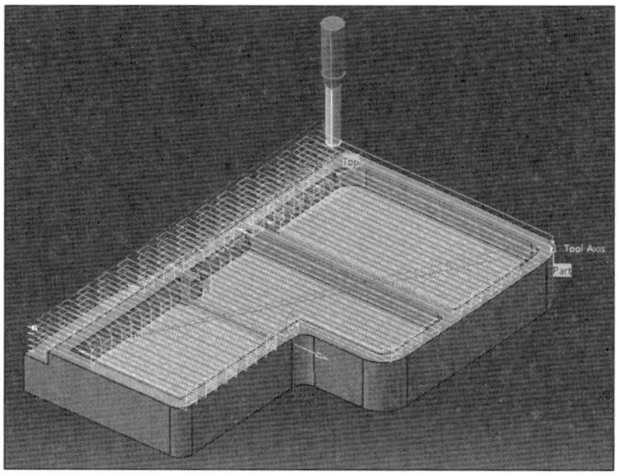

- Sweep Roughing Operation : Roughing과 Sweeping의 결합 형태로 Stock을 정의하지 않고 Tool 축 방향에서 보았을 때 제품의 최외각을 기준으로 Roughing Tool path를 생성한다.
  · Geometry 선택은 Sweeping과 동일하다.

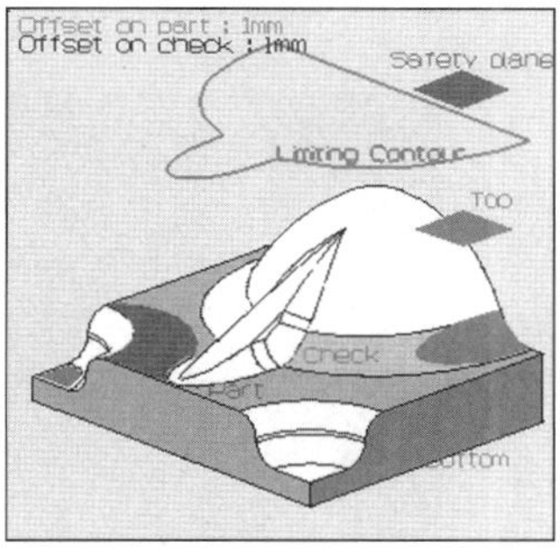

▲ Rouhing Geometry 선택창

1) Roughing type

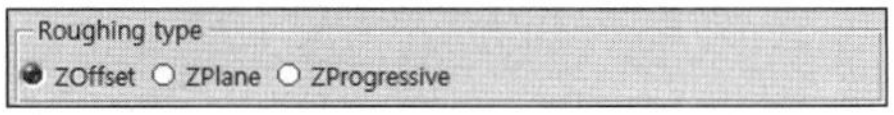

① **ZOffset** : Z방향으로 Offset 된 형태로 가공하는 Tool path를 생성한다.

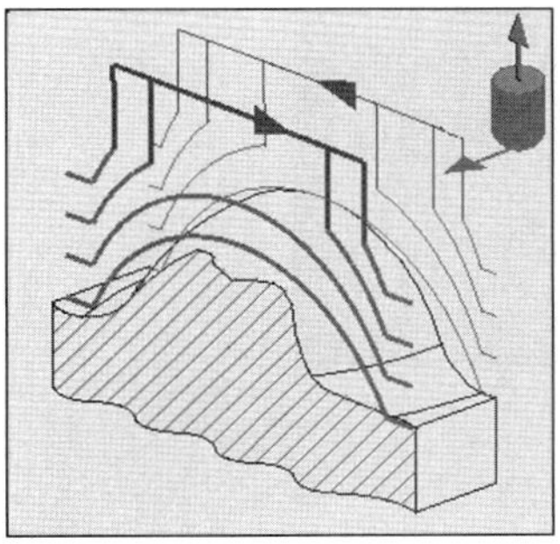

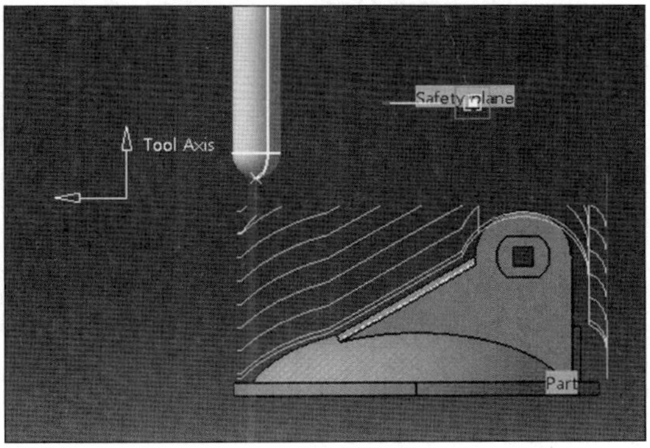

② **ZPlan** : 설정된 높이의 Plan으로 가공하는 Tool path를 생성한다.

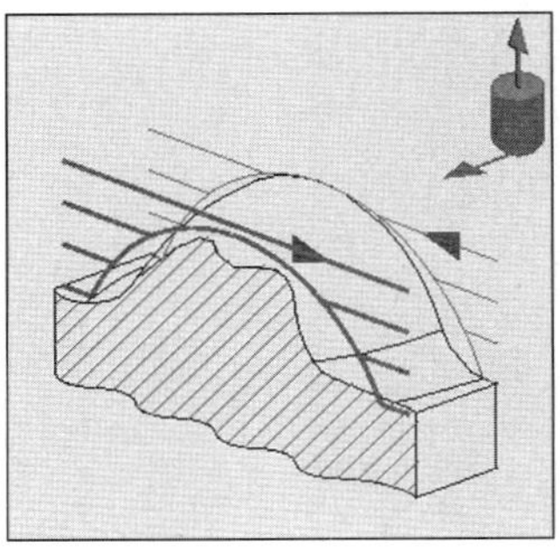

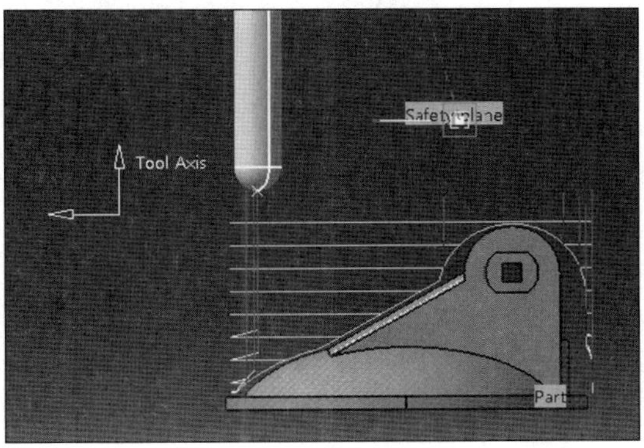

③ Z progressive : 형상을 Z축 방향으로 점진적 가공하는 Tool path를 생성한다.

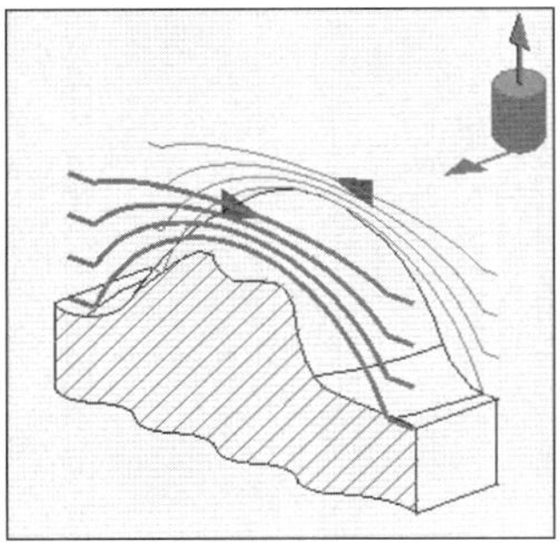

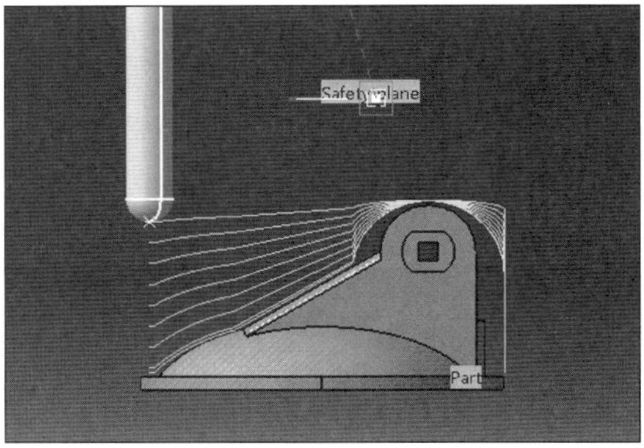

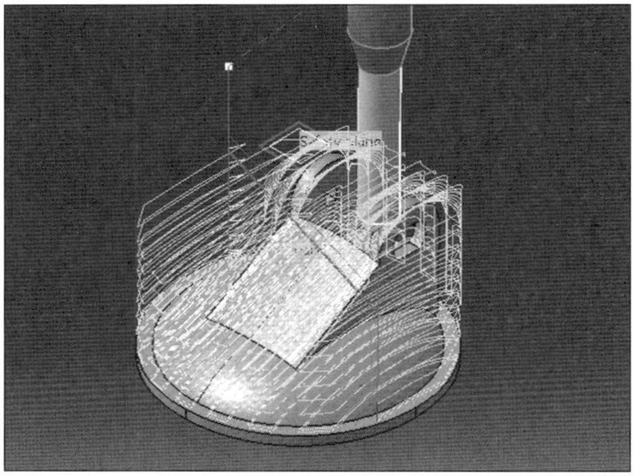

▲ Sweep roughing

(11) Cavities Roughing Operation

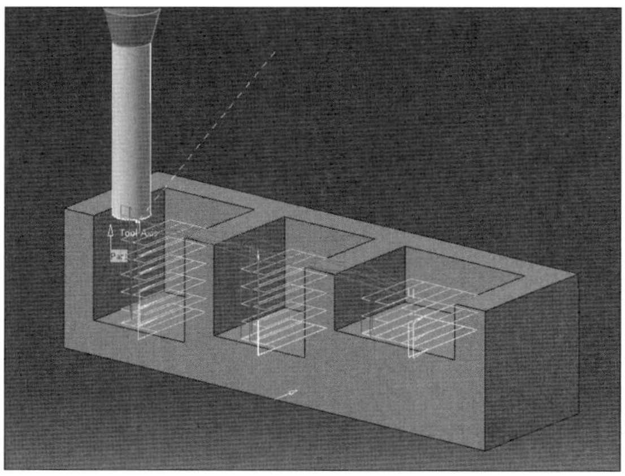

- Cavities Roughing Operation : Hole, Pocket 부분 정밀 Roughing

제품의 형상에 따라 Roughing 가공시 사용자가 지정한 Offset 양보다 미절삭 된 부분이 발생할 수 있다. 이로 인하여 다음 공정 가공시 Tool에 부담을 줄 수 있다.

Cavities Roughing Operation은 이 점을 보완하여 사용자가 지정한 Offset 값으로 일정하게 가공을 할 수 있도록 지원한다.

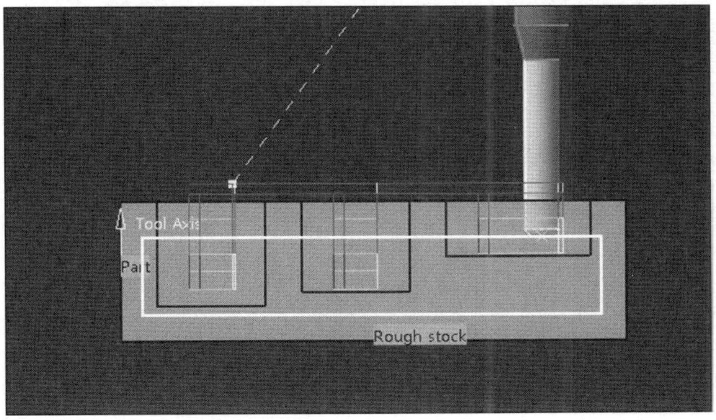

▲ Offset 양이 일정하지 않다.

1) Center definition

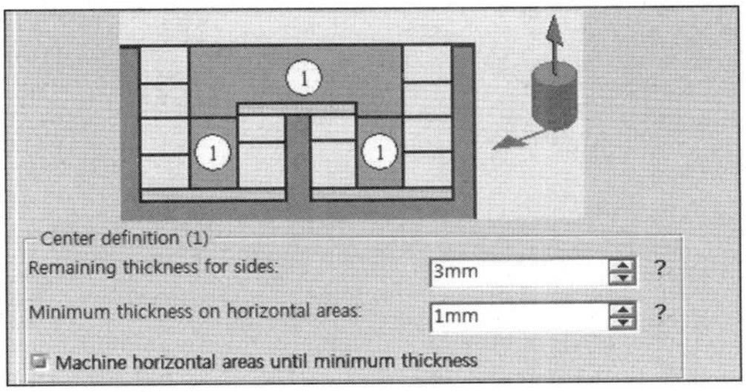

① Remaining thickness for side : 수직면에서의 Offset 값을 정의한다.

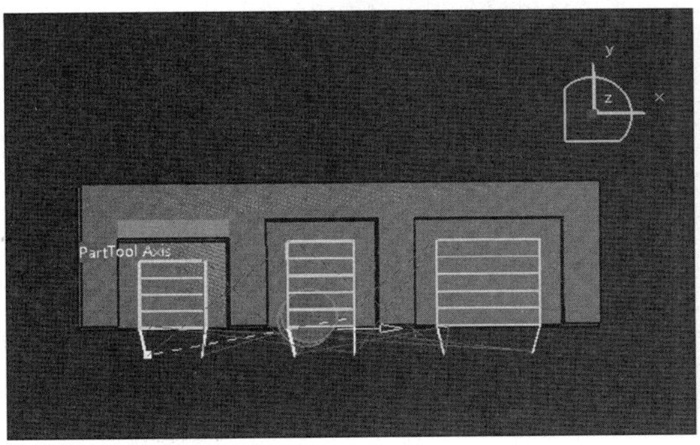

▲ Thickness for side : 0mm

▲ Thickness for side : 3mm

② Minimum thickness on horizontal areas : 평면 구간에서의 Offset 값을 정의한다.

· Machine horizontal areas until minimum thickness를 Check해야 활성화 된다.

– On : 각 홀의 Offset 양이 일정하게 유지된다.

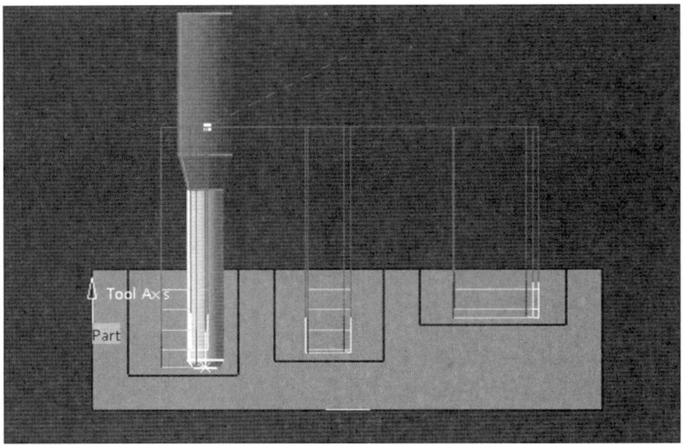

(12) Pluge Milling Operation

○ Pluge Milling Operation : Tool 방향으로 Drilling하는 형식의 Roughing tool path를 생성한다.

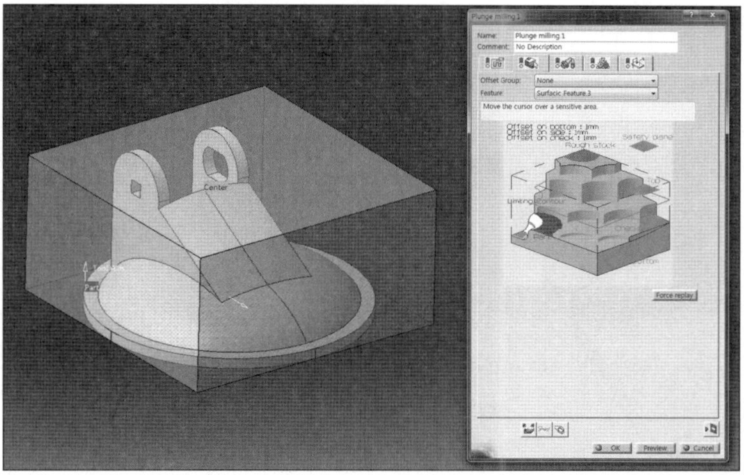

일반적으로 Part와 Roughing Stock을 정의한다.

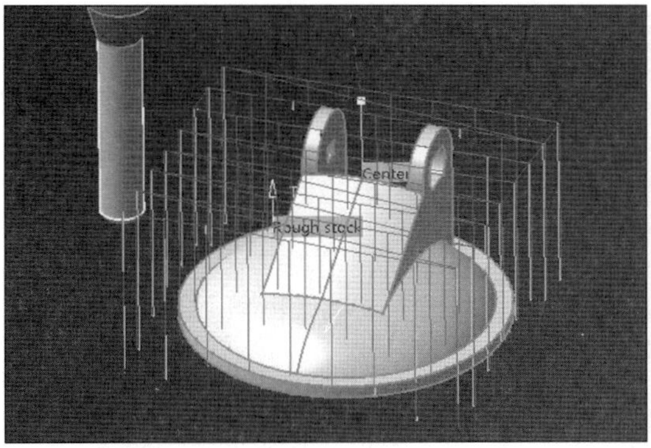

▲ 연산된 Tool Path

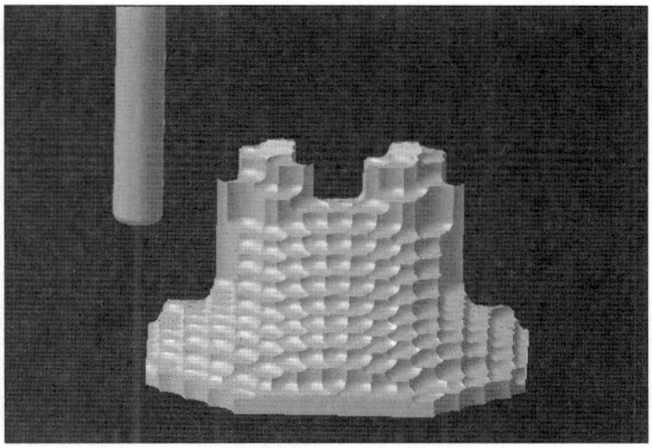

▲ 모이가공 시뮬레이션

1) Grid type

① **Rectangular** : 지정한 값으로 Grid를 형성하며 가공을 하는 Tool path를 생성한다.

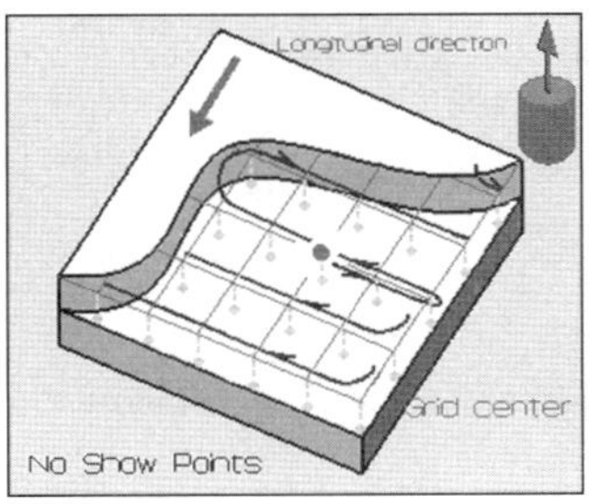

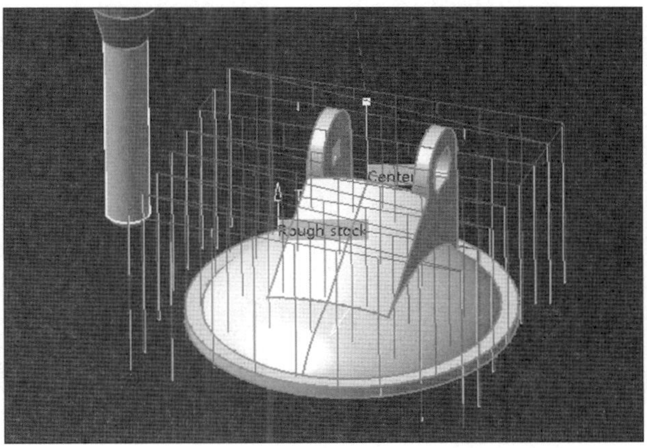

② Point : 사용자가 지정한 Point로 가공을 하는 Tool path를 생성한다.

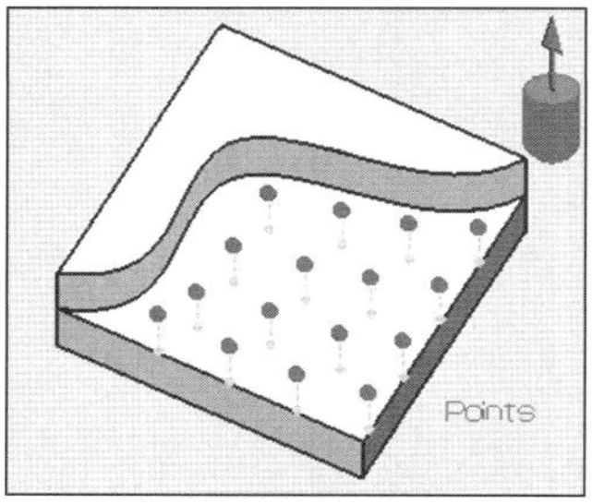

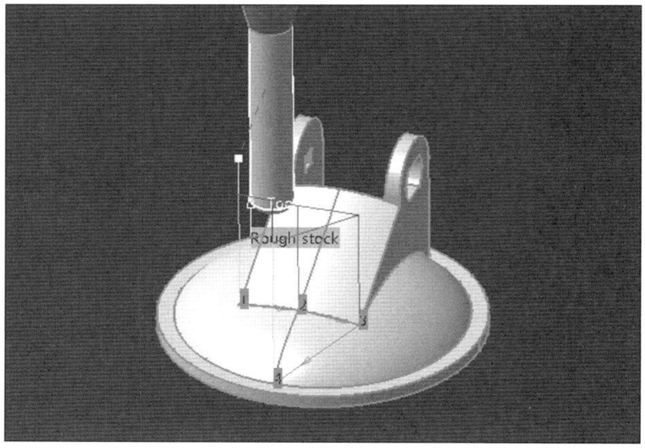

③ Contours : Guide Line을 따라 가공하는 Tool path를 생성한다.

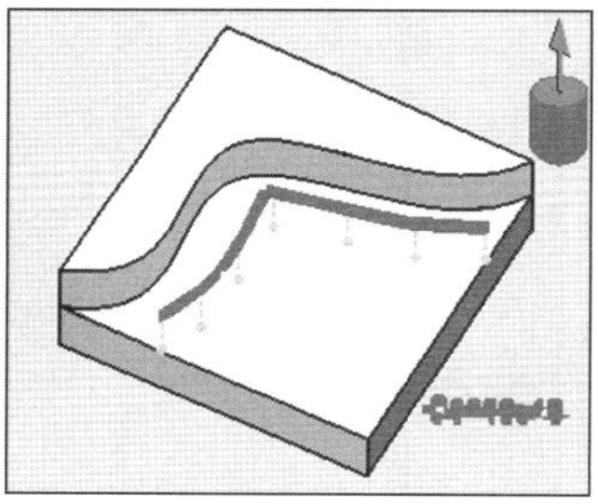

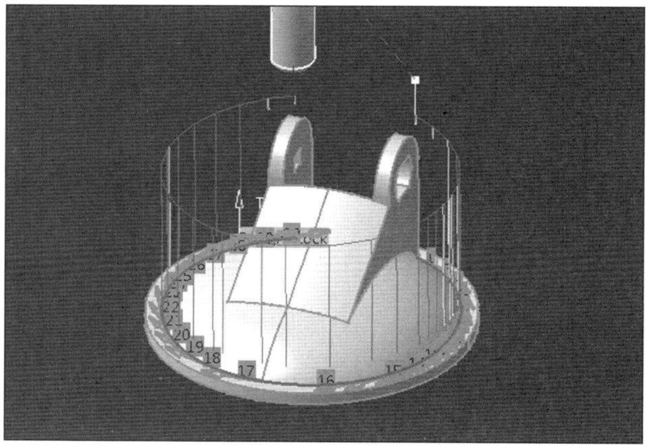

④ By offset : Guide Line에서 설정한 값만큼 Offset하여 가공하는 Tool path를 생성한다.

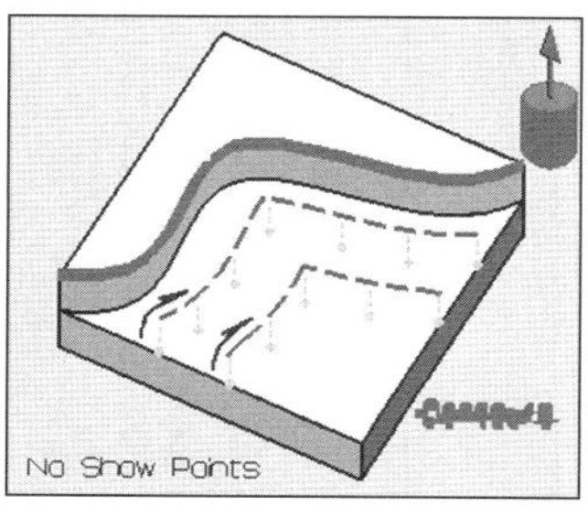

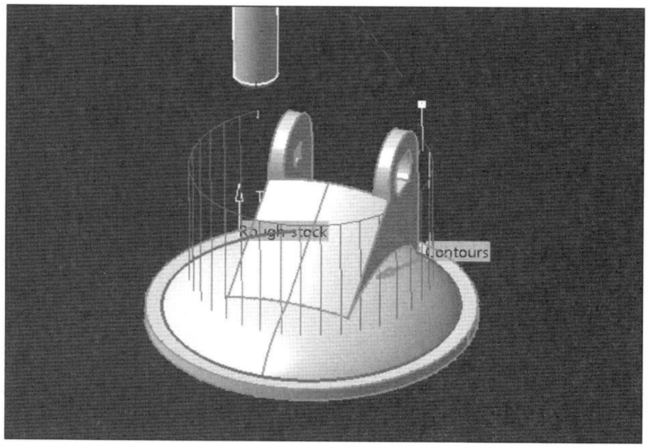

(13) Sweeping Operation

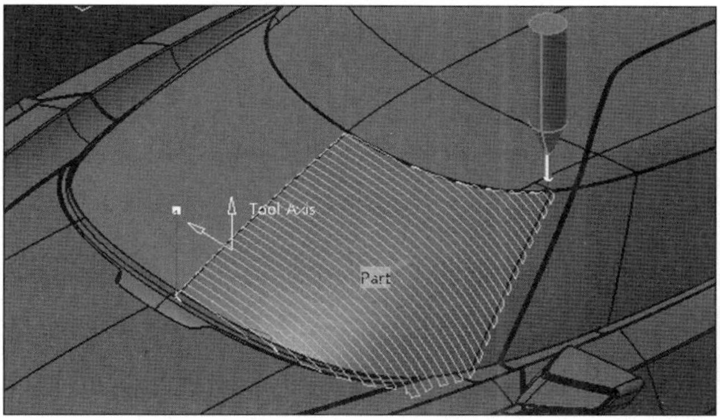

- **Sweeping Operation** : 가장 기본이 되는 가공으로 면을 따라 Zigzag로 Tool path를 생성한다.

1) 가공 Part 설정

① **Part body 선택** : 설정창의 Part 부분을 마우스 1번 버튼으로 클릭하여 Geometry 단위로 선택한다.

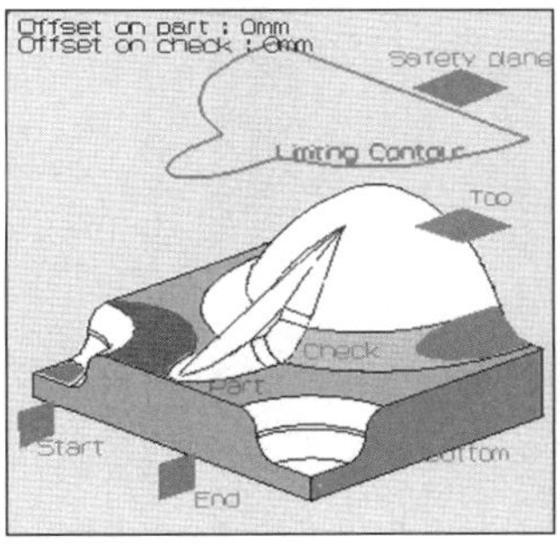

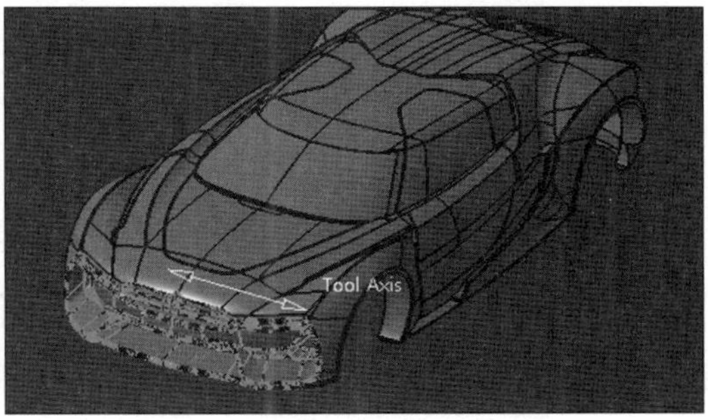

② **Surface 직접 선택** : Part를 마우스 3번 버튼으로 클릭하여 Select faces...를 선택하여 Surface를 직접 선택한다.

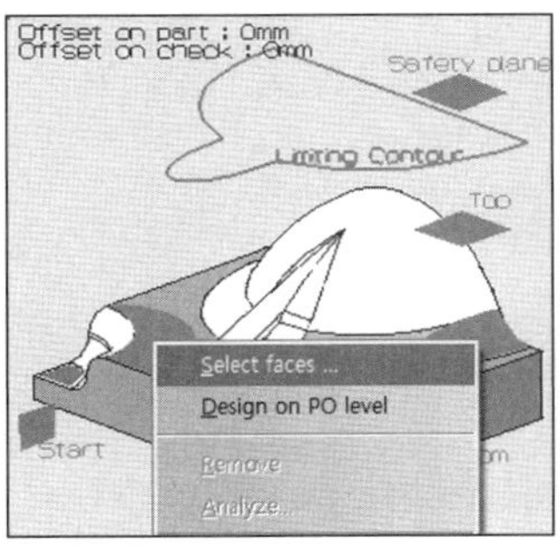

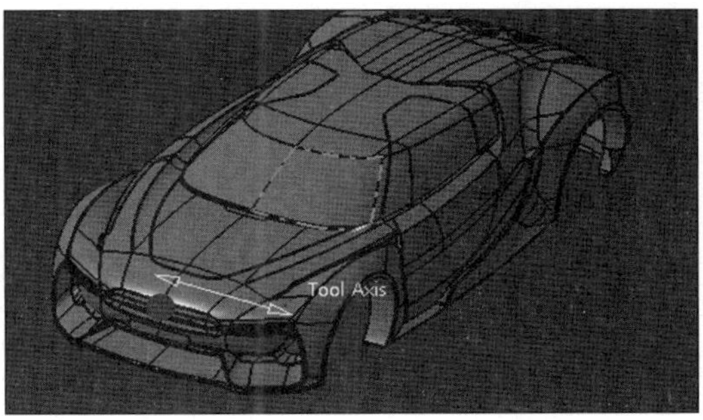

○ **주의** : 가공면으로 선택한 part 주변을 Check를 걸어주지 않으면 Select한 surface 위주로 가공을 하기 때문에 주변 Surface를 인식하지 못하여 충돌이 일어난다.

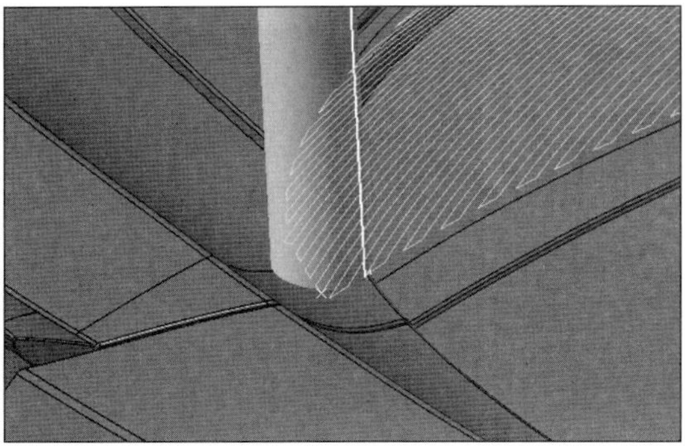

▲ 충돌이 일어난 모습

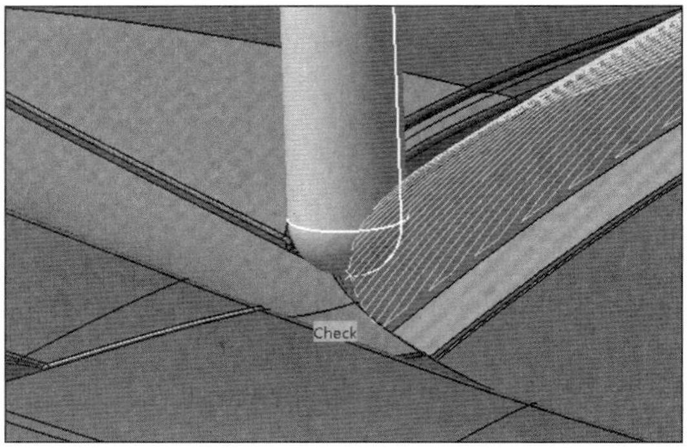

▲ Check Surface 선택 가공

반드시 Select한 Surface 주변의 Surface를 Check한다.

(14) Pencil Operation

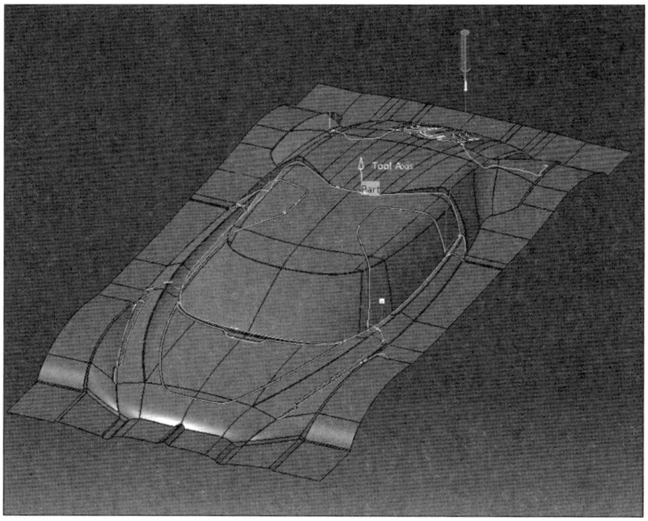

○ Pencil Operation : 중삭 또는 잔삭용 Tool path로 많이 사용하며 가공 후 미절삭 부분을 제거하는 목적으로 사용한다.

1) Axial Strategy

① Axial direction

- Down : 높은 곳에서 낮은 곳으로 이동하며 가공하는 Tool path를 생성한다.
- UP : 낮은 곳에서 높은 곳으로 이동하는 Tool path를 생성한다.
- Either : 방향에 상관없이 진행하는 Tool path를 생성한다.

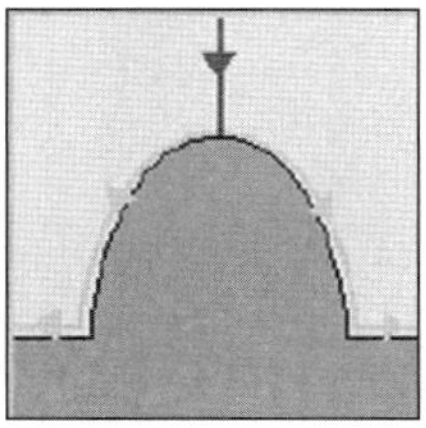
▲ Down

▲ Up

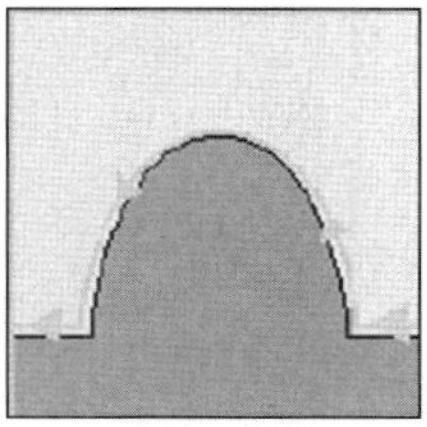
▲ Either

② Minimum change length : Tool path 진행 과정에서 나타나는 최고 높이에서 Down과 Up 방향을 결정하는 높이를 설정한다.

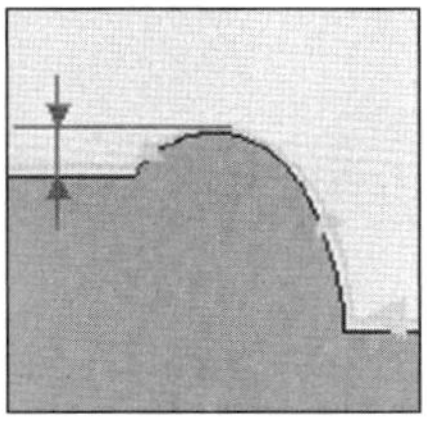
▲Minimum change length

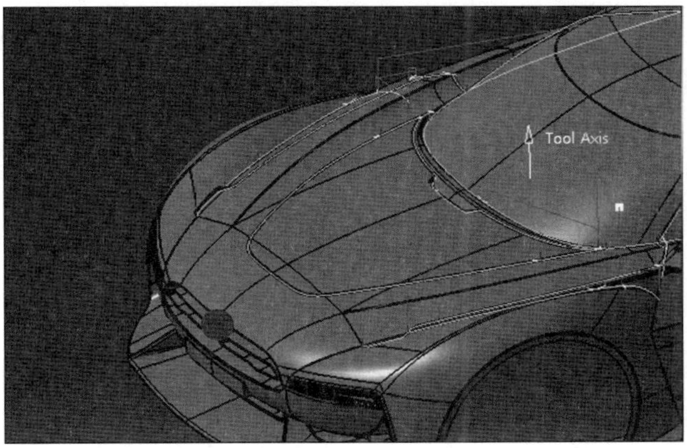

▲ Pencil Operation 적용 Tool path

(15) Zlevel

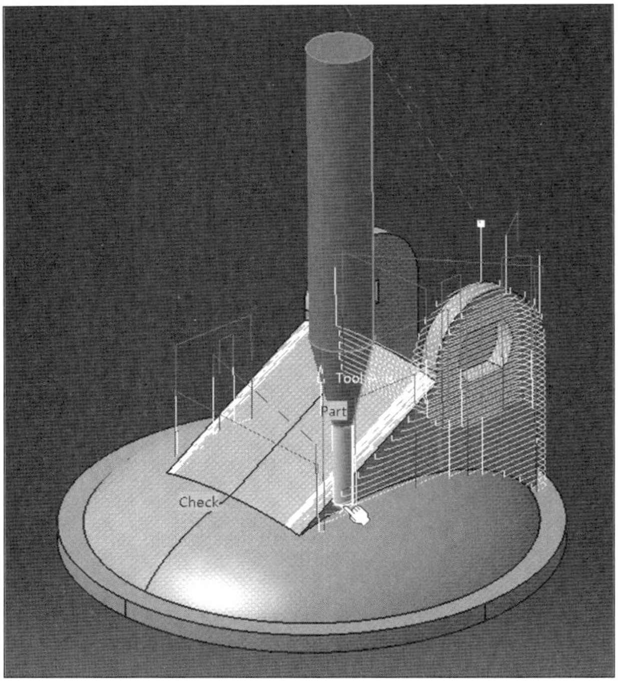

○ Zlevel : 직벽 또는 각이 많이 서있는 부분의 가공을 할 때 용이하다.

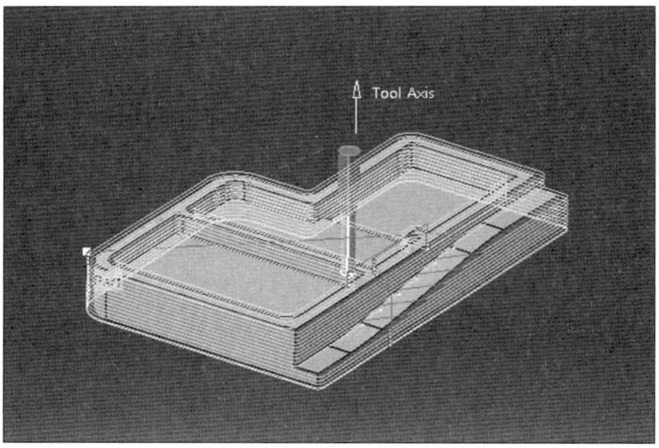

1) Machining mode

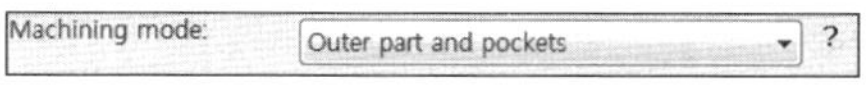

① Outer part and pockets : 외각 부분과 Pocket 부분을 모두 가공하는 Tool path를 생성한다.

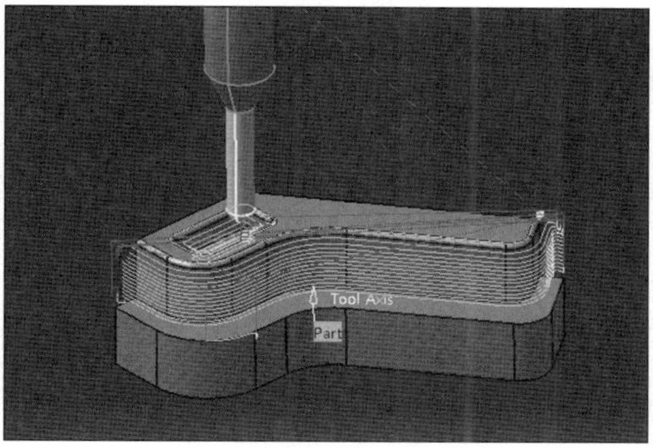

② **Pockets only** : Pocket 부분만 가공하는 Tool path를 생성한다.

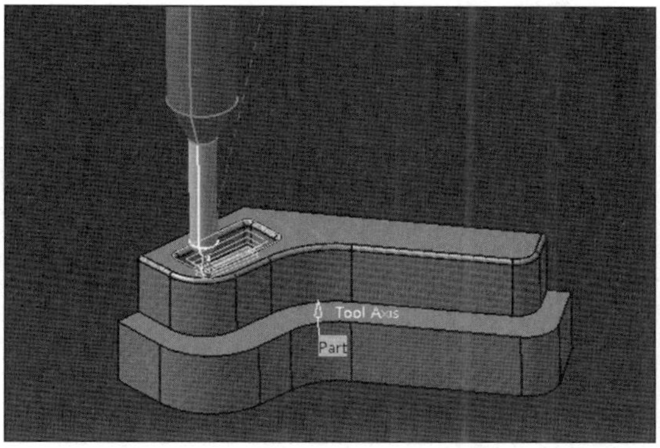

③ **Outer part** : 바깥 부분만 가공하는 Tool path를 생성한다.

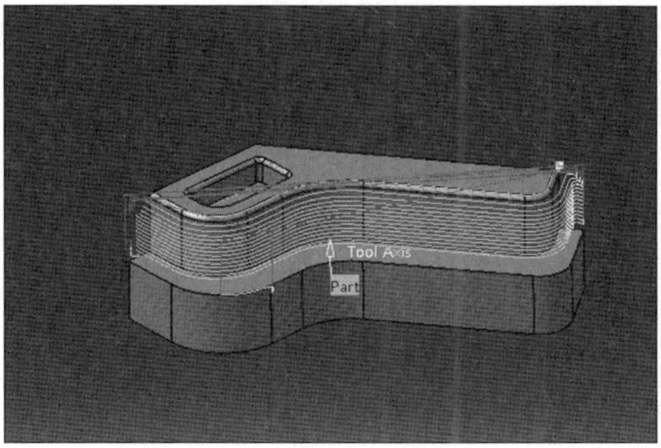

2) Part autoLimit : 수직면의 경우 Part autoLimit Option을 on 했을 경우 바닥이 있는 면까지 가공이 되며, Off 했을 경우 part 끝까지 가공을 하는 Tool path를 생성한다.

Geometry 선택 tap 〉 Part autoLimit

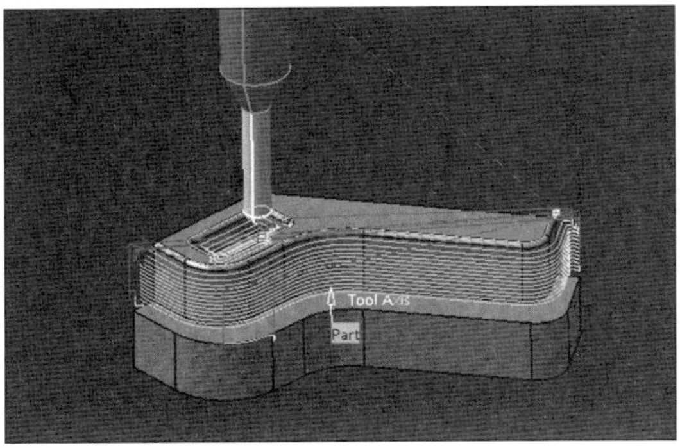

▲ On

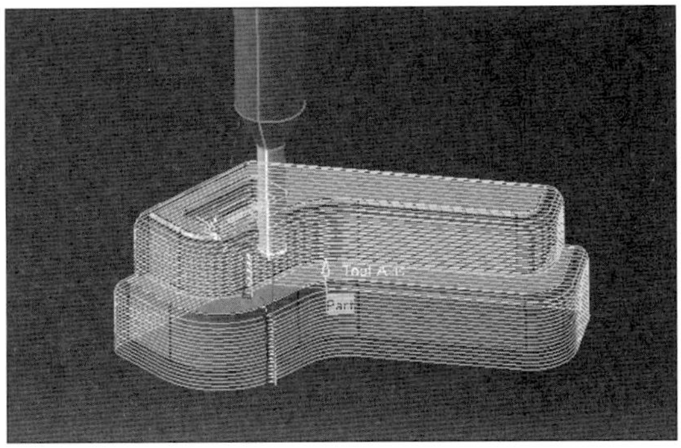

▲ Off

(16) Advanced finishing

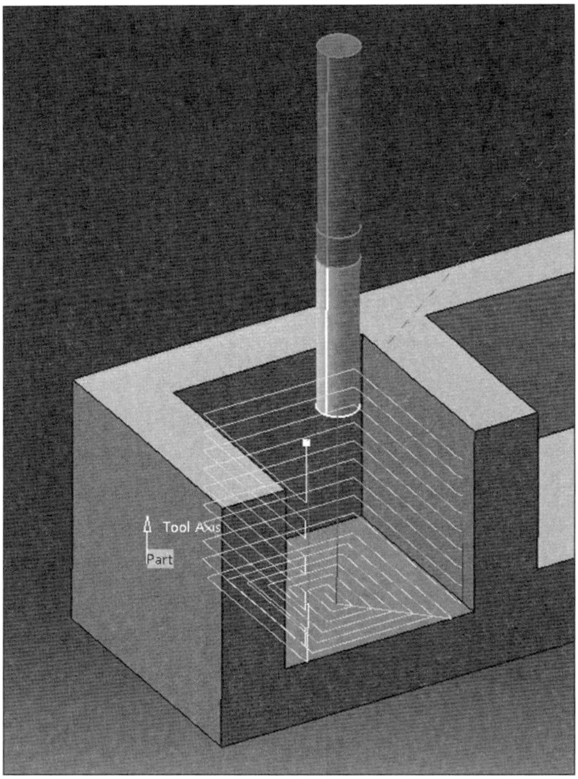

- Advanced finishing : 제품의 전면을 고른 품질로 가공하고자 할 때 사용 Z Level과 Spiral 가공을 제품의 각에 따라 병행하여 가공한다.
  - · Slope area 와 같은 결과를 얻을 수 있다.

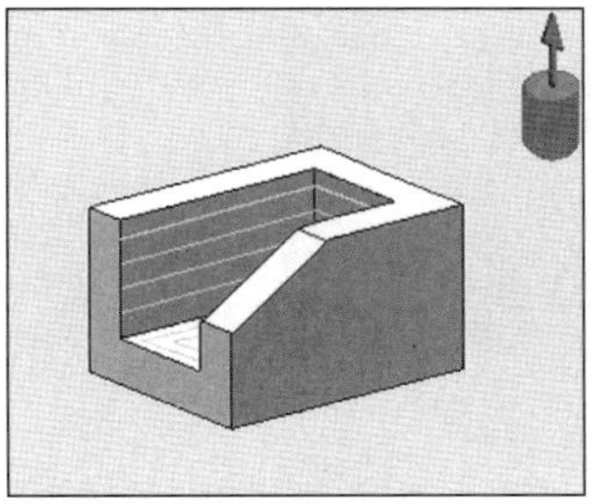

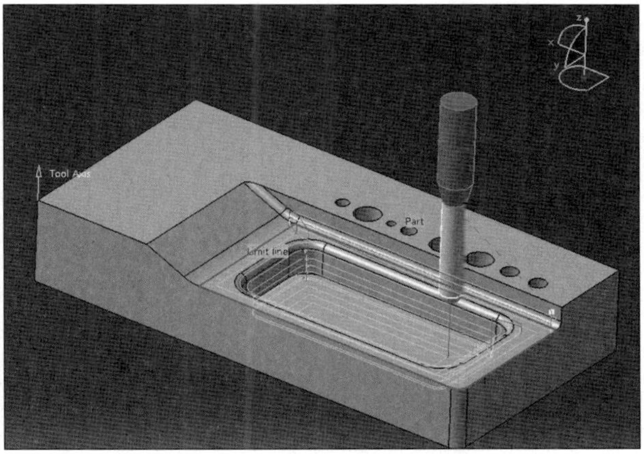

▲ 평면과 직벽을 가공한 모습

1) Zone

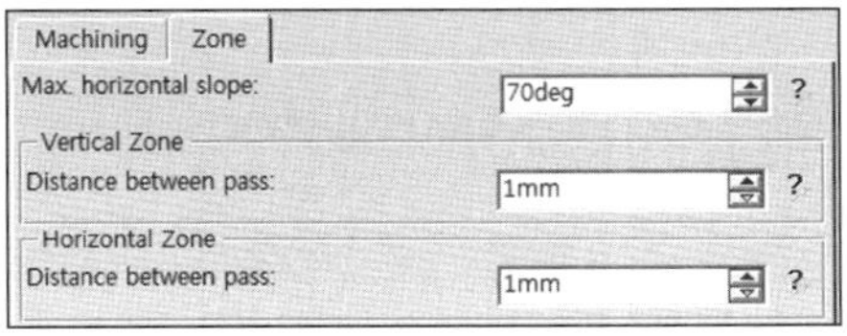

① Max. Horizontal slope : Vertical, Horizontal 영역을 나누는 기준각을 설정한다.

② Vertical Zone : 수직면 가공 Tool path 간격을 설정한다.

③ Horizontal Zone : 평면 가공 Tool path 간격을 설정한다.

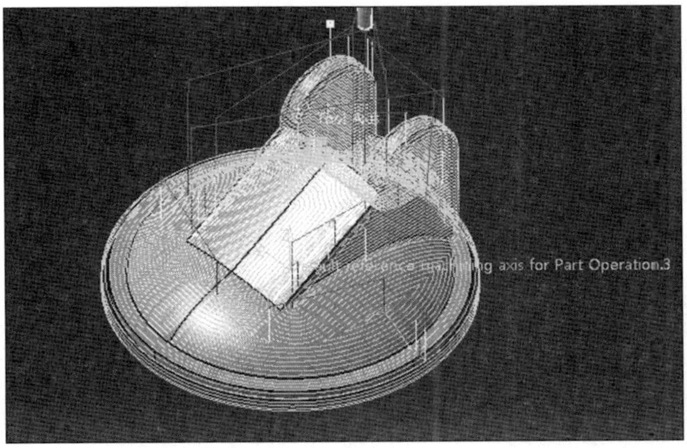

▲ Part 전면의 품질을 고르게 얻을 수 있다.

(17) Contour Driven Operation

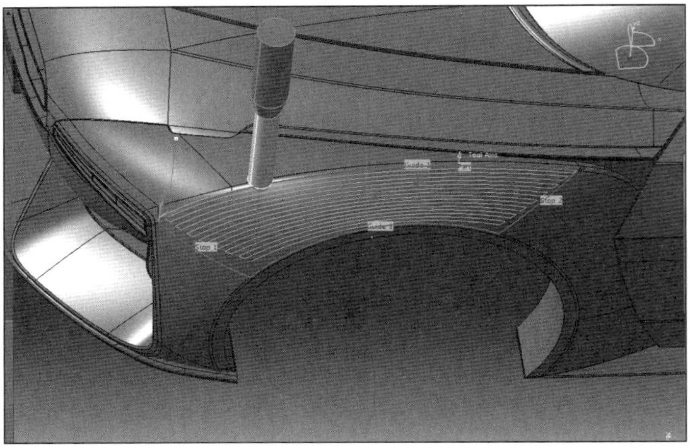

- Contour Driven Operation : 가공면의 형상에 따라 외각 Boundary curve의 곡률을 따라 가공한다.

1) Guiding strategy

① Between contours : 2개의 Guide curve 사이를 따라가는 Tool path를 생성한다.

· 4 open contours : Guide curve 2개 Stop curve 2개 선택한다.

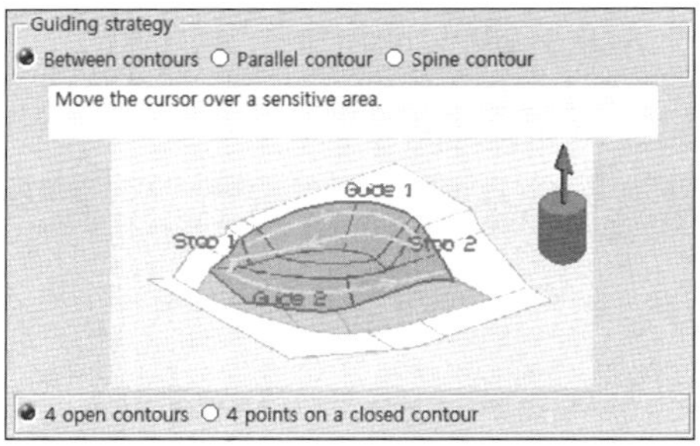

Guide curve1과 2를 선택하고 Stop curve 1, 2를 순차적으로 선택한다.

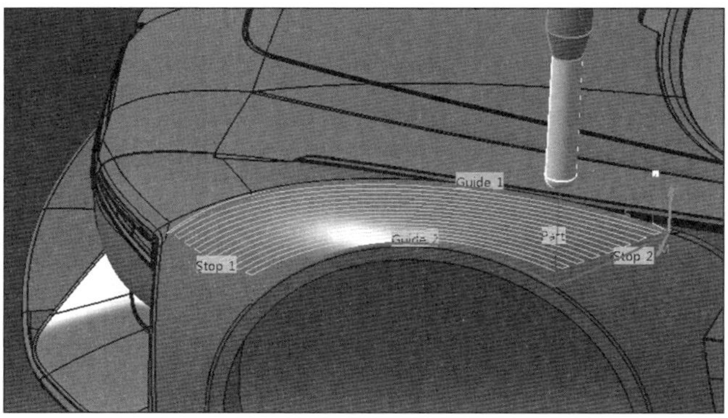

· 4 point on a closed contour : 닫혀진 Guide curve를 선택하고 4개의 Point를 지정 한다.

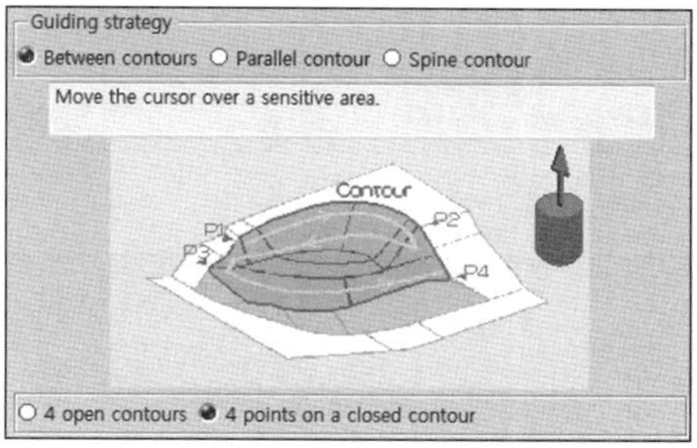

4개의 Point를 순차적으로 선택한다.

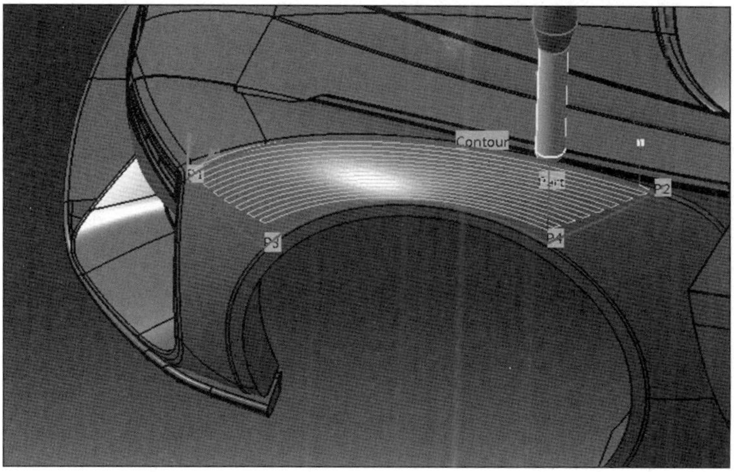

② Parallel contour : 1개의 Guide curve를 선택하고 Dierction 방향으로 진행하는 Tool path 를 생성한다.

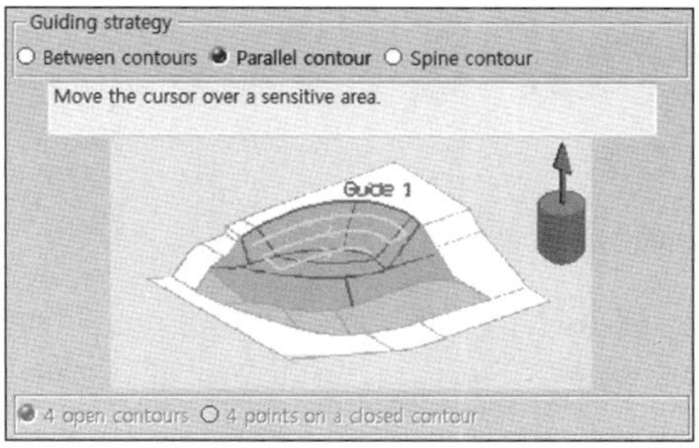

· Maximum width to machine : Guide에서 지정한 거리만큼 가공하는 Tool path를 생성한다.

Strategy tap 〉 Maximum width to machine

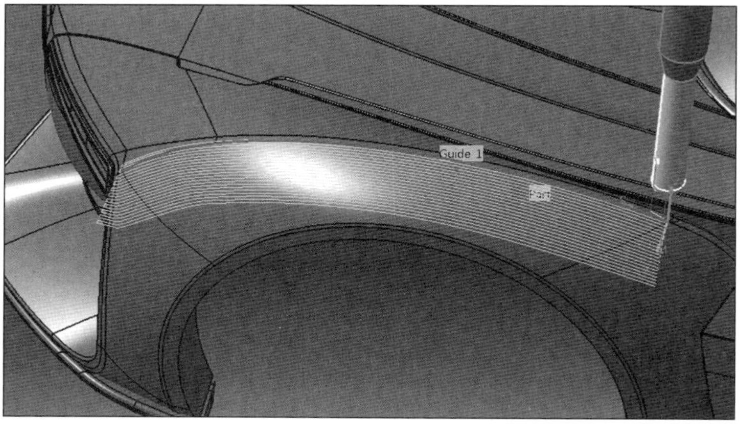

③ Spine contour : Guide Line에 직각이 되는 방향으로 가공하는 Tool path를 생성한다.

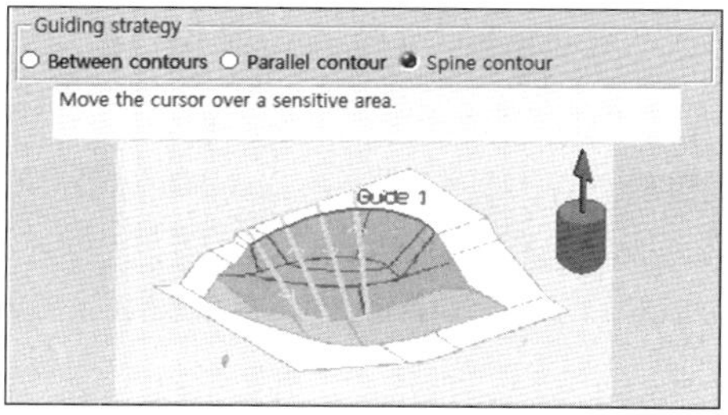

Guide Line를 기준으로 선택된 part의 끝까지 Tool path를 생성한다.

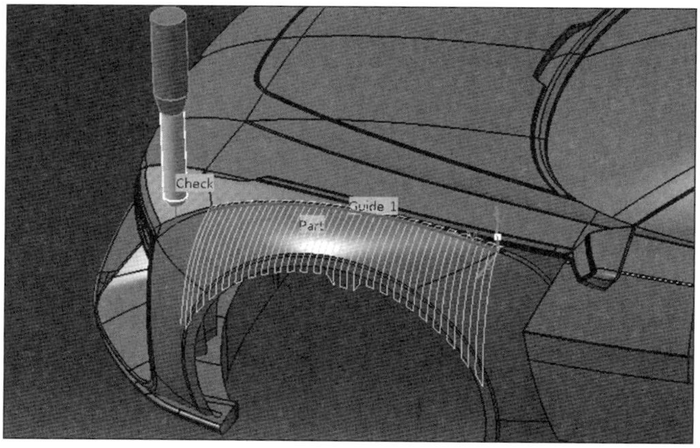

(18) Isoparametric Machining Operation

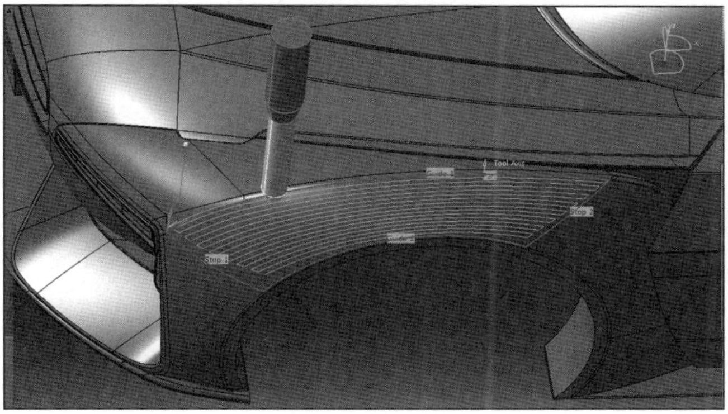

- Isoparametric Machining Operation : 제품면의 Isoparametric 정보를 이용한 가공면의 U, V 정보에 따라 가공하는 Tool path를 생성한다.

1) **Part 선택** : Geometry 선택창에서 Part를 선택하고 가공할 부분을 설정한다.

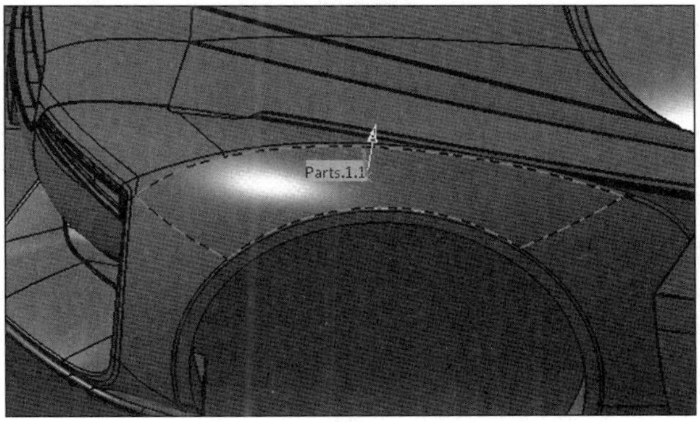

2) **Point 선택** : Geometry 선택창에서 Point를 선택하면 Point로 사용 가능한 곳이 흰색 점으로 표시된다. 그 중에 4개의 Point를 차례대로 선택한다.

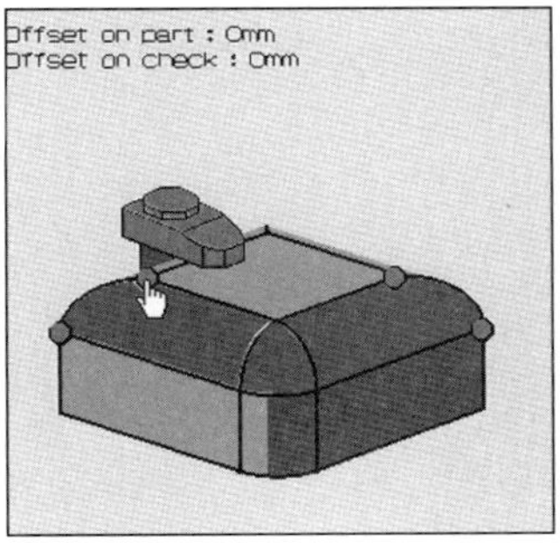

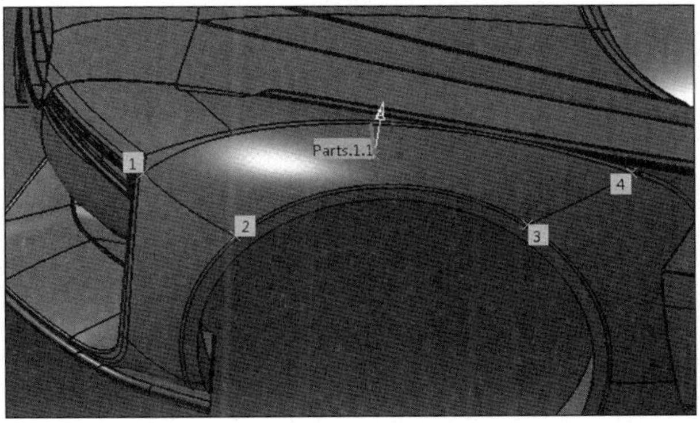

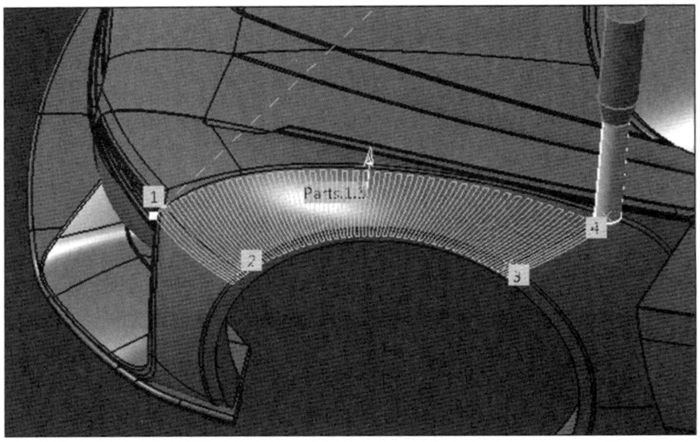

▲ Isoparametric Machining Operation Tool path 결과

(19) Spiral Milling Operation

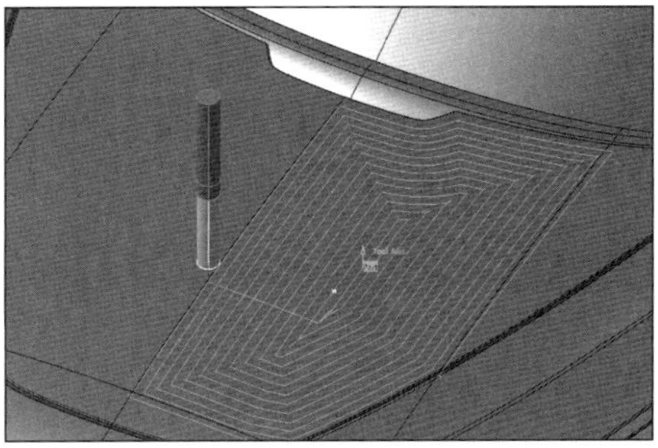

- Spiral Milling Operation : 평면 구간 가공

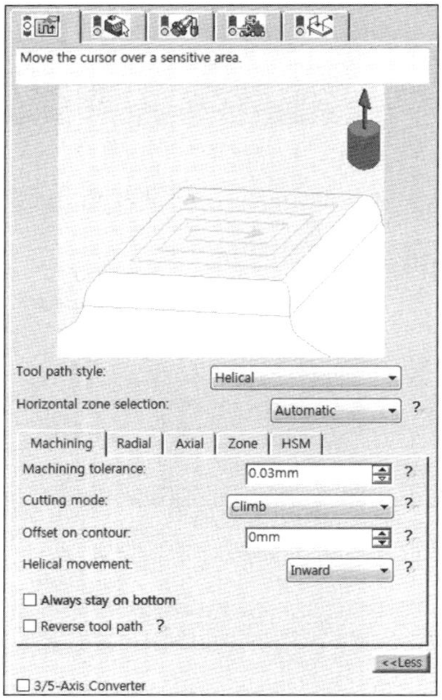

1) Tool path style

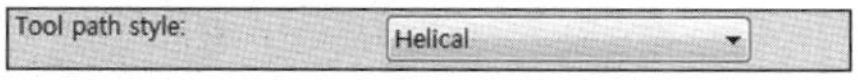

① Helical : 선택된 Part 외각을 기준으로 나선형으로 가공하는 Tool path 생성

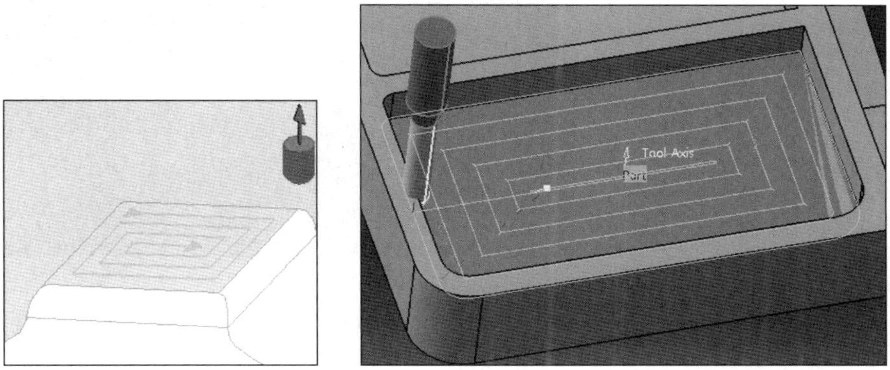

② Back and forth : 앞뒤로 움직이는 Zigzag 방식으로 가공하는 Tool path를 생성한다.

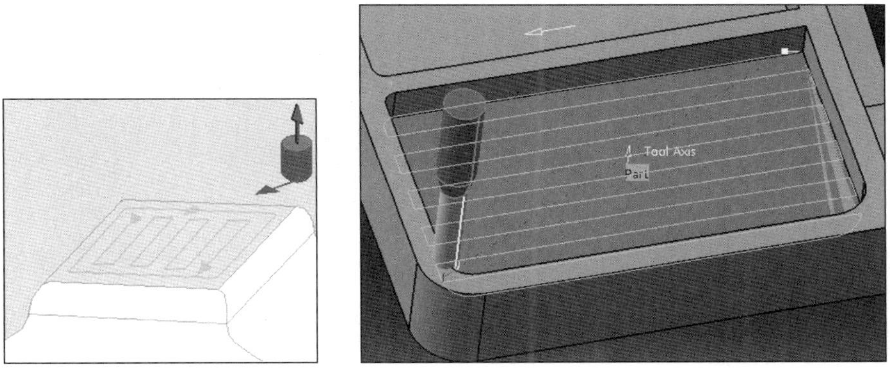

2) Horizontal zone selection

① Automatic : 평면 구간을 자동으로 선택한다.

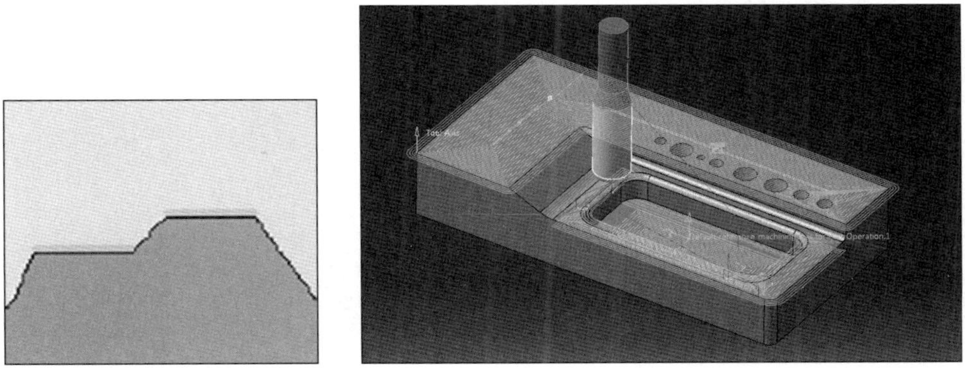

② Manual : 평면 구간을 사용자가 선택하여 가공 영역을 정의한다.

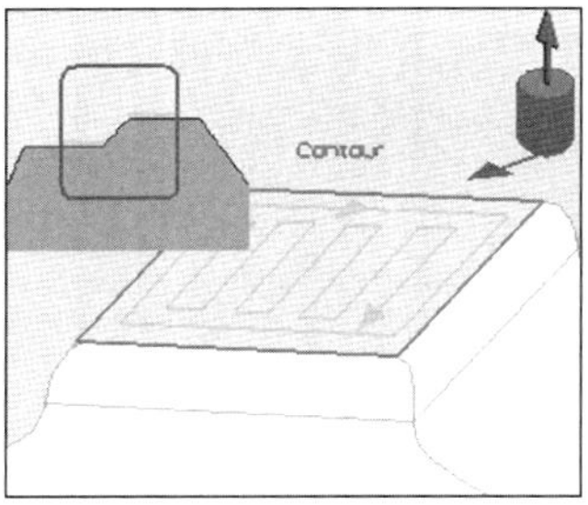

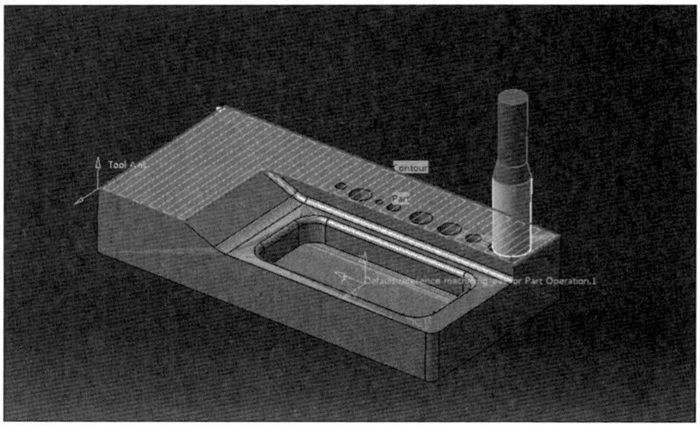

· Horizontal zone selection을 Automatic으로 설정했을 경우 Max. frontal slope 항목이 활성화 되며, 가공할 최대 각을 설정할 수 있다.

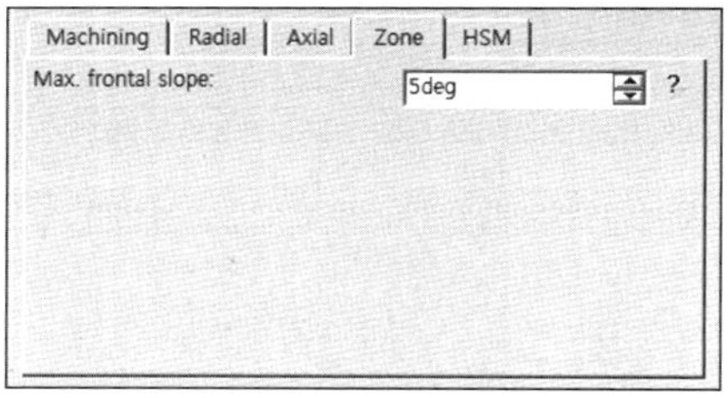

CHAPTER

04 Machining Features Tool bar에 대한 이해

가공 영역을 지정하여 반복적으로 지정해야 하는 가공 이동을 미리 지정함으로서 보다 효율적인 Operation 작업을 할 수 있다.

가공 영역 설정, 형상의 각도에 따라 영역 분리, Rework(잔삭) 영역, Offset Group의 정의

1. 가공 영역 설정

가공 영역 설정 : Operation에서 사용할 Geometry를 사전에 준비한다.

(1) 이름 설정

이름을 설정하여 Operation에서 쉽게 선택할 수 있게 구분한다.

(2) Type

Geometry 선택 방법을 설정할 수 있다.

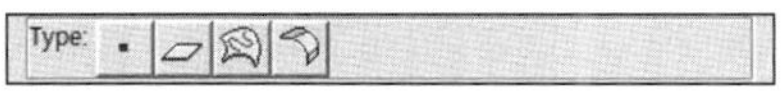

① Point area : Operation에서 사용할 Part body의 Point를 설정한다.

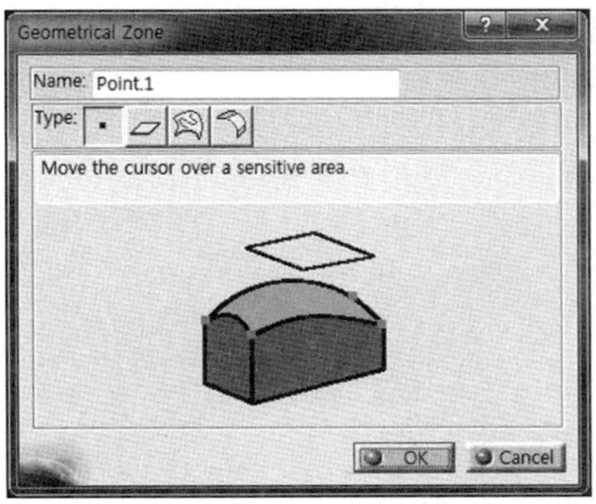

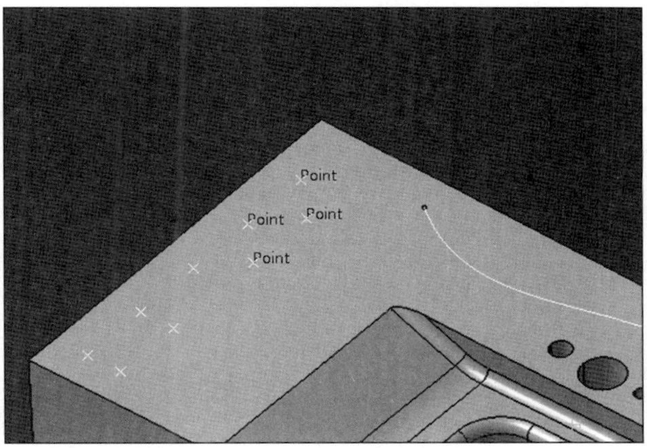

② 평면 구간 선택 : Operation에서 사용할 Part body의 평면구간을 설정한다.

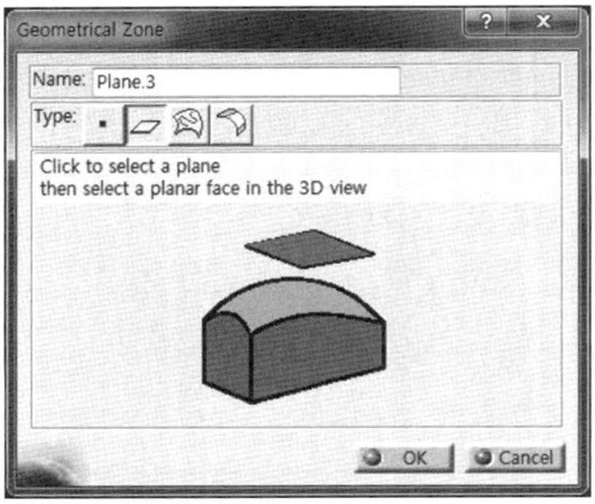

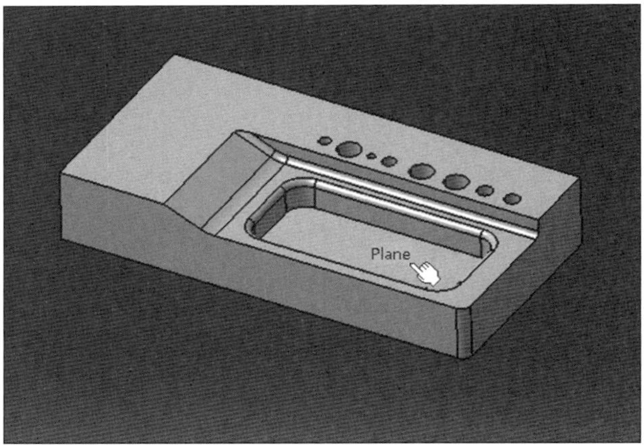

③ Surface Boundary 선택 : Operation에서 사용할 Part body의 Surface Boundary를 설정한다.

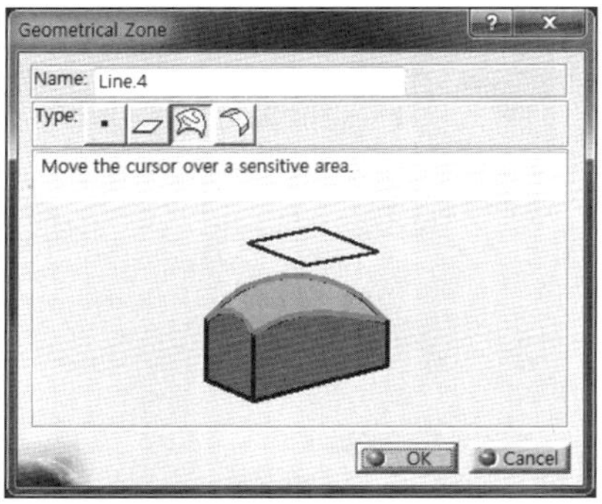

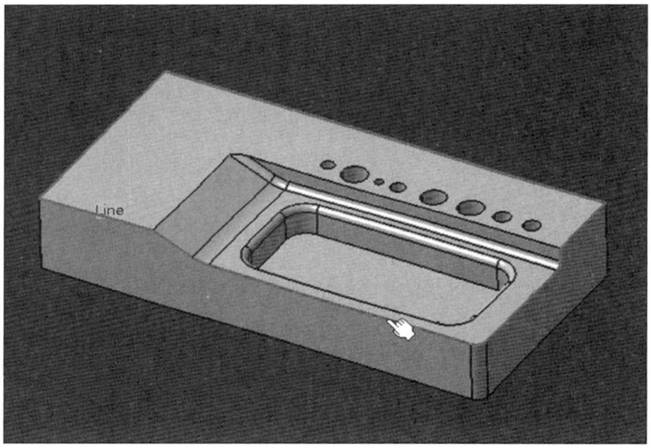

④ Surface 선택 : Operation에서 사용할 Part body의 Surface를 설정한다.

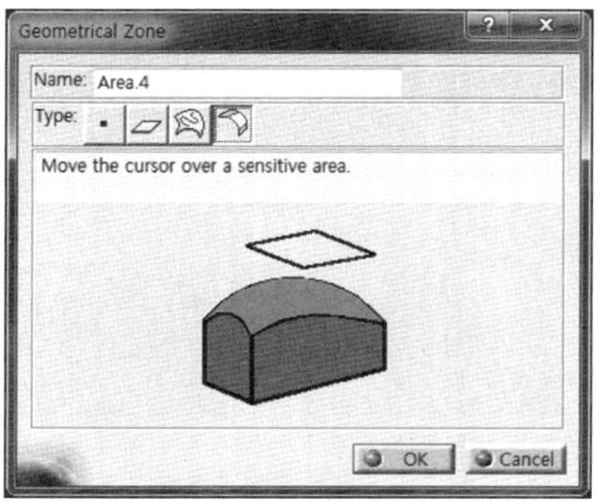

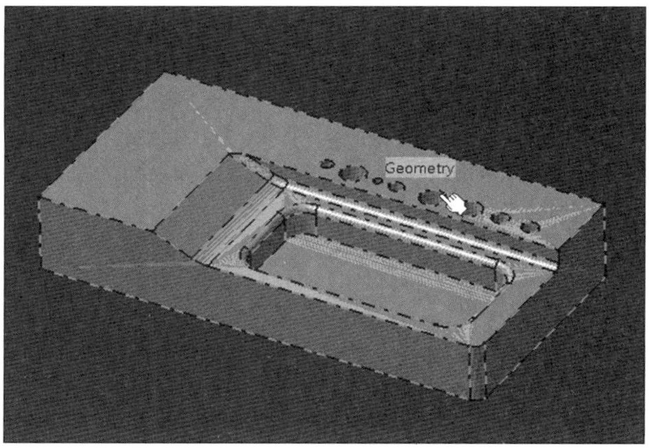

○ 사용 예) Operation 창의 Feature 대화상자에서 항목을 선택하면 자동으로 이미 설정해둔 영역이 선택이 된다.

· Spiral milling

– Feature : 미리 설정해둔 평면 구간을 선택한다.

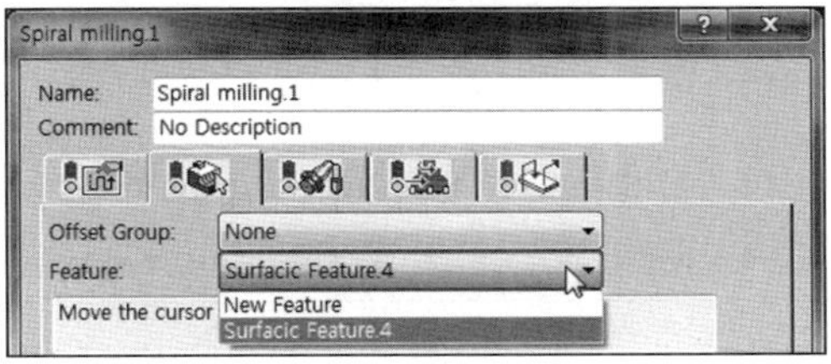

Operation에서 요구하는 Parameter를 설정 후 Replay한다.

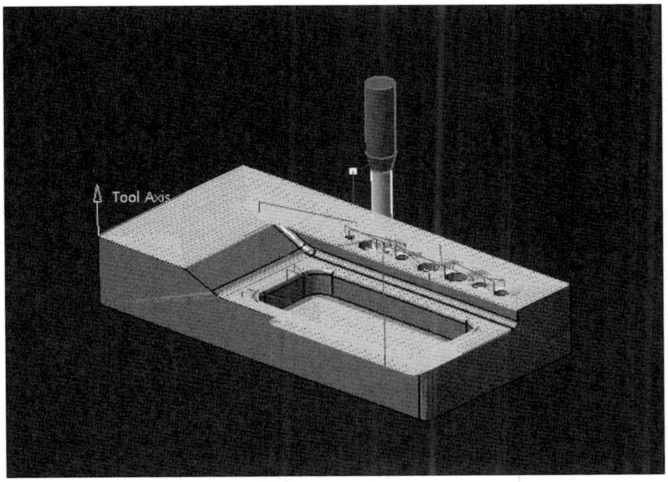

▲ 가공 Tool path를 생성한 모습

2. Slope Area

- Slope Area : 수직구간, 평면 구간, 중간 구간을 나누어 가공 영역에 따라 자동으로 Zlevel, Spiral milling, Sweeping Operation이 생성된다.

· Slope Area를 선택하면 Define Tap과 Operations Tap이 활성화 된다.

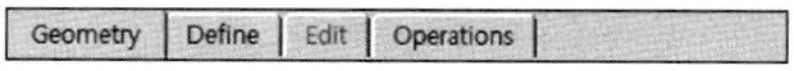

· 다른 Operation과 동일하게 Part 및 Limit Line, Check 등을 설정한다.

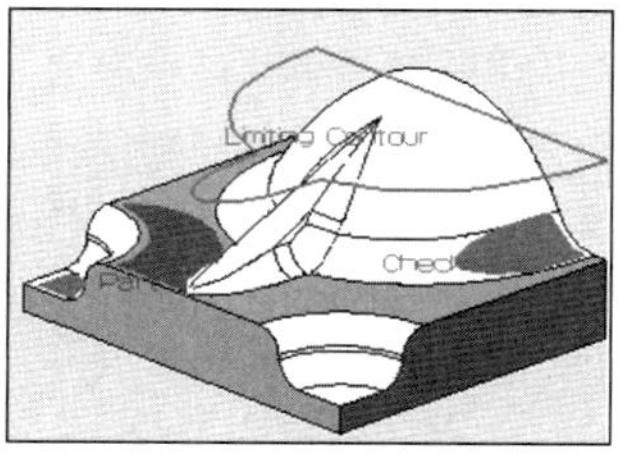

1) Geometry Tap

① **Tool 정의** : 사용할 Tool을 설정한다.

② Operation 실행 시 현재 설정한 값으로 Tool이 정의된다.

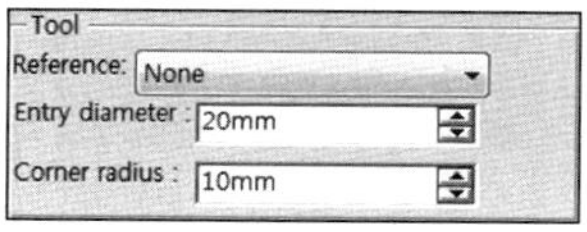

③ **Slope 영역 분할 기준 설정** : 사용자가 지정한 값에 의해 영역을 분할한다.

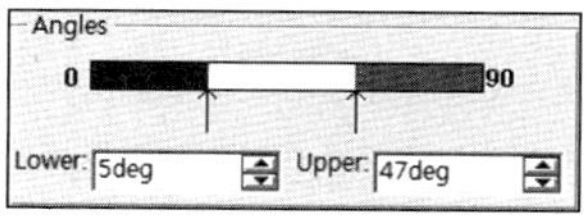

Part의 형상 각에 따라 Vertical, Intermediate, Horizontal로 영역이 구분이 된다.

2) Operations Tap

① **Intertion Level** : Operations Tap의 Insertion Level을 선택하여 Slope area에서 생성되는 Operation이 위치할 곳을 PPR Tree에서 선택한다.

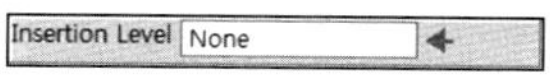

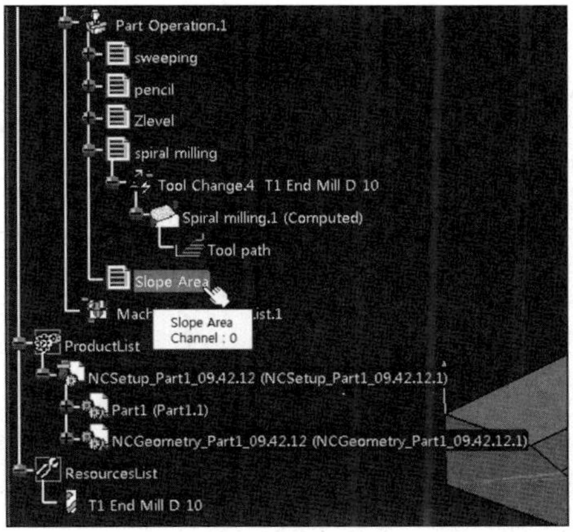

선택된 Machining program 하위에 자동으로 Operation이 생성이 된다.

② Operation 선택

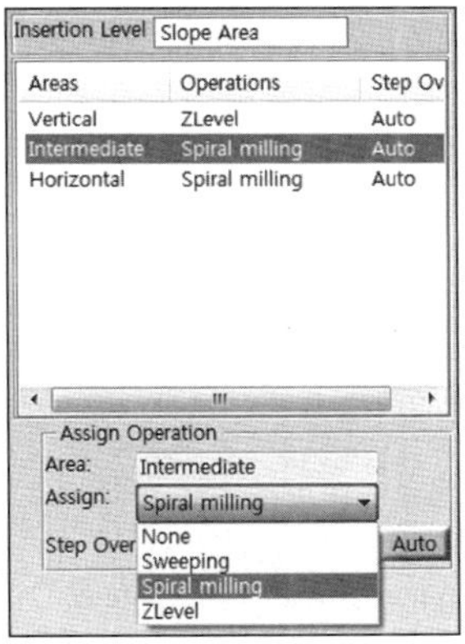

각 영역의 특성에 맞는 Operation을 선택한다. 위 창의 Areas에서 해당 항목을 선택 후 하단의 Assign 대화상자에서 Operation을 선택한다.

· 설정이 완료되면 Compute 아이콘(Compute)을 클릭하여 연산을 시작한다.

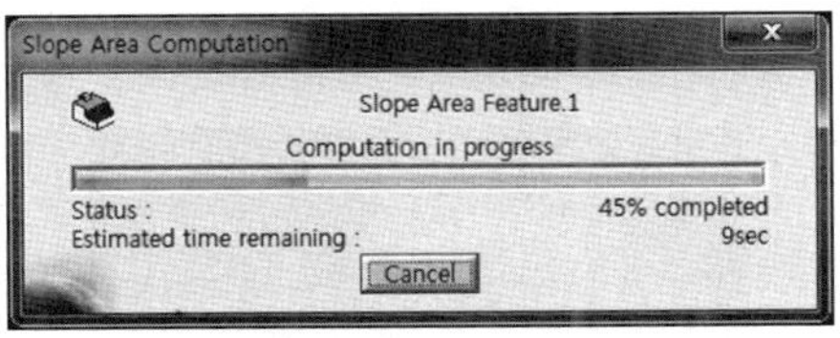

▲ 연산 중 나타나는 진행 알림창

◦ 각 영역별로 생성되는 Limit Line

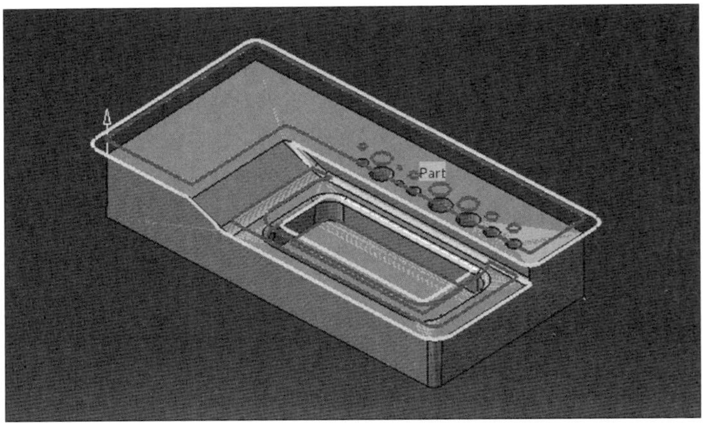

- Vertical 영역 : 붉은색 Line(Intermediate Line과 겹쳐져 화면엔 표현이 되지 않음)
- Intermediate 영역 : 노란색 Line
- Horizontal 영역 : 파란색 Line

· OK 버튼을 눌러 설정을 마무리하면 다음과 같이 TTR tree에 Operation이 생성된다.

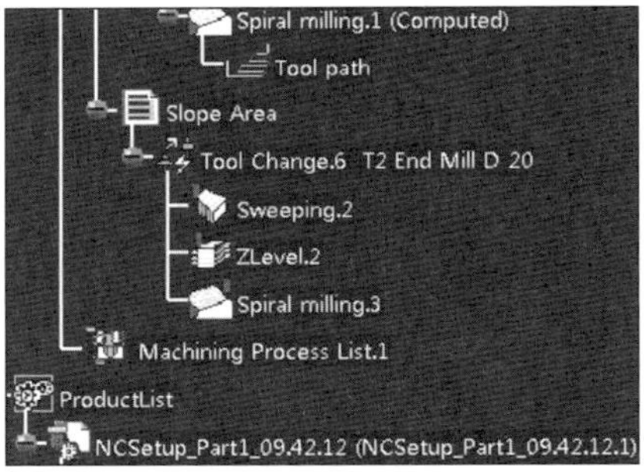

· 생성된 Operation을 각각 실행하여 안전 높이, Macro 등 Parameter를 입력 후 Tool path를 연산한다.

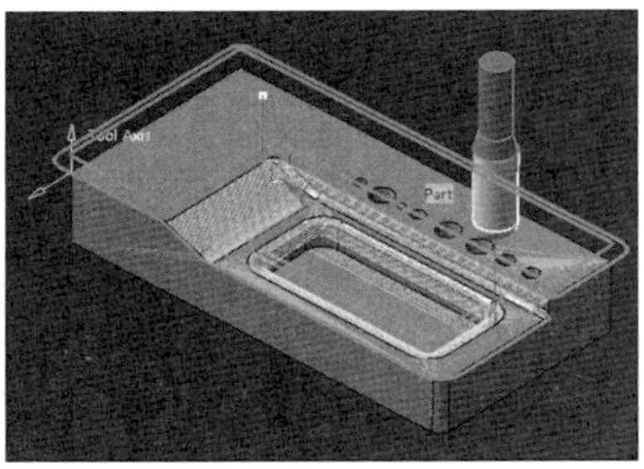

▲ Zlevel

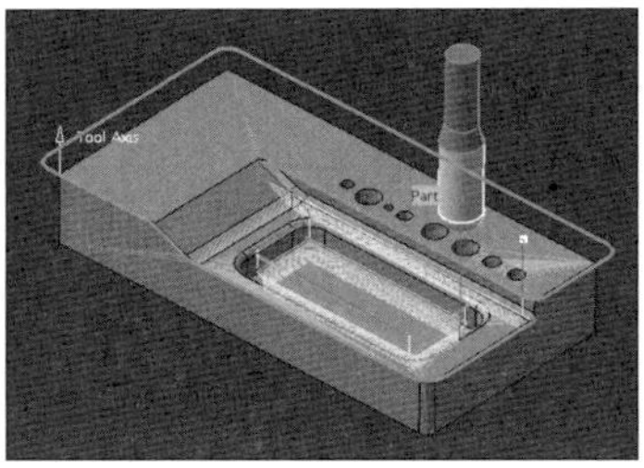

▲ Sweeping

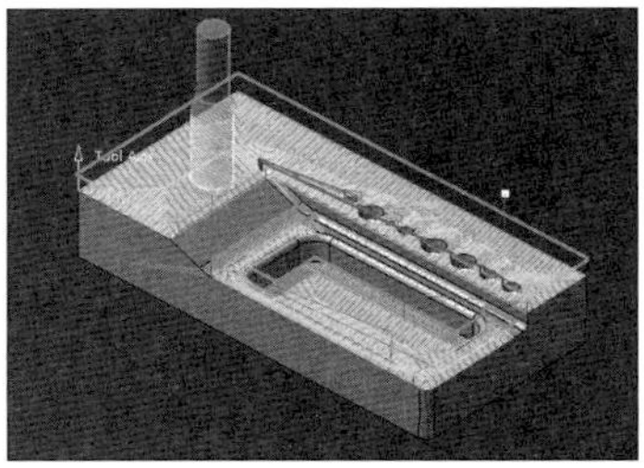

▲ Spiral milling

3. Rework area

- Rework area : 가공 후 미절삭 된 부분을 수직 구간과 평면 구간으로 나누어 Rework 영역을 생성한다.

1) Define Tap

① Load from : PPR Tree에서 잔삭 작업을 할 Operation을 불러온다.(Load from 아이콘 클릭)

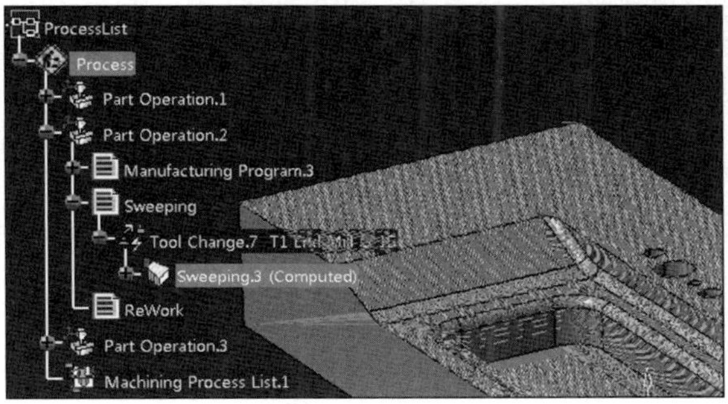

선택된 Operation의 가공 영역과 Tool 정보가 자동으로 입력된다.

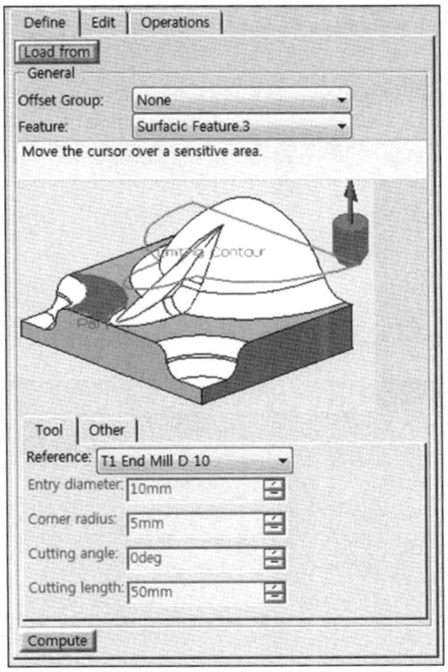

Feature, Tool 정보가 자동 입력된다.(Tool Parameter는 수정할 수 없도록 비활성화 된다.)

2) Operations Tap

① Insertion Level : Rework Operation이 생성될 위치를 지정한다.

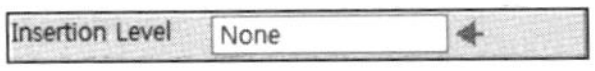

None 부분을 클릭 후 TTR tree에서 Machining program 아이콘 클릭(또는 Part Operation 클릭 해당 Operation 하단에 생성된다.)

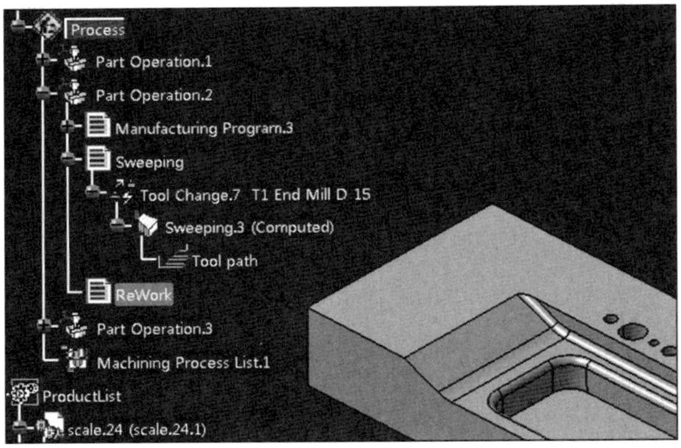

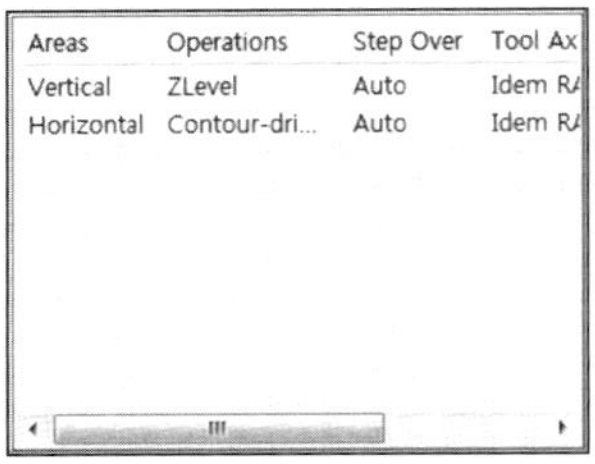

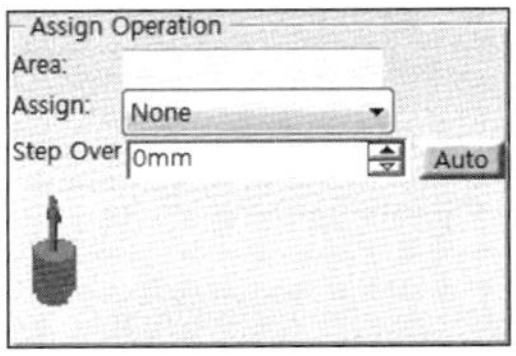

② 각 영역의 특성에 맞는 Operation을 선택한다.

위 창의 Areas에서 해당 항목을 선택 후 하단의 Assign 대화상자에서 Operation을 선택한다.

3) Define Tap

설정이 완료되면 Define Tap의 Compute 버튼(Compute)을 클릭하여 연산을 시작한다.

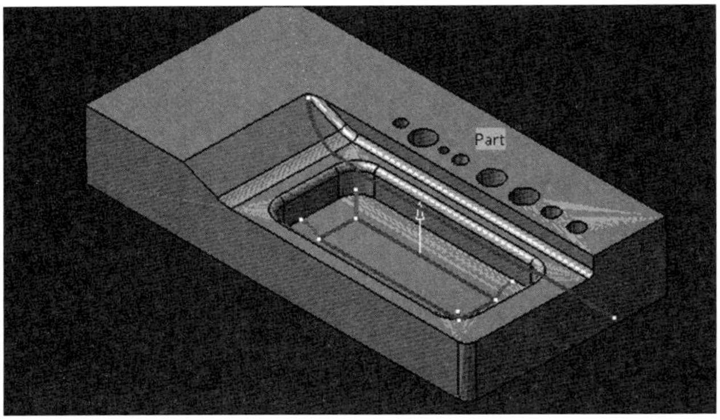

① 각 영역 별로 Limit Line이 생성된다.

· **Vertical 영역** : 붉은색 Line(Intermediate Line과 겹쳐져 화면엔 표현이 되지 않음)

· **Horizontal 영역** : 파란색 Line

② OK 버튼을 클릭하여 Rework area를 종료한다. 설정창이 종료되면 TTR tree에 Machine operation이 생성된다.

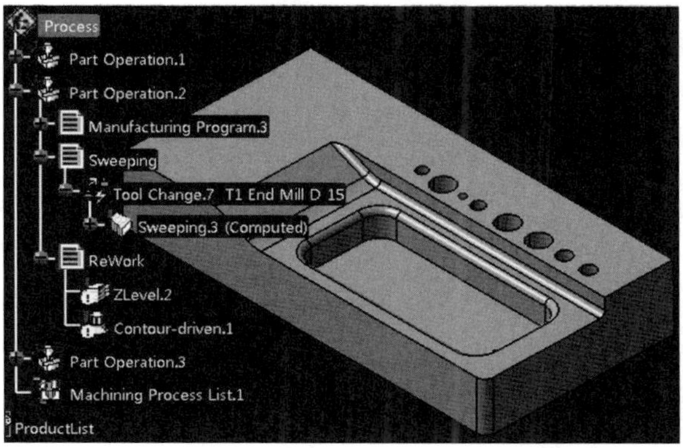

각 Rework Operation을 실행하여 Parameter를 정의 후 Tool path 연산을 한다.

- **Tool 정의** : Rework Operation을 실행했을 때 다음 그림과 같이 Tool 정의창에 기준 공구가 나타나지 않을 경우 2가지 경우로 Tool을 생성할 수 있다.

▲ Parameter 입력창(Tool 정보가 나타나지 않는다.)

(1) Search Tool

Search Tool 버튼을 클릭하여 이미 사용했던 Tool 또는 카탈로그에서 불러온다.

① 툴 Name 입력 창의 Search 버튼(...)을 클릭한다.

② Seaech Tool 창에서 Tool을 선택한다.

(2) 직접 입력

End Mill 버튼을 클릭, 기준 Tool을 불러온 후 Parameter를 수정한다.

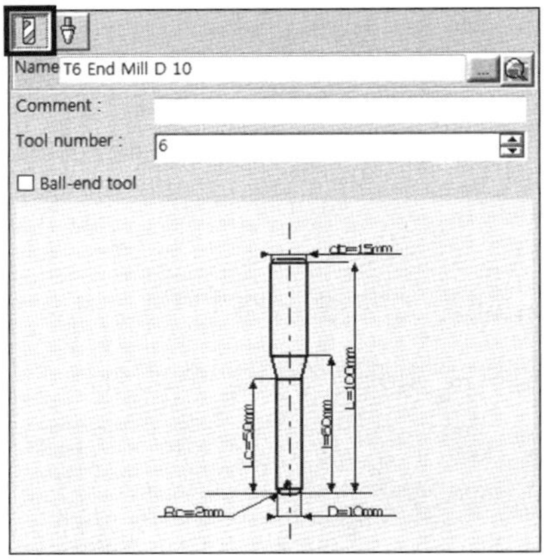

기본 Tool에서 Parameter를 수정하여 사용하고자 하는 Tool을 생성한다.

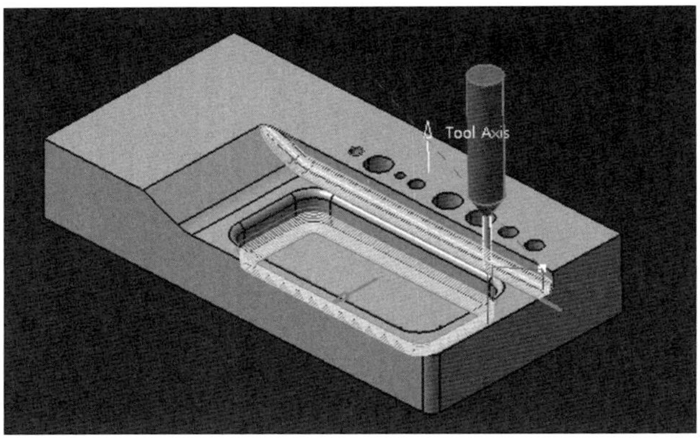

▲ Rework Tool path 생성 모습

4. Offset group

○ Offset group : 특정 부위의 Offset을 정의한다.

1) Name

Offset Group의 이름을 정의한다.

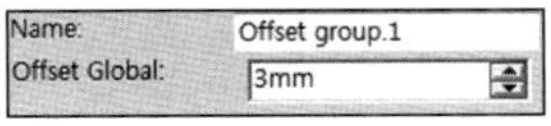

2) Offset Global

Offset Group 전체 Offset 값을 설정한다.

3) Create Tap

① **Offset 영역 설정**

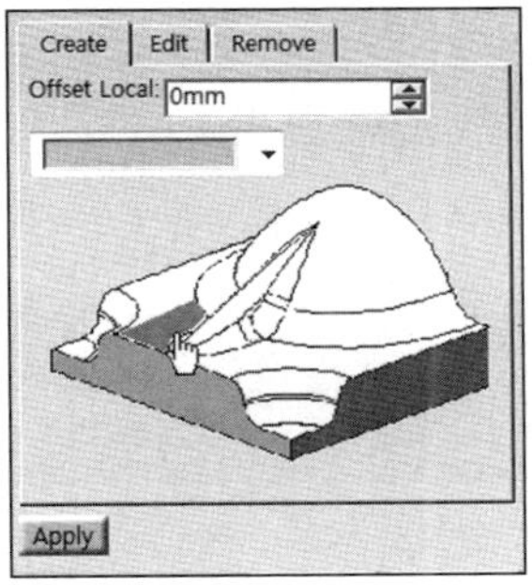

설정창의 붉은색 부분을 선택 후 Part에서 해당 영역을 선택한다.

② Offset Local : 선택된 영역에 대한 Offset값을 입력한다. (Offset Global과 별도로 해당 영역에만 Offset이 된다.)

Apply 버튼(Apply)을 클릭하여 Offset 영역을 적용시킨다. 이 과정을 되풀이하여 Offset 영역을 계속해서 지정할 수 있다.

ex) Offset Area0, Offset Area1, Offset Area2, …… 순으로 자동으로 해당 영역 이름이 지정된다.(사용자가 별도의 이름을 정의할 수 있다.)

4) Edit / Remove Tap : 지정된 Offset 영역을 수정하거나 삭제한다.

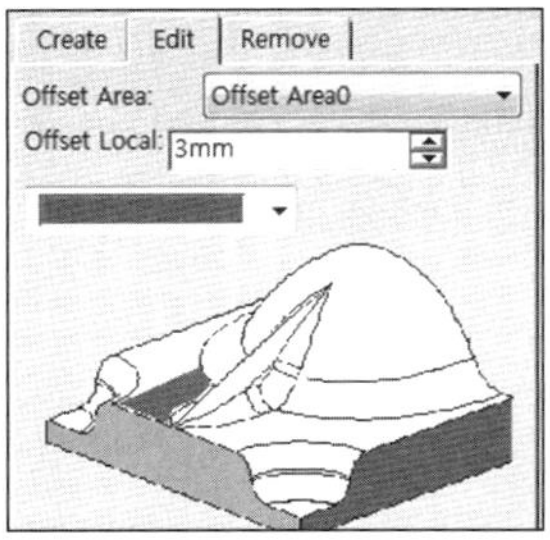

5) Edit Tap

Offset Area 대화상자에서 Offset영역을 선택한 후 Offset 값이나 칼라, Offset 영역 등을 편집할 수 있다.

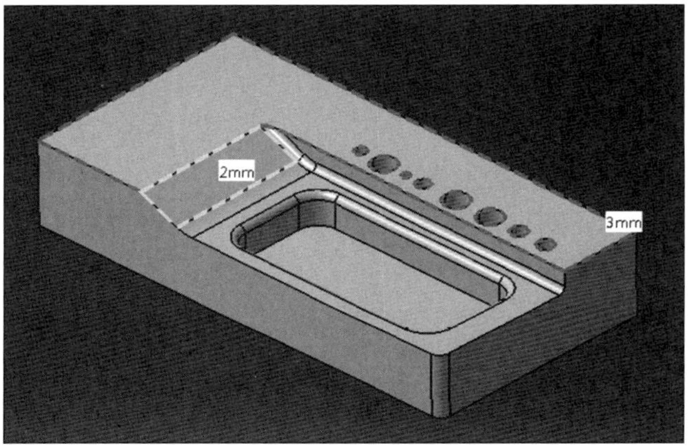

▲ 영역별 Offset이 설정된 모습

- 적용 예) Sweeping

· Operation Offset Group 대화상자에서 Offset Group을 선택한다.

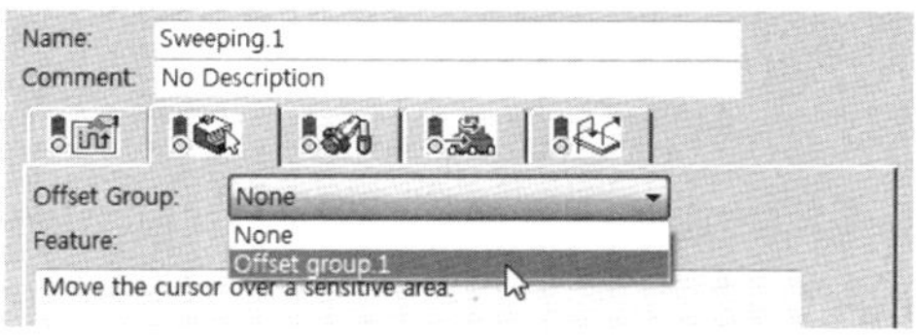

▲ Offset Group 선택

· 자동으로 해당 영역이 설정된다.

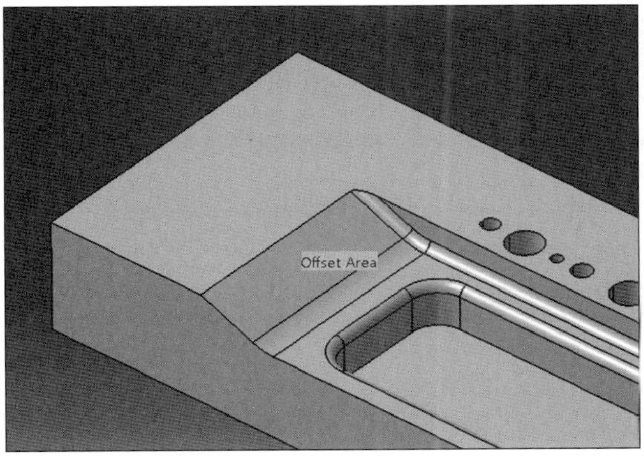

▲ Offset 영역이 선택된 모습

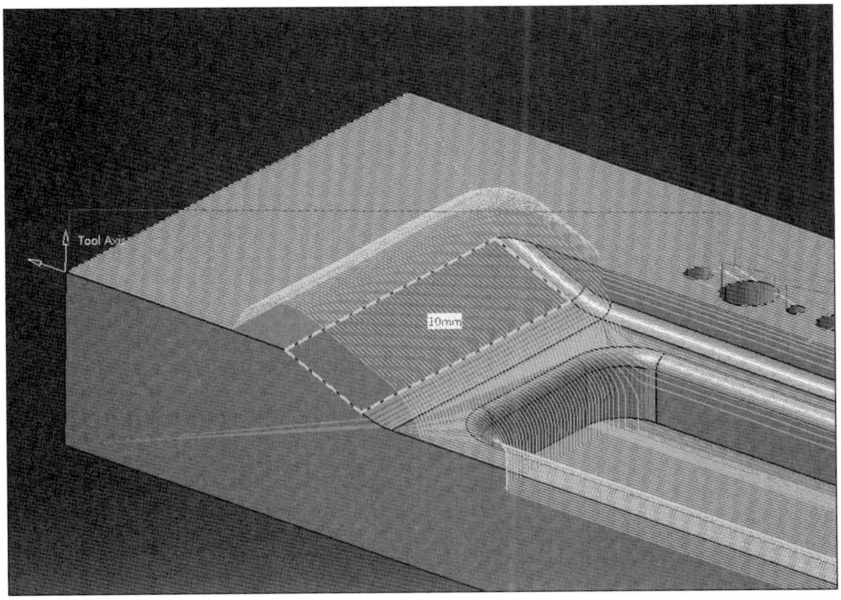

▲ Tool path 연산된 모습

선택 영역이 Offset 된 것을 확인할 수 있다.

CHAPTER

05 NC Output Management에 대한 이해

- Replay Tool Path
- Genetate NC Code in Batch Mode
- Manage Batch Queue
- Generate NC Documentation
- Screen Capture

1. Replay Tool Path

- Replay Tool Path : 각 Operation에서 설정이 완료되어 Operation의 요구가 충족되면 Replay Tool Path 버튼이 활성화 된다. 이 때 Replay Tool Path 아이콘을 클릭하면 다음과 같이 연산을 시작한다.

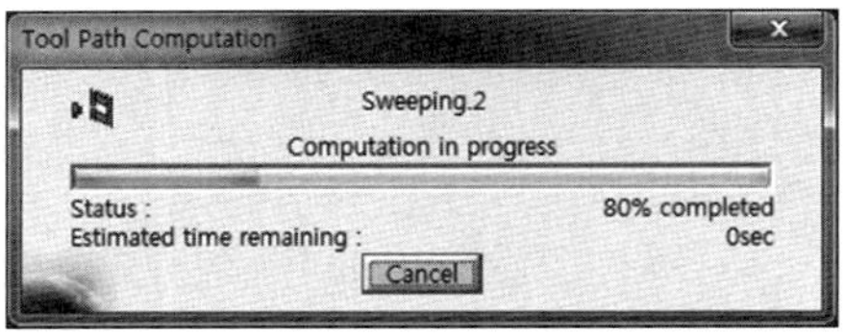

연산이 완료되면 메인 화면에 Tool path가 표시되며 다음과 같이 Simulation Control 창이 Open 된다.

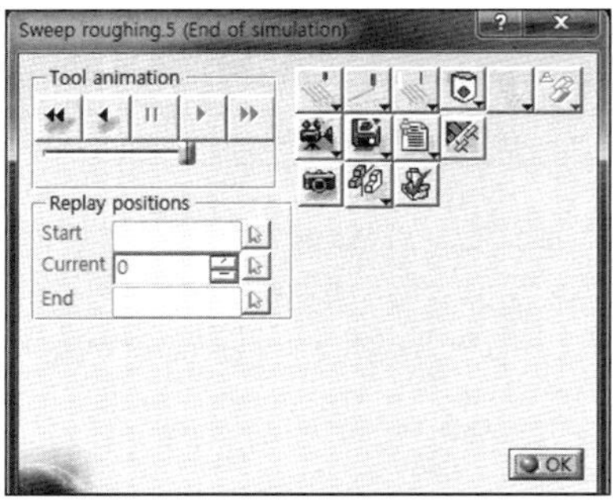

위 창을 통해 Tool path를 다양한 방법으로 Simulation하여 검토할 수 있다.

1) Replay mode

전체 또는 각 구간별로 Tool path를 화면에 표시 복잡한 Tool path도 간략하게 표시하여 검토를 할 수 있다.

① Continuous replay of tool path : 전체적으로 Tool path를 화면에 표시한다. (기본)

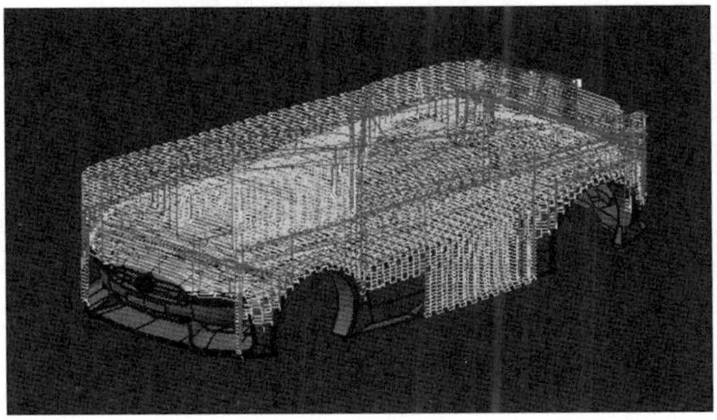

② Plane by Plane replay of tool path : Plan 단위로 Tool path를 화면에 표시한다.

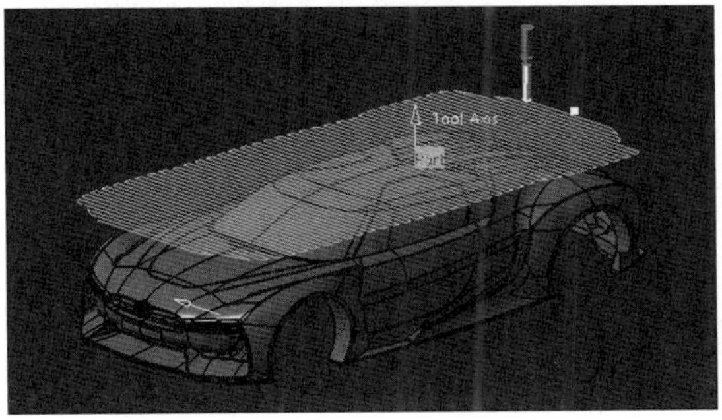

③ Feedrate by Feedrate replay of tool path : 가공속도가 변하는 구간을 표시한다.

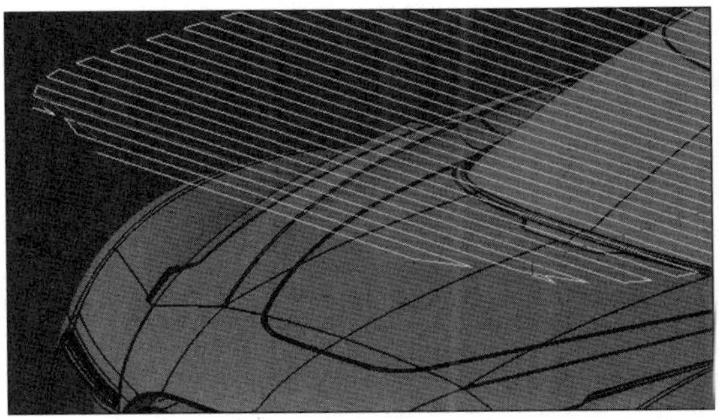

④ Point to point replay of tool path : Point에서 Point까지 Tool path 표시한다. (화면에 표시할 Point의 수를 입력할 수 있다.)

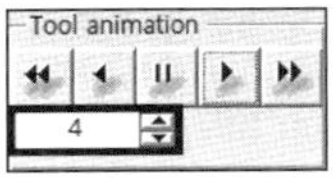

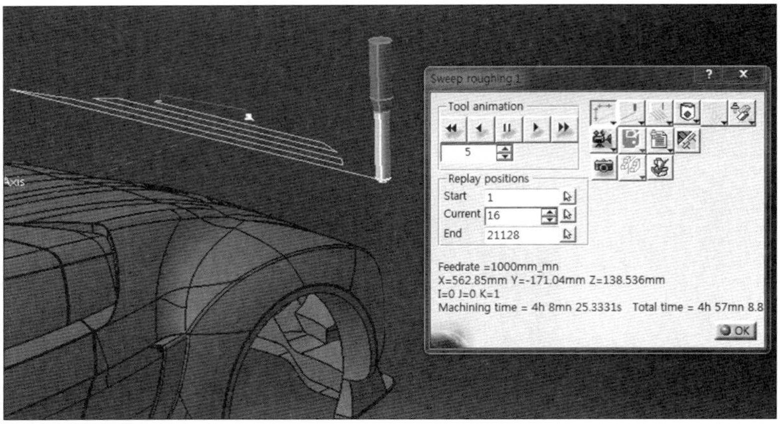

⑤ Sectioning replay of tool path : 단면으로 Tool path를 화면에 표시한다. (각 Tool path와 Tool path 사이에 노란색 Plan이 표시되며 Plan을 선택하면 해당 Tool path의 단면이 표시된다.)

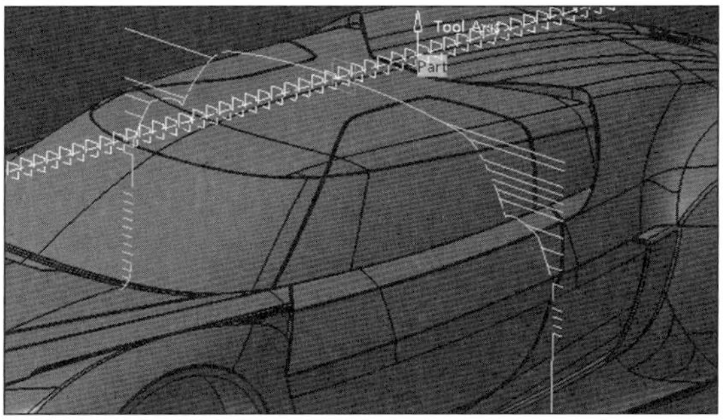

2) Tool Visualization mode

Tool 축 방향, Tool 위치 등의 정보를 표시한다.

① Only list position is displayed : Tool path 마지막에 Tool이 위치 한다. (기본)

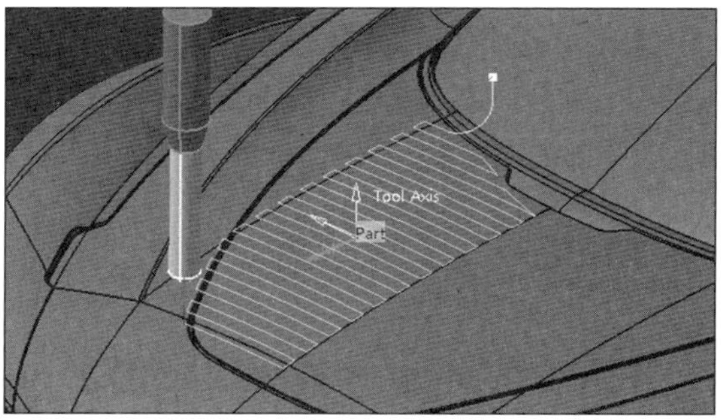

② All tool axis are displayed : 모든 영역에 Tool의 축 방향을 표시한다.

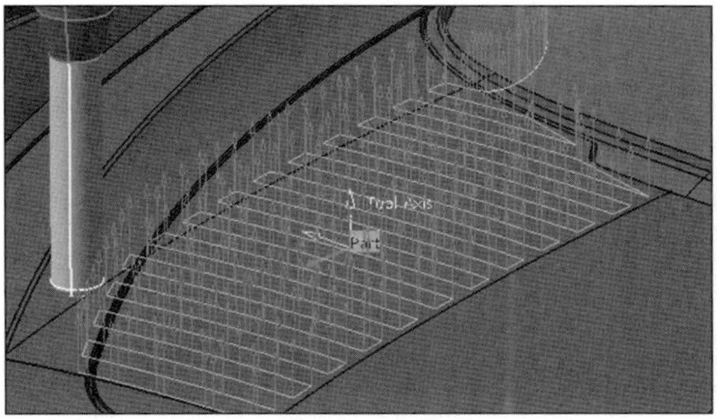

③ All tools are displayed : 각각의 위치에 Tool을 3D 형상으로 표시한다.

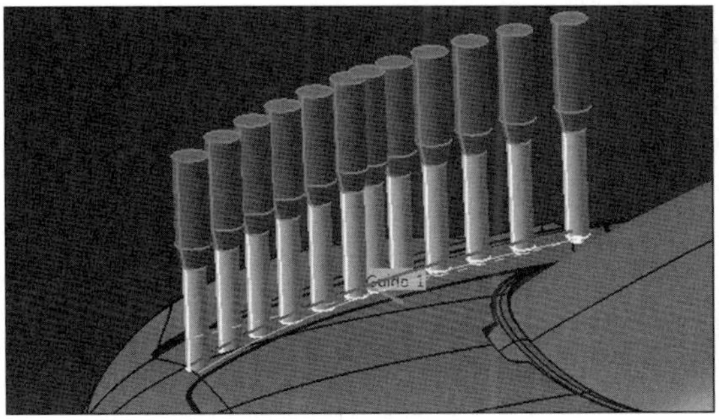

3) Color mode

Tool path를 각각의 진행 방법(Approach, Retract, Rapid, Machining 등)에 따라 칼라로 표시한다.

① **모두 같은 색으로 표시** : 모든 Tool path의 색을 단일 칼라로 표시한다.

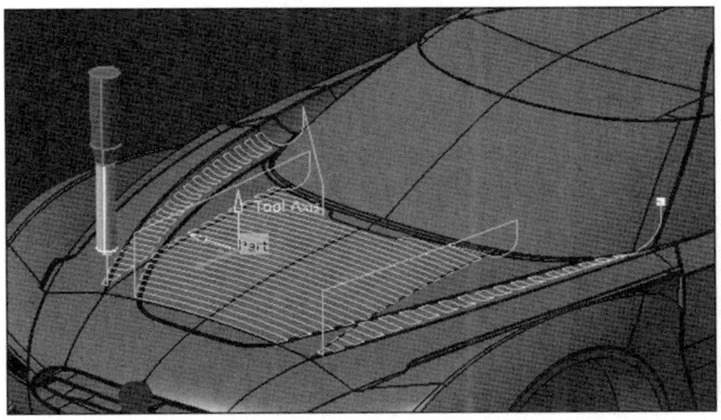

② 각각의 고유 색 표시 : 가공 이동, Macro 별로 지정한 색으로 표시한다.(Color 설정 : Option 〉 Machining 〉 General)

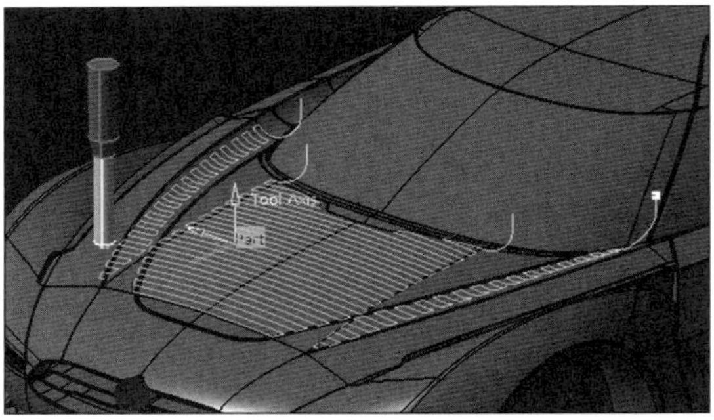

Feed rater	Color
Approach or lead−in feedrate	Yellow
Machining feedrate	Green
Retract or lift−off feedrate	Blue
Rapid feedrate	Red
Finishing feedrate	Cyan
Plunge feedrate	Magenta
Chamfering feedrate	Cyan
Air cutting feedrate	Magenta

▲ CATIA V5 기본 Color

4) Point Display mode

① Trajectory of the contact point is displayed : Tool의 Center로 Tool path를 표시한다.

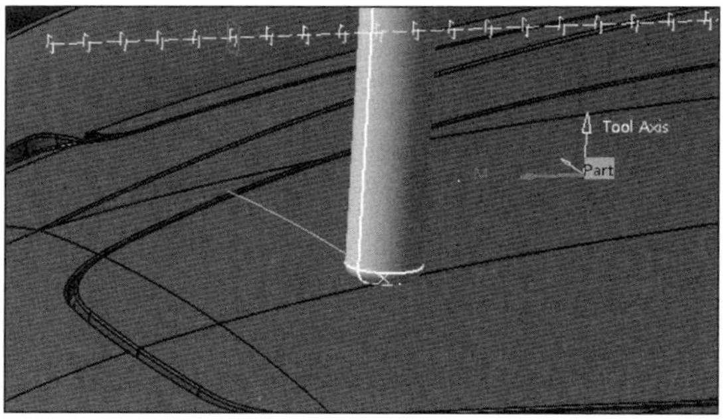

② Trajectory of either the tool tip or the tool center point is displayed : Tool의 Tip으로 Tool path를 표시한다.

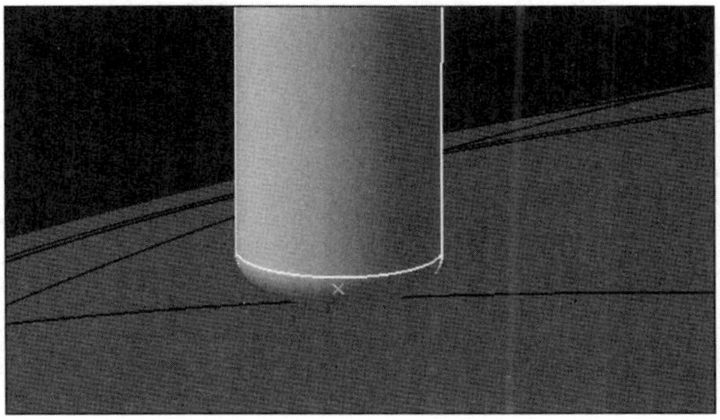

③ Trajectories of the contact point and either the tool tip or the tool center point is displayed : Tool Center와 Tip 모두 표시한다.

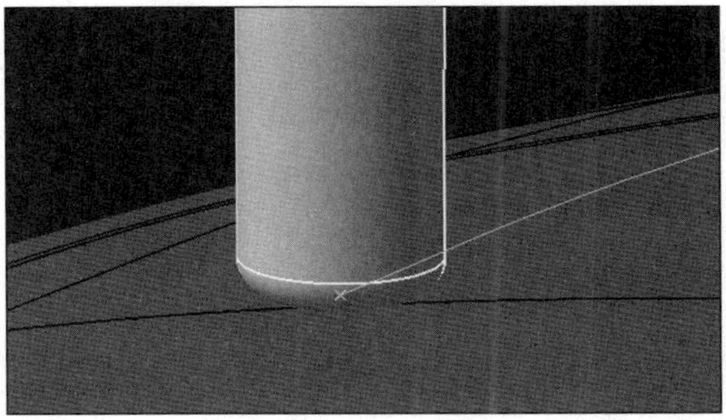

④ Trajectory of either the contact point or either the tool tip or the tool center point is displayed : Tool tip line와 가공 방향의 중앙에 Center line을 표시한다.

5) TRACUT Display mode

TRACUT 기능을 사용하여 Tool path를 이동, Mirror, 회전 등을 했을 경우 표시 방법을 설정한다.

① TRACUT 기능을 사용한 Tool path의 결과를 화면에 표시한다.

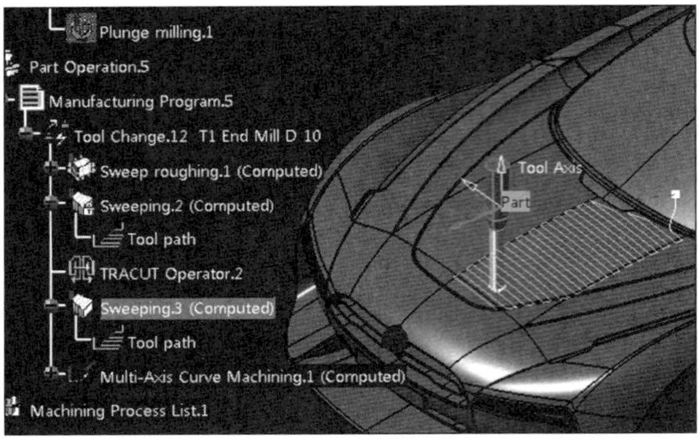

② TRACUT 기능을 사용한 Tool path의 결과를 표시하지 않고 이전의 Tool path를 화면에 표시한다.

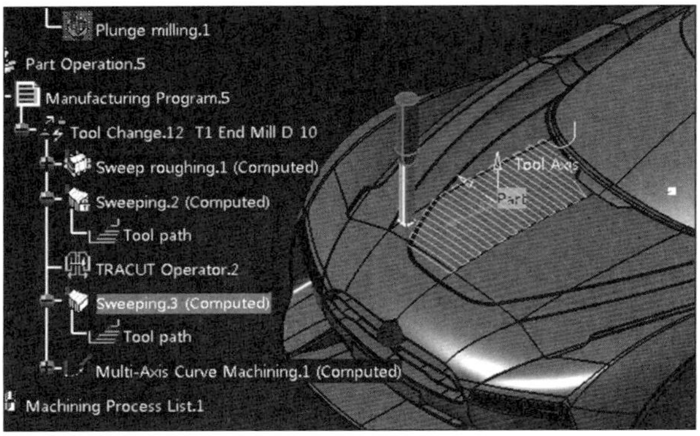

6) Holder Visibility option

Tool holder를 화면에 표시하는 방법을 설정한다.

① Tool holder is displayed during the replay : Tool holder를 화면에 표시한다.

② Tool holder is hidden during the replay : Tool holder를 화면에 표시하지 않고 Tool만 표시한다.

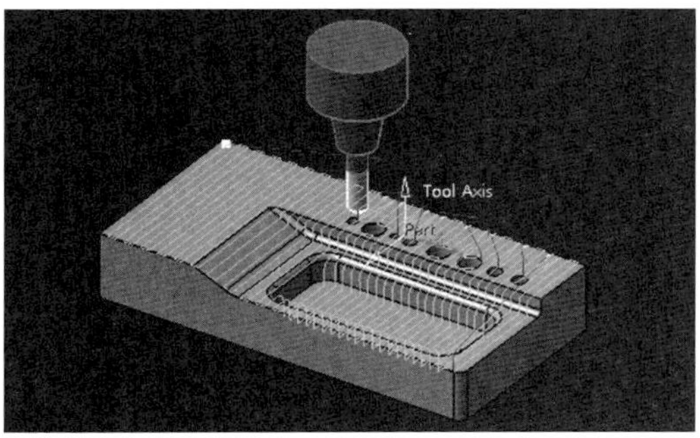

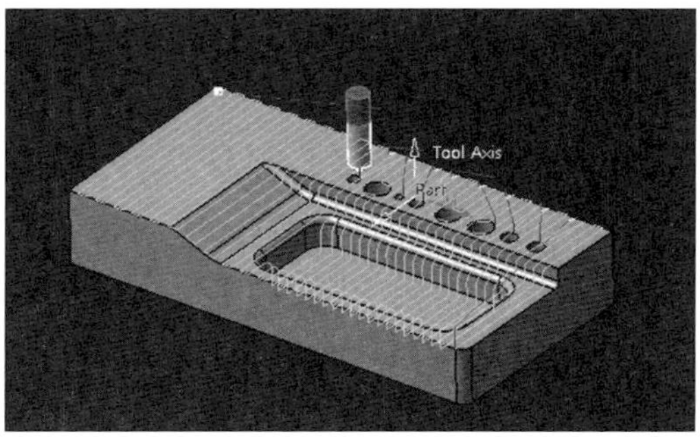

2. Generate NC Code in Batch Mode

NC Code를 출력한다.

Generate NC Code in Batch Mode

Tool path를 생성하는 기본 작업으로 *.CATProcess File을 저장해야 결과를 얻을 수 있다. Operation을 수정했다면 필히 저장을 해야 한다. 그렇지 않으면 수정사항이 적용이 되지 않고 이전 저장한 내용으로 NC Code가 출력이 된다.

(1) In/Out Tap

1) Input

① Input CATProcess : 출력할 CATProcess를 선택한다. (기본적으로 현재 작업 중인 CATProcess가 선택 되어 있음)

② Selection : NC Code 선택 단위를 설정한다.

- Part Operations 선택 시 Part Operation 단위로 선택을 할 수 있다. PartOperation에 포함된 program이 자동으로 모두 출력된다.
- Programs 선택 시 Manufacturing program 단위로 선택할 수 있다. Manufacturing program에 포함된 Operation이 모두 출력된다.

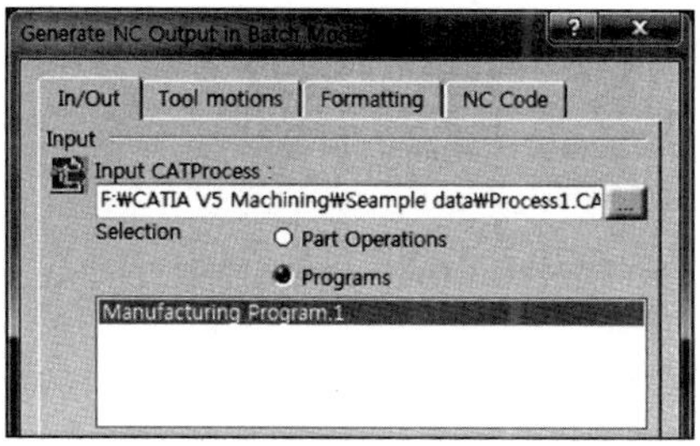

2) Resulting NC Data

① NC data type : 출력될 File의 형태를 APT, CLF, NC Code, Video Result in CATProduct 중에서 선택할 수 있다.

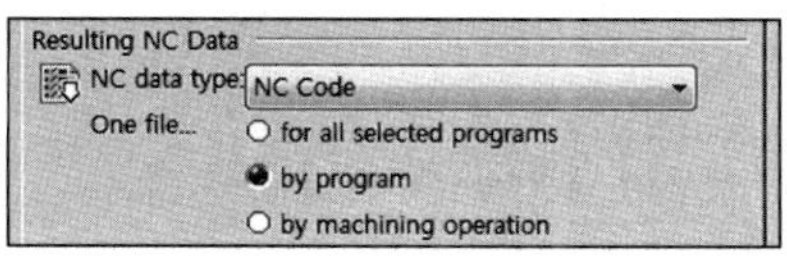

② One file... : 하나의 File로 출력될 단위를 선택한다.

- For all selected programs : 선택된 모든 program을 하나의 File로 출력한다.
- By program : program 단위로 Manufacturing program에 포함되어 있는 모든 Operation이 하나의 File로 출력된다.
- By machining operation : Machining Operation 단위로 Machining Operation에 포함되어 있는 모든 program, Operation이 하나의 File로 출력된다.

3) Output File : Store at the same location as the CATProcess check on 시 현재 CATProcess File이 저장된 곳에 File을 출력한다.

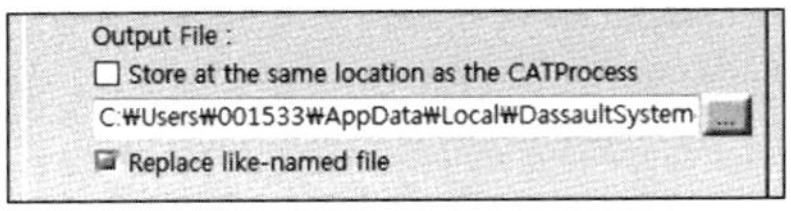

4) Replace like-named file : check on 시 같은 이름으로 저장이 가능하다.(기존 File 내용이 새로운 내용으로 바뀐다.) check off 시 같은 이름으로 저장이 되지 않는다.

(2) NC Code Tap

Option에서 선택한 Post 업체에서 지원하는 Post process가 활성화된다.

1) IMS Post-processor file : 대화상자를 클릭하면 사용 가능한 Post process 항목 List가 펼쳐진다. List 중에서 사용하는 CNC Machine의 Controller 규격을 선택한다.

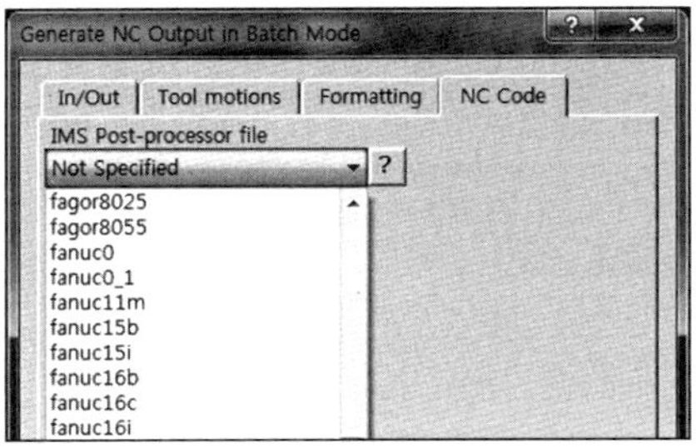

2) Formatter : 선택한 Post process의 기본 설정을 할 수 있다.

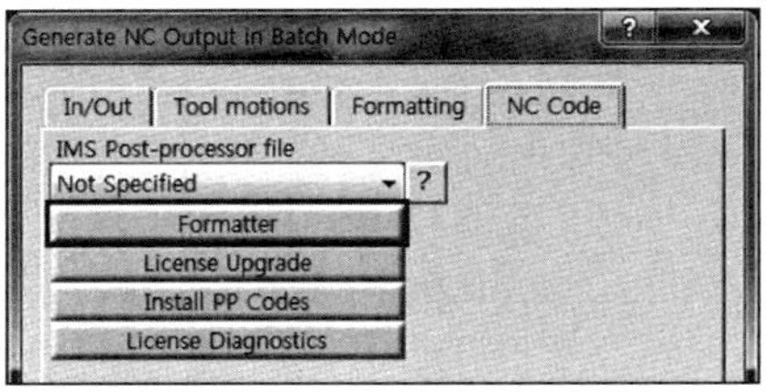

① Post 설정창

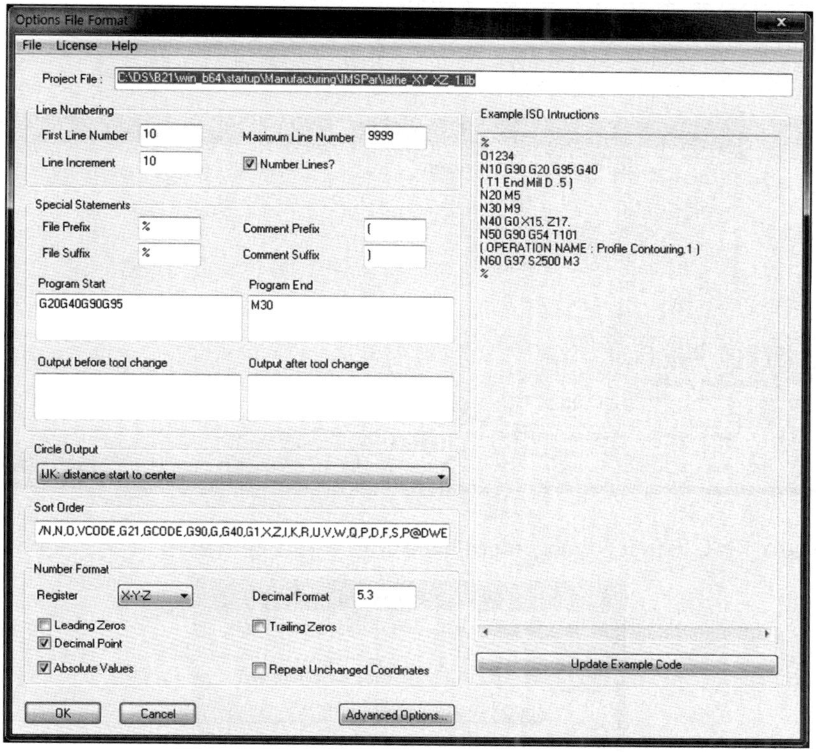

② Update Example Code 버튼을 클릭하면 수정한 내용을 창의 우측 부분에 적용하여 표시한다.

위 항목 이외의 정밀한 설정을 하려면 해당 업체의 Post process를 구입해야 한다. Update Example Code 버튼을 클릭하면 창의 우측 부분에 수정한 내용을 적용하여 표시한다.

- Generate NC Code Interactively : CATProcess를 저장하지 않아도 현상태대로 NC data를 생성한다. 사용 방법은 Generate Batch mode와 동일하다.

3. Manage Batch Queue

Manage Batch Queue : NC code 출력 및 예약 관리

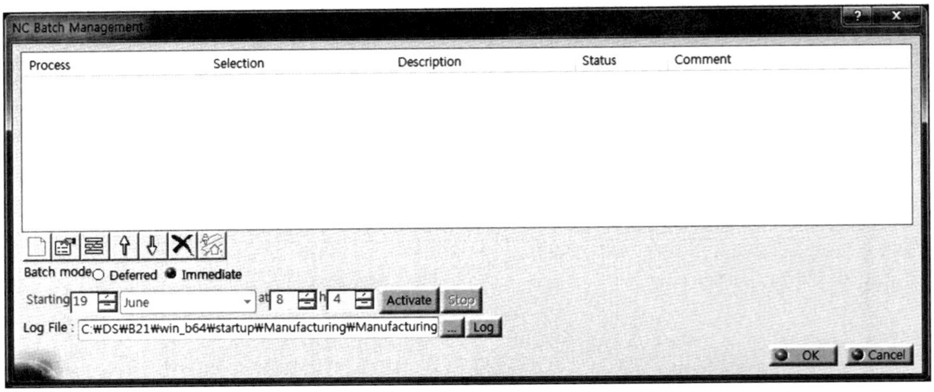

1) New job : NC Batch Management에 새로운 작업을 추가한다.

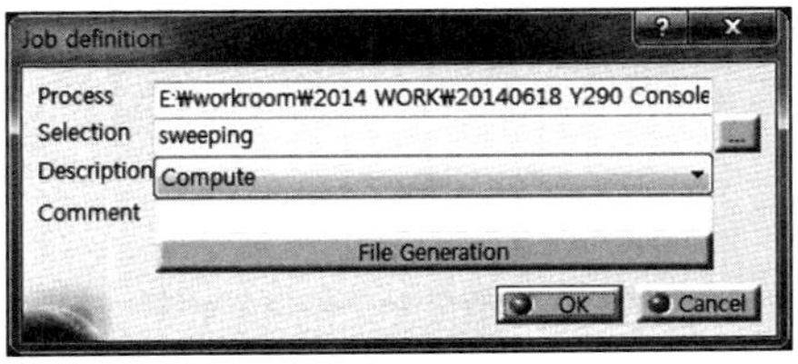

① Selection : 아이콘을 클릭하여 예약 출력할 Operation을 추가한다. (Batch mode에 추가하려면 CATProcess가 저장되어 있어야 한다.)

② File Generation : NC Code File 출력을 위해 Generation 설정을 한다.

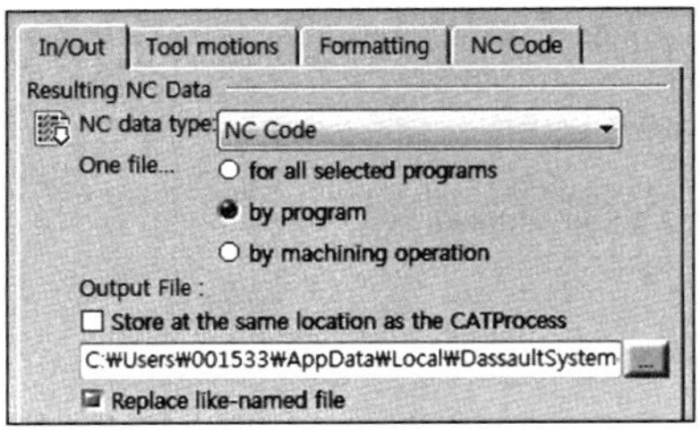

▲ Generation 설정창

2) Edit current job : job 설정을 수정한다.

3) Move up, down : 선택된 NC job의 순서를 바꾼다.

4) Delete current job : 선택된 job을 삭제한다.

5) Reset All : 모든 job를 삭제한다.

6) Batch mode

① Deferred : NC code 출력을 예약한다. 선택시 Starting 항목이 활성화 되며, 출력할 날짜와 시간을 설정할 수 있다.

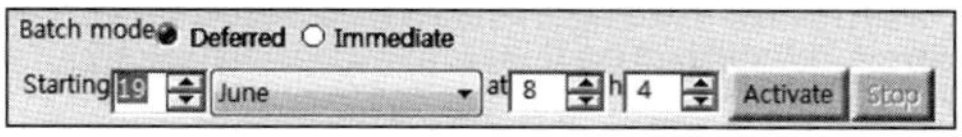

② Immediate : Activate 버튼을 클릭하여 바로 출력을 한다.

4. Generate NC Documentation

Generate NC Documentation : 작업 지시서를 출력한다.

1) Documentation script : 작업 지시서 Script File을 선택한다. (CATIA V5 기본 포맷 사용)

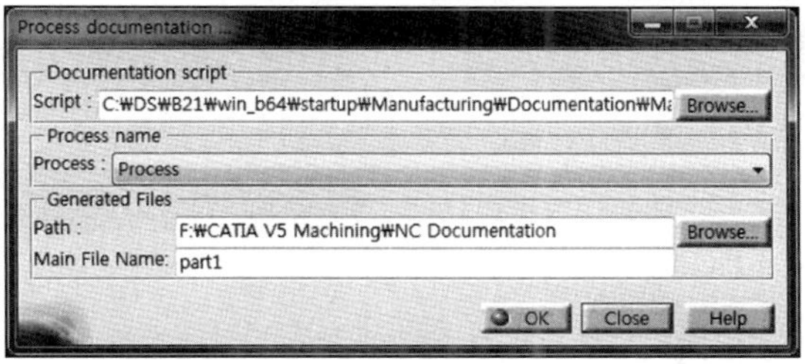

2) Generated Files

① Path : 작업 지시서 저장할 곳을 지정한다.

② Main File Name : 작업지시서 File 이름을 입력한다.

3) 설정을 마치고 OK 버튼을 누르면 다음과 같이 사용자가 지정한 곳에 File이 생성된다.

① 작업 지시서는 Html File로 저장이 된다.

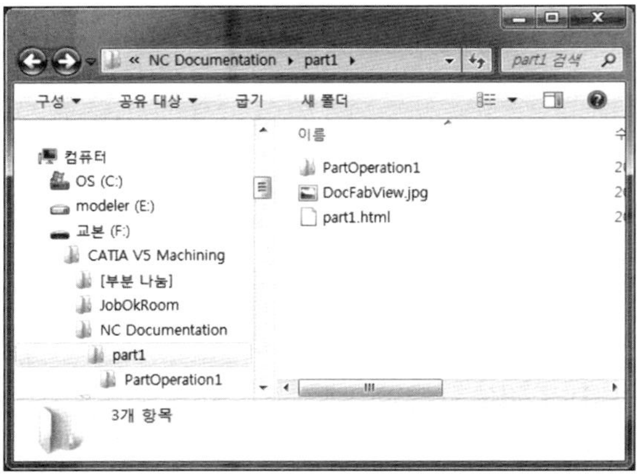

▲ Html File과 폴더 생성

② File을 open하면 Internet explorer에서 확인할 수 있다.

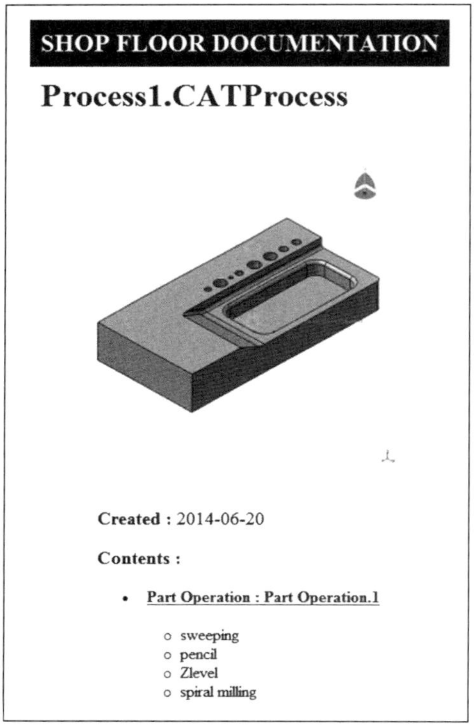

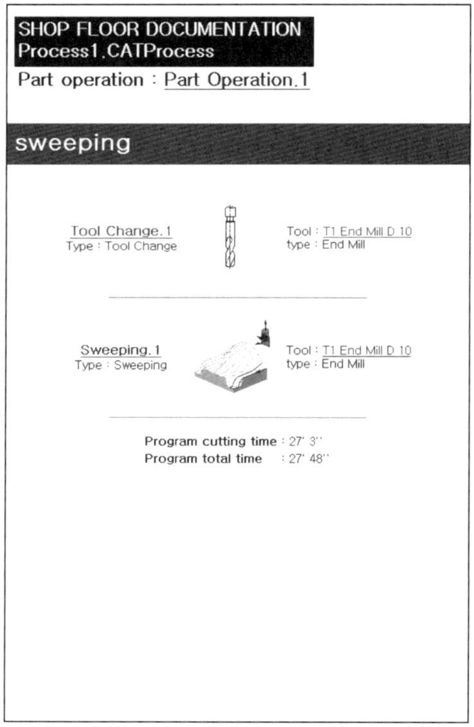

▲ 출력된 작업 지시서

5. Screen Capture

Screen Capture : 화면 Capture 도구

아이콘 선택 후 Capture할 부분을 클릭한 후 원하는 영역을 드래그한 후 마우스 버튼을 놓으면 저장 대화상자가 나타난다. 이 때 저장하면 해당위치에 그림File(jpg)이 저장된다.

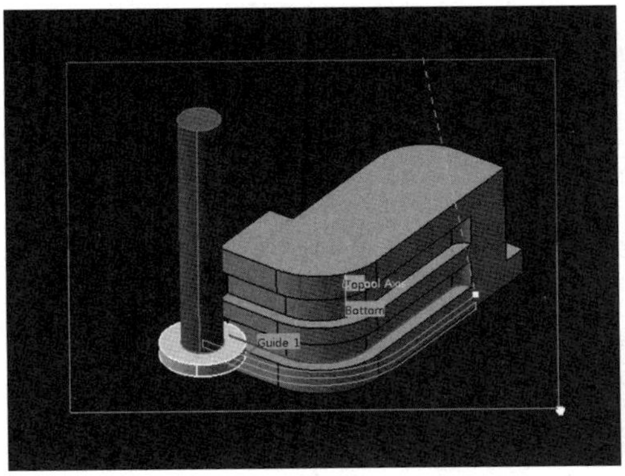

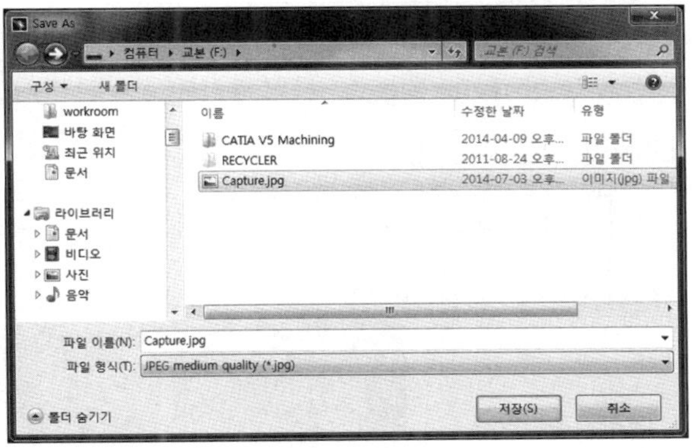

CHAPTER 06 Tool Path Editor Parameters에 대한 이해

1. Tool path Editor

Tool path Edit 기능을 사용하려면 Operation의 Parameter 값이 변하지 않도록 Tool path에 Lock을 걸어야 한다.

P.P.R tree 〉 Machining program 〉 Part Operation 우 클릭 〉 *.Object 〉 Locka

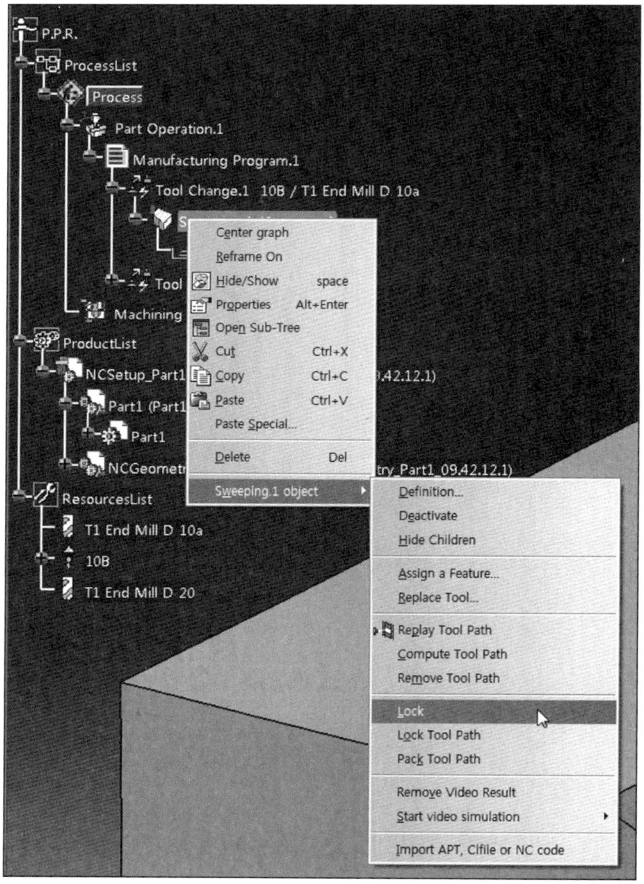

Tool path에 Lock을 걸었다면 아래와 같이 Part Operation의 아이콘에 열쇠 모양이 추가된다.

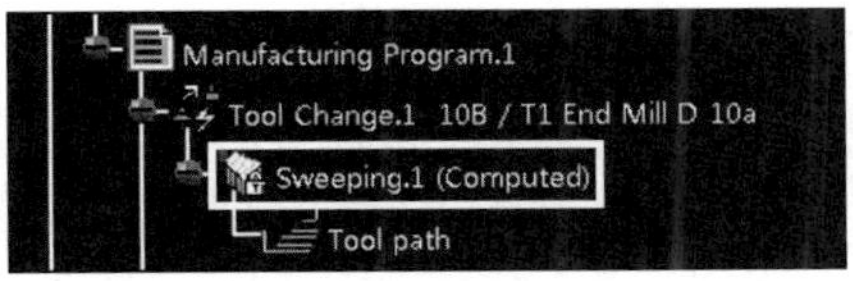

▲ Operation에 Lock을 건 모습

(1) Tool Path Editor

○ 실행방법

Tool path 우 클릭 〉 Tool path object 〉 Edit 또는 Tool Path Editor Parameters Tool bar에서 Edit 아이콘을 선택한다.

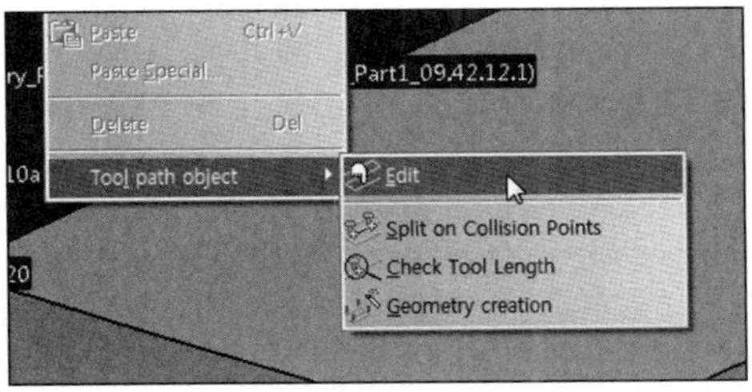

Edit를 선택하면 다음과 같은 Tool path Editor tool bar가 열린다.

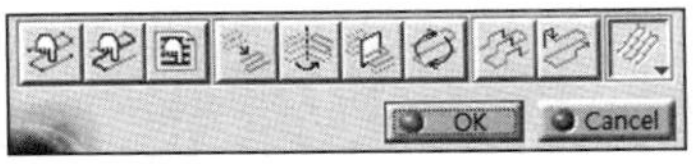

▲ Tool Path Editor Too bar

1) Point Modification

Tool path의 Edit Point를 직접 선택하여 Edit 한다.

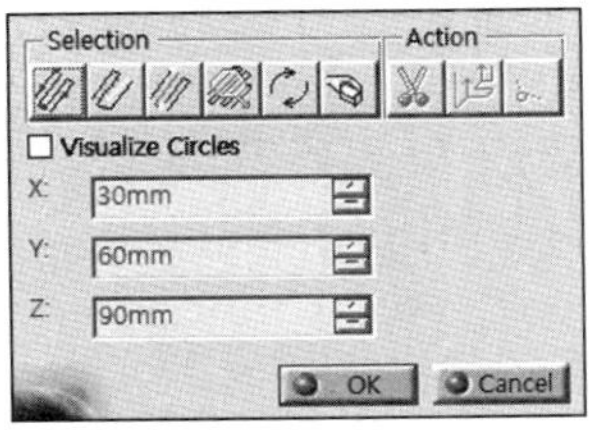

▲Point Modification 대화상자

① Multi-selection : Edit Point를 직접 한 Point씩 선택을 한다.

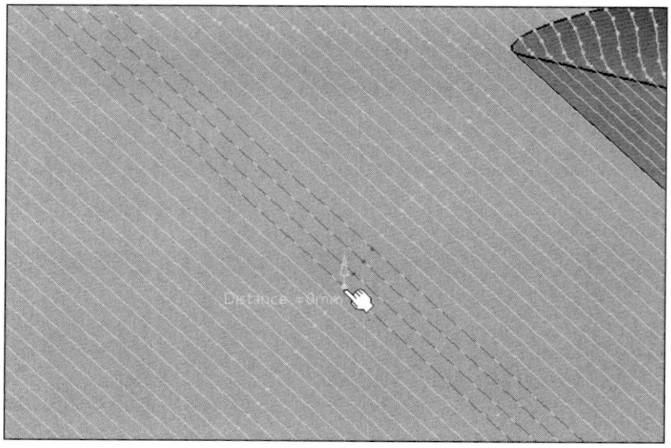

▲ Tool path Edit Point를 직접 선택 하는 모습

② Selection by sweep : Tool path의 Edit Point 위로 마우스 포인터가 지나가면 선택이 된다.

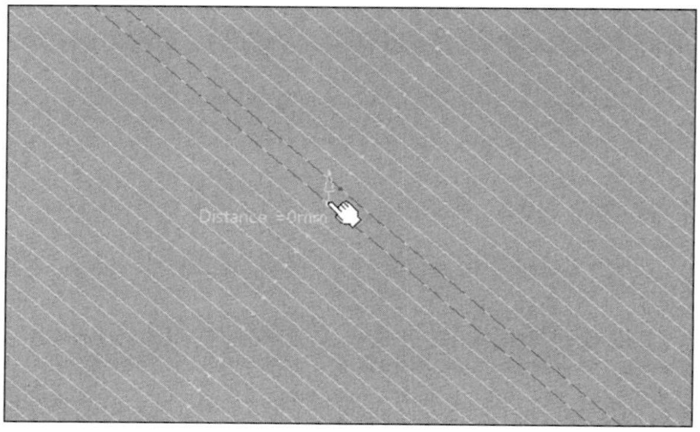

③ Selection between : Point와 Point 사이를 선택한다. 첫 번째 Point를 시작으로 두 번째 Point 사이의 Edit Point가 선택이 된다.

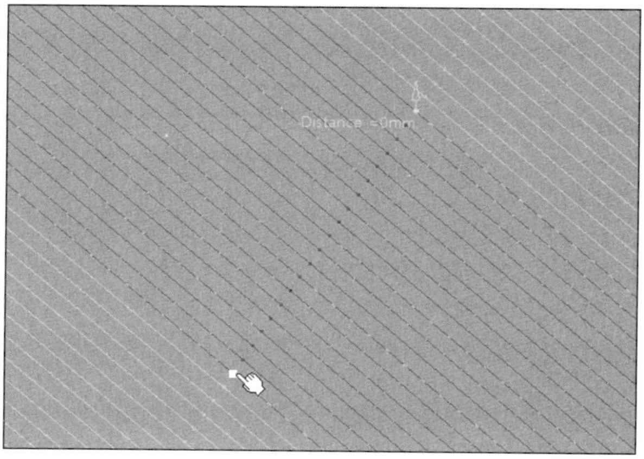

④ Selection by polyline : PolyLine으로 Edit Point를 선택한다.

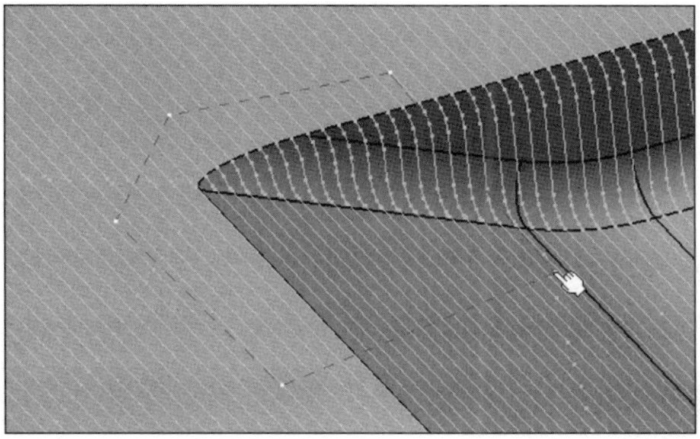

⑤ Reverses : 선택 Point를 반전시킨다.

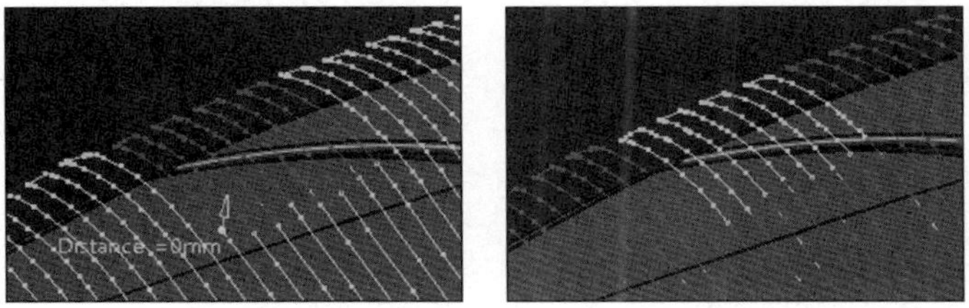

⑥ Resects : 선택된 Edit Point의 선택을 취소한다.

⑦ CUT : 선택된 Edit Point를 삭제한다.

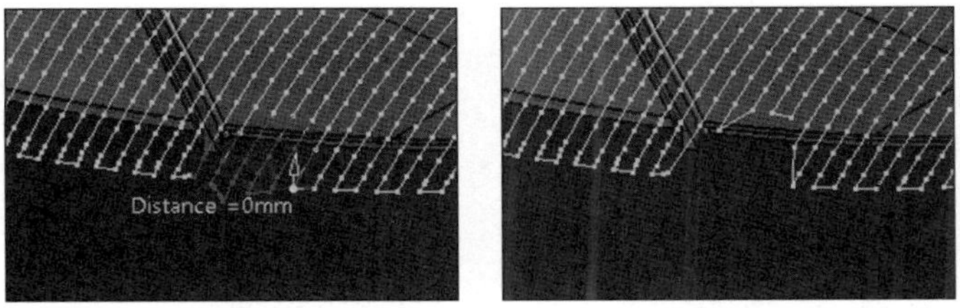

⑧ Translate : 선택된 Point를 이동 후 아이콘을 클릭해야 설정이 완료된다.

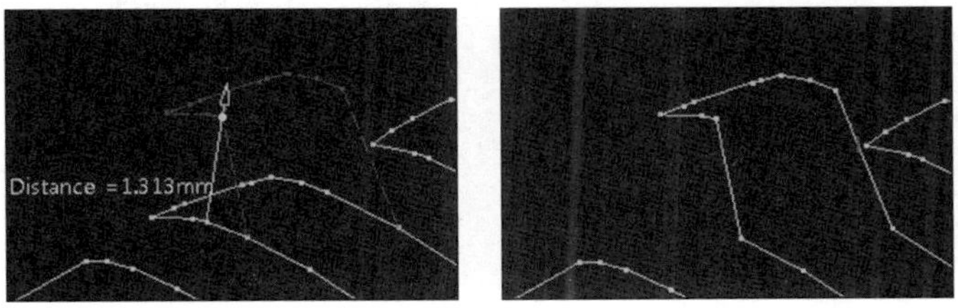

2) Area Modification

Tool path를 영역으로 선택하여 Edit 한다.

▲ Area Modification Tool bar

① Translate an area

선택된 Point를 이동 후 Translate an area 아이콘을 선택해야 이동이 완료된다.

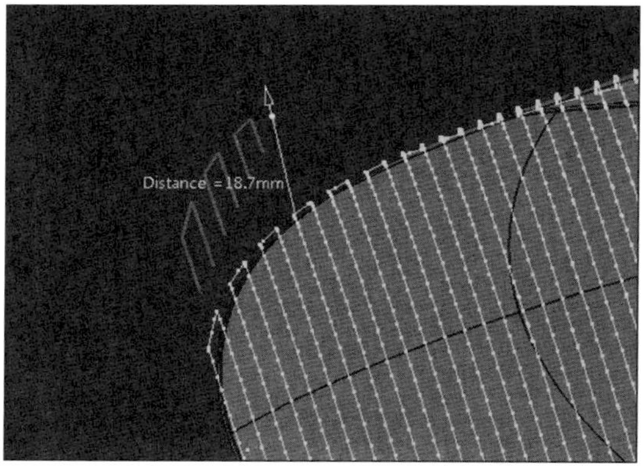

▲ Tool path 이동

▲ Translate an area 아이콘 클릭

② Cut an area : 선택 영역 삭제

Tool path를 선택한 후 아이콘을 클릭하면 해당 Tool path가 삭제된다.

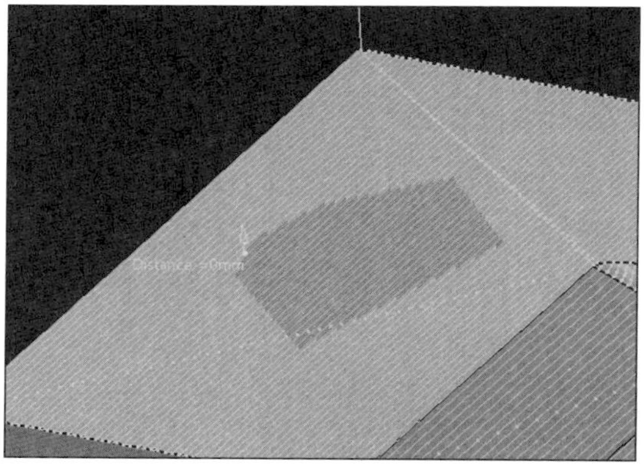

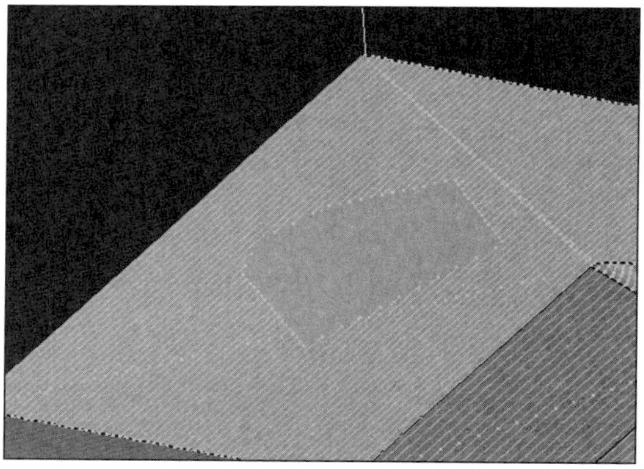

③ Modify federate : 가공 속도 변경

가공 이동, Approach, Retract 항목 각각 속도를 정의할 수 있다.

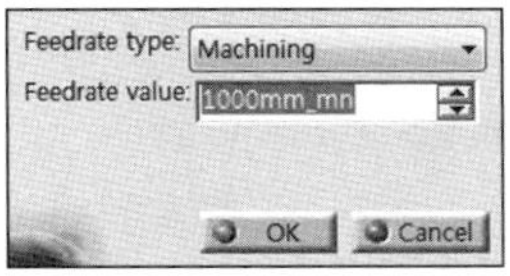

- Feedrate type : 가공 이동(Machining), Approach 이동, Retract 이동 선택
- Feedrate value : 분당 이동 속도 입력

④ Select by 2 points : 2개의 Edit Point와 Edit Point 사이의 영역에 있는 Tool path를 선택한다.

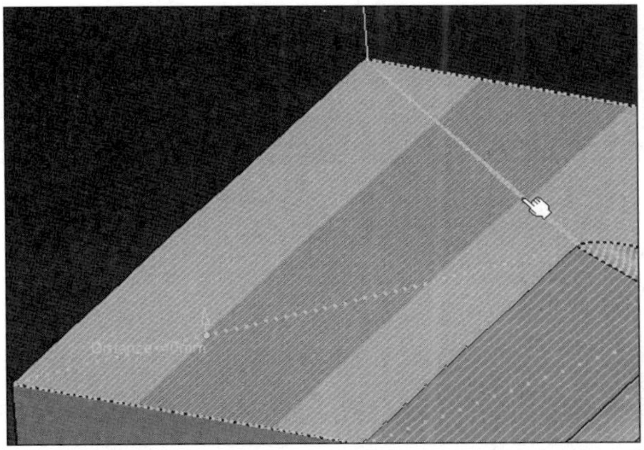

▲ Edit Point와 Edit Point 사이의 영역이 선택된 모습

⑤ Select by 1 point : 선택된 Point 이후 Tool path를 선택한다.

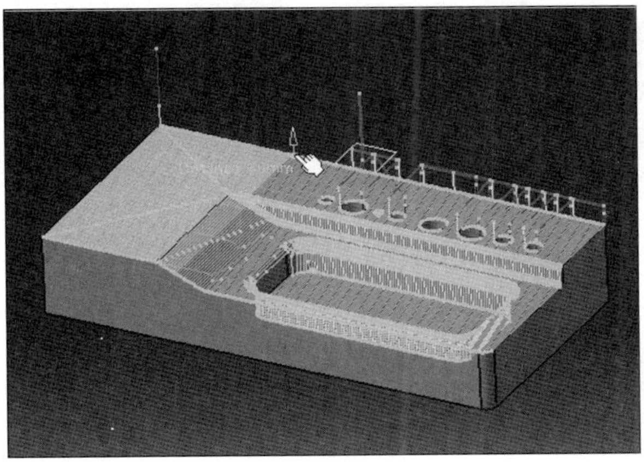

⑥ Select by contour

Geometry 선분을 이용하여 Tool path 영역을 선택한다. Sketch를 이용하여 Tool path 영역을 선택할 수 있다.

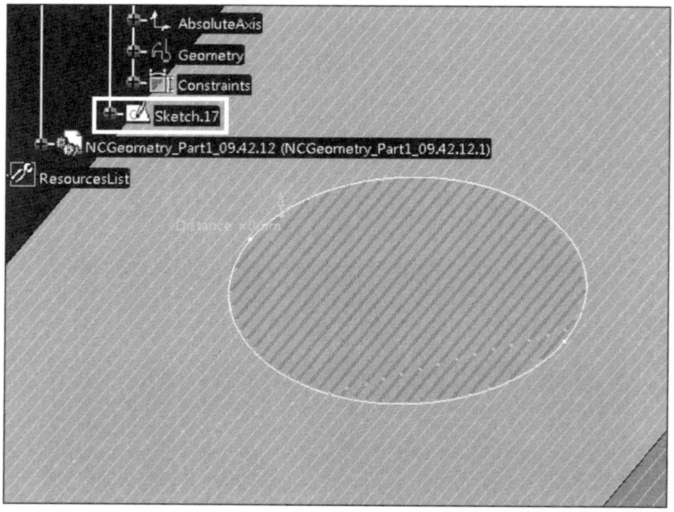

⑦ Select by polyline

Tool path에 직접 PolyLine을 이용해 영역을 선택한다.

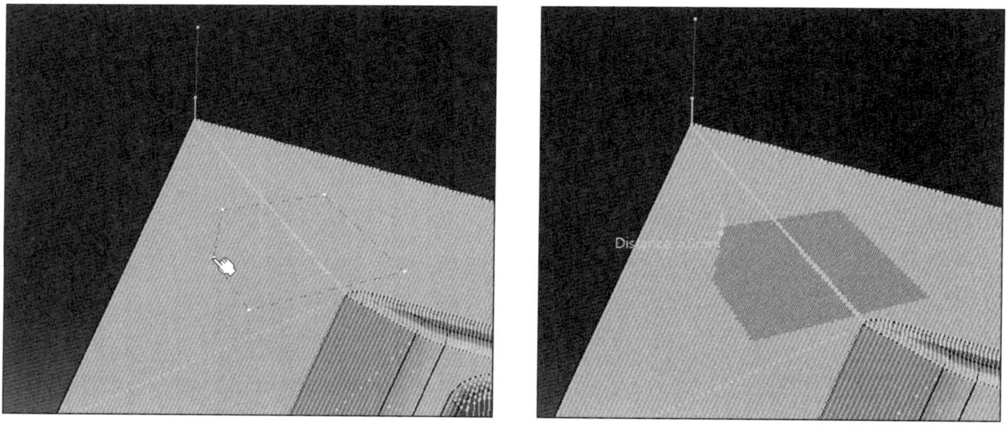

⑧ Select collision point : 충돌 Check를 하여 충돌이 발생한 부분을 선택한다.

충돌 Check를 통해 충돌된 영역을 삭제하거나 공구를 분리하여 가공할 수 있도록 영역을 분리한다.

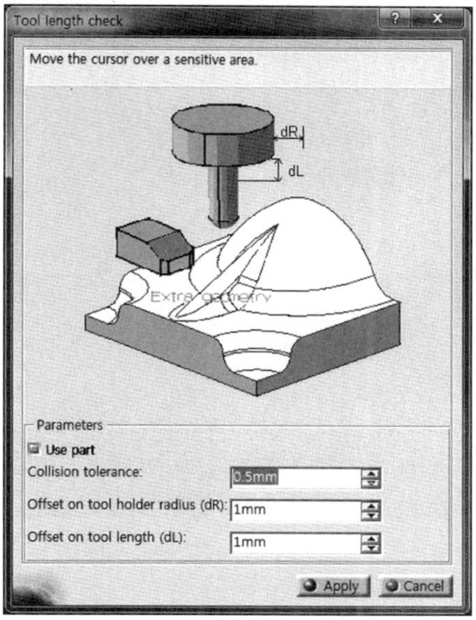

- Parameters : 충돌 Test 여유값 입력
- Offset on holder radius(dR) : Operation에서 사용된 Tool holder 지름에 대한 Offset 값 입력
- Offset on tool length(dL) : Operation에서 사용된 Tool에 길이에 대한 Offset 값 입력

· 입력이 완료 되면 Apply 버튼을 클릭하여 Test를 진행한다.

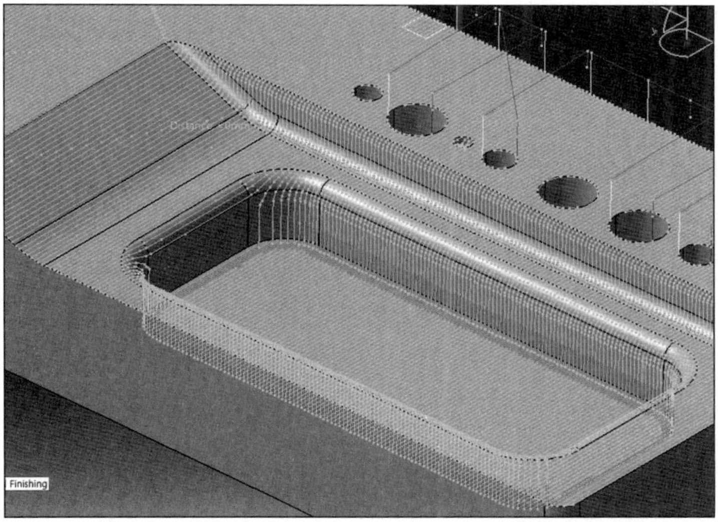

· **출동 Test 결과** : 붉은색으로 충돌 부위가 표현된다.

(Area selection option에서 충돌된 Tool path를 저장하는 Option을 선택할 수 있다.)

⑨ Revers the selected area : 선택 영역을 반전시킨다.

▲ 영역 선택

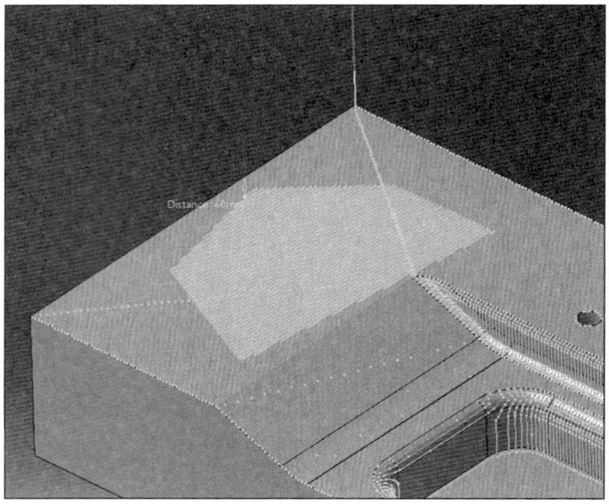

▲ 반전 실행한 모습

⑩ Area selection option : 선택 영역 Option

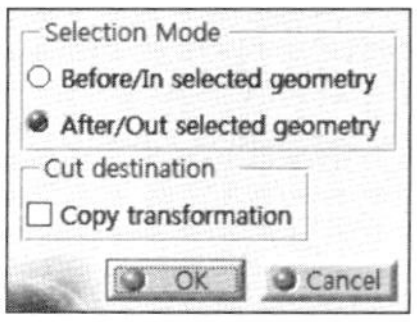

· Selection Mode : Tool path 선택 방법 설정

– Before / In selected geometry : 선택 Point 이전 영역 또는 두 점 사이의 영역 선택

– After / Out selected geometry : 선택 Point 이후 영역 또는 두 점 밖의 영역 선택

· Cut destination

– Copy transformation : 선택하여 잘려진 Tool path를 tree에 복사

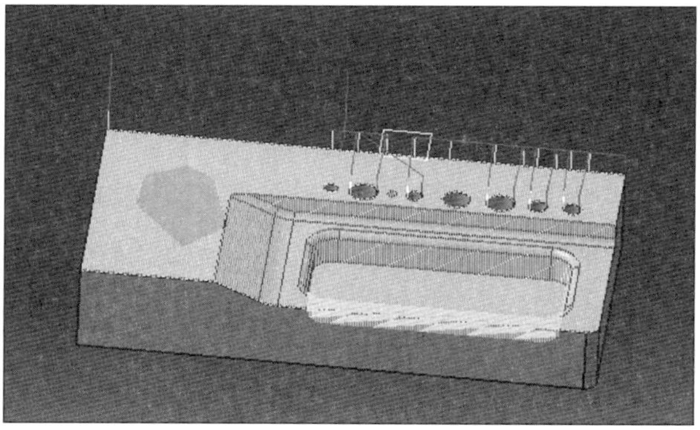

▲ 선택 영역 잘라내기

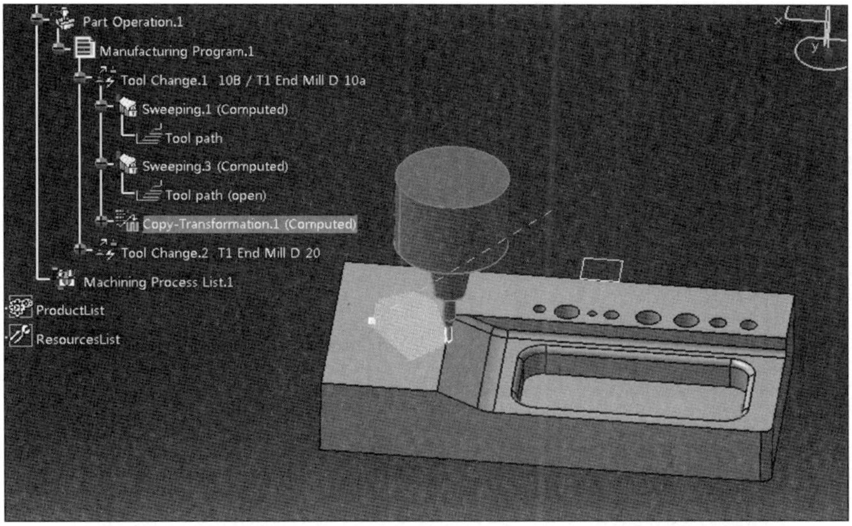

▲ 잘려진 Tool path가 PPR Tree에 복사된 모습

Copy transformation 체크하면 잘려진 Tool path가 tree에 생성된다. (Tool path Replay로 확인할 수 있다.)

- OK Cancel Accept Geometry Selection : Tool path Edit 사항을 적용할 것인지 취소할 것인지를 선택한다.

3) Translation : Tool path Operation 단위로 이동

Tool path 전체가 Tool 축 방향으로 이동한다.

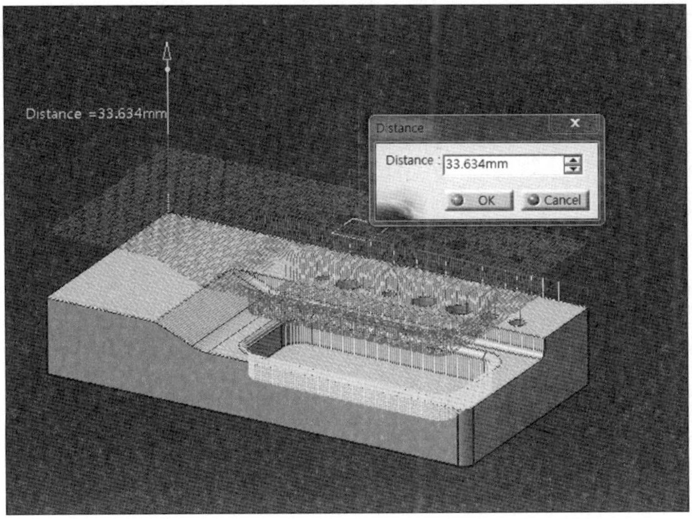

화면의 녹색 화살표를 클릭하여 드래그 하거나 Distance 부분의 더블 클릭하면 나타나는 입력 창에 치수를 입력하여 이동할 수 있다. 이동 후 바탕화면을 더블 클릭해 설정을 마무리 한다.

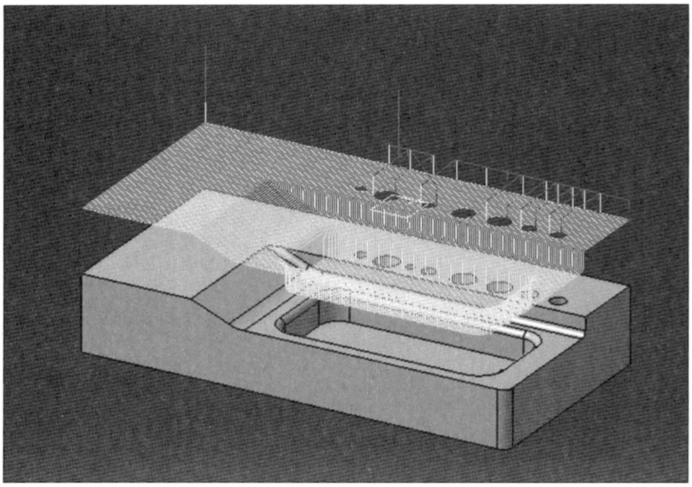

▲ 이동 완료된 모습

4) Rotation : Tool path 회전

가공 원점을 기준으로 Tool path를 회전시킨다.

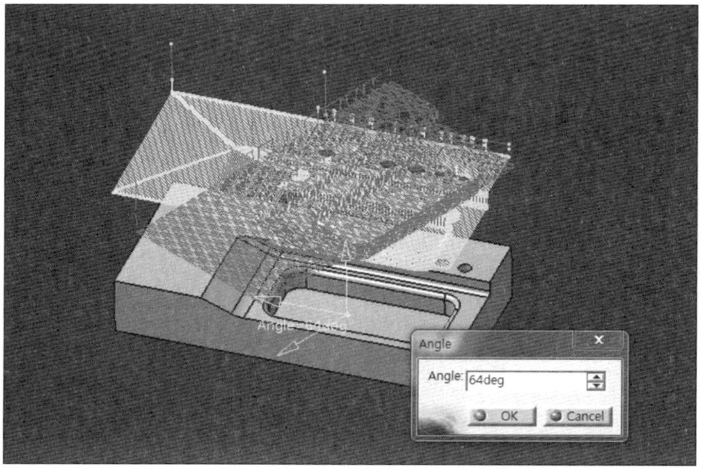

Part 바닥에 녹색 화살표를 마우스로 드래그하거나 Angle 부위를 더블 클릭 Parameter 창에 치수를 입력하여 회전할 수 있다. 회전이 마무리 되면 바탕화면을 더블 클릭하여 마무리 한다.

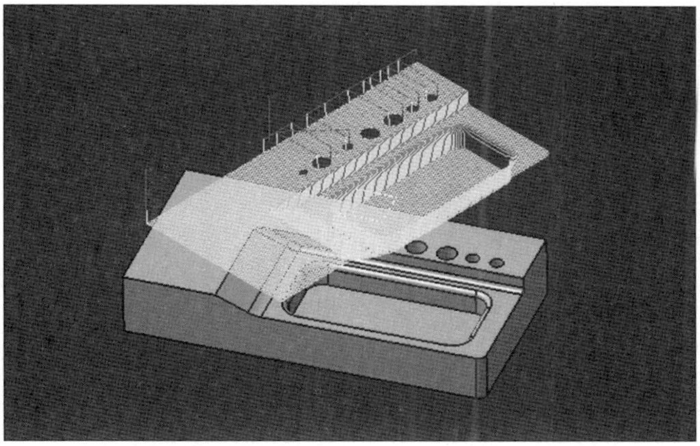

▲ Tool path 회전이 완료된 모습

5) Mirror : Tool path를 반전 이동시킨다.

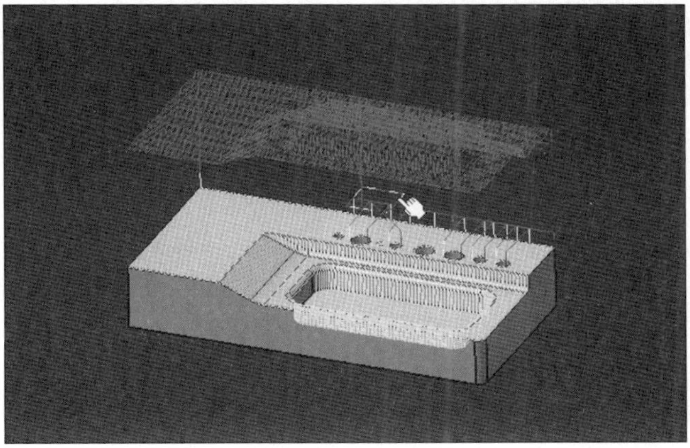

Plan이나 Surface를 이용하여 반전 이동시킨다. 이동이 완료되면 바탕화면을 더블 클릭하여 설정을 마무리 한다.

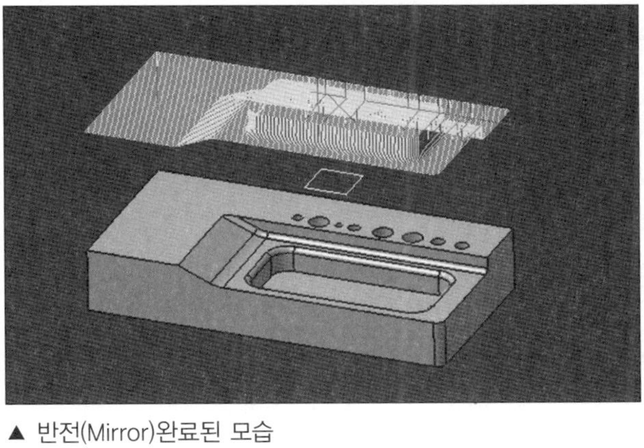

▲ 반전(Mirror)완료된 모습

6) Reverse : Tool path의 가공 방향을 반대로 바꾸어 준다.

아이콘을 클릭한 후 다음과 같은 안내창이 뜨며 확인을 누르면 Reverse가 완료된다.

화면상으론 아무런 변화가 없기 때문에 Tool path의 변화된 형상을 보려면 Replay Tool path 명령을 통하여 확인할 수 있다.

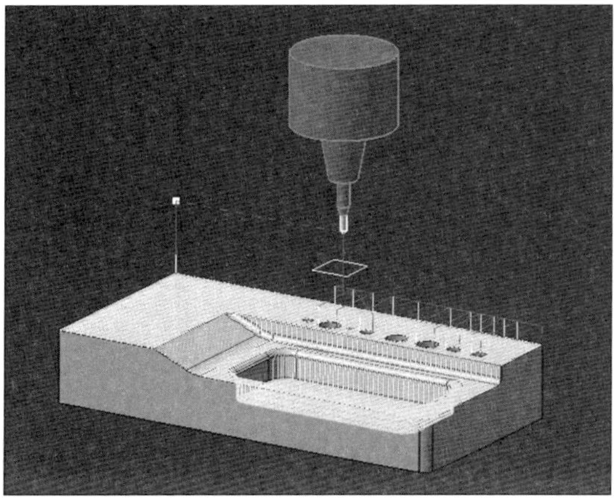
▲ 변경 전

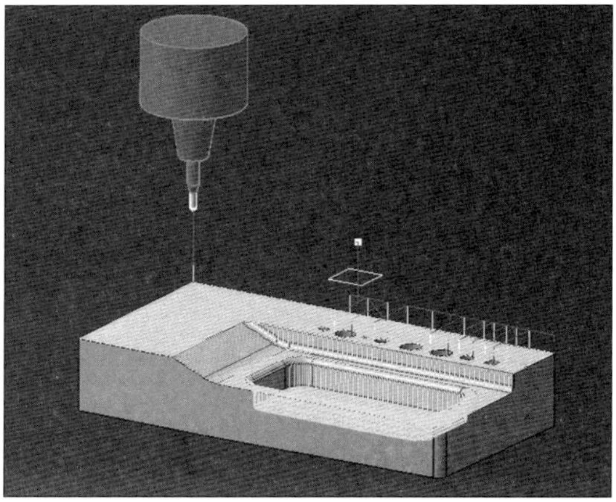
▲ 변경 후

진입과 퇴각이 바뀌어 있음을 알 수 있다.

7) Approach and Retract Modification : 진입과 퇴각에 대한 Macro 진입 방식을 변경한다.

① Macro 설정 값 삭제

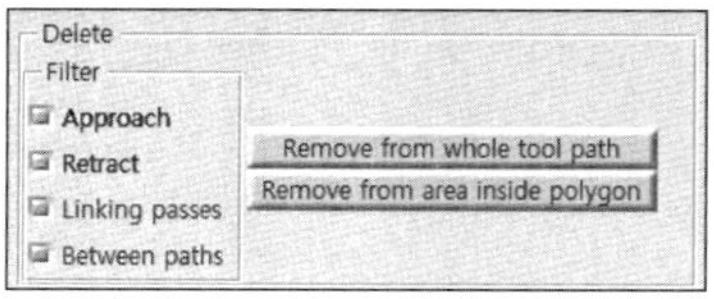

· 필터를 사용하여 각 이동 형식에 따라 삭제를 할 수 있다.

– Remove from whole tool path : Tool path 전체의 Macro를 삭제한다.

· 사용 예) 필터를 이용하여 Approach만 삭제 아래 그림과 같이 노란색으로 표시되는 접근 이동이 사라진 것을 확인할 수 있다.

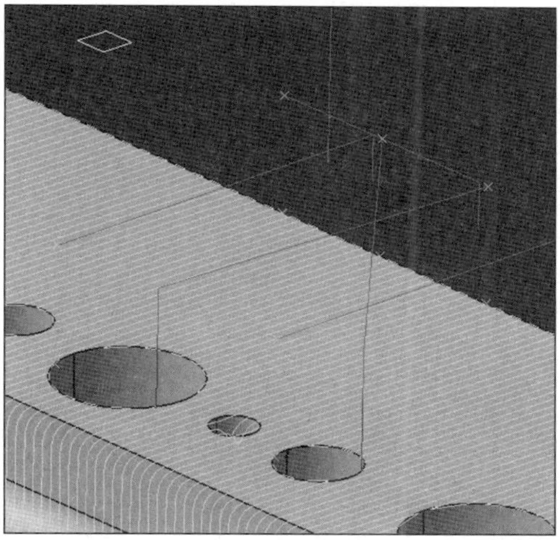

- Remove from area inside polygon : 영역을 선택하여 그 안쪽에 있는 Tool path의 Macro를 삭제한다.

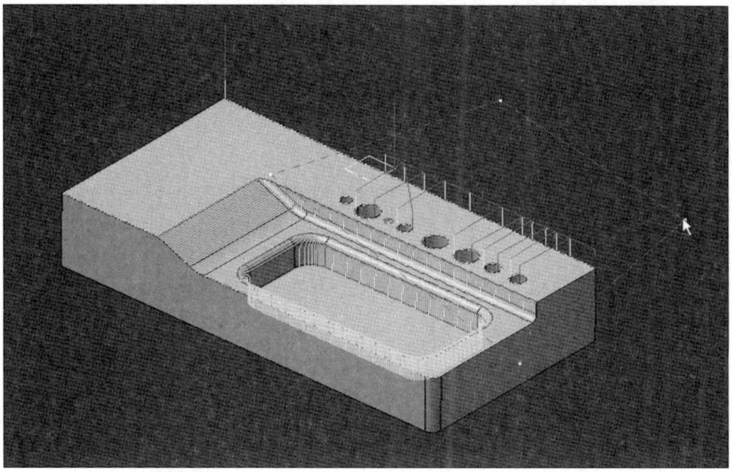

② Add / Modify : 삭제된 부분을 선택하여 다양한 Macro를 적용할 수 있다.

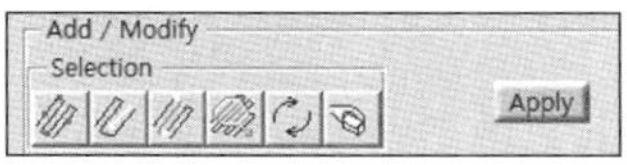

- Selection : 변경할 부분을 선택한다. (사용법은 Tool path Edit의 사용법과 동일함)
- Apply : 설정 내용을 적용한다.

③ Macro Mode : Approach는 진입 이동, Retract는 Retract 퇴각 이동이라는 것을 유념하면 같은 방식으로 적용하면 된다.

- Along tool axis : 축 방향으로 지정한 값만큼 이동한다.
- None : Macro를 사용하지 않는다.(안전 높이 또는 지정 높이까지 급속 이동한다.)
- Back : 공구 진행 방향과 반대 방향으로 이동한다. 각도와 높이 값을 입력한다.
- Circular : 공구 진행 방향과 동일하게 원을 그리며 Tangent하게 만나는 이동을 한다. 원의 구현 각과 반경, 축 방향 높이를 설정한다.
- Box : 공구 진행 방향에 나선을 그리며 만나는 이동을 한다. 나선 운동을 하는 가로 세로 높이 값을 입력한다.

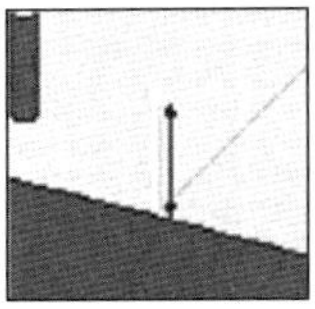
▲ Along tool axis

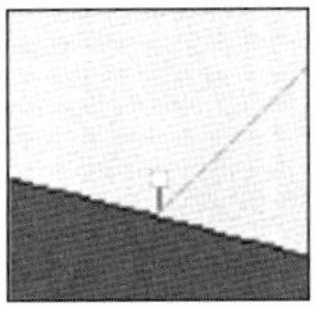
▲ None

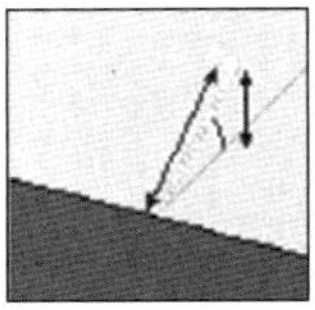
▲ Back

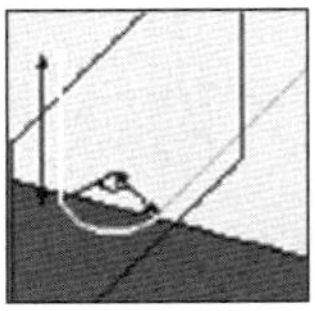
▲ Circular

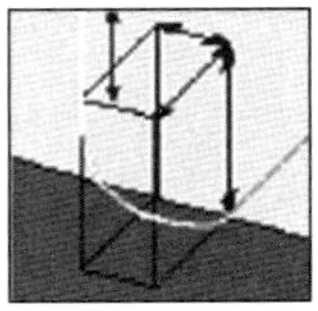
▲ Box

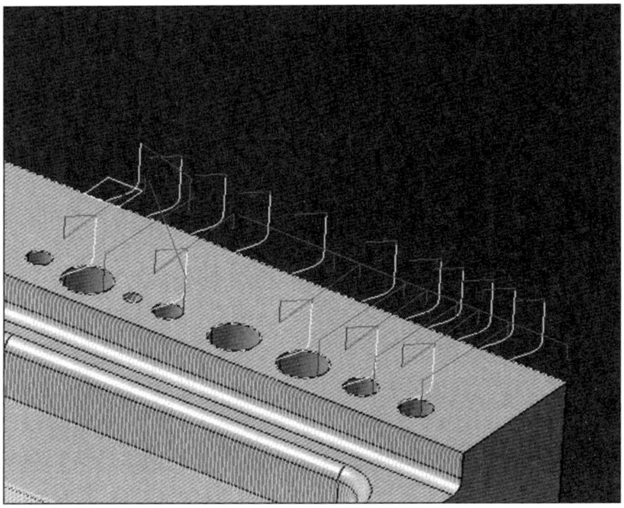
▲ Box mode을 적용한 모습

8) Display on / off : Tool path Edit Point를 화면에 표시하거나 끄는 기능

CHAPTER

07 Geometry Management에 대한 이해

Rough Stock, Limit line 생성

- Rough Stock
- Inserts as STL file
- Part body Offset Roughing 소켓 생성
- Creating point
- Limit Line Projection Wizard
- Limit Lines Creation Wizard

1. Rough Stock

o Rough Stock : 자동으로 Roughing 소켓을 생성한다.

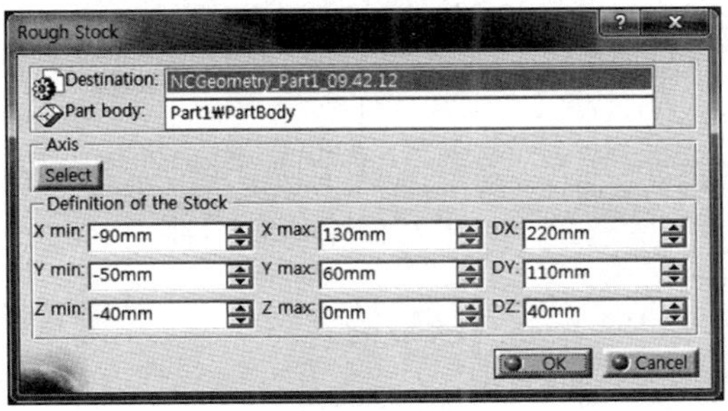

· Part Body를 선택하면 part의 최외각을 기준으로 Roughing 소켓을 자동으로 생성한다.

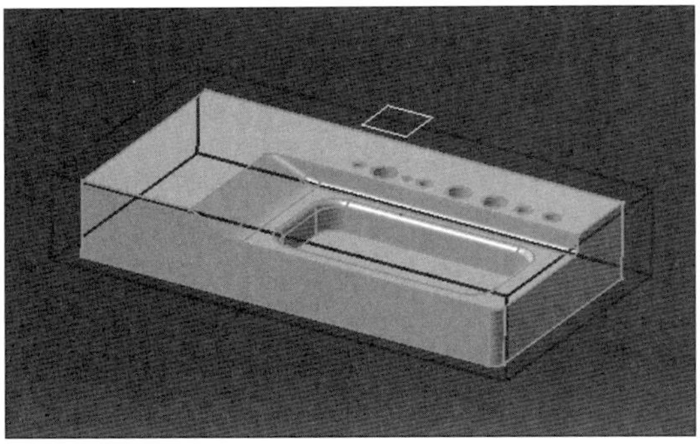

▲ Part body를 선택한 모습

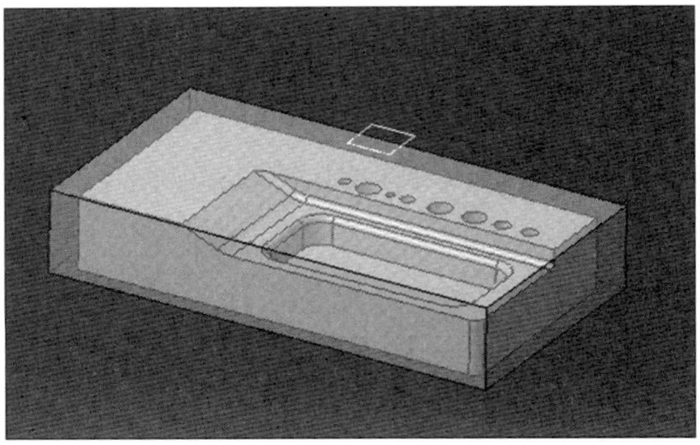

▲ 소켓이 완성된 모습

2. Inserts as STL file

- Inserts as STL file : STL File을 읽어들여 Stock으로 사용한다.

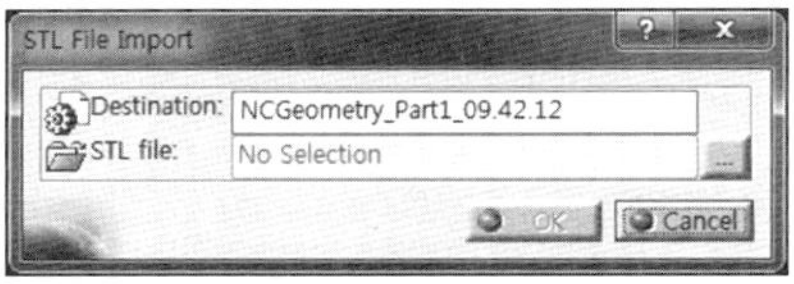

· 아이콘을 클릭하여 이미 만들어 둔 STL File을 불러온다.

▲ STL File 불러온 모습

3. Part body Offset Roughing

- Part body Offset Roughing : Part body를 Offset하여 Stock 생성을 생성한다.

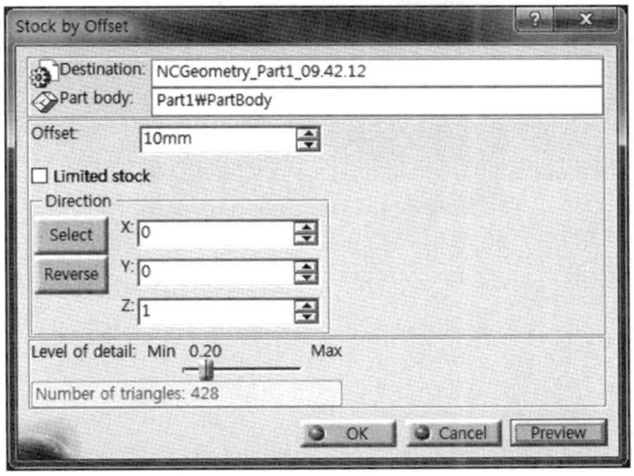

① Part body : Offset을 적용할 PartBody를 선택한다.

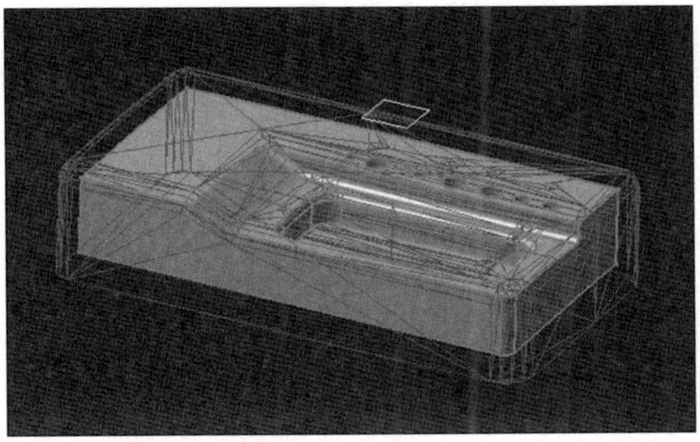

▲ Part body를 선택한 모습

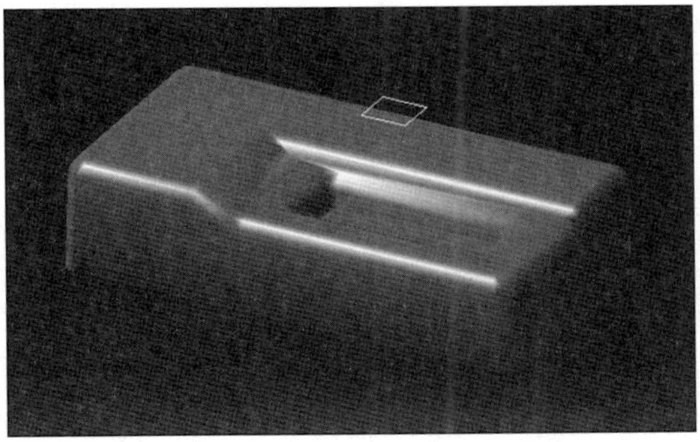

▲ 완성된 소켓

- Offset : Offset 두께를 설정한다.
- Direction : Offset 방향을 설정한다.

4. Creating point

o Creating point : Part body 표면에 Point, Point를 연결하는 Line 생성을 생성한다.

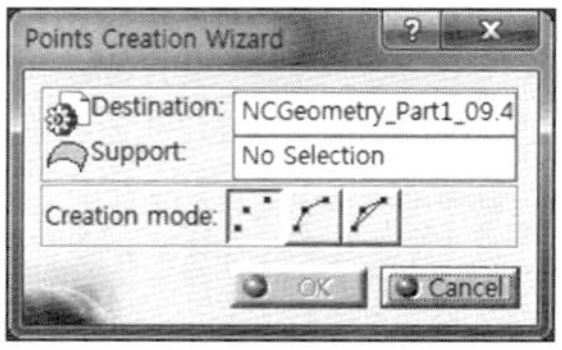

· Support Point를 생성할 면을 우선 선택한 후 Creation mode에서 생성 방법을 선택한다.

1) Creation mode

① Point : Part body 표면에 Point를 생성한다.

– Part body 표면을 클릭하여 Point를 생성한다.

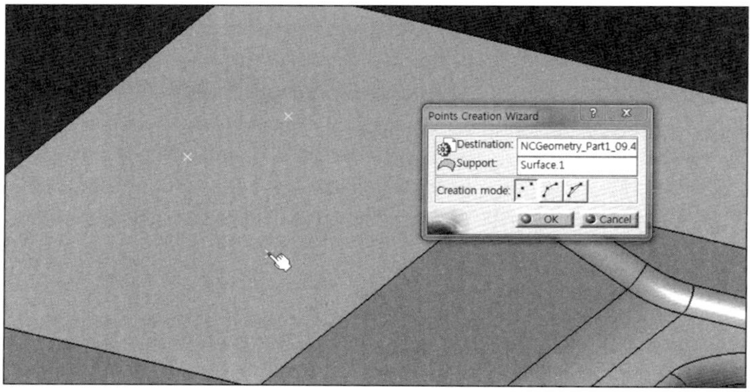

② Polyline Between Point : Point와 Point를 연결하는 Line까지 생성한다.

– Part body 표면을 클릭하여 Point 생성시 2번째 Point부터 자동으로 연결되는 직선 Line이 생성된다.

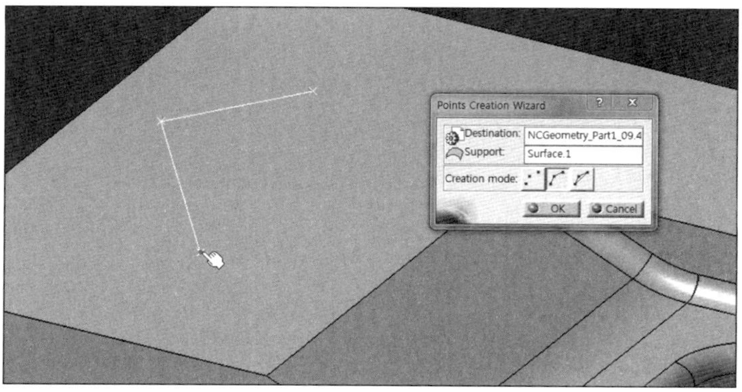

③ Closed Polyline Between Point : Point를 연결 하는 폐곡선을 만든다.

Part body 표면에 각 Point를 연결하는 폐곡선이 생성된다.

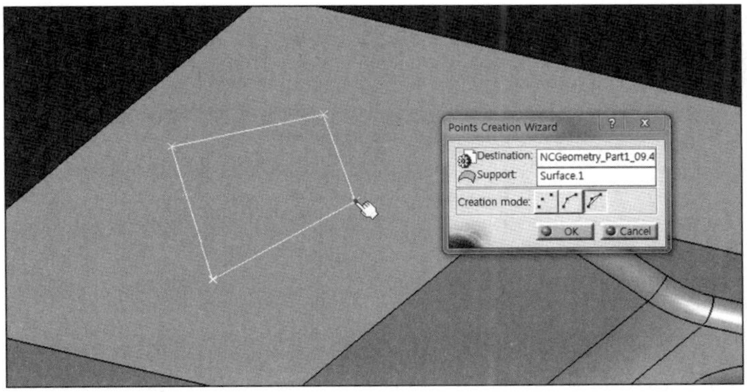

5. Limit Line Projection Wizard

- Limit Line Projection Wizard : Line을 Part body에 프로젝트 하여 Limit Line을 생성한다.

  ① Part body와 프로젝트 할 Line이 포함되어 있는 ② 스케치를 차례로 선택하고 프로젝트 할 ③ 방향을 설정한다.

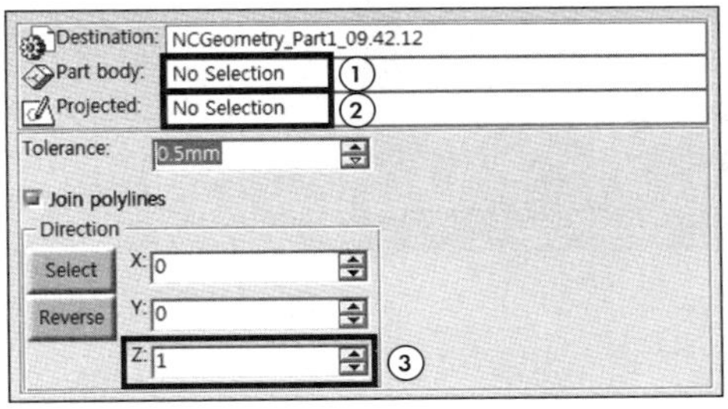

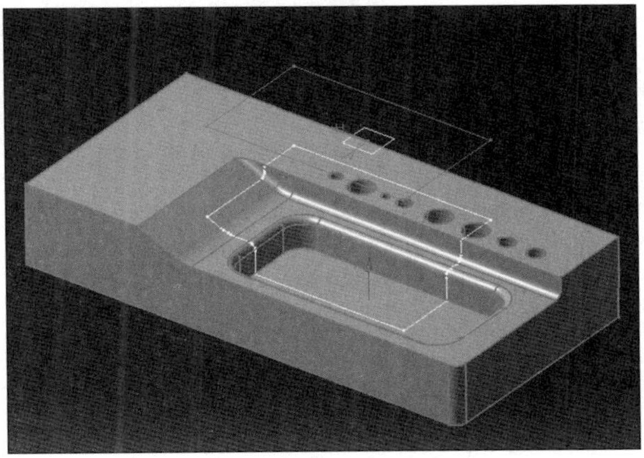

▲ Projection이 완료된 모습

6. Limit Lines Creation Wizard

- Limit Lines Creation Wizard : Part body 표면에 직접 Limit Line을 생성한다.

① Part body를 선택 후 표면에 직접 마우스를 클릭하여 Line을 생성한다.

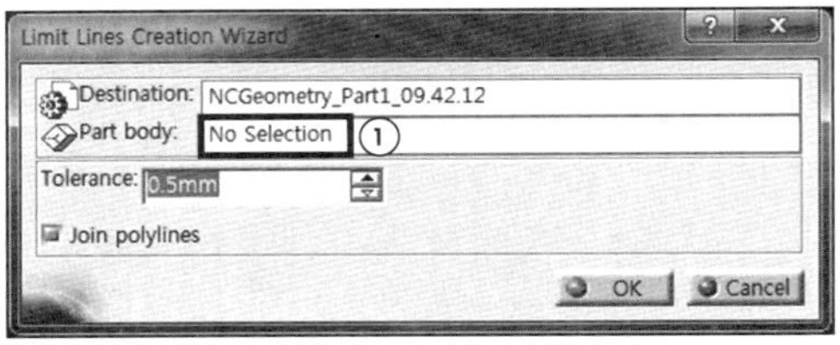

메인 화면에 보는 방향으로 Line이 Part body에 투영되어 생성이 된다.

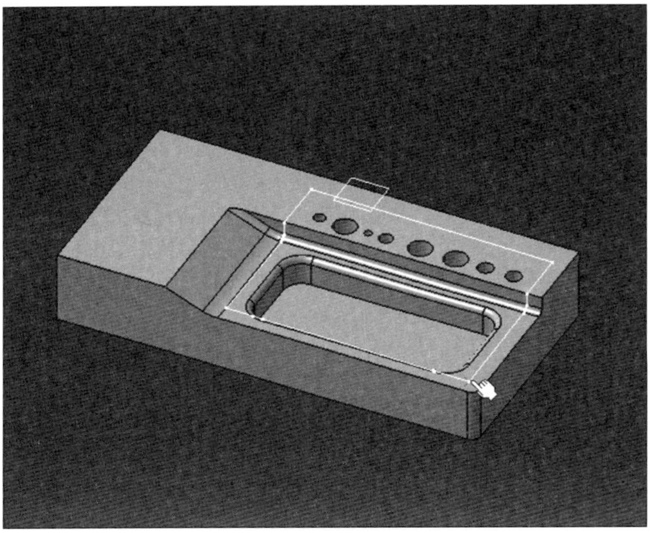

▲ 완료된 모습

CHAPTER

08 Minimum Tool Length에 대한 이해

- Minimum Tool Length : 가공에 필요한 최소 Tool 길이 Check
  · 이 기능을 사용하기 위해서는 Part Operation 설정의 Design part가 설정되어 있어야 한다.

각 Machining program에서 사용된 공구의 정보와 가공에 필요한 공구의 최소 길이를 Check 할 수 있다.

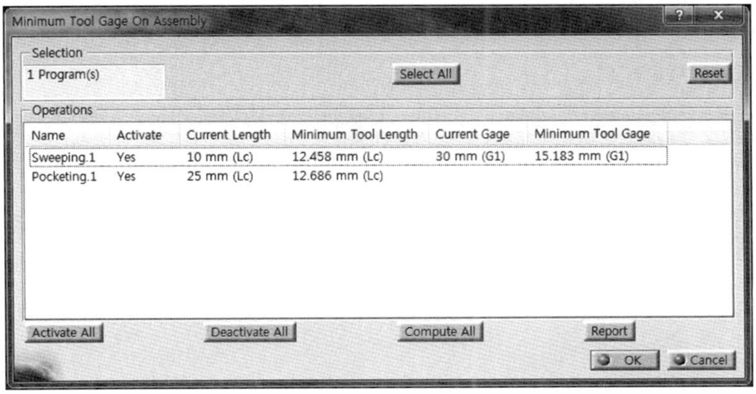

· Select All : 현재까지 연산이 된 모든 program을 불러온다. 또는 PPR Tree에서 최소 툴 길이 Check할 Operation을 클릭한다.

각 오퍼레이션 별로 마우스 3번 버튼을 클릭하여 Activate/Deactivate 또는 Activate All, Deactivate All 버튼을 클릭하여 Check할 Operation을 선택한 후 하단의 Compute All을 클릭하면 화면에 위와 같이 최소 필요한 Tool 길이 정보를 얻을 수 있다.

① Name : Operation 명

② Activate : Tool 길이 계산 여부

③ Current Length : Operation에 사용된 공구 길이(LC)

④ Minimum Tool Length : 가공에 필요한 최소 공구길이(LC)

⑤ Current Gage : Tool holder까지의 공구 길이(G1)

⑥ Minimum Tool Gage : 가공에 필요한 최소 Tool holder까지의 공구 길이

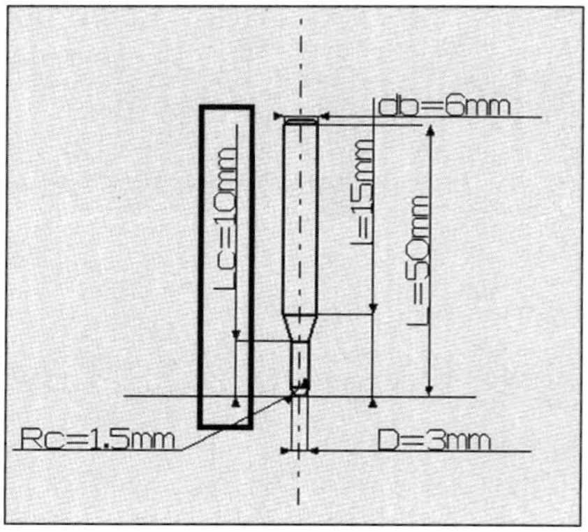

▲ Lc

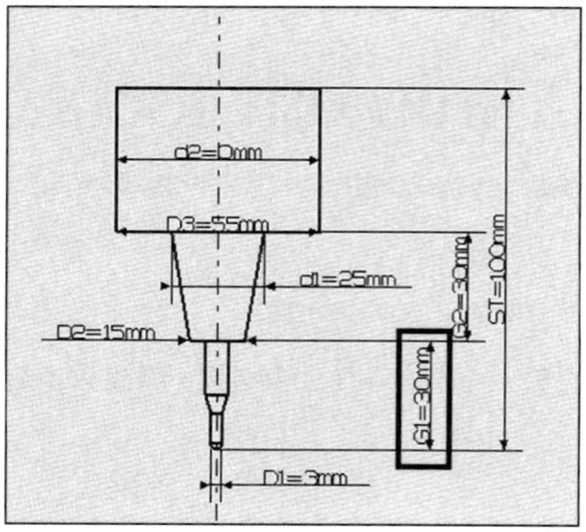

▲ G1

· **Report** : Report 버튼을 누르고 저장될 Directory와 File이름을 입력하고 저장을 하면 다음과 같은 TXTFile이 생성된다.

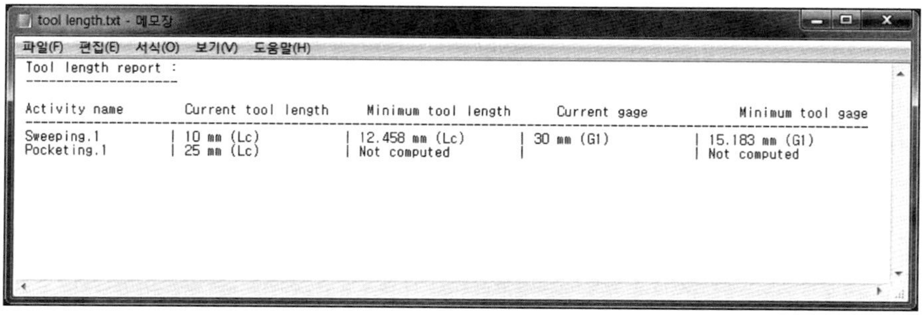

tool length.txt - 메모장

파일(F) 편집(E) 서식(O) 보기(V) 도움말(H)

```
Tool length report :
--------------------

Activity name      Current tool length     Minimum tool length     Current gage          Minimum tool gage
--------------------------------------------------------------------------------------------------------
Sweeping.1         | 10 mm (Lc)            | 12.458 mm (Lc)        | 30 mm (G1)          | 15.183 mm (G1)
Pocketing.1        | 25 mm (Lc)            | Not computed          |                     | Not computed
```

가공에 필요한 공구의 최소 길이와 현재 Operation이 사용된 공구의 정보 TXT File로 출력 할 수 있다.

이상으로 Machine Operation의 기능에 대한 설명을 마친다. 다음 Chapter를 시작으로 Machine Operation을 응용하여 실제 Tool path를 생성하는 방법에 대해서 실습을 통해 알아 보도록 한다.

CHAPTER

09 실습 1(CAR Model Machining)

들어가기 전에

이번 실습은 풀 스케일 자동차 모델에 대비 1/4 크기의 자동차 모형을 5면 가공 장비를 이용하여 가공하는 것을 목표로 한다. 저자가 현업에서 자동차 모형을 가공할 때 주로 사용하는 방법으로 이 부분만 익혀도 대부분의 입체 형상을 NC 프로그래밍 할 수 있을 것으로 생각된다.

CATIA V5를 실행 하고 가공하려는 File을 불러온다.

Full Down Menu 〉 File 〉 Open

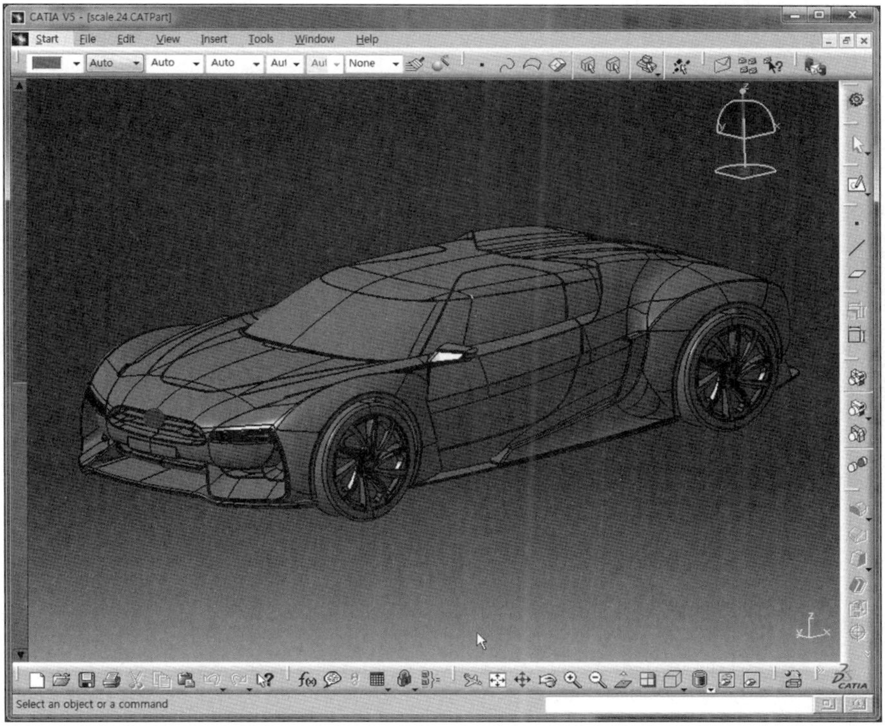

실습에 사용될 DATA는 Motor show에 전시되었던 Conceptcar 형상을 바탕으로 3D Modeling 된 형상이다.

1. 가공계획 수립

3D Model 형상을 Check 하면서 가공 계획을 수립한다. 가공물의 크기, 소재, 결과물의 완성도, 작업 방법, 사용 Tool 등을 검토한다.

Item	Car scale model	Body 이외 단품 별도 가공		
소재	스티로폼	X950mm, Y450mm, Z250mm		
Tool	Job	직경	날장	유효길이
	Roughening	20B	50mm	100mm
	Semi-finishing	12B	10mm	60mm
	Finishing	6B	10mm	60mm
	Rework	2B	4mm	60mm

(1) Part 정리

Wheel과 Tire, Body로 Geometry를 분류하여 Layer 정리한다.

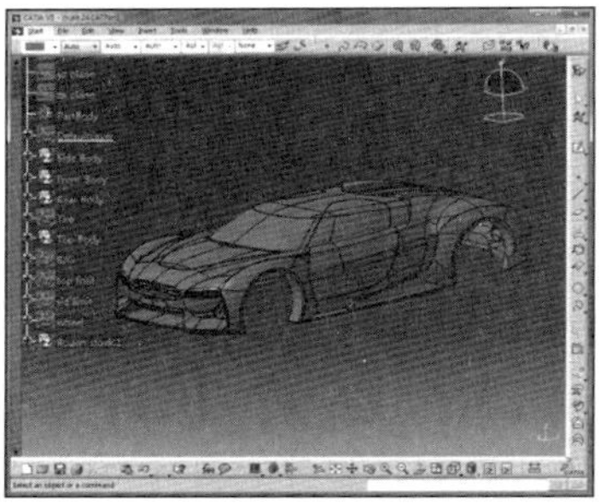

▲ Body part

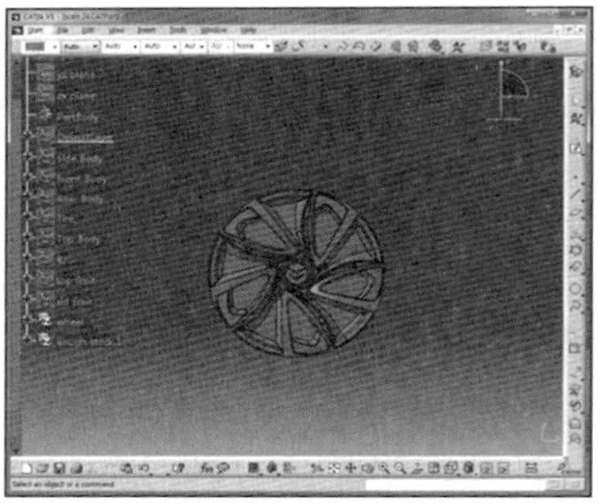

▲ Wheel part

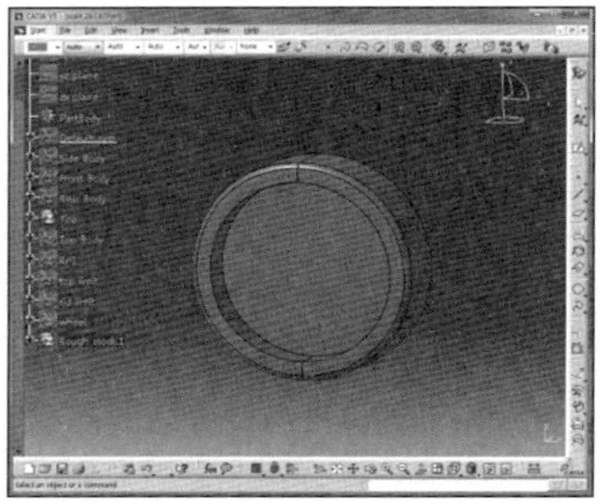

▲ Tire part

(2) Body 정리

5면 가공을 위해 가공이 쉽도록 Top, Side, Front, Rear Part로 나누어 각각의 축 방향에서 가공할 수 있도록 Layer를 정리한다.

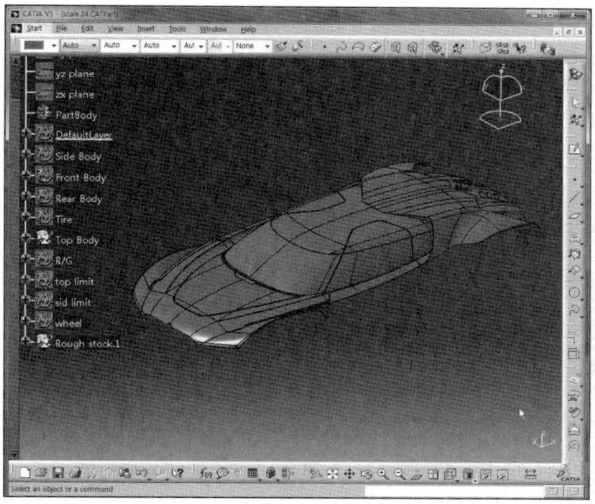

▲ Top part

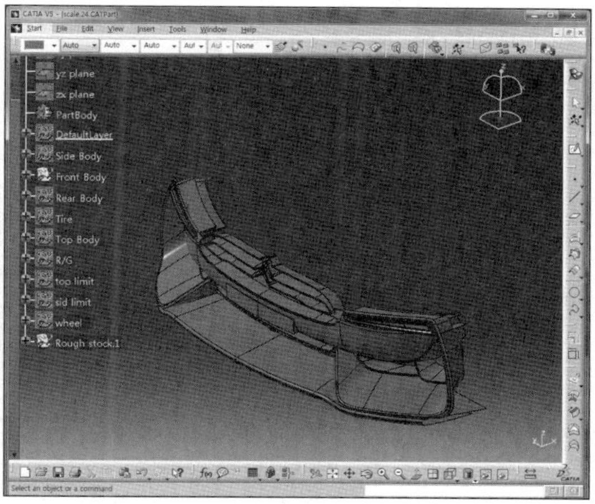

▲ Front part

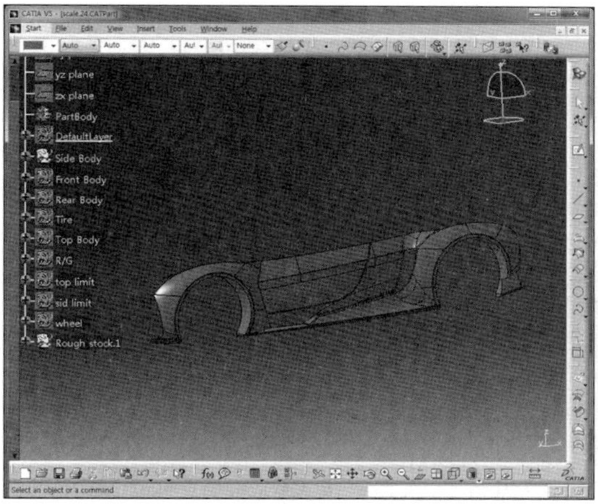

▲ Side part

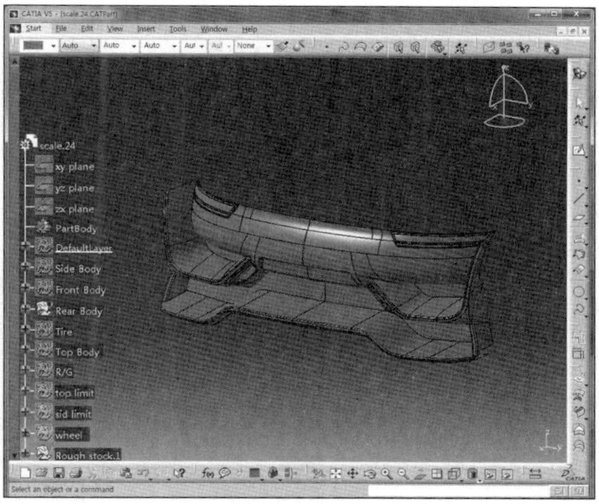

▲ Rear part

(3) 보조면 생성

가공중 충돌이나 Tool이 빠지는 것을 막고 part의 END을 명확히 하기 위해 보조면을 생성한다.

▲ 하단 부위 tool이 빠지지 않도록 면을 형성 한다.

(4) Limit 면 설정

1) Top Limit 면 생성

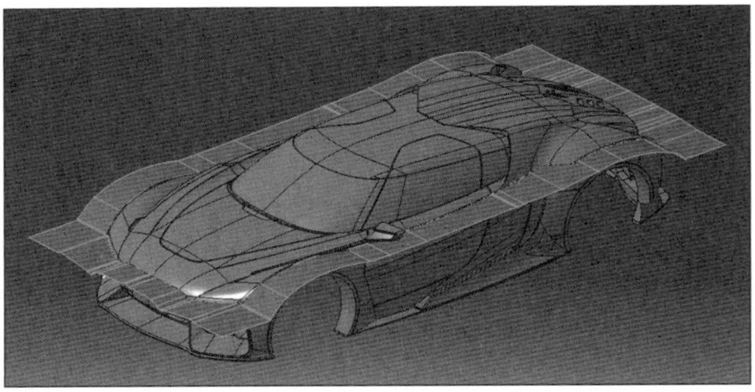

· Top part Roughing 가공 시 Limit로 사용할 면을 생성한다. Undercut, Tool 길이 등을 고려하여 복잡하지 않게 만들어 따로 Layer 정리를 해둔다.

· 소재보다 약간 크게 만드는 것이 Roughing 소재를 충분히 제거할 수 있어 가공이 수월해진다.

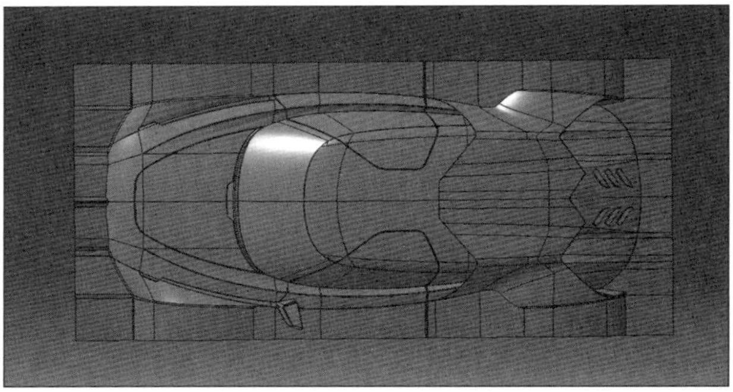

▲ Top에서 본 모습

2) Side Limit 면 생성

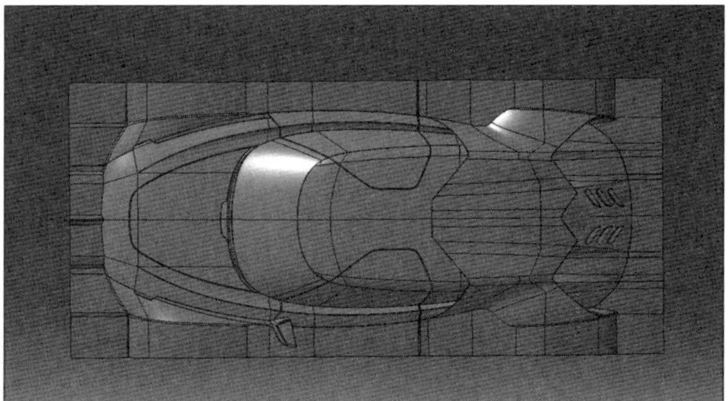

· 가공면과 Limit 면을 구분하기 위해 컬러를 조정해주는 것도 좋은 방법이다.

· Top 방향의 Limit는 Top part를 Limit로 사용한다.

(5) 가공할 제품의 크기 Check

· 실제 가공을 위해 준비해야 할 소재 크기를 알아보기로 한다.

제품의 크기를 Check하기 위해 Rough stock 기능을 이용한다. 제품의 크기를 각각 측정할 필요 없이 몇 번의 클릭만으로 정확한 치수를 얻을 수 있다.

1) Rough stock 생성

Creates rough stock Icon을 클릭하고, 창이 활성화 되면 모든 Surface가 포함되도록 드래그하여 선택한다.

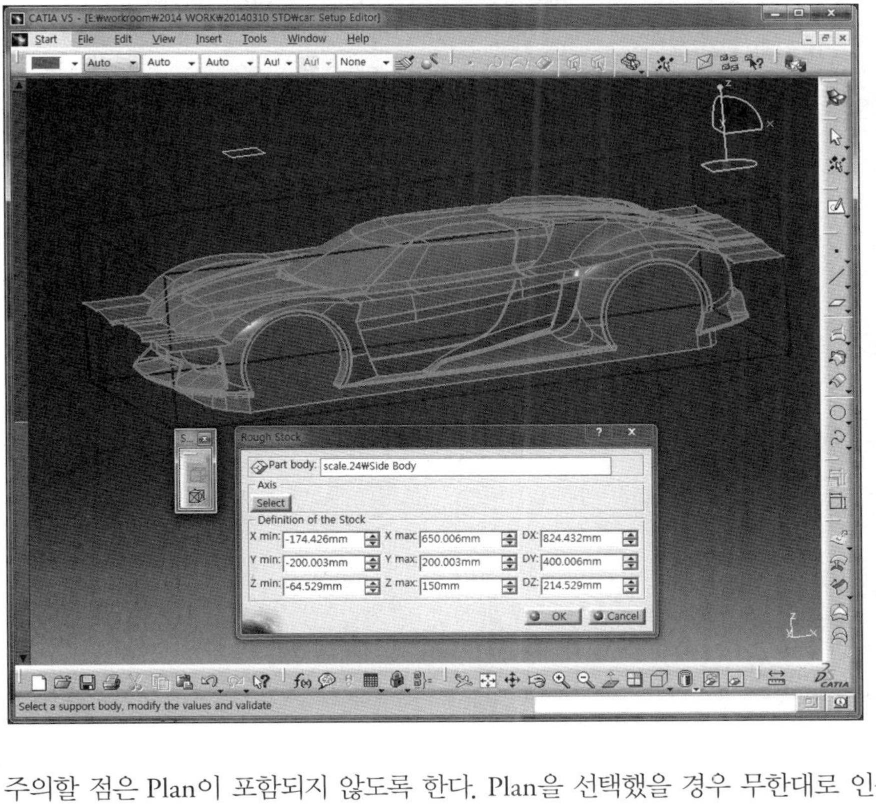

이 때 주의할 점은 Plan이 포함되지 않도록 한다. Plan을 선택했을 경우 무한대로 인식하여 제대로 Check할 수 없다.

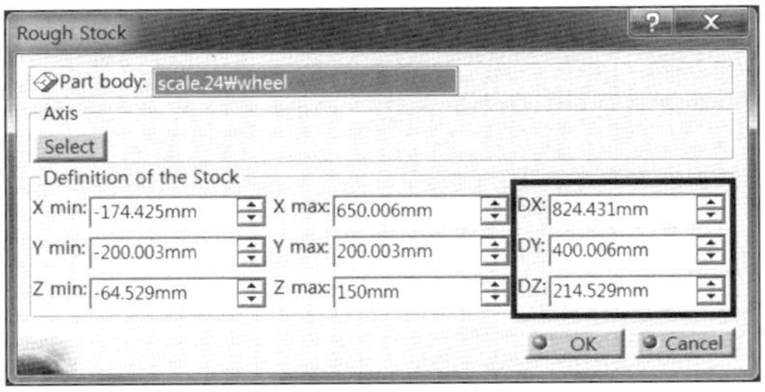

① Definition of the Stock : 자동으로 가공물의 최대 크기로 Roughing Stock이 생성된다.

- Mni. : 각 축의 – 방향으로 최소값 표시
- Max. : 각 축의 + 방향으로 최대값 표시
- DX, DY, DZ : 각 축 방향 전체 길이값 표시(정확한 크기를 정보)

대화상자의 수치를 조정해서 Stock의 크기를 사용자가 변경할 수 있다.

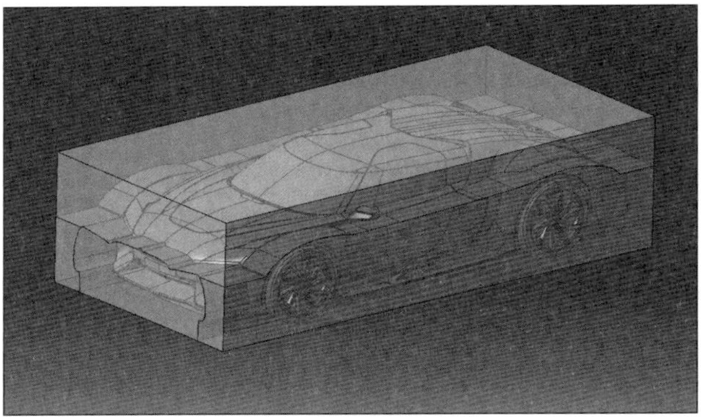

▲ 완성된 Stock

이로써 Machining을 하기 위한 기본 준비 작업은 마무리 되었다. 여기까지의 과정을 우선 저장한다.

(6) PLAN 생성

1) Top plan 생성

이번 실습에서는 Sweeping Operation을 사용하기 때문에 Rough stock 대신 각 Part의 Top(소재 높이)을 정의할 수 있는 Plan이 필요하다. Stock 크기에 맞추어 각 Part 가공 Tool 축 방향을 따라 Plan을 생성한다.

① Offset From plan 기능을 이용하여 절대축 Plan을 Offset 한다.

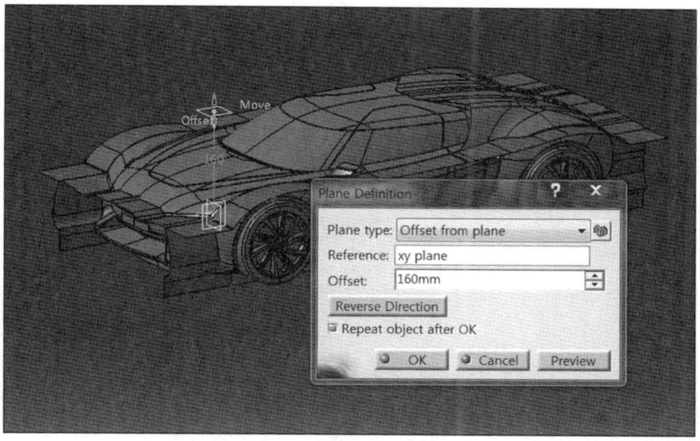

② 각각의 축 방향에 맞추어 Plan을 생성한다. (보조면 끝단을 소재 크기로 정한다.)

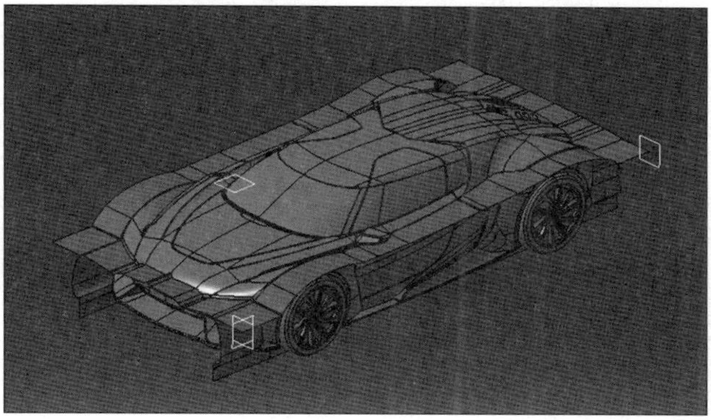

2) Safety plan 생성

소재보다 크게 CNC 장비가 허용하는 한도 내에서 Offset 하여 안전 높이 Plan을 생성한다.

program을 생성하기 위해 Machining 환경으로 전환을 한다.

풀다운 메뉴 〉 Machining〉 Advance Machining

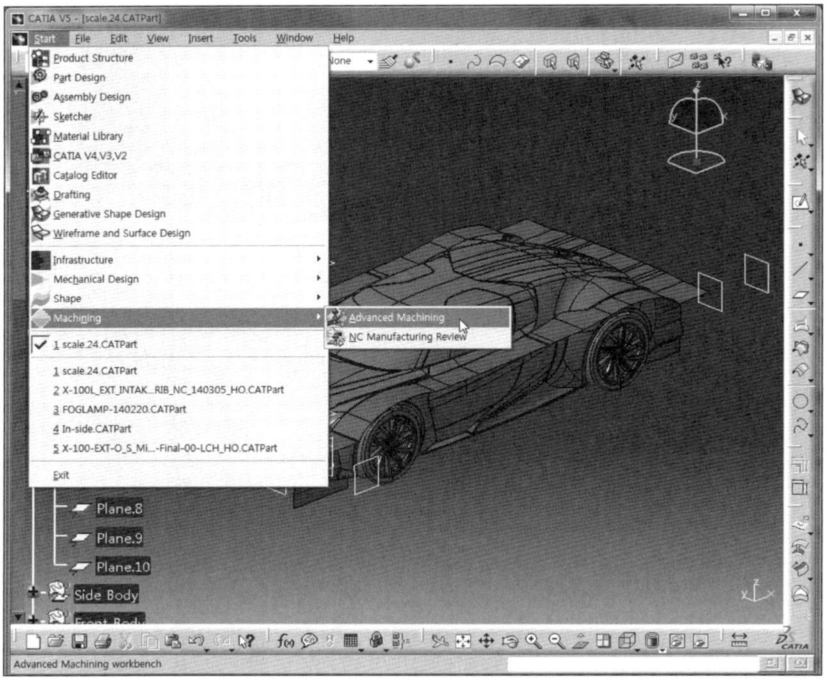

(1) Manufacturing Program설정

PPR tree의 Manufacturing program을 더블 클릭하여 이름을 변경한다. NC code 출력 시 File 이름에 포함되어 출력되므로 구별하기 쉬운 이름을 지정하는 것이 좋다.

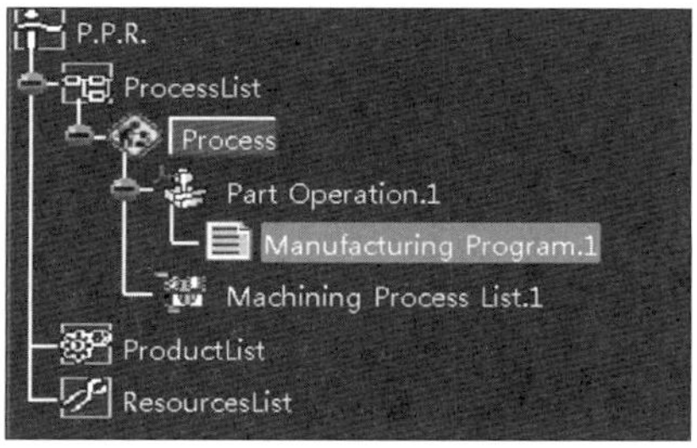

1) PPR Tree의 Manufacturing Program.1을 더블클릭 한다.

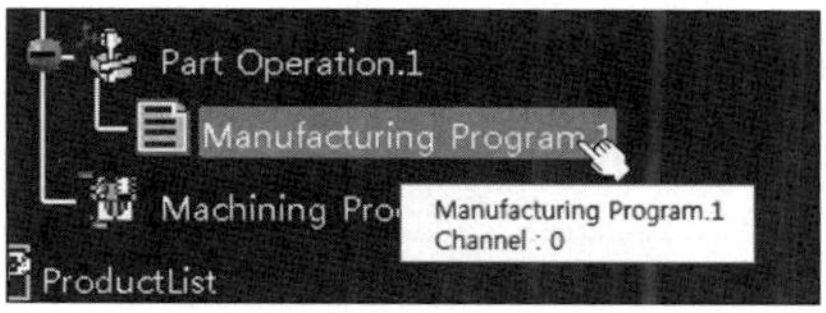

2) Menufacturing program 이름 변경

다음과 같은 창이 Open 되면 Name: 항목에 변경할 이름을 입력한다. 입력이 끝나면 OK 버튼을 클릭한다. ex) Top Roughing 20B

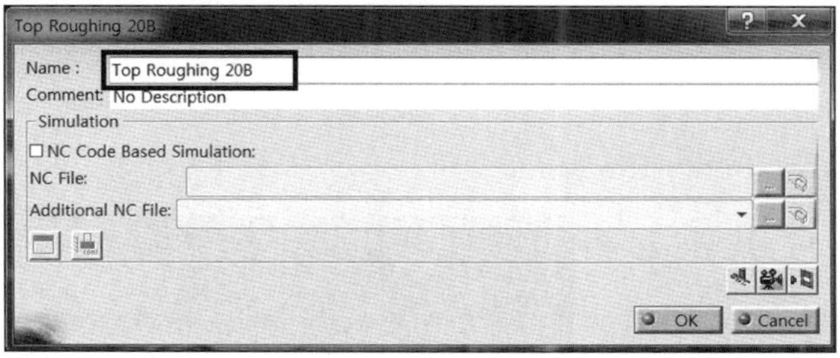

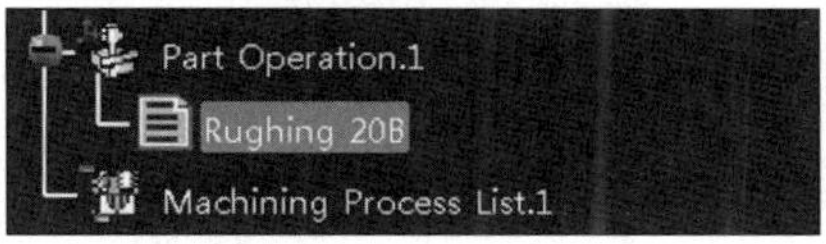

▲ 이름이 변경된 모습

(2) Top part Roughing

1) Sweep roughing Operation 실행

- 다음 2가지 방법으로 Operation을 추가할 수 있다.
  - ① Operation Tool bar에서 Sweep Roughing 선택 〉 Tree의 Roughing 20B (Manufacturing Program) 클릭 또는 역순으로 선택을 한다.
  - ② Full Down Menu 〉 Insert 〉 Machining Operation 〉 Surface Machining 〉 Operations 〉 Sweep Roughing
- Manufacturing program에 Operation이 추가되면 자동으로 Operation 대화창이 열린다. 대화상자가 열리면 Geometry Tap이 선택된다.

▲ Operation 설정창 중 Machining strategy Tap

가공 계획 수립 과정에서 생성한 Part들을 각각 항목에 맞추어 선택을 한다.

항목	설정
Offset on part	1mm
Offset on Check	1mm
Part	Top Body part, Top limit part
Safety plan	안전 높이 Plan 선택
Top	가공 소재 Plan 선택

① **Part 정의** : Top Body, Top Limit 선택

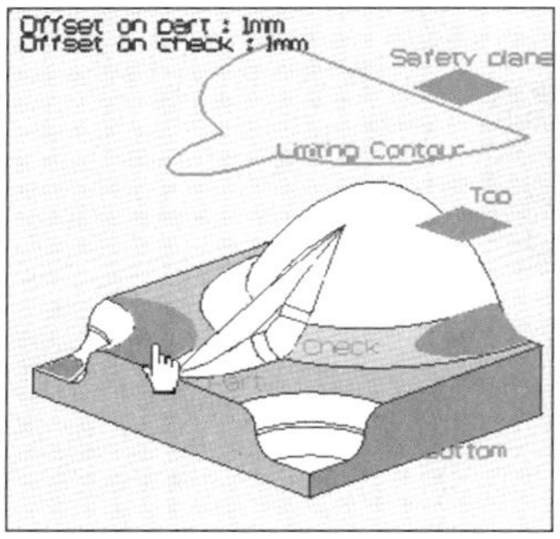

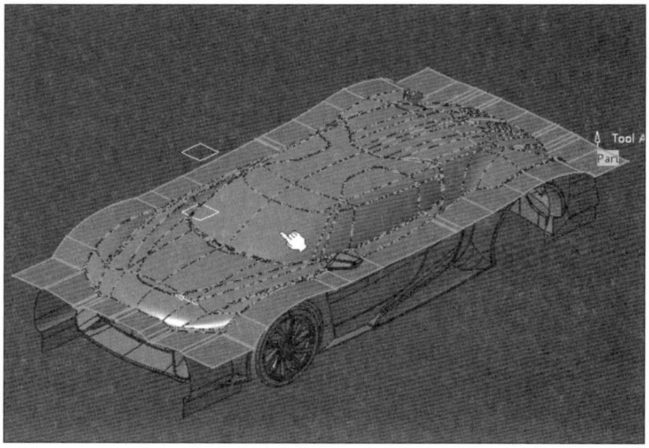

② **Top plan 선택** : 소재 상단 Plan 선택

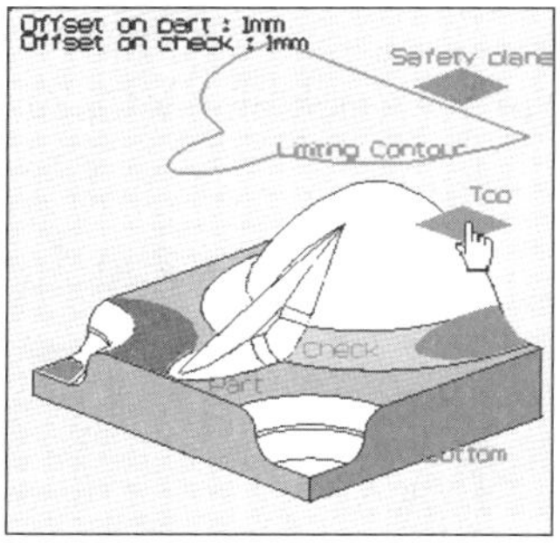

③ **Safety plan 정의** : Safety Plan 선택

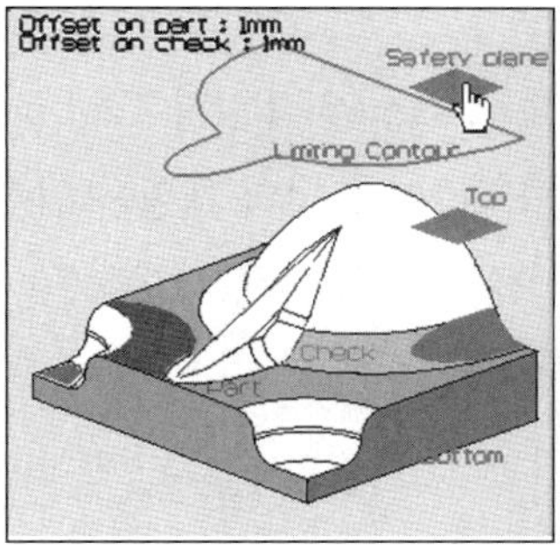

TIP 위 화면에서 해당 항목을 클릭하면 쉽게 선택을 할 수 있도록 대화상자가 사라진다. 선택이 완료되었을 경우 바탕화면을 더블 클릭하면 설정이 마무리 되고 대화상자로 되돌아온다.

2) Tool 정의

Tool tap을 클릭하면 다음 그림과 같이 CATIA V5에 기본으로 설정되어 있는 Tool이 나타난다.

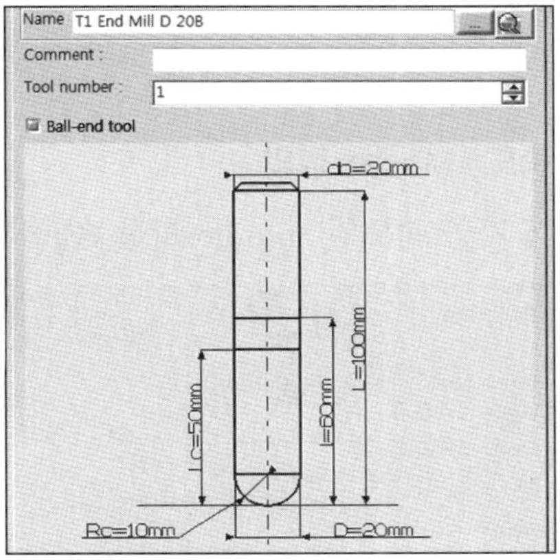

▲ Operation 기본 Tool

① **Tool Name 지정** : Tool의 Parameter를 입력하기 위해 우선 Name 항목에 이름을 변경한다. (이름을 변경하지 않을 경우 수치를 입력할 수 없음) ex) 20B

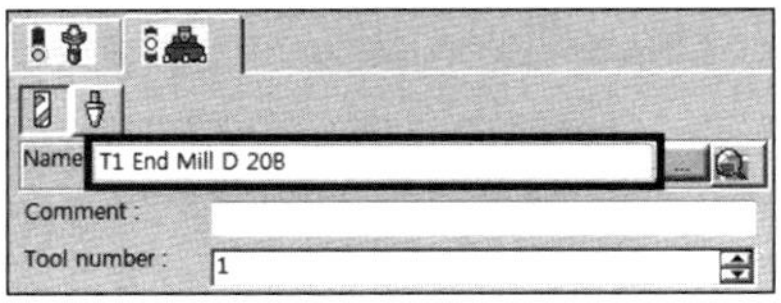

② **직경 20mm Ball Endmill 생성** : Tool Change가 있는 경우 Name의 T값과 Tool number 지정하면 NC code에 적용되어 출력된다. 각 수치를 더블 클릭하여 Tool의 제원을 입력한다.

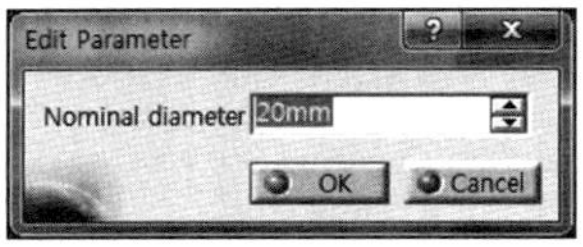

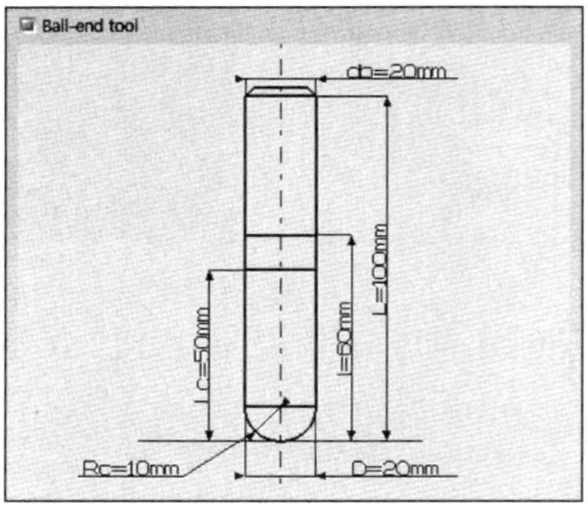

TIP 이미 사용하여 리소스항목에 저장이 되어 있거나 Tool catalog에서 불러왔을 경우 ... Select tool document 버튼을 클릭하면 현재 사용했던 Tool List 항목에서 선택할 수 있다.

3) 가공 속도, Spindle 회전 속도 / Macro 정의

사용하는 장비의 특성에 따라 가공 속도와 Spindle 회전 속도를 정의한다.

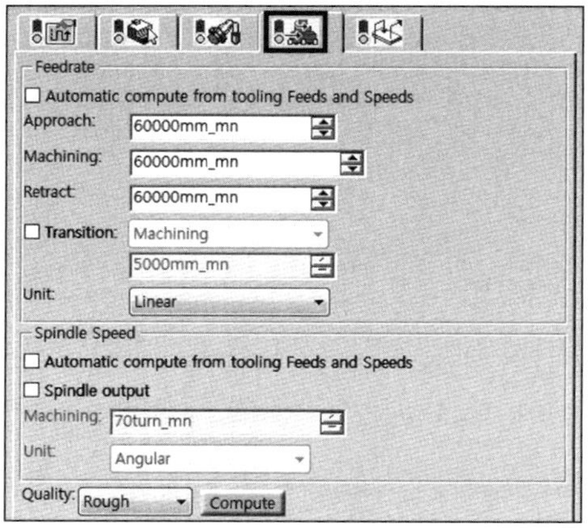

4) Macro 정의

사용 소재가 스티로폼으로 연질이기 때문에 Macro에 크게 신경을 쓰지 않고 Along tool axis (Tool축)으로 바로 이동하는 Macro를 선택한다.

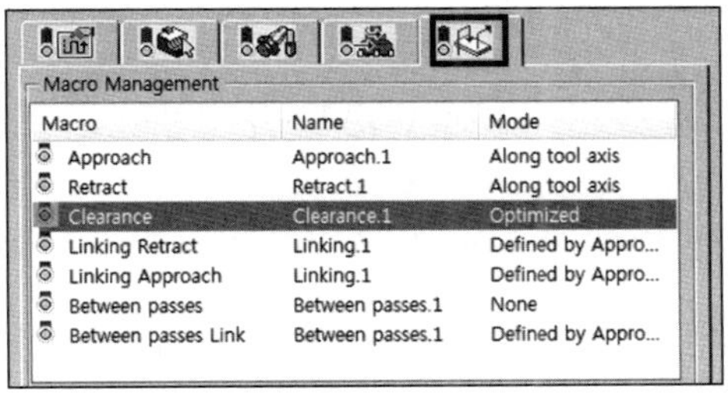

5) 가공 Parameter 설정

① Roughing type : Zplane

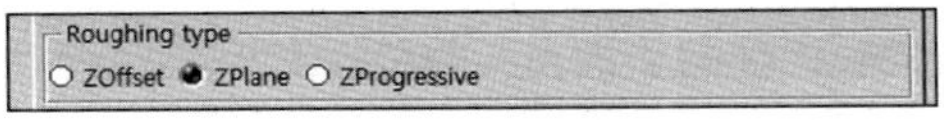

② Machining Tap

Tool path 스타일과 가공 tolerance를 선택한다.

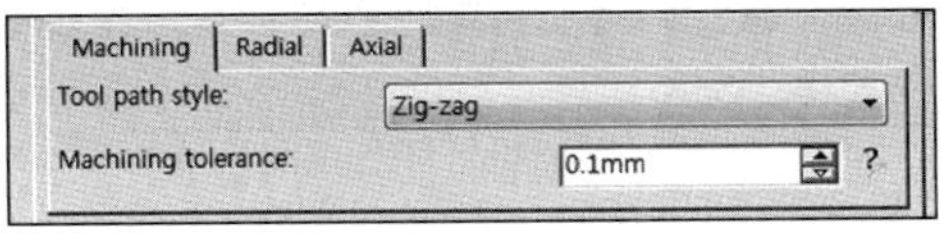

- Tool path style : Zig-zag
- Machining tolerance : 0.1mm

③ Radial Tap

Tool path와 path 사이의 간격을 설정한다.

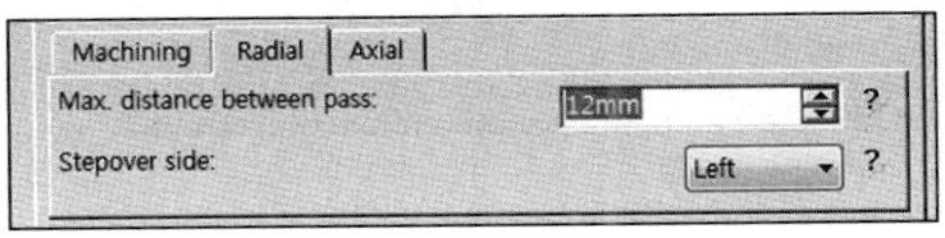

- Max. Distance between pass : 12mm

④ Axial : Tool 축 방향 가공 깊이를 설정한다.

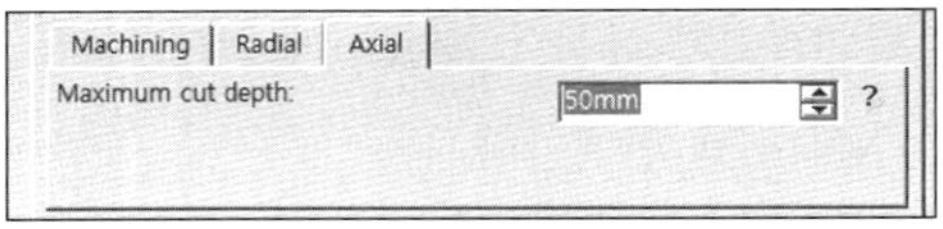

– Maximum cut depth : 50mm

6) Tool path replay

① 위와 같이 설정이 완료되면 우측 하단의 Tool path replay 버튼을 실행하여 연산을 시작한다.

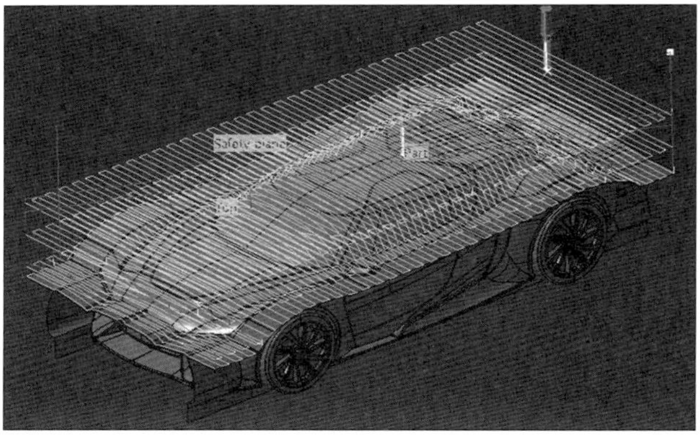

▲ 연산이 완료된 모습

② video from last save result를 통해 모의가공 Simulation을 실행한다.

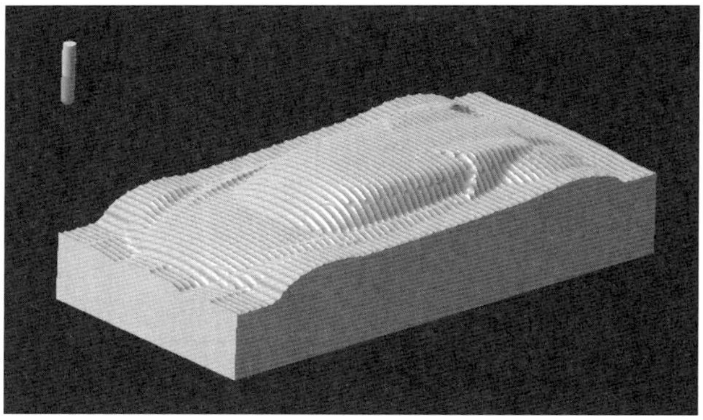

③ Simulation 후 아이콘을 클릭하여 현재 상태를 저장한다.

TIP 현재까지의 Simulation을 저장을 해야 다음 Operation의 비디오 Simulation에서 현 상태부터 진행을 하게 된다.

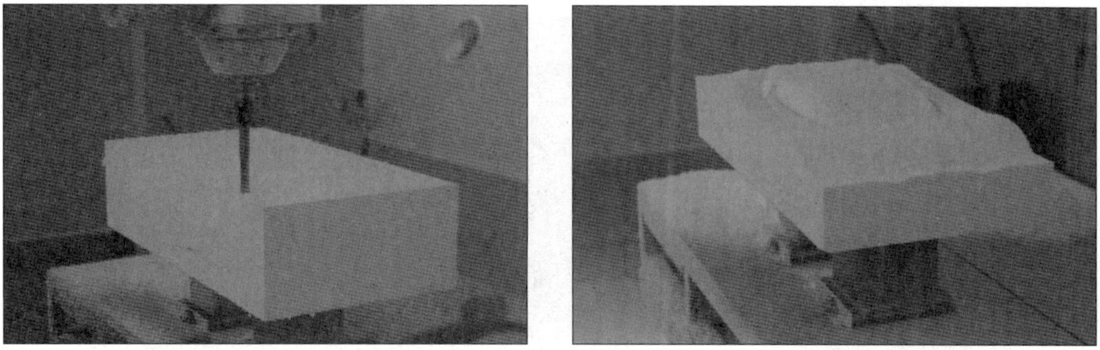

▲ Top body Roughing 실 가공 모습

④ Tool path 확인이 완료되면 OK 버튼을 눌러 Sweep roughing Operation을 종료한다.

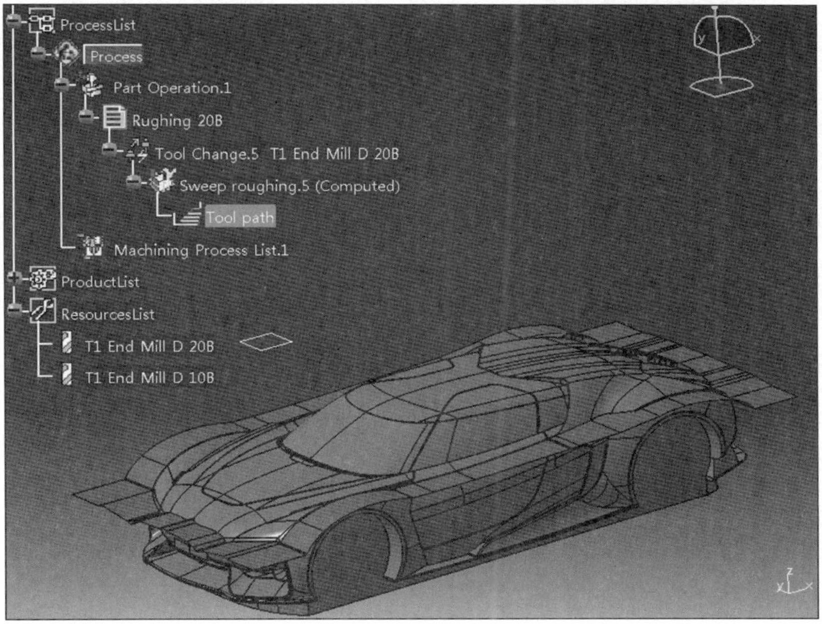

위와 같이 Operation 하위에 Tool path가 생성된다.

⑤ Program이 생성이 되면 다음과 같이 Lock을 걸어준다.

- Tool path Lack의 2가지 방법

① PPR tree의 Operation 선택 후 풀다운 메뉴 〉 Edit 〉 Sweep roughing 〉 Lock

② PPR tree의 Operation을 마우스3번 버튼으로 선택 〉 Sweep roughing 〉 Lock

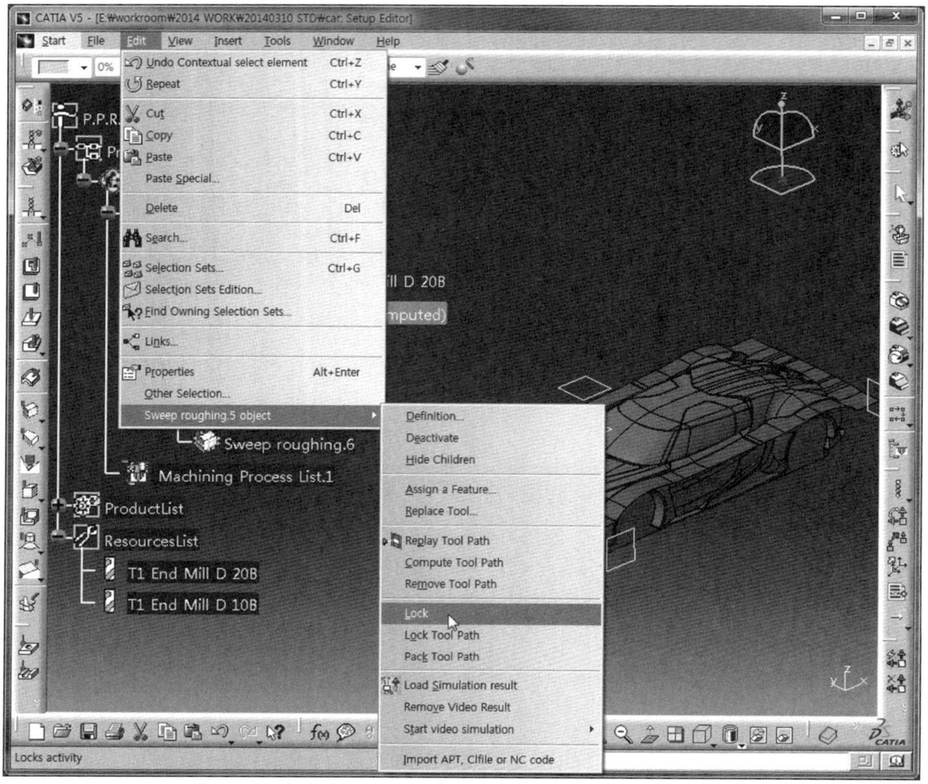

TIP CATIA V5는 Tool path 연산을 하였다 하더라도 Generating을 하게되면 제 연산을 하게 된다. 이 과정에서 변경된 사항이 생기면 Update하여 연산을 하기 때문에 이미 검증한 Tool path가 변경되는 것을 막기위해 Lock을 거는 것을 습관화 하는 것이 좋다.

(3) Side, Front, Rear Part Programming

위 과정의 Top Part roughing을 기준으로 다른 부위를 가공한다. Side, Front, Rear Part 가공은 Top part 가공과 동일한 Parameter를 사용하기 때문에 같은 Top port roughin operation을 복사하여 Tool 축과 가공 Geometry의 part만 변경하여 tool path를 생성한다.

Top Part 가공할 때 사용했던 Top limit part는 Side Roughing에 필요치 않음으로 Hide 하고 Side limit part를 Show 한다.

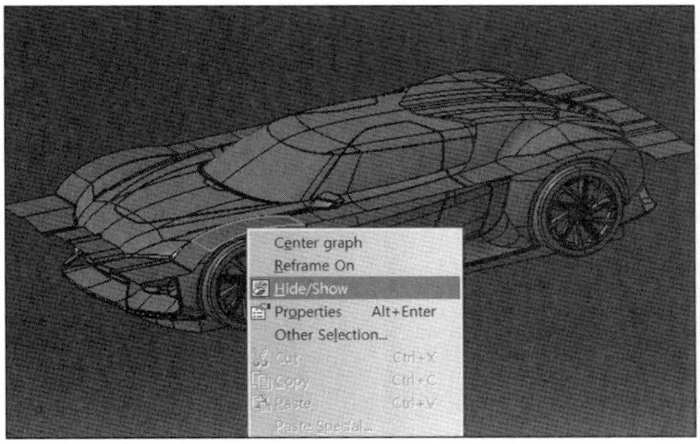

▲ Top limit part Hide

▲ Side limit Show

1) Copy & Paste

① 이미 연산된 Top part roughing Operation을 복사한다. NC Code 출력 시 program 단위로 출력을 할 것이기 때문에 program을 복사한다.

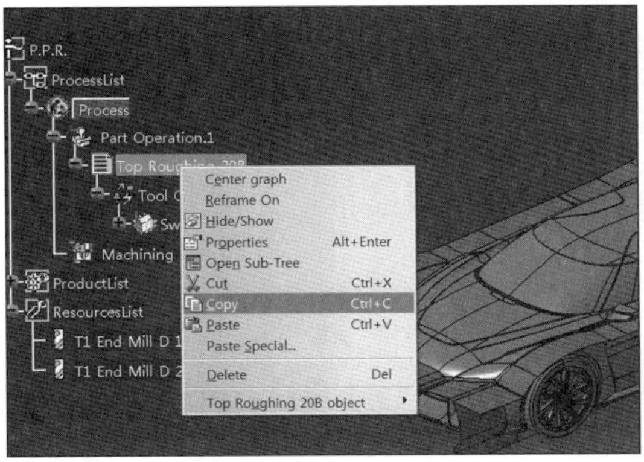

▲ Top Roughing Operation 복사

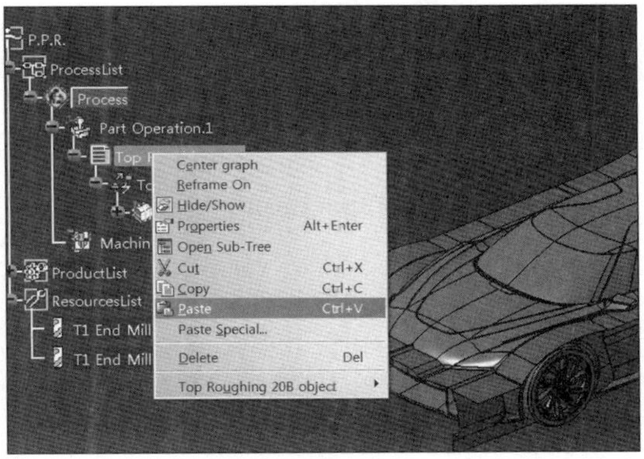

▲ 붙여넣기

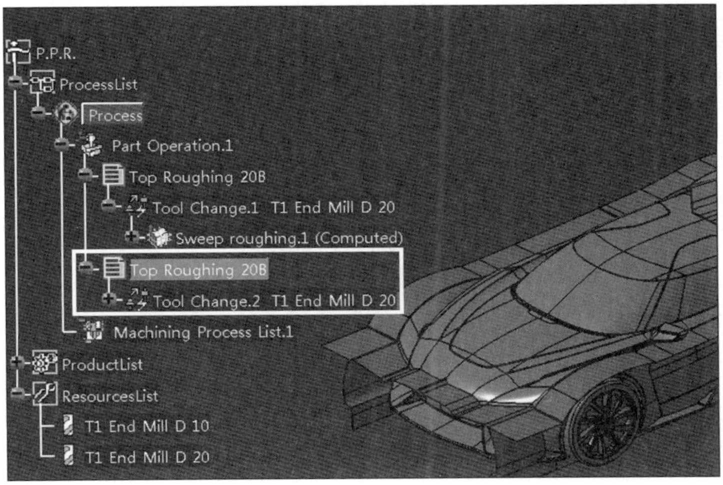

▲ Operation이 복사된 모습

② Copy된 program을 더블 클릭하여 이름을 변경한다.

ex) Roughing Side LH 20B

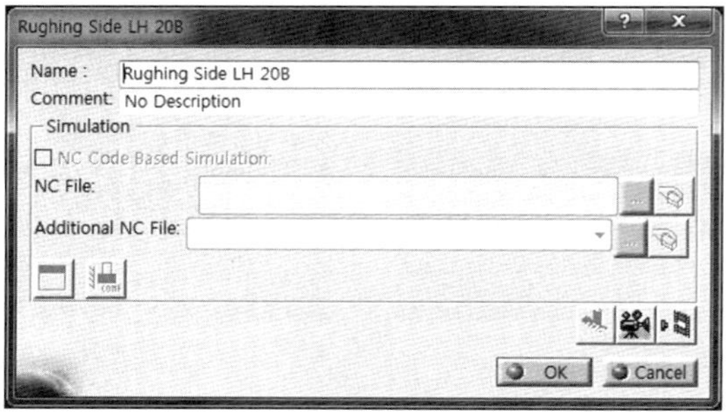

· Menufacturing program의 이름이 중복되면 NC Code를 출력할 때 문제가 발생한다.

· Tool path의 Rack을 해제해야 수정을 할 수 있다.

◦ Tool path UnLack의 2가지 방법

① PPR tree의 Operation 선택 후 풀다운 메뉴 〉 Edit 〉 Sweep roughing 〉 UnLock Tool path

② PPR tree의 Operation을 마우스3번 버튼으로 선택 〉 Sweep roughing 〉 UnLock Tool path

2) Tool 축 설정

Side Part 가공은 Tool 축이 Y축 방향으로 가공을 하게 됨으로 Tool 축을 변경함으로써 쉽게 프로그래밍을 할 수 있다. 복사된 Sweep roughing Operation을 더블 클릭하여 Operation 대화창을 활성화 시킨다.

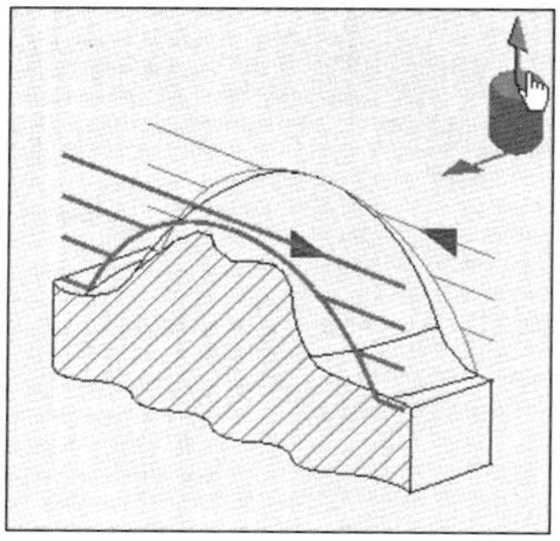

위 그림과 같이 Tool axis(위로 향하는 화살표)를 클릭한다.

① 원점 ZX Plan 또는 Side 안전 높이로 만들었던 Plan을 클릭한다.

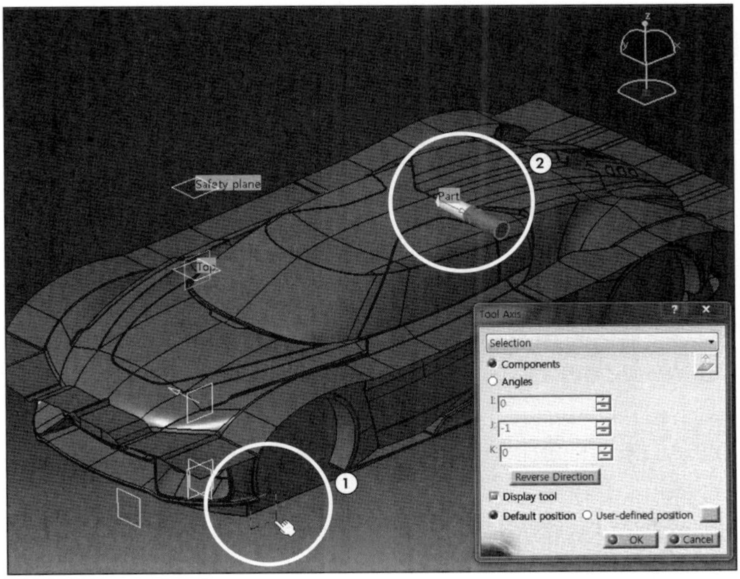

② Display tool 명령이 활성화 되어 있다면 화면의 공구의 축 방향이 바뀌는 것을 확인할 수 있다. Tool 축이 반대로 되어 있다면 Reverse Direction 버튼을 클릭해서 원하는 방향으로 설정한다.

3) Tool 진행 방향 변경

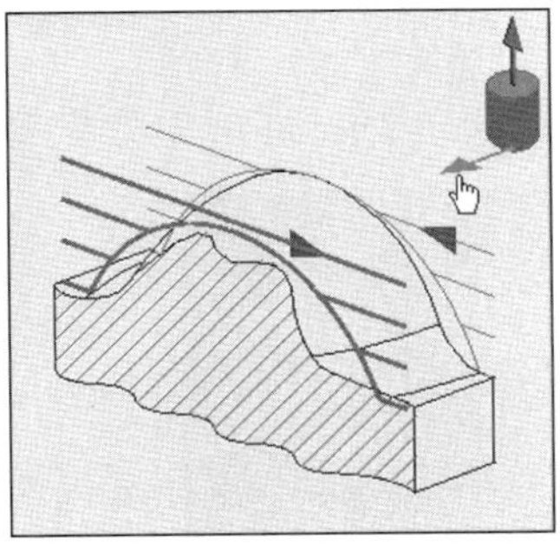

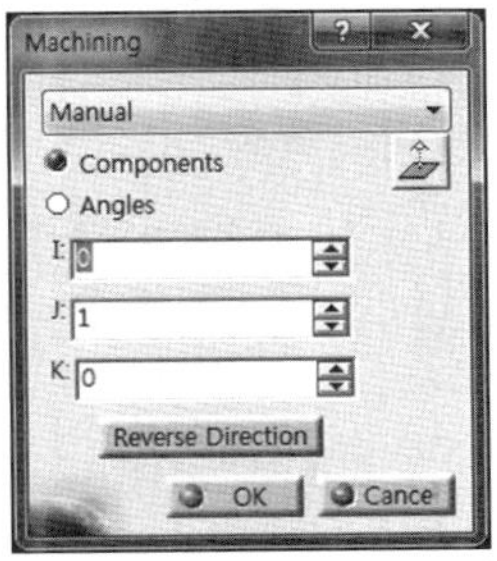

① 위 그림과 같이 화살표를 클릭한다.

○ 대화상자의 축 설정

I = X axis 방향

J = Y axis 방향

K = Z axis 방향

② X 방향으로 진행하기 위해서 I값을 1, 나머지를 0으로 설정한다.

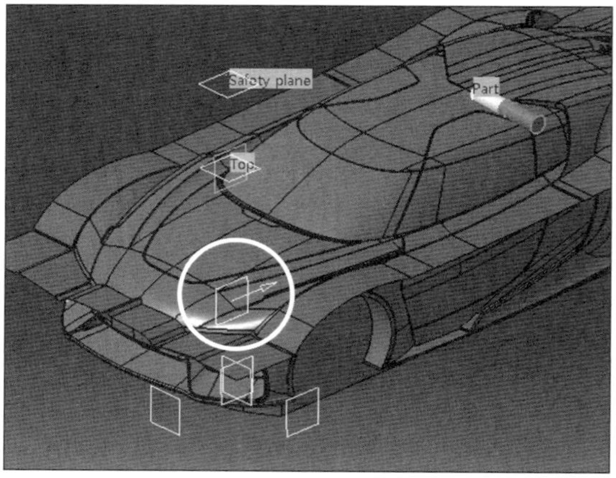

▲ Tool 축과 같이 진행 방향이 화살표로 표시된다.

TIP I와 J 값을 각각 1로 주게되면 45도 가공을 하게 된다.

축 방향과 가공방향이 같을 경우 연산 중에 다음과 같은 에러 메시지가 나타난다.

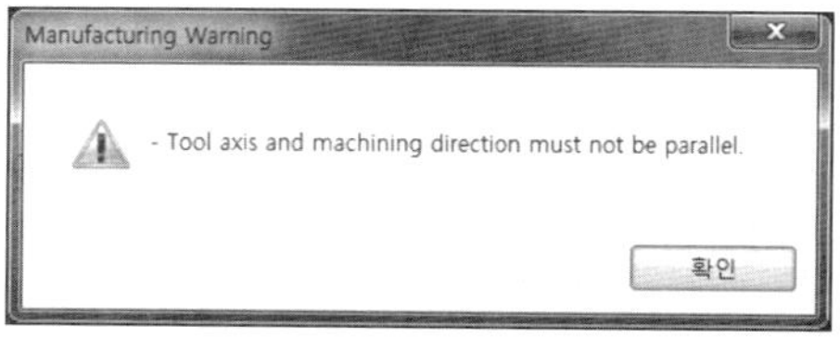

에러 발생을 사전에 막기위해 Tool 방향과 Tool path Direction 방향을 확인하는 것이 좋다.

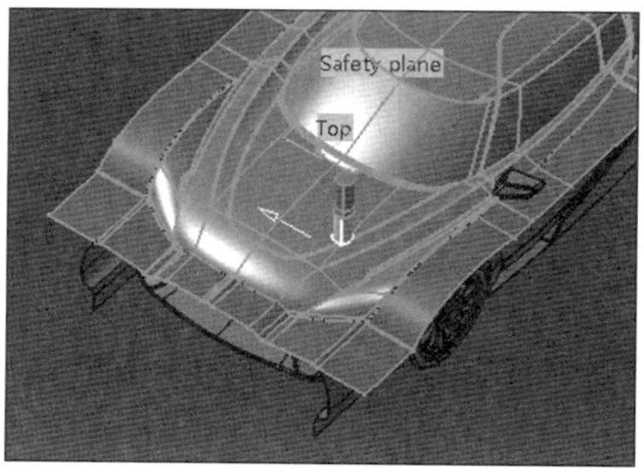

▲ Tool 축과 Tool path Direction을 확인

4) Part 설정

축 설정이 완료되면 가공할 영역을 변경한다.

① Part, 안전 높이 Plan, top, 부분을 마우스 3번 버튼으로 클릭 Remove한다.

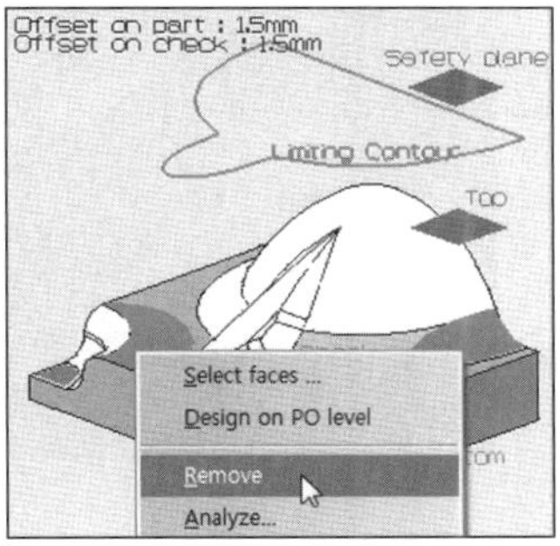

② Part : Side Body, side limit 선택

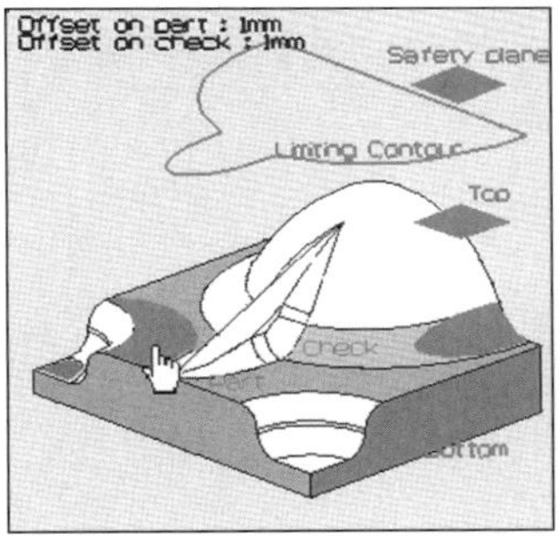

③ Safety plan : 안전 높이 Plan 선택(Y방향)

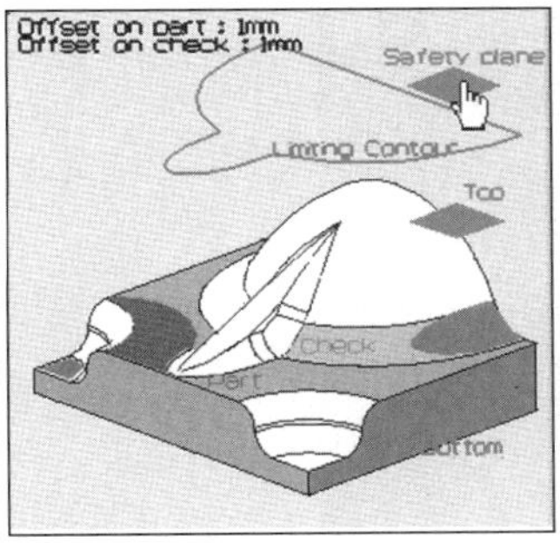

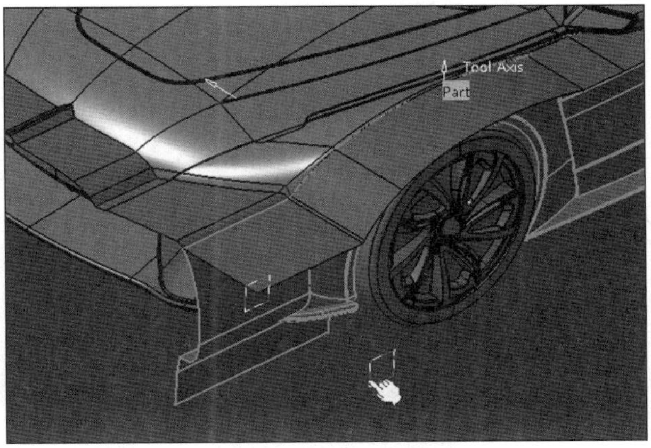

④ Top : 가공 소재 Side면 또는 이미 만들어 놓은 Side Top Plan을 선택한다.

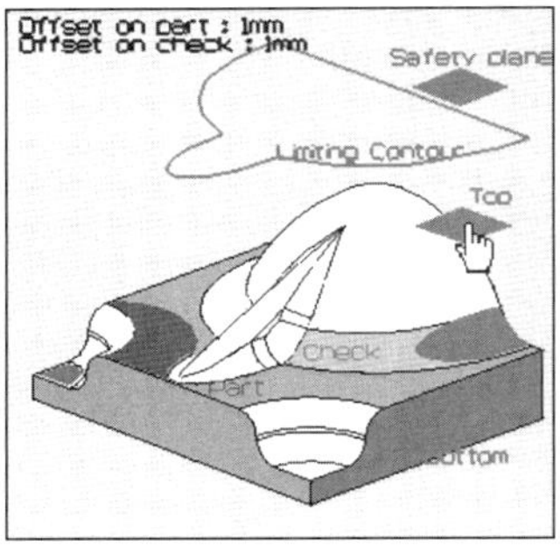

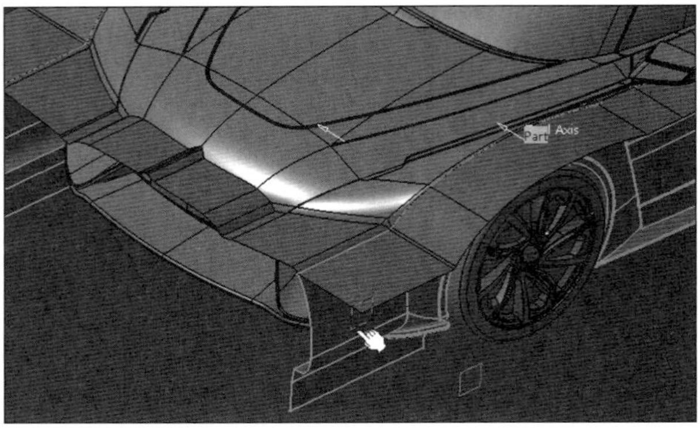

⑤ Check : Top part는 이미 Tool Path를 생성 했으므로 가공되지 않도록 Check를 한다.

· Check는 Surface 단위로 선택된다. Geometry set 단위로 선택하기 위해서 다음과 같이 선택한다.

마우스 3번 클릭 〉 Body(igs) 클릭 〉 Top Body part 선택

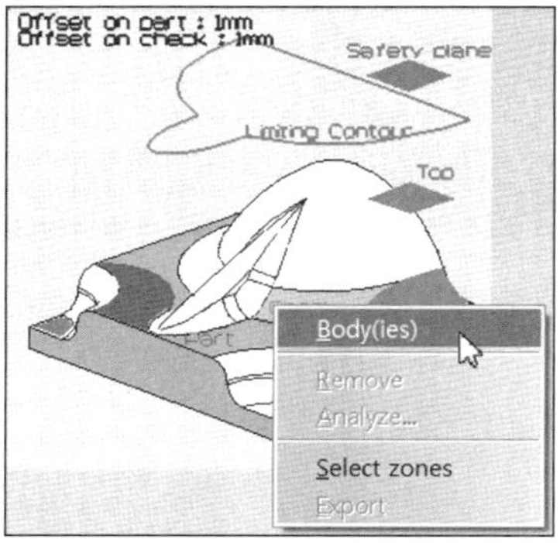

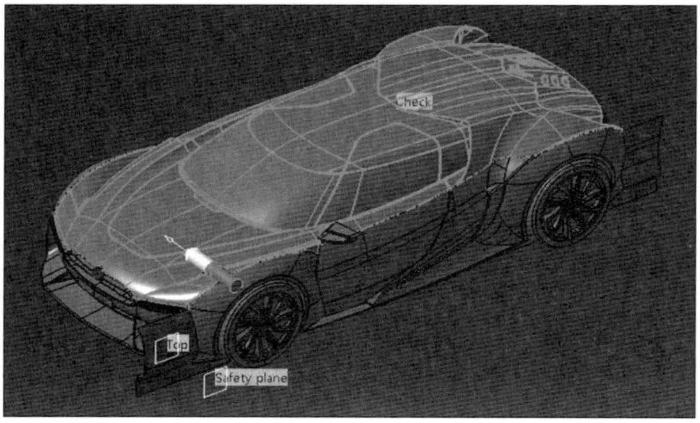

▲ Check : Top part 선택

4) Tool path replay

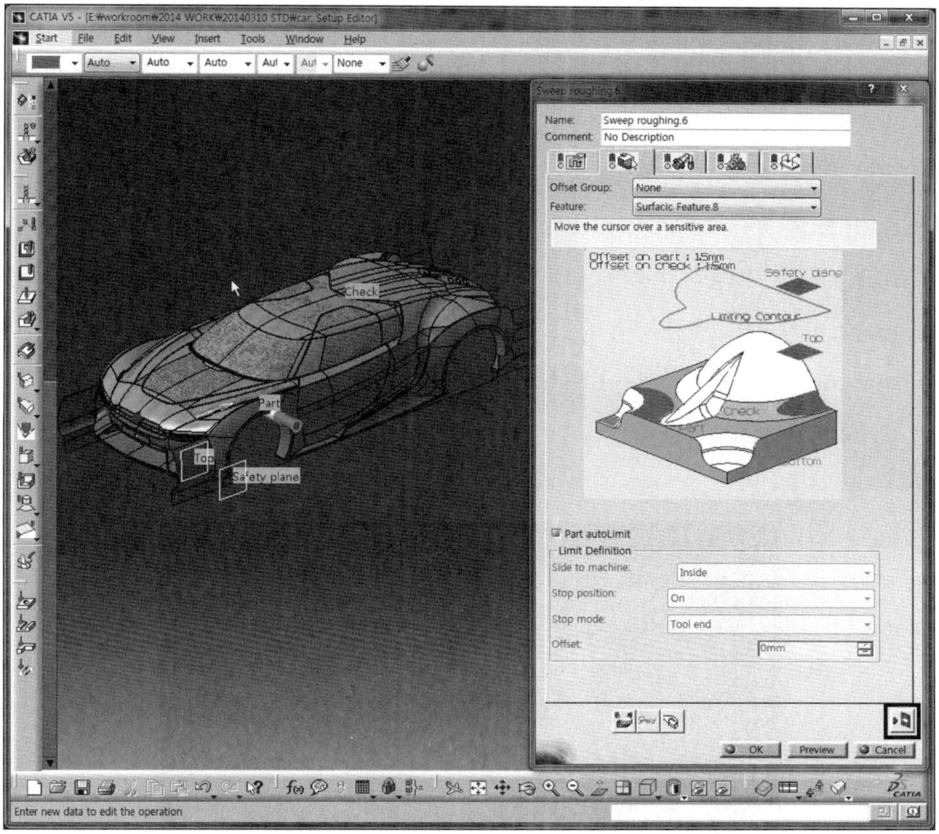

① 위와 같이 설정이 완료되면 우측 하단의 Tool path replay 버튼을 클릭하여 연산을 실행한다.

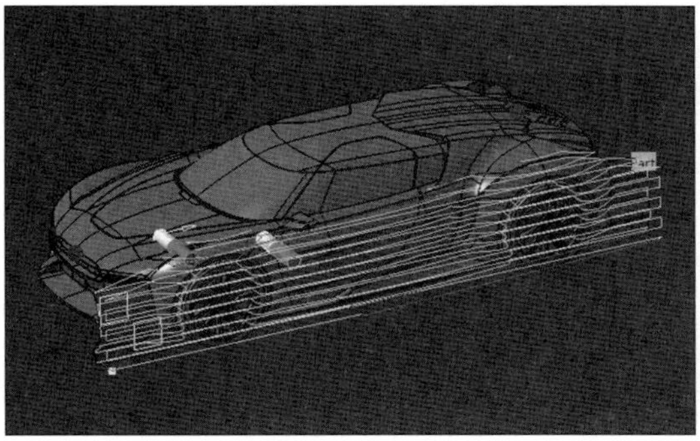

▲ Tool path replay 결과

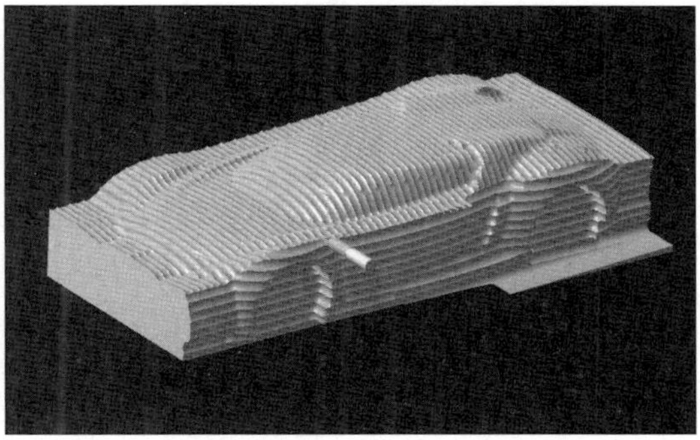

▲ Simulation 결과

② 검토가 완료되면 OK 〉 OK를 눌러 Operation을 종료한다.

③ Tool path 생성이 완료되면 Operation에 Lock을 걸어 Tool path가 변하는 것을 방지한다.

(4) Side Part Mirroring

자동차는 대부분 좌우대칭으로 이루어져 있으므로 Tool path Edit 기능을 사용하여 0Y를 기준으로 Mirror 한다.

1) Tool path Edit

① Mirror 기능을 사용하기 전에 Roughing Side LH 20B Program을 복사하여 붙여넣기 한 후 program 이름도 변경한다.

② Sweep roughing 하위의 Tool path를 마우스 3번 버튼으로 클릭한 후 Edit를 선택한다. (Tool path Edit 기능을 사용하기 위해서는 Lock을 건다. Lock이 걸려있어야 Edit 기능이 활성화 된다.)

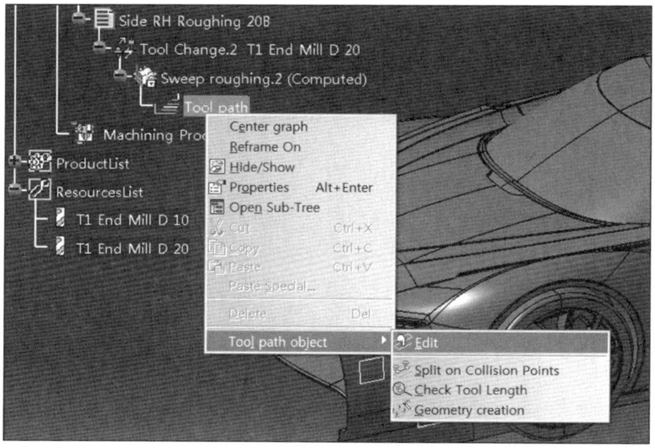

▲ Tool path Edit 실행

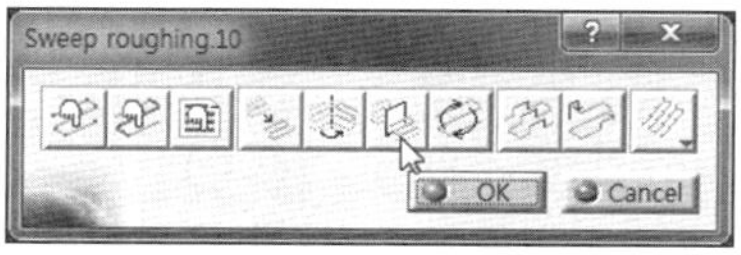

▲ Too path Tool bar

③ Mirror Icon을 선택하고 ZX(0Y) Plan을 선택한다. (Mirror Icon을 선택하면 Too part tool bar의 아이콘들이 비활성화 된다.)

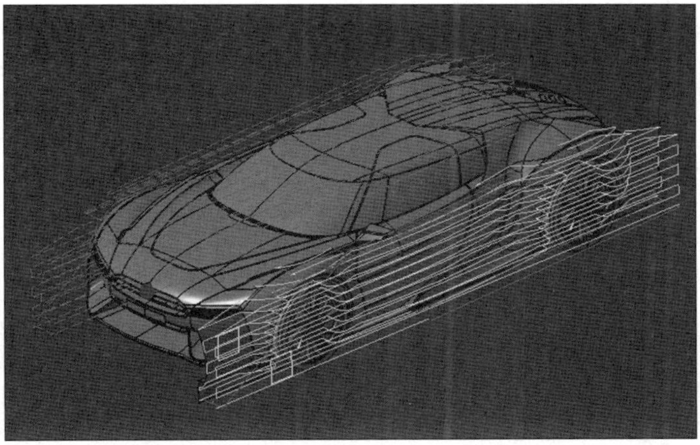

▲ 붉은 색 Tool path 생성

④ 이 때 나타난 붉은색 Tool path를 더블 클릭한다. 붉은색 Tool path가 연두색으로 변하고 기존의 Tool path가 사라진다.

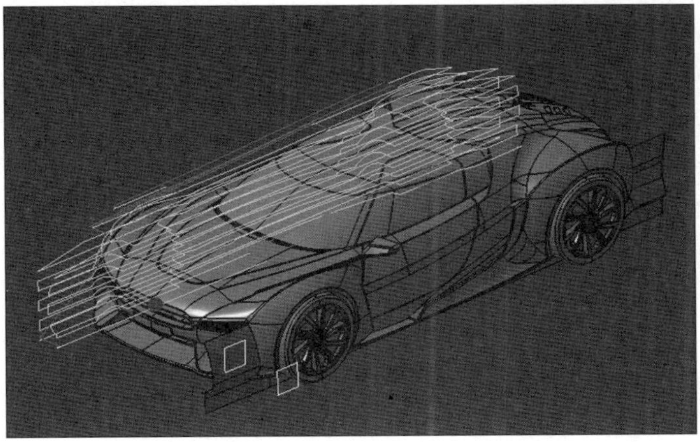

▲ Tool path가 Mirroring 된 모습

⑤ Edit 대화상자가 활성화 되면 OK를 클릭하여 Mirror 완료시킨다.

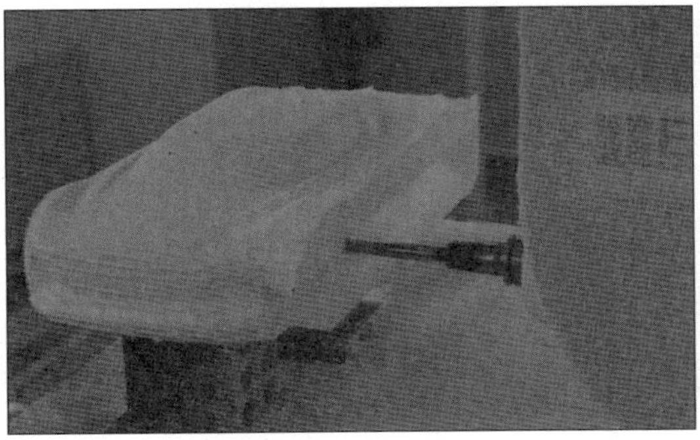

▲ Side LH 가공 사진

▲ Side RH 가공 사진

(5) Front Roughing

① Front part를 가공하기 위해 **Roughing 20B program**을 카피하여 붙여넣기를 한 후 program 이름을 변경한다. ex) Roughing Front 20B

② Lock을 해제해야 Operation 설정을 변경할 수 있다.

마우스 3번 클릭 Sweep roughing 〉 Unlock

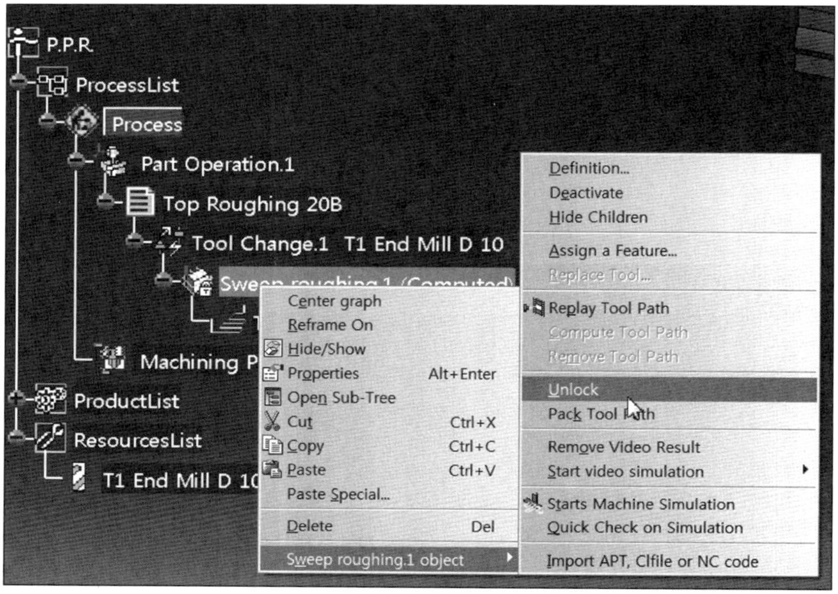

· **축 / Part 설정**

③ Tool 축은 +X 방향으로 설정한다. 축 설정이 완료되면 다음과 같이 가공할 영역을 설정한다.

④ Part, Safety plan, top 부분을 마우스 3번 버튼으로 클릭 Remove 한다.

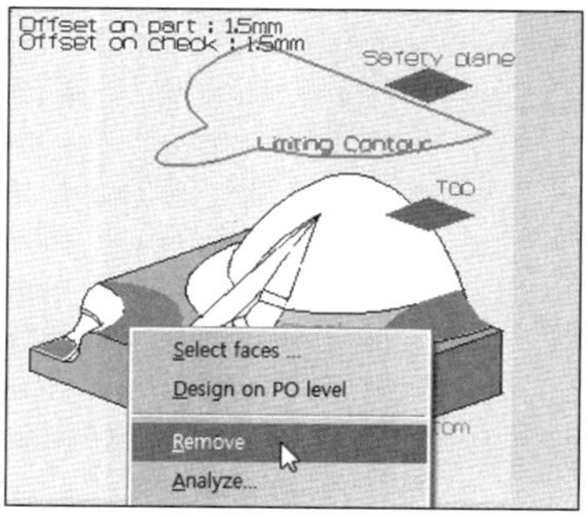

⑤ Side limit part를 Hide 한다.

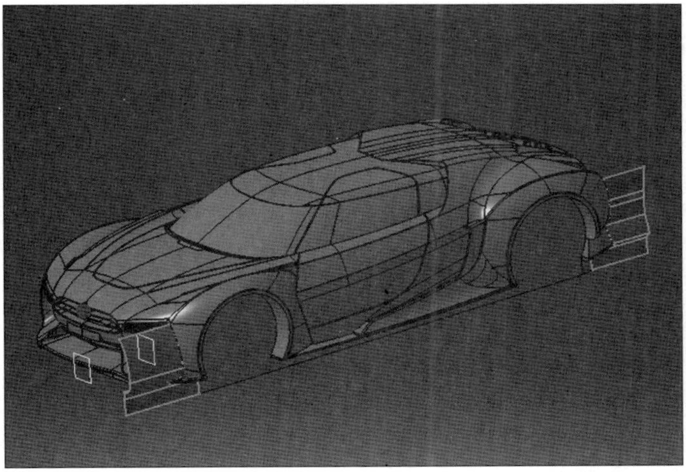

⑥ Part : Front part를 선택한다.

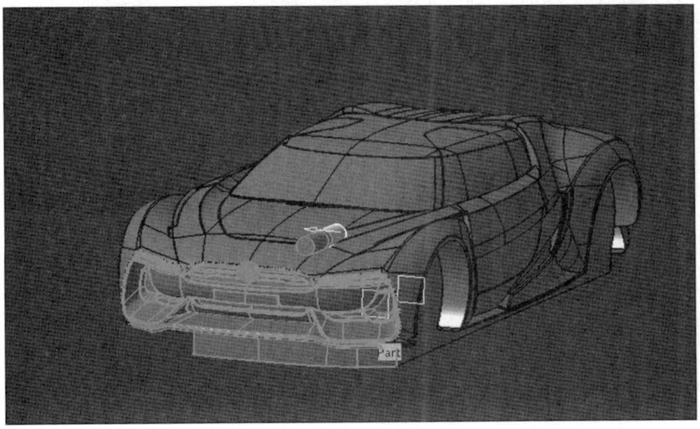

⑦ Safety plan : 안전 높이 Plan 선택(X방향)

⑧ Top : 가공 소재 Plan 선택

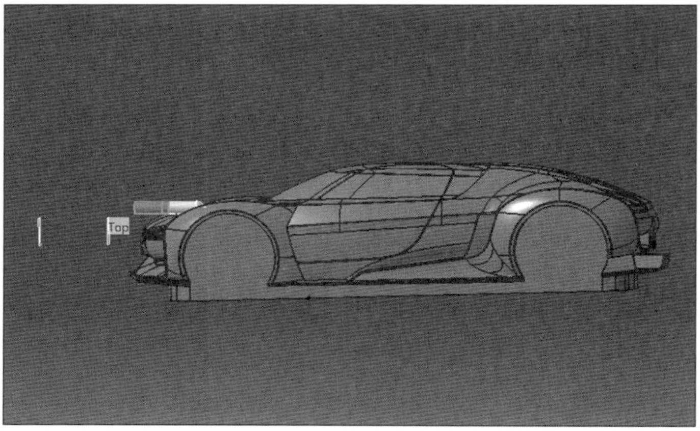

⑨ Check (Body) : Top Body, Side Body

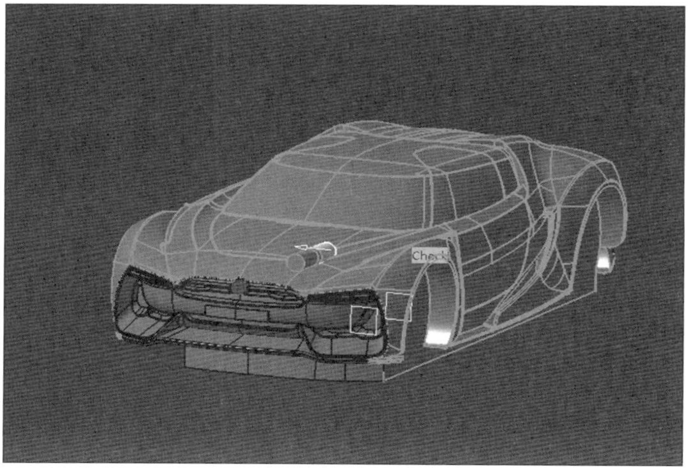

⑩ 설정이 완료되면 우측 하단의 Tool path replay 버튼을 클릭하여 연산을 실행한다.

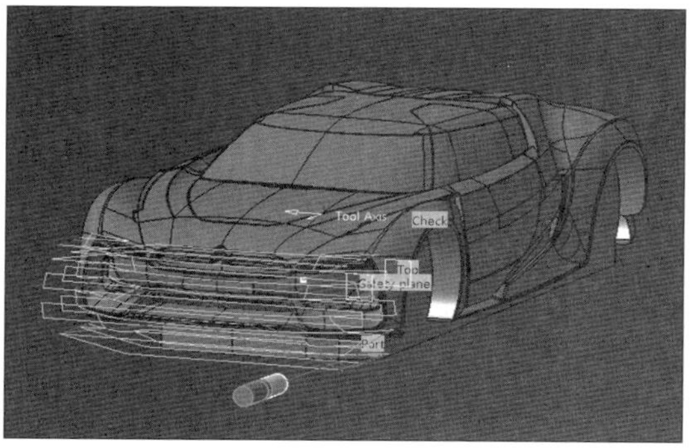

▲ Front tool path 생성된 모습

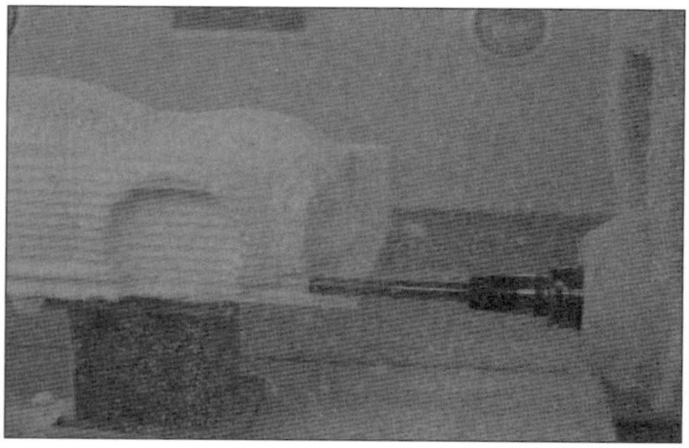

▲ Front 가공 사진

(6) Rear Roughing

· Front roughing을 복사하여 Rear Tool path를 생성한다.

① Front roughing operation을 복사하여 붙여넣기 한다.

② program 이름을 Rear roughing 20B로 변경한다.

③ Tool Axis 방향을 Reverse 한다.

④ Part를 Rear part로 변경한다.

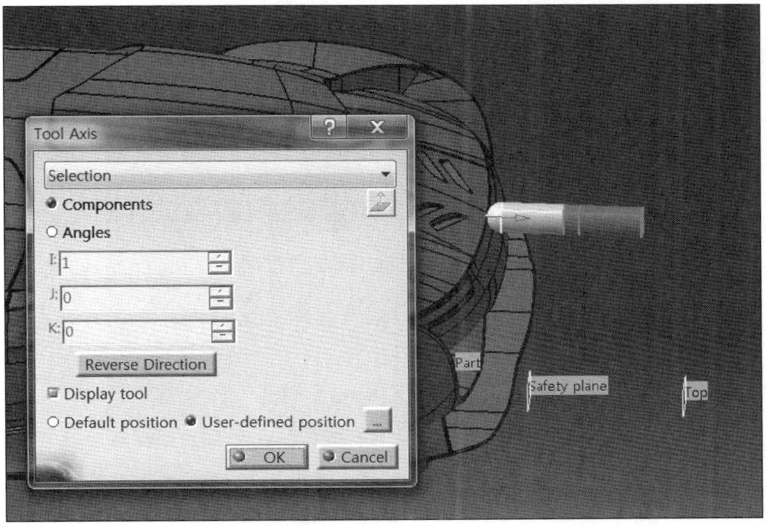

⑤ 설정이 완료되면 Tool path Replay 한다.

▲ Rear tool path 생성된 모습

▲ Rear 가공 사진

◦ Roughing 가공 완료

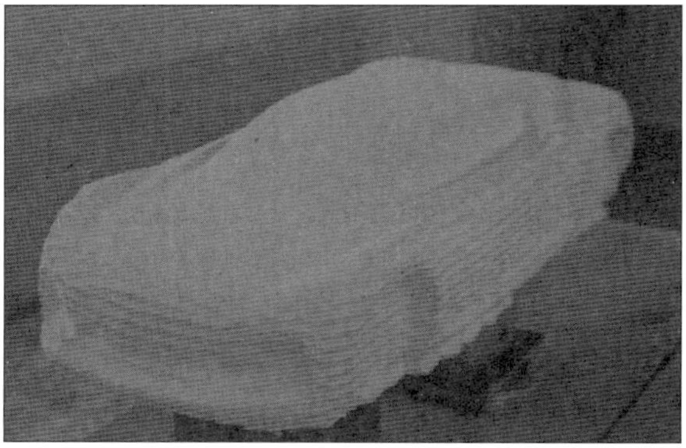

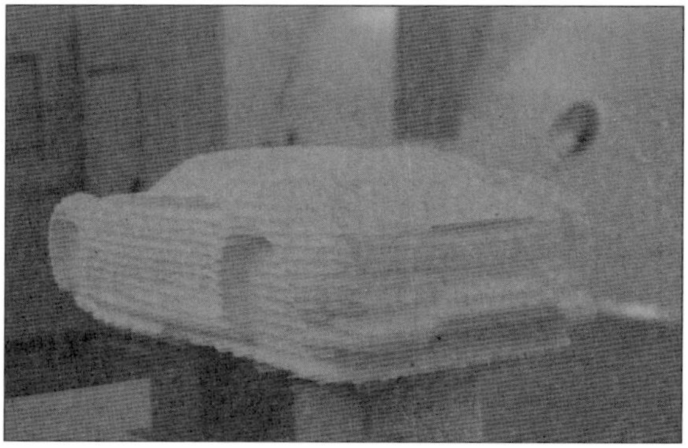

▲ Roughing 가공이 완료된 모습

(7) Tool Assemblies

이번 작업에서는 Tool catalog에서 Tool Holder를 추가하는 방법과 Parameter를 수정하는 방법을 설명한다.

Tool 어셈블리는 Tool과 Tool Holder가 결합되어 있는 형태로 충돌 Test에 유용하게 사용된다.

1) Tool catalog에서 Tool 불러오기

① Import/List Tool Assemblies 아이콘을 선택하여 Search Assemble 창을 활성화 시킨다.

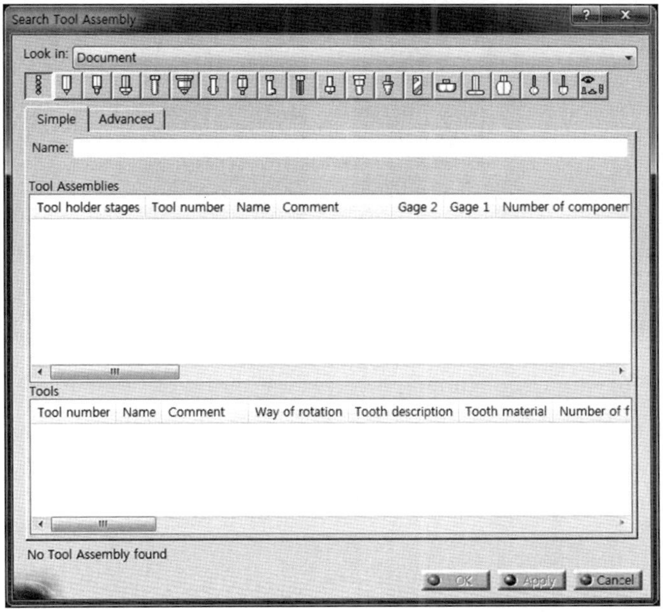

② Look in : 대화상자에서 Tool catalog List 중에 ToolAssemblesSample01을 선택한다.

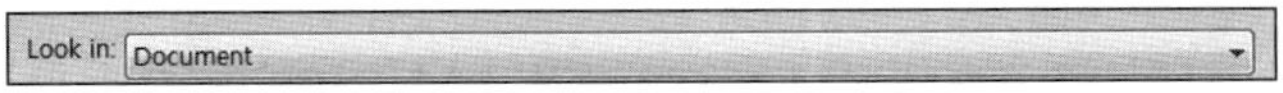

③ Tool 종류 아이콘 중에서 Endmill 선택을 선택한다.

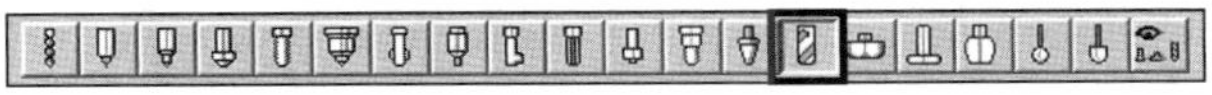

④ Tool Assemblies 창에 검색된 Tool을 선택하고 OK를 누른다.

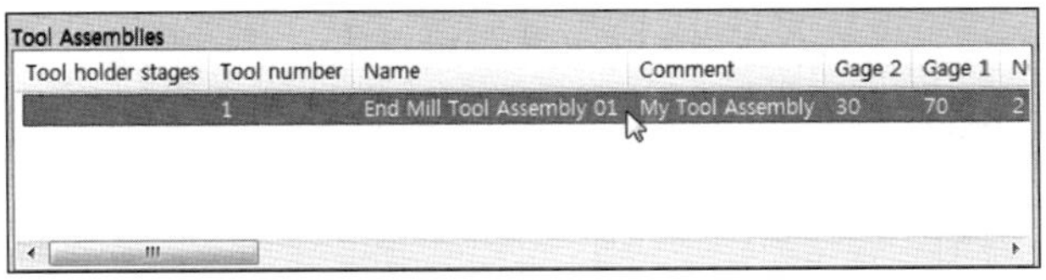

다음과 같이 1개의 Tool이 Catalog로 부터 Import 되었음을 알려준다.

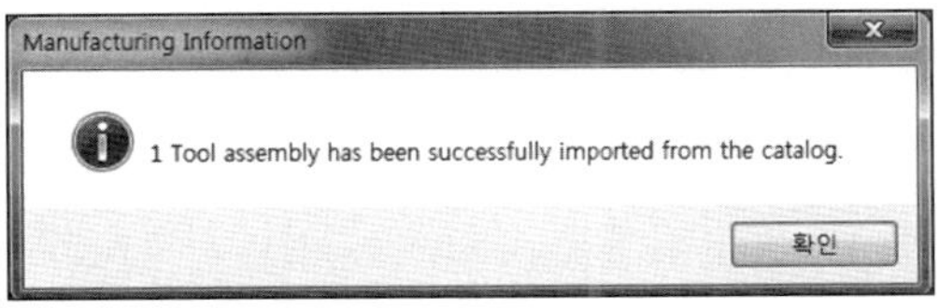

⑤ 확인을 누르면 TTP 트리 ResourcesList에 Tool이 위치하게 된다.

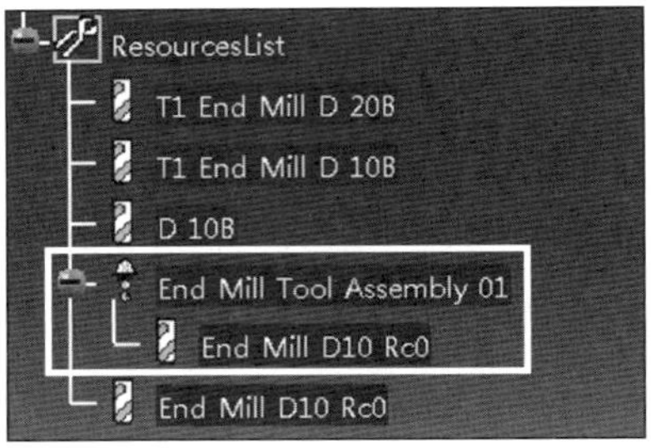

2) Tool Parameter 수정

Catalog에서 불러온 Tool을 사용자 환경에 맞도록 수정을 한다.

① ResourcesList 항목 중 Tool catalog에서 불러온 End Mill D10 Rc0을 더블클릭하여 대화상자를 연다.

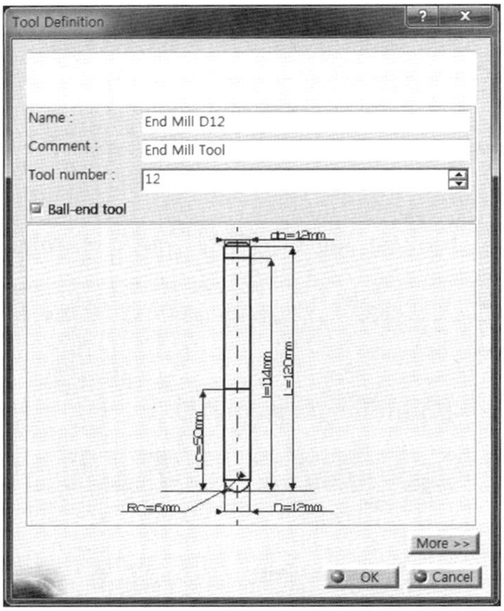

② Tool Tool parameter 수정: 입력 방법은 Operation에서 Tool 수정 하는 방법과 동일 하다. 우선 이름을 변경하고 각 수치를 더블 클릭하여 원하는 값을 입력 한다.

③ 변경이 완료 되면 OK를 클릭 하여 설정을 마무리 한다.

2) Tool Holder Parameter 수정

① TTR Tree의 ResourcesList 항목 중에 End Mill Tool Assembly 01을 더블 클릭해서 대화상자를 연다.

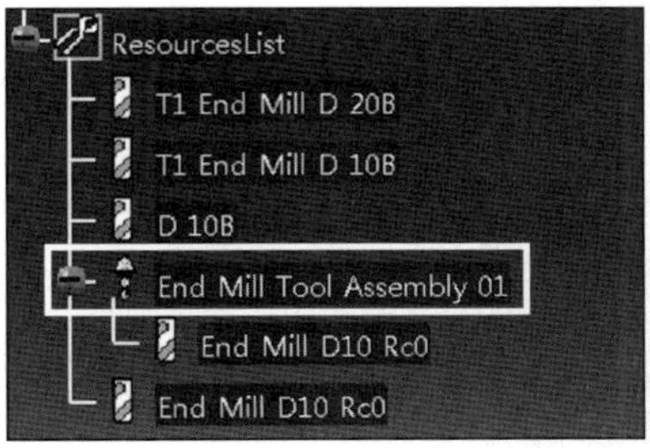

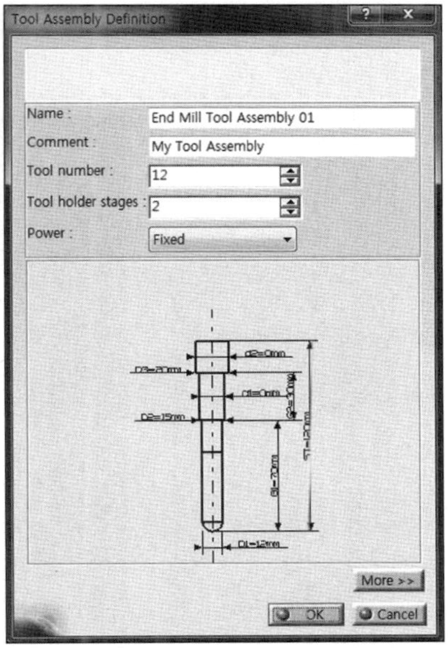

② **이름 변경** : Holder 이름을 변경해야 Parameter 수정이 가능하다. ex) Tool Assembly 12B

③ **Tool holder stages** : Tool Holder가 몇 단으로 구성이 되어 있는지를 설정한다.

◦ Tool Parameter 설정

각 수치를 더블 클릭하여 값을 입력하거나 대화상자를 확장해서 입력해도 된다. ( 아이콘을 클릭하면 대화상자가 확장이 된다.)

⑤ 각 항목 치수의 Parameter를 수정해서 원하는 Tool로 수정을 한다.

TIP Tool Parameter 입력창에서도 확대/축소와 이동이 가능하다. Tool과 Holder의 크기가 커질수록 치수 표기가 작아지기 때문에 적절히 줌 기능을 사용하여 수정한다.

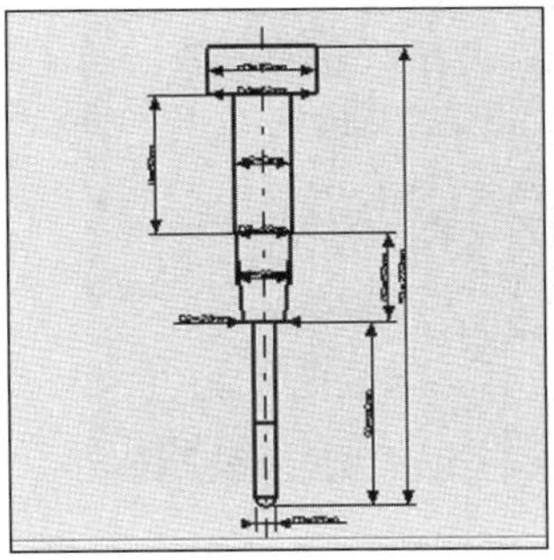

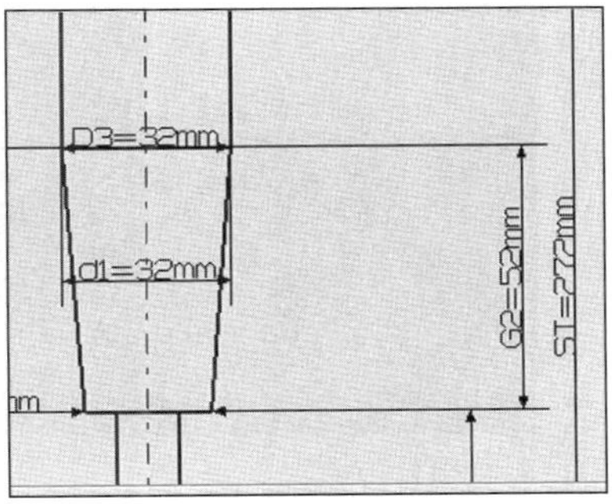

CATIA V5 메인 화면과 같이 마우스 이용하여 확대/축소 이동이 가능하다. 단, 회전은 되지 않는다.

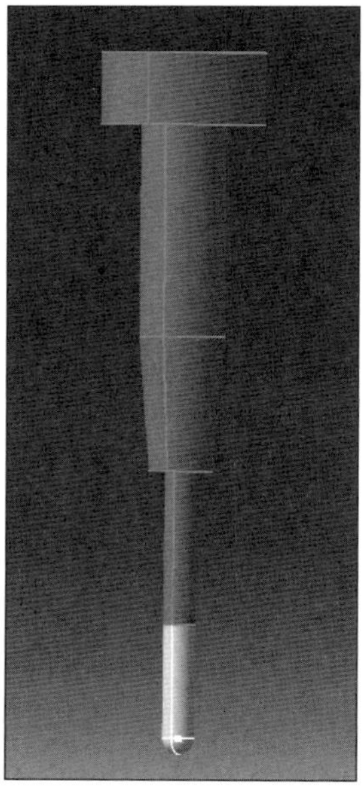

▲ Simulation

(8) Semi-Finishing(중삭)

직경 20mm Boll Tool이 형상에 따라 미절삭 부위가 발생한다. Finishing 작업에 무리가 없도록 고르게 소제를 재거한다. Front part와 Rear part가 형상이 복잡하고 홀 부위가 많아 직경 10mm Tool을 사용하여 중삭 가공을 진행하도록 한다. 중삭 가공은 여러 Operation을 적용할 수 있지만 이번 작업에는 Sweeping을 이용한다.

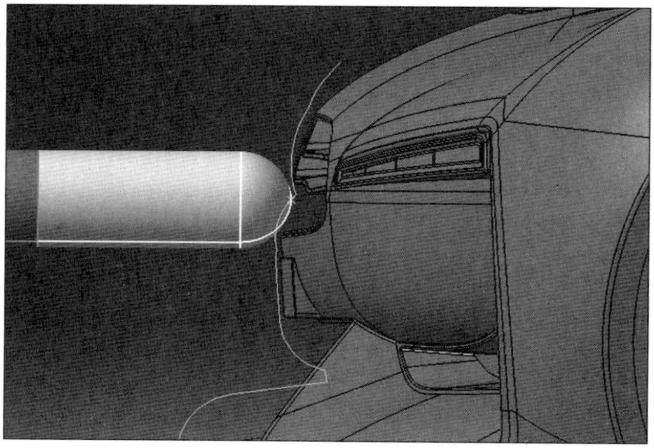

▲ 미절삭 부위

미절삭 부위를 재거하기 위해 중삭을 Tool path를 생성한다.

1) Front part Semi-Finishing(중삭)

① **Operation 추가** : Manufacturing Program을 새로 만들고 그 하위에 Sweeping Operation을 추가한다.

② 다음 표와 같이 Geometry와 가공 Parameter를 입력한다.

◦ Tool Pass 생성 조건표

항목	설정
Offset on part	0.5mm
Offset on Check	0.5mm
Part	Front part
Safety plan	안전 높이 Plan 선택
Check(Body)	Side part, Top part
Machining Tolerance	0.1mm
Between pass	3mm

▲ Opetation 설정

③ **Geometry 선택**

i **Part 정의**

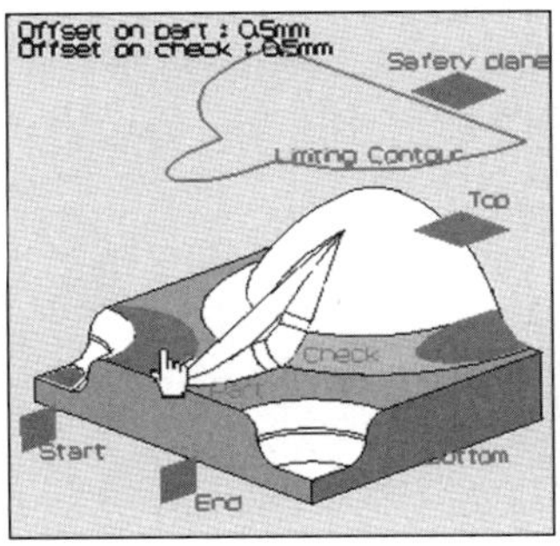

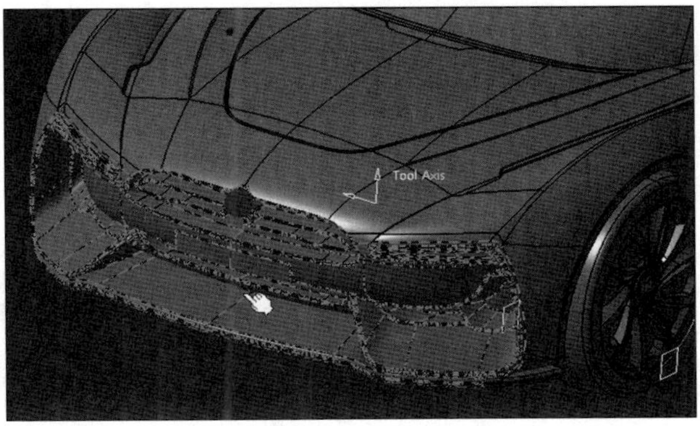

ii Safety plan 정의

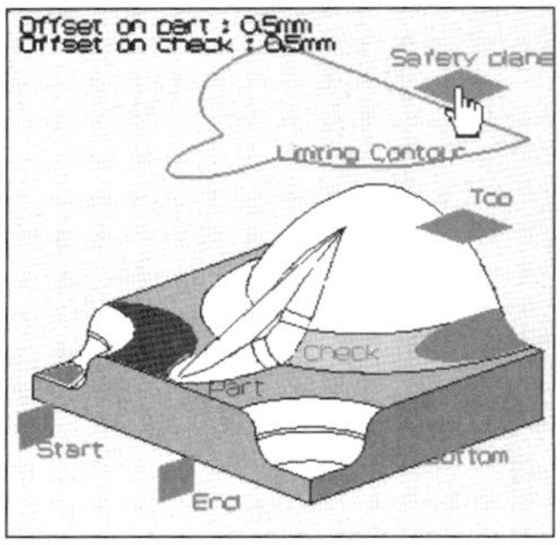

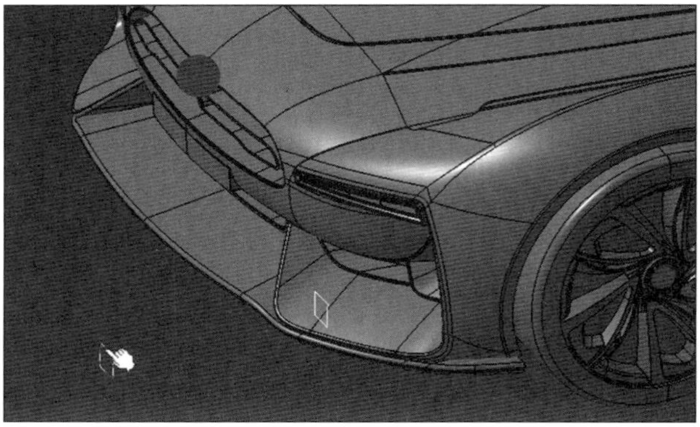

iii Check : Side part, Top part 선택

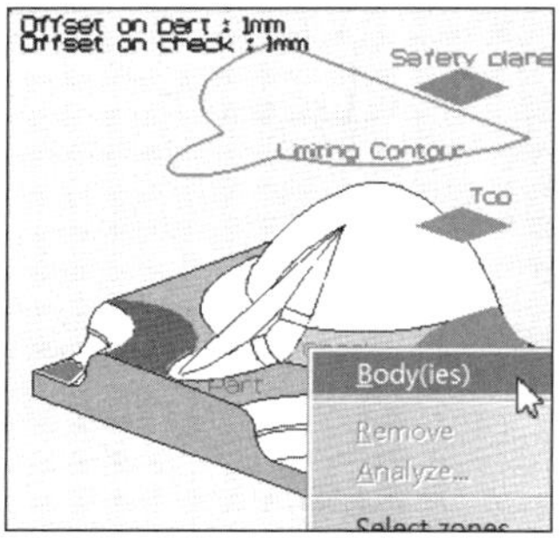

④ Tool 정의

i Tool Assembly 불러오기 : Tool 어셈블리 탭을 선택한다.

ii Select a tool assembly from the document 아이콘을 클릭하여 Tool list 창을 Open 한다.

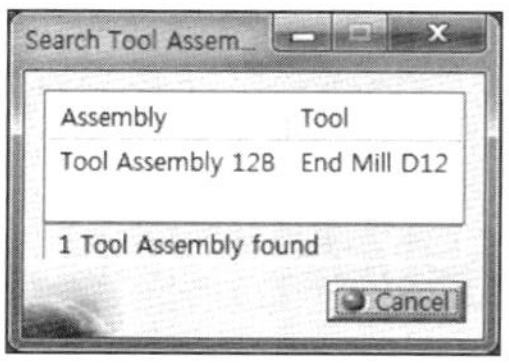

Tool assembly 과정에서 만들어둔 Tool을 선택한다.

⑤ Machining Parameter 입력

i Machining

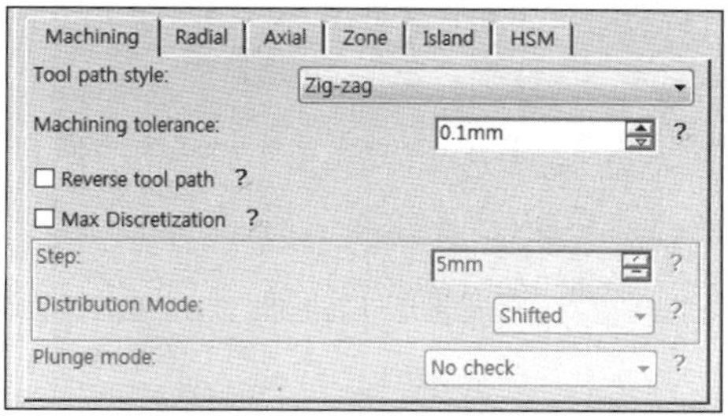

- Tool path style : zig-zag
- Machining tolerance : 0.1mm

ii Radial

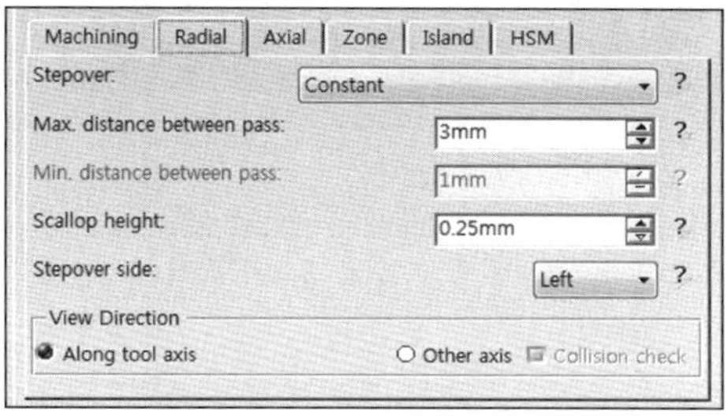

- Max. distance between pass : 3mm

Feedrate Spindle Speed Tap 매크로 TAP을 사용자 환경에 맞추어 설정한다.

⑥ 설정이 완료되면 Tool Replay 아이콘을 클릭하여 연산을 시작한다.

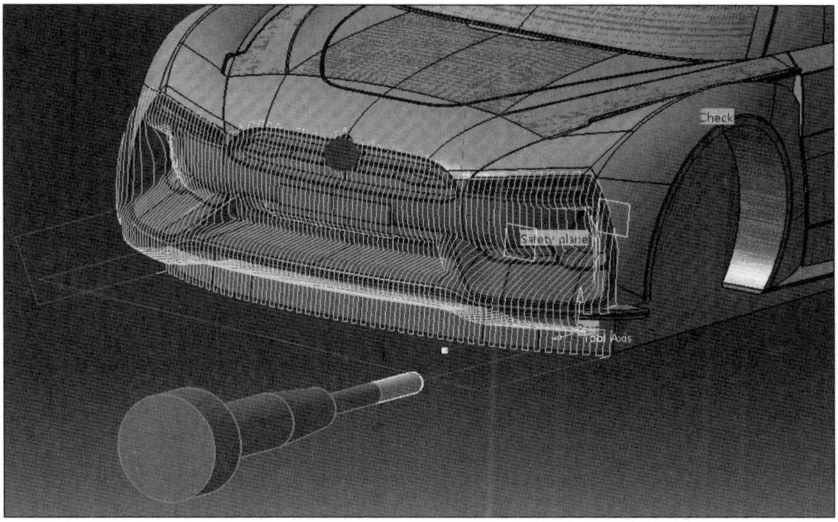

▲ Endmill의 형상이 Assemble 형태로 나타남

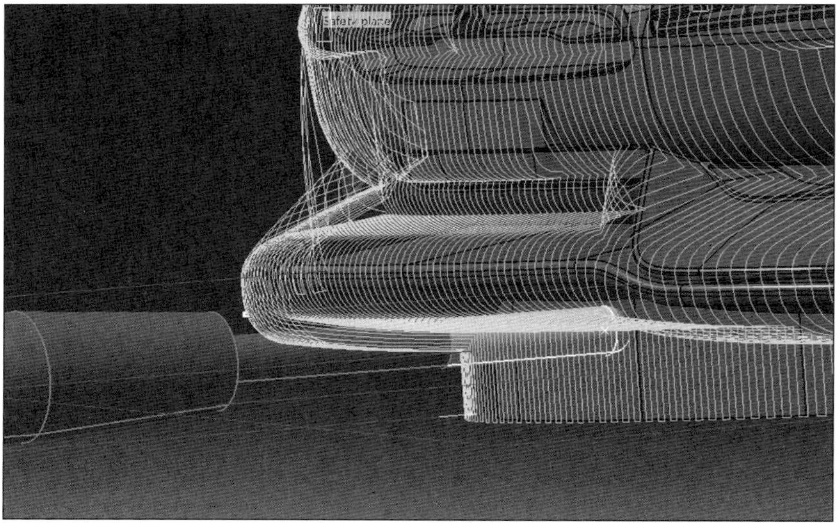

▲ Tool path 확인

· Tool path를 마우스로 선택하면 Tool이 마우스를 따라 그 위치로 이동한다. 간략하게 시각적으로 충돌 여부를 확인할 수 있다.

2) Rear part semi finishing

Front semi finishing program을 복사하여 Roughing 작업과 같은 방법으로 Tool 축과 Safety plan, Part를 Rear part로 수정하여 Tool path를 생성한다.

○ Tool Pass 생성 조건표

항목	설정
Tool	12mm ball tool assembly
Offset on Check	0.5mm
Part	Rear part
Safety plan	안전 높이 Plan 선택
Check(Body)	Side part, Top part
Tool path style	zig–zag
Machining tolerance	0.1mm
between pass	3mm

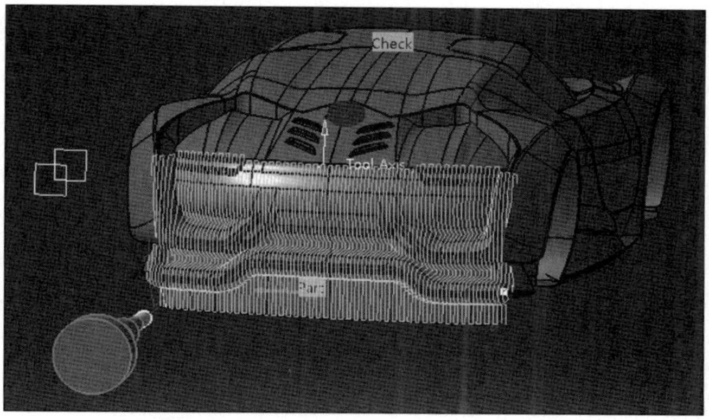

▲ Rear part 중삭 가공 완료

위 설정으로 중삭 가공을 완료한다.

(9) Finishing (정삭 가공)

정삭 가공은 머신 tolerance와 Tool path 간격을 조밀하게 조정하여 조도를 높여 가공한다. 제품의 소재와 사용 용도, 완성도에 따라 달라지는 부분이라 사용자 경험에 의해 작업을 한다. 현 작업은 스티로폼 스케일 모형 제작으로 다음과 같이 작업을 진행한다.

1) Finishing (Sweeping)

- Tool Pass 생성 조건표

항목	설정
Tool	6mm ball tool assembly
Offset on part	0mm
Offset on Check	0mm
Part	Front part, Rear part, Top part, Side part
Safety plan	각 part 안전 높이 Plan 선택
Check (Body)	가공 part 이외 Body Check
Tool path style	zig–zag
Machining tolerance	0.03mm
between pass	1mm

① 정삭을 하기 위해 Tool Assemblies장에서 실습한대로 6mm 어셈블리 Tool을 미리 생성한다.

· 이번 실습은 중삭에 사용한 것과 같은 Sweeping Operation을 이용해 정삭 가공 Tool path를 생성한다. 따라서 새로 Operation 설정을 할 필요 없이 연산이 끝난 semi-Finishing(중삭) program을 복사해서 Parameter 값을 수정하여 사용한다.

· 앞서 Roughing 실습 때와 같은 방법으로 복사된 Operation을 Tool 축과 tolerance Stepover, 가공 영역, 안전 높이 Plan 설정만 변경하여 Tool path를 생성한다.

② Machining tolerance : 0.03mm

③ Max. distance between pass : 1mm

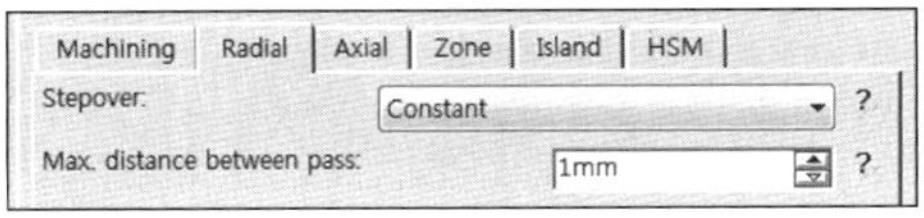

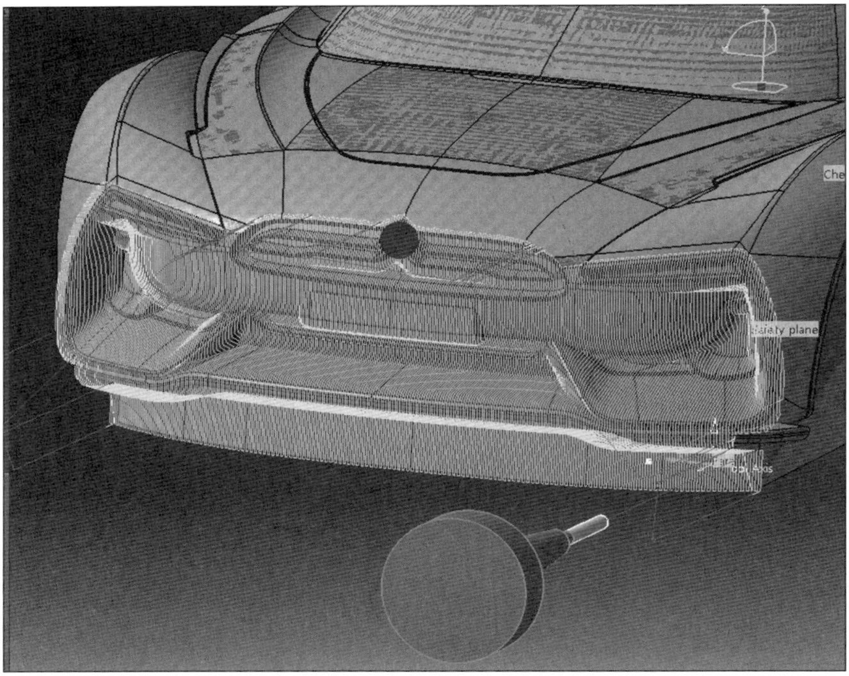

▲ 정삭 가공 Tool path 생성

◦ Tool path 간격 조절

Sweeping Operation은 Tool 축 방향에서 일정한 간격으로 Tool path를 형성하기 때문에 part 면의 각도에 따라 Tool path 간격이 넓어지는 경우가 생긴다.

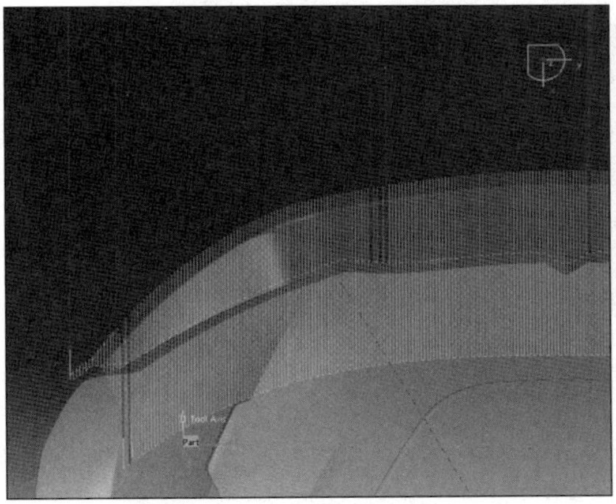

▲ Tool 방향으로 일정한 간격으로 가공

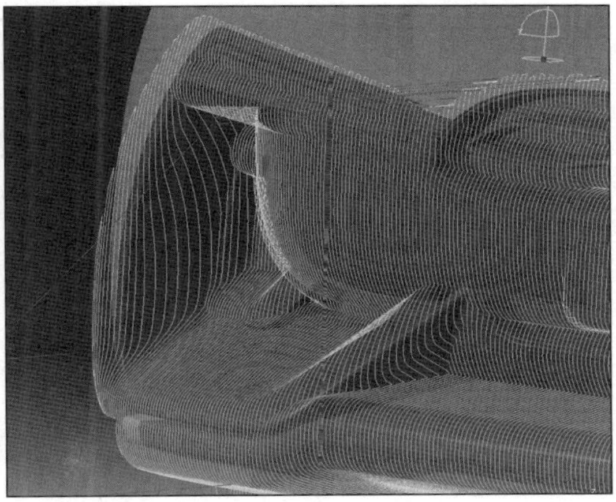

▲ 각에 따라 간격이 넓어짐

(10) Operation의 응용

이번 장에서는 가공 표면의 일정한 가공 품질을 얻기 위한 다양한 Tool을 알아보자.

위 그림에서와 같이 Tool path의 간격이 고르지 못하면 당연히 가공된 제품 역시 가공 후 일정한 품질을 얻을 수 없다. 이 문제에 대한 해결 방법을 찾아보도록 한다.

해결법 1) Sweeping의 Zone 기능과 Zlevel의 활용

① **Zone** : Tool path 진행 과정에 나타나는 수직 구간 형상을 각 상황에 맞추어 영역을 분리 가공한다.

위치 : Operation의  가공 Parameter Tap 〉 Zone

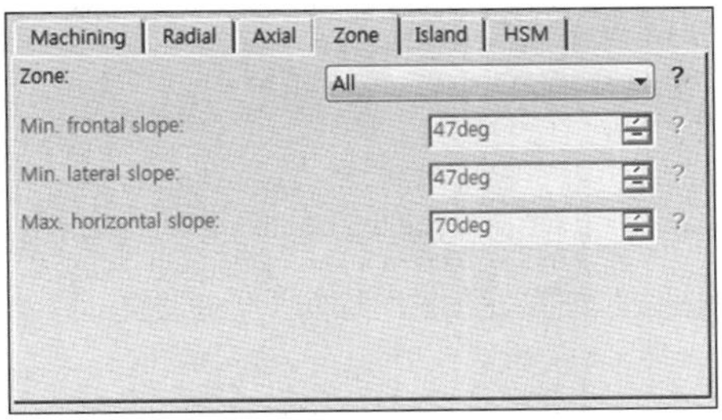

i All : 영역을 나누지 않고 전면을 가공하는 Tool path를 생성한다.

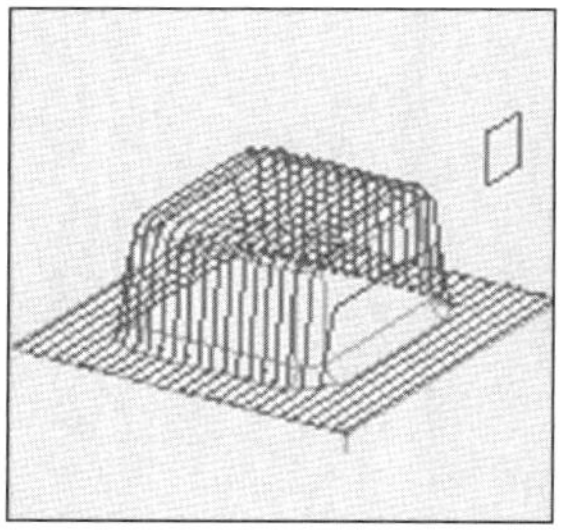

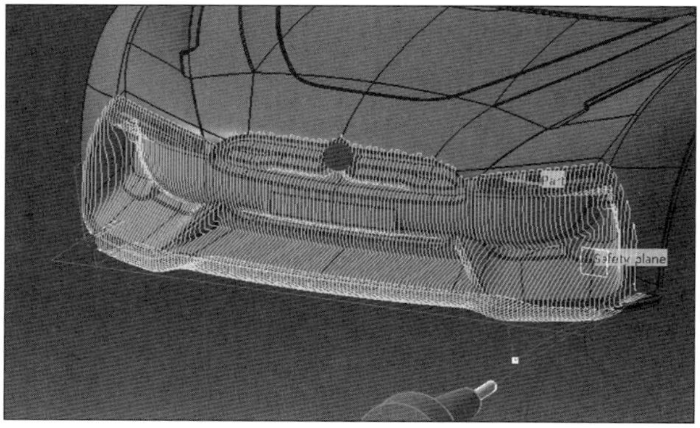

ii Frontal walls : 가공 이동 중에 만나게 되는 수직 구간 가공에 대한 Tool path를 분리한다.

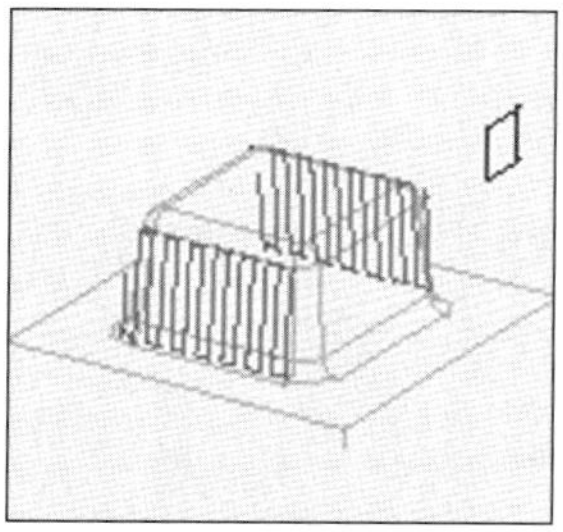

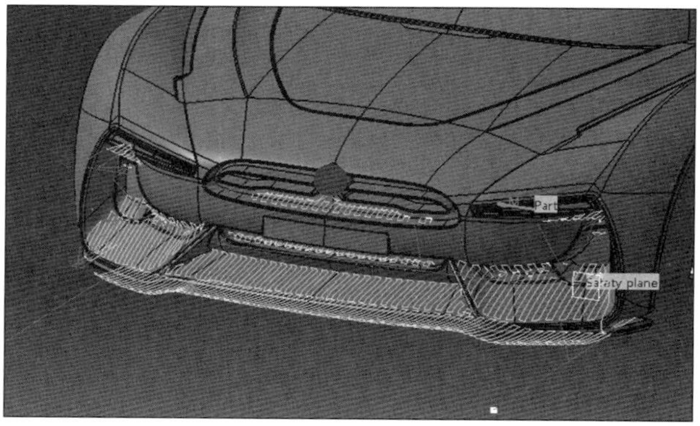

iii Lateral walls : 가공 중 옆으로 만나게 되는 수직 구간에 대한 가공 Tool path를 분리한다.

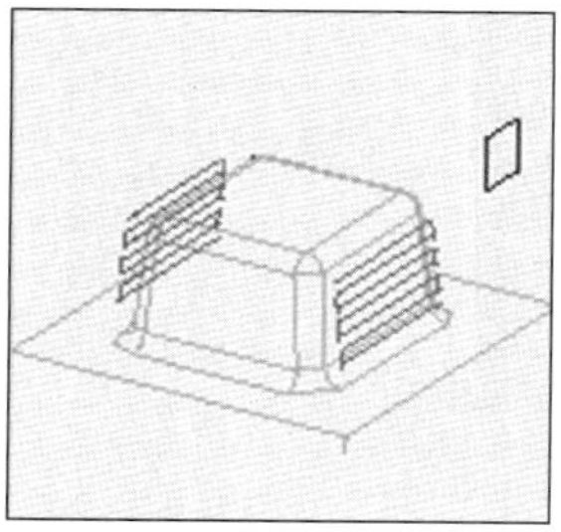

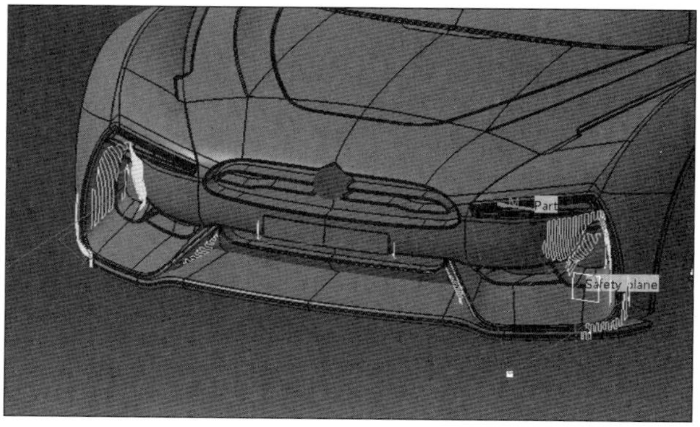

iv Horizontal zones : 평면 구간 Tool path를 분리한다.

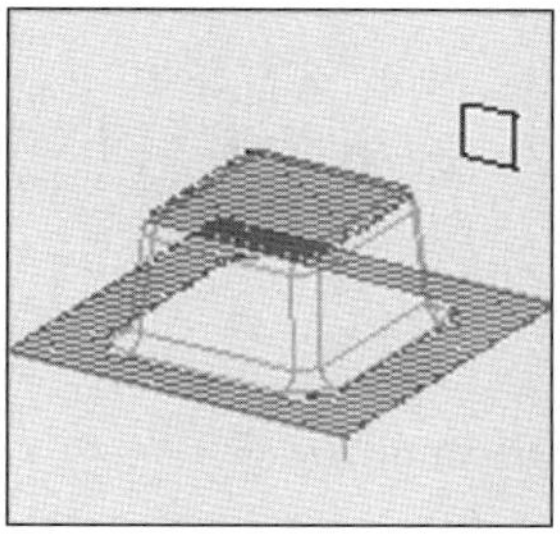

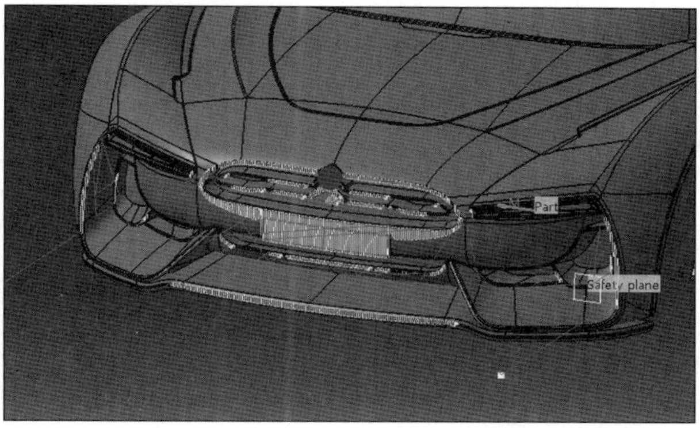

② 위 가공 Option 중에 Lateral walls type이 적합하다.

Sweeping 정삭 가공이 끝나고 Lateral walls 가공을 다시 한 번 진행하여 Tool path가 늘어진 부분을 다시 한 번 가공한다.

TIP Cam programming을 하다보면 마음에 드는 Tool path를 얻기까지 많은 Test 연산 과정을 거치게 되어 많은 시간을 Teat 연산에 투자하게 된다. TEST Tool path 연산은 머신 tolerance와 path 간격에 대한 Parameter 값을 여유있게 설정해서 연산 시간을 단축하는 것이 좋다. 빠르게 Test하여 적합한 Tool path를 찾은 다음에 안정된 값으로 변경하여 최종 데이터화 한다.

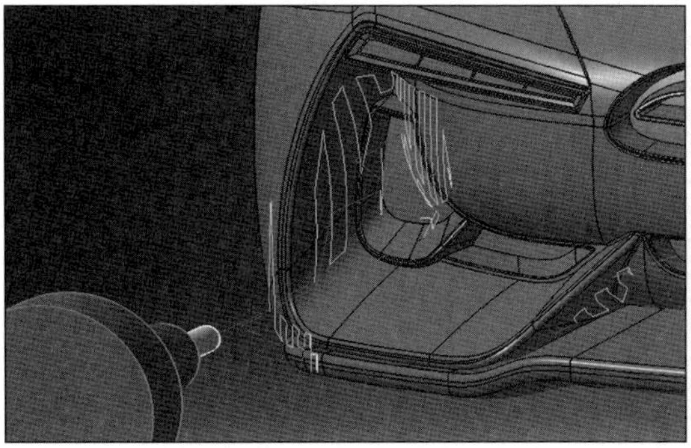

▲ Test Tool path

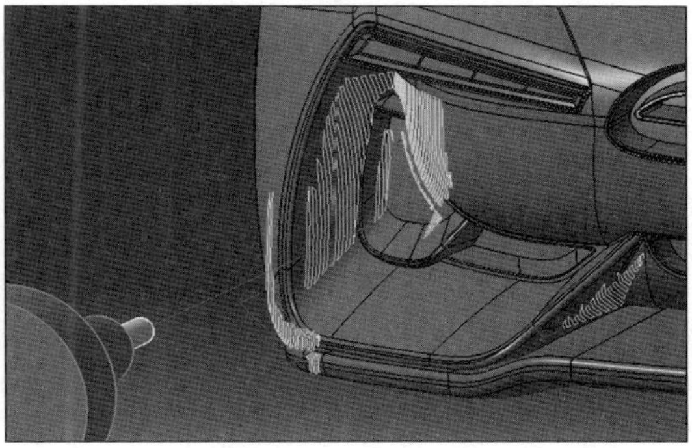

▲ 완성된 Tool path

해결법 2) Sweeping의 Zone 기능과 Zlevel의 활용

위와 같은 작업 방법은 Tool이 지나갔던 부분을 다시 한 번 Tool이 지나가기 때문에 실질적인 제품 표면에는 영향이 없지만 시각적으로 좋지 않은 경우가 있다. 이러한 경우에는 수직 구간 부분과 평면 영역을 구별하여 가공하는 Tool path를 생성한다. 수직 구간 부위 가공에 특화된 Zlevel과 평면 구간 가공에 특화된 Spiral milling 또는 Sweeping을 병행하여 가공한다.

① 평면 구간 가공

- **Spiral milling 또는 Sweeping의 Zone** : 설정에서 평면 구간 허용각을 지정하여 Tool path를 생성한다.

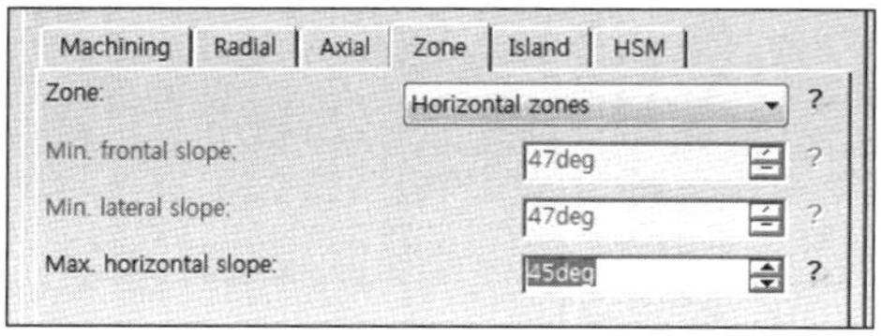

- Zone : Horizontal zones
- Max. horizontal slope : 45

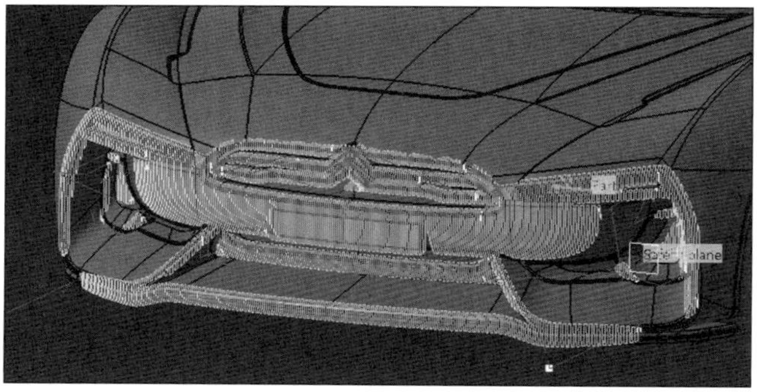

▲ 평면부터 40도 구간을 가공한 모습

② 수직 구간 사용

- **Zlevel**

i Geometry 선택

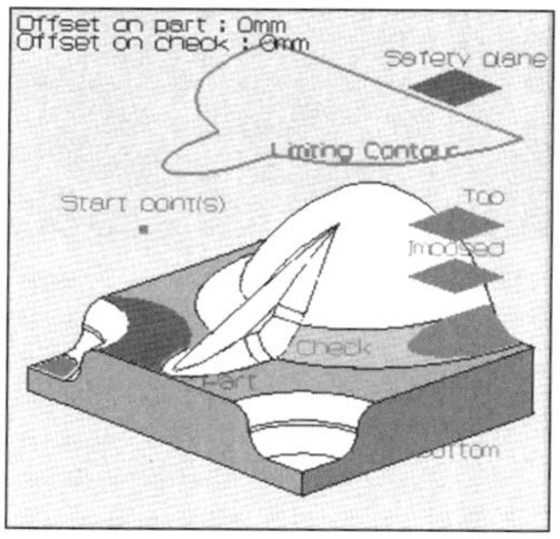

항목	설정
Offset on part	0mm
Offset on Check	0mm
Part	Front part
Safety plan	안전 높이 Plan 선택
Check(Body)	Side part, Top part

ii Tool 설정 : Sweeping에서 사용한 Tool 사용(이전 Operation에서 사용한 Tool이 자동으로 선택된다.

iii Machining Parameter 설정

ⓐ Zone : Sweeping과 연결될 수 있도록 각도를 조절한다.

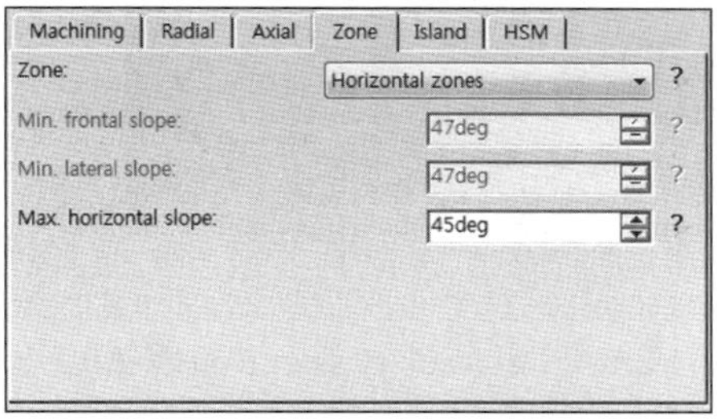

– Max. horizontal slope : 45

ⓑ Cutting mode : Tool의 절삭 방향을 설정한다.

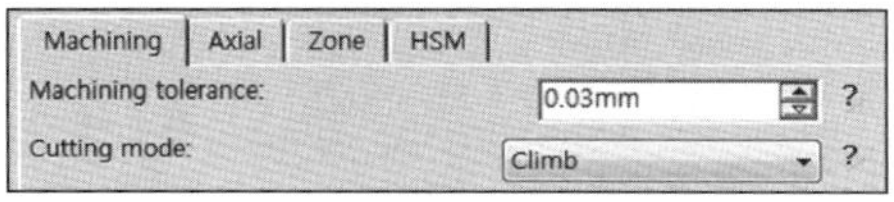

– Cutting mode : Climb

▲ Climb
상향 절삭

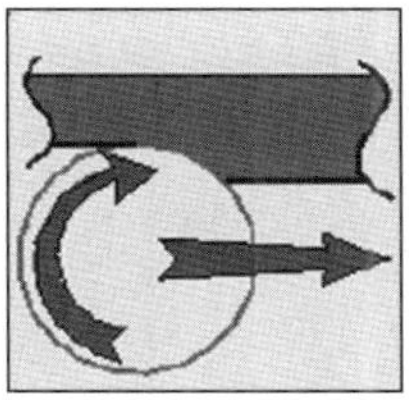

▲ Conventional
기본 절삭(하향 절삭)

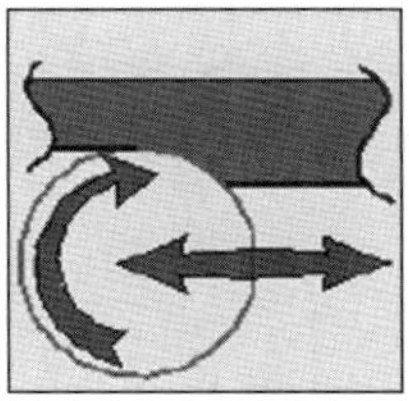

▲ Either
양방향 절삭

· 단방향 가공은 Aircut이 많이 생기기 때문에 Aircut을 줄이기 위해 Either를 선택한다.

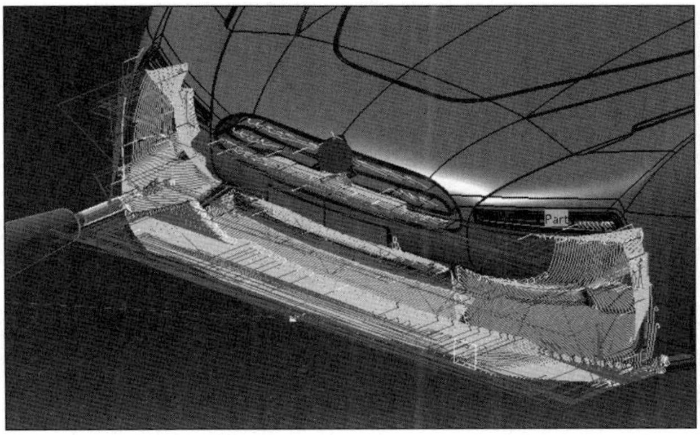

▲ 상향 또는 하향 절삭 결과

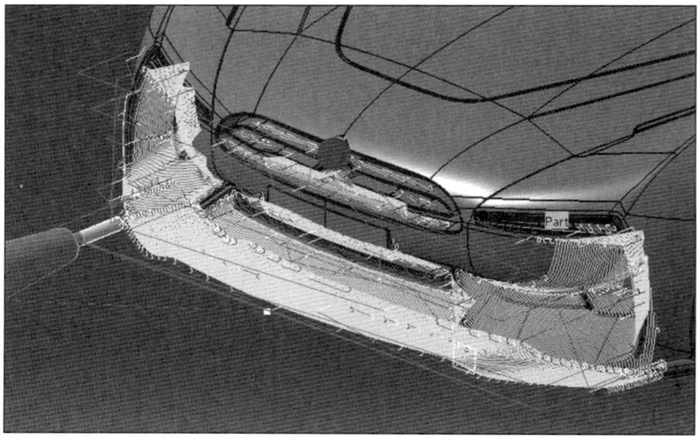

▲ Aircut이 많이 줄었음을 확인할 수 있다.

· Airtap을 더 줄이는 방법으로 Macro tap의 Betweel pass mode를 Along tool axis 또는 Steaight를 사용하면 때에 따라 좋은 결과를 얻을 수 있다.

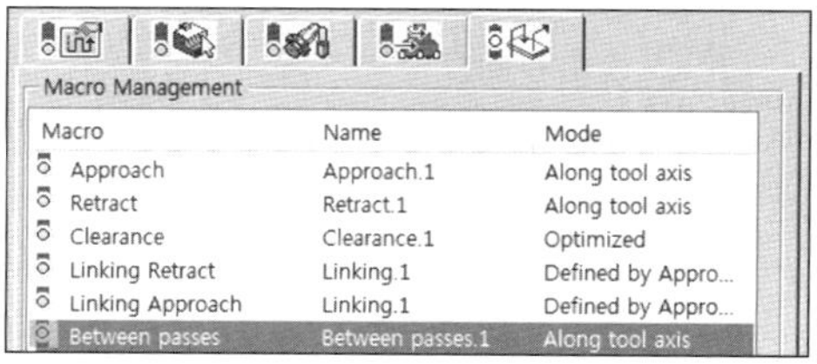

▲ Macro 설정창

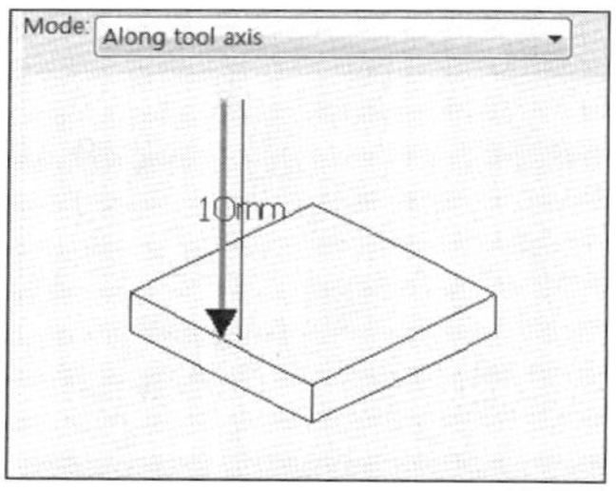

▲ Along tool axis mode

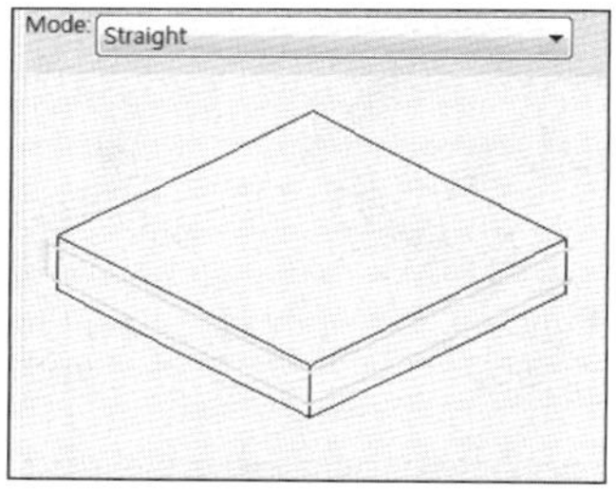

▲ Straight mode

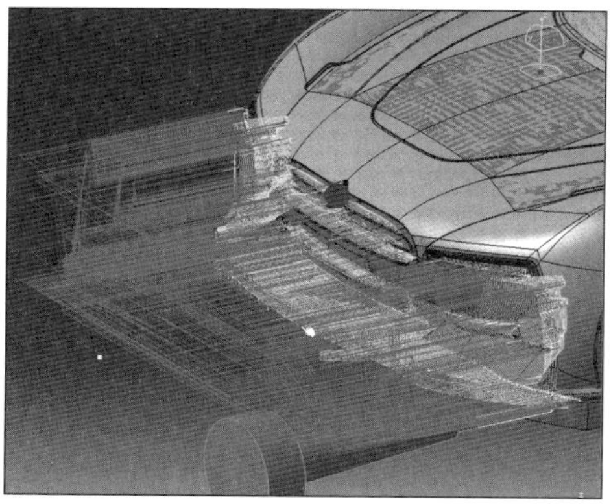

▲ Macro 미적용

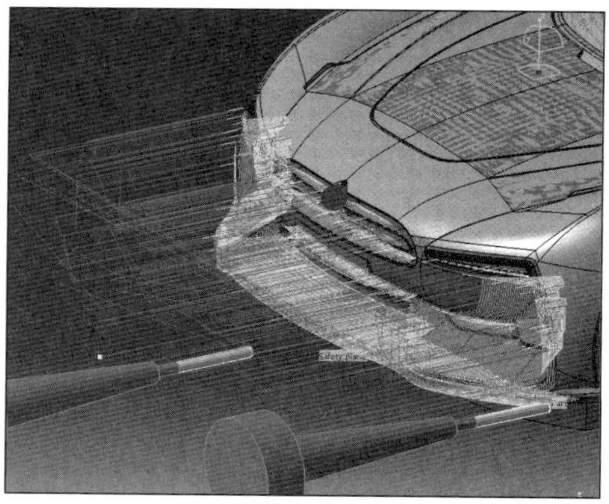

▲ Along tool axis, Straight Macro 적용

주의 : Straight mode는 Tool path와 Tool path 사이를 직선 구간으로 연결하기 때문에 다음과 같은 경고창이 뜨는 경우가 있다. 상황에 따라 다른 mode로 Tool path를 생성한다.

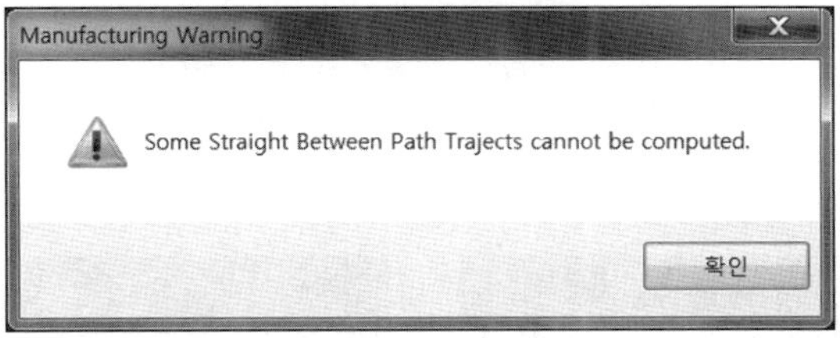

iv Feedrate Spindle Speed Tap : 사용자 환경에 맞추어 설정한다.

해결법 3) Slope Area

- Slope Area 명령을 사용하여 해결법 2번 방법과 같은 효과를 자동으로 얻을 수 있다.

① PPR tree에 Manufacturing Program을 추가하여 자동으로 생성될 program이 위치할 곳을 미리 생성한다.

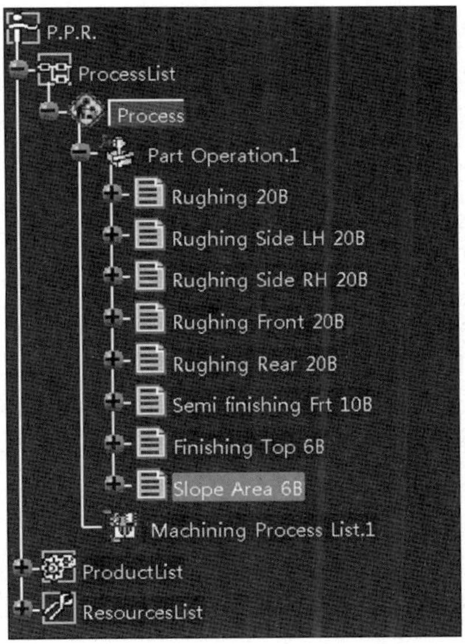

② Slope Area를 실행한다.

③ Slope Area : Slope area를 Check on하여 활성화시킨다.

④ Part와 Check(igs)를 선택한다.

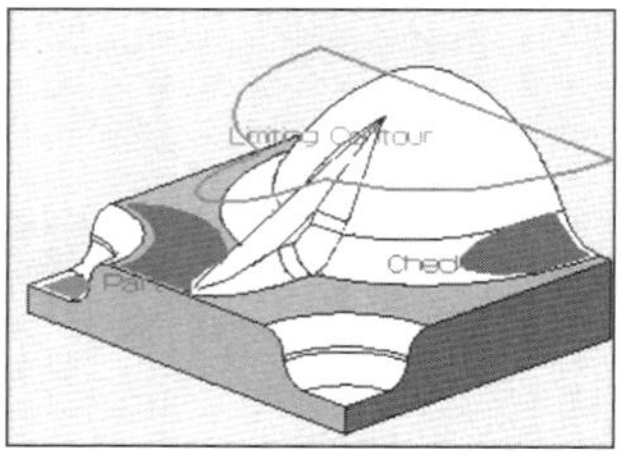

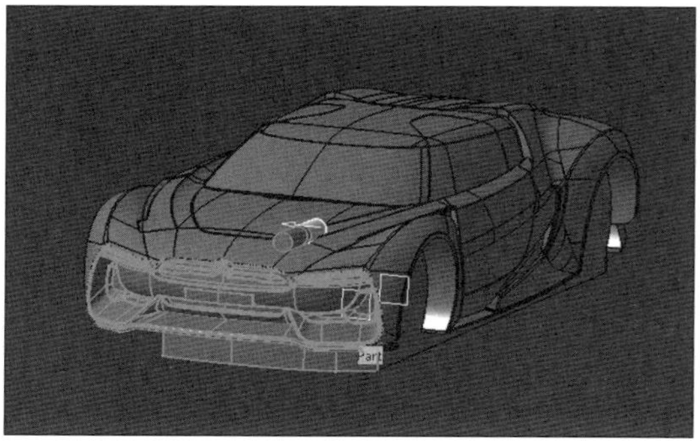

▲ Part : Front part

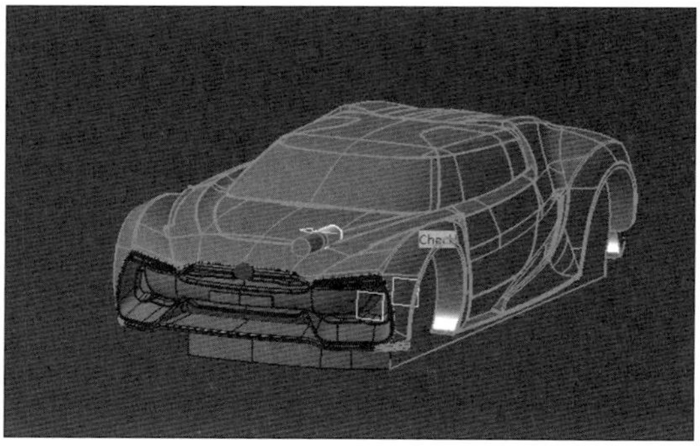

▲ check : Top, Side part

⑤ Operation tap

Insertion Level : Insertion Level의 None 부분을 클릭하고 PPR Tree에 미리 생성한 program을 선택한다. (자동 생성될 Operation의 위치 지정)

Insertion Level 의 None 부분을 클릭하고 미리 생성한 program을 선택한다. program이 선택되면 다음과 같이 영역별로 Operation을 지정할 수 있다.

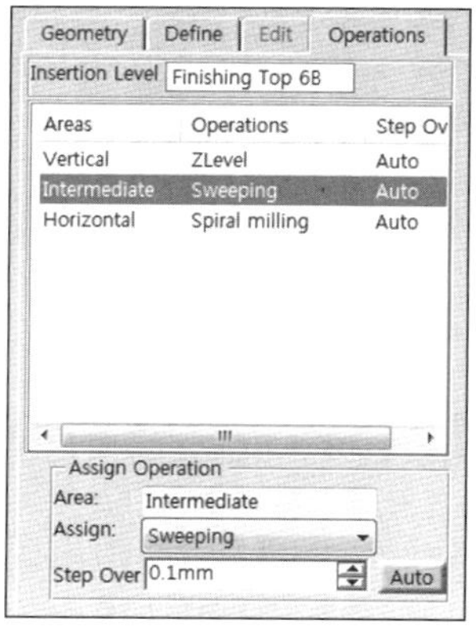

- Vertical : Zlevel
- Intermediate : Sweeping
- Horizontal : Spiral milling

해당 항목을 클릭한 후 Assign Operation에서 영역별 Operation을 변경할 수 있다.

⑥ Define Tap : Tool 축과 사용할 Tool, 각 영역을 나누는 기준각을 정의한다.

i Tool Axis **설정** : 화살표 방향을 클릭 후 Tool 축 방향으로 사용될 Plan을 클릭한다.

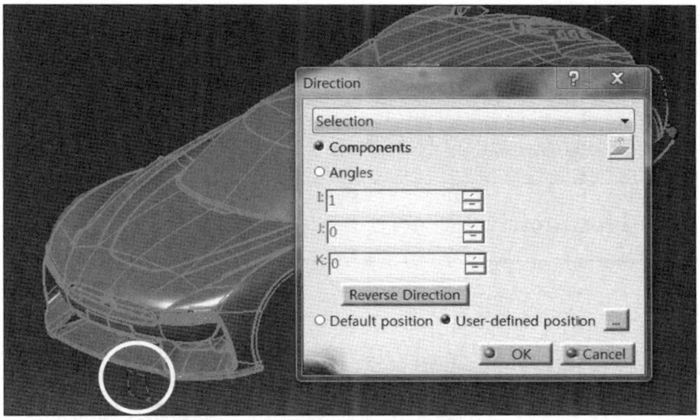

ii Tool

Reference : 대화창을 클릭하여 Reference에 저장이 되어 있는 Tool을 불러온다. 해당 Tool이 없는 경우 직접 입력한다.

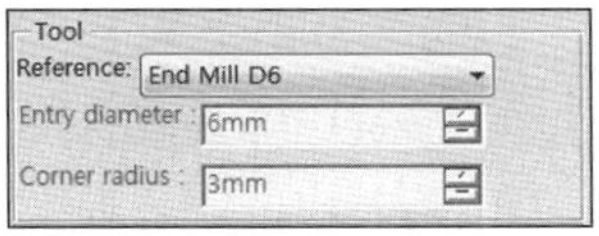

iii Angles : 각 영역을 나누는 기준각을 설정한다.

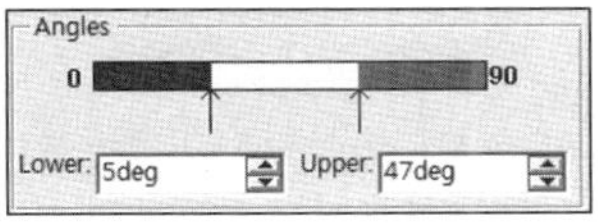

⑦ 설정이 완료되면 Compute 아이콘을 클릭하여 연산을 시작한다.

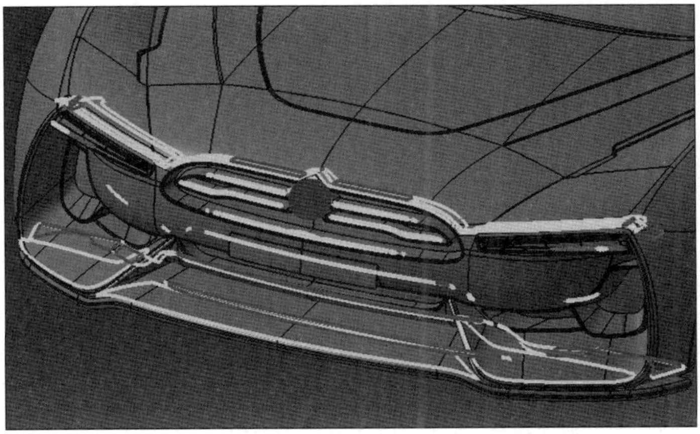

▲ 연산이 완료된 모습

각 Color 별로 Color가 지정된다.

Area	Color
Vertical(수직 영역)	붉은색
Intermediate(중간 영역)	노란색
Horizontal(평면 구간)	파란색

⑧ 설정이 완료되면 OK를 눌러 완료한다.

Slope Area가 종료되고 나면 위와 같이 Zlevel, Sweeping, Spiral milling Operation이 자동으로 생성된다. 아직 가공 Parameter 설정이 완료되지 않은 상태로 각 Operation 아이콘에 업데이트 표시가 나타난다. 각 Operation에는 가공 영역과 tool 정보만 입력이 되어 있다. 나머지는 사용자가 정의해주어야 한다.

◦ 자동 생성된 Slope Area Operation 설정 : (Zlevel/Sweeping/Spiral milling 공통)

① 각 Operation을 더블 클릭하여 대화상자를 Open한다.

② **Geometry 정의 Tap** : 안전 높이 정의

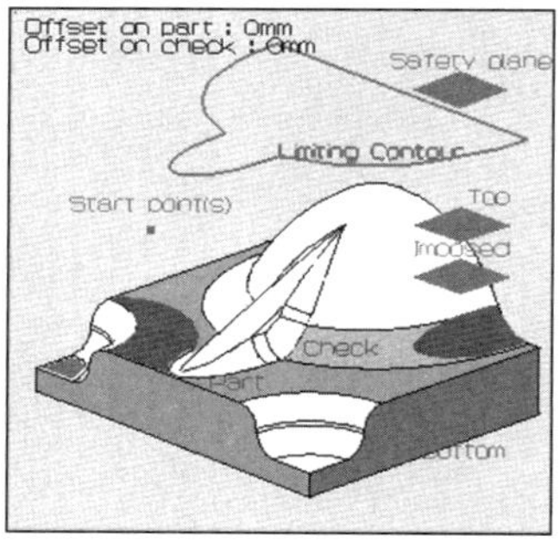

Part와 Check 부분은 녹색으로 자동 지정이 되어 있다.

③ Tool 정의 Tap

Slope Area의 Tool Reference에서 Tool assemble를 지정했다면 자동으로 Tool Holder까지 지정이 된다. 그렇지 않고 Tool 값을 직접 입력 했다면, Tool은 이미 지정한대로 단일 6mm 볼 Tool이 자동으로 지정된다. 충돌 Test 등에 Tool Holder가 필요로 하기 때문에 Holder가 정의 되지 않았다면 Tool assemble tap에서 이전에 사용한 Tool을 다시 불러들인다.

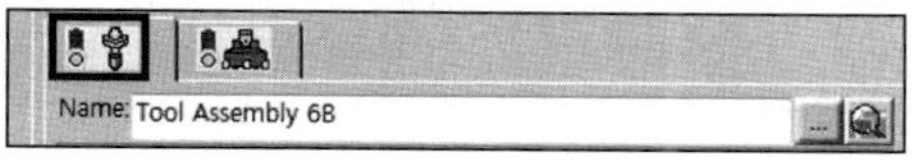

Select a tool assemble from document 아이콘을 클릭하여 Reference에 저장되어 있는 Tool을 사용한다.

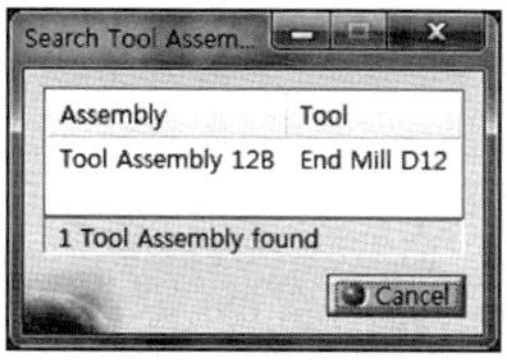

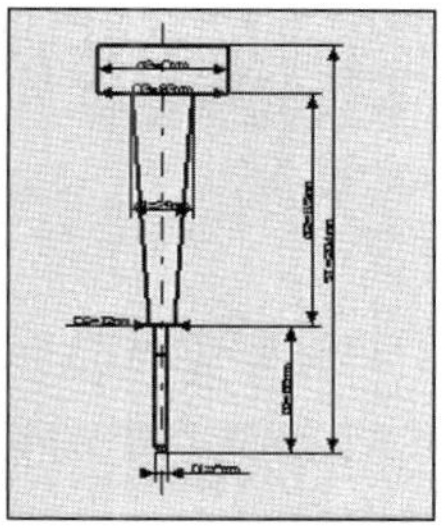

④ Feedrate Spindle Speed Tap을 사용자 환경에 맞추어 설정한다.

⑤ Machining Parameter Tap

i Machining

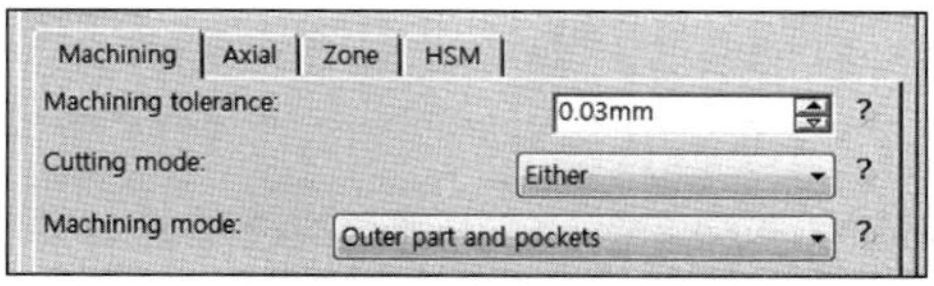

- Machining tolerance : 0.03mm
- Cutting mode : Either(Zlever)

ii Radial/Axial(Zlevel)

- Distance between pass : 1mm

⑥ Operation 설정이 완료되면 Tool path replay 아이콘을 클릭하여 연산을 시작한다.

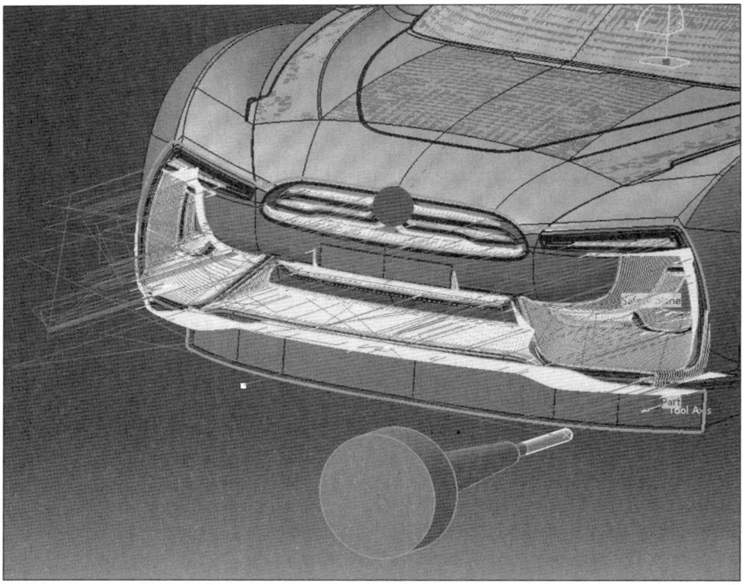

▲ Slope Area Zlevel

연산이 완료되면 다음 그림과 같이 업데이트 표시가 사라진 것을 볼 수 있다.

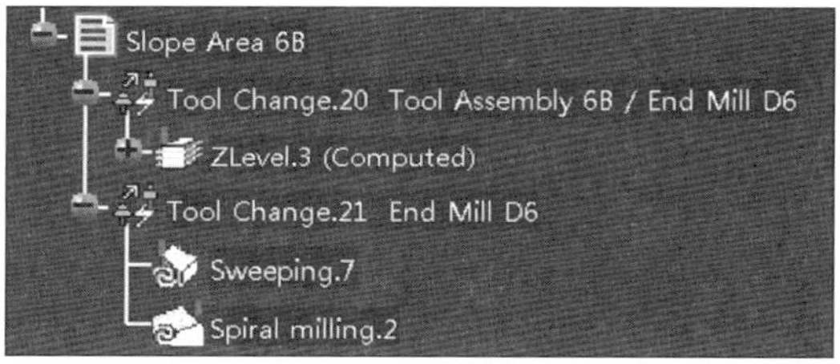

- Slope Area Sweeping

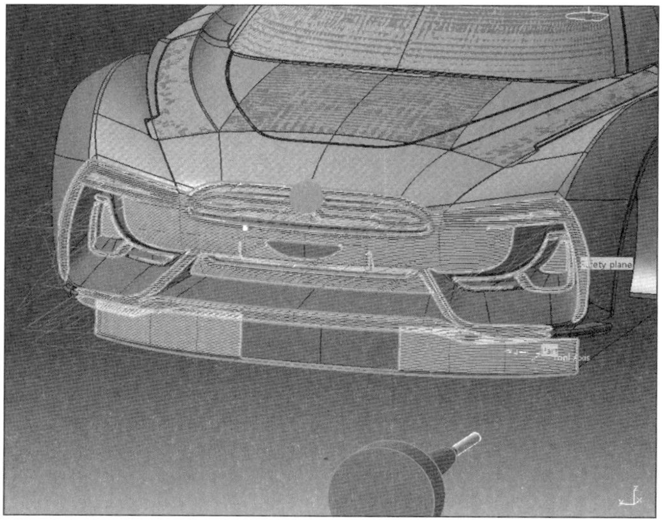

- Spiral milling

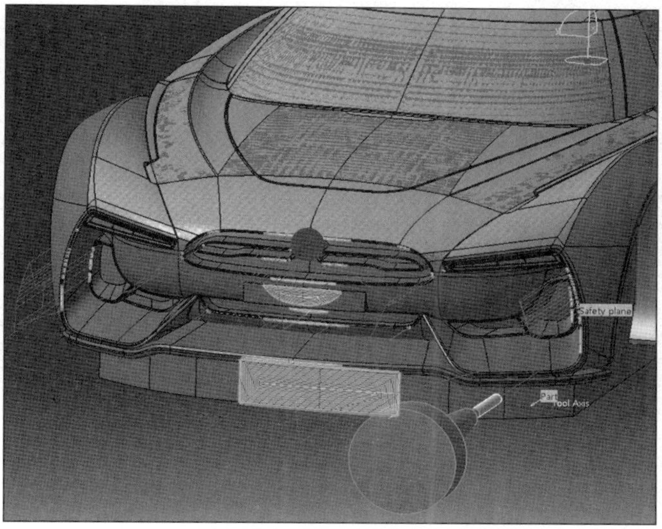

⑦ 모두 연산이 완료되었다면 Operation을 모두 선택한 후 Tool path Replay를 실행시킨다.

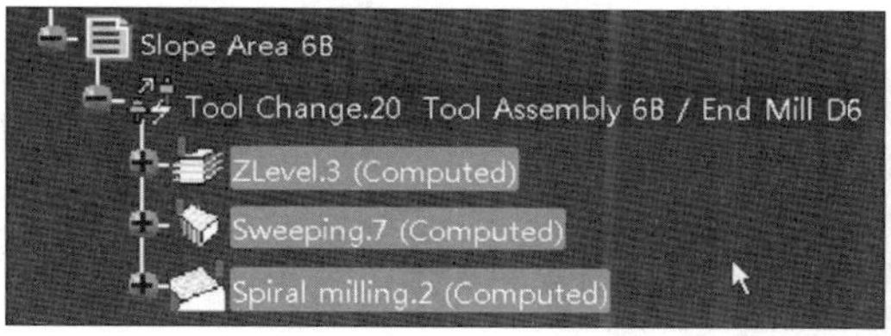

▲ Slope Area 해당 Operation 모두 클릭

⑧ 각 Tool path의 경계가 잘 연결이 되는지 살펴본 후 완료한다.

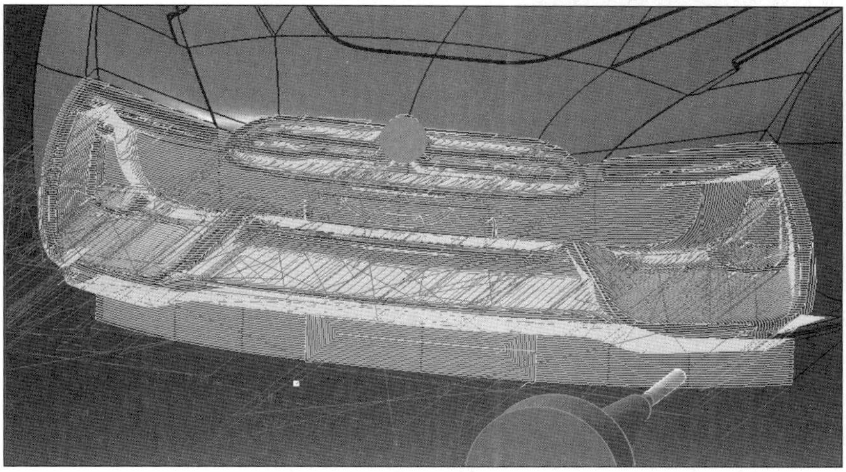

▲ Front part 가공 모습

- **Slope Area 수정** : 이미 연산이 완료된 Slope Area도 수정이 가능하다.

① Manufacturing View 창을 연다.

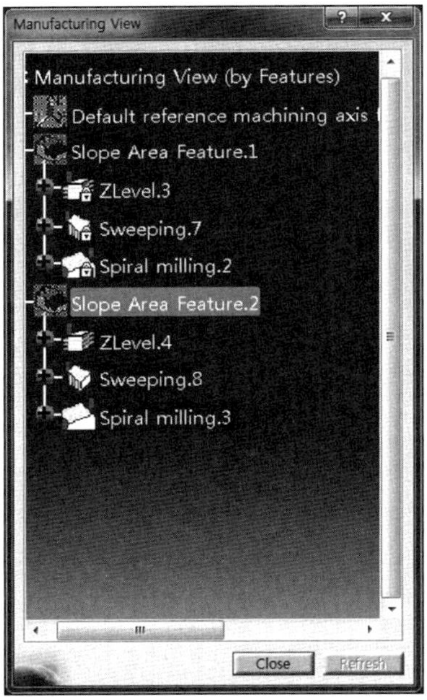

▲ Manufacturing View 창

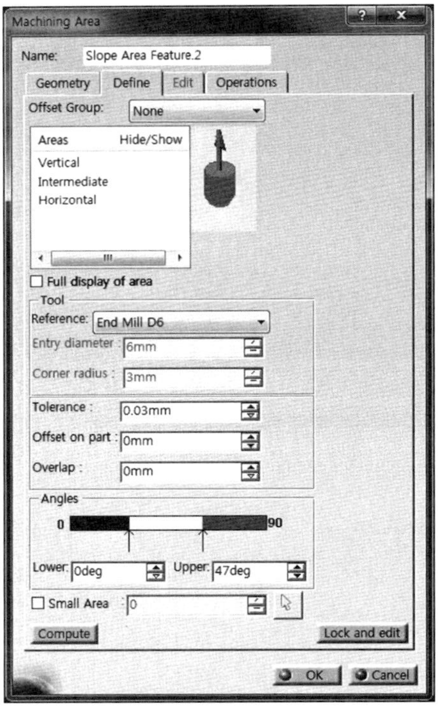

▲ Slope Area 설정 창

② 수정하려는 Operation을 찾아 더블 클릭한다.

③ Slope Area 설정창에서 수정사항을 선택하여 수정한다.

④ 수정을 마치고 Compute를 클릭하면 연산을 시작한다. 이미 Operation 연산이 완료되었더라도 새로 수정한 Slope Area가 적용이 된다.

⑤ 각 Operation에 Update 알림 Mark가 표시되고 다시 한 번씩 재연산을 실행, Tool path 생성을 해야 한다.

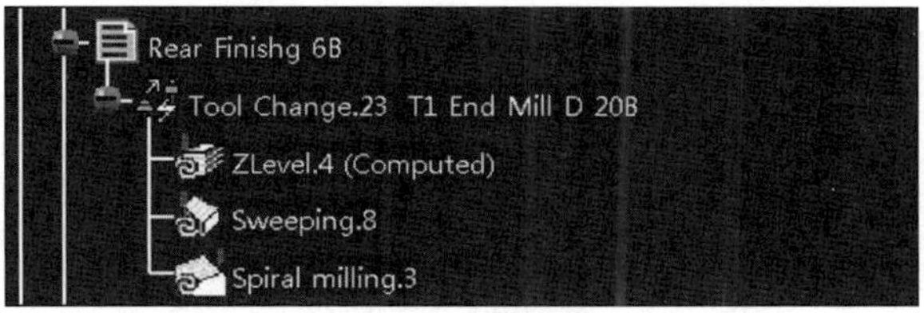

- 나머지 Top part, Side part, Rear part도 Front Finishing 과정을 참고로 Tool path 생성을 한다.

(11) RE-work(잔삭)

잔삭은 정삭 가공에서 미처 가공하지 못한 부분을 찾아 가공하는 작업을 말한다. 우리는 이전 작업에서 직경 6mm Tool로 정삭 작업을 했으므로 Part의 곡률이 3R보다 작은 부분이나 6mm이하의 홈 등은 가공이 되지 않았을 것이다. 이 부분을 찾아서 가공 하도록 한다.

Rework에는 여러 가지 방법이 있지만, 이번 실습은 Pencil과 자동으로 가공영역을 설정해주는 Rework area를 사용하여 Tool path를 생성한다.

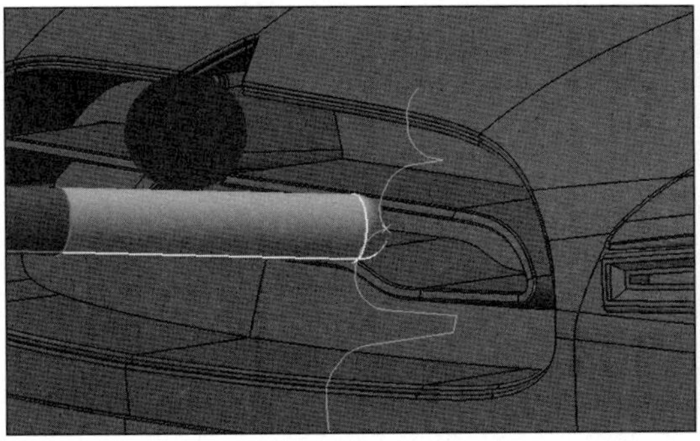
▲ 직경 6mm Tool

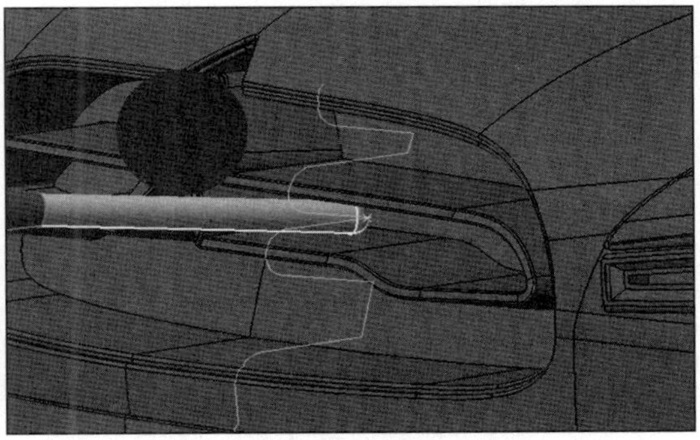
▲ 직경 3mm Tool

Pencil	Rework Area

1) Pencil : Pencil은 황, 중삭 개념으로 많이 쓰인다.

- 다음 과정부터는 Tool, Speed, Macro Tap과 같이 반복적으로 나오는 사항은 생략하도록 한다.

① Geometry 선택 : Pencil할 part와 Check할 부분, 안전 높이를 설정한다. 기본은 Sweeping과 같다.

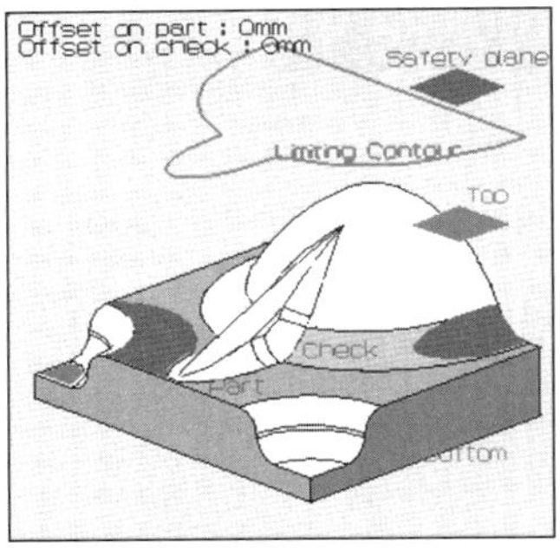

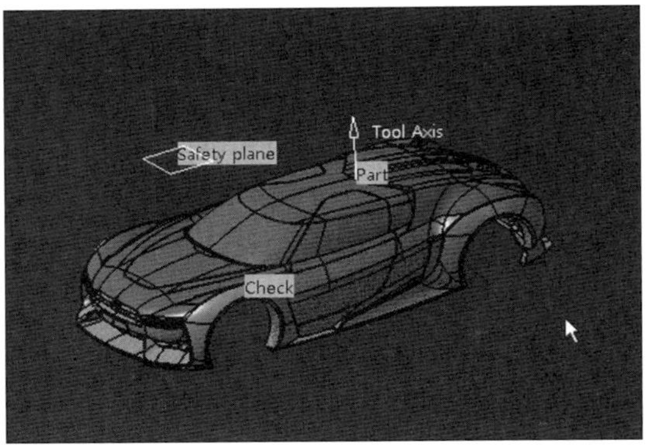

② Machining Parameter 설정

i Axial Strategy

· Axial direction : 높은곳과 낮은 곳의 진행 방법을 설정한다.

- Down : 높은 곳에서 낮은 곳으로 가공 Tool path를 생성한다.
- Up : 낮은 곳에서 높은 곳으로 가공 Tool path를 생성한다.
- Either : Part의 높낮이와 상관없이 진행하는 Tool path를 생성한다.

▲ Down

▲ Up

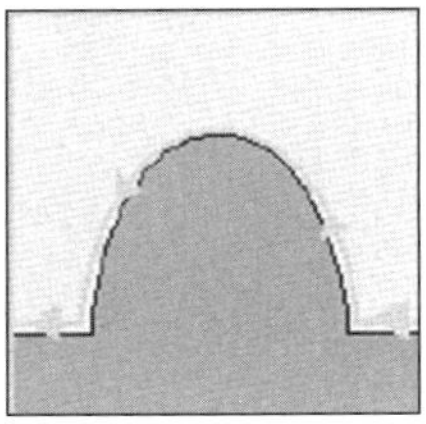

▲ Either

· Minimum change length : Axial direction을 적용할 높이를 설정한다.

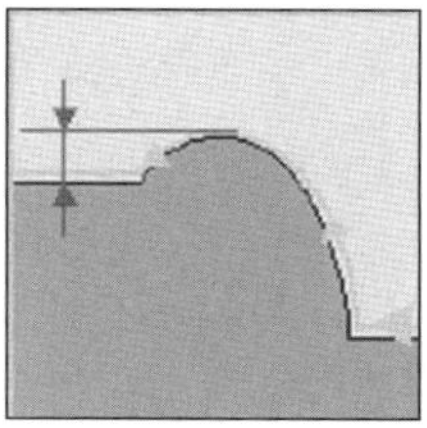

③ 설정이 완료되면 Tool path replay 아이콘을 클릭하여 연산을 진행한다.

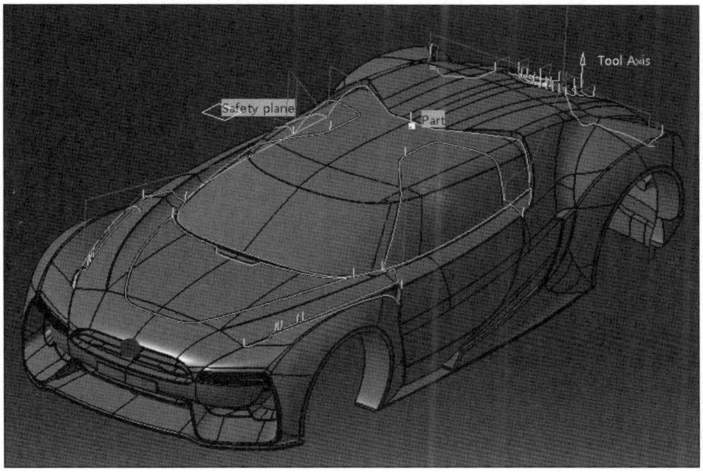

위와 같은 방법으로 Tool의 크기를 줄여가며 원하는 결과가 나올 때까지 Pencil 작업을 반복한다.

2) Rework Area

Rework Area는 Operation에서 미절삭 된 영역을 자동으로 찾아 준다. Slope Area와 같은 방식으로 자동으로 Operation이 추가되므로 program을 미리 생성해 두는 것이 좋다.

① TTR tree에 Manufacturing Program을 추가하고, 자동으로 생성될 Operation이 속할 program의 위치를 먼저 지정한다.

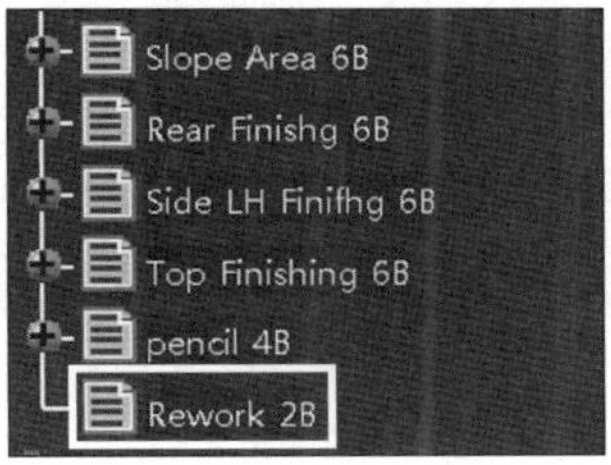

② Rework Area 실행

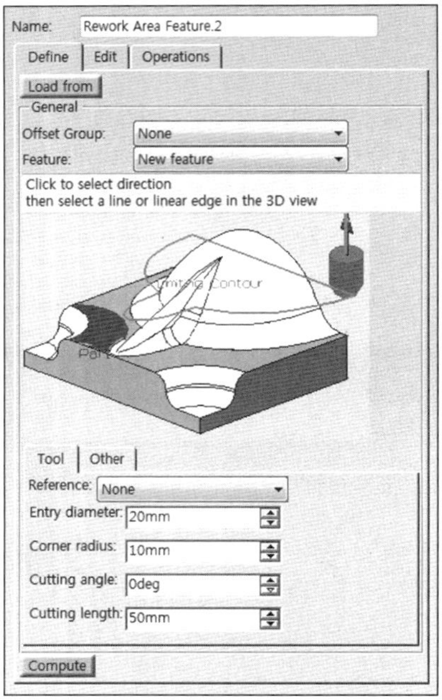

Part와 Tool축 Limit 라인을 직접 선택을 하거나 Load from으로 Rework 대상 Operation의 Tool path를 불러올 수 있다.

③ Load from 클릭 후 Top part Finishing Operation을 TTR tree에서 다음과 같이 선택한다.

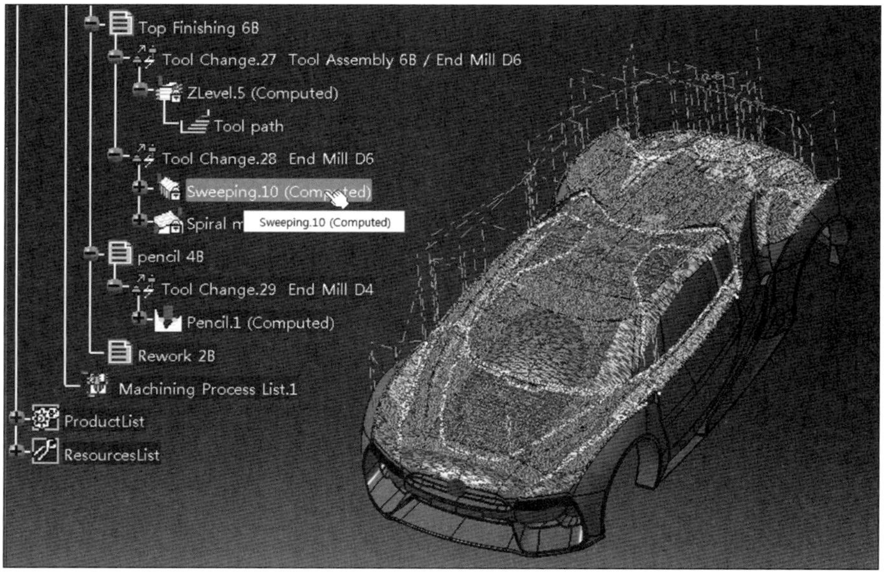

자동으로 기존에 사용한 Tool 정보와 가공 영역, Tool 축이 자동으로 설정된다.

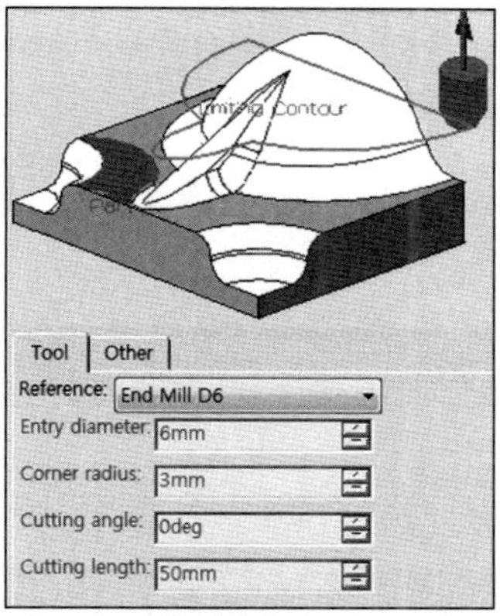

▲ Part 부분과, Tool Axis 부분이
녹색으로 변한다.

④ Operation tap

i **Insertion Level** : 자동 생성되는 Operation의 저장 위치 지정

Insertion Level(None) 클릭 〉 이미 PPR Tree에 생성한 program을 선택한다.

ii **Tool Reference** : Rework에 사용될 Tool을 지정한다.

이번 작업은 직경 2mm 볼 Tool로 작업한다. 이미 사용했거나 저장된 Tool이 없으므로 None를 선택한다.

iii **가공 영역 설정** : Rework는 Vertical과 Horizontal 2가지 가공 영역을 지원한다.

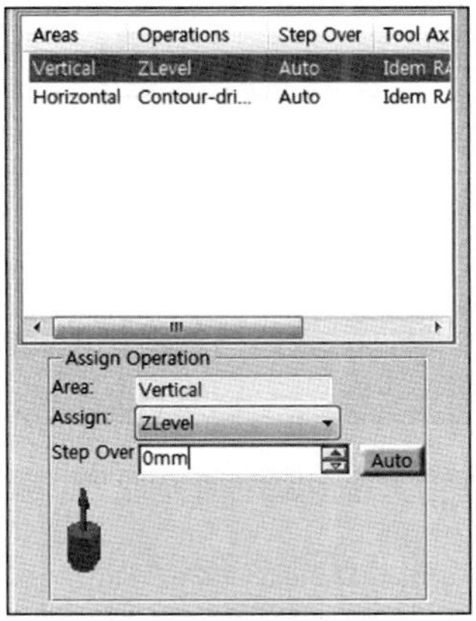

각 항목을 선택하여 Assign Operation에서 가공 방법을 선택할 수 있다.

이번 작업에서는 기본으로 설정되어 있는 Zlevel Operation과 contour-driven으로 진행한다. 설정이 완료되면 연산을 시작한다.

⑤ 설정이 완료되면 연산을 시작한다.

Define Tap 〉 Compute 클릭

- 연산이 완료되면 다음과 같이 가공 영역이 선으로 구분되어 표시된다.

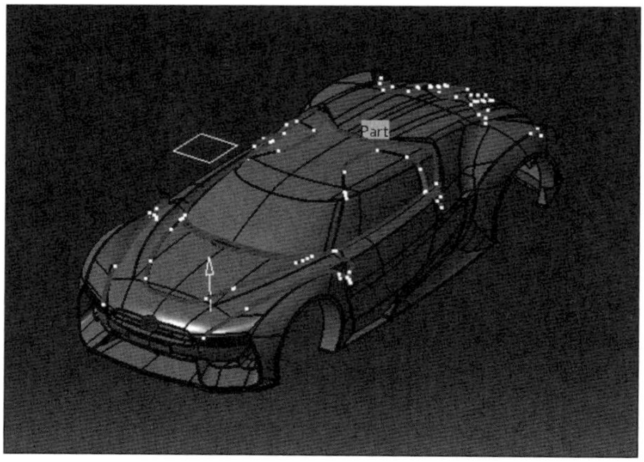

각 영역 별로 칼라가 지정된다.

Area	Color
Vertical	붉은색
Horizontal	파란색

⑥ 설정이 완료되면 OK를 눌러 완료한다.

지정한 Program 하위에 Rework(Zlevel, Contour-driven) Operation이 추가된다.(각 Operation 아이콘에 표시된 느낌표는 아직 연산이 완료되지 않았다는 주의 표시임.)

○ 자동 생성된 Rework Operation 설정 : Zlevel

PPR Tree에서 자동 생성된 Zlevel Operation을 더블 클릭하여 실행하면 Tool 정의 Tap이 활성화 된다. 다음 그림과 같이 Tool이 지정되지 않아 기본 Tool마저 로드되지 않고 빈 창으로 Open 된다.

지난 과정에 Tool catalog를 이용한 Tool 검색 및 수정 작업을 진행했으므로 이번엔 직접 Tool을 생성해 보기로 한다.

① Tool 생성

- Tool을 우선 만들고 나서 Tool Holder를 만든다.

i Endmill 아이콘을 클릭하면 다음과 같이 기본 Tool이 Load 된다.

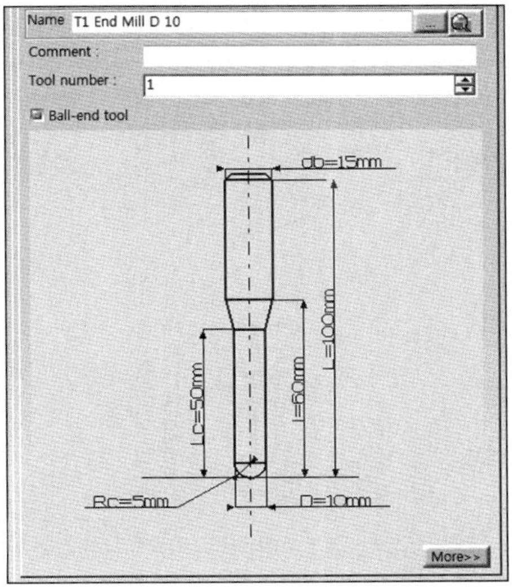

ii 각 항목의 Parameter 값을 변경하여 다음과 같은 Tool을 만든다.

ex) 직경 2mm Ball End mill

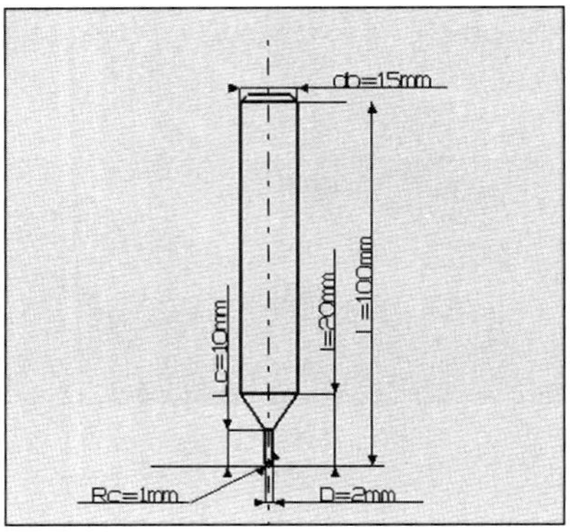

② Tool Holder 생성

i Tool Assembly 아이콘 선택 : 아래 그림과 같이 빈 창이 뜨게 되면 Name 창에 Holder 이름을 입력한다.

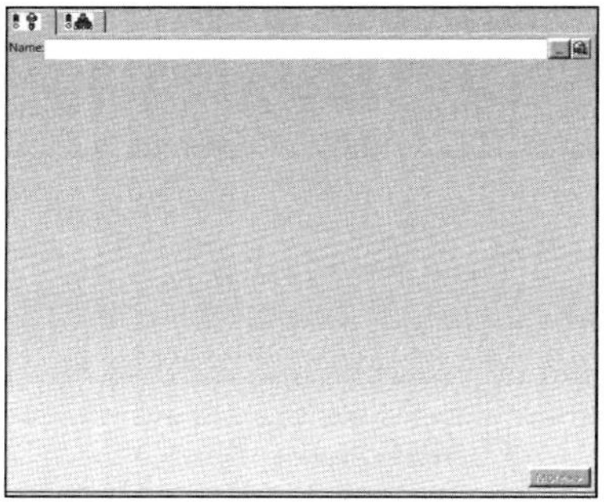

ii Holder 이름을 지정하면 다음과 같이 기본 Holder가 생성된다.

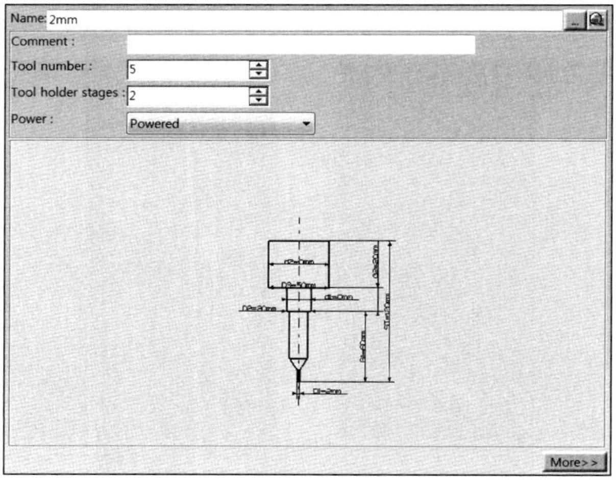

iii 각 항목에 Parameter를 입력, 사용자 Holder를 생성한다.

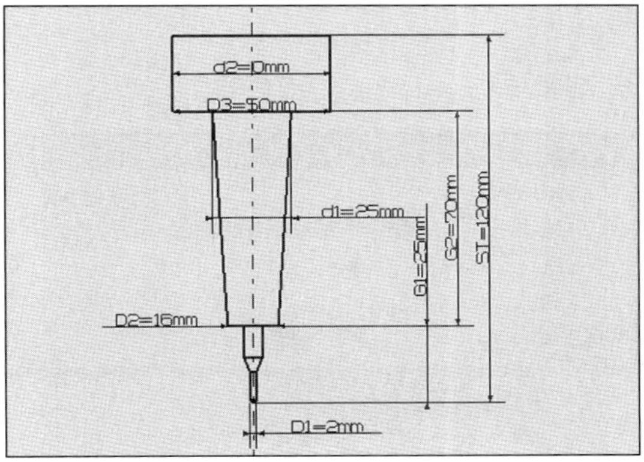

▲ 완성된 Tool holder 모습

iv 이외의 Tool path 생성에 필요한 기본 Parameter를 정의하고 연산을 실행한다.

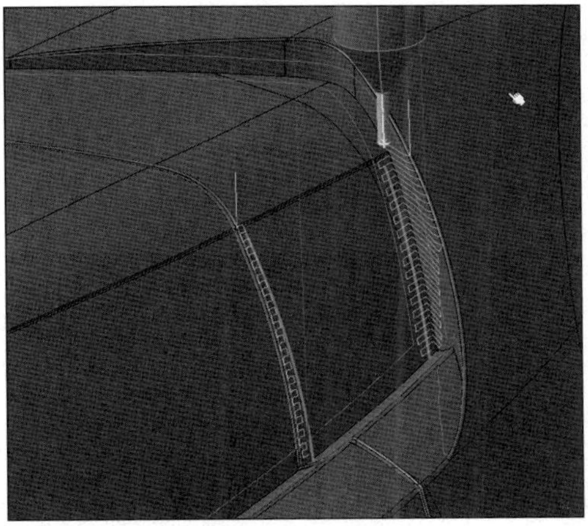

▲ Rework Zlevel Tool path

· 시각적으로 볼 때 부분적으로 충돌이 일어난 부분이 확인이 된다. 다음 장에서 Tool 길이 Check와 Tool path 분할에 대해 알아보도록 한다.

자동 생성된 Rework Operation 설정 : Contour-drive

① PPR Tree에서 자동 생성된 Contour-driven을 실행한다.

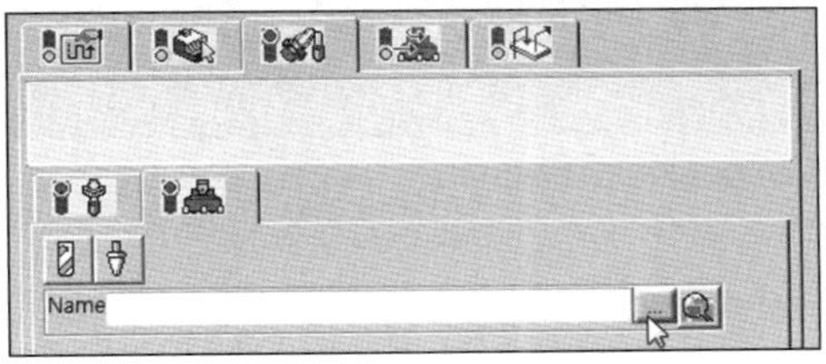

② Zlevel에서 사용한 2B Tool List에서 선택하고 가공속도 및 Spindle 속도 탭과 Macro 탭을 정의한다.

③ Geometry 선택 탭에서 Safety Plan을 선택한다.

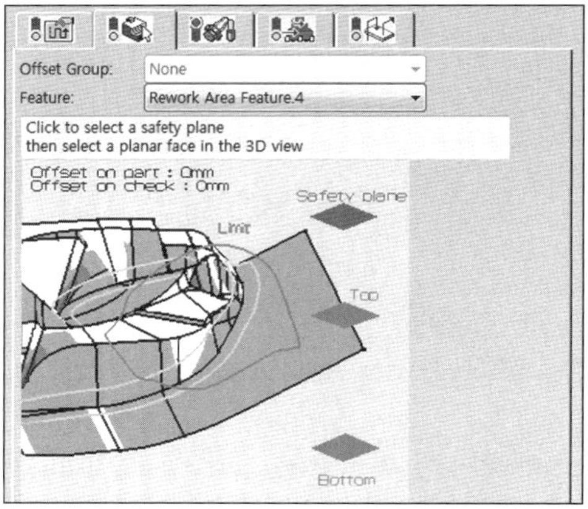

④ 가공 Parameter 설정 탭에서 tolerance와 Tool path Step을 설정한다.

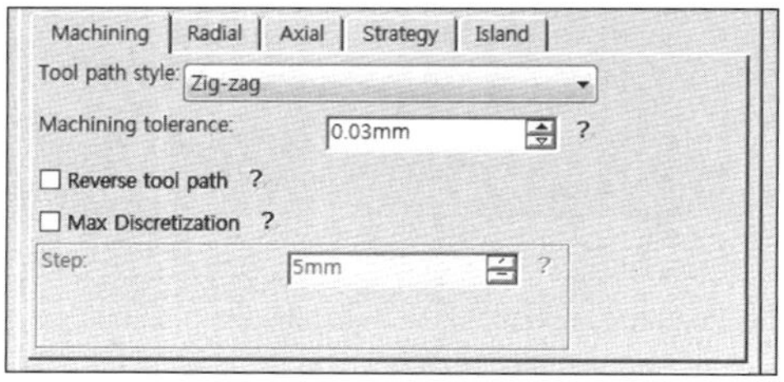

⑤ 설정이 완료되면 Tool path Replay 아이콘을 클릭하여 연산한다.

▲ Rework contour-driven

Program이 완료되면 Tool path를 확인 후 저장한다.

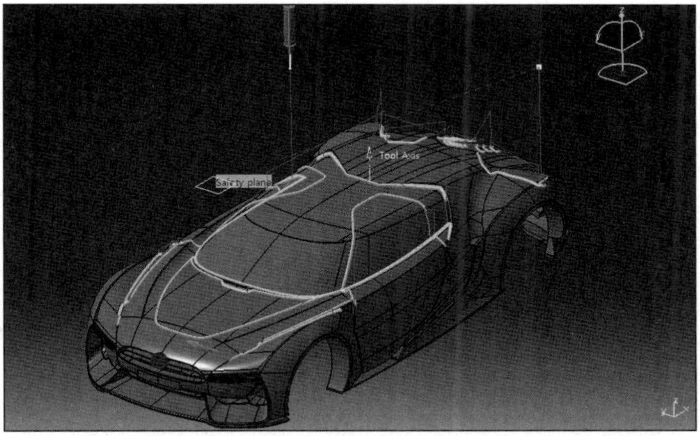

▲ Rework 완료 모습 (Zlevel, Contour–driven)

· **Sweeping strategy** : Contour–driven은 2개의 Curve 사이를 지정된 값만큼 이동하며 Tool path를 생성한다. 이 옵션은 두 Guide curve 사이의 가공법을 지정한다.

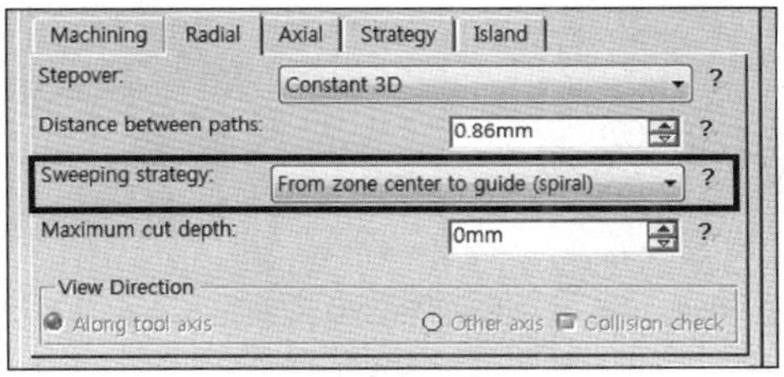

① **From guide 1 to guide 2** : 1번 가이드로부터 2번 가이드로 가공

② **From guide 2 to guide 1** : 2번 가이드로부터 1번 가이드로 가공

③ **From guide to zone center** : 1번 가이드에서 중앙까지 2번 가이드에서 중앙으로 순서대로 가공한다.

④ **From zone center to guide** : 두 가이드 중앙으로부터 1번 가이드로 우선 가공하고 다시 중앙으로부터 2번 가이드로 가공한다.

⑤ **From guide to zone center(spiral) 기본** : 1번 가이드, 2번 가이드 번갈아가며 중앙 쪽으로 가공

⑥ **From zone center to guide(spiral)** : 중앙부터 양쪽 가이드 쪽으로 가공

①
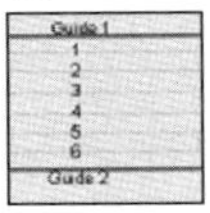

②
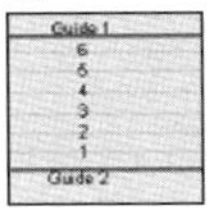

③
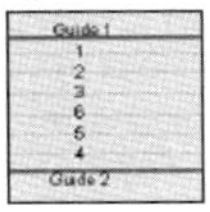

④
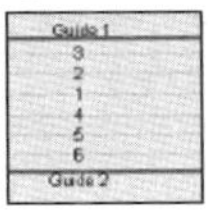

⑤
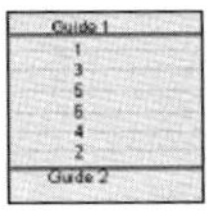

⑥
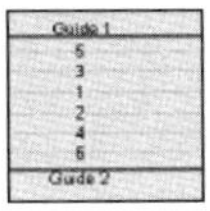

(12) 충돌 Check / Tool path 분할

1) Check Tool Length : 가공에 필요한 Tool의 최소 길이와 충돌여부를 계산한다.

○ 실행 방법

① Tool Path management toolbar 〉 Check Tool Length 클릭

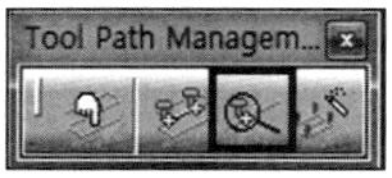

② Tool path 3번 마우스 클릭 〉 Tool path object 〉 Check Tool Length 선택

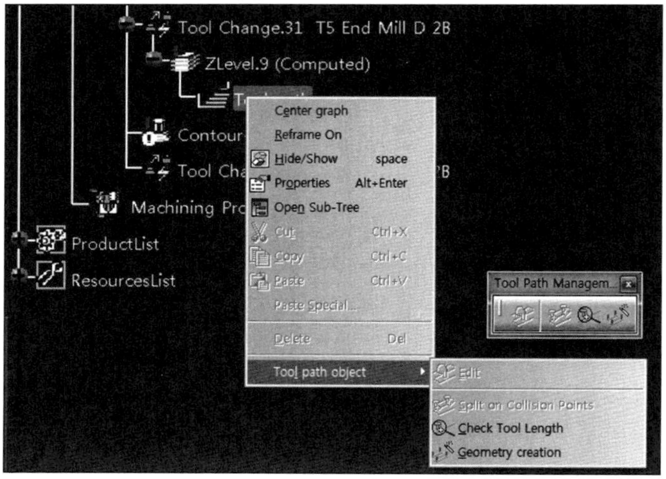

▲ Check tool Length 실행

③ Check tool Length 설정

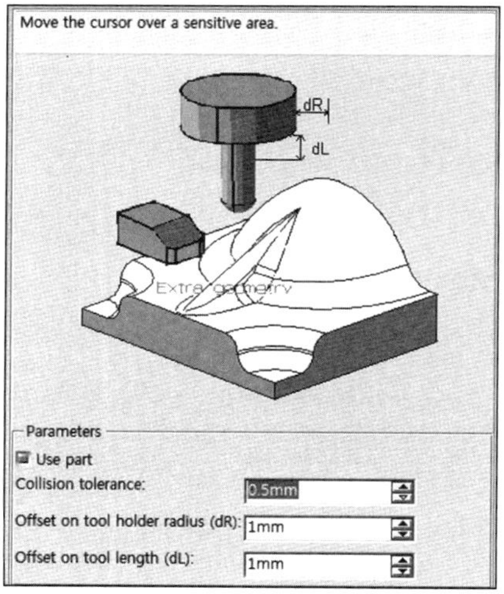

▲ Check tool Length parameter 설정창

- Collision tolerance : 오차 값을 입력한다.
- Offset on tool holder radius(dR) : Tool Holder의 Offset 값을 입력
- Offset on tool length(dL) : Tool 길이 Offset 값 입력

④ Tool 길이 Check 결과

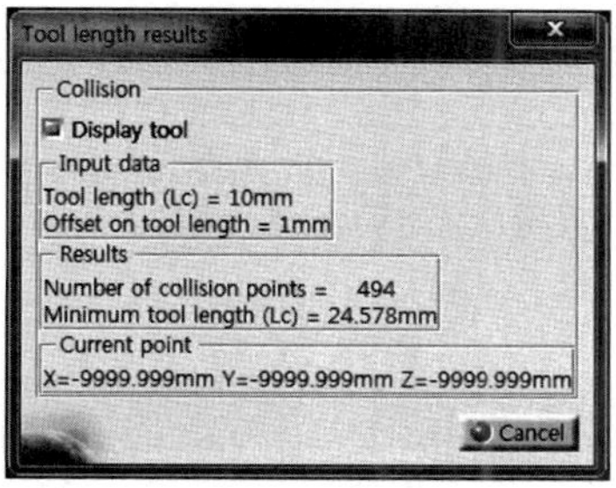

- Input data : 사용된 Tool 정보
- Results : 충돌 Check 포인트 수와 최소 필요 Tool의 길이를 나타낸다.
- Collision point를 클릭하면 좌표와 필요 Tool 길이가 표시된다.
- Display tool이 Check 되어 있으면 Tool이 화면에 표시된다.

⑤ 검토를 마치면 Cancel을 클릭해 빠져나온다.

2) Tool path 분할

· Tool path에 Lock을 걸지 않으면 위 그림과 같이 Edit tool path, Split on Collision Points 아이콘이 비활성화 되어 작업을 할 수 없다. 분할하려는 Tool path에 Lock을 걸어준다.

① **실행 방법** : 충돌Check와 마찬가지로 2가지가 있다.

i Tool Path management toolbar 〉 Split on Collision Point 클릭

ii PPR Tree 〉 Tool path 3번 마우스 클릭 〉 Tool path object 〉 Split on Collision Point 선택

② Parameter 입력

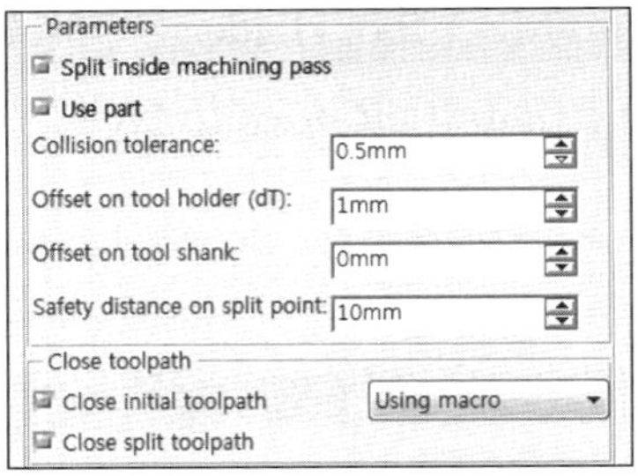

Check Tool Length와 마찬가지로 tolerance, Holder, Tool 길이 등의 여유값을 입력하고 Apply를 클릭한다.

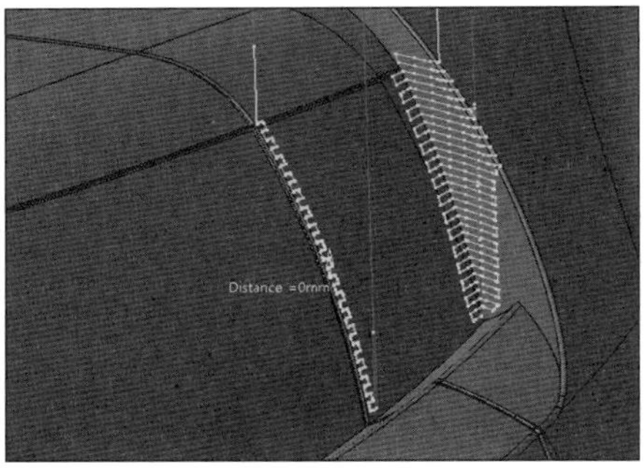

위와 같이 충돌이 일어난 부분의 붉은색 라인으로, 충돌이 일어나지 않은 Tool path는 녹색 라인으로 분리된다.

③ OK를 눌러 Tool path를 분리한다.

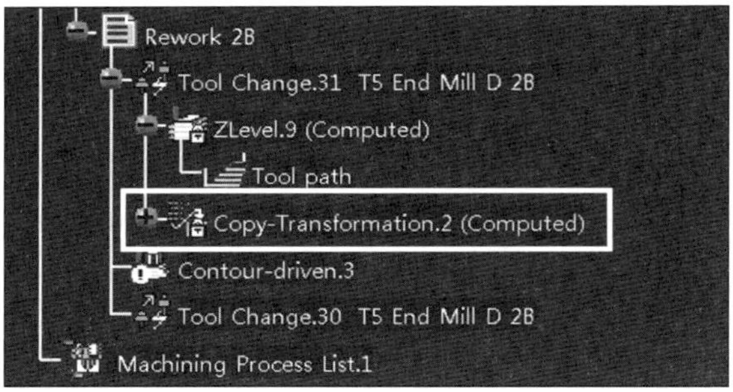

· 위 그림과 같이 Copy-Transformation 항목이 생성된다. 이 부분이 충돌된 부분(붉은색 Tool path)이다.

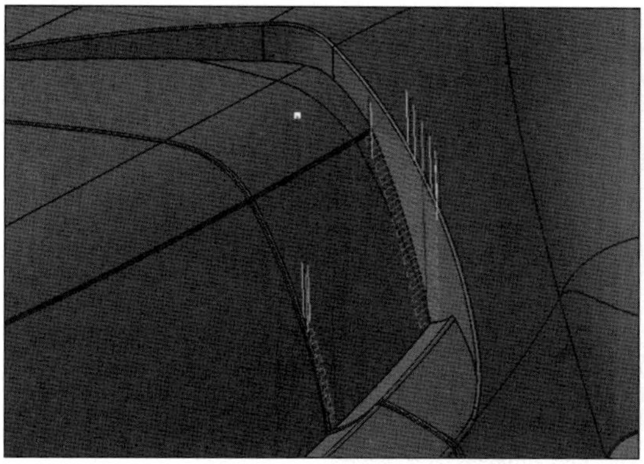

▲ 충돌이 일어나지 않은 Tool path

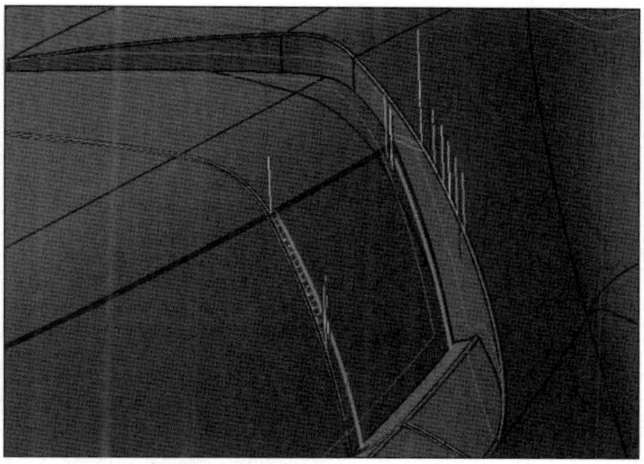

▲ 충돌이 일어난 Tool path

④ **Tool 수정** : 위와 같이 2개의 File로 분리가 된다. 충돌이 일어난 부분의 Tool을 수정하기 위해 Unlock을 한 후 더블 클릭하여 Operation 창을 연다.

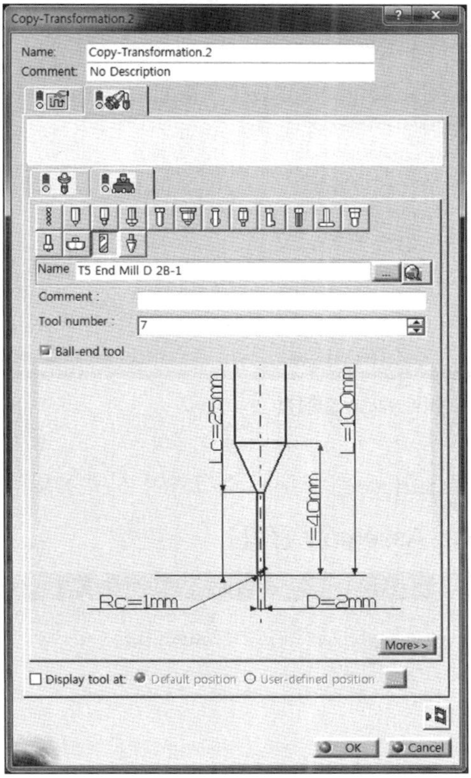

⑤ 먼저 Tool의 이름을 변경하고 충동이 일어나지 않도록 Check Tool Length 결과의 최소 Tool 길이 보다 크게 LC(날장) Parameter를 수정한다.

⑥ 수정이 완료되면 Tool path Replay 아이콘을 클릭하여 재연산한다.

(13) Compute tool Gage Assembly

Compute tool Gage Assembly : 가공에 필요한 최소 Tool 길이를 자동으로 계산한다. 이 명령을 수행하기 위해서는 Part Operation에 Design part가 설정되어 있어야 한다.

1) Part Operation의 Design part 설정

① PPR Tree의 Part Operation 더블 클릭

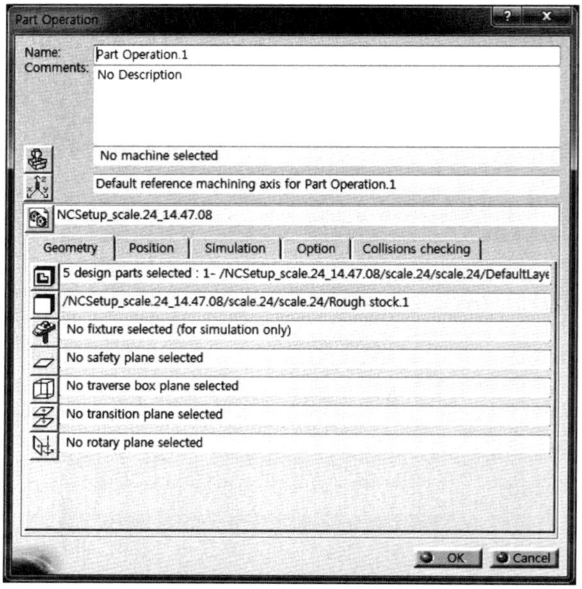

▲ Part Operation 설정창

② Design part 클릭 〉 Surface를 모두 드래그하여 선택 〉 바탕화면 더블 클릭 〉 OK

2) Compute tool Gage Assembly 클릭

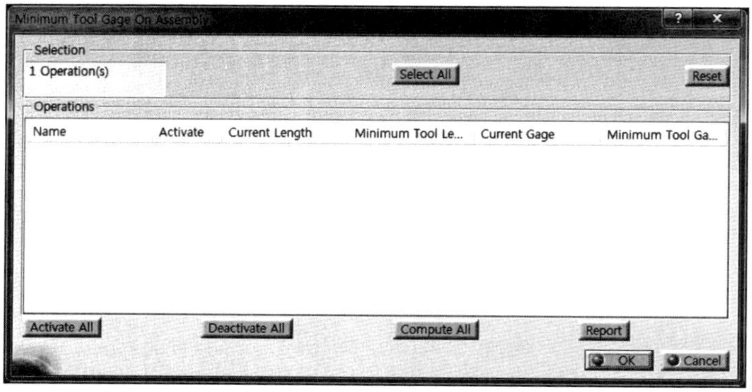

▲ Compute tool Gage Assembly창

① Check 하려는 Operation을 Check를 하거나 Select All을 눌러 전체를 선택할 수도 있다. Check 하려는 Operation을 마우스 우클릭 Compute를 선택하면 연산을 시작한다.

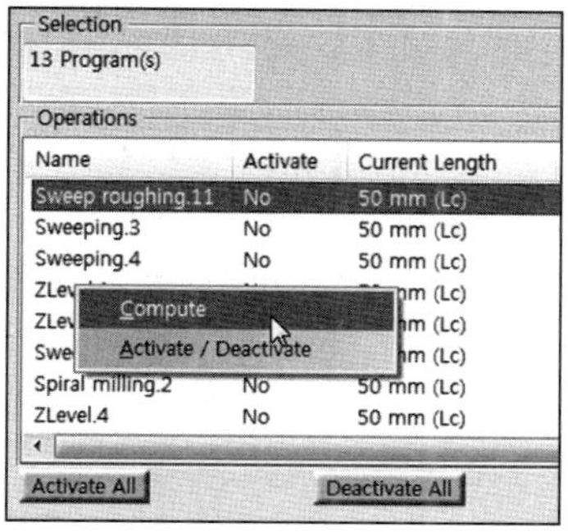

② 계산이 완료되면 다음과 같은 결과가 표시된다.

Name	Activate	Current Length	Minimum Tool Le...	Current Gage	Minimum Tool Ga
ZLevel.1	No	50 mm (Lc)	6.061 mm (Lc)	65 mm (G1)	49.185 mm (G1)

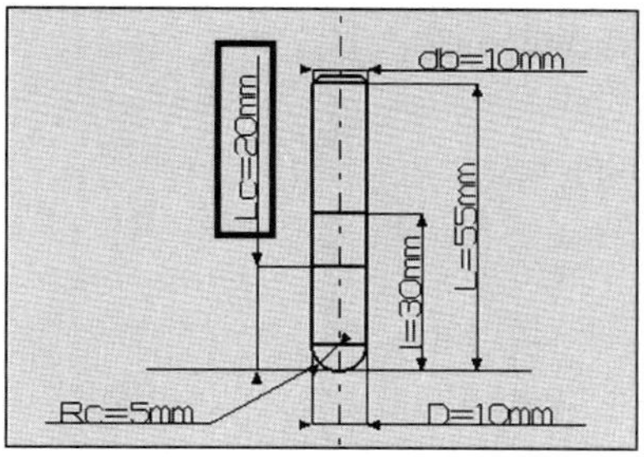

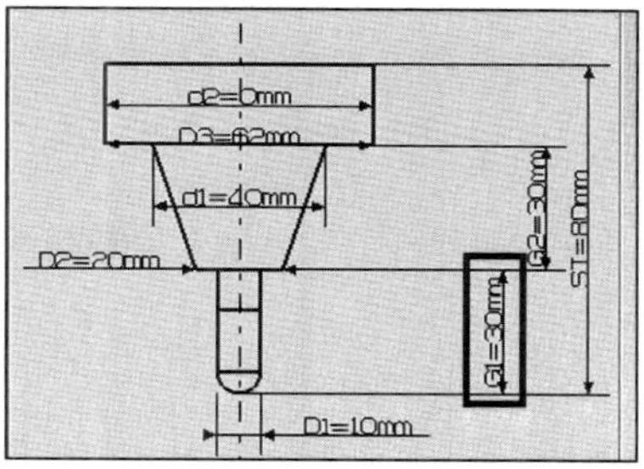

- Lc : 날 길이
- Gl : Holder까지의 Tool 길이

③ 위와 같이 확인할 수 있다. 또한 리포트를 클릭 TXT File로 저장할 수 있다.

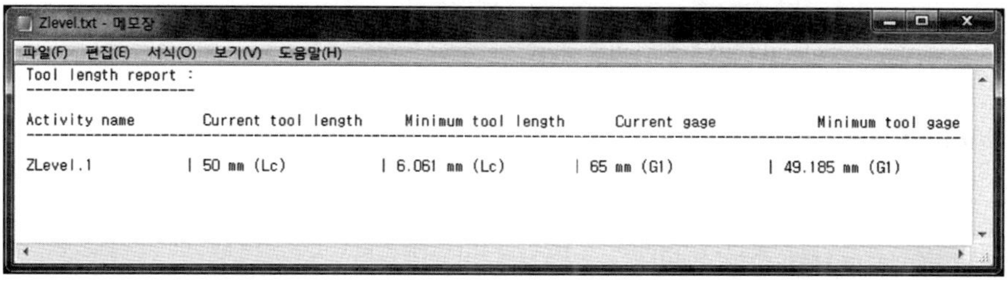

```
Tool length report :
--------------------

Activity name        Current tool length      Minimum tool length      Current gage          Minimum tool gage
-----------------------------------------------------------------------------------------------------------

ZLevel.1            | 50 mm (Lc)             | 6.061 mm (Lc)           | 65 mm (G1)           | 49.185 mm (G1)
```

▲ TXT 파일로 출력된 Tool length report

(14) NC Code 출력

NC Output Management toolbar 〉 Generate NC Code in Batch Mode

주의 : (NC Code를 출력하기 전에 CATprocess File을 꼭 저장해야 한다. 업데이트 된 내용이 저장이 되지 않았다면 마지막 저장되었던 내용이 출력이 된다.)

1) NC Code 출력 설정

① In/Out Tap

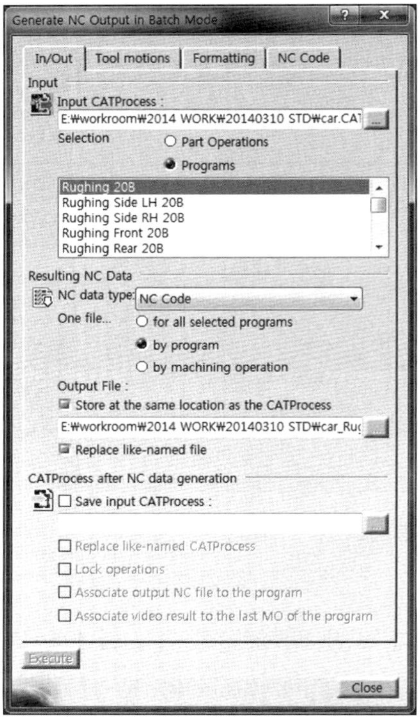

- Selection : programs
- NC data type : NC Code
- One File... by program
- Output File : Store at the same location as CATProcess(CATProcess File과 같은 폴더에 저장) Check 또는 저장위치 지정

2) NC Code tap

① INS Post-processor file 선택 (사용하고 있는 장비의 컨트롤러 선택)

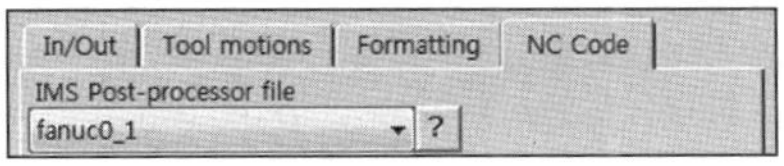

② 설정이 끝나면 하단 부위의 Execute 버튼()이 활성화 된다.

③ In/Out Tap으로 이동하여 Lsit에서 Program을 하나씩 선택을 하며 Execute를 한다.

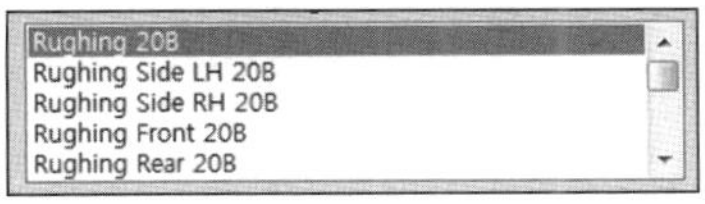

④ 연산 중에 다음과 같은 Command 창이 Window에 나타났다 사라진다.

▲ Post processing 중 나타나는 화면

⑤ 어느 정도 진행이 되고 나면 program 넘버를 설정하는 대화상자가 Open 된다. 대화상자에 program 번호를 넣거나 Continue를 누르면 연산이 완료된다. (Con:inue를 클릭하지 않아도 일정 시간 기다린 후 연산이 완료된다.)

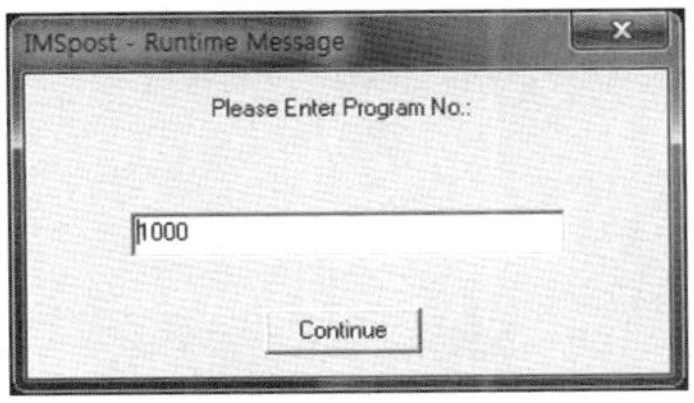

▲ Program No. 입력창

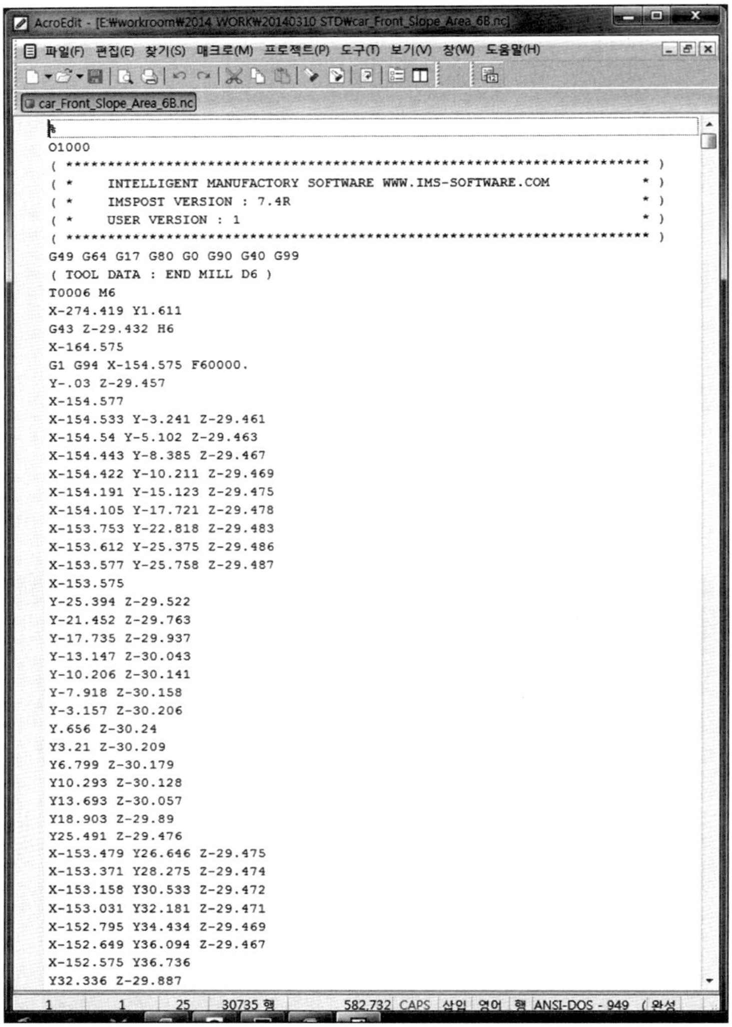

```
O1000
( ********************************************************************** )
( *    INTELLIGENT MANUFACTORY SOFTWARE WWW.IMS-SOFTWARE.COM            * )
( *    IMSPOST VERSION : 7.4R                                           * )
( *    USER VERSION : 1                                                 * )
( ********************************************************************** )
G49 G64 G17 G80 G0 G90 G40 G99
( TOOL DATA : END MILL D6 )
T0006 M6
X-274.419 Y1.611
G43 Z-29.432 H6
X-164.575
G1 G94 X-154.575 F60000.
Y-.03 Z-29.457
X-154.577
X-154.533 Y-3.241 Z-29.461
X-154.54 Y-5.102 Z-29.463
X-154.443 Y-8.385 Z-29.467
X-154.422 Y-10.211 Z-29.469
X-154.191 Y-15.123 Z-29.475
X-154.105 Y-17.721 Z-29.478
X-153.753 Y-22.818 Z-29.483
X-153.612 Y-25.375 Z-29.486
X-153.577 Y-25.758 Z-29.487
X-153.575
Y-25.394 Z-29.522
Y-21.452 Z-29.763
Y-17.735 Z-29.937
Y-13.147 Z-30.043
Y-10.206 Z-30.141
Y-7.918 Z-30.158
Y-3.157 Z-30.206
Y.656 Z-30.24
Y3.21 Z-30.209
Y6.799 Z-30.179
Y10.293 Z-30.128
Y13.693 Z-30.057
Y18.903 Z-29.89
Y25.491 Z-29.476
X-153.479 Y26.646 Z-29.475
X-153.371 Y28.275 Z-29.474
X-153.158 Y30.533 Z-29.472
X-153.031 Y32.181 Z-29.471
X-152.795 Y34.434 Z-29.469
X-152.649 Y36.094 Z-29.467
X-152.575 Y36.736
Y32.336 Z-29.887
```

▲ 출력된 NC Code

· 이상으로 Car machining 실습을 완료한다.

CHAPTER

10 실습 2(Wheel&Tire)

이번 과정에서는 소재가 Styrofoam임을 감안해 최대한 단순하게 작업하는 방법으로 진행하도록 한다.

실습 목표

- Profile Contorting, Sweeping, Copy Transformation instruction 이해

CATIA V5를 실행 하고 Wheel과 Tire를 Load 한다.

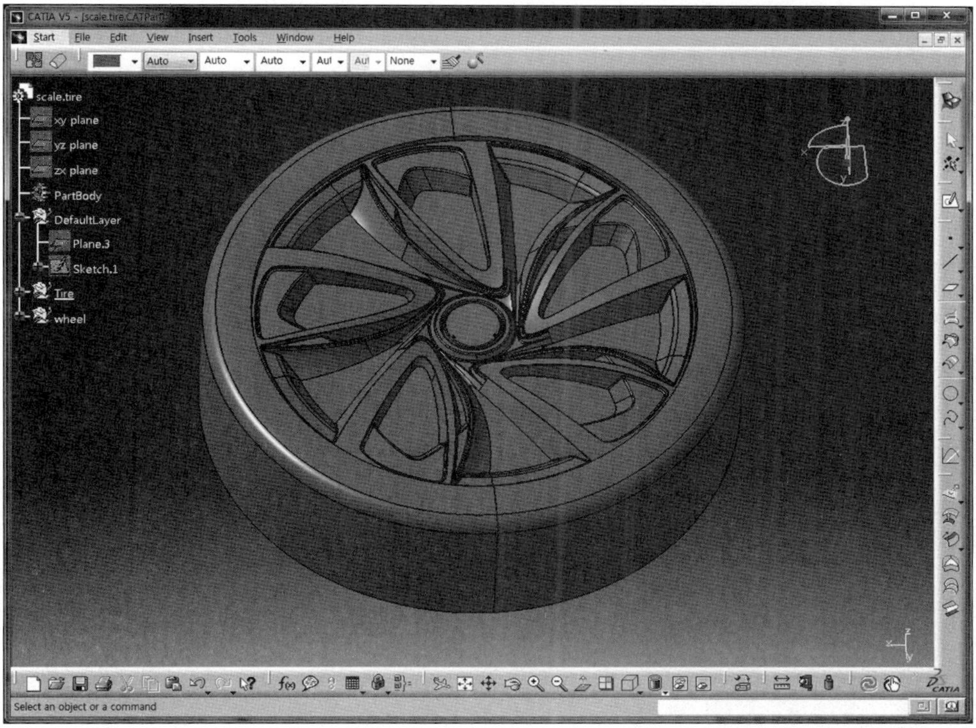

1. 가공 계획 수립

ㅇ 기본 작업 : 작업 계획 수립 및 Safety plan 생성

제품의 형상 파악과 크기 가공 소재 등을 고려해 어떤 과정으로 가공을 할 것인가를 검토한다. 제품의 완성도를 높이면서 최대한 단순하고 쉽게 가공을 할 수 있도록 계획한다.

Item	Tire & Wheel			
소재	Styrofoam	X600mm, Y150mm, Z40mm		
Tool	Job	직경	날장	유효길이
	Profile Contorting	20F	20mm	50mm
	Sweeping(중삭)	6B	10mm	20mm
	Sweeping(정삭)	2B	5mm	20mm

ㅇ Safety plan 생성

plan기능을 이용해 XY plan에서 100mm 지점에 plan을 생성한다.

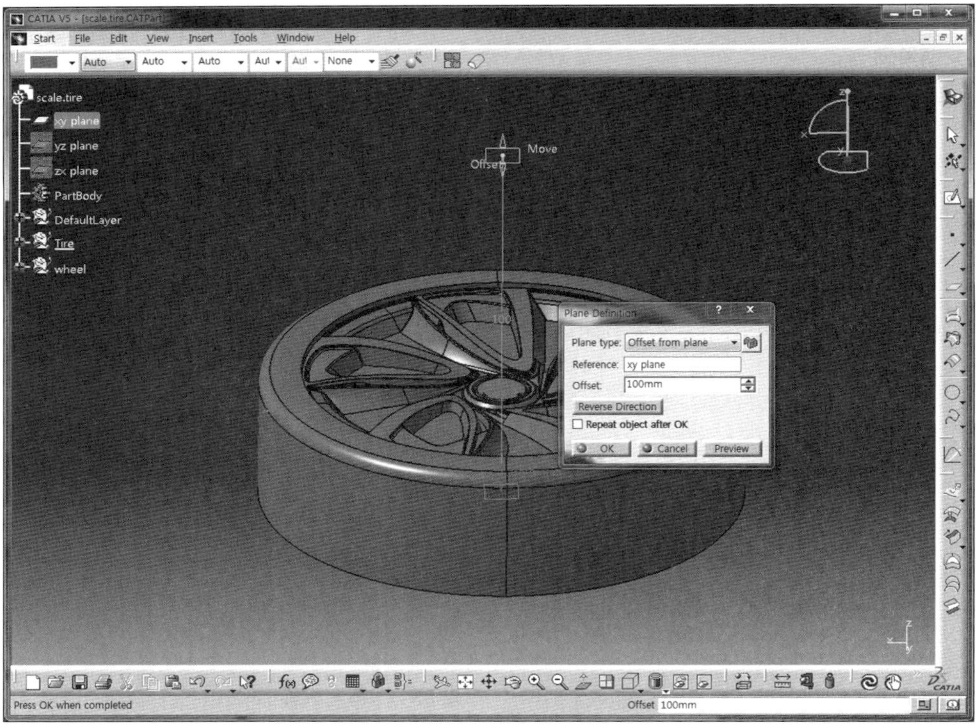

2. Machining

제품에 대한 검도가 끝나면 Machining 환경으로 전환한다.

Full Down Menu> Machining > Advance Machining

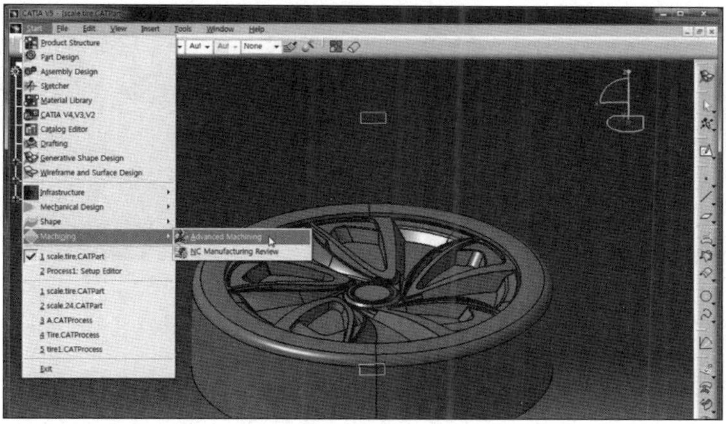

(1) Profile Contouring

- Program에 Profile Contouring을 추가한다.

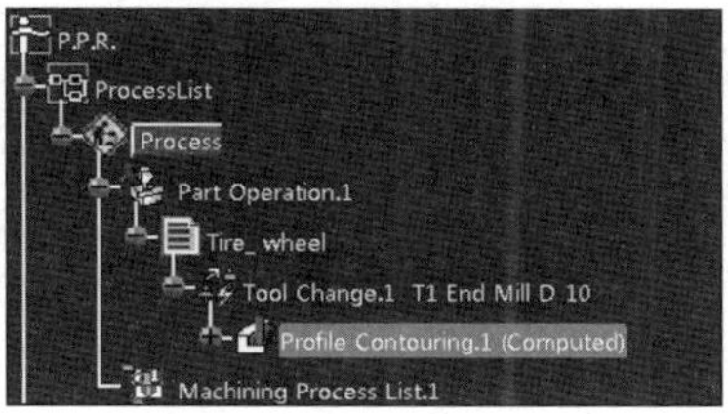

- Profile Contouring Operation 설정

	설정
Offset on part	0mm
Offset on Check	0mm
Part	Wheel, Tire
Safety plan	안전 높이 plan 선택
Check (Body)	–

1) Machining strategy tap

① **Bottom 정의** : Bottom 영역 선택 클릭 후, 타이어의 바닥면이나 하단 Edge point를 선택한다.

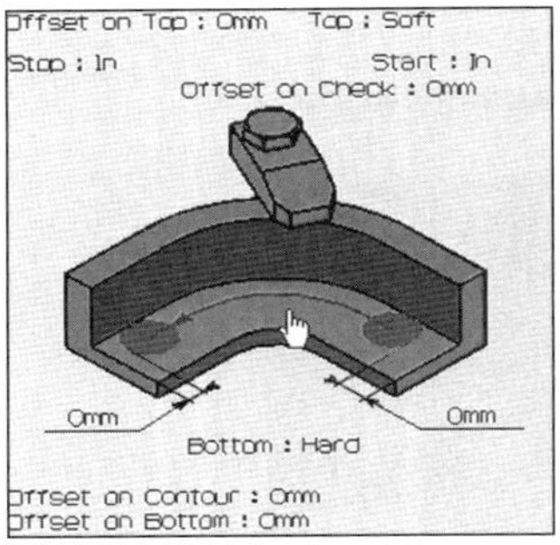

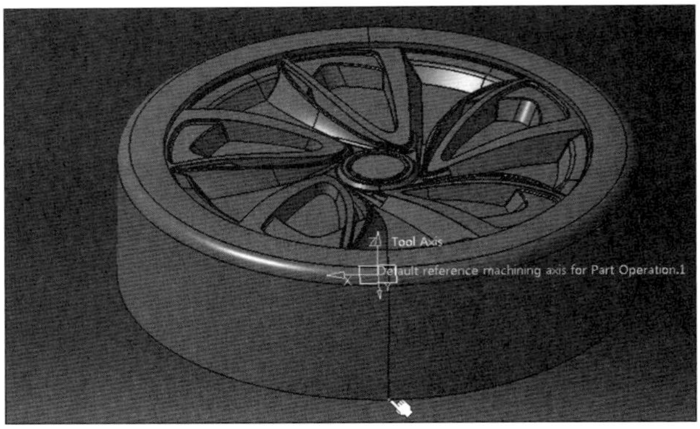

② **Guide line 정의** : Tire의 외각을 선택한다. 이 때 주의할 점은 Guide line의 화살표 방향이다. 화살표 방향으로 Tool이 위치하게 된다.

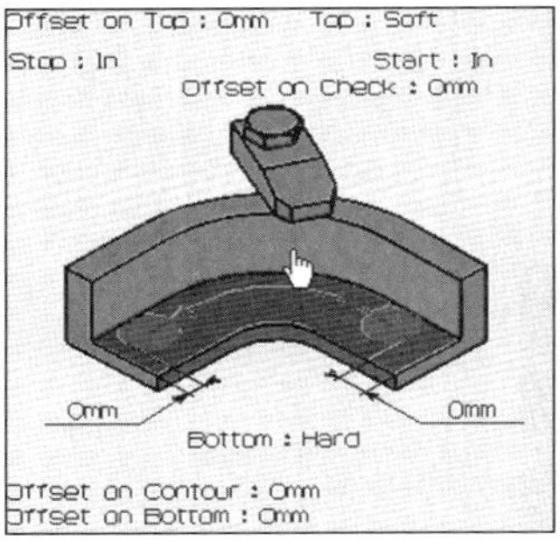

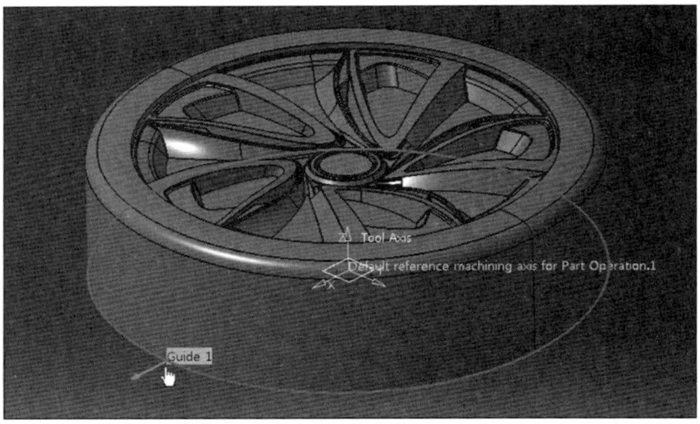

③ **Top 설정** : Top을 정의하기 위한 plan을 별도로 생성하지 않았다면 Top 선택 위치를 마우스 3번 버튼으로 클릭해 Offset 설정을 한다. 소제의 높이가 40mm이므로 40mm로 설정한다.

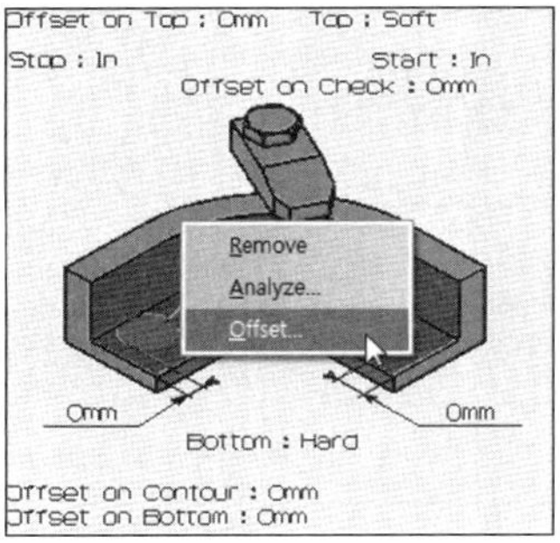

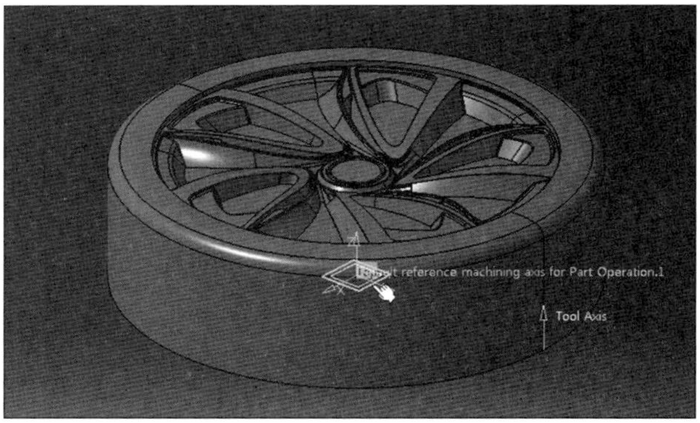

2) Tool data tap

① Tool Parametar 입력을 위해 Tool 이름을 변경한다.

② CNC 장비의 Auto Tool change를 사용하기 위해 Tool number을 입력한다.

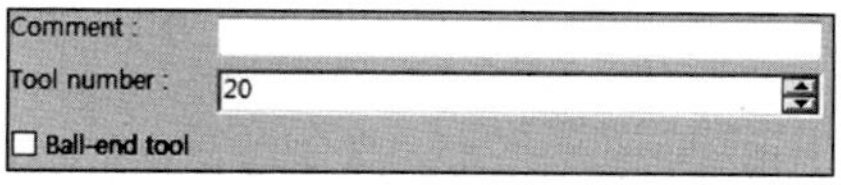

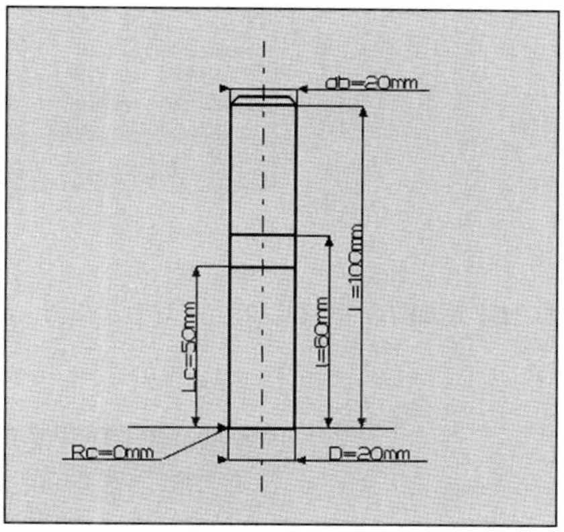

▲ 직경 20mm 평 Tool 규격 입력

3) Feedrate & Spindle Speed tap

CNC 장비의 제원에 맞추어 설정한다.

① **Feedrate** : 분당 이송 속도를 Approach, Machining, Retract 각각 설정한다.

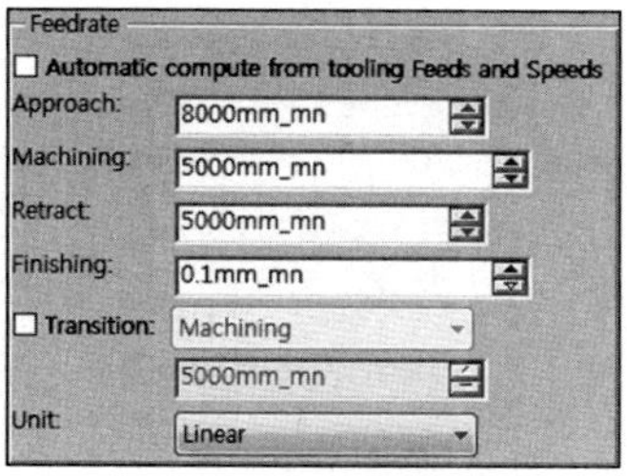

② **Spindle Speed** : Spindle의 회전 수를 입력한다.

4) Macro tap

① Macro Management : Approach, Retract, Clearance 항목을 각각 마우스 3번 버튼으로 클릭하여 Activate 시킨다.

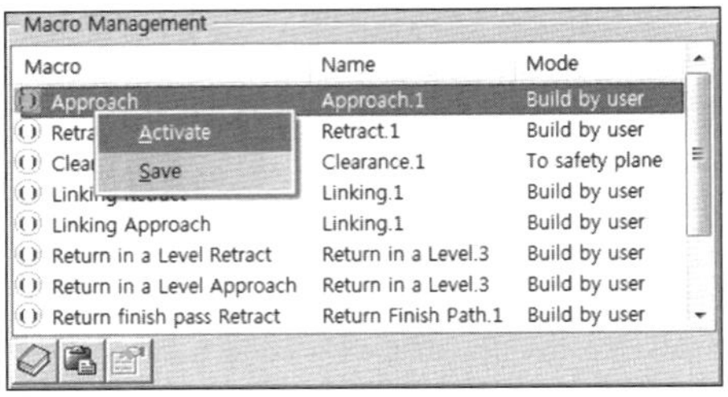

② Current Macro Toolbox : Approach, Retract 항목을 각각 선택하여 Mode를 Axial로 설정한다.

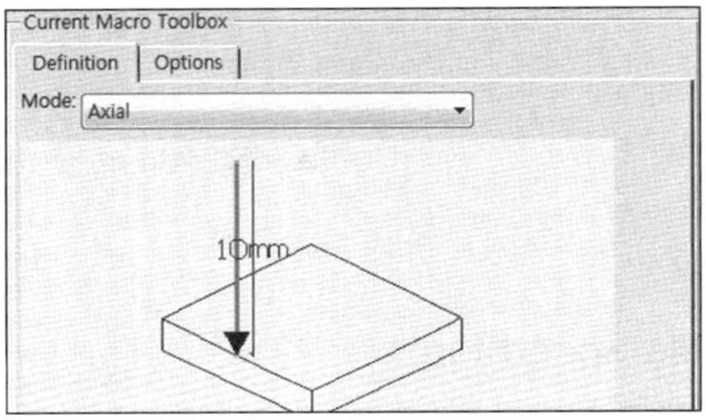

③ Clearance 항목을 선택하여 mode를 To a plan으로 설정한 후 이미 생성한 안전높이 plan을 선택한다.

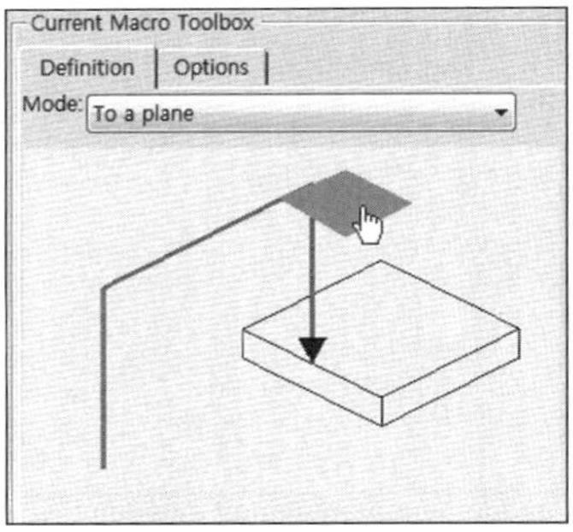

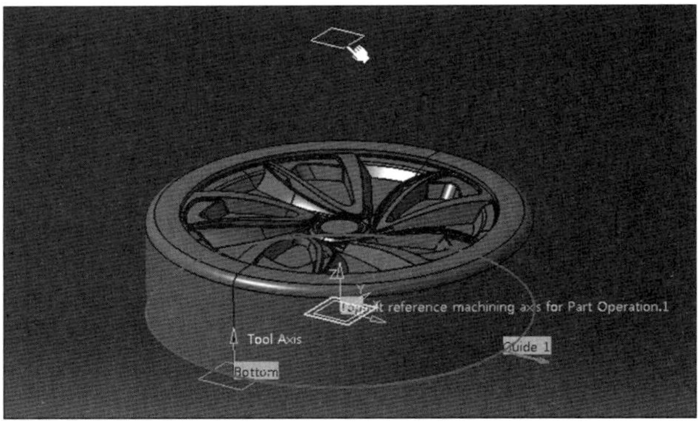

5) Machining strategy tap

① Tool path style : Zig zag

② Machining tap

- Dirction of cut : Climb

- Machining tolerance : 0.03mm

③ Stepover tap

- Axial strategy Mode : Number of levels 값을 4로 설정한다. (Number of levels를 입력하면 자동으로 Tool path와 Tool path 사이의 거리가 표시된다.

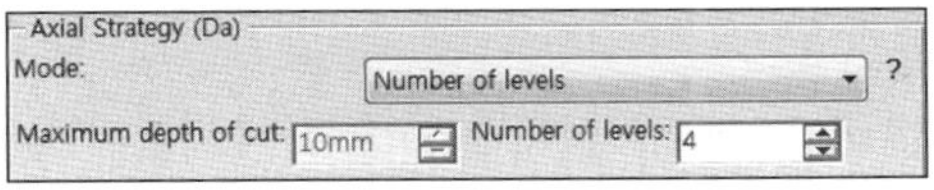

▲ Maximum depth of cut의 치수가 자동 입력된다.

6) Maximum depth of cut의 치수가 자동 입력된다.

설정이 완료되면 Tool path 아이콘을 클릭하여 연산을 시작한다.

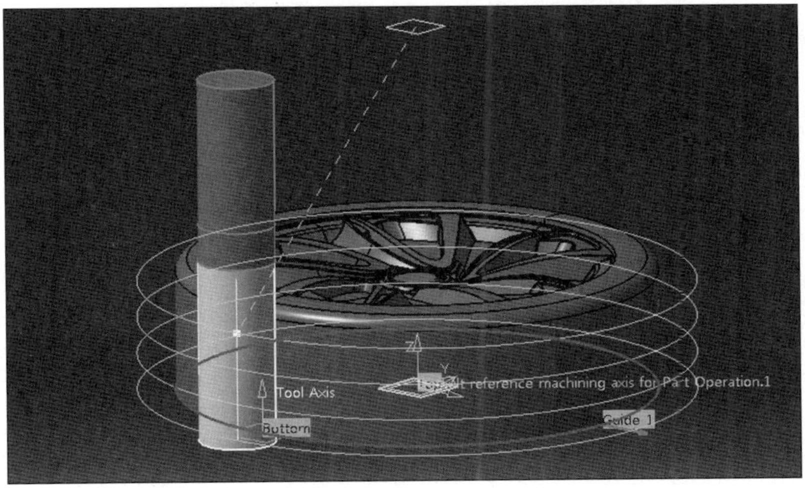

▲ 연산이 완료된 모습

○ video simulation 버튼을 클릭하여 모의 가공을 실행한다.

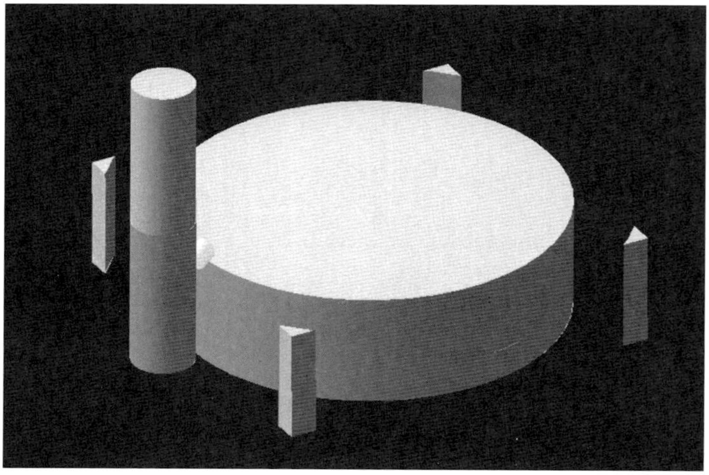

○ Associate Video Result to Machining Operation 아이콘을 클릭하여 Simulation 결과를 저장한다. (다음 공정의 Operation을 Simulation할 때 저장된 부분부터 Simulation을 시작한다.)

Simulation 결과를 저장할 곳이 지정이 되어있지 않았을 경우 다음과 같은 경고창이 뜨게 된다.

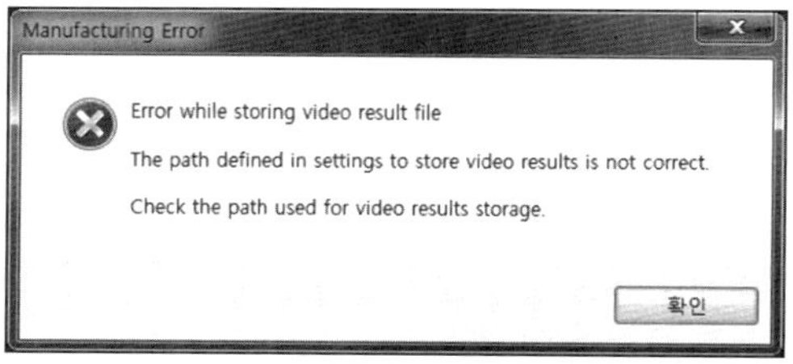

· 옵션 〉 Output 의 Video result 항목의 저장할 곳을 설정하거나 Store at the sam location as the CATprocess를 선택하여 CATProcess와 같은 곳에 저장을 한다.

7) Simulation 결과를 저장했다면 OK 〉 OK 를 눌러 Operation을 종료한다.

(2) Sweeping(중삭)

중삭 Sweeping Operation 설정

	설정
Offset on part	1mm
Offset on Check	1mm
Part	Wheel, Tire
Safety plan	안전 높이 plan 선택
Check(Body)	Tire Side 면 2ea

1) Profile Contouring Operation 하위에 Sweeping을 생성한다.

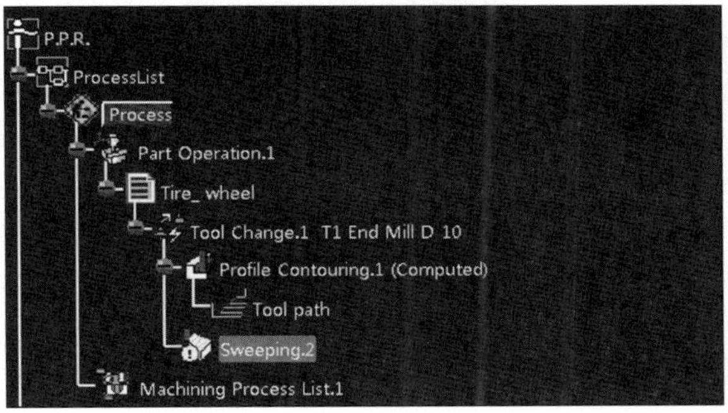

2) Geometric components Tap

① **Part 선택** : 가공할 Part를 선택한다. Tire와 Wheel을 모두 선택한다.

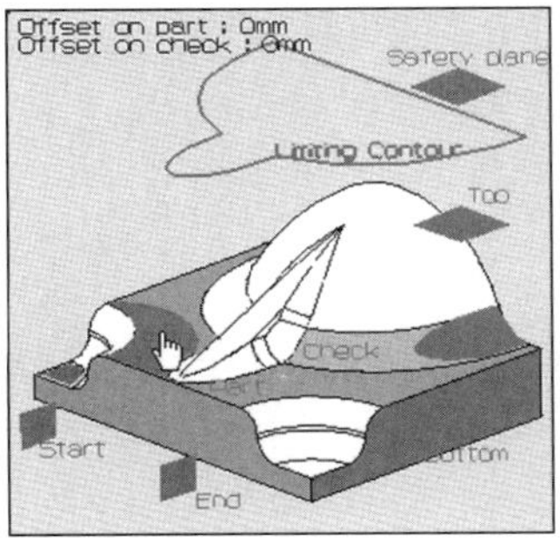

② Check : 가공하지 않을 부분을 선택한다. 이미 Profile Contouring에서 가공이 된 Tire 옆면을 선택한다.

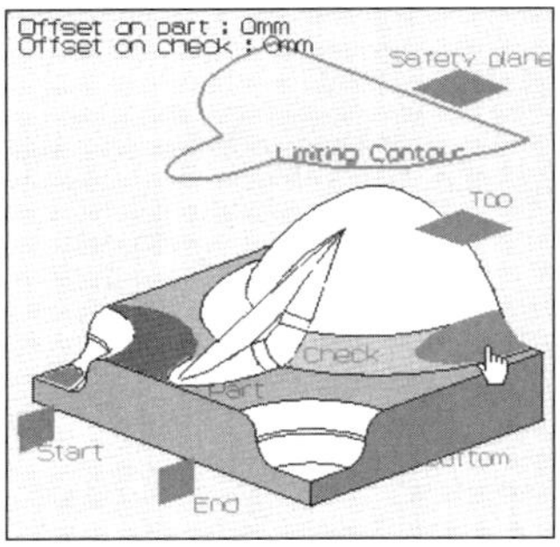

③ Safety plan 선택 : 안전 높이용으로 생성한 plan을 선택한다.

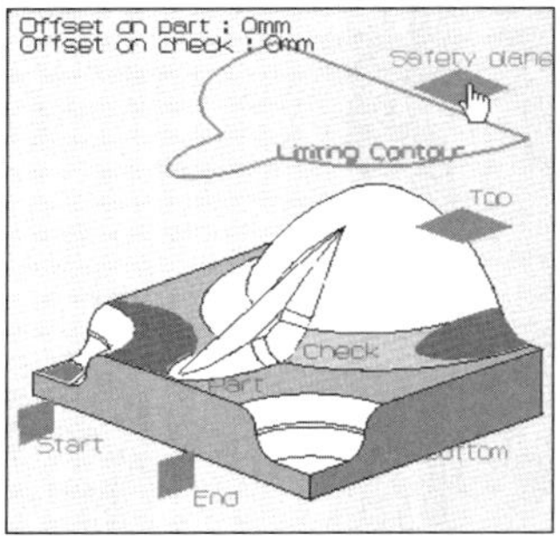

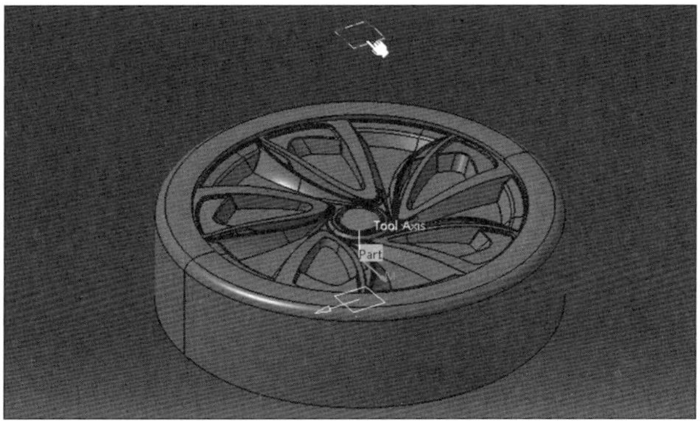

④ Offset on part : 중삭 가공이므로 Offset을 1mm로 설정한다.

3) Tool data tap

① 직경 6mm Ball Tool을 생성하고 Tool change용 Tool 넘버를 지정한다.

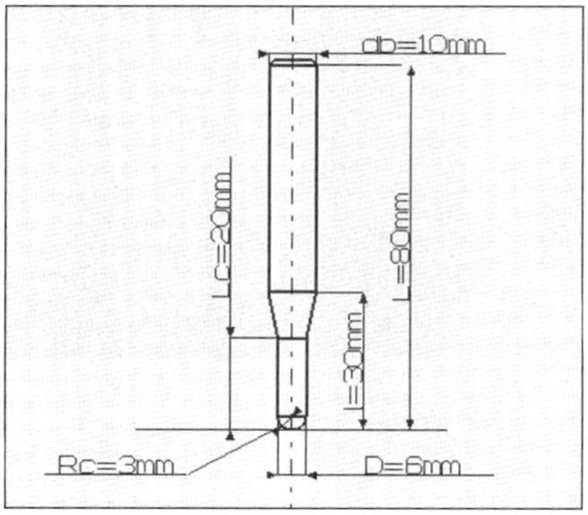

4) Machining strategy tap

① Machining Tap

- Tool path style : Zig-zag
- Machining tolerance : 0.1mm

② Radial

- Max. distance between pass : 3mm

5) Feedrate & spindle Speed tap

Profile Contorting Operation과 동일하게 설정한다.

6) Macro tap

- Approach Mode : Along tool axis

나머지는 기본 설정을 유지한다.

7) 설정이 완료되면 Tool path 아이콘을 클릭하여 연산을 시작한다.

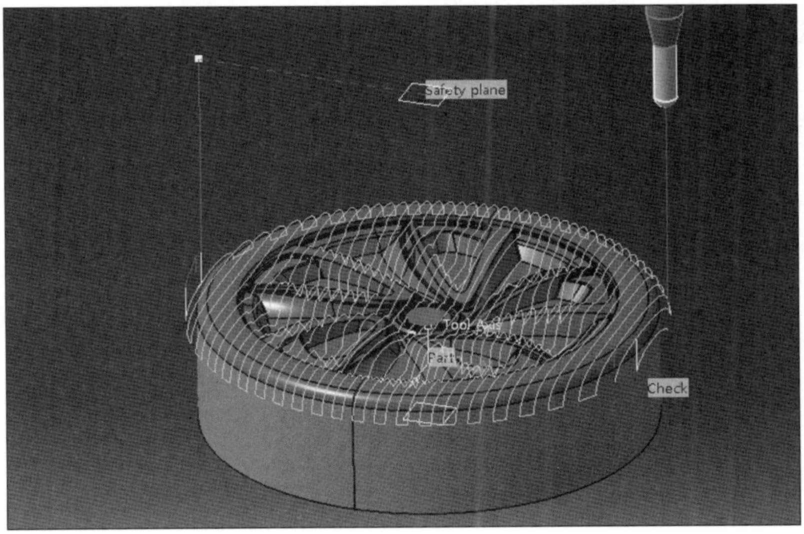

▲ 생성된 중삭 Sweeping Tool path

- video simulation 버튼을 클릭하여 모의 가공을 실행한다.

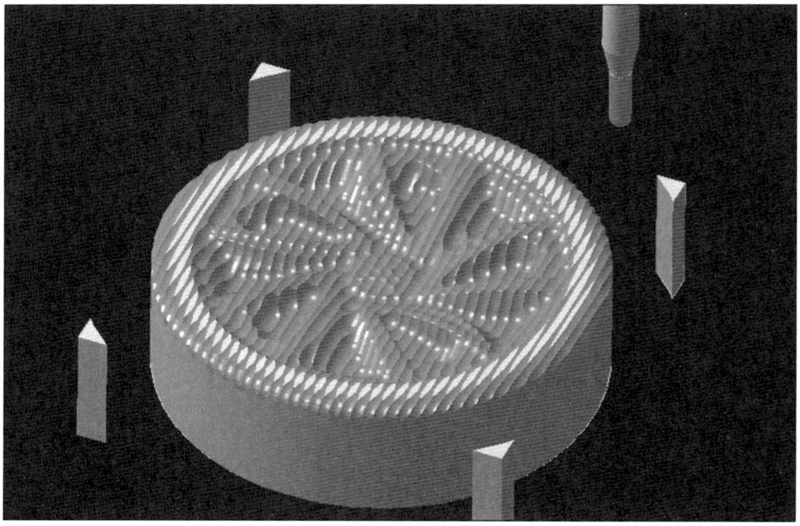

- Associate Video Result to Machining Operation 아이콘을 클릭하여 Simulation 결과를 저장한다.

8) 만족할 결과가 나왔다면 Simulation 결과를 저장한 후 OK 〉 OK 를 눌러 Operation을 종료한다.

(3) Sweeping(정삭)

- 정삭 Sweeping Operation 설정

	설정
Offset on part	0mm
Offset on Check	0mm
Part	Wheel, Tire
Safety plan	안전 높이 plan 선택
Check(Body)	Tire Side 면 2ea

1) Sweeping operation 추가 : 연산이 완료된 중삭 Sweeping Operation을 복사/붙여넣기를 한다.

· Operation의 모든 Parameter 정보를 복사하려면 Options 〉 Operation 〉 When Copying 〉 Duplicate geometry link 항목이 선택되어 있어야 한다.

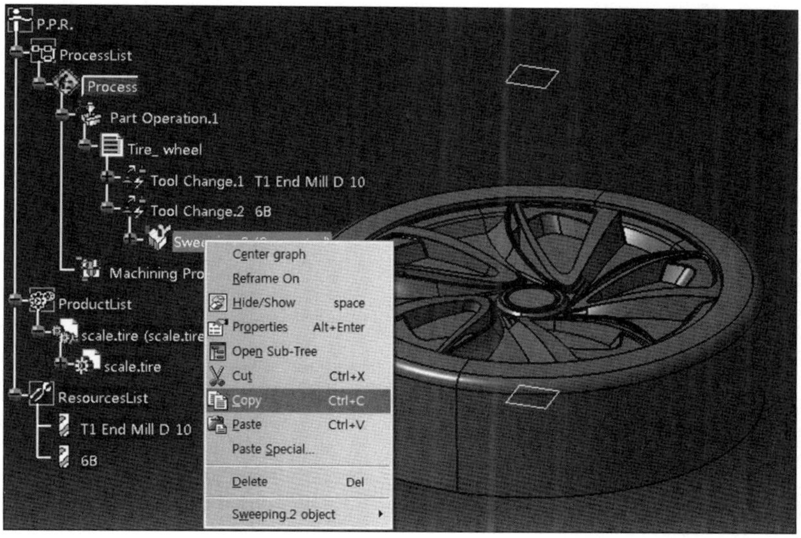

① 복사된 Operation의 이름을 변경한다.

2) Machining strategy tap

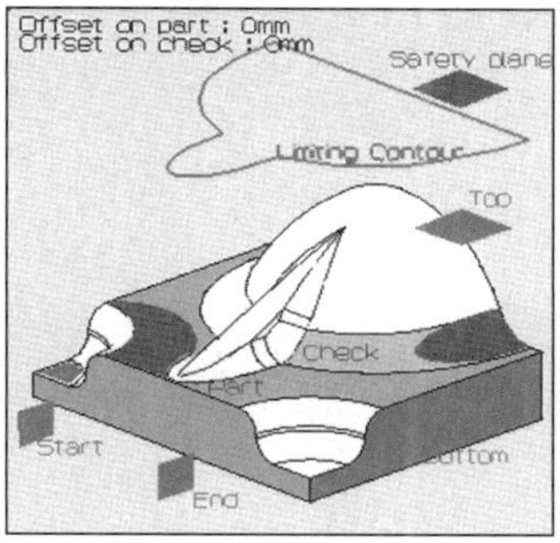

① 이미 각 항목이 선택이 되어 있으므로 Offset값만 조절한다.

– Offset on part : 0mm, Offset on check: 0mm

3) Tool data tap

– 직경 2mm Ball Tool을 생성하고 Tool 체인용 Tool 넘버를 지정한다.

4) Machining strategy tap

① Machining

- Tool path style : Zig–zag
- Machining tolerance : 0.03mm

② Radial

- Max. distance between pass : 0.6mm

5) Feedrate & spindle Speed Tap, Macro tap은 설정을 변경하지 않는다.

6) 설정이 완료되면 Tool path 아이콘을 클릭하여 연산을 시작한다.

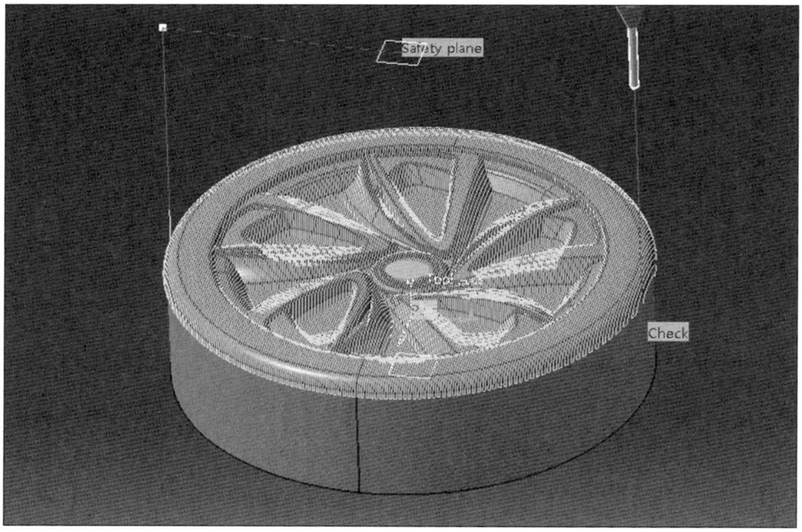

▲ 생성된 정삭 Sweeping Tool path

- video simulation 버튼을 클릭하여 모의 가공을 실행한다.

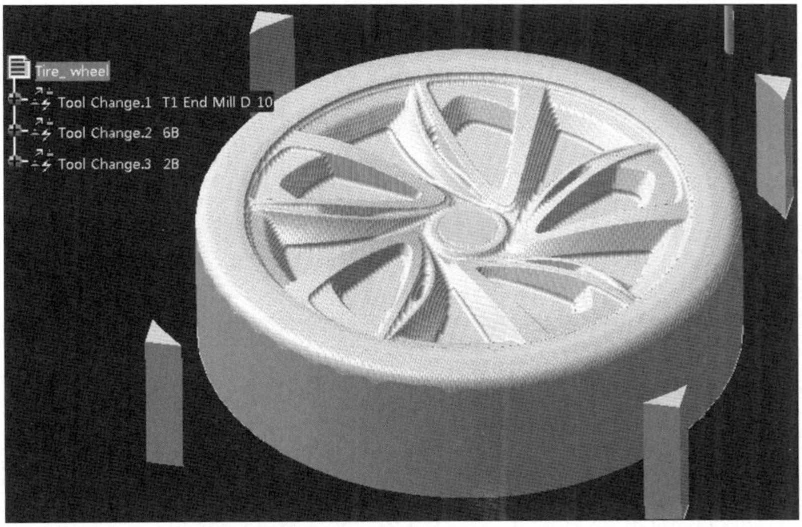

7) 만족할 결과가 나왔다면 OK 〉 OK 를 눌러 Operation을 종료한다.

- 비디오 Simulation은 검증용 도구일 뿐 Tool path 생성에 영향을 주지 않는다. 필자도 처음 CATIA V5 Machining을 배울 때 몇 번 사용하고 지금은 거의 사용하지 않는 기능이기도 하다.

3. Copy transformation Instruction

자동차는 보통 바퀴가 4개로 구성되어 있다. 이번 장에서는 이미 연산된 Tool path를 복사하여 이동 배치하는 방법에 대해 알아보도록 한다.

1) Copy transformation Instruction 아이콘을 클릭한 후 Copy 이동하려는 Machine operation을 클릭한다.

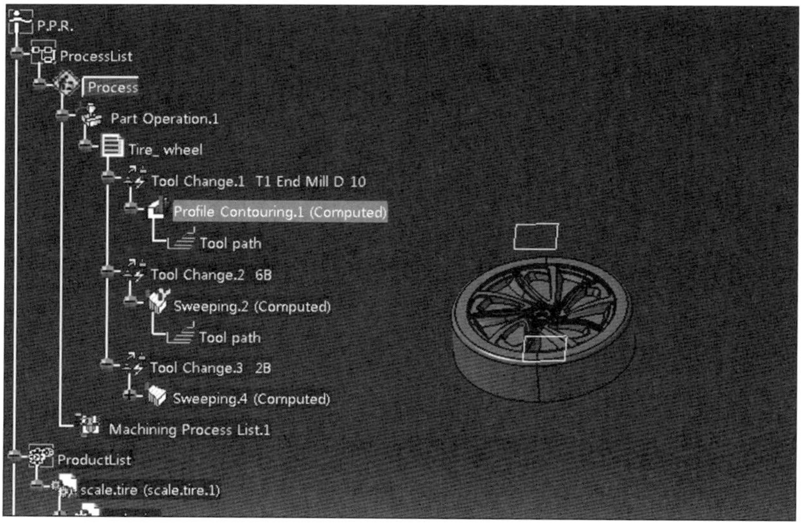

2) 대화상자에서 Add Operation 아이콘을 클릭하고, 복사하여 이동할 Machine operation을 클릭한다.(복수 선택이가 능하다.) 선택을 마친 후 바탕 화면을 더블 클릭한다.

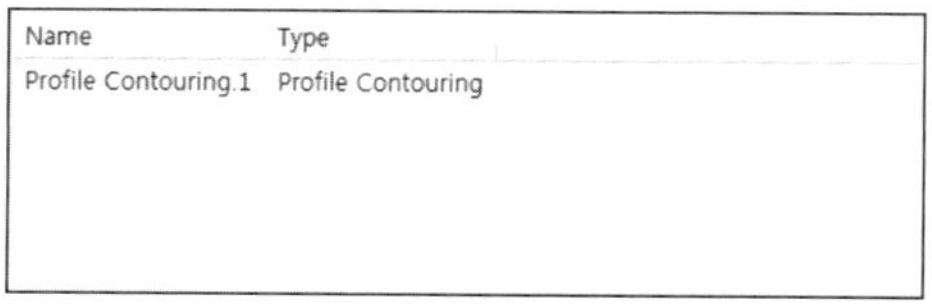

▲ 선택이 완료되면 대화상자에 선택한 Operation이 표시된다.

- Copy transformation Instruction 명령은 같은 Tool을 사용하는 Operation을 이동한다. 같은 Tool을 사용하지 않는 Operation을 선택하면 다음과 같은 주의창이 뜨면서 List 창에 추가되지 않는다.

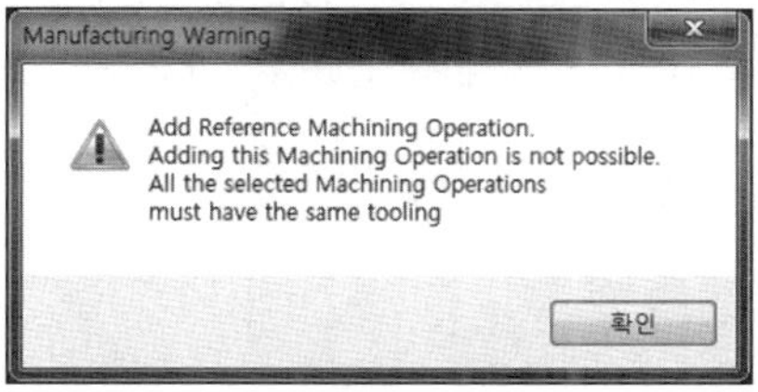

3) **Copy transformation Instruction Parameter 설정창** : Copy할 수와 이동할 방향 등을 설정한다.

① **Number of copies** : Tool path의 복사할 수를 설정한다.

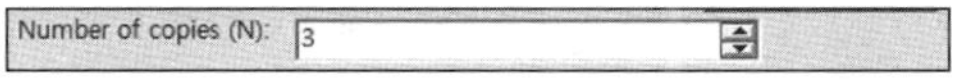

② **Distance along X, Y, Z** : 각 축 방향으로 이동할 거리를 입력한다.

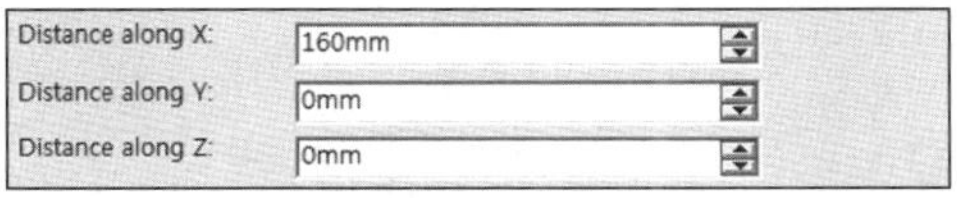

4) 설정이 완료되면 Tool path replay 아이콘을 선택하여 연산을 한다.

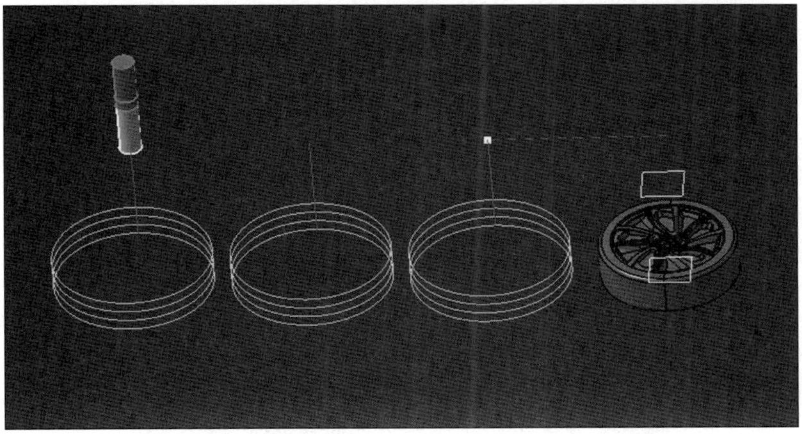

▲ Profile Contorting 복사 이동

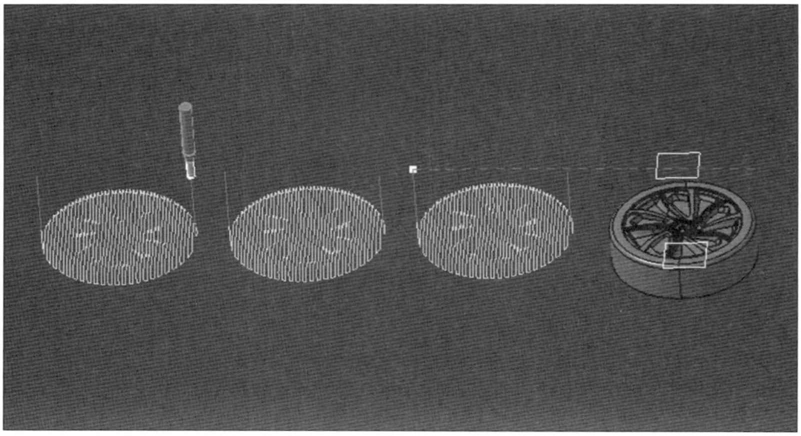

▲ 중삭 Sweeping 복사 이동

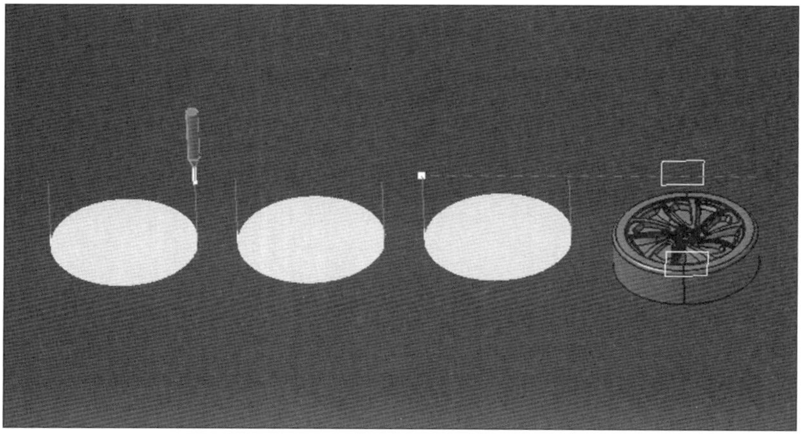

▲ 정삭 Sweeping 복사 이동

· Copy transformation Instruction 명령이 완료되면 각각 Operation 하위에 복사된 Tool path 가 생성된다.

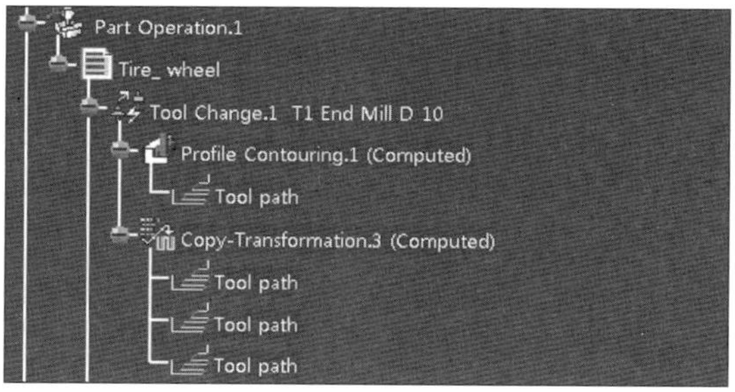

▲ Tool path가 이동 복사된 모습

▲ Profile Contorting 가공 모습

▲ Sweeping 가공 모습

▲ 가공 완료된 사진

이상으로 Wheel & tire 프로그래밍을 완료한다. 실습 1에서 완성된 Car Body에 조립을 한다.

CHAPTER

11 실습 3(Machining, 모델링 따라하기 예제(1))

이번 작업은 모델링 따라하기 단원에서 만들어진 예제를 3 Axis CNC Machine으로 가공하는 Tool path를 program 한다.

실습 목표

- 이번 실습 과정에서는 가공 계획 수립과 Part operation 설정, 뒤집기 가공, Tool 축 방향 변경, advanced finishing operation, Rework area와 검토 기능을 이해 할 수 있다.

뒤집기 가공 program은 여러 가지 방법이 있으나 Part body또는 Geometry를 직접 회전시키지 않고 가공 Axis 축을 변경 만으로 쉽게 뒷면 가공 하는 방법을 실습하기로 한다.

1. 가공 계획 수립

- CATIA V5를 실행하여 예제파일을 불러온다.

(1) 제품 형상 파악

제품이 가지고 있는 형상 파악과 효율적인 가공을 위한 가공계획, NC program을 위한 Geometry 생성 등 가공의 전반적인 사항을 검토한다.

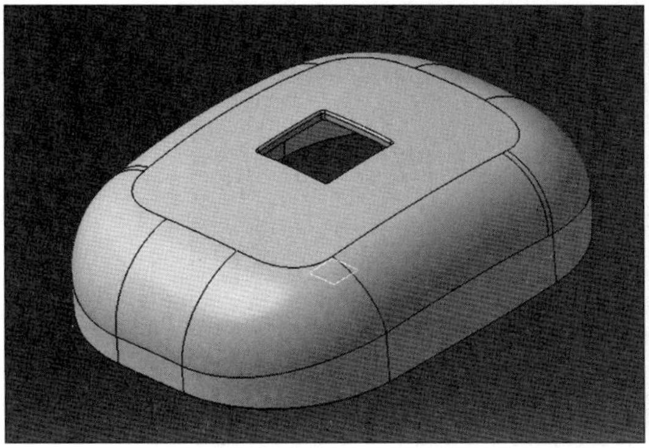

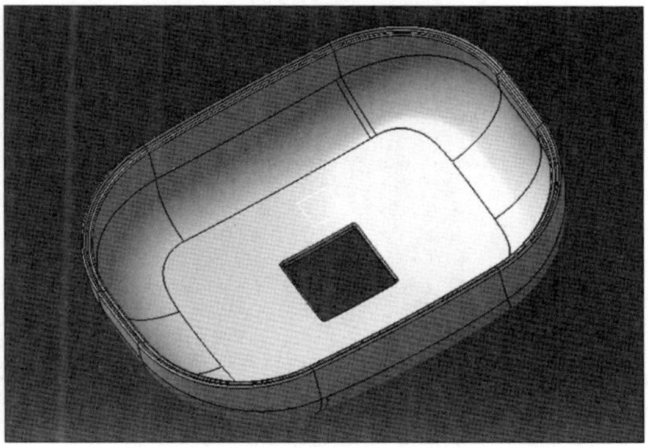

- Creates rough stock 명령을 사용해 제품 크기 파악과 동시에 Stock을 만든다. 가공 여유를 주기 위해 제품보다 각 축 방향으로 약 10mm 정도 크게 생성한다.

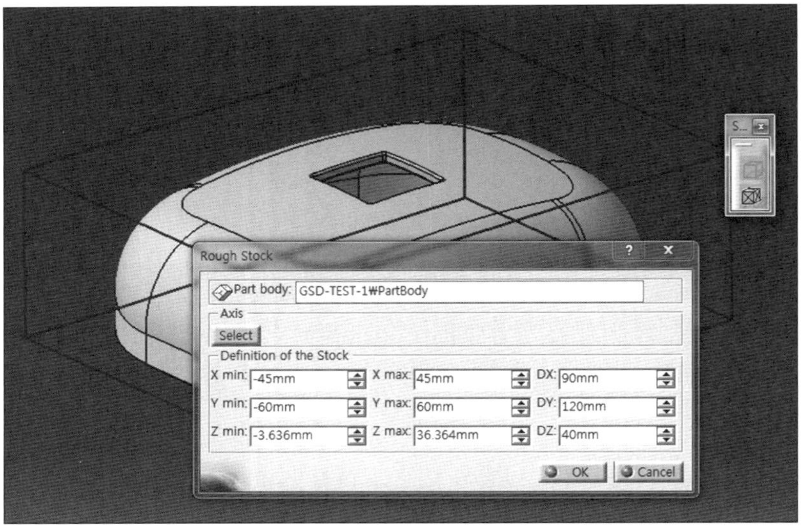

① Definition of stock의 DX, DY, DZ 값을 조절하여 전체적인 Stock의 크기를 조절한다.

(2) 안전높이 Plan 생성

① Stock을 만든 후 다음 작업에 방해 되지 않도록 hide/Show기능을 이용하여 Swap visible space방으로 옮겨 놓는다.

② 안전 높이 plan은 소제의 높이가 40mm 이므로 Z 방향으로 20mm 정도 Offset 하여 Plan을 만든다. 뒷면 가공을 위해 −축 방향으로도 plan을 만들어 준다.

· XY plan 선택 60mm Offset, −20mm Offset 하여 2개의 plan을 생성한다.

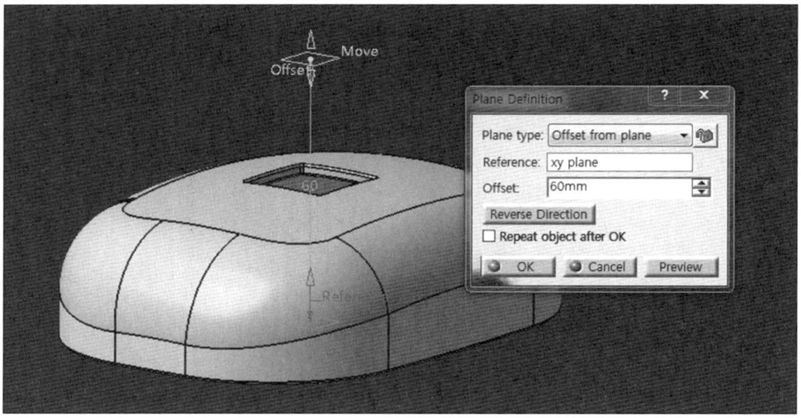

(3) 최소 곡률 측정

1) Measuring Item 명령을 사용하여 제품의 형상의 최소 곡률값을 측정한다.

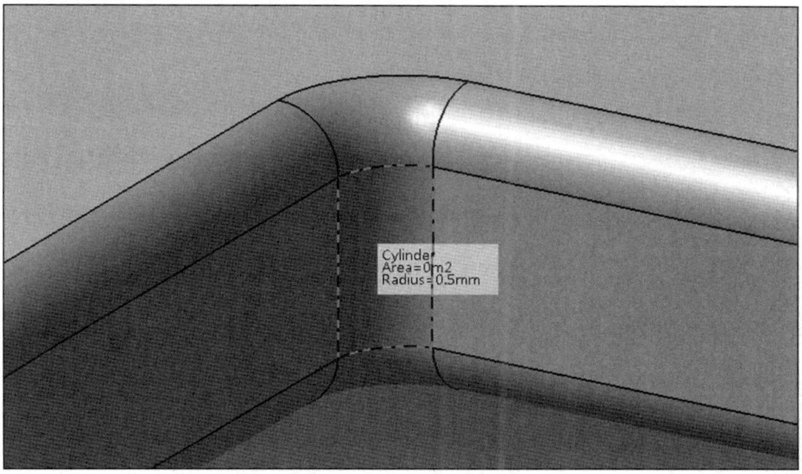

측정 결과 최소 곡률값이 0.5mm이므로 NC Program에서 직경 1mm Tool을 사용하여 마무리 하도록 한다.

○ 예제1 가공 계획

Item	예제1			
소재	ABS	X90mm, Y120mm, Z40mm		
Tool	Job	직경	날장	유효길이
	Roughing	12B	20mm	50mm
	Semi-finishing	10B	10mm	20mm
	Finishing	6B	5mm	20mm
	Rework	3B, 1B	5mm	20mm

2) 검토가 끝나면 CATPart를 저장한다.

2. Part Operation 설정 및 예제 파일 불러오기

뒤집기 가공을 원활히 하기 위해 Part operation 단위로 앞면 뒷면으로 나누어 구별하여 program을 한다.

- NC program을 위하여 우선 CATIA V5의 Machining 환경을 로드한다.

Part operation 설정

Part operation을 설정하지 않아도 1회성 program은 CATIA 기본 설정만으로도 Toolpath를 생성하고 NC Code를 출력하는데는 무리가 없다. 그러나 지속적으로 관리가 필요한 경우 또는 많은 양의 Tool path를 출력할 때 설정해주는 것이 좋다.

특히 post process과 NC type 설정은 NC Code 출력 시 Machine operation마다 꼭 설정해야 하는 항목으로 미리 설정해두면 많은 양의 출력 작업 시 같은 설정을 일일이 선택을 하여 변경하는 번거로움을 줄일수 있다.

(1) Part Operation open

1) PPR tree 〉 Part Operation 더블 클릭하여 Part Operation 대화상자를 연다.

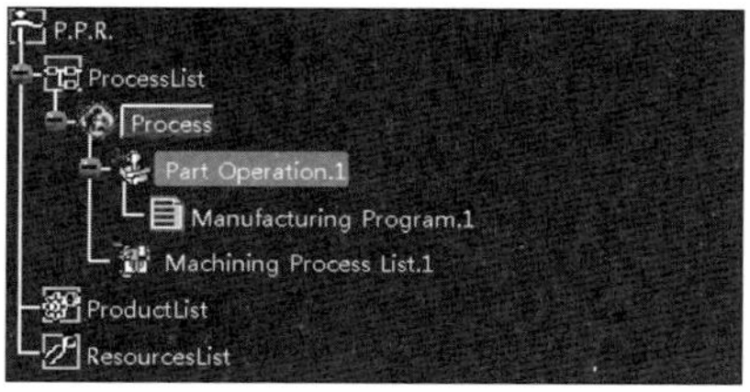

2) Part operation의 이름을 변경한다.

ex) Name : Sample1-Upper

3) Machine 설정

Machine 아이콘을 클릭하여 장비 설정을 한다.

① Tooling tap

- Tools catalog : 개발된 Tool Catalog가 있다면 선택을 한다. 없다면 선택을 하지 않아도 무방하다.

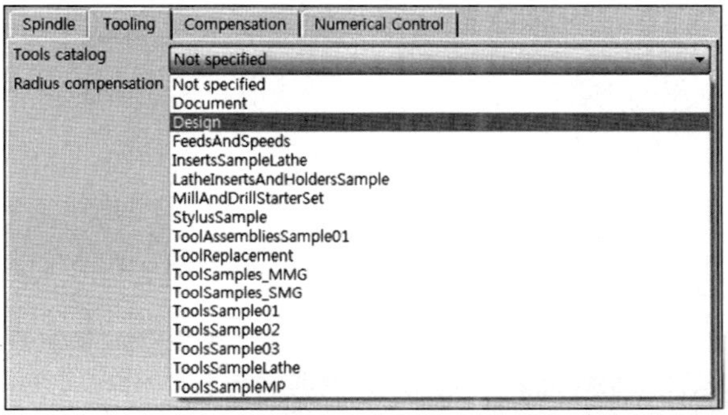

② Numerical Control tap

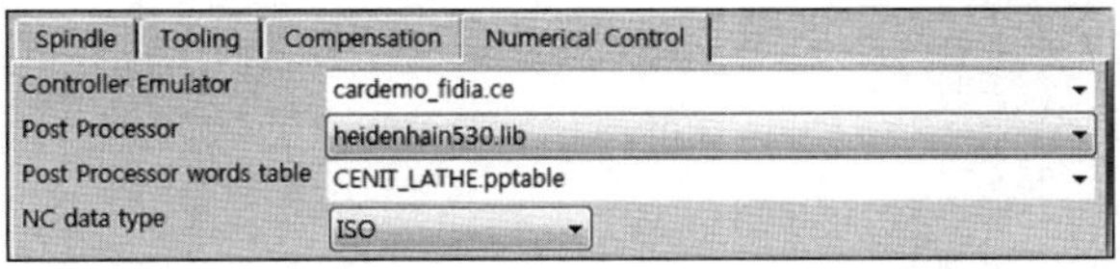

- Post Processor : 장비에 맞는 post process를 선택한다.
- NC data type : NC Code를 출력하기 위해서 ISO를 선택한다.

4) 설정이 완료되면 OK를 눌러 Part operation 대화상자로 돌아온다.

(2) 예제 파일 Open

① Product or Part selected 아이콘을 클릭한 후, File Selection 창에서 파일 타입을 Part로 설정하고 예제 1번 파일을 로드한다.

② Geometry 설정

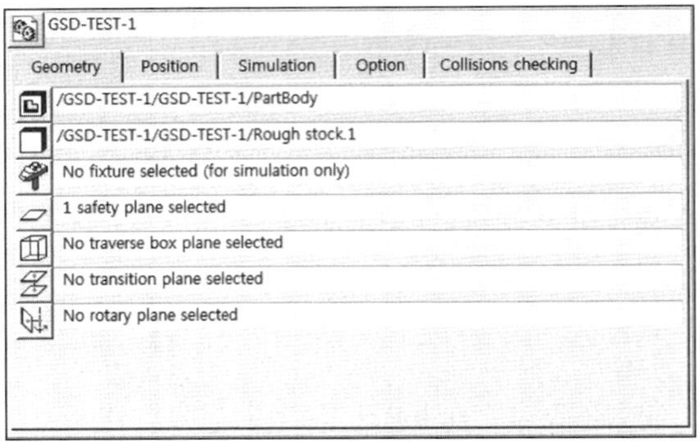

i Design part : 가공할 대상 예제 1번을 선택한다.

ii Stock : Stock을 설정한다.

iii Safety plane : 안전 높이 plan을 선택한다.

③ 이상으로 설정이 완료되면 OK를 클릭하여 적용한다.

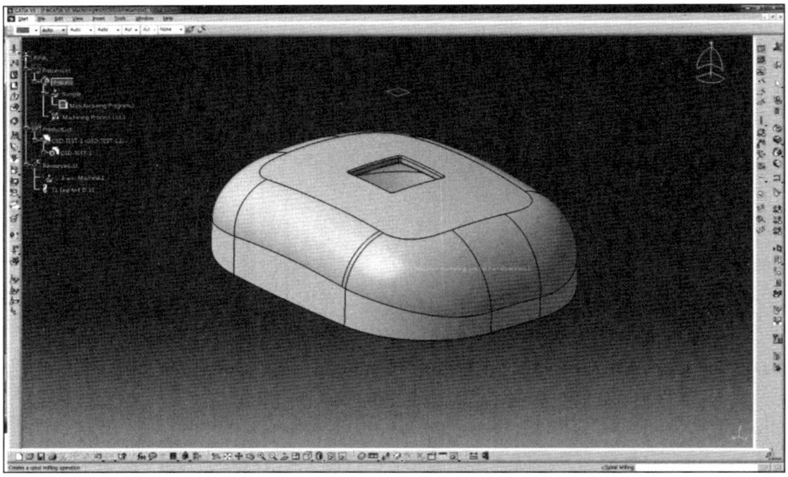

▲ 설정이 완료 되어 예제 파일이 로드 된 모습

④ 이로서 작업 준비가 완료되었다.

- Speed & rates tap과 Macro data tap은 각 Operation에서 반복적으로 나오는 사항이므로 따로 기술하지 않고 기타 반복적으로 나오는 부분 이외의 중요한 설정을 위주로 설명하도록 한다.

3. 앞면 가공

(1) Roughing

① TTR tree의 Manufacturing Program을 더블 클릭해 이름을 변경한다.

ex) Upper roughing 12B

② Roughing Operation을 TTR tree에 추가한다.

1) Operation 설정

① Geometric components Tap

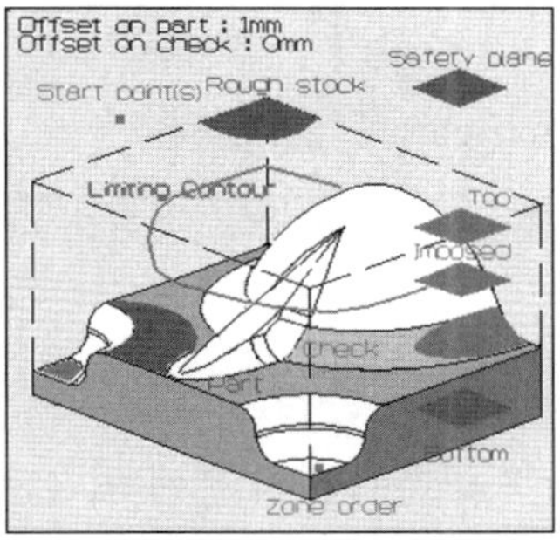

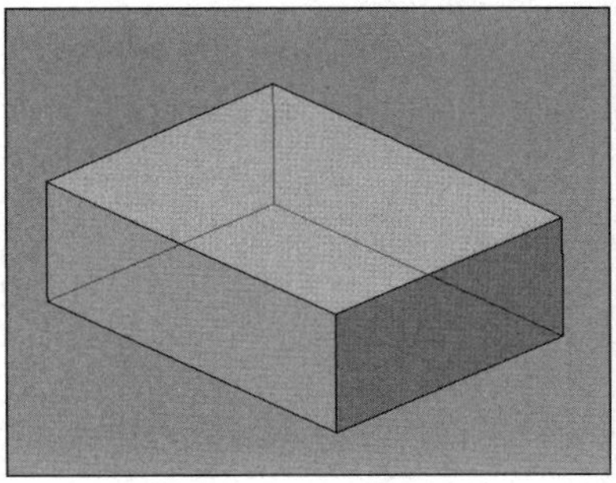

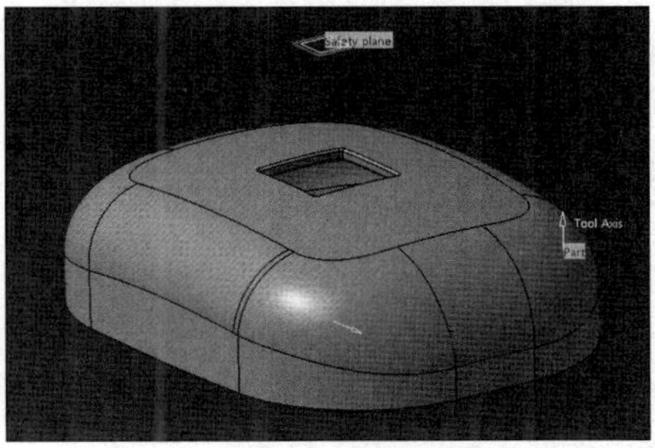

- Rough stock : No show 방에 숨겨두었던 Stock를 선택한다.
- Part : 예제1 part를 선택한다.
- Offset on part: 1mm

② Tool data tap

사용할 Tool을 Catalog에서 불러오거나, 직접 Tool 이름을 변경하고 직경 12mm Ball-end Tool을 생성한다.

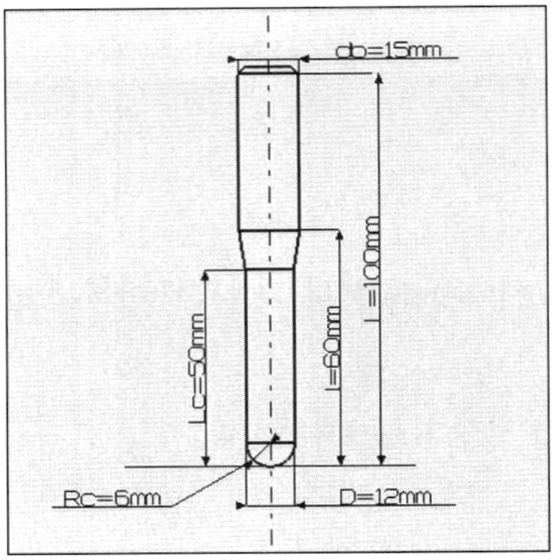

③ Machining strategy tap

i Machining tpa

– Machining Mode : Outer part로 설정한다.

현재는 Part 크기가 작아서 가공에 무리가 없지만 Tool 길이가 짧다면 문제가 생길 수 있는 중앙 부분의 Hole을 바닥까지 가공하지 않기 위해 외각만 가공하도록 설정한다.

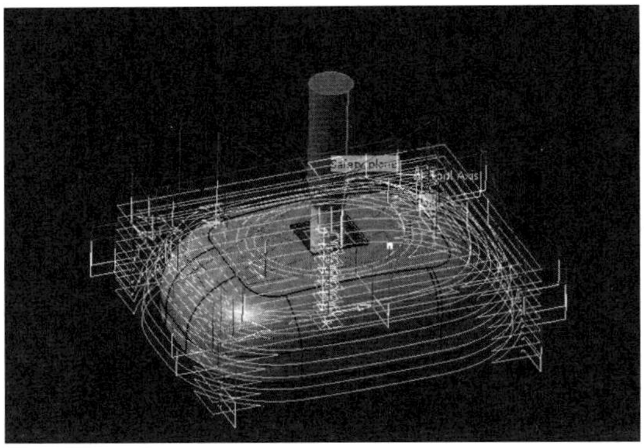

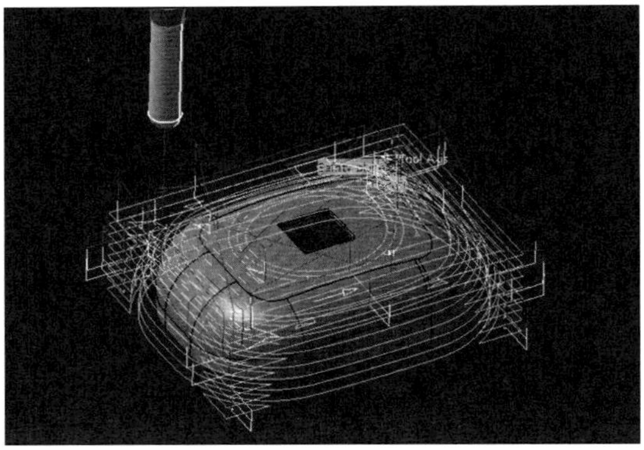

ii Radial tap

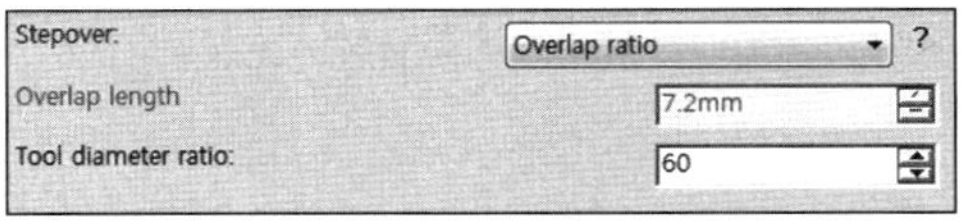

– Stepover : Overlap ratio(Tool이 겹치는 양을 %로 정의한다.)

– Tool diameter ratio : 60%

iii Axial tap

– Maximum cut depth : 5mm로 설정한다.

④ 모든 설정이 완료되면 Tool path replay 버튼을 클릭하여 연산을 진행한다.

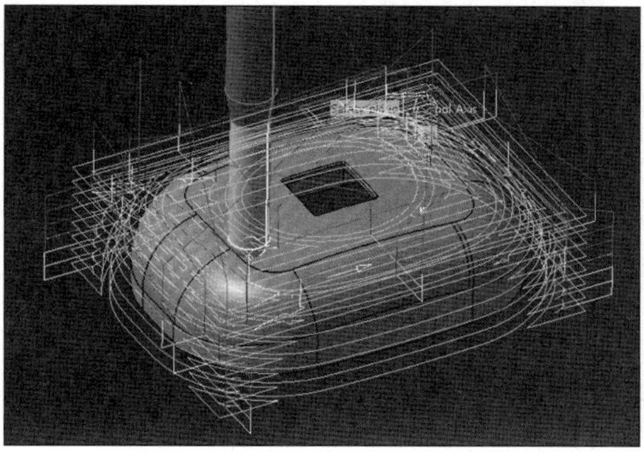

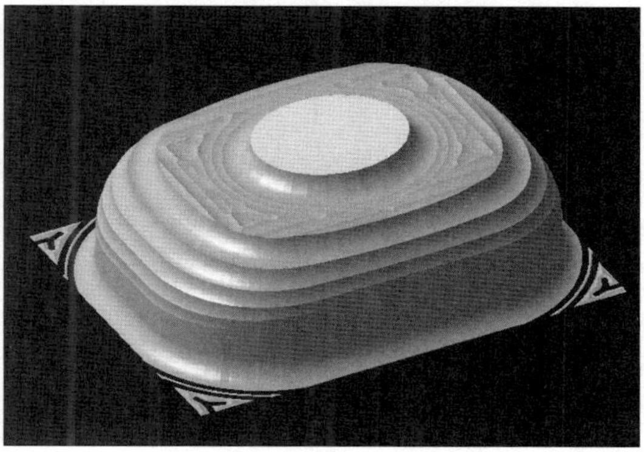

Simulation 결과 제품 상단 중앙 부분의 Stock이 많이 남아있음을 확인할 수 있다. 중삭 가공에 무리가 가지 않게 하기 위해 남은 Stock을 제거해주는 작업을 한다.

OK 〉 OK 를 클릭하여 Operation을 마무리 한다.

(2) Re Roughing

① Roughing에서 가공되지 않은 부위를 따로 가공하기 위해 이미 연산된 Roughing operation를 같은 Program tree에 복사하여 붙여넣기를 한다.

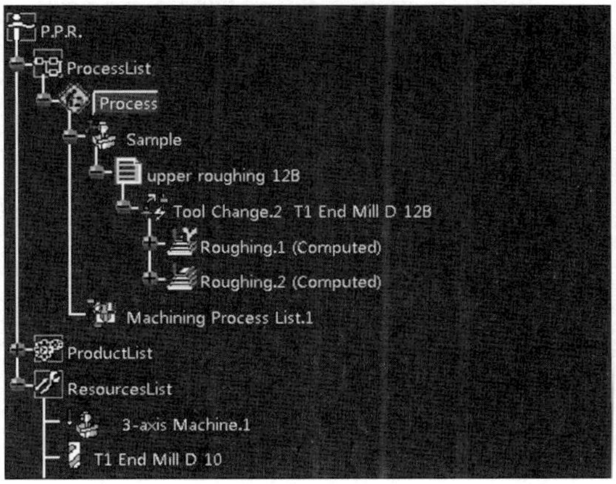

◦ Tool 정보 출력

· 동일한 Tool을 사용하는 경우 : Operation을 같은 Manufacturing Program에 생성을 하면 NC code를 하나의 파일로 출력할 수 있다.

· Tool이 다를 경우 : 하나로 출력된 파일에 Tool 교환 정보가 Machine operation과 Machine operation 사이에 입력된다.

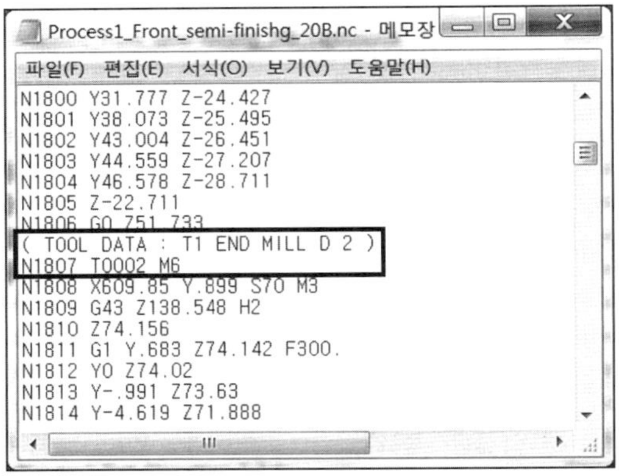

▲ NC Code에 Tool 교환 정보가 입력 된다.

② 설정 변경을 위해 복사된 Operation을 더블 클릭하여 대화창을 연다.

1) Operation 설정

① Geometric components Tap

Hole 부분을 깊이까지 가공이 되지 않도록 Bottom을 설정한다.

Geometry 선택창의 Bottom을 마우스 3번 버튼으로 클릭한 후 Offset을 선택하여(Tool이 어느 정도 깊이까지 가공할 수 있도록) −5mm로 입력 후 마우스로 다시 선택하여 Part의 윗면의 Corner edge 부위를 선택한다.

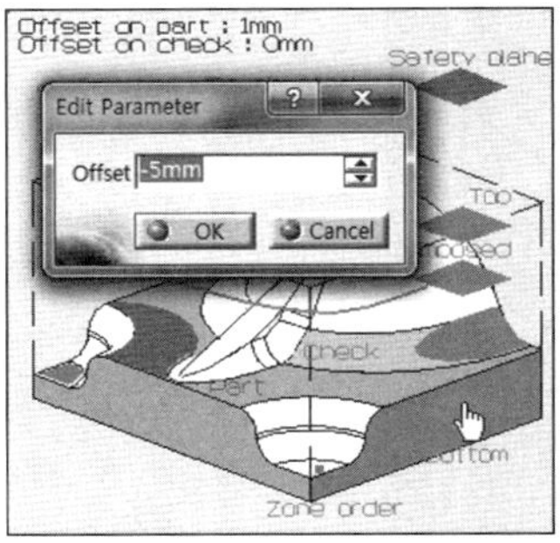

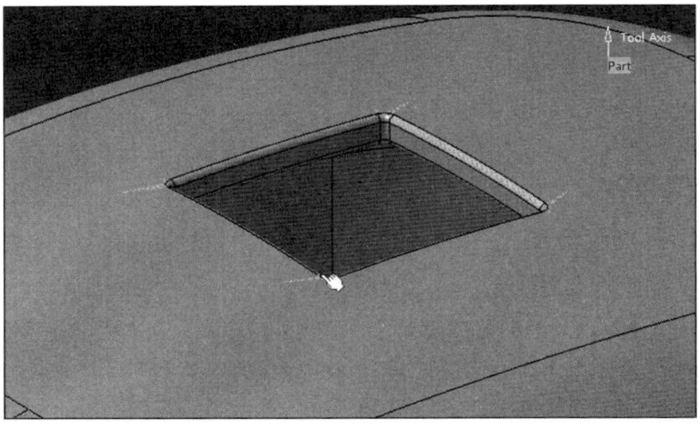

② Machining strategy tap

i Machining tpa

– Machining Mode : 미절삭 부위를 가공하기 위해 Pockets only로 설정을 변경한다.

2) 설정이 완료되면 Tool path replay 버튼을 클릭하여 연산을 진행한다.

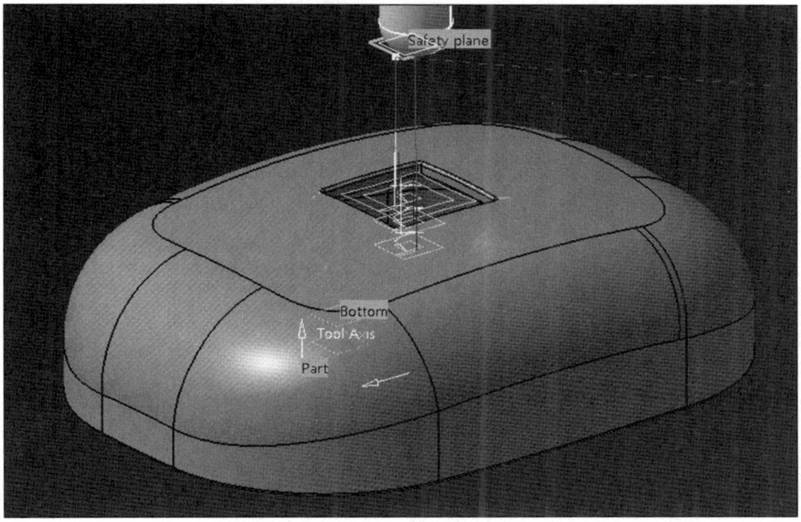

3) 결과를 확인하고 OK 〉 OK 를 클릭하여 Operation을 마무리 한다.

(3) Semi-finishing

황삭 가공의 거친 가공을 일정한 Offset으로 표면을 고르게 하기 위한 가공을 한다.

① TTR tree의 Roughing operation 하단에 Manufacturing Program을 추가한 후 이름을 변경한다. ex) Semi finishing 10B

② Manufacturing Program에 Sweeping operation을 추가한다.

1) Sweeping operation 설정

① Operation 설정

i Geometric components Tap

–Part와 Safety plan을 선택하고 Offset on part를 0.5mm로 설정한다.

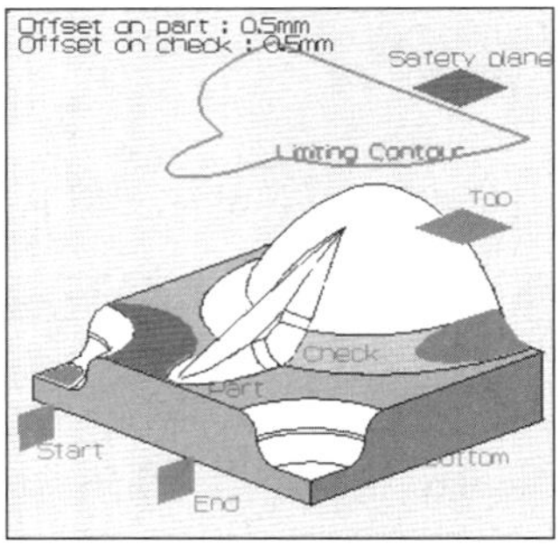

ii Tool data tap

–직경 10mm Ball–end Tool을 생성한다.

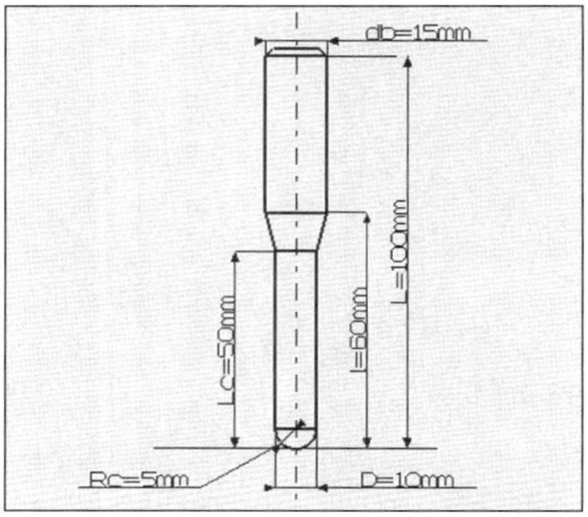

iii Machining strategy tap

–Machining tolerance : 0.1mm

–Max. distance between pass : 3mm

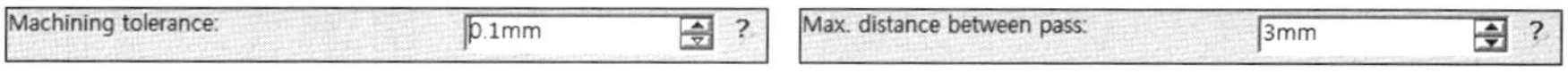

2) 위와 같이 설정한 후 Tool path replay 버튼을 클릭하여 연산을 진행한다.

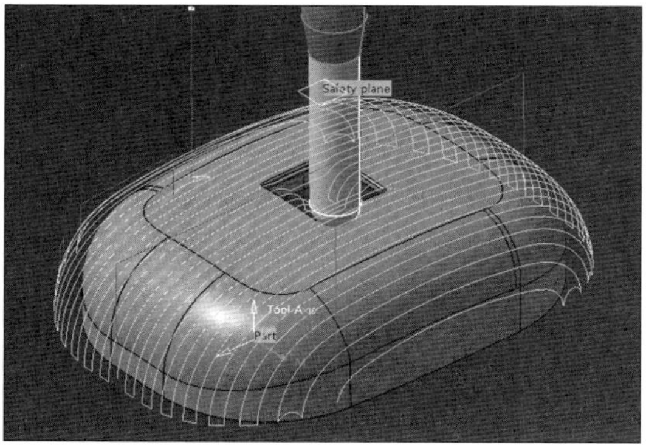

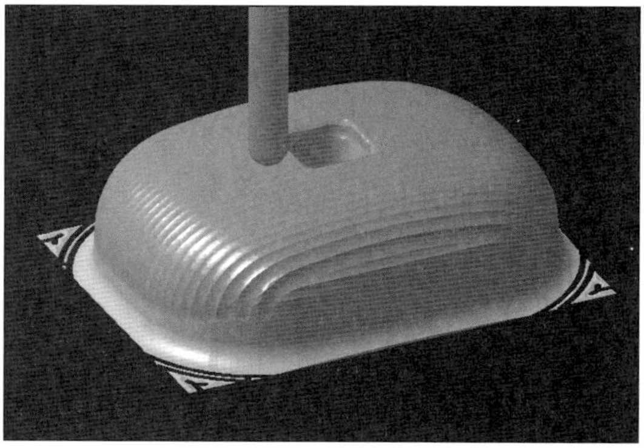

3) Tool path 검토가 끝나면 OK 〉 OK 를 클릭하여 Operation을 마무리 한다.

(5) Finishing

① Manufacturing Program추가

Semi-finishing과 마찬가지로 TTR tree의 Semi-finishing하단에 Manufacturing Program을 추가한 후 이름을 변경한다. ex) finishing 6B

② Machine operation 추가

Manufacturing Program에 Advanced finishing operation을 추가한다.

1) Advanced finishing operation 설정

① Geometric components Tap

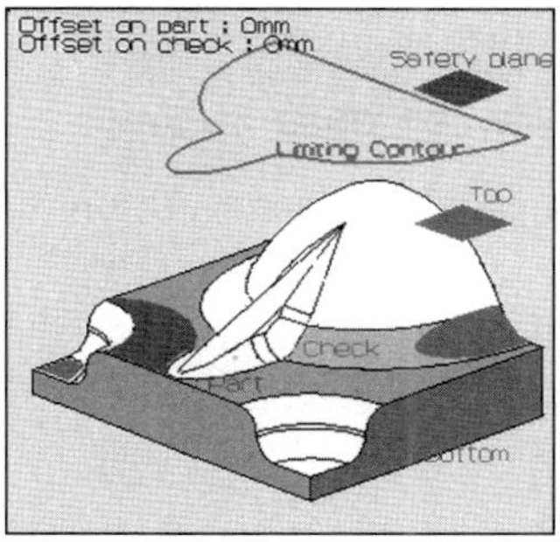

Part와 Safety plan을 선택하고 Offset on part를 0mm로 설정한다.

② Tool data tap

직경 6mm Ball-end Tool을 생성한다.

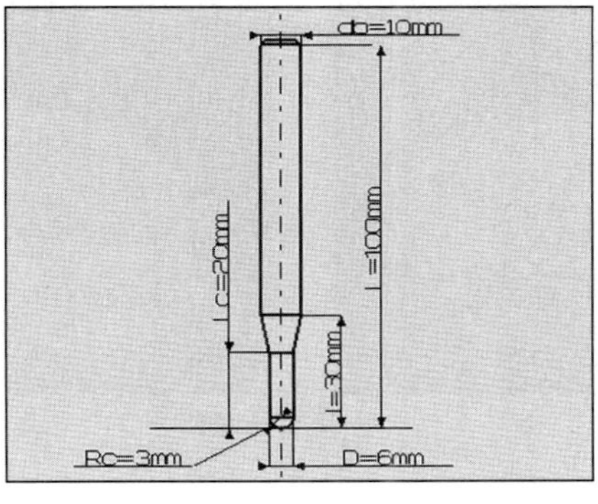

③ Machining strategy tap

i Machining tolerance : 0.03mm

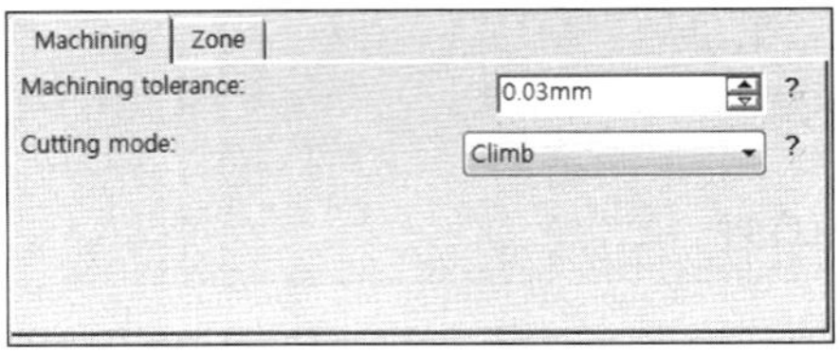

ii Zone : Advanced finishing operation은 자동으로 평면 구간과 수직 구간을 나누어 Tool path를 생성한다. 따라서 각 부분을 나누는 기준각을 설정한다.

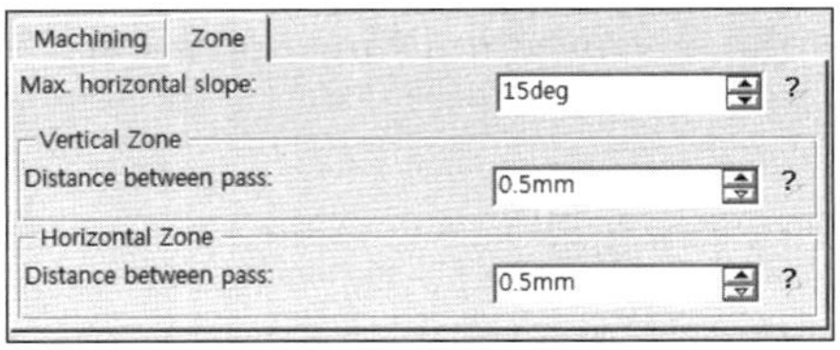

- Max. horizontal slope : 45deg
- Vertical Zone Distance between pass : 0.5mm
- Horizontal Zone Distance between pass : 0.5mm

2) 위와 같이 설정한 후 Tool path replay 버튼을 클릭하여 연산을 진행한다.

- Part autoLimit : Part auto Limit 기능을 활성화 하면 Tool 축 방향에서 보았을 때 최외각을 Limit로 자동 인식하기 때문에 외각이 수직면으로 이루어진 경우 Surface 끝까지 Tool path를 생성하지 않는다.

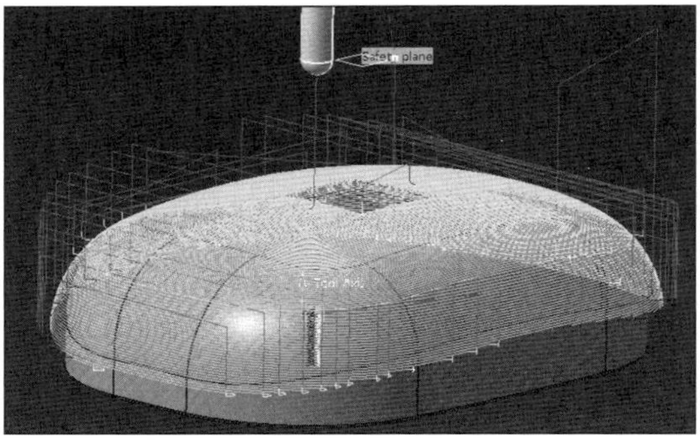

▲ On

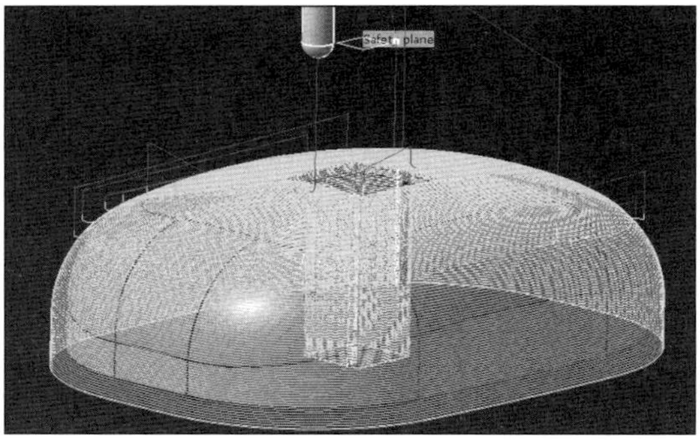

▲ Off

Part auto Limit 기능을 Off하여 연산을 하면 우측 그림과 같이 바닥까지 Tool path가 생성되지만 홀 부분 Tool path까지 바닥까지 내려간 것을 볼 수 있다. 이 부분을 해결하기 위해 Limiting contour 기능을 사용한다.

3) **Limiting contour 선택** : 홈 부분 edge 라인을 선택하여 경계를 설정하여 Tool이 빠지는 것을 방지한다.

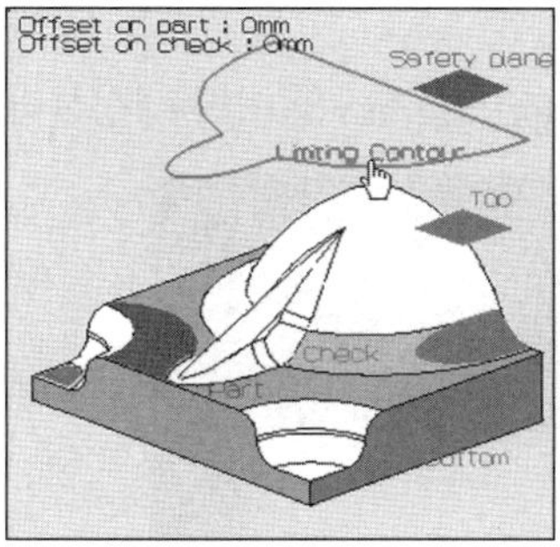

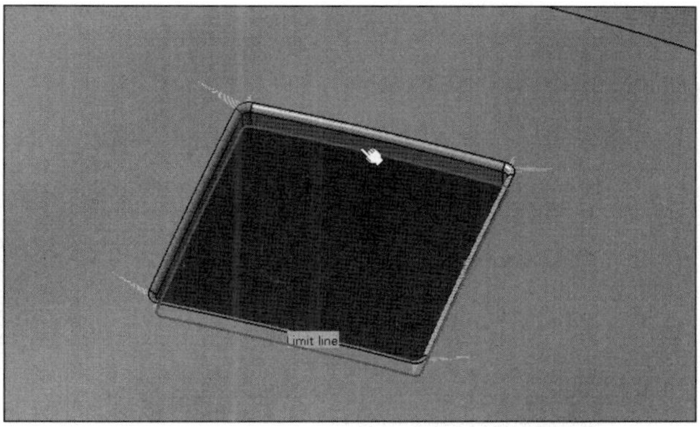

① **Limit Definition** : 다음과 같이 Limit 라인에 대한 설정을 한다.

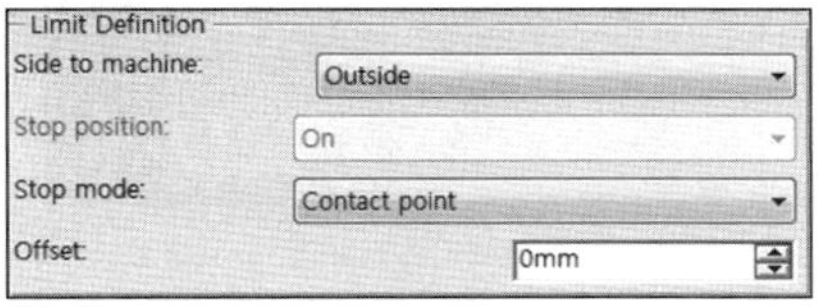

- **Side to machine** : Outsid
- **Stop mode** : Contact point

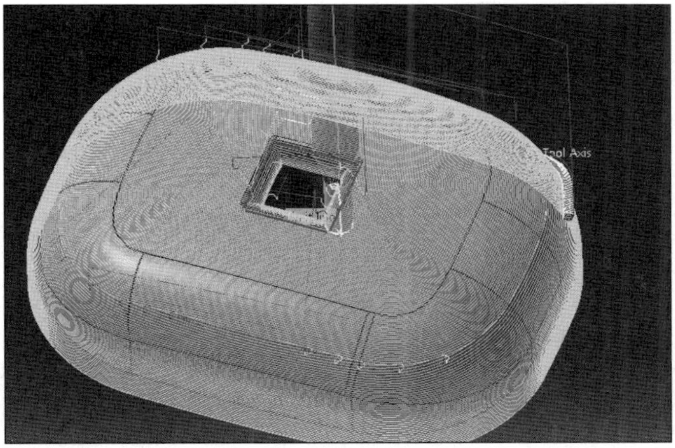

▲ 완성된 Tool path

4) 충분한 검토가 끝이 나면 OK 〉 OK 를 클릭하여 Operation을 마무리 한다.

(6) Rework

6mm Ball–end tool을 사용하여 정삭을 하였으므로 Corner 부분은 직격 6mm Ballend tool을 사용해 Radius 값이 3R로 가공이 완료된 상태이므로 가공 형태를 검토할 때 측정한 0.5mm 곡률 값을 맞추기 위해 1mm Ball–end tool을 사용한다. 그렇지만 1mm tool로 바로 가공하기에는 무리가 있어 보이므로 먼저 3mm Tool로 Rework를 진행한 다음 1mm tool을 이용하여 마무리를 한다.

1) Manufacturing Program 추가

① Rework 기능을 사용하기 위해 TTR tree에 Manufacturing Program을 미리 생성한다.

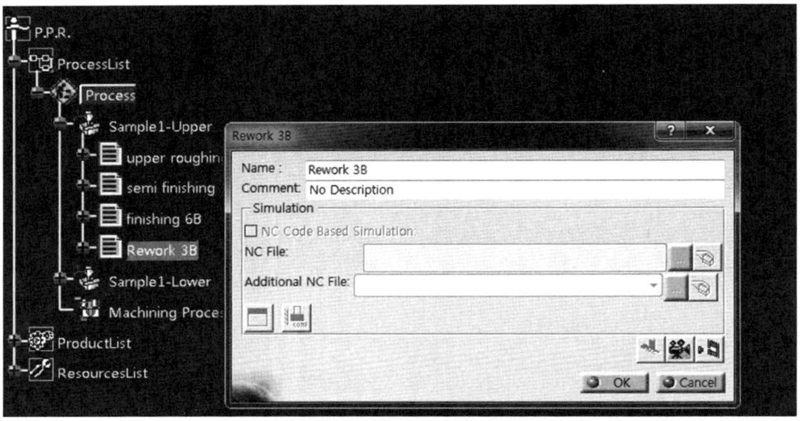

② 프로그램을 추가하고 적절한 이름으로 변경한다. ex) Rework 3B

2) Rework 기능을 실행시킨다.

Rework 영역을 만들기 Finishing Operation 정보를 입력한다.

① **Part 선택** : 예제 1 Part를 선택한다.

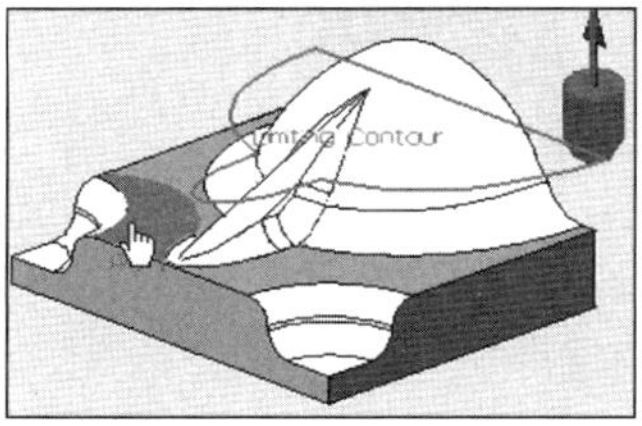

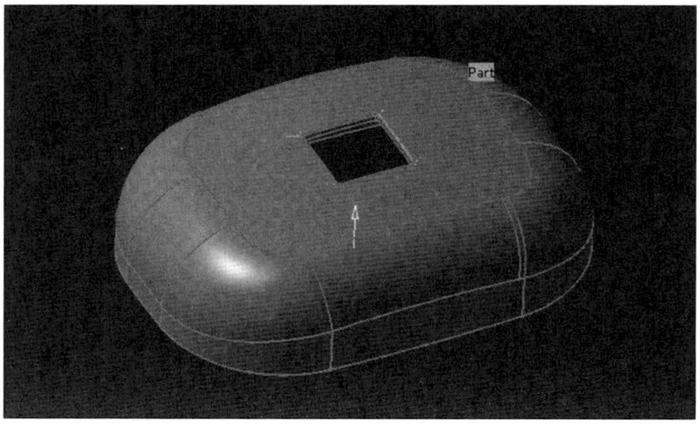

② **Tool 정보 입력** : Finishing에 사용한 Tool를 선택한다.

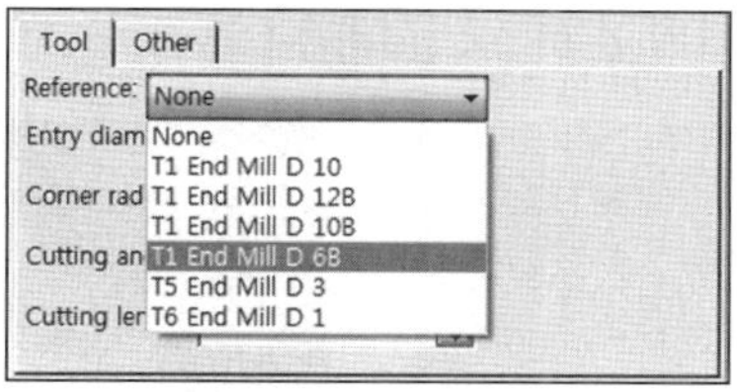

③ Operation tap에서 자동으로 생성되는 Rework operation이 위치할 곳을 선택한다.

- Insertion Level의 None 부분을 클릭하여 1)에서 추가한 Manufacturing Program (Rework 3B)을 선택하여 Operation 생성위치를 설정한다.

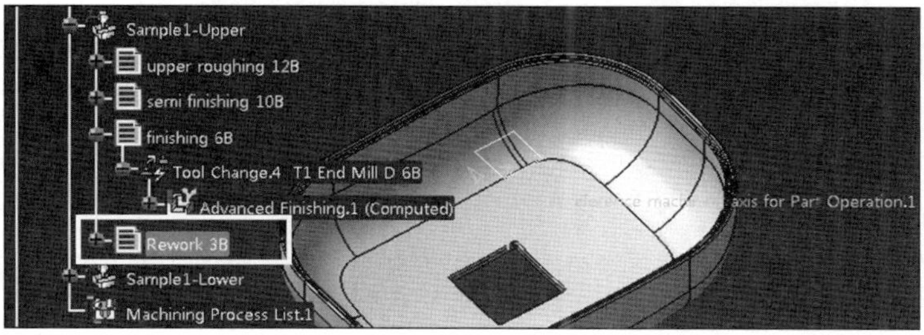

3) 설정이 완료되면 Compute 아이콘을 클릭하여 Rework 영역을 계산한다.

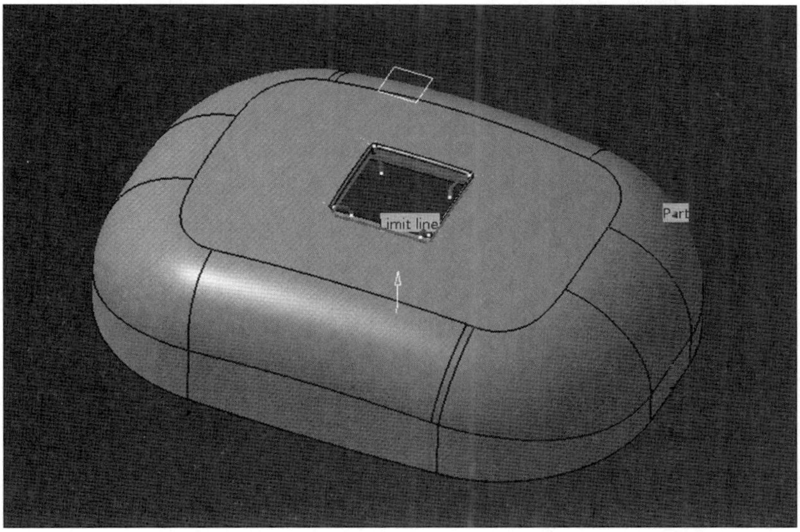

▲ 계산이 완료된 모습

Rework Area이 계산되면 대화상자를 종료하고 Rework Area에서 생성된 각 Operation을 실행하여 직경 3mm Tool 및 가공 설정을 한 후 Toolpath를 생성한다.

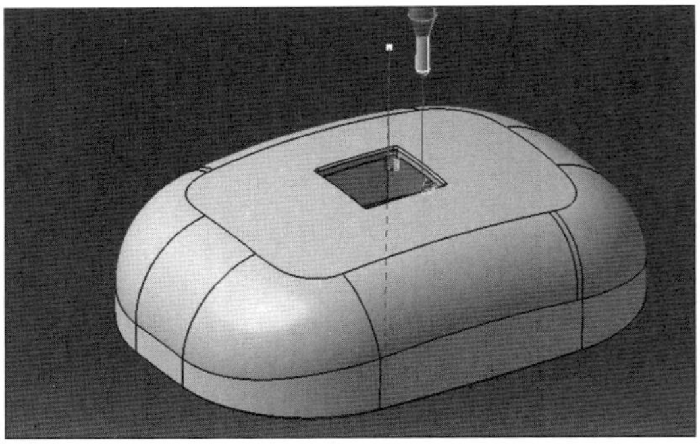

▲ Zlevel

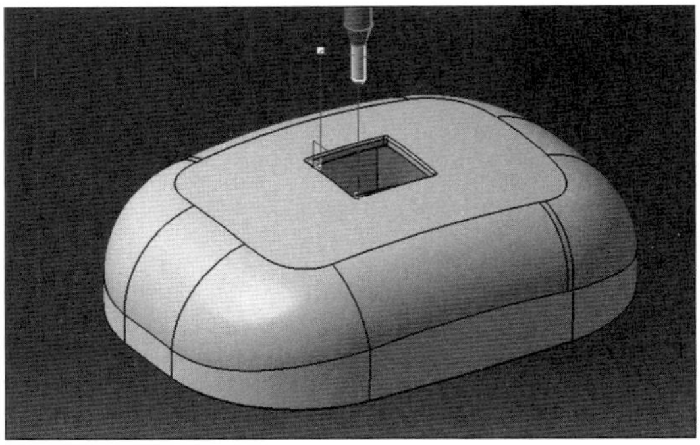

▲ Contour-driven

위와 같이 3mm Tool Rework를 완료한 후 1mm Tool 가공 Toolpath 생성도 같은 방법으로 진행하여 잔삭을 마무리 한다.

4. 뒷면 가공

(1) Part operation 복사

① PPR tree의 Part Operation을 복사하여 붙여넣기를 한다. 복사된 Part operation 하위의 Machine operation(앞면 가공한 operation)들은 이미 Machine, Geometry 등이 설정이 되어 있어 뒤집기 가공을 위한 Tool axis과 safety plan 설정만 변경하면 된다.

② 복사된 Machine operation 중에 Re Work operation(Zlevel, Contour- driven)과 앞면 가공에서 홈 가공용으로 사용한 Re-Roughing Roughing은 뒷면 가공에서는 필요가 없으니 삭제한다.

③ 복사된 Part Operation을 더블 클릭하여 대화상자를 오픈한다.

④ Part operation 이름을 변경한다. ex) Name: Sample1-Lower

(2) Tool axis 설정

① Machining axis system 아이콘을 클릭한다.

② 다음 그림과 같이 Z axis 축을 클릭한다.

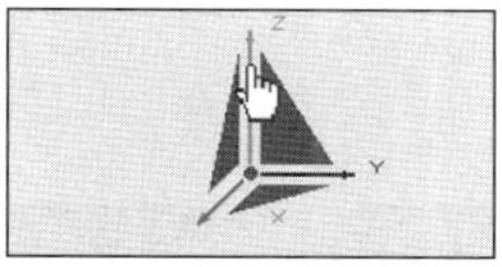

③ Direction창이 뜨면 Reverse Direction 버튼을 클릭하여 Z axis 방향을 반대 방향으로 설정한다.

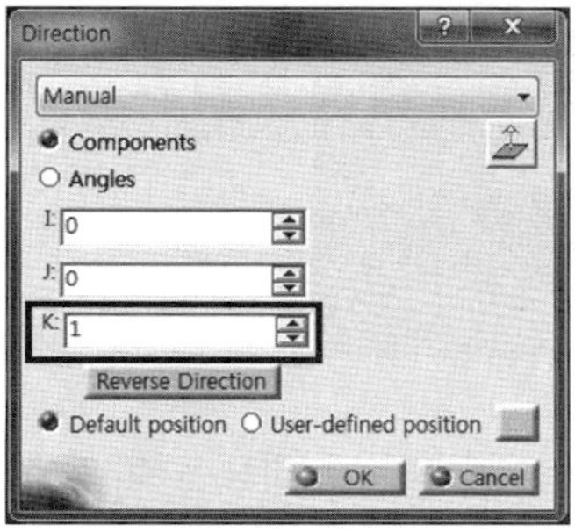

▲ K : 1

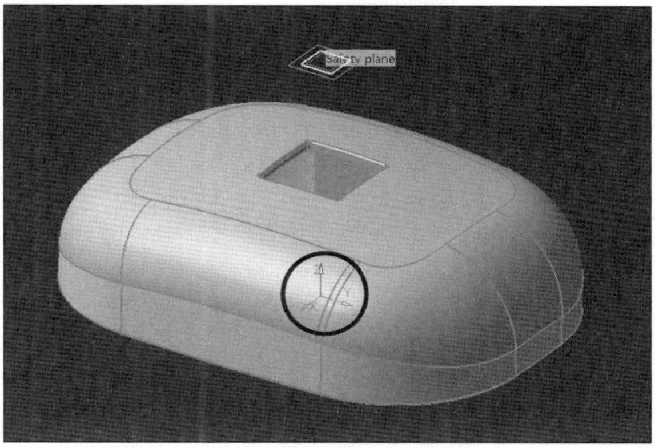

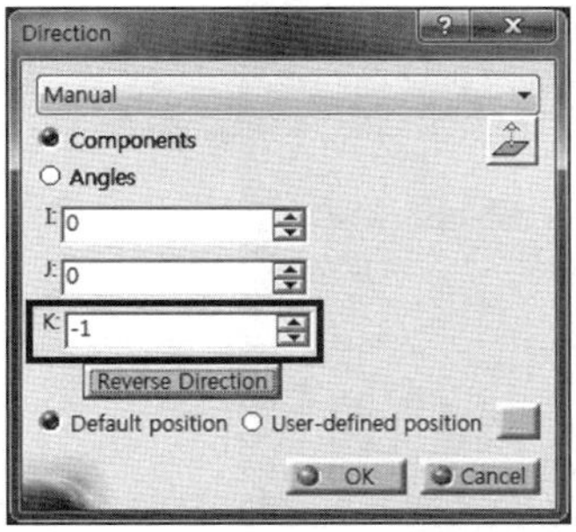

▲ K : −1

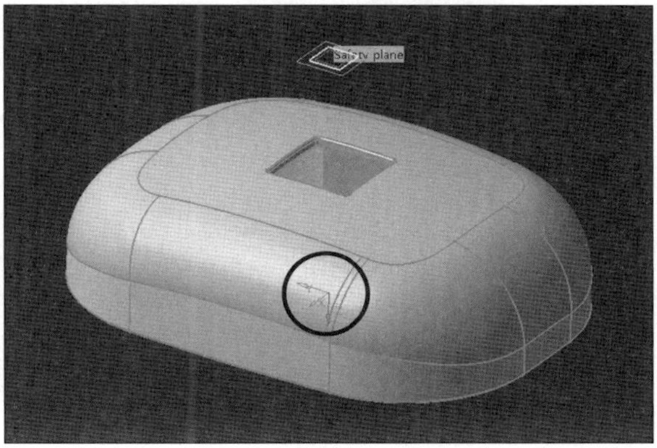

X axis을 기준으로 Tool 축을 180° 회전을 시켜 X axis과 Y axis의 +, − 방향이 반전이 되었음을 알 수 있다. 따라서 CNC Machine에서 뒤집기 가공을 할 때 공작물을 X axis 축을 기준으로

회전을 시켜야 한다.

Y axis을 기준으로 회전을 하려면 X 방향 화살표를 클릭한 후 Recerae 버튼을 클릭하면 X axis 방향이 반전이 되며 Y axis이 회전의 기준이 된다.

(3) Safety plane

안전 높이 plan을 선택한다.

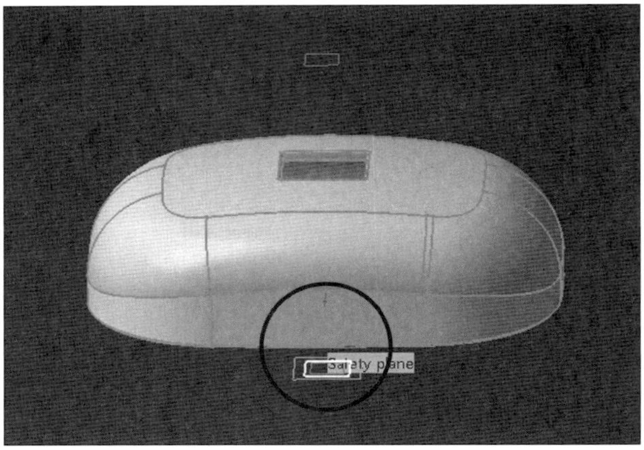

여기까지 설정이 완료되면 OK 버튼을 눌러 설정을 적용한다. 이제부터는 제품을 화면에서 뒤집어 놓고 작업을 한다.

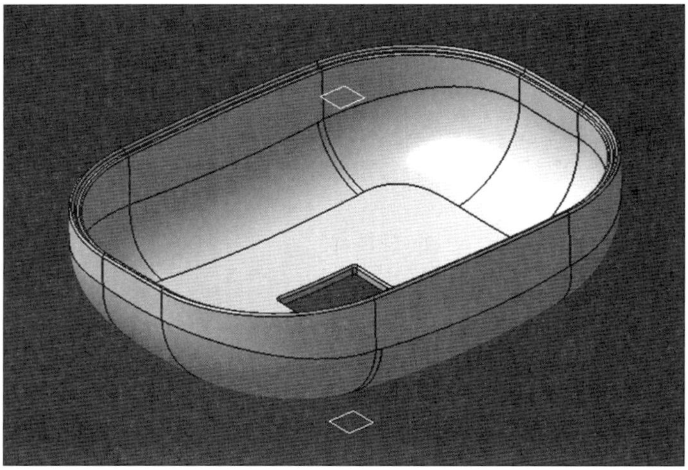

복사된 Operation의 이름을 모두 변경한다.(같은 이름이 존재할 경우 출력이 원활히 이루어지지 않는다.)

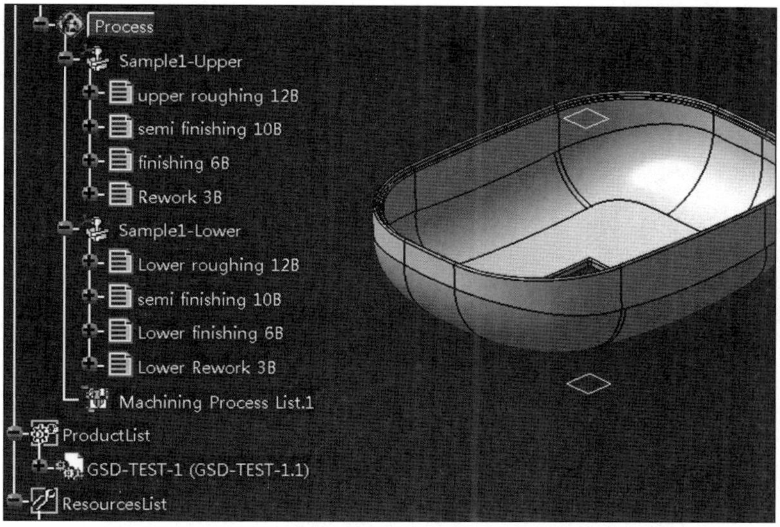

(4) Operation 수정

각 Operation은 이미 Tool 축의 반대 방향으로 연산이 되어있으므로 Tool axis와 Safety plan만 변경하여 재연산을 한다.

1) Geometric components Tap

① **Safety plan 변경** : Lower 안전 높이 plan을 선택한다.

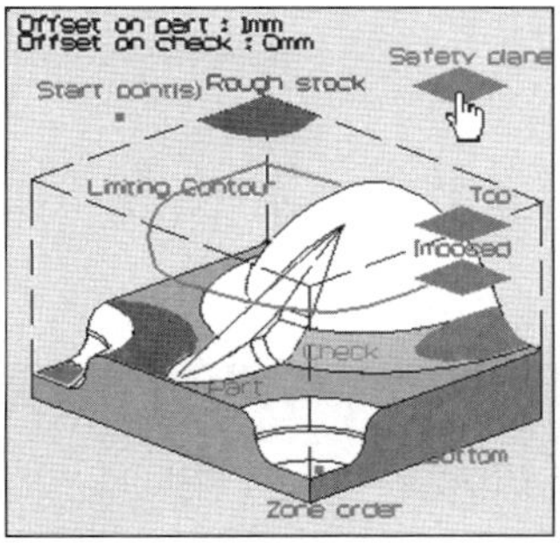

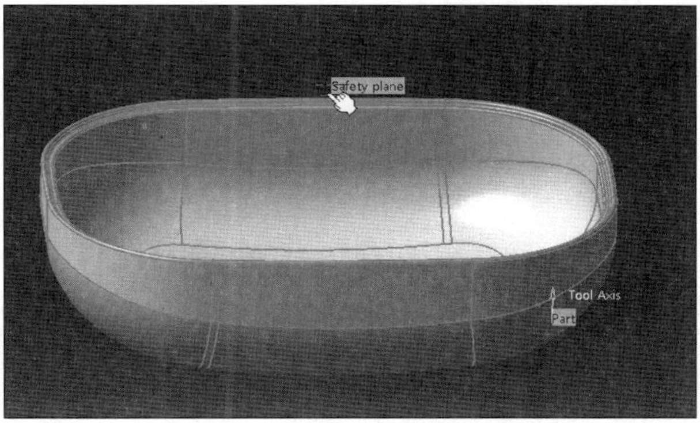

2) Tool data tap

① **Tool축 변경** : Tool축 방향 화살표를 선택하여 Tool axis 대화상자를 연다. 대화상자에서 Revers Direction 버튼을 클릭하여 축 방향을 변경한다.

- Display tool을 활성화하여 화면에 Tool을 표시하는 것도 축 설정에 도움이 된다.

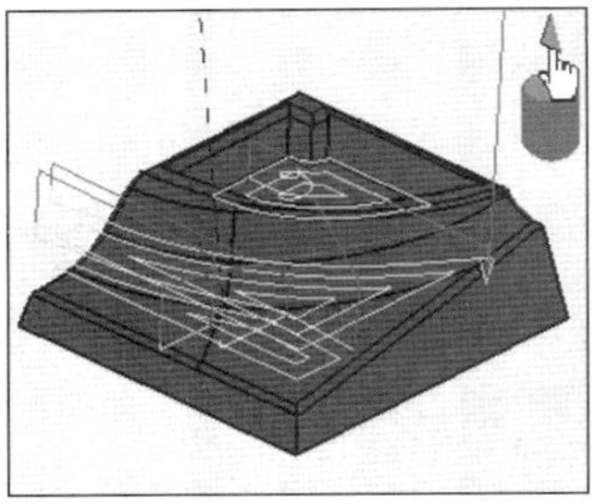

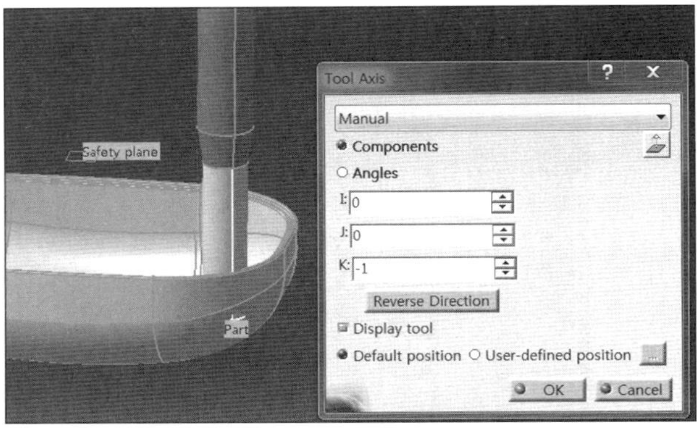

3) 위와 같이 수정을 마치면 Tool path replay 버튼을 클릭하여 연산을 진행한다.

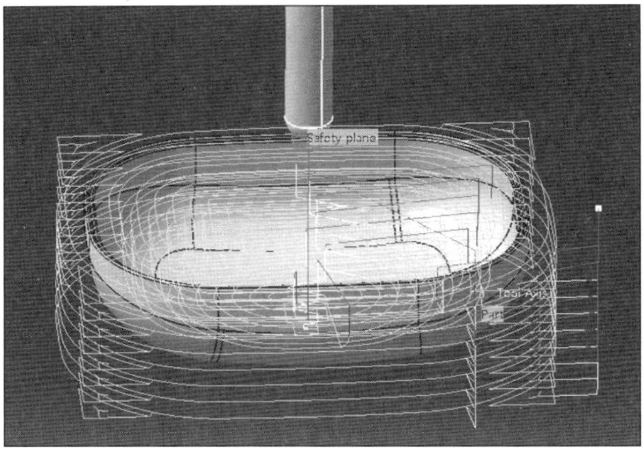

① 위 그림에서 외각부분의 Stock은 앞면 작업에서 가공이 완료된 상태이므로 Machining mode를 Pocket으로 설정해 안쪽 면의 남은 Stock만 제거한다.

Machining strategy tap 〉 Machining mode : Pockets only

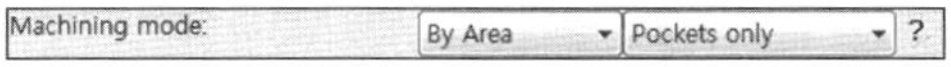

② 수정이 완료되면 다시 연산을 진행한다.

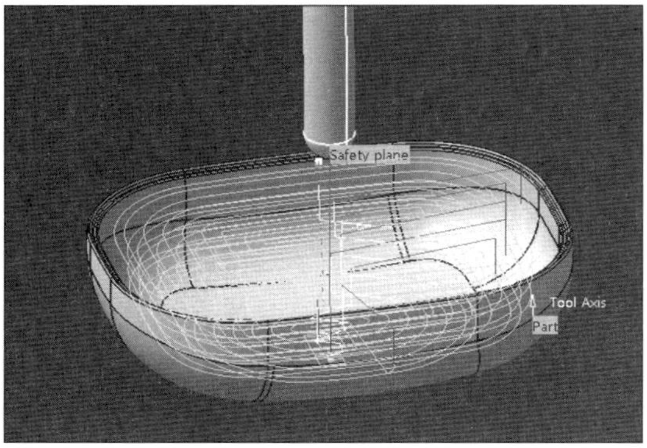

Video Simulation은 Part operation이 다르기 때문에 연동이 되지 않는다.

③ 검토가 완료되면, OK 〉 OK 를 클릭하여 Operation을 마무리 한다.

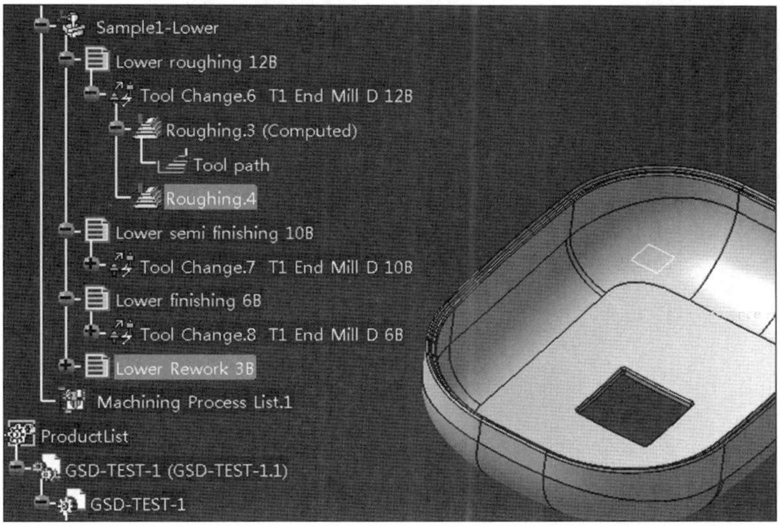

- 다른 Operation도 위와 같은 방법으로 plan과 Tool축을 변경하여 제연산을 실행하여 Tool path를 생성한다.

Lower semi finishing

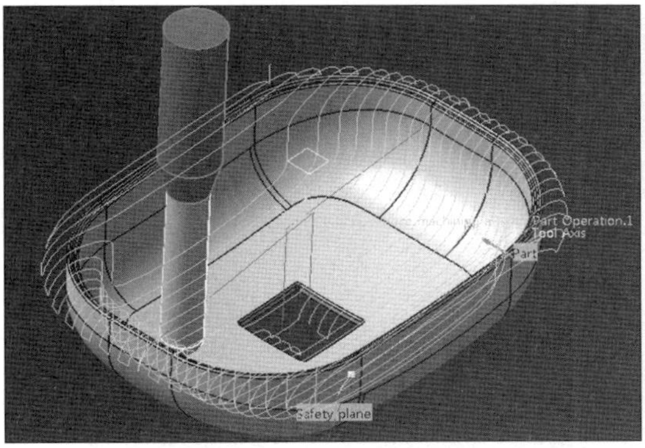

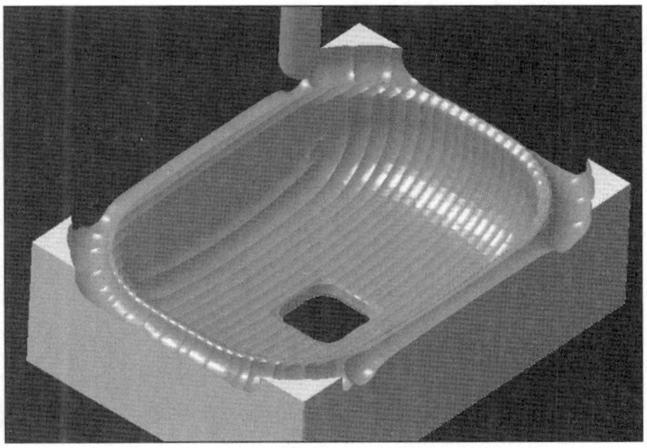

Advenced finishing : Part auto limit를 활성화하여 제품 외각으로 Tool이 내려가는 것을 방지한다.

Geometric components Tap 〉 Part auto limit

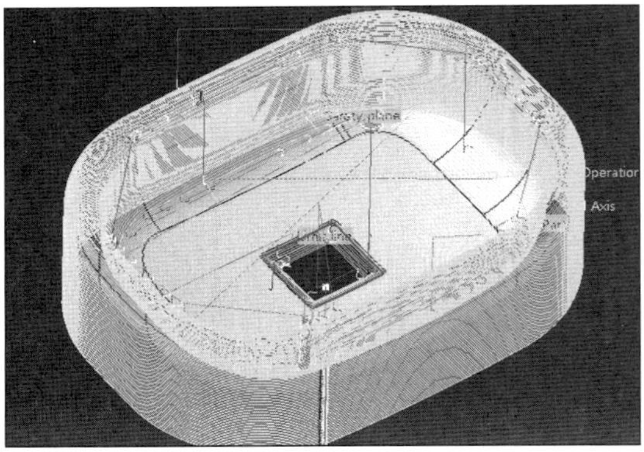

▲ Part auto limit Off

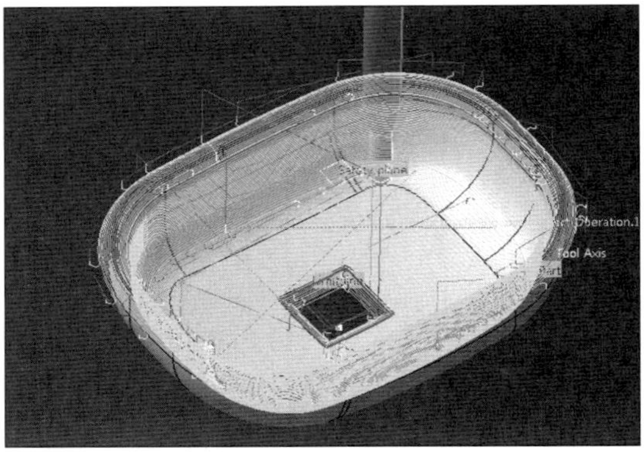

▲ Part auto limit On

(5) Rework

앞면 가공에서와 같이 6mm Ball–end tool을 사용하여 정삭을 하였으므로 Corner 부분은 3mm adiusR로 가공이 완료된 상태이므로 가공 형태를 검토할 때 측정한 0.5mm Radius 값을 맞추어 주기 위해 1mm Ball–end tool을 사용한다. 허나 1mm tool로 바로 가공하기에는 무리가 있어 보이므로 먼저 3mm Tool로 Rework를 진행한 다음 1mm tool을 이용하여 마무리를 하도록 한다.

① **가공 영역 설정** : Rework Part를 선택한다.

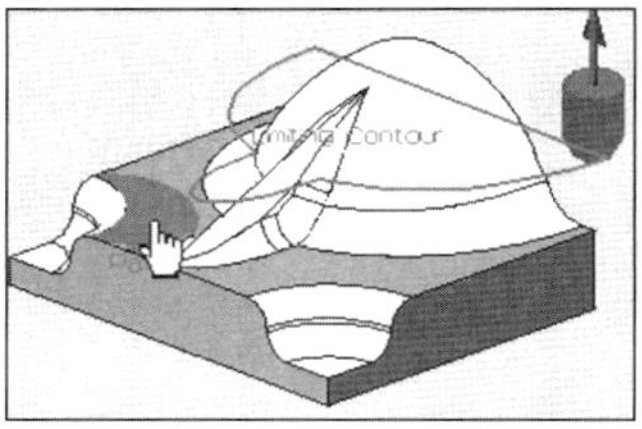

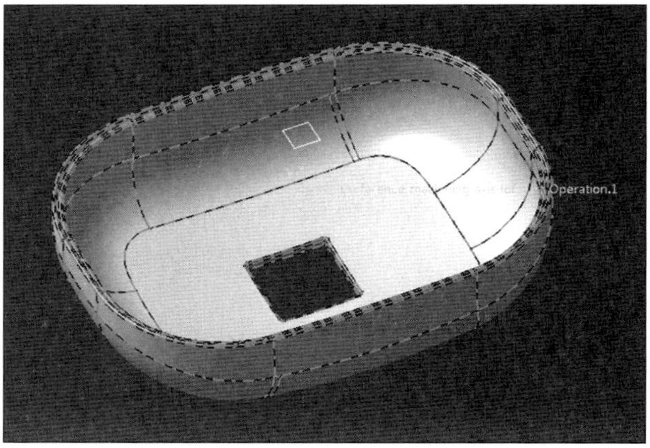

② **Tool 축 방향 설정** : 뒷면 가공을 해야하기 때문에 가공해야 할 Tool축을 선택한다. 반대 방향으로 Tool 축 방향이 설정되어 있다면 Revers Direction을 클릭하여 반전을 시킨다.

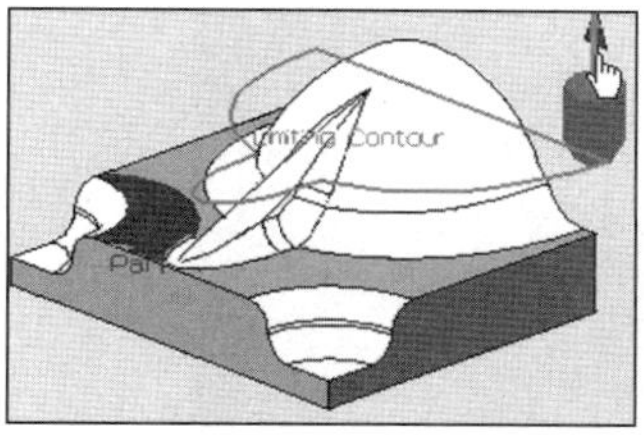

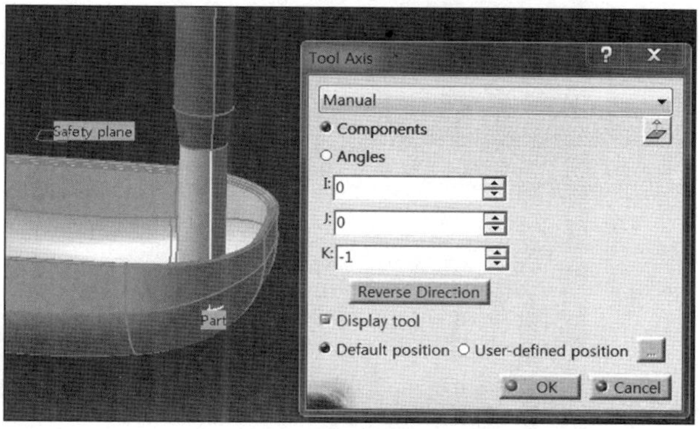

③ Tool Reference : 대화상자를 클릭하여 최종 정삭 가공한 Tool을 선택한다.

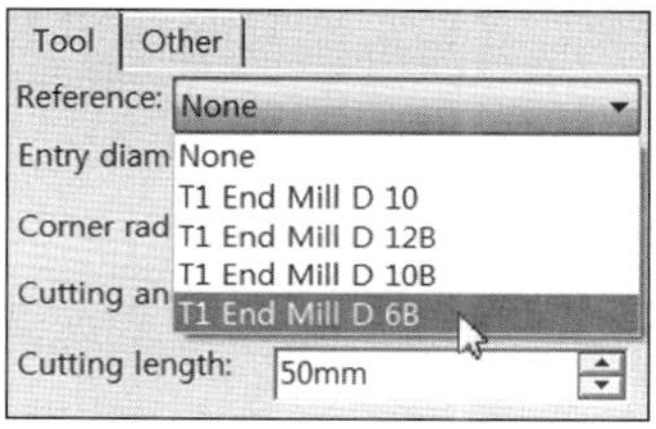

④ Operation tap

- Insertion Level : None 상자를 클릭하여 Rework Operation이 TTR tree의 위치할 곳을 선택한다. (Manufacturing Program을 미리 추가해 놓는 것이 좋다.)

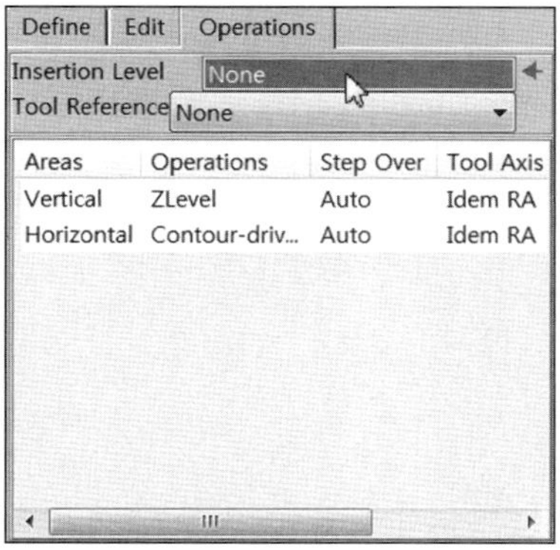

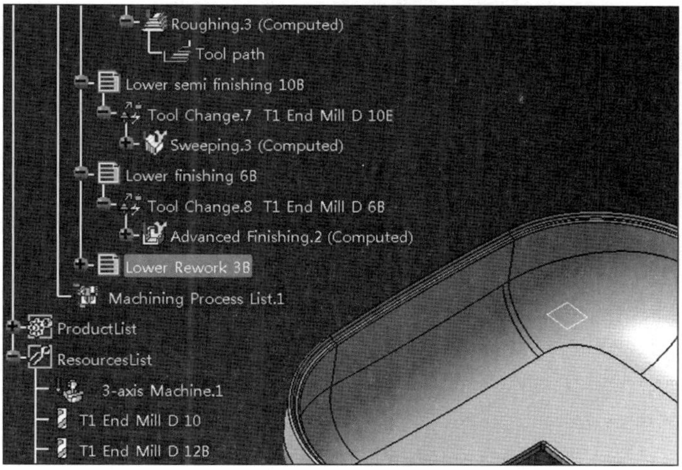

⑤ 설정이 완료되면 Define tap 하단의 Compute를 클릭하여 Rework 영역을 계산한다.

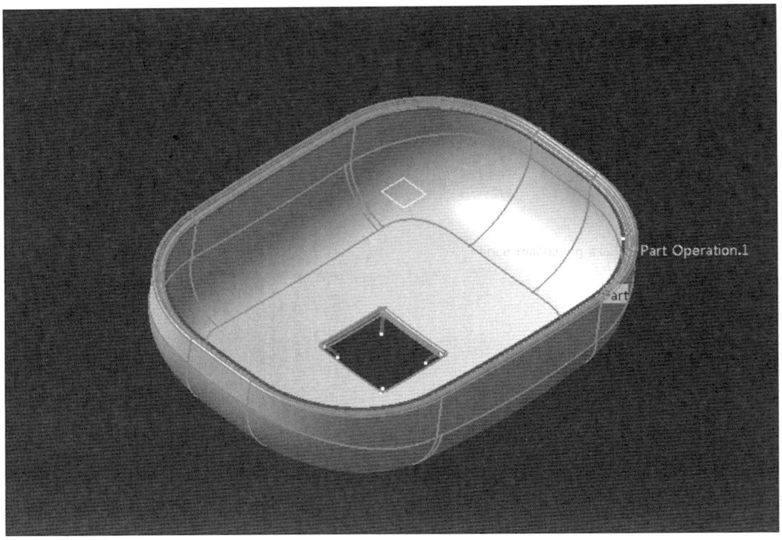

▲ 계산이 완료된 모습

⑥ Rework Area이 계산되면 대화 OK를 클릭하여 대화상자를 종료하고 Rework area 명령으로 생성된 각 Operation을 실행하여 직경 3mm Tool과 가공 설정을 한 후 Toolpath를 생성한다.

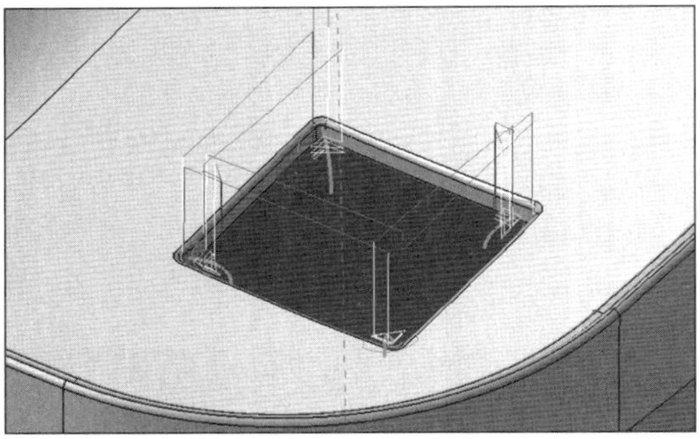

▲ Zlevel

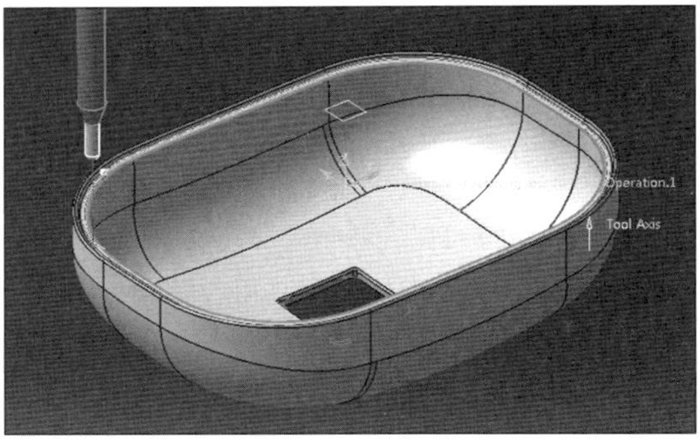

▲ Contour-driven

앞면가공과 같이 3mm Tool Rework를 완료한 후 1mm Tool 가공 Toolpath 생성도 같은 방법으로 진행하여 잔삭을 마무리 한다.

5. 검증

NC programing를 완료하고 Tool path의 가공 결과와 Design part를 비교하여 미절삭 부위, 미절삭양 등을 Color로 표시하여 쉽게 검증할 수 있다.

(1) Photo

Tool path video Simulation 과정을 거치치 않고 바로 가공 Simulation 결과를 화면에 표시한다. 최종 Operation을 Simulation한 결과 각 Operation 가공 결과과 Color별로 표현되어 있다.

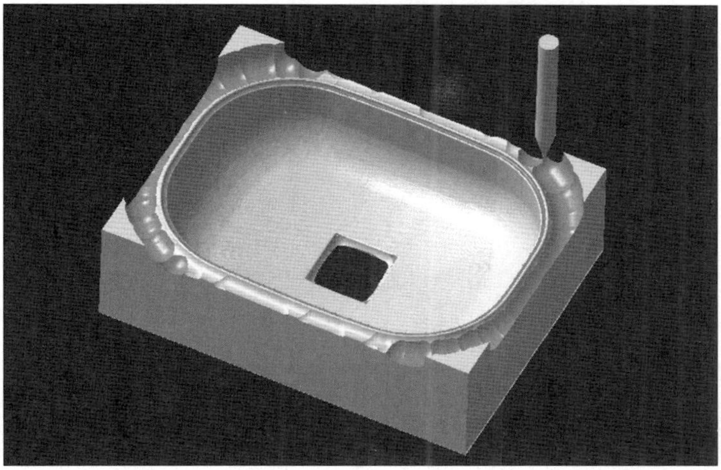

▲ 최종 Operation을 Simulation 한 결과 :
각 Operation이 Color별로 표현되어 있다.

(2) Analyze

Video 또는 Photo 명령으로 Simulation이 완료되어야 활성화 되어 선택을 할 수 있다. Design Part와 가공이 완료된 제품과 비교하여 Stock을 가공하고 남은 미절삭 부위의 양을 Check 한다.

- Type : 분석을 할 내용을 선택한다.(복수 선택이 가능하다.)

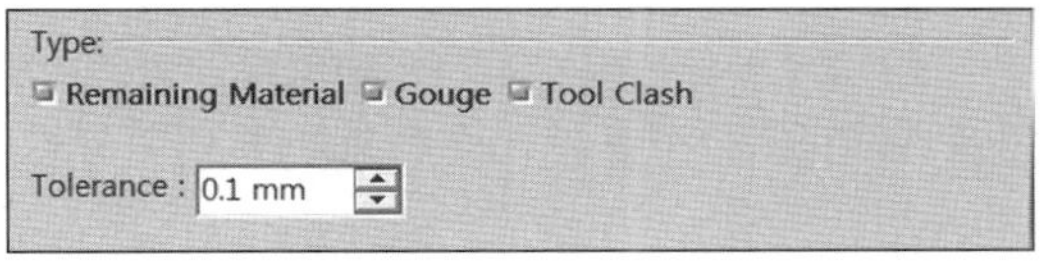

① Renaining Material : 가공 후 남아있는 소제를 분석한다.

② Gouge : Tool이 지나간 흔적이 얼마나 남아있는 지를 분석한다.

③ Tool Clash : Tool의 충돌 여부를 분석한다.

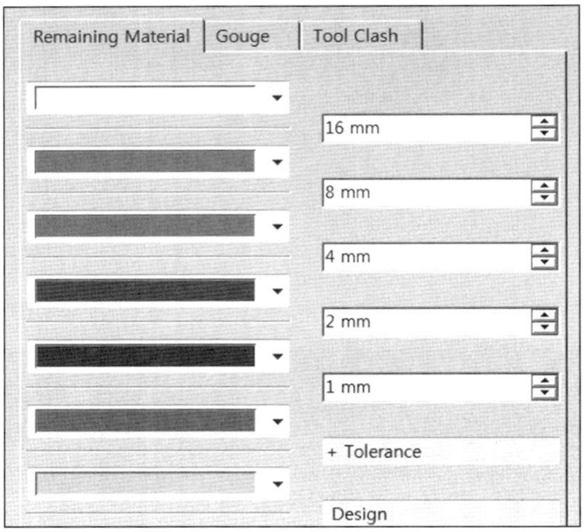

▲ Color 설정창

미절삭 양에 따른 표시 Color와 Color 영역값의 깊이를 정할 수 있다. 설정이 완료되면 Apply 버튼을 클릭하여 분석을 시작한다.

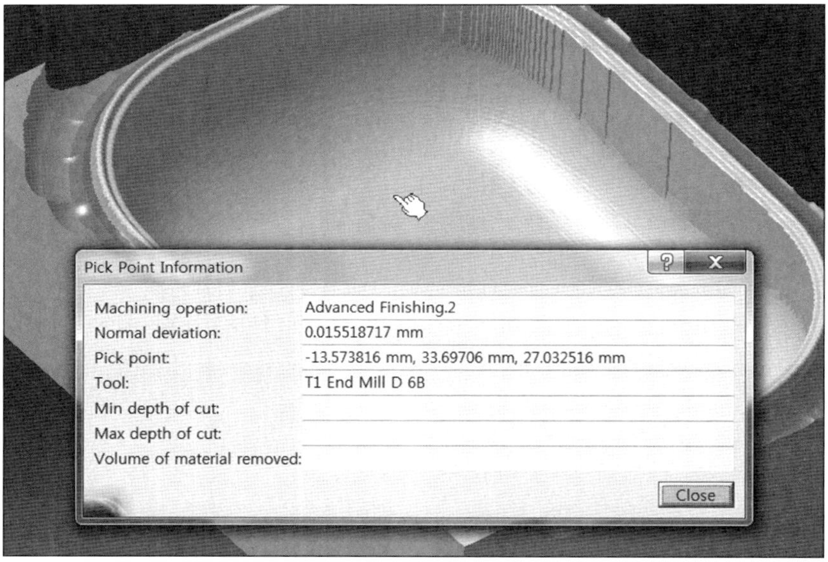

분석 결과 : 제품의 표면을 클릭하면 사용한 Tool 정보와 미절삭양, 좌표가 화면에 표시된다. 정삭과 잔삭을 마친 결과가 Design 영역부터 Tolerance(연두색) 이외의 색삭이 표시 되었다면 미

절삭 부위가 아직 있다는 결과로 그 부분을 제거할수 있도록 적절한Opertion을 선택하여 NC Programing을 추가한다.

① 충분한 검증이 완료되면 Cancel을 눌러 Analyze 대화상자를 종료한다.

② OK 〉 OK를 버튼을 클릭하여 Operation을 종료한다.

6. NC Code 출력

(1) Genetate NC Output in Batch Mode

· NC Code를 생성하기 전에 저장을 하여 최신 정보로 출력을 한다.

1) In / Out tap : 출력 단위를 선택한다.

① Selection : Part Operations

CNC Machine에 ATC(Auto tool change)가 있는 경우 또는 모든 Machine Operation을 하나의 Tool을 사용하여 Tool path를 생성한 경우 Part operation 단위로 NC code를 출력한다. Part operation의 모든 내용이 순서대로 하나의 파일로 출력이 된다.

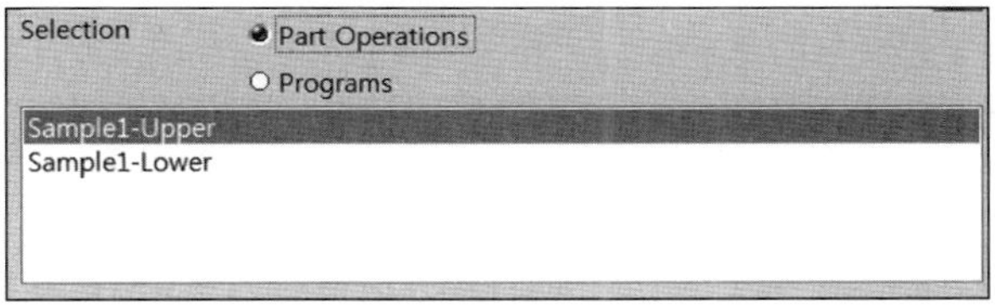

② Selection : Programs

CNC Machine에 ATC(Auto tool change)가 있는 경우나 모든 Machine operation을 하나의 Tool로 Tool path를 생성하여 Program 단위로 출력을 하려면 선택을 한다. Program 하위의 Operation들이 순서대로 하나의 파일로 출력이 된다.

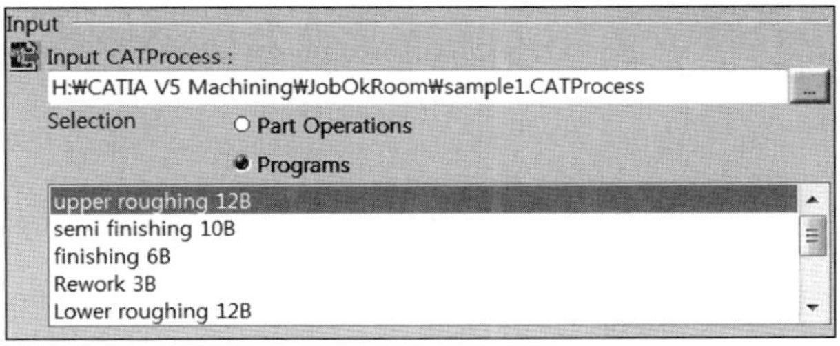

③ NC data type, Post–process 설정은 이미 Part operation에서 정의를 했기 때문에 기타 사항이 변하지 않았다면 재설정할 필요 없이 확인만 하고 넘어간다.

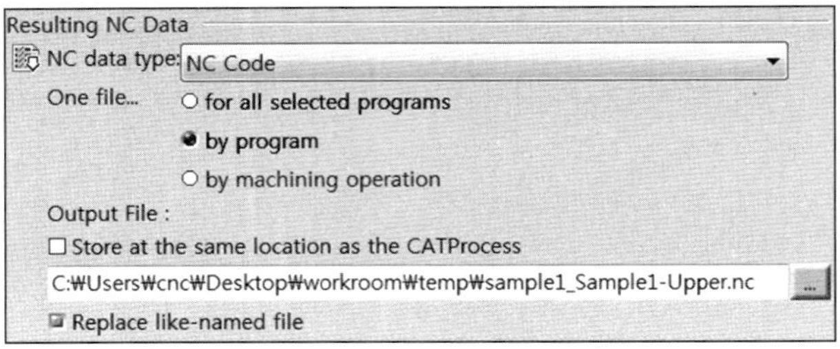

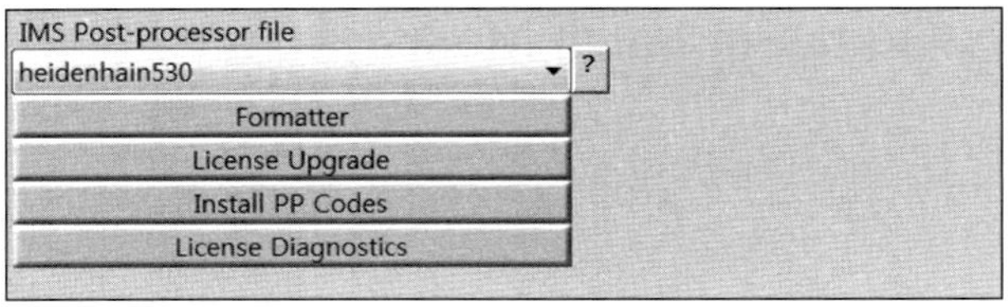

④ 모든 설정이 완료되면 Execute 아이콘을 클릭하여 NC Code를 출력한다.

CHAPTER
12 실습 4(Machining, 모델링 따라하기 예제(2))

이번 작업은 모델링 예제(2)를 3 Axis CNC Machine으로 가공하는 Tool path를 Programming 한다.

1. 가공 계획 수립

CATIA V5를 실행하여 예제-2 파일을 불러온다.

(1) 제품 형상 파악

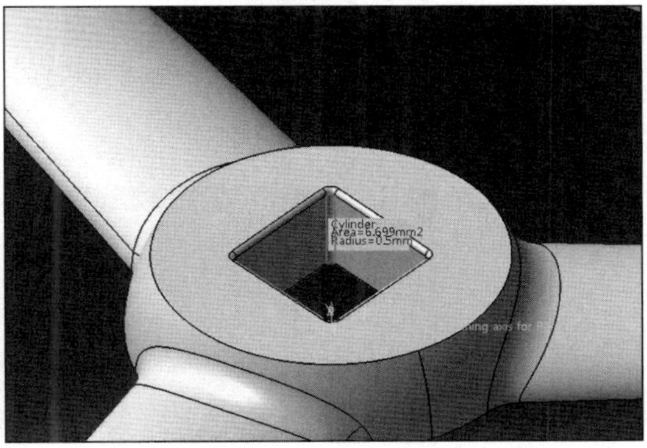

Item	측정 내용
가공 축 방향	-Y Axis 방향
크기	직경 140mm원형, 높이 9.8mm
최소 곡률 값	0.5R

▲ 검토 결과

(2) 안전높이 Plan 생성

1) ZX plan을 선택하고 Y axis 방향으로 plan을 생성한다.

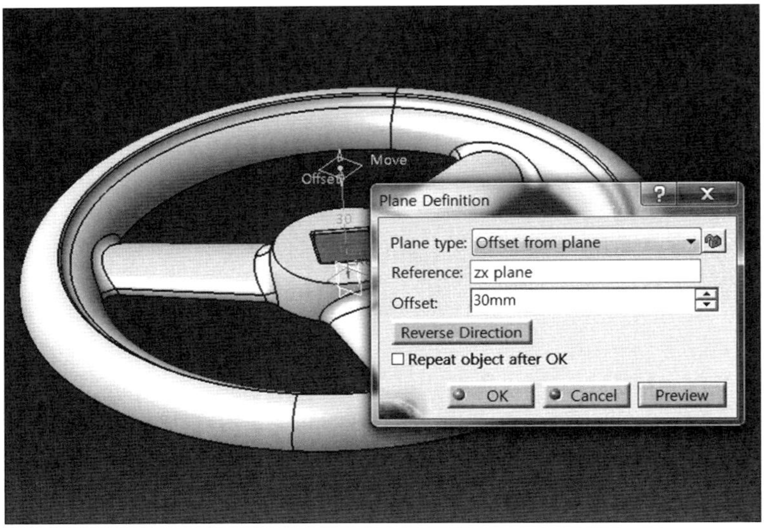

여기까지 형상 검토와 작업 준비가 완료되면 Tool path program을 위해 Machining 환경으로 전환한다.

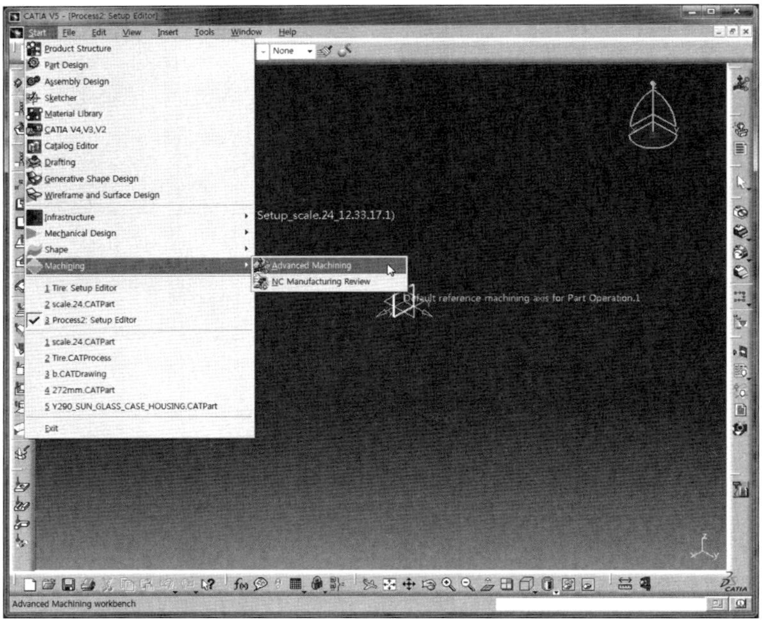

TIP Machining 상태에서의 Geometry 수정

Machining 환경에서는 Geometry를 수정하거나 생성, 삭제를 할 수 없다. Geometry를 수정할 수 있는 환경으로의 전환이 필요하다.

○ 전환 방법

① Full Down Menu 〉 Window 〉 해당 창을 선택

② TTR tree 〉 ProducList의 Geometry 항목 더블 클릭하여 환경을 변경

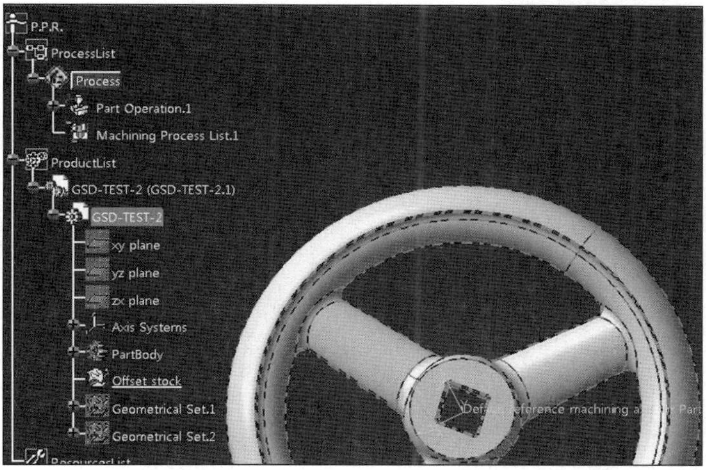

어떤 방법이던 Machining 환경과 CATPart가 연동이 된다. Geometry 생성이나 Part body 수정이 끝나고 Machining 환경으로 되돌아 올 경우는 Full Down의 Window를 선택하거나 PPR tree의 Process 항목 중 하나를 더블 클릭한다.

2. Stock 생성

(1) Creating an Offset on Part

Part Body를 Offset하여 Stock을 생성한다.

1) Creating an Offset on Part 생성을 위해 Stock이 위치할 Geometrical Set를 추가한다.(GSD또는 Part Design 환경에서 추가한다.)

Full down menu 〉 Insert 〉 Geometry Set

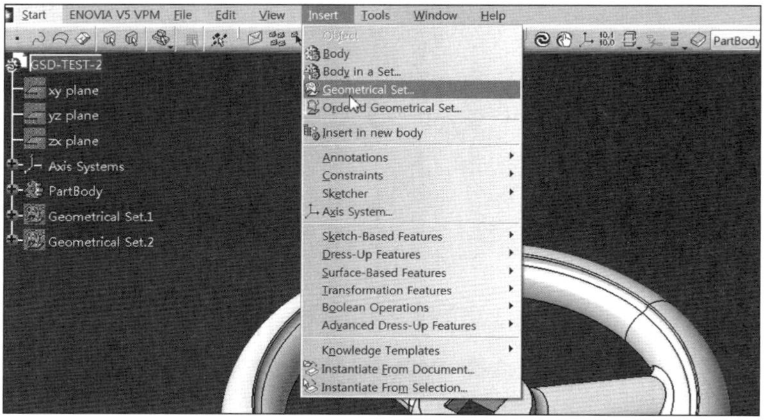

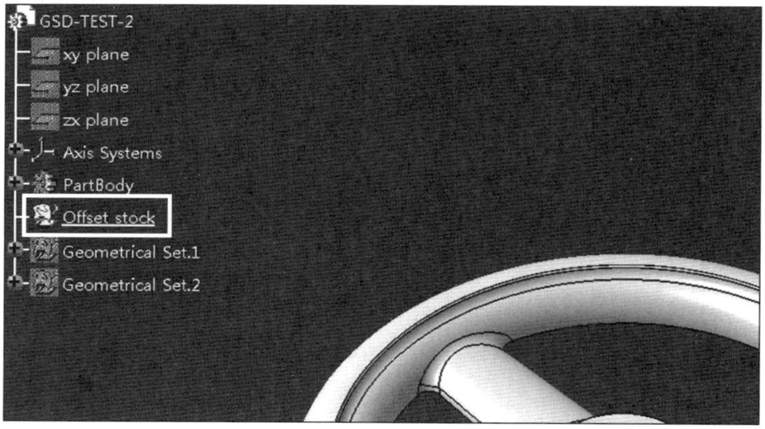

▲ Geometrical Set이 추가된 모습. 이름을 변경한다.

2) Geometrical Set 생성이 완료되면 Machining 환경으로 전환한다.

3) Creating an Offset on Part 실행

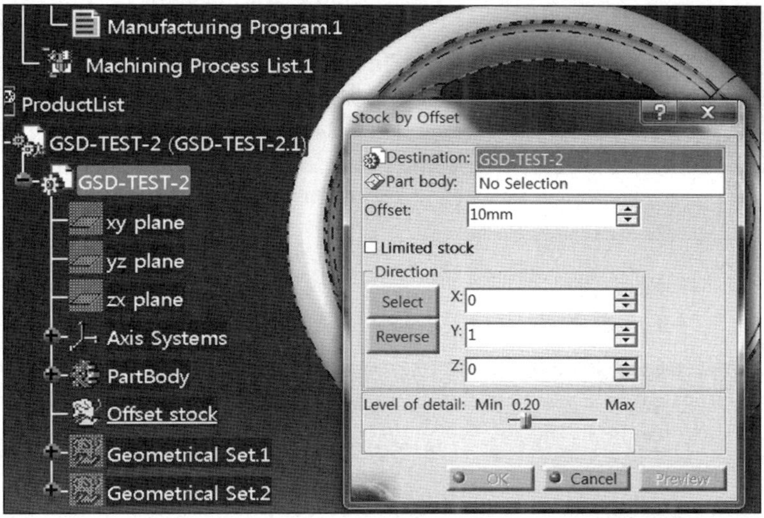

위와 같이 대화상자가 Open되면

① Part body : 예제 2를 선택한다.

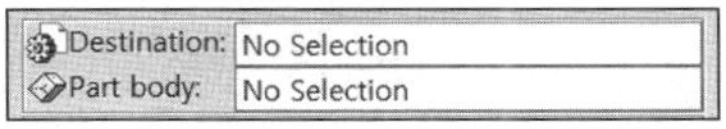

② Offset : Offset 양을 입력한다.

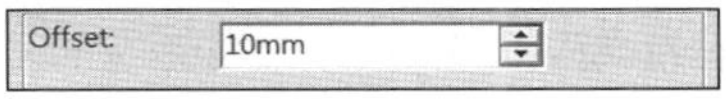

③ Direction : Offset 방향을 설정한다.

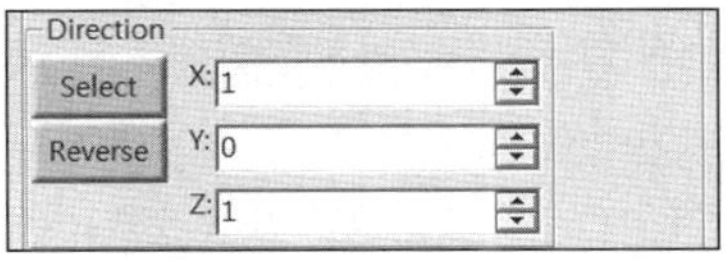

- 예제 2 Part body의 가공 방향에 따라 Y 방향을 설정한다.
- X : 0, Y : 1, Z : 0으로 입력한다.
- 또는 Select를 클릭하여 Plan을 직접 선택할 수 있다.

④ Limited stock : Check on 시 Direction 방향으로 Part Body 하단은 Offset하지 않는다.

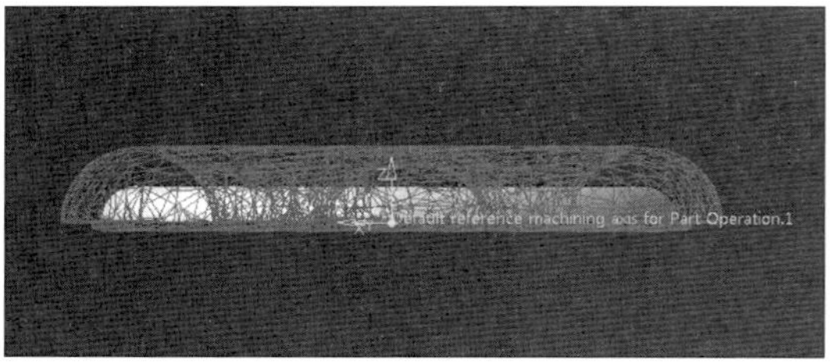

▲ On

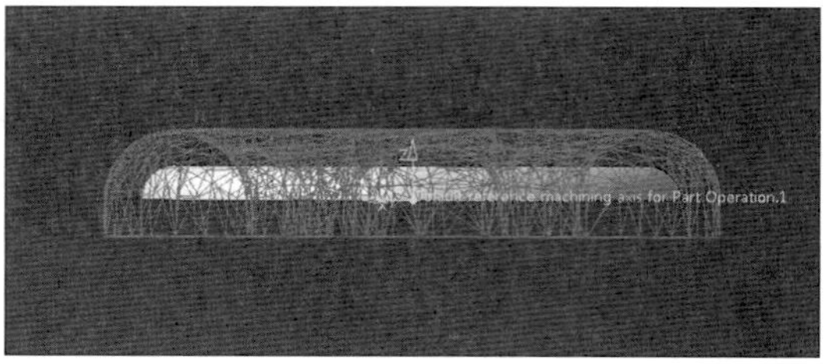

▲ Off

이번 실습은 일면 가공을 하기 때문에 On하여 제품 하단은 Offset하지 않고 Stock을 생성한다.

⑤ 설정이 완료되면 Preview를 눌러 Stock 형상을 확인한다.

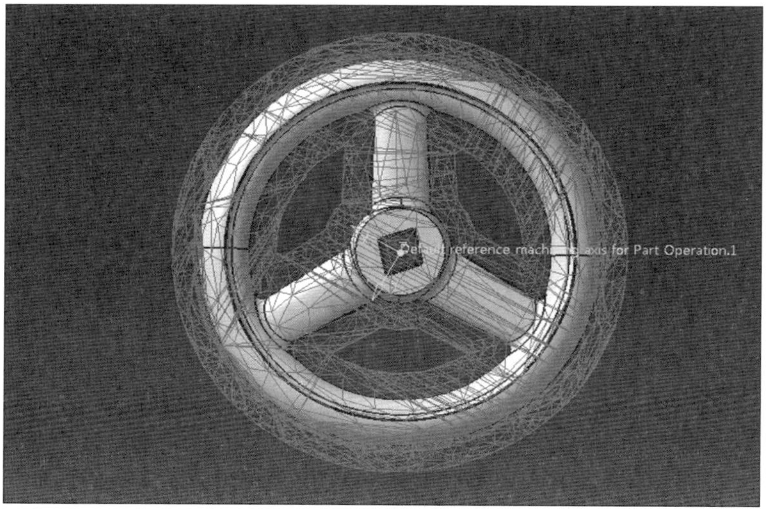

⑥ 확인이 과정이 끝나면 OK를 클릭하여 Stock를 생성한다.

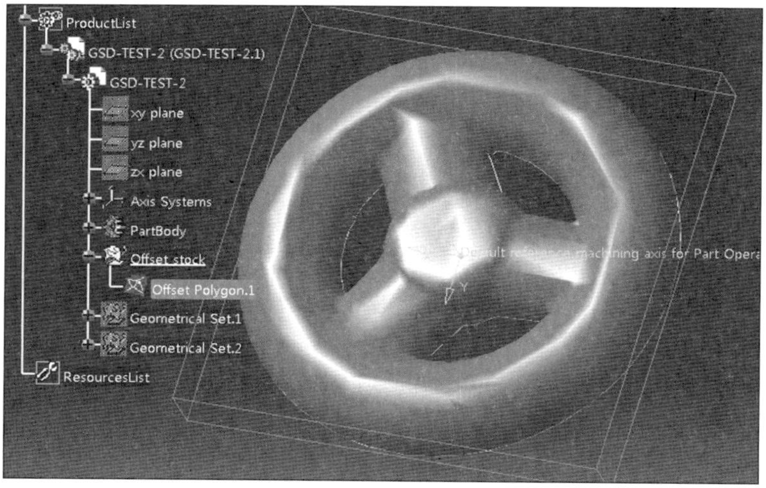

▲ 완성된 Stock

Stock 생성이 완료되면 Hide/Show 명령을 이용하여 작업에 방해받지 않도록 숨겨 놓는다.

Item	예제1			
소재	ABS	직경 144mm, 높이 9.8mm		
Tool	Job	직경	날장	유효길이
	Roughing	12B	20mm	50mm
	Semi-finishing	10B	10mm	20mm
	Finishing	6B	5mm	20mm
	Rework	3B, 1B	5mm	20mm

▲ 작업계획

실습 예제 1번과 겹치는 내용이므로 Roughing 과정 이후 작업은 1예제 실습의 앞면 가공 부분을 참고하면서 직접 해보기를 권장한다.

3. Part Operation 설정

(1) Tool 축 방향 설정

1) Reference machining axis system 아이콘을 클릭하여 툴 축 방향을 설정한다. 앞서 검토했듯이 Y 축 방향을 툴 축 방향으로 선택한다.

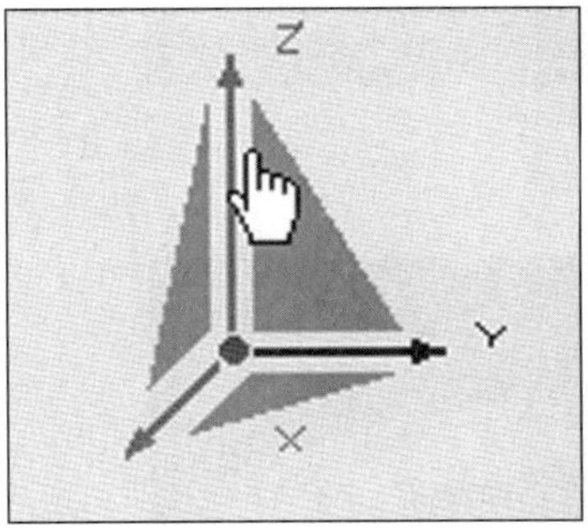

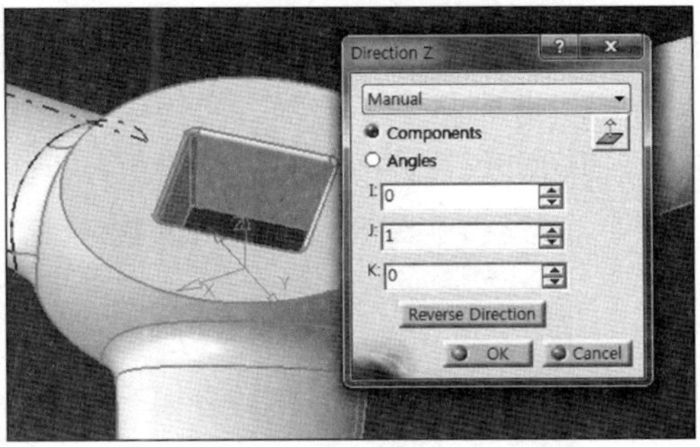

① 위 그림과 같이 Z축 방향 화살표를 클릭한 후 대화상자에서 I : 0, J : 1, K : 0을 입력한다.

(2) Geometry 설정

① Design part : 예제 2번 Part를 선택한다.

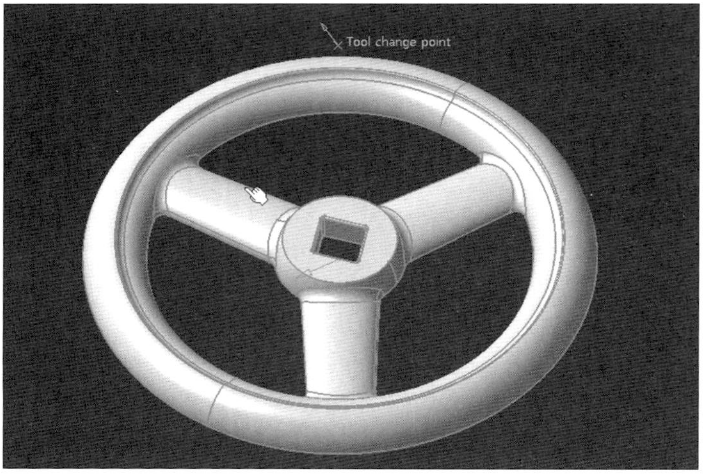

② Stock : Creating an Offset on Part기능으로 생성하여 숨겨 두었던 Stock를 선택한다.

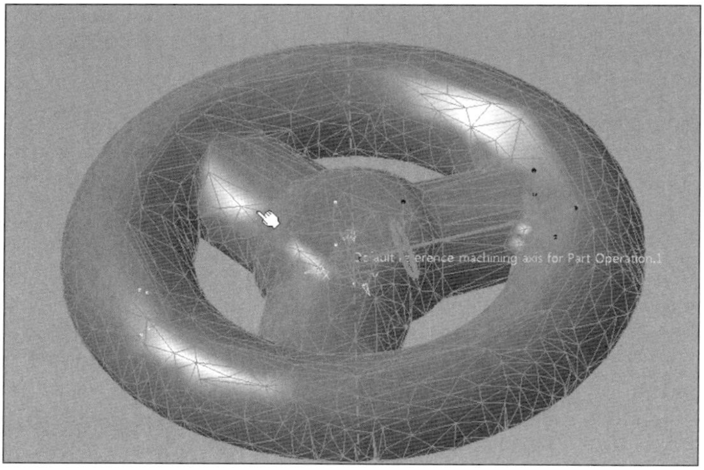

③ Safety plan: 안전 높이 Plan을 선택한다.

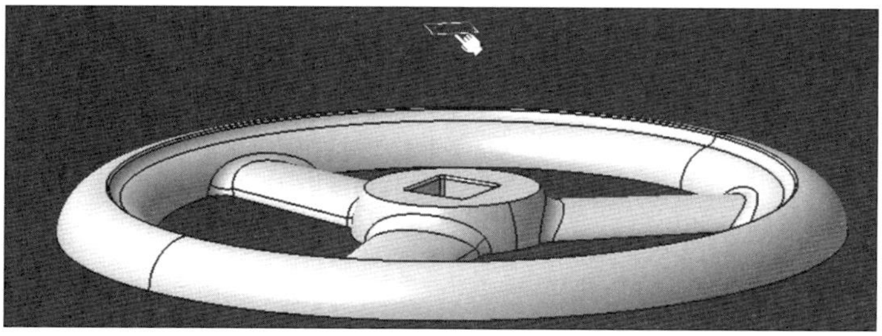

기타 Part Operation 설정은 사용자의 환경에 맞추어 설정을 한 후 OK를 눌러 설정을 완료한다.

4. Roughing

(1) Roughing operation 추가

Manufacturing program의 더블 클릭하여 이름을 변경한 후 Roughing operation을 추가한다.

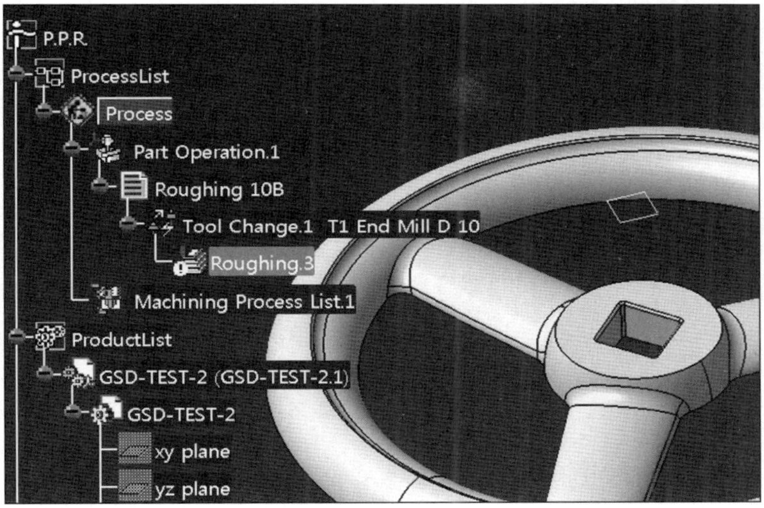

1) Geometry 설정

① Part body 정의 : 예제 2를 선택한다.

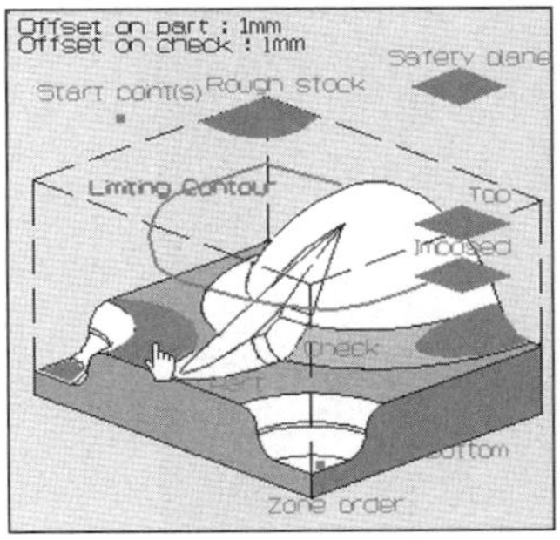

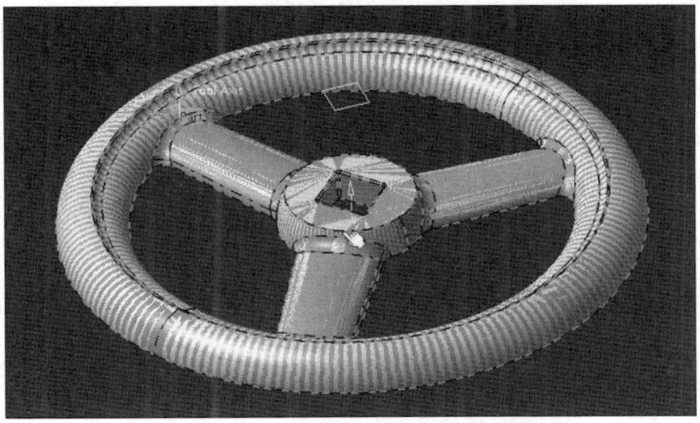

② **Stock 정의** : Creating an Offset on Part 기능으로 생성하여 숨겨두었던 Stock를 선택한다.

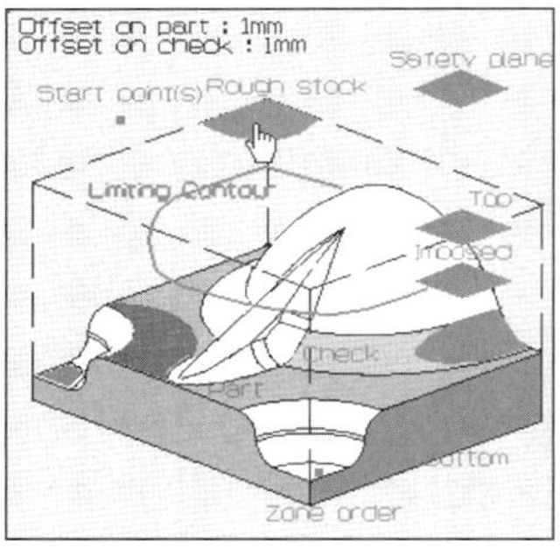

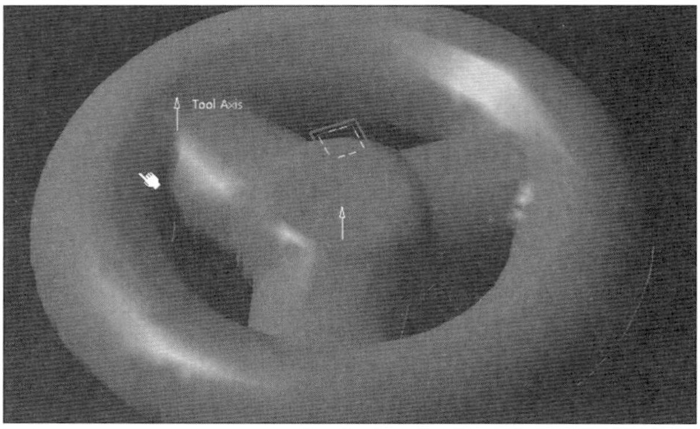

2) **Safety plan 정의** : 안전 높이 plan을 선택한다.

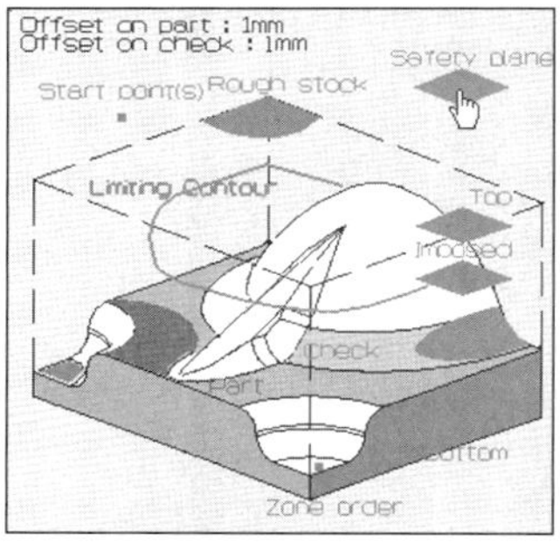

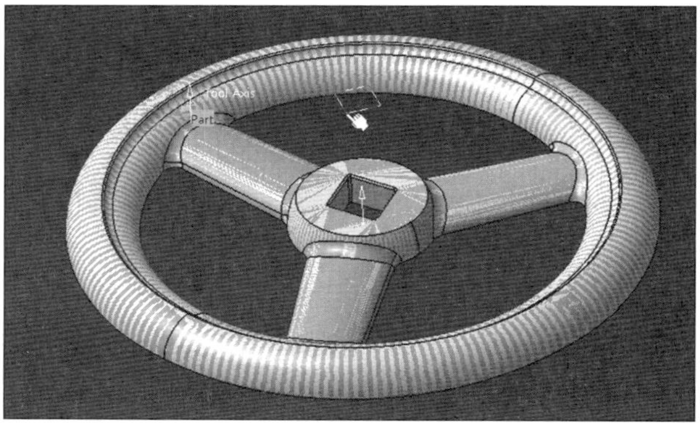

Geometry 설정이 끝나고 사용자 환경에 맞추어 Parameter를 입력한 후 Replay Tool path 버튼을 클릭하여 연산을 한다.

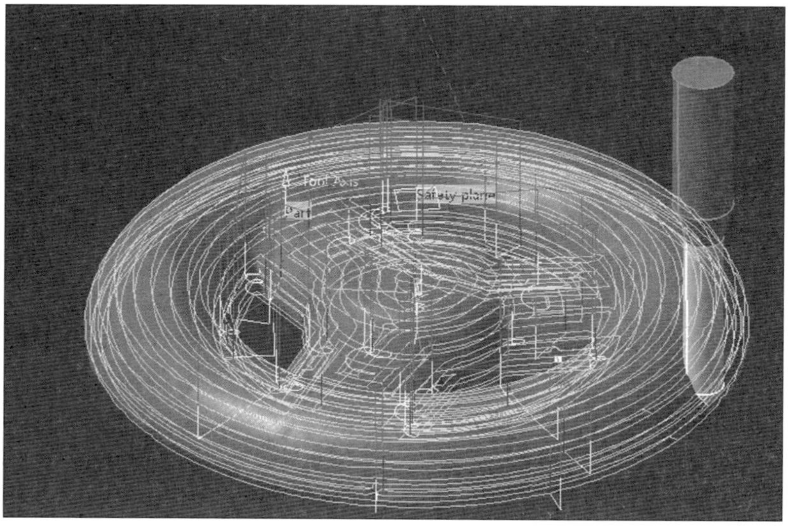

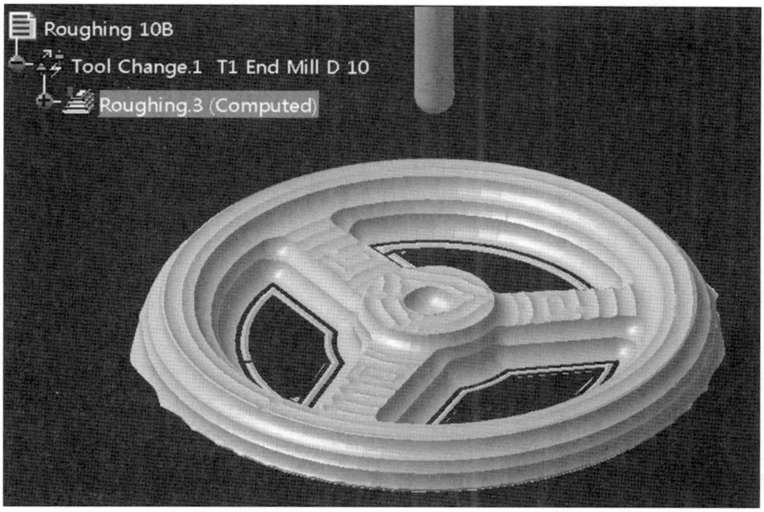

▲ Roughing simulation 결과

TIP Video Simulation 시 다음과 같은 경고창이 뜨면서 Video Simulation이 진행이 되지 않는 경우가 있다.

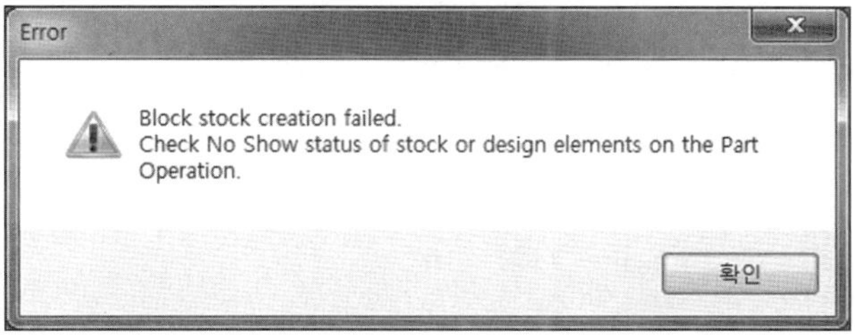

이런 경우는 Stock이 숨겨져 있기 때문에 발생하는 Error이므로 Stock를 Show 한 후 Video Simulation을 다시 진행한다.